ramses

La rédaction de cet ouvrage a été achevée à la fin juillet 2003. *RAMSES 2004* est une œuvre collective, créée à l'intiative de l'Ifri, au sens de l'article 9 de la loi n° 57298 du 11 mars 1947.

Directeur de la publication : Thierry de MONTBRIAL, directeur général de l'Ifri.

institut français
des relations
internationales

ramses

Rapport annuel mondial sur le système économique et les stratégies

Sous la direction de Thierry de Montbrial et Philippe Moreau Defarges

DUNOD
Publié par Dunod pour l'Institut français des relations internationales (www.ifri.org)

Table des matières

p. 185 REPÈRES

RAMSES 2004

On retrouve dans ***RAMSES 2004*** la lecture claire et concise de l'actualité internationale qui a fait la réputation des rapports annuels de l'Ifri. La problématique de l'actualité internationale est déclinée suivant deux approches complémentaires : l'étude de grandes tendances, en dix chapitres précédés de l'introduction de Thierry de Montbrial ; et une partie « Repères », comprenant un panorama thématique de l'actualité et de nombreuses annexes (chronologies, cartes, statistiques...).

Une analyse des grandes tendances du monde

L'ouvrage est introduit par les **Perspectives** de Thierry de Montbrial, qui analyse les transformations de la puissance américaine dans toutes ses dimensions : politique, économique, militaire, diplomatique. Il rend compte de la crise irakienne et de ses prolongements, aussi bien régionaux qu'internationaux, en particulier son impact sur les relations transatlantiques et le Moyen-Orient. Il conclut par quelques réflexions sur la Russie, la Chine et les grands pays d'Amérique latine, qui poursuivent leurs réformes et s'affirment sur la scène internationale.

Après l'Irak

Prolongeant l'introduction, cette première partie traite des enjeux globaux que soulève la crise irakienne : comment contrôler les armes de destruction massive ? Est-il possible de construire, et de quelle façon, de nouveaux États ? Enfin, qu'apporte l'instauration d'une justice pénale internationale ? C'est toute la problématique du nouvel ordre planétaire qui est abordée ici : comment, dans un monde toujours constitué d'États souverains et inégaux, promouvoir des règles et des disciplines communes ?

L'Europe face à son avenir

Le prochain élargissement de l'Union européenne et les travaux de la Convention appellent une revue méthodique des défis qui se posent à l'Union. Le premier concerne l'avenir de l'Union à 25, en particulier dans sa dimension institutionnelle. Le deuxième défi est politique : l'Europe sera-t-elle oui ou non capable de combler le vide démocratique dont souffrent ses institutions, et va-t-elle persister dans les divisions qui l'empêchent de devenir une véritable puissance ? Le troisième défi aborde une question capitale mais souvent mise de côté : l'immigration.

Construire la modernité

La mondialisation emporte tous les États de la planète. Comment s'y adapter et y trouver sa place tout en assumant ses traditions et son identité ? Tels sont les fils conducteurs des quatre derniers chapitres. Le premier revient sur une question brûlante : le face-à-face des pays en développement avec les institutions monétaires et financières mondiales. Le deuxième porte sur l'Amérique latine, ses allées et venues entre populisme et démocratie. Les deux derniers chapitres plongent au cœur de la zone de tous les dangers, le Moyen-Orient, et plus particulièrement en Turquie et en Iran, qui, après la guerre contre l'Irak, se trouvent au cœur des nouveaux équilibres politiques de la région.

Des repères pour l'actualité

La partie « Repères » comporte un Panorama consacré au traitement de l'actualité de l'année écoulée (de juillet 2002 à juillet 2003) et un ensemble d'annexes qui complètent le texte.

Panorama

Le Panorama présente une sélection d'une cinquantaine d'entrées classées par ordre alphabétique, comportant des textes et des illustrations sous forme de tableaux, graphiques, cartes, chronologies et encadrés. Ces articles, régionaux (Arabie Saoudite, Russie) ou thématiques (agriculture, terrorisme islamiste), proposent une problématique de l'actualité.

Annexes

RAMSES propose près d'une cinquantaine de pages d'annexes. La **chronologie** fournit les repères essentiels de l'actualité politique, économique, sociale et internationale de l'année écoulée (de juillet 2002 à juillet 2003).

« **Le monde en chiffres** », annexe statistique de l'ouvrage, comporte deux parties : trois séquences graphiques apportent des éclairages sur les migrations en Europe, la santé dans le monde et la crise des marchés financiers ; des tableaux fournissent un ensemble de données de base pour près de 150 pays, sur cinq thèmes : démographie, développement humain, économie, sécurité et mode de vie.

L'annexe cartographique en couleurs (« **Le monde en cartes** ») illustre quelques-uns des faits majeurs de l'actualité et de certains thèmes traités dans l'ouvrage : les forces des États-Unis dans le monde après la guerre contre l'Irak, la prolifération des armes chimiques et biologiques, la situation économique en Europe, les flux migratoires à destination de l'Union européenne, la justice internationale, les institutions multilatérales et le développement.

Des **bibliographies** et des **adresses de sites Internet,** placées en fin de chapitres ou d'entrées du Panorama, permettent de retrouver une référence ou d'approfondir un sujet en se reportant à des sources complémentaires.

Enfin, l'**index** général facilite la recherche d'informations ou d'analyses sur un thème particulier. Il couvre l'ensemble du *RAMSES* et renvoie le lecteur aussi bien au texte qu'aux encadrés, tableaux et graphiques. Il constitue l'un des principaux moyens d'accès au contenu de l'ouvrage.

Un travail d'équipe

RAMSES est une **œuvre collective,** fruit d'un travail d'équipe. La liste complète des personnes y ayant participé figure en fin d'ouvrage. Les chapitres sont signés. Les entrées du **Panorama,** ainsi que certains encadrés, le sont par les initiales des auteurs, dont la liste figure en page 6.

Institut français des relations internationales

L'Institut français des relations internationales (<www.ifri.org>) est, en France, le principal centre indépendant de recherche, d'information et de débat sur les grandes questions internationales. Créé en 1979 par Thierry de Montbrial, l'Ifri est une association reconnue d'utilité publique (loi de 1901). Il n'est soumis à aucune tutelle administrative, définit librement ses activités et publie régulièrement ses travaux. L'Ifri est en partie financé par une subvention de l'État. Ses ressources proviennent également du soutien de ses membres individuels et bienfaiteurs, du financement de programmes de recherche pluriannuels par des fondations internationales, et de contrats d'études et de recherche conclus avec des entreprises et différents organismes français dans le cadre de sa filiale Ifri Activités. La plupart des grandes entreprises françaises sont membres de l'Ifri. L'institut a célébré en 1999 son vingtième anniversaire.

Un centre de recherche

Le domaine de recherche de l'Ifri couvre l'ensemble des relations internationales dans leurs dimensions politique, stratégique, économique et régionale. Cette recherche s'articule autour de quatre axes prioritaires qui croisent les considérations économiques et les questions de sécurité : l'intégration régionale – notamment européenne – et la mondialisation, ainsi que l'interaction possible entre ces deux tendances qui dominent les débats internationaux ; l'évolution des relations transatlantiques, qui jouent, tant sur le plan économique qu'en matière d'architecture de sécurité, un rôle décisif dans l'organisation de la mondialisation ; les dynamiques régionales à l'œuvre, notamment dans le monde arabe, le Moyen-Orient et la Méditerranée, l'Asie, l'Europe centrale et la CEI ; enfin, la politique étrangère de la France, dans ses différentes composantes (intérêts et moyens, aspects bilatéraux et multilatéraux, place et rôle de l'Europe). Les travaux de l'institut donnent lieu à diverses publications : outre *RAMSES* et la revue trimestrielle *Politique étrangère*, l'Ifri publie des ouvrages spécialisés, des documents de travail et des notes brèves sur les grandes questions auxquelles doivent faire face les décideurs.

Un centre de rencontres et de débats

Lieu de rencontres internationales, l'Ifri accueille des personnalités étrangères qui peuvent s'y exprimer librement – dans un cadre non officiel – devant une audience représentative de la société française (milieux politiques, économiques et financiers, hauts fonctionnaires, presse...). Il organise par ailleurs des conférences-débats hebdomadaires avec les meilleurs experts français et étrangers. Il remplit ainsi une double mission d'information, permettant au public français de mieux connaître les positions de nos partenaires étrangers et à ces derniers de mieux comprendre le débat en France.

Depuis sa création, l'institut a également développé un programme d'activités spécialement destiné aux entreprises, auxquelles il propose des études, des rencontres et des débats qui prennent en compte leurs préoccupations.

L'Institut français des relations internationales s'insère dans le réseau international des centres de recherche et entretient d'étroites relations avec ses homologues sur tous les continents. Il organise avec eux des réunions informelles, bilatérales ou multilatérales, et participe à de nombreux séminaires et colloques organisés par ses partenaires.

Perspectives

Thierry de Montbrial

George W. Bush contre Saddam Hussein

Sur le plan international, les 12 derniers mois ont été dominés par la guerre contre l'Irak. À l'été 2002, et peut-être même avant, il était déjà clair que l'Administration Bush avait placé Saddam Hussein en tête de ses priorités. Au début de son livre sur l'après-11 septembre 2001, intitulé *Bush s'en va-t-en guerre*[1], le journaliste Bob Woodward, du *Wahington Post*, raconte la première entrevue du directeur de la Central Intelligence Agency (CIA), George Tenet, avec le président élu, George W. Bush, peu avant son intronisation. Tenet avait désigné les trois menaces principales qui, selon la CIA, pesaient sur les États-Unis : Ben Laden et Al-Qaida, le risque de prolifération des armes de destruction massive (ADM), et la montée de la Chine. Quelques mois plus tard, les services américains ont pourtant été surpris par les attaques combinées contre le World Trade Center et le Pentagone. Mais, au lendemain du drame, ils n'ont pas hésité à en désigner les auteurs, puis à concevoir et à conduire une guerre contre l'Afghanistan, alors aux mains des Talibans.

La redistribution des cartes qui s'ensuivit conduisit Washington à regarder désormais la Chine comme un partenaire possible, et non plus seulement comme un rival ou un adversaire potentiel. Ayant retrouvé un ennemi, trop vaguement qualifié par le substantif « terrorisme », les États-Unis n'avaient plus besoin de remplacer la défunte Union soviétique par un État susceptible éventuellement de reconstituer un monde bipolaire[2]. Dorénavant, il fallait concentrer les efforts contre toutes les formes de terrorisme, à commencer par les réseaux Al-Qaida, et contre la prolifération des armes chimiques, biologiques et nucléaires. Aux yeux d'une partie de l'Administration Bush, les néo-conservateurs, dont l'inspirateur, sinon le chef, est le vice-président Dick Cheney, la chute de Saddam Hussein devint ainsi la nouvelle priorité. Le dictateur irakien incarnait en effet, pour eux, le mal absolu, c'est-à-dire, concrètement, la combinaison actuelle ou potentielle des armes de destruction massive et du terrorisme. En le renversant, et avec lui son régime, on ferait d'une pierre plusieurs coups. On éliminerait un risque majeur et donnerait un avertissement sérieux à tous les « États voyous » (*rogue states*), proches (Iran, Syrie, etc.) ou lointains (Corée du Nord, etc.). Mieux encore, l'installation d'un régime ami à Bagdad permettrait de recomposer la carte du Moyen-Orient. Ainsi la dépendance des États-Unis vis-à-vis de la monarchie saoudienne serait-elle considérablement atténuée.

Ce n'est pas que l'on ait découvert le wahhabisme et ses effets après le 11 septembre. Chacun savait depuis longtemps que des organisations saoudiennes finançaient le meilleur et le pire de tout ce qui se réclame de l'islam. Nul n'ignorait l'histoire de Ben Laden. Mais la relation de confiance entre Riyad et Washington s'était considérablement dégradée au fil des années 1990. En réglant son compte à Saddam, les États-Unis accroîtraient considérablement leur marge de manœuvre. La dimension pétrolière est à cet égard évidente, et chacun connaît l'intérêt général et personnel que Dick Cheney porte aux questions énergétiques. Mais il ne faut pas succomber à la tentation de tout ramener à cet aspect des choses, et donc à une

1. Bob Woodward, *Bush s'en va-t-en guerre*, Paris, Denoël, 2002 (édition originale : *Bush at War*, New York, Simon and Schuster, 2002).
2. Voir l'introduction (« Perspectives ») à *RAMSES 2003*.

vision aussi caricaturale que celle de ces commentateurs anglo-saxons qui s'ingénient à réduire toute la politique de la France au Moyen-Orient à ses intérêts économiques réels ou supposés dans la région. Pour les néo-conservateurs, enfin, la levée de l'hypothèque Saddam Hussein ouvrirait la voie à un règlement de la question israélo-palestinienne et, plus généralement, israélo-arabe.

Derrière les calculs de Washington

Ces calculs ou supputations étaient sous-tendus par un concept stratégique et par une vision morale. Le concept stratégique repose sur deux piliers. Le premier s'exprime par l'affirmation de la supériorité militaire, quantitative et qualitative, des États-Unis. En ordre de grandeur, les dépenses américaines en matière de défense représentent environ 40 % des dépenses mondiales, soit à peu près huit fois plus que celles de n'importe quel autre État de la planète pris individuellement, et plus du double des budgets de défense combinés des États membres de l'Union européenne. En termes absolus, les écarts s'accroissent. Qualitativement, les divergences sont encore plus impressionnantes. Par exemple, les États-Unis consacrent quatre fois plus de moyens à la recherche-développement en matière de défense que l'Union européenne, laquelle souffre de surcroît de l'absence d'une politique de coordination. L'objectif de supériorité s'applique aussi bien aux adversaires potentiels qu'aux alliés, circonstanciels ou mêmes « permanents ». Pour des raisons qui tiennent largement à la nature des démocraties modernes, les États-Unis se veulent capables non seulement de gagner *rapidement* toute guerre dans laquelle ils se trouveraient sérieusement engagés, mais encore d'y parvenir avec un *minimum de dommages collatéraux*, pour leurs propres forces bien sûr, *mais aussi pour celles – humaines et matérielles – de leurs adversaires*.

Le second pilier tient de la notion de *prévention*, dont il était déjà question dans mon introduction au *RAMSES 2003*. La Charte des Nations unies reconnaît le droit de légitime défense (article 51). De nombreux juristes considèrent toutefois qu'en cas d'attaque *imminente*, tout État est fondé à prendre les devants. Mais comment définir l'imminence d'une attaque ? Le débat rappelle celui sur le *launch on warning* (c'est-à-dire « lancement dès la détection ») à l'époque de la guerre froide, avant que les deux superpuissances ne possèdent une « capacité de seconde frappe ». Il s'agissait de savoir à quel moment attaquer nucléairement l'adversaire, en prenant le moindre des deux énormes risques : celui de faire une erreur dramatique et celui de se retrouver désarmé ou même anéanti. Dans le contexte des conflits « asymétriques » contemporains, le problème est d'identifier des seuils critiques fonctionnant comme des clignotants. L'équipe actuelle de la Maison-Blanche justifie ainsi historiquement la destruction par Israël du réacteur Osirak en 1981. Ce réacteur vendu à l'Irak par la France était en principe réservé à un usage pacifique, mais le plutonium qu'il produisait pouvait être détourné à des fins militaires. Quand on entre dans la logique de la prévention, tout le problème est celui des règles du jeu, du contenu et de l'interprétation du droit international : qui décide des seuils critiques et, en cas de litige, qui décide des sanctions et qui les applique ? Je reviendrai plus loin sur ce point essentiel, en analysant la crise de l'année 2002-2003.

Le concept stratégique s'appuie sur une vision morale. On sait que George W. Bush est un chrétien fervent, et qu'il se considère chargé de mission par Dieu pour éradiquer le mal du terrorisme. Plus fondamentalement, aux États-Unis, le nationalisme – certains préfèrent dire, surtout dans le contexte actuel, le patriotisme –, la politique et la religion sont quasiment inséparables. En particulier, conservatisme politique et fondamentalisme religieux sont fortement associés. André Siegfried avait fait de cette constatation l'un des points forts de son étude sur les États-Unis[3]. J'en citerai un peu longuement quelques extraits caractéristiques et toujours actuels : « Il ne suffit pas de rappeler que l'Amérique est protestante ; elle est, dans sa formation religieuse et sociale, essentiellement calviniste [...]. Calvin [...] regarde surtout la doctrine comme un moyen en vue de l'action [...]. L'individu [...] devient un chargé de mission dans la société, son devoir est de sanctifier la vie sociale, de moraliser l'État [...]. L'individualiste de formation latine souffre, aux États-Unis, de sentir constamment sa

3. André Siegfried, *Les États-Unis d'aujourd'hui*, Paris, Armand Colin, 1927.

personnalité pourchassée, brimée [...]. La démocratie puritaine comporte des devoirs en même temps que des droits, et c'est une première différence avec nos démocraties latines, individualistes et négatives. [Cette démocratie] est une « élite », [...] une aristocratie morale, [pénétrée de] l'esprit missionnaire [...]. Cette passion de réformer, de moraliser, d'évangéliser, serait vraiment un monopole américain s'il n'y avait aussi l'Angleterre. Tout Américain [...] est un évangéliste, qui ne peut laisser les gens tranquilles et qui constamment se sent le devoir de prêcher [...]. Les Anglo-Saxons ont la conscience d'une supériorité morale, [...] du devoir envers autrui pour le convertir, le purifier, le rapprocher du niveau moral de l'élite américaine [...]. Dans tout ce qui concerne l'organisation de la vie sociale, l'Américain n'est rien moins qu'un collectiviste, intolérant comme les convaincus, et d'autant plus qu'au point de vue religieux c'est un absolutiste [...]. Il faut toujours que [l'Américain] "sauve" son prochain, c'est sa vocation ; et notamment il considère comme son devoir de donner les mœurs anglo-saxonnes aux étrangers. »

André Siegfried écrivait ces lignes au moment du mouvement prohibitionniste et remarquait à ce sujet : « Celui qui en aurait la compréhension intégrale pourrait se vanter d'avoir pénétré l'âme américaine. » Dans les années 1950, la relance du conservatisme américain prit la forme du maccarthysme. « Dans leur corps à corps avec le communisme, les États-Unis étaient selon [les conservateurs] confrontés bien davantage qu'à une menace extérieure, à une crise totale : religieuse, morale, intellectuelle, sociale, politique, économique. Cette conviction, qui les amenait à considérer le communisme comme un concentré de tous les maux de [ce] temps, les conduisait à adhérer aux inquiétudes métaphysiques exprimées depuis 1950 par les traditionnalistes[4]. » Trois décennies plus tard, après l'entrée des Soviétiques en Afghanistan et dans le contexte de la révolution khomeiniste en Iran, le conservatisme jovial de Ronald Reagan prendra la forme de la lutte contre l'« empire du Mal », c'est-à-dire l'Union des républiques socialistes soviétiques (URSS). Alors se mirent en place les éléments caractéristiques de la période actuelle : dans le domaine technologique, la révolution dans les affaires militaires ; dans le domaine politique, l'apparition au premier plan des mouvements islamistes.

Avec George W. Bush, le reaganisme a refleuri, sous un visage sans doute moins avenant. Plusieurs des personnalités marquantes de l'Administration actuelle, telles que Richard Cheney, Donald Rumsfeld, Paul Wolfowitz ou Richard Perle, ont d'ailleurs fait leurs premières armes dans les années 1980. Il ne s'agit plus aujourd'hui de lutter contre l'empire du mal, mais contre le mal absolu lui-même, identifié au « terrorisme ». Il est vrai que Bush a été élu dans des conditions exceptionnellement difficiles et qu'à la fin de la présidence Clinton, les Américains dans leur ensemble n'étaient pas particulièrement d'humeur conservatrice. Mais, progressivement, ils se sont rangés derrière la bannière de leur nouveau président et se sont indignés contre ceux qui lui faisaient obstacle. Le 11 septembre a fait basculer les choses. Pour combien de temps ? Ben Laden, incarnation lui-même du fanatisme religieux, ne l'avait sûrement pas prévu.

Le débat sur la légalité de la guerre

Il est hautement vraisemblable, mais indémontrable en l'état actuel de l'information disponible, que, dès l'été 2002, le président Bush était décidé à faire la guerre à Saddam. Cette proposition ne signifie évidemment pas que la décision politique était prise. En août 2002, il ne pouvait être question que de mettre deux machines en route. L'une, énorme, la machine militaire. C'était une affaire de plusieurs mois, et le Pentagone n'a pas été prêt avant la fin janvier. L'autre, plus légère, la machine diplomatique. Bush voulait, dans toute la mesure du possible, obtenir le soutien de l'Organisation des Nations unies (ONU). À défaut, au moins lui fallait-il une coalition *ad hoc*, *a coalition of the willings*, selon la doctrine du « multilatéralisme à la carte » mise au point par Richard Haass et dont j'ai parlé l'an dernier.

D'un point de vue strictement militaire, le Pentagone n'avait pas besoin d'alliés. Rumsfeld l'a répété au fil des mois, même à l'adresse du Royaume-Uni, pour éliminer tout doute à ce sujet. Mais, d'une part, le département d'État était préoccupé par la légitimité externe de la politique

4. Nicolas Kessler, *Le Conservatisme américain*, Paris, PUF, coll. « Que sais-je ? », 1998.

étrangère américaine dans son ensemble, et donc par les interférences possibles entre la question irakienne et les autres dossiers. D'autre part et surtout, le chef de la Maison-Blanche, sensible à la fragilité de son opinion publique, souhaitait un minimum de soutiens extérieurs pour la conforter. Cela dit, dès le début de la crise, la position de Washington vis-à-vis des Nations unies a été paradoxale. Intervenant devant l'Assemblée générale le 12 septembre, George W. Bush renversait l'argumentation habituelle en mettant en cause la crédibilité de cette organisation, et non pas la légalité ou la légitimité de l'action des États-Unis. En clair, il affirmait que la superpuissance interviendrait de toute façon et que l'intérêt de l'ONU, pour sa propre survie, et donc pour ne pas subir le destin de la Société des Nations (SDN) dans l'entre-deux-guerres, était de suivre son leadership.

Dans cette attitude, il y avait une posture générale et une stratégie diplomatique particulière. La posture générale concerne la place des Nations unies dans le système international. Plus le poids d'un État est actuellement ou potentiellement faible, plus cet État tend à considérer l'ONU comme la clef de voûte de l'ordre mondial. Ainsi, pour la France, les références à l'ONU se sont-elles multipliées à mesure que sa puissance relative diminuait. En tant qu'unique superpuissance – et de loin –, l'idéologie néo-conservatrice aidant, l'Amérique d'aujourd'hui ne reconnaît aucun rôle central à l'Organisation. Elle refuse purement et simplement le postulat – non conforme à la réalité historique de l'après-Seconde Guerre mondiale – d'après lequel la légalité d'une intervention extérieure dépendrait d'un vote au Conseil de sécurité. Non sans pertinence, elle considère en outre qu'une organisation prétendument universelle qui choisit la Libye pour présider une Commission des droits de l'homme se discrédite purement et simplement. En un mot, à une époque où l'on proclame un peu partout la mort du « système westphalien », le premier État du monde affirme haut et fort sa souveraineté absolue, et donc le droit de décider tout seul, exclusivement selon les principes de sa Constitution, de faire ou de ne pas faire la guerre. Cette position abrupte se manifeste dans des domaines connexes, comme le refus de la Cour pénale internationale et la multiplication d'accords bilatéraux – notamment avec les pays d'Europe de l'Est qui viennent de rejoindre l'Organisation du traité de l'Atlantique Nord (OTAN) –, accords destinés à soustraire les citoyens américains à la justice internationale. Sur ce point fondamental, la position actuelle de la France est diamétralement opposée.

Quant à la stratégie diplomatique particulière, elle a consisté à situer le débat au sein de la « communauté internationale » (une expression qu'il conviendrait de toujours employer avec des guillemets) sur le terrain des armes de destruction massive. Sur ce point, Washington n'avait sans doute pas le choix. Une possibilité théorique eut été de se référer aux droits de l'homme et de demander explicitement le feu vert de l'ONU afin de renverser un régime tyrannique pour ses ressortissants et dangereux pour ses voisins. Mais le droit d'ingérence n'en est qu'à ses balbutiements et le Royaume-Uni lui-même n'aurait sans doute pas suivi les États-Unis sur ce terrain. Vrai ou faux, le malentendu diplomatique était donc total, et ce, dès le début de la crise. On parlait des armes de destruction massive, mais le véritable enjeu était le renversement du régime irakien.

Pendant de longues semaines, diplomates, experts en désarmement, observateurs ont argumenté sur la nature et l'urgence de la menace que les armes de Saddam Hussein faisaient peser sur la « communauté internationale », et sur les mesures susceptibles d'y parer. Tout au long de la crise, les Américains, soutenus par les Britanniques, ont fait état d'informations invérifiables tendant à magnifier le danger des armes de destruction massive. Aucune proposition pour renforcer les régimes d'inspection ne pouvait satisfaire Washington et Londres, et l'on en est arrivé à cette situation pour le moins paradoxale et même absurde consistant à affirmer qu'il appartenait à Saddam lui-même de prouver qu'il ne disposait pas d'armes.

Un moment cependant, ceux qui refusaient de considérer la guerre comme inéluctable ont cru avoir gagné. Le 8 novembre 2002, après d'âpres discussions où apparemment chacun fit des concessions, le Conseil de sécurité vota à l'unanimité (y compris la Syrie) le résolution 1441. Celle-ci faisait obligation à Saddam de fournir la liste des armes et facilités en sa possession, d'accepter le retour des inspecteurs de l'ONU et de leur ouvrir tous les sites. En cas de *material breach* (violation patente) dûment constatée par le Conseil, une intervention militaire légitimée par l'organisation internationale devenait concevable. Mais les batailles de juristes, comme celles des experts en général, sont rarement décisives aux yeux des opinions publiques et des politiciens qui les manipulent. En l'occurrence, le scrutin unanime de la résolution 1441 n'avait été possible qu'en raison des ambiguïtés du texte ouvrant la voie à des interprétations contradictoires.

Le fait est qu'au moment où les Français jubilaient modestement, la presse américaine présentait le résultat comme un triomphe de Bush, lequel venait tout juste de remporter une victoire historique aux *mid-term elections* (élections de mi-mandat). Saddam s'empressa d'accepter la résolution. Il constitua dans les délais requis de volumineux dossiers, dont Washington a eu connaissance, semble t-il, avant l'ONU, et ouvrit ses palais aux inspecteurs. Très rapidement, les polémiques reprirent de plus belle. On se souvient de la séance du 20 janvier 2003 au Conseil de sécurité, dont l'ordre du jour portait sur le terrorisme, où Dominique de Villepin s'en prit à Colin Powell au sujet de l'Irak. On se souvient plus encore de la séance du Conseil, le 5 février, où le secrétaire d'État tenta de convaincre ses partenaires de la réalité de la menace des armes de Saddam. L'importance de ce dernier épisode doit être soulignée. Trois mois après la fin de la guerre et l'installation de la Coalition en Irak, aucun fait n'a encore corroboré les affirmations américano-britanniques de l'époque, d'où une polémique à Londres, mais aussi à Washington, qui n'en est peut-être qu'à ses débuts. Les conséquences pourraient en être lourdes pour les crises futures dont l'enjeu serait à nouveau les armes de destruction massive. L'écho des fortes paroles du ministre allemand des Affaires étrangères, prononcées à la conférence sur la politique de sécurité en Europe à Munich, le 8 février 2003, résonne encore : Joschka Fischer s'écriait à destination de Donald Rumsfeld : « Vous ne m'avez pas convaincu. » Et pour cause : le véritable enjeu de la crise, comme on l'a dit, n'était pas les armes, mais Saddam lui-même.

Mais le compte à rebours était entamé. Les faucons de la Maison-Blanche et du Pentagone avaient un calendrier. Il fallait en finir avec Saddam avant l'été 2003. D'une part, les militaires souhaitaient éviter d'avoir à mener des opérations en période de grande chaleur, surtout au cas où les soldats auraient dû revêtir des combinaisons protectrices. D'autre part, dès lors que le *la* était donné, la crise ne pouvait pas se prolonger à l'excès. Elle pesait lourdement sur les anticipations économiques. Il fallait aussi être disponible, dès la seconde moitié de l'année, pour préparer l'élection présidentielle de 2004. En février et mars, les événements se précipitèrent donc et se cristallisèrent sur la question de la seconde résolution. Tout en prétendant que la résolution 1441 se suffisait à elle-même, George W. Bush se montra sensible à l'argumentation politique de Tony Blair en faveur d'un texte plus musclé, en dépit de la minceur des justifications objectives de la marche à la guerre. Plus nettement encore qu'au cours des six mois précédents, la France prit la tête du « camp de la paix » et entreprit une campagne active pour assurer la défaite d'une nouvelle résolution d'inspiration américano-britannique. Elle espérait ainsi ne pas avoir à opposer son droit de veto, sans toutefois écarter cette hypothèse. Face à l'imbroglio, et tirant le meilleur parti de la situation au jour le jour, Washington déclara en substance qu'à cause de l'obstruction française, les États-Unis renonçaient à un retour devant le Conseil de sécurité. Bush somma Saddam de choisir entre l'exil et la guerre. Le jeudi 20 mars vers 4h30 du matin, la guerre commençait avec un coup d'essai – infructueux – pour décapiter le régime. La nouvelle suscita aussitôt une hausse des bourses et une baisse des prix du pétrole.

La seconde guerre du Golfe

Il est trop tôt pour analyser sérieusement la seconde guerre du Golfe, à laquelle les États-Unis ont donné le nom significatif de « Liberté pour l'Irak ». Progressivement, les témoignages se multiplieront et ils seront complétés, ultérieurement, par les archives.

Nul ne pouvait ignorer qu'en 2003, le potentiel militaire de l'Irak était considérablement inférieur à celui – à l'époque déjà volontairement surestimé – de 1991. Tout le monde savait aussi que, depuis la première guerre du Golfe, les capacités américaines avaient au contraire beaucoup augmenté, notamment sur le plan technologique. Malgré tout, on avait imaginé qu'au fil des mois, les unités de Saddam avaient eu le temps nécessaire pour tendre des pièges aux forces américano-britanniques. Surtout, on s'attendait à une rude bataille dans les villes et particulièrement à Bagdad. Certes, la capitale irakienne n'est pas la Kasbah d'Alger, et aucun militaire professionnel n'envisageait sérieusement un remake de la bataille de Stalingrad. Beaucoup d'experts, notamment à Paris ou à Moscou (certains ne prenaient-ils pas leurs désirs pour des réalités ?), prévoyaient en tout cas une guerre de plusieurs mois. Or, cette fois comme en 1991, la Coalition n'a rencontré aucune résistance sérieuse et Bagdad est tombé avec une facilité surprenante. Le travail préalable des services secrets, notamment pour acheter les généraux de Saddam Hussein, et l'impressionnante efficacité des forces américaines ont porté leurs fruits. Comment expliquer autrement la volatilisation des troupes irakiennes ? Ce qui est d'ores et déjà certain, c'est que l'opération « Liberté pour l'Irak » a été remarquablement préparée, une constatation qui donne encore plus de poids à l'hypothèse selon laquelle les États-Unis étaient déterminés à en finir avec Saddam, quelles que pussent être les complications diplomatiques.

Les arrière-plans de la guerre ne seront connus que plus tard, et toute dissertation trop longue sur le sujet est d'autant plus vaine aujourd'hui que, pendant son déroulement, la désinformation a battu son plein. En revanche, on peut parler de la perception du conflit, une réalité majeure du point de vue politique – et très riche d'enseignements. En fait, les opinions publiques étaient partagées entre la croyance en une victoire éclair – en imaginant que les soldats de la Coalition seraient accueillis en libérateurs – et la crainte ou peut-être, dans certains cas, l'espoir secret que les hommes de Saddam parviendraient à exploiter le nationalisme irakien – lequel se construit lentement mais sûrement depuis la création du pays sur les décombres de l'Empire ottoman – et opposeraient ainsi une véritable barrière aux envahisseurs. La victoire n'ayant pas été acquise dès les premiers jours, la population irakienne – très méfiante et encore encadrée de près par le parti Baas – n'ayant pas immédiatement acclamé les arrivants, notamment les Britanniques à Bassorah, et quelques poches de résistance se manifestant ici ou là, on commença un peu partout, et même aux États-Unis, de parler d'une défaite, en tout cas pour le Pentagone et pour Rumsfeld. Celui-ci paraissait d'autant plus déstabilisé qu'une brochette de généraux en retraite avaient publiquement pris position contre sa stratégie. On se demanda si le refus opposé par le Parlement turc – les islamistes « modérés », conduits par Recep Tayyip Erdogan, avaient gagné les élections anticipées du 3 novembre – d'ouvrir un front nord n'allait pas compromettre toute l'opération. On évoqua le spectre d'une sorte de Suez à rebours. Et maints commentateurs, toujours à la recherche de formules percutantes, n'hésitaient pas à proclamer que d'ores et déjà les États-Unis avaient perdu la « bataille des images ».

La confusion ne devait pas se prolonger. Les Américains s'emparèrent sans difficultés de Bagdad. Le 9 avril, la chute d'une statue de Saddam, dans le centre de la capitale, marqua la fin symbolique de la guerre. Certains n'hésitèrent pas à comparer la scène à l'ouverture du mur de Berlin, le 9 novembre 1989. Quelques jours plus tard, le 14, Tikrit – le fief du dictateur – se rendait. Washington menaçait explicitement la Syrie de ses foudres au cas où elle accueillerait les fugitifs du régime déchu. Rumsfeld triomphait. Ses adversaires aux États-Unis, et beaucoup de ceux qui, à l'étranger, s'étaient engagés contre l'expédition, se trouvèrent à leur tour dans l'embarras. Cet embarras allait croître dans les semaines suivantes, quand se multiplièrent les témoignages sur les atrocités de la dictature. Le « camp de la paix », au sein duquel le Saint-Siège et la France s'étaient distingués, n'en avait-il pas trop fait en donnant l'impression de soutenir un régime insoutenable ? On constata aussi que les Américano-Britanniques étaient finalement plutôt bien reçus par la population, dans la mesure, il est vrai, où l'on attendait d'eux des miracles. Mais les difficultés pour les troupes d'occupation ne tardèrent pas à se manifester. Les troupes américaines semblèrent incapables de rétablir l'ordre civil. Le pillage (ultérieurement relativisé) du musée de Bagdad apparut comme un symbole de cette carence. La désorganisation de la vie quotidienne suscita même chez certains Irakiens une nostalgie de l'ordre ancien et favorise certainement les actions de résistance. En tout cas, dès la mi-avril, une nouvelle phase s'ouvrait, celle de l'après-guerre, manifestement beaucoup moins bien préparée que la précédente. Cela, les observateurs objectifs n'en avaient jamais douté.

Le « camp de la paix » et ses contradictions

À ce stade, il convient de faire une pause et de revenir sur la crise, cette fois du côté du « camp de la paix », ce qui nous conduira notamment à nous interroger sur les relations euro-américaines et leur avenir. Dans les premiers mois de sa présidence, George W. Bush s'était acquis une solide réputation d'« unilatéraliste », qui ne s'est guère atténuée avec sa manière de conduire la « guerre contre le terrorisme » après le 11 septembre. Au regard des États qui n'ont pas renoncé à concevoir une politique étrangère à l'échelle du système international dans son ensemble, l'idée que ce système puisse être gouverné par un seul – fût-il bienveillant – est inacceptable. On ne doit pas confondre pareille attitude avec un antiaméricanisme plus ou moins diffus sur la planète, dont les causes sont généralement culturelles autant que politiques, ou bien résultent d'une combinaison des deux[5].

Aucune hégémonie ne peut être consacrée. Aucun État n'a vocation à diriger les autres. Peut-être certains pays, comme la Chine, pensent-ils, pour résoudre la question, à une politique d'équilibre[6], à la manière de l'Europe classique. Mais, au début du XXIe siècle, son produit intérieur brut (PIB) ne représentait encore que 11 % de celui des États-Unis, pour une population quatre fois plus nombreuse, et les dirigeants de Pékin savent bien qu'un affrontement avec les États-Unis sur un enjeu non directement vital pour l'empire du Milieu (typiquement Taiwan) reste hors de question. La Russie, de son côté, commence à peine à se remettre de la chute de l'URSS et ses perspectives démographiques ne l'autorisent pas à tabler sur un rétablissement rapide. Elle a dû, depuis 1992, avaler toutes les couleuvres, y compris l'élargissement maximal de l'OTAN jusqu'aux trois pays baltes, ou l'installation de bases américaines dans les anciennes républiques soviétiques d'Asie centrale. Après le 11 septembre, Poutine a opté pour une entente avec les États-Unis sur laquelle il ne reviendra pas tant que Washington ne le contrariera pas sur l'essentiel, à ses yeux, c'est-à-dire l'unité de la Fédération et sa reconstruction économique. Pour s'en tenir aux membres permanents du Conseil de sécurité des Nations unies, les deux autres pays ont fait des choix apparemment opposés. À la fin de la Seconde Guerre mondiale, Churchill a inventé le concept de *special partnership*. Désormais, le Royaume-Uni devait se tenir soudé aux États-Unis quoi qu'il arrive, bornant ses ambitions à tenter d'influencer le grand frère de l'intérieur. Ainsi, en 1990-1991, Margaret Thatcher eut-elle effectivement un rôle déterminant auprès de George H. W. Bush en le convainquant d'expulser Saddam Hussein du Koweït. En 2002-2003, Tony Blair n'a pas hésité à chausser les bottes de George W. Bush – malgré les réticences de son opinion publique –, tout en le poussant avec un succès mitigé à ne pas négliger totalement l'ONU. Un Français peut se demander ce que le Royaume-Uni a véritablement gagné à un alignement systématique sur la superpuissance depuis maintenant près de 60 ans. Pour les Britanniques, la question ne se pose pas.

Reste la France. Il est intéressant de voir comment Henry Kissinger, observateur et acteur exceptionnellement avisé, et fin connaisseur de l'Europe, dont il est originaire, se représente nos aspirations. « La propension de la France à s'associer avec les pays prêts à accepter son hégémonie a été une constante de sa politique étrangère depuis la guerre de Crimée. Incapable d'occuper une position dominante dans une éventuelle alliance avec la Grande-Bretagne, l'Allemagne, la Russie ou les États-Unis, et considérant une position secondaire comme inacceptable avec son idée de la grandeur nationale et avec son rôle messianique dans le monde, la France a recherché le leadership dans des ententes avec des puissances de moindre rang – avec la Sardaigne, la Roumanie et les États allemands intermédiaires du XIXe siècle, avec la Tchécoslovaquie, la Yougoslavie et la Roumanie pendant l'entre-deux-guerres. On peut noter que la politique étrangère de la France après de Gaulle n'a pas été menée différemment. Un siècle après la guerre franco-allemande de 1870, le problème d'une Allemagne plus puissante continuait d'obséder la France. Elle fit le choix courageux de

5. Jean-François Revel, *L'Obsession américaine*, Paris, Plon, 2002 ; Philippe Roger, *L'Ennemi américain*, Paris, Le Seuil, 2002.
6. Thierry de Montbrial, *L'Action et le système du monde*, Paris, PUF, 2002 (seconde édition, coll. « Quadrige », 2003).

rechercher l'amitié de ce voisin redouté et admiré. Or la logique géopolitique aurait dû l'inciter à créer des liens étroits avec les États-Unis, ne fût-ce que pour accroître sa liberté de manœuvre. Mais la fierté de la France empêcha ces liens de se tisser et la conduisit à vouloir, parfois de manière irréaliste, un regroupement quel qu'il soit – à la limite *n'importe quel* regroupement européen – pour contrebalancer l'influence des États-Unis, au risque de voir l'Allemagne occuper une position dominante sur le continent. À cet égard, la France a agi à l'occasion comme une sorte d'opposition parlementaire au leadership américain, s'efforçant de construire une Communauté européenne susceptible d'offrir une solution de rechange à ce leadership et cultivant des liens avec des pays qu'elle pourrait (ou pensait pouvoir) dominer[7]. »

L'intérêt de ce texte est d'abord de révéler l'incompréhension de son auteur pour la signification historique de l'Union européenne. Il est à peine utile de préciser que si un Kissinger en est (toujours) là, *a fortiori* est-ce le cas, d'une manière générale, pour les élites américaines. Que cette Union soit un nouveau type d'unité politique en devenir, actuellement intermédiaire entre une organisation régionale et une fédération, est insaisissable pour les Américains, à l'exception peut-être d'une poignée de spécialistes. Il faut ajouter cependant que, de ce côté de l'Atlantique, nous ne facilitons pas les choses, ce qui donne tout de même un certain poids au propos de l'ancien secrétaire d'État de Richard Nixon. On distingue souvent en France les centristes européens de cœur et les gaullistes européens de raison, les premiers tendus vers le modèle de la fédération, les seconds vers une construction interétatique. En réalité, il y a de plus en plus de gaullisme chez les centristes et de centrisme chez les gaullistes. Et, au vocabulaire près, cette ambiguïté ou plutôt cette oscillation se retrouve à des degrés divers chez tous les membres de l'Union. Cela n'a pourtant pas empêché l'intégration européenne de se poursuivre, jusqu'ici, selon la logique dite de l'engrenage[8]. Reconnaissons tout de même que l'intelligence interne et externe du processus d'intégration ne s'en trouve pas facilitée.

Revenons-en maintenant à la crise irakienne. En se dressant face à l'Amérique de George W. Bush, Jacques Chirac et Dominique de Villepin avaient la conviction de parler au nom de l'immense majorité de la population mondiale, et de se conformer à la vocation européenne telle qu'ils la conçoivent : vocation d'une Europe occupant une place majeure dans un monde « multipolaire », aux côtés des États-Unis bien sûr, mais aussi d'autres « pôles » comme la Chine, l'Inde ou même la Russie, et contribuant au bon ordre du monde non pas seulement ni même principalement dans le cadre d'un équilibre des puissances par ailleurs souhaitable, mais par le respect d'une règle du jeu internationale, celle qu'impose aujourd'hui théoriquement le cadre de l'ONU. Face à notre fougue, la Russie et, *a fortiori*, la Chine eurent beau jeu de nous laisser seuls en première ligne. Malheureusement, notre posture manquait de cohérence, comme notre vision de l'Europe elle-même.

À cet égard, la commémoration du 40e anniversaire du traité de l'Élysée, le 22 janvier 2003, marqua peut-être un tournant. Ce jour-là, en pleine crise irakienne, les 1200 députés des deux pays se réunirent en grande pompe à Versailles. Le président Chirac déclara : « Notre ambition est de refonder l'Europe. » Déjà, 40 années plus tôt, le traité de l'Élysée avait suscité une polémique par rapport aux États-Unis, la République fédérale ayant jugé nécessaire de le coiffer d'un préambule le vidant en partie de son sens, aux yeux du général de Gaulle. Dans le contexte de 2003, la coalition du chancelier sortant ayant été reconduite de justesse le 22 septembre précédent, l'anniversaire permettait de célébrer les retrouvailles entre les deux pays après une longue période de refroidissement. Sans doute pour cette raison, la manifestation resta bilatérale, alors que l'occasion aurait pu être saisie pour en faire un événement véritablement européen. Or l'Allemagne, appelée à présider le Conseil de sécurité en février 2003, s'était opposée frontalement aux États-Unis sur la question irakienne, Gerhard Schröder ayant opté pour une attitude pacifiste à la fin de sa campagne électorale, grâce à quoi il fut réélu. Les motivations de la France ne devaient rien au pacifisme, mais s'inscrivaient plutôt dans une tradition gaulliste en l'occurrence très populaire. Toujours est-il qu'au mois de janvier, alors que l'on s'approchait de l'heure de vérité

7. Henry Kissinger, *Diplomatie*, Paris, Fayard, 1996.
8. Thierry de Montbrial, *L'Action et le système du monde*, *op. cit.*

pour Saddam Hussein, on eut l'impression que l'« axe franco-allemand » se reformait *contre* les États-Unis, une situation sans précédent pendant la guerre froide.

Alors, l'Europe se divisa ouvertement, évidemment avec la main de Washington. D'un côté, la France et l'Allemagne, aimablement qualifiées de « vieille Europe » par Donald Rumsfeld ; de l'autre, le Royaume-Uni, l'Espagne, l'Italie et les anciens pays du bloc communiste, nouveaux adhérents de l'OTAN ou de l'Union européenne, un ensemble qualifié de « nouvelle Europe ». José Maria Aznar était cohérent avec lui-même. Proche idéologiquement du libéralisme de George W. Bush, convaincu que son devoir était de ne pas ménager son soutien au président américain dans la « guerre contre le terrorisme », se jugeant marginalisé par les grands de l'Europe continentale, le président du gouvernement espagnol n'hésita pas à braver son opinion publique. Silvio Berlusconi, à l'égard duquel ses partenaires européens éprouvent bien des réserves et qui se sent donc un peu isolé, prit aussi le parti de Washington. Quant aux pays candidats, dont personne dans l'Union n'avait demandé l'avis, tout les conduisit à pencher vers l'Amérique puisque celle-ci les appelait à s'exprimer clairement. Ils estimaient devoir aux États-Unis leur liberté retrouvée et leur admission dans l'OTAN, et c'est à eux qu'ils faisaient confiance comme protecteurs ultimes. Comment pouvait-on, par ailleurs, leur reprocher de ne pas souscrire à une politique commune qui n'existait pas, alors que, de surcroît, ils ne font pas encore partie du club ? Dans ces conditions, ils vécurent douloureusement le reproche formulé par la France dans les termes les plus crus et l'accusèrent de se conduire à leur égard comme elle reprochait elle-même aux États-Unis de se comporter vis-à-vis de leurs alliés.

Sur le fond, c'est donc la France qui, de l'automne 2002 au début de la guerre en mars 2003, exprimera de la manière la plus articulée et la plus continue son opposition à la politique américaine. Trois considérations interdépendantes semblent avoir inspiré le président de la République et son ministre. La première, déjà évoquée, largement populaire sur la planète, concerne la gouvernance du système international lui-même. La France milite pour un système multipolaire régulé dans le cadre de l'ONU. Malheureusement, il n'existe actuellement aucun pôle s'approchant, même de loin, de la puissance américaine, et la crédibilité des Nations unies pour les grandes affaires est faible, depuis toujours, pour des raisons sur lesquelles je reviendrai. La seconde considération, également très partagée en France et au-delà, concerne le terrorisme. Traumatisés par le 11 septembre, les États-Unis ont jusqu'à ce jour refusé d'aborder le débat sur les causes de ce fléau. Toute la question, en l'occurrence, était de savoir si une action comme le renversement du régime irakien risquait d'être perçue comme néo-colonialiste, et donc d'accroître le vivier du terrorisme international. Maintenant que la guerre a eu lieu, les faits trancheront. La France, enfin, cette fois encore comme beaucoup de pays qui ont vécu les guerres coloniales, ne pouvait que s'inquiéter de l'après-Saddam. De ce point de vue, la position de Jacques Chirac rappelle le célèbre discours du général de Gaulle à Phnom-Penh, le 1er septembre 1966. Ce jour-là, le Général avait manifesté une remarquable prévoyance des difficultés qui attendaient les États-Unis au Vietnam. À l'époque, l'opinion américaine s'était déchaînée contre nous. Il est vrai qu'en ce temps-là, le contentieux franco-américain était particulièrement lourd. En ce qui concerne aujourd'hui l'opération « Liberté pour l'Irak », il est incontestable que les États-Unis s'y sont engouffrés sans regarder au-delà de l'horizon de la victoire militaire.

En France même, la politique du président Chirac et le style de son ministre ont suscité quelques polémiques. L'inspiration en était noble et conforme à notre goût pour le panache. Mais, face à la détermination américaine, nous n'avons pesé que notre poids. Quelles leçons pouvons-nous tirer de cet épisode ? Toute réflexion à ce sujet implique une évaluation des conséquences immédiates des événements des derniers mois sur l'Organisation des Nations unies elle-même et sur les relations euro-américaines.

La mort de l'ONU ?

Au lendemain de la crise irakienne, de nombreux commentateurs ont proclamé la mort de l'ONU, faisant écho à George W. Bush lui-même qui, en septembre – je l'ai rappelé plus haut –, avait évoqué le spectre de la SDN. En réalité, l'acte de décès des Nations unies n'est pas prêt d'être signé, car cette organisation est un forum indispensable, dans l'intérêt bien compris de ses 191 membres, pour négocier ou donner un habillage juridique à d'innombrables actes de la vie internationale. Ses organisations spécialisées souffrent des défauts de toutes les bureaucraties, mais elles rendent des services reconnus. Je ne m'attacherai pas ici sur les aspects positifs de l'ONU : ils sont tels que, si elle n'existait pas, il faudrait l'inventer.

Là où le bât blesse, c'est qu'en dépit de l'accroissement de l'interdépendance, les États continuent de n'admettre aucune autorité supérieure à la leur lorsque leurs intérêts vitaux sont en jeu. La notion d'intérêt vital est délicate et résulte d'une interaction complexe entre gouvernants et gouvernés dont j'ai traité ailleurs[9], mais elle fait toujours sens. Certains juristes prétendent qu'indépendamment des cas patents de légitime défense, seules les guerres explicitement autorisées par le Conseil de sécurité sont légales. Symétriquement, on peut soutenir que seules les guerres explicitement condamnées par ledit Conseil sont illégales. De ce point de vue, la seconde guerre du Golfe tomberait dans un vide juridique, n'ayant été ni autorisée, ni condamnée. Faute de légalité, on peut débattre de sa légitimité, douteuse pour ceux qui s'arc-boutent sur la question des armes de destruction massive, évidente aux yeux des militants des droits de l'homme ou des partisans du droit d'ingérence. La guerre ayant eu lieu, l'histoire jugera en fonction de la suite des événements, et tout particulièrement de la continuité et de la cohérence dans la durée de la politique américaine. Pour ce qui concerne l'ONU, l'important est de remarquer que, seulement deux fois dans son histoire, une guerre a été explicitement autorisée par le Conseil de sécurité[10]. La première fut la guerre de Corée. En 1950, l'intervention américaine consécutive à l'invasion de la Corée du Sud par les troupes de Kim Il Sung n'a tenu sa légalité onusienne qu'à des circonstances très particulières. La République de Taiwan (Formose) occupait alors le siège réservé à la Chine au Conseil de sécurité. Pour protester contre ce fait (Mao Zedong venait de prendre le pouvoir à Pékin), Moscou pratiquait la politique de la chaise vide. 40 ans plus tard – c'est le second cas –, l'ONU ne put autoriser l'expédition montée par les États-Unis contre Saddam Hussein afin de le chasser du Koweït qu'en raison de l'affaiblissement de l'URSS. L'intérêt de la Chine – encore traumatisée par les « incidents » de la place Tienanmen – était de s'abstenir. En 1999, l'intervention contre la Serbie de Milosevic a été – péniblement – décidée par l'OTAN, mais en dehors de l'ONU. Après le 11 septembre, les États-Unis n'auraient eu aucune difficulté à obtenir le feu vert du Conseil de sécurité pour attaquer les Talibans, mais ils ne l'ont pas jugé nécessaire.

Non sans arguments, les puristes considèrent que le droit international n'est pas véritablement du droit. Quelle que soit sa composition, le Conseil de sécurité n'est pas une assemblée de juges. Les États-Unis sont moins que jamais disposés à le considérer comme une sorte de directoire plus ou moins tournant. En reportant sur le Conseil le vieux rêve gaullien d'un directoire, on ne peut qu'aboutir à une impasse. Le Conseil ne peut fonctionner que dans les cas où tous ses membres acceptent de rechercher, face à un problème concret, un minimum de consensus. Le secrétariat de l'Organisation n'a en propre aucune force exécutoire. Parmi les États qui pourraient lui fournir des moyens, aucun n'y est disposé. Dans le système onusien, pour les grandes affaires, la place réelle de chacun reste celle qu'il est parvenu à prendre selon ses ressources, sa volonté de les mobiliser, sa persévérance, mais aussi en fonction des circonstances. En dernier ressort, c'est le principe de souveraineté qui l'emporte. Malgré ses imperfections, l'ONU est supérieure à la SDN et plus encore au vide. L'idée que les États souverains ne peuvent se lancer *ex abrupto* dans n'importe quelle aventure s'est progressivement imposée. Les États-Unis eux-mêmes ne l'ignorent pas. Sans doute faut-il chercher à améliorer l'ONU. Comme toute organisation, elle doit s'adapter à l'évolution des circonstances. On n'a pas fini de débattre sur le Conseil de sécurité, en particulier de sa composition et du droit de veto. Mais il faut bien comprendre qu'aucune réforme institutionnelle ne résoudra la question politique fondamentale, c'est-à-dire le fait de

9. Thierry de Montbrial, *L'Action et le système du monde*, *op. cit.*

10. Sur le développement qui suit, voir Thierry de Montbrial, *Mémoire du temps présent*, Paris, Flammarion, 1996, ch. II, « À la recherche de la paix perpétuelle ».

la souveraineté. Les intellectuels qui proclament la fin du « système westphalien » vont trop vite en besogne. Toute politique dérivée du postulat selon lequel l'ordre international est une affaire de gravitation autour du Conseil de sécurité ne reposerait que sur du sable mouvant.

La guerre contre Saddam Hussein une fois achevée, l'utilité de l'ONU s'est d'ailleurs rapidement manifestée. La coalition américano-britannique étant devenue puissance occupante en Irak, il fallait au plus vite élaborer un cadre juridique. Une tradition existe en la matière, qui a d'ailleurs occasionnellement donné lieu à controverse, par exemple à propos des territoires occupés par Israël après la guerre de 1967. L'occupation est une situation de fait, régie en principe par des conventions internationales. Une autorité d'occupation est supposée gérer « en bon père de famille » les affaires courantes. Cela commence avec le maintien de l'ordre public, d'où la polémique sur la passivité des troupes américaines à Bagdad face aux pillards dans les jours suivant l'effondrement du régime de Saddam Hussein. Toujours en principe, une puissance occupante n'est pas supposée prendre des décisions qui engagent l'avenir à long terme du pays provisoirement soumis.

Dans le cas de l'Irak, cela entraînait l'impossibilité théorique, pour l'Autorité dirigée par Paul Bremer, de mettre en place une politique pétrolière. Or, dans la situation de l'après-Saddam, le pétrole est la seule ressource d'exportation. Un calcul immédiat montre que, dans le meilleur des cas, cette ressource est bien faible par rapport aux immenses besoins potentiels. À son maximum dans le passé, la production irakienne a atteint le niveau de 3 millions de barils par jour. En admettant que l'on puisse y revenir – cela suppose des investissements considérables qui, par définition, engagent durablement l'avenir, comme plus généralement toute action de reconstruction –, on arriverait à des recettes annuelles de l'ordre de 25 milliards de dollars, sur la base optimiste d'un prix du pétrole de 25 dollars le baril. Même si les frais d'occupation eux-mêmes ne sont pas imputés sur ce budget, on comprend qu'après la chute de Bagdad la question du « long terme » se soit immédiatement posée à la Coalition. Cette fois, les États-Unis n'ont rencontré aucune résistance au sein du Conseil de sécurité, qui vota sans broncher, le 22 mai 2003, la résolution 1483 reconnaissant à l'Autorité d'occupation les pouvoirs les plus étendus, y compris en matière pétrolière, à charge pour elle de céder la place le plus rapidement possible – sans calendrier précis toutefois – à un gouvernement national légitime. À ce stade, l'ONU a parfaitement joué son rôle de facilitateur. Pour les Américains et les Britanniques, bien sûr, les difficultés ne font que commencer.

Divorce euro-américain ?

Dans leur psychologie post-11 septembre, les Américains ne se font pas une haute idée de l'Europe, ce que traduit bien le succès de la thèse de Robert Kagan opposant la position « vénusienne » du Vieux Continent à celle, « martienne », du Nouveau[11]. Pendant la crise de 2002-2003, à mesure que l'opinion publique américaine se ralliait à la bannière de son président, l'animosité à l'encontre de l'Allemagne et surtout de la France se développa fortement, au point de prendre, en ce qui concerne notre pays, la forme sans précédent d'une campagne orchestrée par la Maison-Blanche. Ce que l'on reprocha le plus à la France, c'est d'avoir tenté de former une coalition contre les États-Unis, sur une affaire que la superpuissance, à tort ou à raison – là n'est pas la question dans l'optique américaine –, jugeait d'un intérêt vital. Dans le contexte évidemment très passionnel de l'immédiat après-Saddam, les élites d'outre-Atlantique s'interrogeaient explicitement sur l'attitude à tenir désormais vis-à-vis de l'Union européenne.

On parle beaucoup, depuis l'élection de George W. Bush, et plus encore depuis le 11 septembre, de l'antiaméricanisme, sans remarquer suffisamment qu'un sentiment anti-européen – et pas seulement anti-français – a pris corps de l'autre côté de l'océan. Pendant la guerre froide, les États-Unis ont constamment soutenu l'œuvre d'intégration européenne, non certes sans arrière-pensées. Washington a en effet toujours redouté – en même temps sans trop croire à sa possibilité – l'émergence d'une « Europe puissance », et toujours soupçonné la France, non sans de bonnes raisons, d'avoir

11. Robert Kagan, *La Puissance et la faiblesse. Les États-Unis et l'Europe dans le nouvel ordre mondial*, Paris, Plon, 2003.

cet objectif en tête pour faire contrepoids à l'Amérique. Cette crainte s'étendait même au domaine économique et monétaire. Dans les années 1970, le Système monétaire européen (SME) fut ressenti comme une agression contre le dollar. Dans les années 1990, la réaction à la création de l'euro fut plus sceptique qu'agressive. Malgré toutes les ambiguïtés, on peut tout de même dire que, jusqu'ici, la construction européenne s'est faite avec un soutien généralement passif et parfois actif des États-Unis.

Ce qui est nouveau à présent – et il est trop tôt pour juger s'il s'agit d'un véritable tournant ou seulement d'une passade –, c'est que la superpuissance semble tentée de jouer explicitement contre l'unification européenne. Je ne reviens pas sur les divisions tactiques pendant la crise irakienne. Certains néo-conservateurs autour de Donald Rumsfeld ont caressé l'idée de faire l'impasse sur l'Allemagne et sur la France – en tirant parti de la mise à l'écart volontaire de notre pays au sein de l'OTAN – et de resserrer fortement les liens avec l'Europe « britannique », celle-ci comprenant à leurs yeux l'Espagne et l'Italie, mais aussi et peut-être surtout la Pologne, la Hongrie, la République tchèque ainsi que les pays baltes, la Slovaquie et la Slovénie, voire la Roumanie et la Bulgarie. Ces derniers pays ont été invités à rejoindre l'Alliance atlantique au sommet de Prague, le 21 novembre 2002, et leur situation géostratégique est bien adaptée aux « nouvelles menaces », et donc aux exigences d'une stratégie rénovée de l'OTAN, impliquant une force multinationale d'intervention rapide en tout point de la planète où un État membre est susceptible d'être agressé. Dans la vision rumsfeldienne, au moins d'un moment, on permettrait à l'Union européenne de survivre du point de vue économique, mais on interdirait l'émergence d'une identité commune de sécurité et de défense. À cette fin, on travaillerait à isoler l'Allemagne et surtout la France. Le Conseil de sécurité serait contourné dans le cas où celle-ci prétendrait utiliser sa position de membre permanent pour contrarier les plans de l'Amérique.

Tout cela est du domaine du brainstorming. Les Américains ont l'art de combiner idéologie et pragmatisme. Ils possèdent en fait au plus haut point le sens des réalités. Ils savent donc fort bien que tirer un trait sur l'Allemagne et sur la France n'a pas grand sens. Sans eux, comment l'Union européenne pourrait-elle assurer sérieusement les « tâches de Petersberg », et par exemple, depuis le mois de janvier 2003, la relève de l'ONU en Bosnie ? Au mois d'avril, les États-Unis ont décidé de découper l'Irak en zones et d'attribuer l'une d'elles à la Pologne. On ne fera pas offense à ce pays en remarquant que sa capacité militaire et économique à assumer pareille charge est limitée. En bien des lieux de crise, les États-Unis ont pris l'habitude d'attendre que les Européens paient. Ainsi avons-nous porté à bout de bras les infrastructures de l'Autorité palestinienne et financé la reconstruction de l'aéroport de Sarajevo, inauguré, à l'époque par... le secrétaire d'État américain ! Imagine-t-on l'Espagne ou l'Italie prenant le relais si l'Allemagne ou la France se trouvaient mises au banc des institutions euro-atlantiques ? Il est aisé de poursuivre ce raisonnement par l'absurde.

En Irak, le secrétaire à la Défense et une partie de son entourage espéraient pouvoir très rapidement rapatrier le gros des troupes. Il est maintenant question non seulement de les maintenir, mais encore de les renforcer. Les esprits plus lucides comme Paul Wolfowitz ont bien compris que le projet d'une transformation de l'Irak en une démocratie exemplaire n'avait aucune chance de réussir sans un engagement humain et financier massif et prolongé au moins sur une décennie. Dans le cas de l'Afghanistan, l'ambition était moindre et s'est limitée à y interdire des bases pour le terrorisme international. Moyennant quoi, ce pays a été rendu aux seigneurs de la guerre. En Irak, l'échelle des problèmes est plus élevée, et le président George W. Bush continue d'affirmer que les États-Unis n'accepteront pas le retour d'un dictateur, islamique ou laïque. Pareil objectif peut-il être atteint avec le seul concours de la « nouvelle Europe » ou des pays lointains, comme l'Inde ou le Japon, qui ont bien d'autres priorités, alors que Washington risque de se trouver impliqué, dans les mois ou années qui viennent, dans bien des problèmes d'une grande complexité, au Moyen-Orient, en Asie ou ailleurs ? Rumsfeld commence à admettre ce raisonnement. Dans le même sens, une politique de stabilisation et de redressement de l'Afrique est inconcevable sans la France.

Si, maintenant, on regarde les choses du point de vue de la « nouvelle Europe », il est non moins clair que les pays concernés ne souhaitent pas avoir à choisir entre l'Amérique et le « couple franco-allemand ». Les difficultés irakiennes n'ont pas empêché les plus hauts responsables du « triangle de Weimar », Jacques Chirac, Gerhard Schröder et Alexandre Kwasniewski, de se réunir à Varsovie au mois de mai. Quand on juge les choses sur une décennie, il apparaît que des pays comme la Pologne, la République tchèque ou la Hongrie, initialement très sceptiques sur le concept d'identité européenne de sécurité et de défense, ont peu à peu appris à y trouver un intérêt. Ils savent que la géostratégie a ses lois, que les États-Unis n'appartiennent pas au continent européen, et que personne ne peut se hasarder à prédire où ils en seront dans 50 ans par rapport à eux-mêmes et par rapport au Vieux Continent. Ils savent aussi que deux précautions valent mieux qu'une. Enfin, tout au long des derniers mois, on a vu Tony Blair s'efforcer à un grand écart pour éviter le pire entre les deux rives de l'Atlantique. Et Silvio Berlusconi aborde les six mois de la présidence italienne de l'Union avec l'ambition de concilier les uns et les autres.

La politique gère les émotions mais appartient au domaine de la raison. Parler d'un divorce euro-américain est pour le moins prématuré. Mais le moment est venu, d'un côté comme de l'autre, de se poser lucidement des questions esquivées dans le passé, d'abord à cause de la guerre froide, ensuite par habitude. Les Américains doivent se demander ouvertement à quelle sorte d'Europe ils veulent avoir à faire, dans le champ du possible. Diviser les Européens leur est *a priori* facile, mais, si le raisonnement esquissé ci-dessus a quelque pertinence, une telle stratégie apparaîtrait contre-productive plus ou moins rapidement. Les encourager à poursuivre l'œuvre d'unification n'est cependant concevable pour eux que dans le cadre euro-atlantique. Si la seconde option se trouve exclue, par exemple en raison de l'opposition à la France, Washington s'orientera vers la première, selon des modalités adaptées aux circonstances pour en atténuer les inconvénients. Les Européens, de leur côté, en fait le couple franco-allemand – et peut-être faudrait-il dire la France seule –, se trouvent devant un choix de politique étrangère comme il s'en trouve rarement dans la vie des nations. Si nous continuons de rêver trop ouvertement à l'Europe européenne, c'est-à-dire une Europe puissance, contrepoids et donc rivale des États-Unis, la construction européenne tout entière basculera vraisemblablement dans le sens opposé, vers le modèle d'un espace géographique intégré sur le seul plan des sociétés civiles, et pour l'essentiel impuissant comme acteur du système international dans son ensemble. Au sein de ce système, la France demeurera certes un acteur, mais de second ou de troisième rang, selon sa capacité propre à réformer ses structures pour dégager des ressources utilisables sur le plan extérieur, ressources sans lesquelles il n'y a que gesticulation. Si nous abordons la question de l'avenir de l'Union à la manière de Louis XI, c'est-à-dire en nous interdisant les trop faciles satisfactions des effets de verbe, qui suscitent des applaudissements sans lendemain et des rancunes tenaces, pour nous concentrer sur la construction à long terme, l'Europe puissance restera une possibilité ouverte pour les générations suivantes. Pendant 40 ans, après la création de la République fédérale d'Allemagne (RFA) en 1949, les responsables allemands de tous partis refusaient de se laisser entraîner à parler de la réunification, laquelle était pourtant constamment présente dans leurs pensées, et ce, manifestement à chaque fois qu'il s'agissait de signer un traité ou une convention. La France est-elle capable d'adopter durablement une posture aussi contraire à une culture à présent tellement ancrée dans le *paraître* ? La question se pose en effet. Les élites françaises doivent le comprendre.

L'état de l'Union européenne

Sur le plan des relations transatlantiques, la crise irakienne aura servi de révélateur. Mais le contexte nous presse. Sous réserve que les procédures de ratification aillent jusqu'à leur terme, l'Union européenne passera de 15 à 25 membres le 1er mai 2004[12]. En principe, la Roumanie et la Bulgarie la rejoindront en 2007. En 2004 également, une réponse devra être donnée à la candidature de la Turquie. L'enjeu ne sera rien moins que l'identité culturelle de l'Europe. La victoire, le 3 novembre 2002, de Recep Tayyip Erdogan – Premier ministre

12. Les 10 pays dont l'adhésion a été entérinée sont : la Hongrie, la Pologne, la République tchèque, la Slovaquie, les trois pays baltes (Estonie, Lettonie, Lituanie), la Slovénie, Chypre et Malte

depuis le 22 mars, après l'intermède Abdullah Gül – n'a pas changé la donne, au contraire. Son gouvernement s'attache méthodiquement à satisfaire les critères de Copenhague et il apparaît de plus en plus que la question chypriote, longtemps comparée à la quadrature du cercle, trouvera une solution dans le cadre d'une adhésion à laquelle la Grèce elle-même se montre maintenant favorable. Si la Turquie est repoussée, il faut s'attendre à une crise européenne et euro-atlantique majeure. Si elle est acceptée, on ne pourra plus reculer devant la question des limites géographiques ultimes de l'Union. Tôt ou tard, il faudra admettre les pays des Balkans. Peut-on concevoir qu'un jour pas trop lointain la Russie se déclare à son tour candidate, ce qui n'est certes pas le cas aujourd'hui ? Mais, dans cette hypothèse que l'on ne peut pas tout à fait exclure, peut-on envisager un rejet pur et simple alors que l'on aurait admis la Turquie ?

La survie immédiate de l'Union passe par la réforme de ses institutions, autrement dit par le succès de la Convention sur l'avenir de l'Europe. L'entreprise paraissait une gageure. Suscitant une admiration générale, Valéry Giscard d'Estaing a tenu le pari de présenter, au Conseil européen de Salonique, les 21-22 juin 2003, un projet de Constitution européenne exprimant de manière cohérente la double nature, partiellement interétatique et partiellement fédérale, de cette unité politique en devenir. Parmi les équilibres à trouver, il y avait celui entre la présidence de l'Union et celle de la Commission, et celui entre les États et les peuples. Sans doute le texte est-il long et ardu, mais il constitue une vaste simplification des traités antérieurs. S'il franchit sans perdre son unité les étapes de la Conférence intergouvernementale puis des ratifications, on peut espérer que le train européen, malgré des wagons si disparates, sera en mesure de rouler.

Un aspect important de ce projet de Constitution est la création d'une fonction de ministre des Affaires étrangères de l'Union, rattachée aux deux présidents et membre de droit de la Commission. Si la proposition aboutit, le rôle de ce personnage ne saurait se réduire aux actions au jour le jour qui ne constituent que l'écume de ce que l'on appelle une politique étrangère. La mission principale de ce super-ministre sera tout naturellement de rechercher les formulations susceptibles de constituer les fondements durables d'une politique commune, formulations qui devront recevoir l'approbation du Conseil européen. Ainsi la position vis-à-vis des États-Unis devra-t-elle nécessairement être clarifiée. L'Union européenne devra concrètement prendre des positions fortes sur les grands sujets du monde susceptibles d'engendrer des crises majeures. Je prendrai un seul exemple. L'un des aspects les plus troublants de l'affaire irakienne a été qu'aucun des grands États européens, et *a fortiori* l'Union en tant que telle, n'avait défini une stratégie cohérente sur la question des armes de destruction massive. Or, même si les Anglo-Américains ont délibérément menti sur les armes de Saddam, il est indispensable que l'Union se prononce clairement sur ce genre de sujet *avant* que les crises ne surgissent. C'est en coopérant à froid avec les États-Unis, mais aussi avec la Russie et la Chine, membres permanents du Conseil de sécurité, que les risques de divergences dévastatrices seront réduits. En politique comme en matière de sécurité, on doit pratiquer la prévention autant qu'elle est possible.

Quelles prochaines cibles ?

Au lendemain de la crise de Bagdad, chacun se demandait quelle serait la prochaine cible du « shérif » américain. La Syrie était un candidat immédiat, mais, ayant bien perçu le danger, elle a aussitôt, semble-t-il, accepté les demandes de Washington. Le cas de l'Iran est nettement plus complexe. Une intervention militaire comparable à l'opération « Liberté pour l'Irak » est très peu vraisemblable étant donné les dimensions et l'histoire de ce grand pays. Les États-Unis n'en sont pas moins déterminés à lui interdire l'accès à l'arme nucléaire, et l'Union européenne a certainement intérêt à rechercher les conditions d'une entente opérationnelle avec eux sur ce terrain, sans attendre que surgisse une nouvelle crise majeure. Un aspect important et difficile de la question est la coopération entre Moscou et Téhéran pour la construction d'un second réacteur. Parmi les hypothèses plausibles, on retiendra celle qu'un jour ou l'autre Washington lancera une opération ciblée pour détruire des installations jugées critiques, comme Israël le fit jadis avec Osirak. En attendant, la situation politique intérieure reste confuse en Iran, où les manifestations contre les conservateurs se succèdent. Non sans fondement, l'ayatollah Khamenei accuse les États-Unis d'encourager sinon de fomenter les désordres. Sur le plan géostratégique, le pouvoir des mollahs se sent de plus en plus cerné. On pourrait cependant envisager que Washington et Téhéran en arrivent à juger de leur intérêt commun l'instauration d'une relation comparable aux rapports américano-soviétiques à l'époque de la détente. Mais, ni d'un côté ni de l'autre, ce n'est l'humeur du moment. Comme nul ne peut prévoir combien de temps le régime parviendra à se maintenir, on imagine que le souci iranien n'est pas près de disparaître.

Sur le front du terrorisme en général, la situation apparaît différente selon les points de vue. Malgré quelques attentats spectaculaires, notamment en Indonésie, au Pakistan, en Arabie Saoudite, au Maroc ou en Russie, les chiffres indiquent plutôt un recul du fléau[13]. De temps à autre, l'annonce d'une capture ou d'un coup de filet manifeste les succès de la lutte antiterroriste. Mais les responsables de cette lutte expriment régulièrement leur inquiétude. Quel que soit le sort personnel de Ben Laden, les réseaux Al-Qaida et d'autres continuent de se reformer ou de se former. Les spécialistes regardent particulièrement du côté de l'Asie. Il faut apprendre à vivre durablement avec ce risque, comme, dans un tout autre genre, avec les apparitions occasionnelles de nouvelles maladies contagieuses, tel le syndrome respiratoire aigu sévère (SRAS) en Asie de l'Est au printemps 2003. C'est dire aussi qu'en dépit de leurs réticences idéologiques, les États-Unis ne pourront pas indéfiniment écarter tout débat sur les causes du terrorisme.

Mais les Américains, on ne le répétera jamais assez, sont pragmatiques et n'hésitent pas à retourner leurs positions quand les choses ne se passent pas comme ils l'avaient prévu. Au mois de janvier 2003, alors que l'Administration était tendue vers la guerre, on cherchait vainement, dans les cercles de politique étrangère de Washington, un interlocuteur prévoyant la reprise prochaine d'un processus de paix israélo-palestinien. Le point de vue général était que George W. Bush n'entreprendrait rien de sérieux dans ce domaine avant son éventuelle réélection, donc en 2005 au plus tôt. Or, après la victoire contre Saddam, Washington ne s'est pas contenté d'amorcer un redéploiement de ses forces dans la région et de retirer ses troupes d'Arabie Saoudite. Bush semble avoir décidé de prendre la « feuille de route » au sérieux et de s'approprier ce projet auquel il n'avait d'abord accordé qu'une attention distraite. L'accession, fin novembre, de Mahmoud Abbas – une personnalité réputée intègre – au poste de Premier ministre de l'Autorité palestinienne, lui permettait de changer son fusil d'épaule sans se déjuger en ce qui concerne le refus de traiter avec Yasser Arafat. Quoi qu'il en soit des aspects purement tactiques, et en dehors des préoccupations possibles de politique intérieure, le revirement américain montre que George W. Bush a compris, comme son père après la première guerre du Golfe, qu'il fallait agir sans tarder pour atténuer le ressentiment arabe. Ce faisant, la démonstration est faite s'il en était besoin que, lorsque Washington décide d'exercer son poids, Israël ne se dérobe pas. Ariel Sharon, sorti victorieux fin février, en pleine crise irakienne, des élections anticipées provoquées par le retrait des travaillistes de la coalition début novembre 2002, semble désormais en situation de jouer la carte de la paix. Quelle que soit leur amertume de s'être vus en quelque sorte marginaliser, les Européens doivent aujourd'hui soutenir sans réserve le processus – à vrai dire très fragile – amorcé dans le sillage de la chute de Saddam, d'autant plus que l'histoire de la dernière décennie du XXe siècle a montré une fois de plus l'extrême précarité de toute avancée au Proche-Orient.

Au début de l'année 2003, c'est surtout la Corée du Nord qui, en dehors de l'Irak, paraissait dans la ligne de mire. Selon les informations distillées par la CIA – invérifiables par le reste du monde, avec tous les inconvénients qui en résultent, comme on l'a vu avec le débat sur les armes de Saddam –, l'inquiétante secte totalitaire de Pyongyang détiendrait d'ores et déjà deux bombes nucléaires opérationnelles. Kim Jong-il a choisi le moment le plus chaud de la crise irakienne pour congédier les observateurs de l'Agence internationale de l'énergie atomique (AIEA), laissant planer son intention de fabriquer plusieurs autres armes. Au moment

13. *Patterns of Global Terrorism 2002*, Report of the US Department of State, avril 2003, disponible sur <www.state.gov/s/ct/rls/pgtrpt/2002>.

où le jeu de Saddam Hussein consistait à nier toute possession d'armes de destruction massive, celui du maître de la Corée du Nord était diamétralement opposé. Washington, placé en situation de contradiction flagrante, se trouva évidemment embarrassé. Mais – on en revient toujours au même point – les Américains ne s'encombrent pas, dans l'action, de la logique cartésienne. Alors qu'en dernier ressort, aucune des puissances régionales ne souhaitait le maintien du régime de Bagdad, la situation début 2003 restait paradoxalement inverse à Pyongyang. Les voisins de la Corée du Nord continuent de redouter les conséquences de son effondrement et semblent implicitement d'accord pour le retarder le plus possible. Le régime, fidèle à une stratégie qui lui a réussi dans les années 1990, fait du chantage sur le mode : « Aidez-nous économiquement et nous abandonnerons nos projets nucléaires. » La marge de manœuvre des États-Unis est limitée car la superpuissance n'est pas directement menacée. Aussi impérieuse que soit actuellement sa tentation unilatéraliste, elle ne peut ignorer les voisins immédiats de la Corée du Nord, à commencer évidemment par la Corée du Sud, qui serait la première victime en cas de dérapage. Or Séoul freine les ardeurs de Bush, auquel il reproche d'avoir saboté le processus antérieur de rapprochement entre le Nord et le Sud. L'Amérique doit aussi tenir compte de la Russie, du Japon et surtout de la Chine, trois États majeurs dont les intérêts sont directement en cause. On observera incidemment que, si la notion de politique extérieure et de sécurité commune devait enfin prendre corps, l'affaire coréenne en constituerait une bonne base d'application, car le jour viendra inéluctablement où elle prendra une dimension planétaire, ne serait-ce que par ses incidences économiques.

J'ai évoqué la Chine. Dans la période examinée ici, la croissance s'y est poursuivie sans accroc. Le plus grand pays de la planète échappe à la morosité générale et constitue le premier centre d'attraction pour les capitaux étrangers. Le XVIe congrès du parti unique, encore dit communiste, a, comme prévu, porté Hu Jintao à sa tête. La « quatrième génération », après celle de Mao, de Deng et de Jiang, arrive donc aux commandes. La transition se fait en douceur, comme pour la précédente, et c'est probablement à tort que certains commentateurs ont évoqué une rivalité entre l'ancien et le nouveau président. L'hypothèse la plus vraisemblable est au contraire que Jiang Zemin aidera son successeur à s'installer pleinement, alors que, dans les prochaines années, l'empire du Milieu devra relever les immenses défis d'une modernisation qui, malgré les apparences, n'en est qu'à ses débuts.

*

* *

Je terminerai ce tour d'horizon, nécessairement sélectif, par quelques remarques sur l'Amérique latine et sur l'économie mondiale. Pourquoi l'Amérique latine plutôt que d'autres parties du globe, elles aussi à l'écart des courants principaux, mais d'autant plus dignes d'intérêt que s'y concentrent tant de souffrances, comme l'Afrique ? Ce choix vise seulement à rappeler qu'aucune fatalité n'enferme les collectivités humaines dans le malheur. Certes, l'Histoire enseigne combien il est difficile de changer le comportement des peuples. Au Venezuela, le populiste Hugo Chavez a survécu aux tentatives de putsch et aux grèves qui, au moment même où les spéculations sur l'Irak battaient leur plein, ont contribué à propulser le prix du pétrole vers des sommets. L'Argentine a porté un inconnu, Nestor Kirchner, à sa présidence. Elle entre dans un purgatoire où elle devra payer des décennies d'illusions et d'irresponsabilités, les siennes et celles de ses partenaires. Mais il y a toujours place pour la liberté. Au début de l'été 2002, la communauté financière internationale paniquait à la perspective de la victoire de Luis Ignacio Lula da Silva. Un visiteur du Brésil à ce moment-là pouvait cependant constater l'absence, sur place, de tout affolement. Début novembre, Lula a effectivement été élu pour succéder à Fernando Henrique Cardoso, dont les deux mandats, on doit le souligner, ont été marqués par de brillants succès. Le nouveau président, qui a beaucoup appris pendant ses longues années d'opposition, est jusqu'ici parvenu à maintenir sa popularité sans aucunement céder au populisme. Il a compris que toute concession à la démagogie conduirait rapidement à un désastre. Restera-t-il cohérent tout au long de son mandat ? À l'autre bout du monde, et dans un contexte certes incomparable, un Robert Mugabe paraissait plein de promesses au milieu des années 1970, et il a finalement plongé le Zimbabwe dans la misère la plus sombre. Mon seul objectif ici, pour formuler l'idée autrement, est de rappeler qu'en politique la place est toujours disponible pour les véritables hommes d'État.

En ce qui concerne l'économie, il est non moins vrai que le pire n'est jamais le plus probable. La conjoncture américaine reste incertaine au milieu de l'année 2003, mais le capitalisme ne s'est pas effondré dans le sillage d'Enron ou de WorldCom. Bush s'est lancé dans une ambitieuse politique de réduction des impôts malgré l'augmentation des dépenses militaires, quitte à rejeter une partie du fardeau sur les autres par l'intermédiaire de la chute du dollar. Rien n'indique cependant que le dynamisme américain soit entamé. La Vieille Europe, au contraire, éprouve de grandes difficultés à mener les réformes sans lesquelles elle reculera inéluctablement. L'Allemagne a du mal à accepter le véritable coût de la réunification. La France offre le triste spectacle d'une grève permanente et de comportements sociaux toujours marqués par le fantasme de la lutte des classes. Le gouvernement a tout de même obtenu un succès dans le domaine des retraites. Mais il en faudrait beaucoup plus, et les deux pays sont pointés du doigt à Bruxelles pour manquement au pacte de stabilité et de croissance. Rien n'indique qu'ils soient véritablement disposés à cet « effort collectif massif » dont Gerhard Schröder parlait au mois de mars. En ce sens, la Vieille Europe mérite effectivement le qualificatif rumsfeldien, mais, là comme ailleurs, les hommes d'État ont des chances à saisir. Et l'on ne répétera jamais assez que, sur le long terme, les ambitions d'un pays, de quelque ordre qu'elles soient, s'ajustent à ses capacités économiques. D'où la prodigieuse réussite des États-Unis d'Amérique, dont l'ascension a été ininterrompue tout au long du XXe siècle.

Au début d'un essai publié en 1996[14], j'écrivais que, du point de vue des relations internationales dans leur ensemble, le XXe siècle a commencé avec la Première Guerre mondiale (1914-1918) et s'est conclu avec l'écroulement du système communiste (1989-1991). Alors s'est ouverte une phase marquée par le coup de poker d'un dictateur, qui a profité de la confusion du moment pour tenter de faire main basse sur les richesses d'un émirat voisin. Les États-Unis d'Amérique ont bouté le dictateur hors de l'émirat, sans toutefois l'achever. En 2003, après avoir subi une agression majeure sur leur territoire, ils ont voulu en finir avec ce symbole d'un monde inacceptable. Le XXIe siècle a commencé.

Thierry de Montbrial,
membre de l'Académie des sciences
morales et politiques
directeur général de l'Ifri
12 juillet 2003

14. Thierry de Montbrial, *Mémoire du temps présent, op. cit.*

Partie 1

Après l'Irak : nouvelles menaces, nouveaux États, nouvelle justice

1. Vers une nouvelle course aux armements non conventionnels ?

2. Le *state building* au secours de la sécurité internationale ?

3. La justice pénale internationale : États et justice

Sommaire et auteurs

Vers une nouvelle course aux armements non conventionnels ?

Thérèse Delpech

En juin 2003, au sommet de Thessalonique, la prolifération des armes de destruction massive a été présentée, dans un document du Haut Représentant de l'Union européenne pour la politique étrangère et de sécurité commune (PESC), comme la plus importante menace du XXIe siècle[1]. C'est la première fois que l'Union, souvent timorée sur les questions de sécurité, se prononce aussi clairement sur ce sujet. La crainte qu'inspirent les armes de destruction massive au seuil de ce siècle pourrait étonner. Après tout, c'est la guerre froide qui se définissait par la menace balistique, nucléaire, biologique et chimique. Les populations civiles étaient peut-être moins préoccupées des deux dernières, qui font l'objet de révélations depuis seulement 10 ans, le plus souvent par des transfuges russes. Mais la menace qu'elles faisaient peser était tout aussi réelle que celle des armes nucléaires.

Pour celles-ci, on comptait méticuleusement les missiles et les ogives de chaque côté des deux « blocs », avec l'idée que tout déséquilibre en faveur de l'un des camps risquait de conduire à une première frappe, un avantage décisif et une catastrophe sans nom. Le fait que ces armes n'aient pas été utilisées par les deux adversaires pendant leur longue période d'adversité doit beaucoup à la dissuasion, sans doute aussi à la chance, mais n'enlève rien au caractère presque monstrueux d'une menace qui demeurera insurpassable dans l'histoire de l'humanité. Les armes de destruction massive ne seront jamais, semble-t-il, aussi redoutables qu'elles l'ont été au XXe siècle, compte tenu des quantités d'armes nucléaires ou de stocks d'agents chimiques ou biologiques en cause[2], des multiples possibilités d'erreur et de mauvaise interprétation des deux camps[3], et de la violence idéologique qui séparait les adversaires dans une confrontation qui couvrait la quasi-totalité du globe.

Quelles que soient les incertitudes stratégiques actuelles, on ne peut donc manquer d'être frappé par la réduction substantielle de cette menace majeure, qui consistait tout simplement à risquer l'annihilation ou, comme on le disait aussi, la « vitrification » de l'hémisphère Nord. Les risques actuels paraissent beaucoup plus limités. Les conflits de l'après-guerre froide ne sont pas nécessairement moins meurtriers, comme le rappelle aujourd'hui l'exemple tragique du Congo, où l'on compte déjà plus de 3,5 millions de morts ; mais la menace qu'ils font peser sur la sécurité internationale est d'un autre ordre. Telle était du moins la croyance qui prévalait dans les années 1990, qui ont vu tant de conflits dévastateurs éclater dans les Balkans et en Afrique. Certes, la distinction entre conflits

1. J. Solana, « Une Europe sûre dans un monde meilleur », Conseil européen, Thessalonique, 20 juin 2003.
2. Au début des années 1980, les arsenaux américains et soviétiques ont totalisé environ 70 000 têtes nucléaires et réuni plusieurs dizaines de milliers de tonnes d'agents chimiques et biologiques, qu'il faut aujourd'hui détruire à grand frais.
3. Comme en novembre 1979, en juin 1980 et en septembre 1983.

mineurs et conflits majeurs n'était déjà plus aussi claire, comme l'avait montré, dès 1991, la guerre du Golfe, qui a réuni la coalition la plus importante depuis la guerre de Corée ; et les tragédies des guerres interethniques exigeaient des interventions humanitaires auxquelles la communauté internationale s'était jusqu'alors refusée. Mais la menace non conventionnelle avait considérablement reculé. C'est cette croyance simple qui est remise en cause aujourd'hui. Il est essentiel de comprendre pourquoi et de prendre la mesure de ce phénomène.

Tout d'abord, l'espoir de voir les armes de destruction massive disparaître rapidement de la surface de la terre n'a jamais été à ce point irréaliste qu'il ait fait oublier la menace que ces arsenaux feront peser sur la sécurité internationale pendant encore des décennies. Il a d'abord fallu résoudre les difficiles problèmes de succession de l'Union des républiques socialistes soviétiques (URSS), ce qui a pris trois longues années : c'est seulement en décembre 1994 que la Biélorussie, le Kazakhstan et l'Ukraine ont tous ratifié le Traité sur la non-prolifération des armes nucléaires (TNP). Ceci a permis de rapatrier les missiles et les têtes nucléaires, mais non les matières fissiles. Puis il a fallu s'attaquer à la destruction totale ou partielle des stocks, qui prendra des décennies, avec – pour l'ex-URSS – l'aide des pays les plus riches de la planète[4]. Il a enfin fallu songer à la sûreté et à la sécurité des armes, matières nucléaires, agents biologiques et chimiques aussi longtemps qu'ils feraient partie des arsenaux des anciens rivaux. Cette dernière ambition n'aura peut-être jamais de fin. Mais l'héritage le plus dangereux se trouve ailleurs. La guerre froide a lié dans les esprits l'idée de puissance avec la détention d'arsenaux non conventionnels. Cette image demeure après la fin de la confrontation bipolaire, d'autant plus que les armes conventionnelles de nouvelle génération – celles qui permettent aux États-Unis d'avoir la maîtrise du ciel, de la nuit, des mers et bientôt de l'espace – sont hors de portée de la plupart des pays du monde.

La confrontation bipolaire a aussi permis le développement de nombreuses coopérations avec des États « clients » que l'on cherchait à fidéliser, et ces nations ont poursuivi avec leurs moyens propres des programmes commencés avec l'aide de l'un des deux grands. Telle est l'explication de la présence quasi universelle des missiles *Frog* (70 km de portée) et surtout *Scud* (300 km), d'origine soviétique, dans les programmes balistiques des pays du Tiers-Monde. L'URSS a vendu ces missiles directement ou indirectement à l'Égypte, à la Syrie, à l'Irak, à l'Iran et à la Corée du Nord[5]. La conjugaison de ces deux phénomènes – l'image de la puissance liée aux armes de destruction massive et la dissémination « sauvage » de vecteurs qui pouvaient être allongés par les acquéreurs – suffirait à rendre le paysage stratégique du XXIe siècle particulièrement instable. L'intérêt de nombreux pays pour les défenses antimissiles, qui a suscité l'un des grands débats stratégiques de la fin du siècle précédent, a mis l'accent sur leur vulnérabilité croissante aux vecteurs balistiques, dont le nombre et la portée sont en augmentation.

Mais la plus grande nouveauté des 10 dernières années est la puissance croissante de groupes d'individus qui ont à la fois les moyens de produire des armes non conventionnelles – notamment chimiques ou radiologiques – et la volonté affichée de s'en servir. Le 11 septembre 2001 a révélé, pour la première fois dans l'Histoire, l'impact stratégique, et plus seulement tactique, d'une organisation non étatique dans les affaires internationales. Cet événement exprime la violence et le désordre de notre temps avec un pouvoir symbolique exceptionnel. Même s'il a été perpétré avec des moyens classiques, c'est lui qui fait craindre l'avènement d'actes terroristes chimiques, biologiques[6] ou même radiologiques et nucléaires. En d'autres termes, la grande différence avec le siècle précédent du point de vue des armes de destruction massive est non seulement leur dissémination croissante, mais surtout un risque d'usage plus élevé en raison de tensions régionales qui ne trouvent pas d'issue et d'une privatisation de la violence extrême, jusqu'alors réservée aux États.

---

4. La décision du sommet du G8 de Kananaskis en témoigne : 10 milliards de dollars promis par les États-Unis et 10 milliards de dollars promis par les autres membres du G7 pour les 10 prochaines années.
5. La Corée du Nord a acquis ses missiles *Scud* de l'Égypte et l'Iran de la Corée du Nord (lors de la guerre Iran-Irak).
6. Des attentats chimiques et biologiques se sont déjà produits au Japon au début des années 1990, mais seul l'attentat au sarin dans le métro de Tokyo, qui a tué 12 personnes, a été retenu par les médias avant les attaques d'octobre 2001 aux États-Unis avec des lettres piégées à l'anthrax.

Encadré 1
Les armes chimiques

Dès l'Antiquité, des fumées toxiques ont été utilisées dans les conflits armés. Mais la guerre chimique moderne date de la bataille d'Ypres, dans la soirée du 22 avril 1915, qui, dans une atmosphère de terreur, fit, en trois quarts d'heure, 5 000 morts et 15 000 blessés. L'apparition de l'arme chimique fut l'un des événements les plus importants du conflit. Pendant la Seconde Guerre mondiale, l'arme chimique, bien qu'absente du champ de bataille, a permis l'extermination des Juifs dans les camps (Zyklon-B). Au cours de la guerre froide, les deux camps ont développé de nouvelles armes produisant des atteintes neurologiques dévastatrices sur l'homme avec des quantités très faibles de produit (neurotoxiques). Les allégations d'usage pendant cette période ont été fréquentes, mais l'usage effectif plus rare. L'Égypte a eu recours à l'arme chimique au Yémen dans les années 1960, et l'Irak l'a utilisée massivement entre 1983 et 1988 contre l'Iran, et contre les populations civiles kurdes en 1987 et 1988. C'est en août 1983 que l'ypérite et le gaz moutarde furent utilisés par les forces irakiennes pour la première fois. En 1984, les experts de l'Organisation des Nations unies (ONU) identifient un autre agent chimique, le tabun, mais la réaction internationale est inexistante. Après de longs débats, l'Iran a lui-même décidé de produire des armes chimiques, et s'en est servi, mais plus tardivement et avec beaucoup moins d'intensité que l'Irak. La guerre Iran-Irak est, après la Grande Guerre, le premier conflit qui a vu une utilisation massive des armes chimiques. La négociation et l'adoption de la Convention d'interdiction des armes chimiques (CIAC), en janvier 1993, est l'un des résultats de la prise de conscience qui a suivi ce conflit.

Alors que les pays occidentaux ont tous mis fin à leurs programmes offensifs et ne conservent que des programmes de défense chimique pour se protéger d'attaques potentielles, ces armes sont présentes dans toutes les régions les plus instables, particulièrement au Moyen-Orient, où elles sont censées répondre à l'arsenal nucléaire israélien. Telle est du moins la raison souvent invoquée par les pays arabes, en particulier par l'Égypte, pour ne pas signer la CIAC. À ces réalités régionales s'ajoutent de sévères difficultés de vérification en raison de la facilité avec laquelle ces activités peuvent être camouflées derrière un usage industriel licite, comme la fabrication de pesticides. Enfin, il n'est pas aisé de sanctionner les violations dans ce domaine, d'autant que deux des membres du P5, la Russie et la Chine, sont soupçonnés d'avoir des arsenaux clandestins.

Sur le plan technique, les armes chimiques connaissent de nouveaux développements dans le domaine des neurotoxiques (auxquels appartiennent notamment le tabun, le soman, le sarin et le VX), alors que les armes plus anciennes (ypérite par exemple) sont toujours présentes dans de nombreux arsenaux ; l'ypérite contenu dans les obus datant de la Première Guerre mondiale, retrouvés en quantité chaque année, est toujours toxique.

1. L'ombre portée du passé : l'URSS et la politique de la Russie

Pour certains, c'est encore, et pour longtemps, le problème majeur. Sans les énormes stocks d'armes russes hérités de l'URSS, sans les milliers de scientifiques et de techniciens qui ont été employés à produire les arsenaux non conventionnels soviétiques, sans la politique extérieure souvent ambiguë de Moscou à l'égard de l'Irak, de l'Iran ou de la Corée du Nord, les risques seraient considérablement moindres. C'est la raison pour laquelle les Occidentaux tentent de convaincre la Russie de renforcer les contrôles sur ses entreprises publiques et privées, et c'est aussi l'une des justifications de l'aide internationale, qui doit notamment permettre aux scientifiques et aux techniciens, impliqués précédemment dans les activités non conventionnelles, de survivre.

Depuis le sommet du G8 de 2002, à Kananaskis (Canada), l'Europe participe de façon plus substantielle aux efforts engagés dès le début des années 1990 par les États-Unis, quand les sénateurs Sam Nunn et Richard Lugar ont fait passer au Congrès une loi qui a permis d'engager un effort soutenu d'assistance des pays issus de l'ex-URSS pour contrôler et détruire leurs énormes stocks d'armes non conventionnelles. Un regard sur les priorités respectives des donneurs et de la Russie est riche d'enseignements. Celles de Moscou portaient sur la destruction des armes chimiques et sur l'aide au démantèlement des sous-marins, deux sujets compréhensibles de sa part.

Le coût de la destruction des stocks d'armes chimiques, à laquelle la Russie est tenue depuis qu'elle a ratifié, en 1997, la Convention d'interdiction des armes chimiques (CIAC) de 1993, grève le budget de la défense russe de façon significative. D'ailleurs, presque 6 ans après cette ratification, la destruction des 40 000 tonnes d'armes chimiques a à peine commencé[7], et l'installation des infrastructures nécessaires à la destruction des plus récentes (comme les neurotoxiques), à Sutchye,

7. Récemment, 500 tonnes d'ypérite ont été détruites à Gorny, installation destinée aux armes dites « anciennes » (ypérite, lewisite) pour un coût (exorbitant) de 500 millions de dollars, financé par l'Allemagne et les États-Unis.

est encore en cours. La communauté internationale fait face au dilemme suivant : certaines de ces munitions, par exemple des obus de 82 mm, peuvent tenir dans une valise et leur usage terroriste ne peut être exclu ; mais la Russie est aussi soupçonnée de conserver des activités résiduelles offensives, et l'aide internationale peut servir à maintenir des capacités chimiques autant qu'à en détruire.

L'autre priorité, celle du démantèlement des sous-marins, peut faire l'objet d'un raisonnement comparable, quoiqu'à un degré moindre : le ministère russe de la Défense reconnaît que le gardiennage des sous-marins représente une importante charge budgétaire. La question est donc de savoir si les matières nucléaires sont plus dangereuses dans les ports ou à l'intérieur des terres. Ces incertitudes ont conduit certains pays européens, dont la France, à retenir d'autres priorités pour l'utilisation des nouveaux crédits : la destruction ou la conversion des stocks de plutonium, indispensable compte tenu du démantèlement de milliers de têtes nucléaires à la suite des traités START (*Strategic Arms Reduction Talks*) et SORT (*Strategic Offensive Reductions Treaty*), et l'accès aux activités biologiques russes. Dans le domaine nucléaire, les sites sur lesquels des matières fissiles sont entreposées ont été sécurisés à hauteur de 40 % seulement, et tout l'arsenal tactique russe est encore hors traité. La quantité et les lieux de stockage de ces armes n'ont même pas été révélés.

Les pays européens s'intéressent aussi au démantèlement des armes biologiques. Le problème le plus grave est la fermeture d'une partie des laboratoires russes à toute présence étrangère, en particulier quatre laboratoires placés sous le contrôle du ministère de la Défense. La priorité est d'obtenir des autorités russes une plus grande transparence sur les activités conduites dans ce domaine[8]. Un travail commun sur les activités de bio-défense et sur la mise au point de détecteurs, d'antidotes et de vaccins peut être envisagé, mais il doit être assorti du renoncement de Moscou aux activités prohibées.

Compte tenu de la relative divergence entre la Russie et les nouveaux donateurs en matière de priorités, il convient sans doute d'accepter une certaine coopération dans le domaine chimique et, plus encore, pour le démantèlement des sous-marins, à condition que Moscou accepte une ouverture dans les deux autres domaines, surtout le biologique, où les discussions restent difficiles.

Le rapprochement avec la Russie figure parmi les grands objectifs politiques des États-Unis et de l'Union européenne. Mais, contrairement à ce que prétend le président George W. Bush, l'« âme » de Vladimir Poutine n'est pas toujours simple à lire. Ses deux rencontres récentes avec Kim Jong-il ont, à juste titre, suscité des commentaires, et l'on ne peut passer sous silence le soutien apporté par Moscou à Pékin pour éviter toute position commune des cinq membres permanents (le P5) au Conseil de sécurité après le retrait de Pyongyang du TNP. Les relations avec l'Iran sont également ambiguës, tout particulièrement dans le domaine balistique.

D'autres développements ont pu surprendre dans les dernières années. Personne n'imaginait par exemple que, lors de manœuvres de l'armée russe à l'été 1999, 10 ans après la chute du Mur, la simulation d'une attaque de Kaliningrad conduirait à la décision par les autorités russes d'employer l'arme nucléaire sur deux cibles européennes et sur les États-Unis[9]. Personne n'envisageait non plus que la Russie serait encore soupçonnée, en 2003, de cacher une partie de ses activités chimiques et biologiques[10]. Et personne ne pensait, alors que la prévention de la prolifération avait été une ambition commune des deux superpuissances à l'époque de leur plus grande hostilité, que la question deviendrait une pomme de discorde

8. Tout particulièrement après les révélations de transfuges soviétiques qui ont décrit l'ampleur du programme biologique clandestin de l'URSS, employant plus de 60 000 chercheurs et techniciens. Ils ont émis des doutes sur l'arrêt du programme annoncé par B. Eltsine en 1992, au moment où la violation par l'URSS de ses accords durant 20 années a été reconnue officiellement.

9. Certes, ceci se produisait après la crise la plus grave qui ait opposé la Russie aux pays occidentaux depuis la fin de l'URSS, à l'occasion de l'intervention militaire de l'OTAN au Kosovo. Une année plus tard, en juillet 2000, le chef d'état-major des armées, A. Kvachnin, a plaidé pour une réduction très significative des forces nucléaires russes afin de faire face aux déficiences conventionnelles considérables de l'armée russe, soulignées à l'envi par les généraux présents en Tchétchénie. Le nombre des divisions nucléaires sol-sol devaient être réduites de 12 à 9, et celui des têtes montées sur des missiles stratégiques à 1 500. Cette politique a été arrêtée à l'automne 2002, mettant un terme à la « dénucléarisation » de la Russie, dont la défense se « renucléarise ».

10. La Russie n'a pas déclaré l'intégralité de ses programmes d'armes chimiques et doit toujours répondre aux questions qui lui sont posées à ce sujet depuis 3 ans. Une large partie de l'empire biologique soviétique a été démantelée, et notamment le complexe Biopreparat, qui camouflait sous des activités civiles légitimes des programmes offensifs qui ont permis le développement de la maladie du charbon, de la toxine botulinique, de la peste, de la tularémie, et de multiples fièvres hémorragiques (dont la redoutable fièvre de Marbourg). Mais des activités offensives, placées sous l'autorité du ministère de la Défense, restent inaccessibles à toute inspection.

Encadré 2
Les armes biologiques

Contrairement aux armes chimiques, les armes biologiques ont mené une existence quasi clandestine au XXe siècle. Très peu présentes dans les conflits, ces armes, dont l'usage est interdit depuis 1925 – leur production et leur détention le sont depuis 1972 –, se sont développées dans le plus grand secret. L'idée qu'elles sont militairement inefficaces l'emporte encore souvent dans les pays occidentaux, qui n'en produisent plus depuis la fin des années 1960, alors que l'URSS n'a sérieusement commencé à bâtir son empire biologique qu'après la signature, en 1972, de la Convention d'interdiction des armes biologiques (CIAB), dont elle était pourtant dépositaire. Les révélations de deux transfuges majeurs au Royaume-Uni (Vladimir Pasechnik) et aux États-Unis (Kanatjan Alibekov) ont permis d'acquérir des informations terrifiantes sur l'ampleur du programme Biopreparat, qui a employé des dizaines de milliers de scientifiques et de techniciens. La violation par Moscou de la CIAB a été reconnue par Boris Eltsine en 1992. De solides indices permettent de soupçonner des activités interdites encore aujourd'hui dans des laboratoires de microbiologie placés sous la tutelle du ministère de la Défense.

Le jugement des pays occidentaux sur l'inefficacité des armes biologiques vient de leur polarisation sur le champ de bataille : les armes biologiques, parce qu'elles ont des effets différés, sont jugées moins efficaces que les armes chimiques. Mais ce jugement est faux quand il s'agit de populations civiles sans protection, de bétail ou de cultures. De ce point de vue, les attaques à l'anthrax qui ont eu lieu en Floride, à New York et à Washington à l'automne 2001 ont permis de revoir des analyses datées et trop rassurantes de la menace. D'autant que, si le XXe siècle a été celui de la physique et de l'arme nucléaire, le XXIe sera sans doute celui de la biotechnologie et des manipulations génétiques. Les sciences du vivant et celles de l'information sont en pleine expansion. La découverte du génome humain représente pour la médecine et la pharmacie un énorme potentiel de développement, mais aussi des possibilités considérables pour des applications militaires. En permettant d'identifier la composante génétique des maladies ou les gènes qui renforcent la santé et la résistance aux maladies, on ouvre un champ immense aux armes biologiques.

L'existence de programmes offensifs non seulement en Chine et en Russie, mais aussi dans certains pays en développement, dont le cas le mieux connu dans les années 1990 a été l'Irak – grâce aux inspections de la Commission spéciale des Nations unies (*United Nations Special Commission*, UNSCOM) et aux révélations du gendre de Saddam Hussein, Hussein Kamel –, pose le problème de la mise en évidence de ces capacités et de leur éradication. De ce point de vue, l'échec du protocole de vérification de la CIAB, en grande partie dû à la résistance de la délégation américaine, qui souhaitait protéger à la fois son industrie pharmaceutique et ses programmes de biodéfense, est un coup sévère porté à la non-prolifération biologique, même si les difficultés spécifiques de la vérification de ces activités sont bien connues : installations de petite taille, aisément « nettoyées », et le plus souvent à double usage.

La crise internationale causée en 2003 par l'épidémie de syndrome respiratoire aigu sévère (SRAS), en raison du délai avec lequel les autorités chinoises ont reconnu le phénomène, a permis une meilleure prise de conscience des périls potentiels. Il aurait pu s'agir d'un virus échappé d'un laboratoire chinois à la suite d'une erreur de manipulation, comme ce fut le cas à Sverdlovsk en 1979. Une surveillance plus étroite des laboratoires et des procédures de bio-sécurité et de bio-sûreté, au sein des « centres de ressource biologique » en voie de constitution au niveau international, fait maintenant partie des mesures nécessaires de non-prolifération.

presque permanente à partir du début des années 1990, après leur rapprochement[11]. Aujourd'hui, plusieurs pays européens partagent les soucis de Washington quant à la politique extérieure de Moscou.

La nouveauté majeure vient de la conjonction des conséquences de la chute du premier empire nucléaire, biologique et chimique – l'URSS –, assortie d'une crise économique de première grandeur et d'une privatisation sauvage, avec un phénomène propre à l'après-guerre froide : l'apparition de nouvelles puissances non conventionnelles et de groupes terroristes s'intéressant aux armes de destruction massive. Il est donc essentiel d'encourager Moscou à rejoindre sans plus d'ambiguïté le camp de ceux qui font de la lutte contre la prolifération une priorité de défense. Ce ne sera pas facile.

2. Le présent : des crises de prolifération majeures à résoudre

Entre 1991 et 2002, les avertissements n'ont pas manqué, mais le plus important a été donné en 1998, par quatre pays : l'Inde et le Pakistan avec

11. De fait, la non-prolifération a été l'une des grandes victimes des réformes économiques conduites en Russie sous B. Eltsine. Le contrôle effectif des exportations est devenu plus difficile, surtout pour les biens à double usage, et les ministères eux-mêmes, tout particulièrement le MINATOM, en charge des affaires nucléaires, sont loin d'avoir une politique irréprochable. On peut s'interroger sur les objectifs précis de la prolifération russe. S'agit-il uniquement de se procurer des devises ou également de renforcer les adversaires potentiels des États-Unis ? L'exportation de toute la technologie des *SS18* en Chine, mais aussi, récemment, la livraison à l'Irak de systèmes de brouillage GPS, de missiles antitanks et de lunettes de vision nocturne avant et pendant la période des hostilités conduisent à se poser la question.

leurs essais nucléaires, l'Iran, la Corée du Nord et de nouveau le Pakistan avec les essais de missiles balistiques d'une portée de plus de 1 000 km. Cette année-clef montrait une nouvelle dynamique nucléaire en Asie et des progrès balistiques significatifs dans trois pays dont la coopération était évidente dans ce domaine[12]. Le mouvement a, depuis lors, eu tendance à s'accélérer, en partie parce que les décisions nécessaires n'ont pas été prises à temps.

La Corée du Nord

En juin 2003, Colin Powell a affirmé aux pays de l'Association des nations du Sud-Est asiatique (*Association of South-East Asian Nations*, ASEAN) qu'il n'y avait pas de plus grande priorité pour Washington que d'arrêter le développement du programme nucléaire militaire nord-coréen. Les déclarations de Pyongyang depuis le mois d'octobre 2002 ont en effet de quoi inquiéter : le programme d'enrichissement est reconnu, la détention de quelques armes parfois avouée ouvertement, et la menace de faire commerce de technologies balistiques – et de matières nucléaires lorsqu'elles seront disponibles – à peine voilée. En outre, la reprise d'activités de retraitement est fortement soupçonnée sur le site de Yongbyong. Une Corée du Nord nucléaire poserait un problème stratégique de première grandeur en raison du caractère agressif et imprévisible du régime en place, et de la réaction possible du Japon, qui pourrait être incité à revoir sa propre politique de défense.

Pour prévenir cette situation, il faut éviter de répéter les erreurs du passé. À l'origine de la crise, en 1993, l'Administration Clinton pensait retarder les choix nucléaires militaires les plus décisifs de Pyongyang – l'acquisition de la bombe – en pariant sur la disparition du régime avant qu'il ne passe à l'acte. Cette erreur de jugement était le principal défaut de l'accord passé en 1994 sous la pression des élections américaines. En outre, cet accord ne tenait aucun compte de la capacité réelle de vérification d'activités interdites hors du site de Yongbyong, ni du développement des vecteurs nord-coréens. C'est une illustration des méfaits de la procrastination en matière de non-prolifération. En 1993, une action concertée du Conseil de sécurité, passant outre les réticences de la Chine, qui ne serait vraisemblablement pas allée jusqu'au veto compte tenu du caractère accablant du dossier, aurait sans doute obligé Pyongyang à renoncer à son programme.

Contrairement aux attentes de Washington, le régime a résisté – grâce à l'aide internationale ! – et la crise a été aggravée par l'annonce, en janvier 2003, du retrait de Pyongyang du TNP. Ce retrait, intervenant après la mise en évidence d'une violation du traité, est d'ailleurs illégal. L'accord de 1994 n'a permis que le gel des activités d'un seul site, Yongbyong, où se trouvait une installation de retraitement, en empêchant l'Agence internationale de l'énergie atomique (AIEA) de remplir sa mission dans le reste du pays, conformément au TNP. Pendant cette période, Pyongyang a noué avec Islamabad des liens qui lui ont permis d'acquérir la technologie de l'ultracentrifugation, et a également développé un programme de missiles balistiques – l'essai du 31 août 1998 en a témoigné – dont ont bénéficié d'autres pays, comme le Pakistan et l'Iran.

La crise ouverte en 1993 atteint aujourd'hui un point critique. La solution diplomatique la plus sensée est de faire comprendre à Pékin que la balle est dans son camp. La Chine ne pouvait en effet ignorer les échanges qui avaient lieu entre Islamabad et Pyongyang dans le domaine balistique et nucléaire depuis quelques années. Son attitude à l'égard de la Corée du Nord n'a jamais cessé d'être ambiguë ; récemment, un chargement de 22 tonnes de tubes d'aluminium en provenance de l'Allemagne et destiné à la Corée du Nord a été intercepté en Égypte. Il avait pour destination officielle la Chine. C'est donc à Pékin, qui bloque avec Moscou toute possibilité de règlement de la question au Conseil de sécurité[13], de trouver une solution pour éviter à la fois un nouveau renforcement des accords de défense entre les États-Unis et le Japon, et le risque bien réel d'un Japon nucléaire[14]. Enfin, la décision de Washington de retirer ses troupes de la frontière qui sépare les deux Corée pour laisser la Corée du Sud assurer sa première ligne de défense devrait obliger Séoul à adopter une politique plus réaliste.

12. Les missiles *No-Dong* nord-coréen, *Shehab 3* iranien et *Ghauri* pakistanais se ressemblent comme des frères.
13. Il est paradoxal d'insister comme le font les deux pays sur le rôle des Nations unies et de bloquer l'action du Conseil de sécurité quand les violations des traités sont avérées.
14. H. W. French, « Challenges For Japan: Grappling Openly with Military Role », *International Herald Tribune*, 23 juillet 2003.

L'Irak

La guerre contre l'Irak (mars-avril 2003) peut, à certains égards, passer pour la première guerre contre la prolifération. En effet, il ne s'agissait plus, comme en 1991, de faire évacuer le Koweït, mais d'obtenir de Bagdad la mise en œuvre, après 13 ans de manœuvres diverses, des résolutions du Conseil de sécurité. À l'automne 2002, au moment du vote de la résolution 1441, ce dernier était unanime sur le non-respect par l'Irak de ses obligations. Le texte reconnaît que Bagdad est toujours en situation de violation des précédentes résolutions. Le désarmement de l'Irak est le seul point sur lequel il y eut, tout au long de la crise, unanimité de la communauté internationale. Contrairement à une opinion répandue, la menace de l'usage d'armes non conventionnelles lors de la guerre était tenue pour sérieuse non seulement par les États-Unis et le Royaume-Uni, qui ont pris d'importantes mesures de protection (vaccinations et combinaisons chimiques), mais aussi par l'ensemble des pays occidentaux et de ceux de la région : le chef d'état-major de l'armée française a évoqué cette possibilité au début de la guerre ; le Qatar s'est procuré des kits de protection chimique et biologique ; l'Arabie Saoudite a fait savoir à l'Irak que les États-Unis pourraient l'attaquer depuis son territoire si des armes non conventionnelles étaient utilisées contre la Coalition.

Les raisons de ces craintes étaient claires : l'importation massive par Bagdad d'antidotes avant le conflit était connue[15] ; la déclaration faite par l'Irak, le 7 décembre 2002, à la suite de la résolution 1441, reconnaissait un important programme de simulation de guerre chimique, qui ne pouvait être interprété autrement que comme une menace voilée ; et surtout, l'ambition affichée par Washington de renverser Saddam Hussein rendait plus plausible qu'en 1991 l'usage de ces armes dans une situation de survie du régime. En un sens, cette guerre a donc bien été la première guerre contre la prolifération.

Même si les capacités chimiques et biologiques résiduelles de l'Irak n'ont pas encore été mises à jour, cela ne change rien au fait que Bagdad n'a jamais fourni d'explication satisfaisante sur des milliers de munitions spéciales, sur des centaines de tonnes et sur des milliers de litres d'agents chimiques et biologiques. L'affirmation répétée de la destruction unilatérale des stocks et des munitions en 1991 – qui était illégale parce qu'elle empêchait toute vérification internationale – n'a été confirmée que très partiellement par des documents, des preuves matérielles ou le recoupement d'interviews. Pourquoi cet entêtement suicidaire si Saddam Hussein n'avait rien à cacher ? Il ne pouvait tout de même pas attendre de l'ONU, à qui il a tant menti pendant des années, d'être cru sur parole.

Du point de vue militaire, le message de la Coalition, qui a pris le risque d'une attaque du territoire irakien malgré les craintes de représailles asymétriques, est rassurant : des armées modernes et bien protégées ne sont pas dissuadées d'intervenir contre un ennemi doté de capacités chimiques ou biologiques. Mais certains pays peuvent aussi en déduire que seule l'acquisition d'armes nucléaires joue un rôle dissuasif, tout particulièrement quand il s'agit des États-Unis.

L'Iran

C'est peut-être la conclusion que tire l'Iran. Même si Téhéran déclare que ses installations sont pacifiques[16], la communauté internationale a dépassé le stade des soupçons après la découverte à Natanz, au centre du pays, d'une usine d'enrichissement de l'uranium qui doit comprendre environ 1 000 centrifugeuses en 2003 et plus de 50 000 en 2005, tout en n'ayant fait l'objet d'aucune déclaration. Deux autres sites éveillent des soupçons : Arak, où la construction d'un réacteur à eau lourde de 40 MW thermiques, particulièrement proliférant, est prévue pour 2004, et Ispahan, où l'Iran dispose d'un projet d'installation de fabrication de combustible nucléaire.

En juin 2003, le conseil des gouverneurs de l'AIEA a pris connaissance du rapport de l'Agence soulignant que l'Iran n'avait pas rempli ses obligations à l'égard des contrôles internationaux en négligeant de déclarer à la fois des importations de matières nucléaires pendant 8 années, les transformations subies par ces matières et les installations

15. Des quantités significatives d'atropine (antidote contre les agents neurotoxiques) ont d'ailleurs été retrouvées en Irak depuis la fin de la guerre.

16. En mai 2003, le directeur de l'Organisation iranienne de l'énergie atomique a annoncé les décisions prises par Téhéran pour développer l'ensemble du cycle nucléaire.

Encadré 3
Les armes nucléaires

Le rôle des armes nucléaires est profondément remis en question à l'Ouest : elles ne sont plus au centre des doctrines de défense comme ce fut le cas pendant la guerre froide. Mais on constate un intérêt croissant pour ces armes en Asie (Moyen-Orient, Asie du Sud, Extrême-Orient), ainsi qu'une réaffirmation de leur rôle dans la doctrine militaire russe. Le rêve d'un monde dénucléarisé, encore possible du temps de la Commission de Canberra pour l'élimination des armes nucléaires, en 1995, a disparu. Plutôt qu'au crépuscule de l'arme nucléaire, c'est à la naissance d'un deuxième âge nucléaire que l'on assiste. Certains se demandent même s'il ne sera pas plus dangereux que le premier en raison du nombre supérieur d'acteurs, de doctrines d'emploi peu ou mal connues, et de possibilités d'incompréhension croissantes qui rendent la dissuasion plus problématique.

En fait, on assiste aujourd'hui à des évolutions contradictoires. Certaines limitent le rôle du nucléaire, comme le montrent la diminution des arsenaux des deux principales puissances et le développement d'armes conventionnelles de grande précision. D'autres l'augmentent au contraire, ainsi qu'en témoignent l'évolution de l'arsenal chinois, la compétition indo-pakistanaise et les proliférations iranienne et nord-coréenne. Les perspectives régionales sont sombres, si l'on considère la relance de la prolifération au Moyen-Orient (Iran et conséquences régionales) et en Extrême-Orient (Corée du Nord et leçons tirées par le Japon) après les essais de 1998 intervenus en Asie du Sud (Inde et Pakistan). Les armes nucléaires sont d'autant plus redoutées que la dissuasion semble perdre de sa force et que l'emploi devient moins improbable. Tel pourrait être en effet le cas dans un monde nucléaire multipolaire, le nombre des acteurs renforçant les risques d'usage.

Ces risques sont également renforcés par un phénomène tout différent : la conviction de l'Administration Bush que l'emploi des armes actuelles n'est pas crédible en raison des dommages collatéraux qu'elles infligeraient, et qu'il y aurait donc « auto-dissuasion » des puissances nucléaires, sauf à se doter de nouvelles armes. Leur fonction ne serait pas de frapper des villes ou des armées adverses, mais de détruire des sites biologiques ou chimiques, ou des bunkers profondément enterrés. Cette croyance ne pose pas seulement la question évidente de la localisation des installations visées, dont l'Irak vient de montrer la difficulté. Elle peut requérir, pour être mise en œuvre, des essais nucléaires qui relanceraient la course aux armements de façon spectaculaire. Surtout, elle peut conduire à développer des armes nucléaires d'emploi. C'est la raison pour laquelle le Congrès des États-Unis est très divisé sur cette question.

Dans la mesure où les choix de Washington en matière stratégique ont un impact considérable sur le reste du monde, le message le plus dangereux pourrait être que la non-prolifération nucléaire est lettre morte : même le pays le plus puissant et le mieux doté conventionnellement a besoin de développer de nouvelles armes nucléaires. Pour l'Europe, qui craint déjà depuis quelques années une place plus importante du nucléaire dans la doctrine de défense de la Russie, ce serait une nouvelle d'autant plus inquiétante que les deux puissances nucléaires européennes ont mis fin à leurs essais et signé en 1996 le Traité d'interdiction complète des essais nucléaires (TICE ou *Comprenhensive Test Ban Treaty*, CTBT), et qu'elles font reposer leur sécurité en grande partie sur le succès des politiques de non-prolifération nucléaire. Le nucléaire connaît donc aussi une phase dangereuse avec la conjonction de la prolifération, de la multiplication des crises régionales, de la possible mise au point de nouvelles armes, et de la croyance de certains États que le nucléaire seul pourra dissuader les États-Unis.

où elles avaient été traitées[17]. Circonstance aggravante, le tetrafluorure d'uranium a été transformé essentiellement en uranium métal, qui n'est d'aucune utilité dans un programme civil. Les questions les plus embarrassantes sont les suivantes : pourquoi bâtir une installation de grande taille pour l'enrichissement de l'uranium sans la déclarer ? Ce site a-t-il été précédé par un « pilote » qui n'est toujours pas signalé ? Pourquoi construire une telle installation alors que la Russie devait fournir le combustible nécessaire à la centrale de Busheir ? Pourquoi fabriquer de l'uranium métal qui n'a aucune utilité dans un programme nucléaire civil, mais qui en a dans un programme militaire ? Pourquoi produire une usine d'eau lourde dont l'utilité pour le programme électronucléaire n'est pas non plus évidente ? Comment expliquer la production d'uranium enrichi non déclaré ? Enfin, pourquoi l'Iran empêche-t-il les inspecteurs d'accéder à certains sites ou à certaines parties des installations ?

Depuis des années, l'existence d'un programme nucléaire clandestin iranien a fait l'objet de discussions entre des États-Unis préoccupés et une Europe sceptique[18]. La divergence d'évaluation a disparu, même si toutes les conséquences politiques n'ont pas encore été tirées. Ce programme a aussi suscité de constantes récriminations de

17. Les importations non déclarées proviennent de Chine (tétrafluorure d'uranium notamment, qui est une forme d'uranium chimiquement stable nécessaire pour préparer l'uranium métal). Elles ont eu lieu en 1991, et Pékin est donc aussi coupable de n'avoir pas déclaré à l'Agence ces exportations vers l'Iran.

18. Comme l'a indiqué C. Rice en mars 2003 : « We have been, for a long time, one of the lone voices that has said the Iranians are a problem. » Washington n'a pas de relations diplomatiques avec Téhéran, toujours soumis à des sanctions économiques de sa part. Les États-Unis reprochent aussi à l'Iran de permettre à des membres importants d'Al-Qaida d'y poursuivre leurs activités. Ces préoccupations sont devenues publiques après l'attentat du 12 mai en Arabie Saoudite, qui a tué 34 personnes, dont 8 Américains, et qui aurait été dirigé par une petite cellule de membres d'Al-Qaida depuis l'Iran.

Washington à l'égard de Moscou, qui a signé d'importants contrats pour le développement de l'énergie nucléaire en Iran, et de Pékin, qui a joué un jeu ambigu en Iran – par exemple en ne déclarant pas ses exportations de 1991. Cette attitude de deux membres du P5 rend problématique la recherche d'une solution à la crise iranienne. Il est de notoriété publique que, lors de visites officielles américaines en Russie dans les villes nucléaires, des cartes de visite iraniennes traînant sur tous les bureaux sont utilisées par Moscou comme des menaces pour obtenir des fonds américains. Un Iran nucléaire aurait des répercussions en chaîne dans toute la région, et d'abord en Égypte et en Arabie Saoudite, qui pourraient revoir leurs engagements internationaux à l'égard du TNP. C'est une donnée qui devrait faire réfléchir ceux qui hésitent encore à mettre tout leur poids diplomatique dans la balance, avant que le programme n'ait atteint une étape irréversible.

3. L'avenir : un risque d'emploi accru

Alors que l'on ne parle, en Occident, que du souci d'éviter les « dommages collatéraux » avec des armes conventionnelles toujours plus précises, la vérité du monde actuel est aussi celle d'un risque accru d'usage des armes nucléaires, biologiques et chimiques. La combinaison d'une prolifération

Encadré 4
Les missiles

La menace balistique date de la Seconde Guerre mondiale, quand les missiles *V1* et *V2* ont terrorisé la population britannique, mais la crainte de la prolifération est beaucoup plus récente. Même les missiles soviétiques et américains, qui pouvaient effrayer les deux blocs compte tenu des têtes nucléaires dont la plupart des pays étaient dotés, n'ont pas eu un véritable rôle de prise de conscience pour les populations, parce qu'ils n'ont pas été tirés. Cette période a compté des phases exceptionnellement dangereuses, comme la crise des missiles de Cuba, mais elles ont gardé un caractère abstrait parce que la confrontation tant commentée, ou l'attaque surprise tant redoutée, n'a jamais eu lieu.

C'est un épisode d'un conflit « périphérique » – la guerre des villes pendant le conflit Iran-Irak – qui a fait prendre conscience de la capacité destructrice de ces vecteurs et de la terreur qu'ils pouvaient répandre parmi les civils, même quand ils ne portaient que des têtes conventionnelles. Vers la fin de cette guerre, la nécessité de contrôler l'exportation des technologies balistiques a été comprise et a donné naissance au Régime de contrôle de la technologie des missiles (*Missile Technology Control Regime*, MTCR), que l'on tente de compléter aujourd'hui avec un « code de conduite » d'inspiration française. Quant à la conscience « populaire », elle ne s'est éveillée dans le monde qu'avec le débat sur les défenses antimissiles de la fin des années 1990, même si la plupart des concepts et des réalités technologiques en cause lui sont restés largement inaccessibles. L'attention presque quotidienne de la presse à la course aux armements nucléaires que les défenses antimissiles étaient supposées encourager, ainsi qu'à la description des systèmes basés en mer, à terre, dans l'espace aérien ou dans l'espace extra-atmosphérique, a donné aux populations civiles une sorte de « culture » balistique que même le débat sur la guerre des étoiles n'avait pas réussi à introduire.

De fait, la réalité de cette prolifération était devenue bien plus préoccupante à la fin du siècle dernier qu'au début des années 1980. La vente de capacités balistiques dans des pays tiers a certes commencé dans les années 1970, mais les améliorations opérées localement par les États acquéreurs ont pris du temps, et ces ventes ont longtemps été perçues comme un simple élément de fidélisation dans le monde bipolaire. L'année la plus révélatrice a été 1998, quand le Pakistan, en avril, puis l'Iran, en juillet, et la Corée du Nord, en août, ont chacun testé un missile d'une portée de 1 300 km. On a, cette année-là, quitté le monde des *Scud* de 300 km pour entrer dans une nouvelle ère : celle des missiles de plus de 1 000 km. Peu à peu, les États prennent conscience qu'une de leurs protections séculaires contre l'adversaire, la distance, disparaît. Ceci était naturellement vrai pendant la guerre froide, mais la diversification des acteurs impose une réévaluation des conséquences de ce phénomène.

L'intérêt pour les systèmes antimissiles et la détection des missiles augmente ainsi avec le risque d'usage. Il est donc très développé au Moyen-Orient et en Extrême-Orient. En mars 2003, le Japon, qui a engagé des recherches avec les États-Unis sur des systèmes basés en mer, déploie un navire permettant de détecter des tirs de missiles au large des côtes coréennes après avoir lancé un satellite qui a la même ambition. L'Europe évolue elle aussi : au sommet de l'OTAN à Prague, le 21 novembre 2002, il a été décidé d'examiner les options disponibles pour répondre aux menaces balistiques sur le territoire, les forces et les centres de population de l'Alliance. La dissuasion et la défense antimissile sont devenues plus complémentaires que contradictoires. Enfin, la guerre contre l'Irak a démontré à nouveau l'efficacité des missiles de croisière, puisque les seuls dégâts réels dont a souffert le Koweït ont été causés par des missiles d'origine chinoise *Silkworm*. Les missiles de croisière sont en expansion constante (80 000 dans le monde), peu chers et bien adaptés aux attaques nucléaire, biologique et chimique. Leur prolifération est donc devenue un sujet aussi important que celui des missiles balistiques. Et les missiles « portables » inquiètent aussi les spécialistes du terrorisme depuis la tentative d'attentat à Mombasa, en novembre 2002, contre un avion israélien.

d'armes non conventionnelles de plus en plus difficile à contenir – particulièrement dans les zones les plus instables[19] –, de la production de vecteurs en constants progrès et de la capacité nouvelle d'organisations terroristes de poser aux États, même aux plus puissants d'entre eux, des défis stratégiques, est le principal enjeu de sécurité de notre époque. Dans un monde où la faillite des États est parfois devenue la règle dans des pays[20], des régions[21] ou des continents entiers[22], des trafics de toutes sortes – mélange le plus souvent de drogues et d'armements – entretiennent une instabilité chronique. Cette déliquescence de l'État ne peut plus être tenue simplement pour une forme déplaisante du monde post-moderne. Ces ensembles chaotiques posent au monde organisé des défis de nature stratégique qui ne peuvent plus être ignorés. L'Afrique en fournit un exemple convaincant, où les crises, les guerres et les tragédies se multiplient, mais aussi les risques que ces désordres entraînent. Des saisies récentes de matières nucléaires, qui pourraient être utilisées pour la fabrication d'armes radiologiques, en témoignent.

La spécificité des armes de destruction massive est très mal comprise, même par un grand nombre de responsables politiques. Leur prolifération ne décuple pas seulement les surprises potentielles[23] – une des grandes craintes de la guerre froide – ou l'instabilité chronique qui peut en résulter dans certaines régions comme le Moyen-Orient, l'Asie du Sud ou l'Extrême-Orient. Elle renforce surtout considérablement les risques d'emploi entre des acteurs qui connaissent mal leurs cultures stratégiques réciproques et ignorent le plus souvent les motivations réelles de l'acquisition de ces capacités. Il faut se souvenir que personne n'avait prévu le lancement du *Shehab 3* iranien et du *No-Dong* nord-coréen, respectivement en avril et en août 1998, pas plus que les explosions nucléaires indiennes et pakistanaises ; l'ampleur et la maturité des activités nucléaires en Iran ont confondu beaucoup d'observateurs en 2003, et la non-utilisation d'armes chimiques par Saddam Hussein en 1991 et surtout en 2003 a été une surprise dans les cercles militaires, en Europe comme aux États-Unis.

Plus la guerre froide s'éloigne, plus la prolifération des armes de destruction massive s'impose comme *la* menace majeure. Les chefs d'État et de gouvernement qui l'ont reconnu dès janvier 1992, dans une réunion solennelle du Conseil de sécurité, ont malheureusement omis d'en tirer des conséquences pratiques. C'est à elles qu'il faut à présent songer si l'on veut donner un signal politique suffisamment fort de la volonté de la communauté internationale – et en particulier des membres du P5 – de freiner une évolution inquiétante pour la sécurité au niveau mondial. À quoi bon, sinon, vanter les mérites du multilatéralisme ?

La crainte principale n'est pas liée à une augmentation quantitative d'armes ou de vecteurs. Compte tenu des mesures de désarmement engagées par leurs deux principaux détenteurs que sont les États-Unis et la Russie, c'est plutôt une diminution de ces capacités que l'on peut constater en termes absolus. La conviction que le XXIe siècle risque d'être le témoin non seulement d'une course aux armes de destruction massive, mais encore de leur usage de façon plus impressionnante que durant le siècle précédent, repose sur d'autres éléments d'analyse : le nombre d'États dotés de telles armes a tendance à augmenter ; les pays les moins avancés sur le plan technologique sont d'autant plus tentés d'en acquérir que la supériorité conventionnelle occidentale est écrasante ; le rôle de ces armes, qui diminue en Europe, augmente en Asie, comme l'ont montré, en 1998, les explosions nucléaires indienne et pakistanaise et, en 2003, le retrait de la Corée du Nord du TNP ; plusieurs groupes terroristes ont démontré leur intérêt pour des armes non conventionnelles (Aum Shinrikyo et Al-Qaida) ; enfin, et surtout, en l'absence de nouvelles mesures prises par les principaux pays, chacun est bien conscient que la prolifération peut échapper à tout contrôle d'ici 10 ou 15 ans.

19. Après une période de succès pendant la première moitié des années 1990.

20. La liste est longue : Colombie, Géorgie, Ukraine, Afghanistan...

21. À la périphérie de la Russie se trouve une zone d'instabilité chronique qui entretient des circuits criminels transnationaux. Quatre États non reconnus par la communauté internationale continuent d'y mener une existence parallèle après avoir fait sécession de la Moldavie (République moldave de Prydnestrovyan), de la Georgie (République d'Ossétie du Sud et République d'Abkhazie) et de l'Azerbaïdjan (République du Nagorno-Karabakh).

22. L'Afrique, dont la « renaissance » si fréquemment évoquée il y a 10 ans n'est plus mentionnée par personne, en est le meilleur exemple. Le président des États-Unis a tenté en juill et 2003 de convaincre plusieurs pays africains de s'impliquer de façon plus décisive dans la lutte contre le terrorisme.

23. Un bon exemple est le tir du missile nord coréen *No-Dong*, le 31 août 1998, au dessus du Japon, qui a conduit Tokyo à renforcer ses accords de défense avec Washington.

Encadré 5
Renseignements et prolifération

La prolifération des armes de destruction massive se fait, par définition, de façon clandestine. Pour la détecter, le rôle des services de renseignements est essentiel. C'est de plus en plus le cas avec la sophistication des réseaux d'approvisionnement et le perfectionnement des capacités de dissimulation à la disposition des États, qu'il s'agisse d'installations souterraines ou de sites à double usage, ceux-ci étant particulièrement difficiles à qualifier dans les domaines chimique et biologique. C'est ce qui a en partie permis la bataille médiatique ouverte après la guerre en Irak de 2003 sur les rapports des services de renseignements qui ont précédé l'ouverture des hostilités.

Cette campagne, très politisée, a fait l'impasse sur plusieurs faits. Tout d'abord, les pays occidentaux détenaient tous des informations comparables avant l'ouverture des hostilités et avaient conclu de la déclaration de 11 000 pages, fournie par l'Irak le 7 décembre 2002, que Bagdad ne faisait aucun effort pour répondre aux questions de l'ONU, en suspens depuis plus de 10 ans. En second lieu, ils avaient aussi des indications de reprise par l'Irak, depuis 1998, d'activités interdites par les résolutions du Conseil de sécurité, notamment des importations de précurseurs ou certains travaux de production. En troisième lieu, les rapports des services de renseignements sont généralement prudents pour ne pas être pris en défaut par les événements et la présentation des informations permet souvent de justifier des conclusions différentes. En quatrième lieu, les progrès effectués en matière de dissimulation sont très supérieurs à ceux des capacités d'investigation. Pour ne prendre qu'un seul exemple, les 25 missiles *Al-Samoud 2* que l'UNMOVIC n'a pas eu le temps de détruire avant de quitter l'Irak en mars 2003 n'ont pas davantage été trouvés après la guerre que les agents chimiques ou biologiques, qui sont beaucoup plus faciles à dissimuler. Enfin et surtout, Saddam Hussein a entretenu depuis 1991 une ambiguïté délibérée en déclarant qu'il n'avait rien à se reprocher vis-à-vis de l'ONU, tous les stocks d'agents et tous les missiles ayant été détruits à l'été 1991, tout en se gardant toujours d'en fournir les preuves, peut-être pour continuer à bénéficier de la dissuasion que lui procurait cette ambiguïté. Il a donc contribué à renforcer les soupçons.

La question centrale pour le travail des inspecteurs a toujours été celle de l'importance des destructions unilatérales par Bagdad de ses programmes en 1991. Cet acte était interdit par la résolution 687 précisément parce qu'il empêchait toute vérification, mais il n'a jamais été prouvé, à l'exception de la destruction de la plupart des missiles. En ce sens, Saddam Hussein a été pris à son propre piège. Jusqu'à présent, la découverte la plus significative a été celle de munitions spéciales, de laboratoires mobiles dont la finalité reste obscure, et de centrifugeuses dans un jardin privé. Dans les mois qui viennent, la traduction de très nombreux documents saisis malgré les destructions devraient apporter de nouvelles réponses aux questions posées sur les programmes prohibés. En outre, dans la mesure où les interviews ont toujours été considérées comme des éléments-clefs, des progrès doivent être attendus également de ce côté. Mais ceci suppose, d'une part, que les interviews soient conduites par des individus connaissant bien les programmes d'armements et, d'autre part, que les acteurs en possession des informations nécessaires reçoivent l'assurance qu'ils ne seront pas poursuivis par la justice de la Coalition (ou le gouvernement irakien à venir) et qu'ils seront protégés contre les fidèles de Saddam Hussein toujours en liberté.

En l'absence de vérification indépendante, cependant, les déclarations de la Coalition seront toujours l'objet de suspicion, tout particulièrement dans les domaines les plus complexes, où la mise en phase des réseaux d'approvisionnement, des achats effectifs et des capacités de production ne pourra jamais conduire à un discours médiatique simple, mais plutôt à des réponses – souvent difficiles à suivre pour les non-spécialistes – aux nombreuses questions qui restent en suspens pour les inspecteurs de l'ONU depuis plus de 10 ans. C'est une excellente raison pour associer à nouveau ces experts internationaux, qui présentent l'avantage supplémentaire d'avoir la meilleure connaissance historique des programmes prohibés en Irak.

C'est la raison pour laquelle la dissémination de ces armes a été l'un des grands sujets du sommet du G8 à Évian. C'est aussi pour cette raison que, pour la première fois, l'Union européenne tente de bâtir une politique cohérente dans ce domaine et a fait une déclaration commune avec les États-Unis en juin 2003 pour souligner la solidarité transatlantique sur ce sujet. La menace d'annihilation de la guerre froide, par son énormité même, était improbable ; celle que font aujourd'hui peser les nouveaux pays proliférateurs ou les groupes terroristes l'est beaucoup moins.

4. Répondre aux nouvelles menaces non conventionnelles

Comme le premier conflit contre l'Irak en 1991, le second est l'occasion de faire le bilan de la prolifération après des décennies d'efforts pour la contenir. Ceux-ci ont connu de nombreux succès après la fin de la guerre froide, en amenant six pays à renoncer à l'arme nucléaire entre 1991 et 1994[24], et en conduisant l'Algérie et Cuba à adhé-

24. Argentine, Brésil, Biélorussie, Kazakhstan, Ukraine et Afrique du Sud.

rer au TNP respectivement en 1995 et 2003. Ils ont aussi permis de sécuriser (enceintes protégées, caméras, comptabilité des matières nucléaires, formation de personnel spécialisé) de nombreux sites de l'ex-URSS. Ils ont enfin renforcé les contrôles internationaux de l'AIEA, qui bénéficie de pouvoirs plus étendus, ainsi qu'un grand nombre de contrôles à l'exportation, notamment dans les pays d'Europe centrale et orientale.

Mais ces progrès sont insuffisants pour répondre à l'ingéniosité et à la détermination de ceux qui cherchent à se doter de ces armes, parfois à l'abri des traités internationaux eux-mêmes, comme l'Iran, qui a renoncé par traité à l'acquisition de l'arme nucléaire, mais n'en développe pas moins un programme militaire à l'ombre d'un programme électronucléaire. Les circuits d'acquisition des composants d'armes sont plus sophistiqués, les procédures de dissimulation des programmes clandestins, plus efficaces, et l'effort collectif de lutte contre la prolifération a eu tendance à se relâcher dans les dernières années du xxe siècle, après une période d'embellie au début des années 1990. Dans certains cas, les intérêts commerciaux l'emportent, comme souvent en Russie et en Chine, mais aussi dans le monde occidental[25]. Dans d'autres, c'est la méfiance envers les traités multilatéraux, comme aux États-Unis, qui décrédibilise le droit international au plus mauvais moment.

Enfin, l'apparition d'une nouvelle génération de fournisseurs de technologies sensibles multiplie les risques. Parmi eux, il faut compter le Pakistan et la Corée du Nord, qui sont devenus les deux plus dangereux proliférateurs de la planète : ce sont des Pakistanais qui, après avoir proposé des services à l'Irak en 1990, ont fourni des centrifugeuses à Pyongyang et à Téhéran ; quant à la Corée du Nord, son commerce de technologies balistiques est le plus florissant avec celui de la drogue, notamment dans le monde musulman (Pakistan, Iran, Égypte, Syrie, Libye), et elle menace à présent de faire commerce de matières nucléaires quand son programme d'enrichissement sera opérationnel.

• *La première réponse consiste à faire une analyse sérieuse de l'environnement stratégique de l'Europe.* L'idée n'est pas nouvelle, mais elle s'est longtemps heurtée à de fortes résistances, car elle impliquait à la fois la reconnaissance de menaces dans un continent qui veut croire que les guerres appartiennent au passé, et l'augmentation des budgets de défense, qui suivent une pente inverse dans toute l'Europe, sauf au Royaume-Uni et en France. Au printemps 2003, après la guerre en Irak, une nouvelle étape a été franchie au niveau collectif. L'Union européenne a compris la nécessité d'attacher plus d'importance aux questions de non-prolifération et de ne pas laisser les États-Unis prendre seuls des initiatives dans ce domaine. Le 14 avril 2003, le Conseil européen a donc demandé à Javier Solana de lui soumettre des propositions en matière de non-prolifération pour établir un plan d'action.

Ces propositions, très diverses, comprennent des démarches diplomatiques, des efforts pour obtenir l'universalité des traités, l'augmentation des moyens financiers de l'AIEA, la mise en œuvre des inspections par défi prévus par la CIAC, un renforcement des contrôles à l'exportation, une augmentation de la participation européenne au programme de réduction de la menace par la coopération (*Cooperative Threat Reduction*, CTR) lancé par les États-Unis en Russie[26], et l'amélioration du contrôle des sources radioactives, des micro-organismes pathogènes et des toxines. C'est une première base de travail. En juin 2003, Javier Solana a été chargé par les Quinze d'élaborer « un concept stratégique européen » susceptible d'être adopté par le Conseil européen de décembre 2003 ; ce document pourrait être plus décisif.

• *La deuxième étape doit permettre la mise en place d'un système européen de surveillance et d'alerte avancée.* Le long débat transatlantique sur les défenses antimissiles a eu le mérite de permettre une prise de conscience en Europe des dangers de la prolifération balistique. Les analyses européennes et américaines sont à présent plus proches et des évolutions ont eu lieu des deux côtés : les Américains ont revu à la baisse certaines estimations, et les Européens ont souvent renforcé leurs projets concernant les capacités antimissiles de théâtre pour des interventions militaires extérieures – voire la défense ponctuelle de certains sites stratégiques. Ils sont même ouverts à la possibilité d'une défense stratégique couvrant

25. L'entreprise allemande qui a vendu 22 tonnes de tubes d'aluminium à la Corée du Nord, *via* la Chine, en mars 2003, l'a fait contre l'avis formel de Berlin. Le chargement a été intercepté en Égypte.
26. L'Union européenne a promis 1 milliard de dollars sur 10 ans.

Encadré 6

Le terrorisme NRBC[1]

La secte Aum a ouvert la voie au terrorisme chimique et biologique dans les années 1990 au Japon. Avant de tuer 12 passagers du métro de Tokyo avec du gaz sarin, en mars 1995, elle avait tenté sans succès d'utiliser d'autres agents biologiques (toxine botulinique et anthrax). Aux États-Unis, l'histoire du bio-terrorisme est plus ancienne : l'incident le plus grave ayant précédé les attaques à l'anthrax de l'automne 2001 est un empoisonnement volontaire à la salmonelle dans l'Oregon, en 1984, qui avait touché 700 personnes. Pour l'opinion publique européenne, le bio-terrorisme est devenu une réalité à l'automne 2001 avec l'attaque aux lettres piégées aux États-Unis. Ces attaques n'ayant causé que cinq morts, certains ont considéré qu'il s'agissait d'un événement mineur. Ils avaient tort, car ces individus ont eu le triste privilège d'être les premiers à perdre la vie à la suite d'une attaque biologique conduite à des fins terroristes. Le fait que l'auteur (ou les auteurs) de ces lettres soi(en)t probablement de nationalité américaine ne change rien à ce constat. C'est l'un des faits stratégiques qui ont inauguré le XXIe siècle.

Le bio-terrorisme peut aussi frapper les animaux et les cultures, cibles particulièrement vulnérables, avec des effets dévastateurs dans le Tiers-Monde. Ces nouvelles formes de terrorisme ne sont pas inconnues en Europe. Un groupe d'islamistes franco-algériens a été démantelé à l'automne 2002 en possession de cyanure. Des groupes similaires ont travaillé en Grande-Bretagne ou en Italie avec la même substance. Au nord de Londres, en janvier 2003, la police a arrêté un homme originaire du Maghreb, dans un appartement de Wood Green, où l'on a trouvé de la ricine.

Le terrorisme nucléaire est moins probable sous sa forme la plus redoutable, celle de la détention d'une ou de plusieurs armes nucléaires par des groupes terroristes et de leur usage. Mais des attaques radiologiques projetant des matières radioactives à l'aide d'explosifs conventionnels sont considérées comme possibles. Leur utilisation ferait un nombre beaucoup moins important de victimes, mais aurait un effet psychologique dévastateur. L'utilisation de sources largement disponibles dans les hôpitaux (comme le cobalt 60, très radioactif) est souvent évoquée. Les trafics illicites de matières nucléaires sont surveillés depuis la fin des années 1990. Une initiative sur les sources « orphelines » a été prise par l'AIEA en 2002 à la suite d'un accident en Géorgie, et des matières radioactives ont encore été trouvées dans un taxi à Tbilissi, en juin 2003. Le conseil des gouverneurs de l'AIEA de juin 2003 a aussi fait état de trafics clandestins de matières nucléaires susceptibles d'être utilisées dans des armes radiologiques en Afrique[2]. Enfin, des attaques contre des installations nucléaires ne peuvent être exclues, qu'il s'agisse de centrales nucléaires ou d'installations de retraitement (pendant quelques mois, après septembre 2001, l'usine de La Hague a été protégée par des missiles). Le 4e avion du 11 septembre aurait pu se diriger vers la centrale de Three Mile Island, et des terroristes ont déjà essayé de s'attaquer à des centrales nucléaires en Australie.

L'inquiétude principale des services de renseignements porte cependant sur des attaques chimiques. En juillet 2003, ce sont d'ailleurs, une fois encore, des recettes chimiques qui ont été trouvées dans les ordinateurs des terroristes espagnols arrêtés au Mexique (*El Correo de Andalucia*, 21 juillet 2003). Les agents toxiques et chimiques militaires de première génération (ypérite par exemple) sont relativement simples à produire. La difficulté n'est pas insurmontable pour les agents de seconde génération comme les neurotoxiques. Le sarin utilisé dans le métro de Tokyo en est un exemple : il était d'un niveau de pureté insuffisant, mais aurait pu faire beaucoup plus de victimes s'il avait été purifié et disséminé en aérosol. Des substances très létales peuvent aussi être produites avec des composés existant dans le domaine industriel ou agroalimentaire (pesticides par exemple). Un attentat dans des espaces fermés (transports souterrains ou centres de congrès) pourrait être très meurtrier. L'Europe et les États-Unis comptent aussi de nombreuses cibles chimiques potentielles et de grandes installations, dont l'usine AZF de Toulouse fournit un exemple convaincant. L'explosion d'un tanker de gaz liquéfié dans un port peut atteindre l'amplitude de plusieurs méga-tonnes. Le coût d'une opération conventionnelle est estimé à 1 600 euros par km^2, mais à 550 euros avec des armes chimiques et à 1 euro avec des armes biologiques.

1. C'est-à-dire nucléaire, radiologique, biologique et chimique.
2. Le 22 juin 2003, un navire se rendant au Soudan a été intercepté par les autorités grecques avec 680 tonnes d'explosifs à bord et 8 000 détonateurs. Il s'agissait de la plus grande quantité d'explosifs jamais saisie dans le monde sur un bateau naviguant illégalement.

les pays de l'Alliance, sous forme d'une défense aérienne élargie. C'est du moins l'objet d'une étude décidée au sommet de l'Organisation du traité de l'Atlantique Nord (OTAN), à Prague, à l'automne 2002. Un accord devrait être obtenu sur la mise au point d'un système d'alerte avancée qui permette à l'Union et à ses membres de ne pas être aveugles aux évolutions stratégiques de leur environnement, notamment en Méditerranée.

• Il faut aussi *diversifier les outils nécessaires à la prévention.* La tendance à considérer les traités internationaux comme l'alpha et l'oméga de toute politique de non-prolifération prévaut en Europe. Si la défense du multilatéralisme est un combat justifié, elle n'a de chances de réussir que si l'on reconnaît les défis qui sont aujourd'hui posés aux traités : les capacités de dissimulation se perfectionnent et compliquent la vérification des engagements pris ; les nouveaux circuits d'approvisionnement des pays proliférateurs sont de

27. Une rumeur insistante voudrait que les 25 voitures diplomatiques qui ont quitté Bagdad le 6 avril avec l'ambassadeur Titorenko aient eu comme principal chargement les archives irakiennes sur les circuits d'approvisionnement de Bagdad, notamment dans le domaine des armes de destruction massive. Ces archives incrimineraient fortement Moscou.

plus en plus sophistiqués[27] ; le Conseil de sécurité fonctionne de façon plus satisfaisante quand il n'a pas de problème sérieux à résoudre, par exemple la violation patente d'un État ; le phénomène terroriste échappe par définition aux traités, qui ne contraignent que les États ; le double usage qui caractérise les activités biologiques et chimiques complique considérablement la tâche de vérification des engagements pris dans ces domaines.

En conséquence, des mesures « hors traités » sont devenues indispensables : sensibiliser les biologistes et les biochimistes à leurs responsabilités en matière d'échange de souches et d'accueil de stagiaires ; établir des liens entre les accords économiques et le respect des régimes de non-prolifération ; prévoir des mesures pénales pour les individus ou les sociétés qui contribuent à la prolifération ; adopter des accords régionaux pour réduire les trafics maritimes clandestins d'équipements ou de matières dangereuses[28] ; consacrer à la protection civile, qui a été jusqu'à présent le parent pauvre, une part plus significative des budgets de défense[29]. Le Conseil de sécurité lui-même doit tirer enfin des conclusions pratiques de sa déclaration de janvier 1992 sur les dangers que la prolifération fait courir à la paix mondiale. On peut imaginer un système comparable à celui instauré en septembre 2001 pour répondre aux attaques terroristes, avec une coopération mondiale, et la mise en place d'un dispositif de suivi et d'évaluation indépendant de la dissémination des armes non conventionnelles et de leurs vecteurs.

• Enfin, *un accord doit être trouvé sur des mesures de rétorsion.* La prévention est une grande chose quand elle donne des résultats. Pour que tel soit le cas, les capitales doivent assumer leurs responsabilités à toutes les étapes diplomatiques au lieu d'attendre le pourrissement des situations. La Corée du Nord n'aurait pas eu à sa disposition la technologie de l'ultracentrifugation en 2002 si le Conseil de sécurité avait assumé ses responsabilités en 1993. Elle ne serait vraisemblablement pas dotée de missiles de 1 300 km de portée, dont elle a, de surcroît, fait bénéficier l'Iran et le Pakistan. Or, même après le retrait du TNP de Pyongyang en janvier 2003, le Conseil de sécurité ne s'était toujours pas prononcé en août. Aujourd'hui, les intentions nucléaires militaires de l'Iran sont claires. En l'absence d'une action diplomatique concertée, Téhéran détiendra bientôt l'arme nucléaire au risque de générer des bouleversements considérables dans le monde arabe. Ce risque ne peut être pris. Si l'on veut éviter le recours à la force, une pression diplomatique décisive, au plus tard à la conférence générale de l'AIEA de septembre 2003[30], doit permettre d'obtenir la signature et la mise en œuvre immédiate du protocole additionnel aux accords de garanties pour autoriser des inspections intrusives sans aucun délai. Le document de l'Union européenne adopté au sommet de Thessalonique de juin recommande une « action précoce et, si nécessaire, vigoureuse, susceptible d'éviter des problèmes plus sérieux », car « les problèmes de prolifération augmentent avec le temps ». Encore faut-il mettre ces bonnes paroles en pratique.

---

28. Certaines ont fait l'objet de discussions à Madrid, en juin 2003, puis à Brisbane, en juillet 2003.
29. Pour le moment, seuls les États-Unis ont tiré dans ce domaine des conclusions pratiques d'une ampleur suffisante. Un nouveau commandement, le Northern Command, est responsable de la contribution des forces armées à la défense du territoire. Il est chargé de la défense aérienne, du contrôle des approches maritimes, mais aussi de la gestion des situations catastrophiques.
30. L'Iran, qui a réussi à mobiliser les non-alignés au printemps, peut jouer la montre avec la promesse d'une signature du protocole additionnel aux accords de garanties avant la réunion de septembre.

Bibliographie

A

Abramovitz, M. et J. Laney (2003), *Meeting the North Korean Challenge*, Washington, D.C., Council on Foreign Relations.

Alibek, K. (2001), *La Guerre des germes*, Paris, Odile Jacob.

B

Bunn, M., A. Wier et J. Holdren (2003), *Controlling Nuclear Warheads and Materials*, Cambridge, Mass., Harvard University et Nuclear Threat Initiative (NTI), mars.

C

Chubin, S. (2002), « Whither Iran? », *Adelphi Paper 342*, Londres, IISS.

Cole, L. (1996), *The Eleventh Plague: The Policy of Biological and Chemical Warfare*, New York, Freeman and Co.

D

Delpech, T. (2003), « Le terrorisme international et l'Europe », *Cahiers de Chaillot*, n° 56, Paris, ISS-UE.

Delpech, T. (2002a), *Politique du Chaos*, Paris, Le Seuil.

Delpech, T. (2002b), « The Proliferation of Weapons of Mass Destruction in the Mediterranean », Lisbonne, IEEI, *Luminar Papers 9*, septembre.

E

Einhorn, R. J. et M. A. Flournoy (dir.) (2003), *Protecting against the Spread of Nuclear, Biological and Chemical Weapons*, CSIS Report 2003, Washington, D.C., CSIS.

H

Harris, R. et J. Paxman (2002), *A Higher Form of Killing: The Secret History of Biological and Chemical Warfare*, New York, Random House.

I

ISS-UE (2001), « Nucléaire, le retour d'un grand débat », *Cahiers de Chaillot*, n° 48, Paris.

K

Karasik, T. (2002), *Toxic Warfare*, Santa Monica, Cal., The RAND Corporation.

L

Lavoy, P. (2001), *Planning the Unthinkable. How New Powers Will Use Nuclear, Biological and Chemical Weapons*, Ithaca, N.Y., Cornell University Press.

Lepick, O. (1999), *Les Armes chimiques*, Paris, PUF, coll. « Que sais-je ? ».

M

Meyer (2001), *Les Armes chimiques*, Paris, Ellipses Marketing.

P

Podvig, P. (2002), *Russian Strategic Nuclear Forces*, Cambridge, Mass., MIT Press.

Price, R. (1997), *The Chemical Weapons Taboo*, Ithaca, N.Y., Cornell University Press.

R

Raghavan, V. (2001), *Limited War and Nuclear Escalation in South Asia*, Monterey, Cal., Monterey Institute of International Studies.

Roberts, B., R.A. Manning et R.N. Montaperto (2000), « China: The Forgotten Nuclear Power », *Foreign Affairs*, juillet-août.

Russell, R. (2001), « A Saudi Nuclear Option? », *Survival*, vol. 43, n° 2.

S

Sagan, S. et K. Walz (2003), *The Spread of Nuclear Weapons*, New York, WW Norton.

T

Tertrais, B. et I. Cordonnier (2001), *L'Asie nucléaire*, Paris, Ifri.

Le *state building* au secours de la sécurité internationale ?

Béatrice Pouligny
Raphaël Pouyé

En cet après-11 septembre 2001, les débats sur la souveraineté étatique qui avaient scandé le déroulement de la crise du Kosovo semblent bien loin. Si la France, l'Allemagne et la Russie se sont opposées à une intervention armée sans *casus belli* avéré en Irak, ce ne fut guère au nom de la non-ingérence dans les affaires intérieures d'un État souverain. L'opération « Licorne », par laquelle la France, à la même époque, s'est interposée pour rétablir l'ordre en Côte-d'Ivoire, l'a illustré à sa manière. Sans sous-estimer l'acuité des divergences sur les cadres et les modalités d'intervention qu'elle a contribué à souligner, la crise irakienne a confirmé la double mutation opérée ces dernières années dans la perception des problèmes de sécurité internationale : d'une part, les frontières étatiques ne constituent plus de garantie fiable ; de l'autre, les États « faillis » ou « effondrés » peuvent servir de terreau à de nouvelles menaces. Il serait alors urgent d'en reprendre le contrôle.

Dans ce contexte, l'idée de « protectorats internationaux » a connu un remarquable retour en grâce. Cette désignation générale ne doit cependant pas masquer le flou de pratiques fluctuant au fil des urgences et des improvisations. Car, si le diagnostic sur la crise multiforme de l'État est largement partagé, il en va tout autrement des réponses envisagées, et l'essentiel reste à faire en matière de doctrine opérationnelle. Les débats qui ont présidé à l'élaboration d'un cadre pour l'après-guerre en Irak témoignent de l'ampleur des désaccords en la matière. La diversité même des expressions employées pour désigner le phénomène (voir encadré 1) en est une bonne illustration. Cette entreprise ne date pourtant pas de l'après-11 septembre, ni même de l'après-guerre froide. Slogan volontariste de la politique étrangère des États-Unis, le *nation building* a été régulièrement invoqué depuis la reconstruction de l'Allemagne et du Japon après 1945. Il renvoie également à l'ingénierie politique progressivement développée par l'Organisation des Nations unies (ONU), et approfondie dans les années 1990, pour aboutir, en 1999, à la mise en place de véritables « administrations de transition » au Kosovo et au Timor-Leste (ex-Timor oriental). Brouillé par une multitude d'appellations concurrentes, le projet politique de reconstruction des États en faillite est lourd de présupposés idéologiques et d'ambiguïtés, et sources de malentendus aussi bien sur le plan diplomatique que sur le terrain.

Encadré 1
Derrière la variété des appellations, un certain flou conceptuel...

Le rapport du panel de haut niveau mis en place par le secrétaire général de l'ONU sur ces questions, dit « Rapport Brahimi » (A/55/305 – S/2000/809, 17 août 2000), a entériné le choix de l'appellation générique « opérations de paix » pour désigner l'ensemble des missions engagées désormais par l'organisation mondiale. La nature de ces opérations a radicalement évolué depuis le cadre classique du maintien de la paix (*peacekeeping*), qui avait été imaginé sur une base *ad hoc* lors de la crise de Suez, en 1956. Les missions dites de « première génération » consistaient à s'interposer entre deux belligérants pour observer le respect du cessez-le-feu, surveiller les lignes de front et les zones tampons, observer les échanges de prisonniers et, éventuellement, les opérations de désarmement.

Au début de la décennie 1990, se sont multipliées les missions dites de « deuxième génération », qualifiées de polyvalentes (*multidimensional* ou *multifunctional*), et qui impliquent les intervenants dans la restructuration de l'ordre politique interne. Contre la vision statique rendue par l'expression *peacekeeping*, on parle aussi volontiers de *peacebuilding*, voire de *postconflict reconstruction*, pour désigner l'ensemble des activités qui suivent le rétablissement de la paix et doivent le consolider. Une étape supplémentaire a été franchie, en 1999, avec les « administrations de transition » au Timor-Leste et au Kosovo, elles-mêmes héritières de la discrète Administration transitoire des Nations unies en Slavonie orientale (ATNUSO), déployée dans la région danubienne de la Croatie entre 1996 et 1998.

L'expression *state building* englobe de manière commode toutes ces entreprises extérieures de refondation d'État. Le *nation building* reflète une ambition plus profonde : intervenir au cœur de la fabrique sociale et politique des États « à refaire ». Elle reste très liée aux débats politiques aux États-Unis. Exploitée tout au long de la guerre froide comme justification rhétorique des ingérences anticommunistes de Washington, elle a connu le purgatoire après les échecs subis en Somalie et en Haïti, avant que les républicains ne la réhabilitent en Irak.

1. *State building* et *nation building*

Le concept d'État, entre crise et reconstruction

Choisir d'intervenir durablement dans les affaires d'un État souverain, lorsque les circonstances – les risques de déstabilisation régionale, notamment – l'imposent, est une démarche relativement récente. Certes, la sauvegarde de la sécurité internationale par la prise de contrôle de « zones grises » est aussi ancienne que l'exercice de la stratégie militaire, et elle a servi de prétexte, en particulier, aux aventures coloniales de la fin du XIXe siècle. Mais l'ouverture, ces dernières années, d'un débat non plus sur la légitimité du principe d'ingérence, mais sur les formes d'une présence efficace et durable, doit beaucoup à certaines évolutions conceptuelles récentes. La fragilisation générale du concept d'État, depuis la fin de l'ordre bipolaire de la guerre froide, a beaucoup concouru à ces évolutions. D'un côté, la recherche sociologique et historique a remis en question, de façon discrète mais décisive, quelques présupposés tenaces, en mettant à mal la conception de l'État comme lieu unique de la souveraineté. De l'autre, plus récemment, l'analyse stratégique n'a pu que constater une dégradation générale des capacités étatiques. Cette double prise de conscience a révélé l'émergence de menaces nouvelles (ou perçues comme telles) et amorcé la recherche de solutions inédites.

L'État a longtemps été présenté comme une sorte d'évidence. Le démantèlement des empires multinationaux austro-hongrois et ottoman après 1918, puis la vague de décolonisation après 1945, ont scellé la fin de toute forme non étatique de souveraineté politique. La Charte des Nations unies, clef de voûte du système international de l'après-Seconde Guerre mondiale, a ainsi entériné l'État comme lieu unique de la souveraineté et de l'unité fondamentale de l'ordre international. L'État moderne, défini par le sociologue allemand Max Weber comme le seul détenteur du « monopole de la violence légitime » sur un territoire donné, s'est alors imposé comme la norme. Mais la recherche sur les origines du nationalisme et de l'État a mis à mal cette vision monolithique.

Il est révélateur que les programmes de recherche menés dans ce cadre aient eu recours à l'expression *nation building* (Deutsch 1963). Celle-ci désigne, dans ce contexte, l'étude du « développement historique de l'État-nation » et a ouvert la voie à la « sociogenèse historique de l'État ». Poussant l'étude au-delà de la simple « construction de l'État » comme « effort conscient de créer un appareil de contrôle », d'autres travaux se sont efforcés de décrypter les « processus historiques et largement inconscients de conflits, de négociations et de compromis entre divers groupes » à l'œuvre dans la « formation de l'État » sur le temps long (Berman et Lonsdale 1992, Bayart 1996). Car un État ne se décrète pas. Mettant en jeu les dynamiques croisées de la coercition, de la concentration des ressources ou de la mobilisation idéologique, l'État en Europe n'est ni une fatalité, ni l'unique forme de la souveraineté. Ainsi, lorsqu'en 1648, les traités de paix de Westphalie entérinent pour la première fois un ordre diplomatique fondé sur la primauté de l'État, de nombreuses formes alternatives de souveraineté subsistent encore. Aujourd'hui, la principauté d'Andorre, sous la co-souveraineté du président français et de l'évêque d'Urgel, est une relique, parmi d'autres, de ces anciennes formes de souveraineté à géométrie variable.

Un État ne se décrète-t-il donc jamais ? La vague des décolonisations, tout particulièrement en Afrique, peut sembler contredire ce principe. Au cours des années 1960, de nombreuses divisions administratives coloniales, façonnées à coups d'arbitrages diplomatiques et dont les frontières étaient parfois tracées au cordeau, se sont vues subitement parées des attributs de l'État et intégrées au « concert des nations ». Maintenus en état de survie artificielle par l'assistance financière de leurs patrons communistes ou capitalistes, violentés par des conflits qu'on lisait alors volontiers à l'aune de l'affrontement bipolaire, certains de ces États n'ont révélé toute leur fragilité qu'une fois tournée la page de la bipolarité. La question, longtemps taboue, de l'importation du modèle étatique occidental sous ces latitudes s'est alors posée.

En Somalie, en Sierra Leone ou en République démocratique du Congo (RDC, ex-Zaïre), le modèle, inspiré de Weber, du « monopole de la violence légitime » avait, de longue date, cessé de refléter une quelconque réalité. Là comme ailleurs, les armées nationales sont souvent suppléées par des mercenaires, les corps de la fonction publique travaillent à leur propre compte et les budgets de l'État sont inséparables des finances privées des dirigeants. Faisant écho à la remise en question, dans le monde industrialisé, des prérogatives exclusives de l'État, cette évolution aurait, selon certains analystes, marqué l'entrée dans l'ère dite « post-westphalienne » (Lyons et Mastanduno 1995). Cette désacralisation générale du concept d'État n'a toutefois pas donné lieu à une remise en cause fondamentale de ce modèle de construction politique. Les solutions envisagées face aux États en faillite ont toutes maintenu, en effet, l'objectif affiché du rétablissement de la fonction étatique. L'indépendance n'a été accordée récemment que dans des circonstances juridiques très exceptionnelles – dissolution de l'Union des républiques socialistes soviétiques (URSS) et de la Yougoslavie, indépendance de l'Érythrée –, et l'intangibilité des frontières post-coloniales reste un principe globalement respecté.

L'ingénierie du *state building* s'inscrit dans ce contexte. Pourtant, on peut légitimement s'interroger sur son aptitude à intervenir en profondeur sur la formation de l'État, qui s'inscrit dans la longue durée. Construits « par le sang et par le fer » au cours des siècles (Tilly 1990), les États relèvent d'une tout autre échelle temporelle que les récents et éphémères « protectorats internationaux ». Ils ne renvoient toutefois pas au seul arbitraire des circonstances historiques et ont souvent correspondu à un projet fondamentalement constructiviste. Projet central de la modernité politique, élaboré par les révolutionnaires de 1789 et diffusé à travers l'Europe par les conquêtes napoléoniennes, l'idée d'État-nation est née du refus de l'origine divine de la fonction politique chez les philosophes des Lumières. Elle a progressivement investi la notion d'État pour en incarner la forme achevée. Ainsi, selon cette conception, la nation n'est pas l'émanation d'une hypothétique ethnie mais, comme le formula Ernest Renan, en 1882, celle d'une communauté soudée par un « plébiscite de tous les jours » : l'adhésion générale et toujours renouvelée des citoyens au projet de « vivre ensemble ».

Cette vision constructiviste de la nation a ainsi pu fonder l'espoir de construire des États là où ne préexistait pas de sentiment national, d'histoire partagée ou de « communauté imaginée » sur la longue durée (Anderson 1991). Bien qu'il soit rarement explicité en ces termes, le projet de *nation building* est donc parfois conçu comme un processus modernisateur qui doit rendre possible la construction d'une nation. « Démocratisation », « justice » et « réconciliation » doivent permettre d'élaborer un nouvel acte fondateur de l'unité nationale et de la légitimité d'un État par l'expression de la volonté populaire, comme s'y essaie l'Afrique du Sud depuis la fin de l'apartheid. Mais de tels efforts ont-ils quelque chance d'aboutir s'ils émanent d'une volonté politique extérieure ? À différentes étapes de leur histoire, les États-Unis ont répondu par l'affirmative, dotant la notion de *nation building* d'une forte connotation idéologique.

Le *nation building* : un vieux slogan de la politique étrangère des États-Unis

L'expression *nation building* est entrée en politique internationale dès 1945 par le biais des politiques américaines de « re-fondation » de l'Allemagne et du Japon. La « reconstruction » du sud des États-Unis après la guerre de Sécession est certes parfois présentée comme le lointain ancêtre d'un *nation building* à l'américaine. Mais, dans ce domaine, les deux « gouvernements militaires » de l'immédiat après-guerre constituent le véritable mythe fondateur de la politique étrangère de ce pays. C'est sous le signe de ces brillants précédents que le président George W. Bush a annoncé, en mars 2003, son projet de remodelage démocratique du Moyen-Orient : « Il fut un temps où certains soutenaient que les cultures du Japon et de l'Allemagne étaient inadaptées aux valeurs démocratiques. Ils avaient tort. Certains persistent à tenir le même discours sur l'Irak. Ils font fausse route[1]. »

Il n'est pourtant pas certain que le « modèle » appliqué aux années de « gouvernement militaire » en Allemagne (1945-1949) et au Japon (1945-1952) soit aussi facilement reproductible que le prétendent ses promoteurs. Le succès durable de ces entreprises, dont témoignent le redressement économique et l'enracinement démocratique de ces deux pays, ne doit en effet pas faire oublier la grande impréparation qui présida à leur démarrage. Éternelle hypothèque de toutes les missions civilo-militaires, le refus des états-majors de guerre de déléguer la planification de la reconstruction à des spécialistes fut, en Allemagne et au Japon, assez net. Cette impréparation laissa les mains libres aux généraux MacArthur et Clay, respectivement en charge du Japon et de la zone d'occupation des États-Unis en Allemagne. Dans les faits, les deux « proconsuls » limitèrent leur champ d'action aux dimensions les plus critiques de la gestion de l'après-guerre. Dotés de ressources financières pratiquement illimitées, ils concentrèrent leurs efforts sur la restauration de l'ordre public, la reconstruction des infrastructures de base, la mise en place d'un nouveau système fiscal, la démocratisation, la création d'une nouvelle force de police locale et la refonte des programmes scolaires. De cette liste de priorités émergent deux types d'objectif : la remise en marche de l'économie et l'« assainissement » idéologique du pays. Réduisant leur rôle d'orientation et de planification au strict minimum, ils laissèrent le champ relativement libre à un corps de fonctionnaires parfaitement au fait des réalités locales.

Les résultats spectaculaires du redressement économique de l'Allemagne et du Japon d'après-guerre leur ont donné raison. Mais les appareils d'État avaient été les chevilles ouvrières des pouvoirs totalitaires. Leur « assainissement » prit dans les deux pays des voies divergentes. En Allemagne, les dignitaires survivants du régime furent condamnés à Nuremberg, et la condition *sine qua non* pour entrer dans la nouvelle fonction publique fut de prouver sa non-appartenance au Parti national-socialiste (à l'instar de ce que l'Administration Bush a officiellement annoncé en Irak à l'égard du parti Baas). En comparaison, les élites japonaises connurent un sort plus clément. D'une part, l'empereur Shôwa fut, contre toute évidence, lavé de tout soupçon pour son rôle durant la guerre, tandis que la purge se limitait à 2 000 fonctionnaires, pour la plupart issus du ministère de l'Intérieur. À la suite du déclenchement des hostilités en Corée, en 1950, MacArthur n'hésita d'ailleurs pas à en réintégrer certains dans la fonction publique pour les besoins de la cause anticommuniste. Ces deux expériences viennent rappeler combien est étroite la voie entre la nécessité de s'appuyer sur une expertise locale et les impératifs de justice appelant des purges radicales.

On peut, à juste titre, s'interroger sur le lien conceptuel entre un projet de reconstruction économique et institutionnelle (certes mené au nom d'une idéologie libérale) et celui, proclamé, de *nation building*. Si l'on comprend par *nation building* la construction d'un lien national là où il était inexistant, la revendication d'un tel programme dans les deux pays où l'intégration nationale et le nationalisme avaient précisément été portés à leur paroxysme peut sembler aberrante. L'usage qu'en font les dirigeants des États-Unis reflète alors, sans

1. Discours devant l'American Enterprise Institute, Washington D.C., 4 mars 2003.

doute, une vieille préoccupation politique de ce pays : restituer à la nation une existence autonome, distincte de l'État. Pour conjurer définitivement le totalitarisme, la « société civile » – abusivement amalgamée à la nation – devrait ainsi être « libérée », séparée de l'État, et protégée par de nouvelles institutions. En Allemagne, le « ministère de Libération politique », doté de fonds américains et d'un personnel allemand, put organiser le procès de près de 1 million d'anciens nazis. De même, le « Comité consultatif pour la rééducation allemande » remplit totalement sa fonction d'incubateur de mœurs démocratiques, en particulier par le biais de la réforme de l'éducation. Enfin, les États-Unis jouèrent un rôle décisif dans l'élaboration de nouvelles Constitutions dans les deux pays. S'appuyant sur certaines traditions démocratiques locales et sur des personnels d'élite formés durant la République de Weimar et la démocratie de Taishô, les « gouvernements militaires » contribuèrent de façon décisive à la renaissance et à la consolidation de la démocratie en Allemagne et au Japon.

Galvanisés par ces succès, les dirigeants des États-Unis ont, pendant la guerre froide, appliqué la désignation informelle de *nation building* à diverses politiques de soutien à leurs alliés anticommunistes, dans les situations les plus diverses et les plus éloignées de l'expérience initiale de la reconstruction allemande ou japonaise. L'accent était placé, dans ce contexte, sur le décollage économique du pays, considéré comme la meilleure défense contre le communisme. À l'instar du programme de soutien accordé à la Corée du Sud après la fin de la guerre dans la péninsule, en 1953, il s'agissait en réalité de consolider les États alliés en leur octroyant une aide financière massive, tandis que les orientations stratégiques imposées aux gouvernements restaient souvent minimales. Cette démarche tirait une bonne part de sa justification dans les principes du *political development*, très en vogue à l'époque. Selon cette théorie, élaborée par l'économiste Walt Rostow, le développement politico-économique renvoie à un itinéraire préétabli qui serait applicable sous toutes les latitudes. Décomposé en séquences précises, il doit permettre à tout pays, à terme, d'atteindre le degré et la forme de développement dont les États-Unis représentent l'exemple le plus abouti. Les étapes à parcourir passent par le décollage économique, puis l'émergence d'une classe bourgeoise, prémisse du développement d'une société civile revendicative, qui doit finalement réclamer avec succès l'établissement d'un système politique représentatif.

Si l'échec des États-Unis au Vietnam, après 10 années d'un engagement à l'origine inspiré par Walt Rostow lui-même, décrédibilisa durablement le projet de *nation building* anticommuniste, il ne mit pas fin pour autant à l'exploitation de ce slogan, en particulier en Amérique latine. Le projet fut en effet ressuscité par Ronald Reagan, au début des années 1980, sous le nom de *Project Democracy*, vaste entreprise de propagande en réalité destinée à couvrir les opérations de déstabilisation de gouvernements latino-américains dits « progressistes ».

Les péripéties de l'immédiat après-guerre froide conduisirent les Administrations de George Bush père et de Bill Clinton à convoquer de nouveau la notion de *nation building* sur des terrains plus hasardeux où, comme en Somalie et en Haïti, l'« intérêt national » des États-Unis ne justifiait guère la mise en danger des GIs. A la suite d'échecs retentissants sur ces terrains, les républicains ont pu stigmatiser les égarements de la diplomatie clintonienne, faisant du *nation building* un véritable tabou de la politique du pays. Et l'après-11 septembre a conduit l'Administration de George W. Bush, à l'origine très hostile au *nation building*, à opérer une reconversion fulgurante et à s'engager, en Irak, dans l'un des projets de ce type les plus ambitieux de l'Histoire.

2. Quand l'ONU (re)construit des États

Des réponses à la faillite d'État

Bien avant les États-Unis en Irak, l'ONU a régulièrement été impliquée dans des opérations de « refondation d'États », dans le cadre de la décolonisation ou, à partir de la fin des années 1980, de la sortie de conflit. Avec les opérations en Somalie (1992-1995) et en Haïti (1994-2000), elle s'attaqua à une nouvelle préoccupation internationale : les risques que poseraient les « États faillis » ou « effondrés » (*failed states*, *collapsed states*). Il s'agit de situations « où la structure, l'autorité, le droit et l'ordre politique se sont émiettés et ont besoin d'être recomposés » (Zartman 1995). Ces cas reflètent un intéressant renversement des perspectives au regard des approches traditionnelles des questions de sécurité : la guerre (ou, comme dans le cas d'Haïti, la « menace à la paix et à la sécurité régionales et internationales ») ne serait plus due à la puissance des États mais à leur faiblesse.

Encadré 2
Ancêtre du *state building* onusien, la décolonisation sous assistance internationale

En marge le plus souvent des conflits de la guerre froide, les Nations unies ont renouvelé la tradition des « territoires sous mandat » de la Société des Nations (SDN). Dans le contexte de la décolonisation, les mandats internationaux furent préférés à la vieille tradition de mise sous tutelle de territoires en voie de décolonisation par une seule puissance. L'« administration provisoire » de l'ONU en Nouvelle-Guinée occidentale (ex-néerlandaise), en 1962-1963, ne fut qu'un intérim ambigu[1]. Elle avait été précédée d'une opération de plus grande ampleur dans l'ex-Congo belge, en 1960-1961, dans la plus chaotique des indépendances africaines. Le Conseil de sécurité avait décidé d'intervenir dans un conflit interne sans incidence majeure au-delà des frontières du pays considéré, en envoyant, au titre du maintien de la paix, une force d'observation qui s'était transformée en force d'interposition. Cette mission fut la première à impliquer une composante civile et policière assez large, avec un mandat incluant le maintien de l'ordre ; ce mandat fut modifié ensuite pour inclure la garantie de l'intégrité territoriale et de l'indépendance politique du Congo.

La crise qui a suivi cet épisode fut particulièrement grave, paralysant le Conseil de sécurité, et entraînant notamment la mort du secrétaire général Dag Hammarskjøld, dans un accident d'avion encore non élucidé. Erreur de jeunesse de l'ONU peut-être, l'Opération des Nations unies dans l'ex-Congo belge (ONUC) est restée, pendant 30 ans, l'exception. L'opération en Namibie (Groupe d'assistance des Nations unies pour la période de transition, GANUPT), en 1989-1990, à la fois la plus compliquée et la plus importante depuis l'ONUC, ouvrit une nouvelle ère. Les Nations unies étaient désormais chargées de poser les fondements institutionnels d'États appelés à naître sur d'anciennes zones de conflit. Le secrétariat de l'ONU en fit une sorte de laboratoire, et certaines méthodes furent ensuite transposées dans d'autres contextes. Il s'agissait d'opérations au cours desquelles les Nations unies n'exerçaient pas l'autorité provisoire, mais avaient pour tâche de contribuer à la réforme d'États fragmentés par la guerre civile comme au Salvador, en Angola, au Mozambique ou au Rwanda...

1. Il s'agissait de l'United Nations Temporary Executive Authority (UNTEA), associée à l'United Nations Security Force (UNSF).

Cette nouvelle équation est bien évidemment loin de s'appliquer de façon uniforme. Au cours de la dernière décennie, elle a revêtu trois apparences principales (et plus ou moins complémentaires).

En Somalie, l'État « effondré » a laissé le champ libre à ceux qui sont décrits comme des « bandits », des pillards « sans foi ni loi ». L'usage de la force contre leurs agissements s'apparente à une opération de police pour préserver l'ordre international menacé, et garantir en particulier la distribution d'aide humanitaire aux populations locales. Pour répondre à cet objectif, en complément des activités de protection de la distribution d'aide humanitaire, l'Opération des Nations unies en Somalie (ONUSOM II) est censée assister le peuple somalien dans la reconstruction de la vie sociale, économique et politique du pays : rétablir les structures institutionnelles, amorcer la réconciliation politique nationale, recréer un État somalien (avec d'ambitieux programmes touchant la police et l'administration judiciaire), créer les conditions pour la participation de la société civile au processus de démocratisation, continuer le programme de déminage et aider au rapatriement des réfugiés[2]. L'ambition de ce mandat, jugée démesurée par la plupart des observateurs, explique bien des difficultés rencontrées dans sa mise en œuvre. De fait, le principe de la souveraineté étatique peut être contourné au nom de la reconstruction d'États qui ne jouent plus leur rôle, menacent leurs populations et les poussent à l'exil. C'est ainsi qu'en Haïti, derrière l'objectif affiché de « restauration de la démocratie », était posée la question de la construction d'un État respectueux des droits de ses citoyens, à laquelle s'ajoutait, pour les États-Unis, l'objectif de mettre un terme à l'arrivée en masse de boat people sur les côtes de Floride.

Les cas du Kosovo et du Timor-Leste (1999) ont clairement confirmé cette extension de l'agenda sécuritaire du Conseil de sécurité. Ils ont également rappelé que celle-ci provoquait de vives résistances, suscitées notamment par le caractère sélectif et parfois arbitraire de sa mise en œuvre. De fait, le tabou de la non-ingérence dans les affaires d'un État souverain, pierre angulaire du droit international, régulièrement violé au cours de l'histoire

2. Voir la résolution 814 du 26 mars 1993 créant l'ONUSOM II.

Encadré 3
Le Cambodge, ou quand l'ONU voit les choses en grand

En 1992, galvanisée par les objectifs ambitieux de l'Agenda pour la paix, énoncés la même année par son secrétaire général Boutros Boutros-Ghali, l'ONU instaura l'Autorité provisoire des Nations unies au Cambodge (APRONUC) et renoua avec l'ambition de reconstruire un État, voire de faire renaître une nation de ses cendres. Six fonctions principales, assurées par autant de composantes, lui furent assignées : coordonner le rapatriement pour les réfugiés et personnes déplacées (avec le Haut Commissariat aux réfugiés comme chef de file de l'opération) ; superviser et vérifier le cessez-le-feu, le retrait des troupes étrangères et la démobilisation d'au moins 70 % des forces militaires des parties en conflit ; organiser et coordonner des élections libres et équitables ; favoriser le respect des droits de l'homme et la réforme de la police ; superviser ou contrôler les structures administratives existantes ; et coordonner un vaste programme de soutien pour la réhabilitation et la reconstruction du Cambodge. Y fut associé un travail d'information et d'éducation, assuré par une septième composante. Les moyens déployés, sans précédent, étaient à l'échelle des objectifs : quelque 22 000 militaires et civils, pour plus de 1,6 milliard de dollars. Mais la mission fut aussi brève que massive : à peine 18 mois, pour des résultats très superficiels.

diplomatique, reste d'autant plus facilement levé, dans certains cas, que les États ayant un intérêt sur le sujet sont suffisamment forts pour le faire prévaloir et que des équilibres régionaux auxquels ils tiennent semblent menacés. Le cas du Kosovo a clairement illustré l'importance de cette équation. L'équilibre des « intérêts nationaux » a également pleinement fonctionné dans les cas de l'Afghanistan et de l'Irak, alors que le 11 septembre 2001 avait suscité un nouvel impératif : la lutte contre le terrorisme. En Afghanistan, la chute du régime en place et la reconstruction d'un État de droit, contrôlé par la « communauté internationale », devait garantir que cet État ne serve plus de fournisseur, voire de véritable sanctuaire, aux terroristes internationaux. L'Irak, placé sous l'« autorité » des États-Unis, a été logé à la même enseigne et doit également servir de fer de lance à un nouvel équilibre régional.

En dépit des débats diplomatiques houleux auxquels elles ont donné lieu, ces évolutions doctrinales ont été accompagnées d'une réflexion minimale sur le fond, expliquant pour partie les contradictions conceptuelles et pratiques graves dans la conduite de ce projet, comme l'ont montré les fiascos de la Somalie et d'Haïti, et les nombreux ratés en Afghanistan et en Irak. Les opérations menées sous drapeau onusien témoignent de difficultés structurelles dans ce domaine.

Le contenu et les limites de l'ingénierie politique mise en œuvre par l'ONU

Qu'ils soient militaires, policiers ou civils, les membres d'une mission de paix apportent en effet dans leurs bagages, sinon un projet tout à fait cohérent, du moins une ingénierie politique qui varie assez peu d'une situation à l'autre : grammaire démocratique formelle, règles visant le rétablissement d'un État de droit, procédures de désarmement et de réintégration des anciens combattants, réformes économiques et institutionnelles, etc. Les missions sont censées apporter de nouvelles règles pour structurer l'ordre social, économique et politique local, au point de prendre en charge l'administration au jour le jour d'un territoire, comme ce fut le cas au Kosovo et au Timor-Leste. L'ingénierie déployée par l'ONU s'est ainsi divisée en trois rubriques : le rétablissement de la sécurité, la refonte institutionnelle permettant de poser les jalons d'une administration autochtone, et l'effort de reconstruction et de développement économique.

Mais la mise en œuvre de cet ambitieux programme s'amorce souvent dans l'urgence et dans l'improvisation. Face aux premiers obstacles sécuritaires et humanitaires qu'il faut surmonter, le manque de coordination entre les intervenants et les querelles bureaucratiques internes sont malheureusement patents. Au secrétariat général de l'ONU, la division du travail entre le département des Opérations de maintien de la paix et celui des Affaires politiques, reposant notamment sur une distinction abstraite entre « rétablissement » et « maintien » de la paix, d'une part, et « consolidation » de la paix, de l'autre, est à l'origine de quelques ratés célèbres (comme lors des premiers mois de l'administration de transition au Timor-Leste). Au-delà, les dispositifs de concertation mis en place ces dernières années n'ont que peu modifié les comportements discordants des différentes agences onusiennes, jalouses de leurs prérogatives. La désarticulation est encore plus forte avec l'agenda des institutions de Bretton Woods, le Fonds monétaire international (FMI) et la Banque mondiale. Or, non seulement celles-ci disposent d'une part non négligeable des ressources financières nécessaires à la reconstruction ; mais elles jouent également, de fait, le rôle de chefs de file des bailleurs de fonds et promeuvent des programmes d'austérité, d'inspiration néolibérale, qui sont souvent contradictoires avec l'objectif de reconstruction d'une autorité étatique. Et la multiplication des institutions intervenantes (comme l'Organisation pour la sécurité et la coopération en Europe [OSCE] et l'Union européenne en Bosnie et au Kosovo) complique encore la donne.

Ces premiers obstacles surmontés, l'entreprise de *state building* peut-elle seulement commencer ? La priorité est en général donnée au désarmement des combattants, à leur réintégration économique et à la formation d'un nouvel appareil militaire et policier local, étape en effet cruciale dans l'opération de (re)construction. D'emblée, pourtant, les marchandages permanents entre États membres privent ces opérations d'orientations claires et de moyens administratifs et coercitifs pour les imposer. En outre, en dépit des pouvoirs absolus dont ils sont légalement dotés, les représentants spéciaux du secrétaire général (RSSG) à la tête des différentes missions restent conscients de leur déficit à la fois en termes de légitimité démocratique et de connaissance des conditions locales, et avancent donc avec prudence. Face à ces problèmes, aggravés par les promesses non tenues ou retardées de nombreux bailleurs de fonds, il apparaît vite indispensable de créer les conditions d'une consultation permanente avec les représentants locaux. Non démocratiques et purement consultatives, ces institutions ne constituent souvent que des pis-aller provisoires avant la tenue d'élections.

Ailleurs, comme en Bosnie-Herzégovine ou au Kosovo, les chefs de missions n'hésitent parfois pas à promouvoir des décrets ayant force de loi, contre l'avis de la majorité. En Bosnie-Herzégovine, le Haut Représentant chargé de faire respecter le cadre des accords de Dayton (1995) a fait preuve d'un interventionnisme souvent tatillon, et d'autant plus mal vécu par la population qu'il semblait ne répondre à aucune stratégie lisible et renvoyait à des critères quelque peu volatiles. Il a notamment révoqué plusieurs fois des responsables politiques démocratiquement élus (non seulement au niveau des municipalités, mais aussi à celui de la présidence de la *Republika Srpska*, l'entité serbe de Bosnie). Ces pratiques contribuent à renforcer l'irresponsabilité des acteurs politiques locaux et à démotiver les électeurs.

Encadré 4
Le Kosovo entre « autonomie substantielle » et indépendance conditionnelle

L'opération au Kosovo, souvent considérée comme la mission onusienne de *state building* par excellence, est en réalité une opération hybride marquée par l'ambiguïté de son mandat. Officiellement, il ne s'agit pas de préparer le territoire à l'indépendance, mais d'assurer son « autonomie substantielle » dans le cadre de la République de Serbie, elle-même partie intégrante de l'État de Serbie-Monténégro. L'ambiguïté fondamentale de cette formule, pour une population presque unanimement indépendantiste et débarrassée, de fait, de la tutelle de Belgrade, est révélatrice de l'objectif principal assigné au protectorat : gagner du temps en gelant une situation non réglée. Au Kosovo, la communauté internationale prétend construire des institutions et installer une démocratie, tout en s'interdisant d'envisager l'indépendance finale du territoire et de penser la question-clef de l'identité politique du peuple kosovar.

Pour sortir de l'impasse, la Commission indépendante internationale sur le Kosovo a proposé le principe d'une « indépendance conditionnelle ». Il s'agirait, dans la ligne des contraintes imposées aux actuelles instances élues du territoire, de conditionner l'accession du Kosovo à l'indépendance au respect par l'écrasante majorité albanaise des droits des minorités – serbe, tsigane, turque, etc. – et à l'abandon du rêve d'une « grande Albanie ». Le projet de cette indépendance limitée, associée au principe d'une « souveraineté partagée », dans un cadre résolument européen, témoigne typiquement d'une approche relevant du *nation building*. Au-delà du redressement matériel et institutionnel du pays au titre du *state building*, il s'agit ici, en effet, de poser les conditions d'un projet de société.

Face à ce déficit de légitimité qui, selon les cas, incite les RSSG à la frilosité ou à l'autoritarisme, les élections doivent être organisées au plus vite. Car, au-delà de la pratique d'un impérialisme libéral réinterprétant, à sa façon, la thèse kantienne de la paix démocratique (Kant 1991), les élections organisées au sortir d'un conflit doivent remplir un double objectif : installer un gouvernement légitime et démocratique, et consolider la paix dans le cadre d'un système démocratique que l'on espère durable. Or, la composante démocratique de ces opérations pose des problèmes liés non seulement à une sous-estimation des enjeux attachés à des élections fondatrices, mais aussi au défaut de leur articulation avec les différentes transformations qui traversent une société mutilée. Sur le premier point, les lourdes imperfections des premiers scrutins dits « démocratiques » relèvent certes de défaillances d'organisation ou de maîtrise technique, mais aussi parfois de pratiques frauduleuses à grande échelle. La frontière entre les deux est souvent infime : des problèmes apparemment très techniques peuvent renvoyer à des enjeux politiques majeurs, qu'il s'agisse de découpage électoral, de comptabilisation des votes ou de constitution de listes électorales.

L'irresponsabilité de la communauté internationale, en Bosnie notamment, qui s'est montrée prête à couvrir nombre de défaillances pour obtenir la tenue d'un scrutin à tout prix, a trop souvent ouvert la porte à une institutionnalisation de la fraude électorale. Dans de telles conditions, les acteurs politiques locaux apprennent bien vite à manipuler le système électoral, tout en présentant la façade de respectabilité démocratique exigée par la communauté internationale. Souvent cosmétiques, ces élections sous surveillance internationale ne remettent finalement guère en cause certaines modalités traditionnelles de gestion et de partage du pouvoir, y compris dans leurs formes les plus violentes. Maintenant hors du système une partie de la population, non inscrite sur les listes ou non mobilisée par un enjeu électoral douteux, le système électoral peine à s'enraciner et se trouve souvent soumis à un boycott massif. Nombre de pays, dont la Bosnie-Herzégovine, ont ainsi pu être entraînés dans une série d'« élections sans électeurs », d'autant plus fréquentes (parfois plus d'un scrutin par an) qu'elles sont frauduleuses et ne changent rien.

Une bonne partie de l'ambiguïté de ces opérations réside dans cette oscillation entre tentatives parfois cosmétiques de dévolution du pouvoir à des « autorités » locales (dont la représentativité et la légitimité sont difficiles à évaluer) et velléités coercitives, comme c'est encore le cas dans les Balkans. Pourtant, la coercition elle-même a montré toutes ses limites, faute de moyens adaptés et d'effets durables. En effet, bien que les missions soient encore majoritairement composées de militaires[3], l'ONU est de plus en plus appelée à développer une capacité réelle à faire régner l'ordre. Or, les évolutions doctrinales proposées continuent de laisser de côté des questions fondamentales touchant, notamment, l'exercice d'une fonction de police dans une société tierce ou la frontière entre maintien de l'ordre et fonctions militaires. Il est de fait une contradiction difficilement surmontable par des forces extérieures : pour être efficace, un travail de police nécessite une proximité avec les communautés locales, qualité que, par définition, les policiers de l'ONU n'ont pas. Sur le terrain, il est ainsi fréquent que le monde réel – l'« ordre » réel – échappe aux *peacekeepers*, comme c'est encore le cas dans les rues de Pristina, malgré la présence massive de la Mission d'administration intérimaire des Nations unies au Kosovo (MINUK). À défaut de policiers en nombre suffisant, et alors que la police locale doit généralement être entièrement (re)constituée, il n'est pas rare que l'ordre doive être maintenu par des militaires qui n'ont ni les moyens ni la formation pour mener à bien des tâches de police.

Plusieurs situations récentes (Bosnie-Herzégovine, Kosovo, Sierra Leone, Afghanistan) ont rappelé ainsi l'impuissance de forces surarmées face à des groupes qui poursuivent la guerre par d'autres moyens, dont ceux de la criminalité organisée et du terrorisme. De même, le déploiement d'armes lourdes à des fins dissuasives a souvent des effets contre-productifs auprès de populations insécurisées dans leur vie quotidienne. Au-delà de la question du partage des tâches entre militaires et policiers, sont également en cause leur comportement, leur capacité à s'ajuster à des environnements extrêmement instables, et surtout les fonctions et les moyens qui leur sont donnés par les États membres. Par ailleurs, le caractère éphémère de ces opérations, destinées à cesser au bout de quelques années tout au plus, accentue la difficulté d'établir un legs durable. À peine les *peacekeepers* sont-ils installés qu'ils doivent déjà préparer leur départ en bon ordre, leur *exit strategy* en langage onusien. La différence d'échelle de temps entre les acteurs internationaux et leurs interlocuteurs locaux donne alors lieu à des stratégies tantôt antagonistes, tantôt coopératives, mais toujours provisoires. Comme l'a illustré l'exemple du Cambodge, certaines avancées apparentes ne survivent guère au départ des « internationaux ».

3. Plusieurs éléments l'expliquent : instabilité des contextes d'intervention (ni guerre ni paix), crainte des pays fournisseurs pour la sécurité de leur personnel au sol (ce qui explique qu'une forte proportion des contingents soit affectée à la sécurité du personnel international et non pas à celle des populations locales), enfin coût et difficultés de recrutement de policiers qui, par définition, sont formés pour intervenir à l'intérieur des frontières de l'État.

L'enjeu de l'après-guerre pour ces sociétés est pourtant considérable. Il s'agit d'y mener une triple « transition » : politique, socio-économique et sécuritaire. Au-delà du passage de la guerre à la paix ou de la réduction des risques pour la sécurité internationale, ce qui est en jeu est bien la (re)construction de l'État et, par conséquent, la (re)définition du contrat social. Ceci renvoie à des enjeux aussi cruciaux que la reconfiguration des réseaux politico-économiques et des modalités de partage de la rente et de la propriété foncière, la redéfinition des fonctions attribuées à l'État, en particulier en matière de sécurité et de justice (ce que les programmes d'aide appelleraient l'« État de droit ») ou encore les relations entre les différents territoires de l'État (enjeux d'une « décentralisation » qui peut prendre, selon les contextes, des contours variés et s'articule, le plus souvent, avec des conflits fonciers récurrents).

Face à ces questions, les opérations onusiennes se limitent en fait à une approche assez modeste. Bien qu'elles prennent un certain nombre d'initiatives visant la « réconciliation » et l'expression de la « société civile », elles intègrent difficilement la dynamique fondamentale État/société dans la construction politique nationale. Le « vide » créé par la chute d'un régime, par exemple, doit être très vite compensé par une politique qui réactive les canaux de communication internes de la société, par-delà les méfiances suscitées par des années de guerre ou d'oppression. Ceci suppose une intelligence des contextes locaux et de leur histoire qui continue à faire cruellement défaut à la majorité des membres des missions. Cela impliquerait une compréhension des fractures et des mutations durables, qui interdisent un simple retour aux conditions de l'avant-guerre. En ce sens, les initiatives prises dans différentes missions (tout particulièrement – mais pas seulement – au Kosovo et au Timor-Leste) en matière de développement de médias indépendants, d'éducation civique ou de justice, agissent rarement au cœur de la fabrique sociale, quand elles ne réduisent pas les sociétés concernées à des stéréotypes insultants pour leur histoire, leur culture et leurs habitants.

L'autre versant principal de l'entreprise onusienne relève de la reconstruction institutionnelle. Elle se résume en fait à la mise en place d'un cadre destiné à garantir la séparation des pouvoirs et la formation d'un corps administratif local. À la formation de nouveaux corps d'autodéfense et de police locaux s'ajoute la constitution d'un corps administratif national dont les « administrations de transition » au Kosovo et au Timor-Leste doivent constituer l'embryon. À travers un exercice dit de *capacity building*, qui associe un officiel international et un officiel local à chaque poste, et dont la responsabilité doit revenir en propre au fonctionnaire local une fois la formation achevée, il s'agit de former les futurs cadres du pays. Enfin, en amendant largement le droit local, ces missions tentent d'établir les bases d'un ordre juridique renouvelé.

À l'heure du bilan général, on constate ainsi que, lorsqu'elle s'en est donné les moyens, l'ONU a su régler les problèmes de sécurité les plus graves (fin du conflit ouvert), relever les défis humanitaires les plus immédiats et poser des bases institutionnelles et administratives. En revanche, les résultats en matière de démocratisation ou de « réconciliation », qui relèvent plus du *nation building* que du simple *state building*, sont moins convaincants. De même, les efforts en matière de reconstruction ou de développement économique, comme dans le domaine juridique et policier, se sont souvent avérés décevants. Le bilan mitigé des opérations menées à partir de 1999 au Kosovo et au Timor-Leste – les plus ambitieuses jamais entreprises en la matière – illustre les nombreuses contradictions du programme de *state building* tel qu'il a été appliqué jusqu'à ce jour.

3. Un programme politique contradictoire

Le Kosovo et le Timor-Leste : deux « États auto-constitués » qui se prêtent mal à la généralisation

Écartelées entre le manque de moyens et les lourdeurs bureaucratiques, d'une part, et l'absence d'une vision cohérente de re-fondation du « contrat social », de l'autre, les missions onusiennes de *state building*, au Kosovo et au Timor-Leste, ont dû constamment revoir à la baisse leurs ambitions. Si elles sont largement présentées comme des succès par l'ONU, c'est à l'aune de précédents douloureux, comme la Somalie, le Rwanda, l'Angola ou Haïti. Le rétablissement – même précaire – de la paix civile, la prise en charge réussie de l'urgence humanitaire et la démobilisation des combattants constituent, de fait, de rares succès. Les cas du Kosovo et du Timor-Leste se différencient pourtant singulièrement de ceux dans lesquels l'ONU avait jusqu'alors tenté d'appliquer son ingénierie en matière de *state building*. Il s'agit en effet de territoires à l'identité nationale très forte, évacués par la force par une puissance occupante après des décennies de résistance organisée de la population locale. Ces situations particulières ont, de toute évidence, largement facilité les tâches de la MINUK et de l'Administration transitoire des Nations unies au Timor-Oriental (ATNUTO).

Dans la gestion au jour le jour des territoires, les institutions clandestines ont joué un rôle officieux, mais considérable, aux côtés de la mission internationale. Le Kosovo et le Timor-Leste peuvent ainsi être qualifiés, au même titre sans doute que le Kurdistan irakien, d'« États autoconstitués », un phénomène récent et peu étudié. Le régime dit de « conflit coopératif » entre des mouvements de résistance et des autorités d'occupation intermittentes et corrompues a en effet été le terreau de la formation, ponctuée d'épisodes tragiques, de véritables sociétés clandestines. Malgré toutes les différences qui distinguent le Kosovo et le Timor-Leste, on retrouve des éléments constitutifs similaires : la tenue d'élections clandestines, la mise en place d'un système d'éducation parallèle et d'un dispositif de taxation clandestin, etc. Ces structures étatiques auto-constituées présentent par ailleurs la caractéristique de ne pas avoir été engendrées par des arbitrages internationaux. Elles ont, en revanche, dès les débuts de la lutte pour l'indépendance, entièrement orienté leur action vers la recherche d'une intervention extérieure libératrice. Les responsables de la Ligue démocratique du Kosovo (LDK) comme du Conseil national de la résistance timoraise (CNRT) ne s'en sont jamais cachés.

La mise sur pied d'opérations de *state building* plus ou moins explicites dans ces deux territoires fut avant tout dictée par le degré exceptionnel de destruction et le grave déficit de compétences administratives dont ils étaient frappés. Au Timor-Leste, par exemple, la mission de l'ONU dut ainsi importer non seulement des ordinateurs ou des véhicules, mais également des outils aussi essentiels que des chaises, des tables ou des crayons, introuvables dans cette partie de l'île. Par ailleurs, plusieurs décennies de mise à l'écart des populations locales des postes de responsabilité par les autorités, et la fuite des individus qui avaient collaboré avec l'occupant, posèrent des défis inédits. Ce double constat y a engendré l'émergence d'un véritable mythe de l'incapacité des Timorais à prendre en charge l'administration de leur territoire, mythe largement relayé par une diaspora plus qualifiée de retour d'Australie et du Portugal dans les bagages de l'ATNUTO (selon des modalités très proches de ce qui s'était produit sous l'Autorité provisoire des Nations unies pour le Cambodge [APRONUC] et de ce qui a été tenté sans succès par le Pentagone en Irak). Cette conception du territoire à administrer comme une « terre vierge » sur laquelle tout serait à reprendre à zéro pour « poser les bonnes bases dès le départ » (« get things right from the start »), selon l'expression de la Banque mondiale, se reflète aussi, bien que de manière moins marquée, au Kosovo.

Dans les faits, l'administration du territoire n'a pourtant été ni le monopole des internationaux, ni le fruit d'une coopération cohérente avec les dirigeants locaux. La MINUK comme l'ATNUTO, qui constituent sans doute les deux gouvernements les plus centralisés du monde, ne gouvernent guère au-delà de la capitale et l'ordre réel semble leur échapper. Contradiction immédiate du mythe de la terre vierge, les cadres de l'Armée de libération du Kosovo (UÇK) avaient déjà fermement pris le contrôle des municipalités lorsque les troupes de l'Organisation du traité de l'Atlantique Nord (OTAN) entrèrent au Kosovo. De même, au Timor-Leste, une fois le calme revenu, le Conseil national de la résistance timoraise (CNRT), qui fédère l'ensemble des réseaux clandestins ayant animé la résistance, reprit rapidement le contrôle du territoire. En somme, la vie politique sous administration internationale se résume largement à une lutte d'influence intermittente entre diverses franges de l'ancien État clandestin, les unes choisissant la confrontation avec l'autorité internationale, les autres son soutien. La MINUK comme l'ATNUTO ont ainsi délégué l'essentiel de leur action locale aux factions jugées les plus modérées des élites locales, tout en s'opposant aux menées anti-serbes de l'ancienne UÇK au Kosovo et aux velléités autoritaires du Front révolutionnaire du Timor oriental indépendant (Fretilin). En somme, alors que les internationaux n'exerçaient, en dehors des grands centres, qu'une présence symbolique, la gestion au jour le jour du territoire était entre les mains des cadres des anciennes structures clandestines. En ce sens, l'ATNUTO et, dans une moindre mesure, la MINUK, malgré la fiction utile d'un vide de souveraineté et de représentation politique à remplir, furent des autorités intérimaires bien plus que des entreprises de refondation nationale.

On peut dès lors s'interroger sur la valeur d'exemple d'opérations qui concernent, par ailleurs, des territoires relativement modestes : le Timor-Leste ne compte qu'environ 800 000 habitants et le Kosovo qu'un peu plus du double. Au-delà des discours, et malgré certaines réussites indéniables sur le terrain, l'ONU est tout à fait consciente des limites de ces « exercices ». En Afghanistan, elle ne pratique qu'un rôle de coordination humanitaire et de soutien aux institutions nouvelles, essentiellement à Kaboul et dans sa région immédiate. Et nonobstant les objections de principe liées aux conditions dans lesquelles les États-Unis et leurs alliés ont contourné le cadre multilatéral pour intervenir militairement en Irak, le secrétariat général de l'ONU, conscient de son manque de moyens, n'a pas lui-même souhaité exercer un rôle d'administration provisoire dans ce pays.

La dépolitisation des programmes d'intervention

Alors qu'elle prétend (re)construire l'État, la communauté internationale (censée être incarnée par l'ONU) ne cesse de réduire son projet de « construction de la paix » à des dimensions très techniques, le vidant le plus souvent de toute substance politique. Cette attitude est partiellement dictée par la nécessité de contourner (à défaut d'accommoder), au niveau international, les embûches de débats idéologiques, une précaution dont ne s'encombre certes pas le « messianisme libéral » de l'Administration Bush. Dans tous les cas, la nature de l'action à mener fait écho, de fait, à une très grande diversité de conceptions. Les notions de « paix » ou d'« environnement sûr et stable », auxquelles se réfèrent ainsi les résolutions du Conseil de sécurité de l'ONU, sont extrêmement polysémiques et renvoient d'abord aux intérêts des États dominants. La décision d'intervenir est elle-même le résultat de compromis diplomatiques : si on a pu s'accorder sur la nécessité d'engager une action, on s'entend rarement sur son contenu. Enfin, et surtout, ce qui se joue dans la plupart des débats est beaucoup moins le type de réponse qu'il convient d'apporter à une situation concrète que les enjeux de pouvoir entre États.

Ceci explique que les mandats des missions de paix soient aussi ambigus, voire tout simplement inapplicables sur le terrain. Des marchandages interétatiques qui se poursuivent tout au long du déroulement d'une opération émane un « consensualisme » mou, et systématiquement *a minima*, qui prive les équipes sur le terrain d'orientations claires et des moyens administratifs et coercitifs permettant de les imposer. La reconstruction d'un État passe pourtant par des arbitrages lourds de conséquences que l'administration de transition devrait pouvoir assumer. Dans les pays d'intervention eux-mêmes, les visions les plus contradictoires s'affrontent, ce qui est somme toute normal dans un contexte conflictuel.

La « dépolitisation », ou « technicisation », est censée accommoder ces différences. Elle renvoie également à des travers récurrents des missions onusiennes auxquels l'Administration Bush, par exemple, n'a pas échappé en Irak : impréparation et improvisation expliquent que l'action s'appuie essentiellement sur des « kits » ou montages qui, s'ils peuvent effectivement être utiles dans l'urgence pour construire hôpitaux de fortune, centres de nutrition ou camps de réfugiés, sont d'un systématisme absurde lorsqu'il s'agit de reconstruction institutionnelle. En Bosnie, et souvent au Kosovo, la communauté internationale navigue à vue. En la matière, la « technicisation » frappe aussi bien les programmes de démocratisation que ceux consacrés aux réformes judiciaires, à la formation de la police ou, plus encore, à la promotion d'une « bonne gouvernance ». Cette option peut revenir, *de facto*, à faire certains choix politiques, encourageant notamment l'établissement d'une paix et d'une démocratie de façade.

De fait, loin d'être linéaires, les processus de (re)construction peuvent s'inscrire dans des temporalités qui coïncident mal avec l'immédiateté de l'action internationale. Les gouvernements occidentaux, soucieux avant tout de la sécurité de leur personnel et des risques d'enlisement, accordent souvent une importance démesurée à leur *exit strategy*. Moyennant quoi, à l'instar de Phnom Penh en 1992-1993[4], les capitales des pays concernés connaissent, en quelques mois, l'« invasion » et le retrait aussi rapide d'organismes et d'aides en tout genre, sans incidence majeure sur l'existence de la majorité de leurs habitants. Entre temps, les ambitions annoncées de la mission ont été nettement revues à la baisse. Les intérêts des intervenants peuvent ici rencontrer ceux des élites locales : « consolider » le *statu quo* ou redistribuer les cartes sans engager de changement majeur, ce qui est évidemment contradictoire avec l'ambition de « construire la paix ».

La dépolitisation des enjeux, d'une part, et la délimitation d'un cahier des charges minimal, de l'autre, ont permis, dans le passé, d'extraire ainsi à peu de frais un certain nombre de crises de l'agenda international. Ces effets vont de pair avec un engagement délétère des bailleurs de fonds : massif en matière de dispositif d'urgence et lorsqu'il s'agit de financer l'effort de guerre, il peut s'avérer rapidement sans lendemain, les donateurs se montrant incomparablement plus réservés quand il faut dégager des financements de plus long terme et investir dans la phase de reconstruction post-conflit. En outre, entre les promesses annoncées lors des réunions de donateurs et la réalité des montants investis *in fine*, il peut exister un gouffre jamais comblé, de l'ordre de 40 % des sommes promises en moyenne. Enfin, lorsqu'elle n'alimente pas la corruption et l'enrichissement rapide des anciens chefs de guerre, l'aide internationale tend à privilégier des canaux non gouvernementaux qui privent l'administration locale de toute capacité à lancer un projet cohérent. On est loin des plans Marshall parfois annoncés, alors même qu'à la différence du programme d'aide des États-Unis à l'Europe au lendemain de la Seconde Guerre mondiale, les pays aidés aujourd'hui se voient imposer des plans de réformes et des programmes d'investissement bien plus contraignants.

L'Afghanistan et l'Irak constituent, de ce point de vue, des cas particuliers. Le premier illustre jusqu'à la caricature le fossé qui sépare les enjeux stratégiques vitaux (la destruction du réseau Al-Qaida) des bonnes intentions affichées (la reconstruction de l'État afghan). Lorsque l'enjeu était de taille, comme dans le cas de l'Allemagne et du Japon à la fin des années 1940, il ne fut guère question de grands principes. Des sommes considérables furent librement mises à la disposition des élites locales alliées, sous le simple contrôle d'un « proconsul » de l'armée d'occupation. En Irak, ce modèle a été également appliqué mais avec une différence de taille : les ressources pétrolières de ce pays sont telles qu'elles devraient pouvoir largement financer la reconstruction des infrastructures détruites par l'occupant, tout en assurant à celui-ci un contrôle durable sur des ressources énergétiques vitales, deux dimensions cruciales pour la politique des États-Unis dans la région.

Encadré 5
Le rôle de l'ONU en Irak selon la résolution 1483 du 22 mai 2003

Comme l'ont indiqué certains documents de travail rendus publics avant la guerre menée par les États-Unis contre l'Irak, le secrétariat de l'ONU n'a jamais envisagé d'administrer directement le pays sur le modèle du Kosovo ou du Timor-Leste. Consciente de ses limites, l'organisation prétendait avant tout à un rôle de coordination et de soutien, comme en Afghanistan, ainsi que de facilitation de la transition politique. La résolution 1483, entérinant la mainmise de Washington sur l'Irak, ne lui accorde finalement guère plus qu'un rôle de coordination humanitaire. Son représentant spécial pour l'Irak, l'ancien RSSG au Timor-Leste, Sergio Vieira de Mello, voit son rôle limité à l'aide humanitaire, à la reconstruction, au rapatriement des réfugiés, ainsi qu'à la promotion des droits de l'homme, de la police civile irakienne, et des réformes juridiques et judiciaires. Dans tous ces domaines, toutefois, ses prérogatives ne vont guère au-delà d'une simple « facilitation » du travail supposé conjoint entre l'« Autorité » – les Anglo-Américains dotés du statut juridique de « puissance occupante » – et les différentes institutions internationales associées à l'entreprise.

Conclusion

Loin de répondre aux conditions de terrain, les interventions de *state building* renvoient d'abord aux intérêts stratégiques des États occidentaux. En pratique, ce constat condamne à l'indifférence les zones qui, comme la Tchétchénie, le Tibet ou le Cachemire, relèvent de puissances majeures, limite les interventions dans les espaces périphériques (Sierra Leone, République démocratique du Congo, etc.) à des « missions du pauvre » et réserve la

4. Le Cambodge fait, de ce point de vue, figure de cas d'école : 18 mois pour l'une des opérations les plus coûteuses et les plus ambitieuses de l'histoire des Nations unies.

recherche d'efficacité aux zones stratégiques « vitales » (Balkans et Moyen-Orient). Le découplage entre deux types d'ingérence multilatérale est ainsi, depuis la fin des années 1990, de plus en plus patent : à l'Afrique les opérations purement onusiennes, indigentes en hommes et en moyens, et condamnées au mieux à faire respecter le *statu quo* ; aux Balkans et au Moyen-Orient des arrangements plus vigoureux associant à l'ONU des « coalitions volontaires », l'OTAN, et parfois l'Union européenne et l'OSCE. On reste loin des objectifs d'une sécurité globale, alors même que les modalités choisies dans la lutte contre le terrorisme renforcent les amertumes et les révoltes des laissés-pour-compte de l'humanité.

On se préoccupe, en effet, de gagner des guerres, rarement de gagner la paix. Le défi des après-guerres est pourtant autrement plus difficile et crucial. Du reste, la réflexion en la matière reste, comme on l'a vu, embryonnaire. Comprendre à quelles conditions la paix (ou l'« ordre ») peut être construite dans une société donnée, c'est s'efforcer de rendre intelligibles les nombreuses transformations qui la traversent, dans ses structures comme dans ses règles, de façon à évaluer les bases d'une intervention constructive. De fait, loin d'être ce socle intangible auquel se réfère implicitement la communauté internationale, la construction d'un « État de droit » est le produit d'histoires concrètes, l'expression de visions du monde et de relations sociales complexes. C'est aussi le fruit d'un projet construit à coups de compromis et de processus successifs.

Par ailleurs, elle suppose que soit pleinement prise en compte l'histoire des peuples concernés, qu'il s'agisse des acquis d'une construction nationale ou des traces des occupations étrangères antérieures. L'Irak contemporain en est l'illustration. L'ingérence ne peut, de ce fait, se limiter à une simple présence militaire, aussi imposante soit-elle. La nécessaire implication des populations locales mérite, aujourd'hui plus que jamais, d'être réaffirmée. Elle suppose un respect effectif de leurs modes d'organisation et cultures. *In fine*, la condition du succès de toute opération de *state building* se résume à la question suivante : les populations locales apportent-elles leur soutien à l'effort international de reconstruction ?

Bibliographie

A Anderson, B. (1991), *Imagined Communities. Reflections on the Origins and Spread of Nationalism*, Londres, Verso Editions/NLB (1re édition : 1983).

B Bayart, J.-F. (dir.) (1996), *La Greffe de l'État*, Paris, Karthala.

Berman, B. et J. Lonsdale (1992), *Unhappy Valley*, Portsmouth, James Currey.

C Caplan, R. (2002), *A New Trusteeship? The International Administration of War-torn Territories*, Adelphi Paper n° 341.

D Dempsey, G. T. (2002), « Old Folly in New Disguise-Nation Building to Combat Terrorism », *Policy Analysis*, 21 mars.

Deutsch, K. W. (1963), « Nation-building and National Development: Some Issues for Political Research », dans Karl W. Deutsch et William J. Foltz (dir.), *Nation-building*, New York, Atherton Press.

J Jaffrelot, C. (dir.) (2000), *Démocraties d'ailleurs*, Paris, Karthala.

K Kant, E. (1991), *Vers la paix perpétuelle* (1re éd. 1795), dans E. Kant, *Vers la paix perpétuelle. Que signifie s'orienter dans la pensée ? Qu'est-ce que les lumières ?* (trad. J. Poirier et F. Proust), Paris, Flammarion.

L Lyons, G.M. et M. Mastanduno (1995), *Beyond Westaphalia: State Sovereignty and International Intervention*, Baltimore (Md.), The Johns Hopkins University Press.

M Milliken, J. et K. Krause (dir.) (2002), « State Failure, Collapse and Reconstruction », *Development and Change*, vol. 33, n° 5, novembre.

O Ottaway, M. (2002), « Nation Building », *Foreign Policy*, septembre-octobre, p. 16-24.

P Pegg, S. (1998), *International Society and The De Facto State*, Aldershot, Ashgate.

Pouligny, B. (2000), « Promoting Democratic Institutions in Post-Conflict Societies: Giving Diversity a Chance », *International Peacekeeping*, vol. 7, n° 3, automne, p. 17-35.

Pouligny, B. (1994), *La Paix vue d'en bas. Opérations de paix et populations locales*, Paris, PUF.

R Rupnik, J. (2002), « L'avenir des protectorats internationaux dans les Balkans », *Critique internationale*, Paris, n° 16, juillet.

T Tilly, C. (1990), *Coercion, Capital and European States, A.D. 900-1990*, Oxford, Basil Blackwell.

Z Zartman, I. W. (dir.) (1995), *Collapsed States. The Disintegration and Restoration of Legitimate Authority*, Boulder (Co.), Lynne Rienner Pub.

La justice pénale internationale : États et justice

Philippe Moreau Defarges

Au cours des années 1990, la justice pénale internationale s'est imposée comme un enjeu politique majeur. En 1993-1994, le Conseil de sécurité des Nations unies crée deux tribunaux pénaux internationaux : le Tribunal pénal international pour l'ex-Yougoslavie (TPIY) et le Tribunal pénal international pour le Rwanda (TPIR) ; en 1998, la conférence de Rome adopte le statut de la Cour pénale internationale (CPI), mise en place le 1er juillet 2002 ; entre 1998 et 2001 éclatent l'affaire Pinochet, qui fait se confronter justice nationale et justice internationale, et l'affaire Milosevic, qui est le premier chef d'État à comparaître devant un tribunal international.

Dans cette perspective, trois évolutions historiques, distinctes et liées, se combinent :

– *la responsabilisation des gouvernants pour les actes commis dans l'exercice de leurs fonctions :* déjà, l'exécution de Charles Ier, roi d'Angleterre (1649), et celle de Louis XVI, roi de France (1793), indiquent que les gouvernants s'ils sont considérés comme ayant commis des crimes contre leur peuple ou ses représentants, doivent et peuvent être jugés ;

– *l'émergence d'une justice politique pénale universelle :* selon une telle logique, tout dirigeant ayant commis des crimes dans l'exercice de ses fonctions pourrait être jugé par n'importe quel juge. En 1993, la Belgique adopte ainsi une loi qui confère à ses tribunaux une « compétence universelle ». D'après ce texte, tout juge belge peut être saisi de tout crime relevant du droit international, quels que soient le lieu où il a été commis, la nationalité de l'auteur et celle de la victime (à condition toutefois que le suspect ou l'inculpé se trouvent sur le territoire de la Belgique) ;

– *la construction d'une justice pénale internationale :* cette justice, tout en résultant d'accords entre États, se situe en principe au-dessus d'eux et dispose d'organes propres. Il en est ainsi du TPIY, du TPIR et de la CPI.

Au sein même des sociétés ayant subi un traumatisme (occupation étrangère, dictature, apartheid, etc.) et accédant (ou revenant) à la démocratie, se multiplient les débats sur la culpabilité des gouvernants : que faire d'un passé douloureux ? Comment traiter ceux qui étaient alors au pouvoir ou y participaient ? Faut-il les juger ? Et, si oui, de quelle façon ? La réponse traditionnelle à ce problème était « bourgeoise », dans le sens où l'entendent les grands romanciers de l'univers des possédants (d'Honoré de Balzac à François Mauriac, de Charles Dickens à Edgar M. Foster, de Henry James à William Faulkner) : ne plus parler de la question, laisser les morts enterrer les morts. Aujourd'hui, les opinions publiques, et d'abord les proches des victimes (épouses, mères, etc.), n'acceptent plus une telle chape de plomb. Quelque chose doit se produire (la création d'une commission de vérité et de réconciliation, la tenue

Encadré 1
Chronologie

– *18 mai 1915* : Déclaration de la France, du Royaume-Uni et de la Russie évoquant, à propos des massacres d'Arméniens par les Turcs, « les nouveaux crimes de la Turquie contre l'humanité et la civilisation ».
– *28 juin 1919* : Traité de Versailles concluant la Première Guerre mondiale. Mise en accusation publique de Guillaume II, ex-empereur d'Allemagne, « pour offense suprême contre la morale internationale et l'autorité sacrée des traités ».
– *30 octobre 1943* : Déclaration de Moscou sur les crimes de guerre allemands.
– *18 octobre 1945-1er octobre 1946* : Procès de Nuremberg, jugeant 22 des plus hauts dirigeants nazis.
– *3 mai 1946-4-12 novembre 1948* : Procès de Tokyo, jugeant les principaux criminels de guerre japonais.
– *9 décembre 1948* : Adoption, par l'Assemblée générale des Nations unies, de la Convention pour la prévention et la répression du crime de génocide.
– *12 août 1949* : Conventions de Genève dites de la Croix-Rouge (droit humanitaire dans les conflits armés). Ces conventions sont élargies par les protocoles additionnels du 10 mars 1977.
– *1961* : Procès Eichmann à Jérusalem.
– *1966-1967* : « Tribunal Russel », créé par le philosophe britannique Lord Bertrand Russel, et présidé initialement par Jean-Paul Sartre, afin de « juger » les crimes de guerre commis par les États-Unis au Vietnam.
– *10 décembre 1984* : Adoption par l'Assemblée générale des Nations unies de la Convention contre la torture et autres peines ou traitements cruels, inhumains ou dégradants.
– *10 février 1993 :* Création, par le Conseil de sécurité (résolution 808), du Tribunal pénal international pour l'ex-Yougoslavie (TPIY).
– *8 novembre 1994* : Création, par le Conseil de sécurité (résolution 955), du Tribunal pénal international pour le Rwanda (TPIR).
– *18 juillet 1998* : Adoption par 120 États de la Convention de Rome, arrêtant le statut de la Cour pénale internationale (CPI).
– *16 octobre 1998-2 mars 2000* : Augusto Pinochet est arrêté à Londres. À la suite d'un long feuilleton judiciaire, il est autorisé par le gouvernement britannique à rejoindre le Chili.
– *28 juin 2001* : Remise de Slobodan Milosevic, ancien président de la Fédération yougoslave, au TPIY (La Haye).
– *1er juillet 2002* : Mise en place de la CPI.
– *16 décembre 2002-28 février 2003* : Procès de Biljana Plavsic, ancienne présidente des Serbes de Bosnie-Herzégovine. Elle plaide coupable et est condamnée à 11 ans de prison pour crime contre l'humanité.
– *Avril et juin 2003* : Révision fondamentale de la loi belge instaurant la « compétence universelle ».

d'un procès, etc.) pour que le « deuil » puisse s'accomplir. Ainsi la dimension internationale et la dimension interne se trouvent-elles inextricablement liées…

Cette question de la justice pénale à l'encontre de dirigeants étatiques est fondamentalement une affaire politique, dans le sens le plus fort du terme. Juger des hommes et des femmes qui ont exercé le pouvoir ne saurait relever de la justice « ordinaire ». Juger des responsables étatiques, c'est juger à la fois des États et les peuples de ces États. À l'horizon de toute justice on trouve toujours un procès, c'est-à-dire une cérémonie solennelle où comparaissent des individus, derrière lesquels se dessinent de multiples tragédies : défaites militaires, affrontements civils, effondrements de régimes politiques, déchirements de toutes sortes. Le procès a pour premier effet de faire resurgir ces drames. Et quand cette boîte de Pandore, avec ses horreurs, est ouverte, tout devient possible. À l'extrême, celui qui se trouve dans le box des accusés peut être innocenté[1].

Au-delà des incertitudes de tout procès, un autre enjeu apparaît, tout aussi délicat : cette justice n'est-elle faite que pour les vaincus ? Depuis le procès fondateur de Nuremberg (octobre 1945-octobre 1946), d'autres procès ont eu lieu ou sont en cours. Tous visent des vaincus. Or les vainqueurs commettent eux aussi des actes atroces. Les exemples ne manquent pas, depuis les bombardements alliés sur l'Allemagne de Hitler jusqu'aux deux bombes atomiques d'Hiroshima et de Nagasaki. En 1999, la guerre du Kosovo contre la Fédération yougoslave de Slobodan Milosevic a été gagnée par l'Alliance atlantique, notamment grâce à des bombardements méthodiques, d'ailleurs dictés par un argument des plus nobles : stopper la purification ethnique au Kosovo. Une victoire peut-elle être obtenue sans le recours à des moyens extrêmes ?

1. En avril 1945, le journal américain *Free World* publie une caricature mettant en scène un hypothétique procès d'Adolph Hitler. Ce dernier concentre tous les regards et tous les micros. Il est la vedette. Quant aux juges – médusés –, ils se voient voler leur procès.

Si un belligérant peut être tenté de tout faire pour hâter la fin des hostilités en frappant le plus durement possible l'ennemi[2], comment un vainqueur accepterait-il d'être jugé ? En soumettant ses opérations militaires à l'examen d'un tribunal et en prenant place dans un box d'accusé, le vainqueur se priverait de la légitimité de sa victoire et apparaîtrait comme un champion sportif ayant utilisé des moyens déloyaux pour gagner. Mais, alors, n'y a-t-il pas, comme l'exprime une formule fameuse, « deux poids, deux mesures », seuls les vaincus étant susceptibles d'être jugés et condamnés ? *Ici apparaît l'une des difficultés politiques majeures de la justice pénale politique. Il n'est d'ailleurs aucunement certain qu'elle soit surmontable dans un monde composé d'États souverains, responsables de la sécurité ultime de leur peuple.*

C'est dans ce paysage moral et politique que se développe la question de la justice pénale internationale. Cette question, dans ses termes actuels, prend forme dans le sillage de la Première Guerre mondiale. La voici au premier plan sur la scène internationale. Elle n'en disparaîtra pas. Ces débats s'organisent autour de cinq interrogations : pourquoi et au nom de quoi juger ? Que juger ? Quels coupables ? Quels juges ? Et comment juger ? Toutes ces interrogations ont reçu ou reçoivent des éléments de réponse, plus ou moins convaincants, plus ou moins décevants. La justice pénale internationale est et demeurera longtemps au stade expérimental. Il en résultera beaucoup de désillusions et quelques succès, mais le problème est posé et il n'y aura pas de retour en arrière.

1. De la vengeance à la justice

Dans le monde des relations internationales classiques, organisé autour d'États souverains et inégaux, et régi par la guerre, le vainqueur est maître de la vérité ; ses brutalités ne sauraient être des crimes, ce ne sont que des moyens au service de son triomphe. Quant au vaincu, l'Histoire ne lui appartient plus ; le pouvoir lui échappe irrémédiablement[3].

Or, à l'issue de la Première Guerre mondiale, un changement capital se dessine : le responsable suprême d'un État peut et doit être jugé pour des crimes commis dans l'exercice de ses responsabilités internationales. La justice pénale internationale à l'encontre d'individus peut être analysée comme l'une des manifestations de cette vague de fond historique visant à faire des dirigeants des individus comme les autres, comptables de leurs actes. Cette justice est le fruit d'une quadruple évolution : la désacralisation et la responsabilisation des gouvernants ; l'apparition et le développement d'une « industrialisation » des crimes ; l'affirmation du droit des victimes ; enfin, le renouvellement radical de la problématique de la paix.

Désacralisation et responsabilisation des gouvernants

La sacralité des gouvernants, et surtout celle des chefs suprêmes, constitue un trait fondamental des sociétés depuis la nuit des temps. Même des régimes prétendant traiter leurs dirigeants comme des hommes ordinaires ont fini par « re-sacraliser » leurs maîtres. Lénine et Staline furent des tsars rouges, Mao Zedong un empereur de Chine communiste ; tous ont été momifiés dans des mausolées visités religieusement.

La désacralisation des gouvernants s'inscrit dans le vaste mouvement de sécularisation des sociétés et des États, initié en Europe à partir du XVIIe siècle. Le pouvoir n'émanant plus de Dieu, les philosophes se mettent en quête d'un autre fondement. Ce sera le « contrat social » : le pouvoir résulte d'un pacte entre des hommes ; les gouvernants ne sont que l'émanation du peuple créé par ce pacte et peuvent être punis par lui s'ils ne sont pas fidèles au contrat. La dynamique en marche conduira au procès et à l'exécution de deux rois : l'Anglais Charles Ier (1649), puis le Français Louis XVI (1793).

À l'issue de la Première Guerre mondiale, Guillaume II sera mis en accusation publique pour « offense suprême contre la morale internationale et l'autorité sacrée des traités » (article 227 du traité

2. Winston Churchill, critiqué pour la brutalité des bombardements alliés contre la population allemande durant la Seconde Guerre mondiale, a justifié cette violence par la volonté de raccourcir le plus possible la durée des combats.
3. Des rois vaincus peuvent être pris puis rachetés, et retrouver alors leur trône (comme François Ier après Pavie). Telle est l'Europe monarchique, du Moyen Âge à la Première Guerre mondiale : les défaites ne sont que des péripéties ; les princes sont sacrés.

de Versailles). Pour la première fois, dans le monde moderne, à l'échelle internationale, un chef d'État est ainsi menacé d'un procès pour des actes commis dans l'exercice de ses fonctions. Cette mise en accusation doit beaucoup aux circonstances : un conflit atroce, des millions d'hommes tués, il fallait un coupable pour justifier tout ce sang[4]. Mais la graine était plantée. Durant la Seconde Guerre mondiale, l'Union soviétique de Staline (celui-ci paraissant fort peu embarrassé par ses propres crimes) exigera un procès des dirigeants nazis. Les États-Unis y donneront leur aval, tout en s'interrogeant sur les chefs d'accusation qui pourront être retenus. Quant au Royaume-Uni de Churchill, il aurait préféré l'exécution pure et simple des dirigeants du IIIe Reich[5].

L'idée s'est alors imposée peu à peu que, quelles que soient les circonstances, certains actes ne sont pas admissibles au regard d'une morale jugée par beaucoup universelle, en premier lieu dans les sociétés occidentales. Si la vengeance brute n'est plus possible contre leurs auteurs, ces derniers doivent être jugés et punis.

L'industrialisation du crime

Les conquérants, d'Alexandre le Grand à Tamerlan, ont de tous temps commis des massacres. Lorsqu'une ville était prise, les hommes étaient exterminés, les femmes et les enfants envoyés en esclavage. Qu'y a-t-il donc de nouveau dans le crime de masse ? Tout d'abord, *la technique* : elle donne aux hommes des capacités de destruction sans précédent, l'anéantissement de populations pouvant être opéré de façon industrielle (l'Allemagne hitlérienne et ses « usines » de la mort) ; ensuite, *l'idéologie* : les massacreurs du passé tuaient avant tout pour se débarrasser d'ennemis capables un jour de se venger. On a tué aussi pour des motifs religieux, les vaincus pouvant parfois se sauver en se ralliant à la foi du vainqueur. Mais la modernité scientifique et technique, nourrie de biologie, a inventé une nouvelle raison d'exterminer : la perception de l'Autre comme un virus social, par exemple le Juif, mais aussi le Tzigane, le Tutsi, le Kosovar, le Serbe, le Croate, etc. Selon cette démarche de nettoyage ou de purification ethnique, une société ne peut être saine que si elle est pure, et qu'ont été éradiqués en son sein les éléments étrangers et corrupteurs. Le crime s'empreint alors d'une froideur médicale et d'une dimension systématique qui appellent un traitement exceptionnel.

Les victimes[6]

Tout au long de l'Histoire, les victimes apparaissent comme des masses indifférenciées et muettes. Tel le chœur des tragédies antiques, leur rôle est de souffrir et de gémir. Aujourd'hui, et c'est là une évolution qui ne remonte qu'à quelques décennies, les victimes, ou plus souvent leurs proches ou leurs descendants, s'expriment, prennent la parole, luttent pour leur cause, réclament des réparations. Si chaque itinéraire – celui des Juifs, des Indiens d'Amérique du Nord, des Aborigènes d'Australie, etc. – est unique et mériterait évidemment un récit particulier, cet éveil des victimes peut, sur un plan plus général, faire l'objet de nombreuses explications complémentaires :

– *la dynamique démocratique* conduit chacun (individu ou groupe) à affirmer ses droits, et donc à les développer ou à en découvrir de nouveaux. La victime exige une reconnaissance en tant que telle, au nom de ses souffrances et de sa dignité humiliée. Tout comme les colonisés, les victimes ou plutôt leurs descendants, qu'il s'agisse de peuples autochtones ou de femmes, mettent au service de leur cause l'ensemble des moyens dont disposent les pays occidentaux : recours au droit, mobilisation des médias, appel aux organisations non gouvernementales (ONG), sollicitation de la mauvaise conscience des descendants des bourreaux, etc. ;

– les victimes ont généralement honte et se sentent responsables de leur malheur. *La diffusion de la psychanalyse*, dans le sens le plus large, encourage tous les efforts d'investigation, de mise à jour, de clarification intérieures : la victime apprend à parler de son drame et, pour le surmonter, demande une sanction sociale (notamment un procès). Pour que le « deuil » s'opère, le malheur (par exemple le génocide) doit être reconnu de façon officielle[7] ;

– nombre des combats pour la reconnaissance des victimes sont menés par *des femmes*, des mères,

4. Guillaume II s'est réfugié aux Pays-Bas. Ces derniers ont refusé de l'extrader au motif que le crime dont l'ancien empereur était accusé était un « délit politique », non susceptible d'entraîner l'extradition.

5. Overy (2001), p. 6-23.

6. Moreau Defarges (1999), Barkan (2000), Paris (2000).

7. Ainsi les Arméniens veulent-ils faire reconnaître les massacres de 1915 par l'armée ottomane comme génocide et, plus d'un demi-siècle après la fin de la Seconde Guerre mondiale, les travailleurs forcés de l'Allemagne nazie réclament-ils leur salaire...

Encadré 2
La construction de la justice pénale internationale

La construction de la justice pénale internationale a connu trois grandes étapes.

Après la Seconde Guerre mondiale, les tribunaux de Nuremberg et de Tokyo

Les crimes systématiques commis par les puissances de l'Axe (Allemagne et Japon), le souci de donner des fondements moraux au combat de la « Grande Alliance » (États-Unis, Royaume-Uni et Union soviétique), et la volonté d'éradiquer les idéologies nationalistes et racistes expliquent la mise en place, pour la première fois dans l'Histoire, de tribunaux spéciaux pour juger les criminels. Les plus importants d'entre eux furent ceux de Tokyo et de Nuremberg, qui constituent une novation remarquable. S'ils inspirent du respect, les procès qui s'y sont déroulés ont aussi eu leur part d'ombre. Nuremberg traita des crimes frappant exclusivement les vainqueurs (agressions, cruautés dans les opérations militaires) et n'envisagea pas de débattre de ceux pouvant les gêner (il fut exclu de faire allusion aux massacres commis par l'Armée rouge). Le procès de Tokyo, lui, reposa sur un postulat ambigu : celui au nom de qui tous les crimes japonais avaient été commis, l'Empereur, ne devait pas être mis en cause. Protectorat américain oblige !

Dans les années 1990, les deux tribunaux pénaux pour l'ex-Yougoslavie et le Rwanda

La fin de l'antagonisme Est-Ouest et le mythe de la « communauté internationale » ont suscité, dans les années 1990, un large mouvement en faveur de la moralisation des relations internationales. Il devient alors admis que les criminels politiques doivent être punis. Se fondant sur les pouvoirs juridiquement contraignants que lui confère le chapitre VII de la Charte de l'ONU, le Conseil de sécurité crée lui-même à cet effet les deux tribunaux pénaux internationaux pour l'ex-Yougoslavie (résolution 808 du 10 février 1993) et le Rwanda (résolution 955 du 8 novembre 1994). Leur bilan reste à faire. Le premier tribunal, installé à La Haye, a suscité un vif intérêt et acquis une certaine autorité. En 2003, 34 criminels sur 84 inculpés ont été jugés ; sur ces 84, 23 sont en fuite. Les procédures sont interminables et le coût est lourd (120 millions de dollars par an). Le second, installé à Arusha, n'a jamais bien fonctionné. Désordres, bureaucratie, corruption : tout a contribué à le discréditer. En outre, le Rwanda, gouverné par des Tutsis (l'ethnie victime du génocide de 1994), a créé sa propre justice, considérant qu'il lui appartenait de punir les coupables.

La Cour pénale internationale (CPI)

La CPI est née le 1er juillet 2002. Le projet, à l'origine, est fort ambitieux : il s'agit d'instituer un tribunal permanent à vocation universelle, habilité à juger tous les individus ayant commis des crimes tels que le génocide, l'agression, la torture, etc. Depuis cette date, 139 États ont signé le traité instituant la Cour, 89 l'ont ratifié. Et 400 plaintes sont déjà déposées au greffe de la Cour.

Parmi les obstacles de toutes sortes, deux sont particulièrement lourds :

– *plusieurs États ont refusé d'adhérer à la CPI* : États-Unis, Chine, Russie, Inde, Israël, Iran, etc. Ce sont soit des colosses soucieux de protéger leurs interventions extérieures, soit des États placés dans une situation sensible occasionnant l'usage fréquent de la force. Il est improbable que ces pays reviennent sur leur refus, même si certains (États-Unis, Russie) sont signataires du traité pour des motifs précis (par exemple, disposer d'un siège dans les négociations « techniques » accompagnant l'installation de la Cour, voir encadré 4) ;

– *le statut de la Cour est très audacieux*. Une procédure peut être déclenchée par le Conseil de sécurité, par tout État partie contre tout autre État partie, et enfin par le procureur de la Cour. Cela signifie, par exemple, que, si Israël devenait membre de la CPI, les opérations militaires en Cisjordanie et à Gaza pourraient susciter un ou plusieurs recours (en 2001-2002, Ariel Sharon a fait l'objet de poursuites analogues devant la justice belge pour les massacres de Sabra et Chatila en 1982).

Certes, de nombreux garde-fous ont été établis. Mais au nom de quel principe une grande puissance prendrait-elle le risque d'une possible mise en accusation de ses dirigeants par des États dont le comportement est souvent très douteux ?

des épouses ; ainsi, en Argentine, les « folles de mai » se battent pour retrouver leurs proches enlevés par les militaires. Ces femmes s'approprient une histoire, l'Histoire, qui les a traitées comme des êtres voués à subir et à se soumettre[8].

La construction de la paix

Depuis la Seconde Guerre mondiale, la problématique de la guerre et de la paix s'est profondément transformée. Les conflits à l'européenne entre États, qui ont pour enjeux des territoires, n'ont certes pas totalement disparu (ainsi des luttes interminables du Moyen-Orient : conflit israélo-palestinien, question kurde, contentieux frontaliers multiples, etc.) ; mais, de plus en plus, se développent des affrontements difficiles à qualifier, mêlant luttes traditionnelles, rivalités ethniques, déchirures civiles : ex-Yougoslavie, Afrique de l'Ouest et des Grands Lacs, etc.

En interaction avec ces évolutions de la guerre naît une autre approche de la paix. Celle-ci n'est

8. Le premier exemple de ces nouveaux combats a été donné par les épouses allemandes de Juifs qui, manifestant à Berlin en 1942, obtinrent la libération de leurs maris par la Gestapo.

plus conçue comme une simple trêve entre deux conflits, le vainqueur bénéficiant d'une prééminence temporaire tandis que le vaincu prépare sa revanche. Désormais, la paix doit être globale et irréversible, et les peuples belligérants doivent apprendre à travailler et à vivre ensemble. Dans cette perspective, l'Europe se présente comme un laboratoire pouvant servir de modèle à d'autres régions (le Proche-Orient, l'Afrique, le sous-continent indien, etc.).

Cette paix globale et irréversible requiert une réconciliation ou plutôt une conciliation des populations impliquées. Il faut, en particulier, « dépasser le passé », c'est-à-dire soit ne plus l'évoquer[9], soit le mettre à plat et l'exorciser. Cette seconde démarche l'emporte de plus en plus, du fait, notamment, de la prise de parole des victimes. Il faut alors mettre en place des instances d'établissement de la vérité (comme la Commission vérité et réconciliation en Afrique du Sud) ou même de jugement des anciens maîtres (tribunaux nationaux ou/et internationaux). Cette justice pénale a besoin de « coupables » : ce seront les vaincus, devenus des délinquants ou des criminels. Le juge n'a plus ici pour unique mission de juger des individus ayant voté la loi ; même malgré lui, il est censé contribuer à faire émerger une forme de vérité historique.

2. Que juger ?

« La difficulté de fond était celle-ci : comment attribuer la responsabilité d'actes d'individus anonymes aux grands criminels de guerre ? Il était acquis que des crimes précis seraient poursuivis et jugés dans les pays où ils avaient été commis. Un autre fondement juridique devait être trouvé pour lier des actes particuliers de terreur et d'atrocité à une responsabilité générale impliquant le système qui les avait produits[10]. » Telle était la problématique des hommes de Nuremberg. D'innombrables crimes avaient eu lieu, chacun avait été « réalisé » concrètement par des policiers, des soldats, des gardiens, etc. De quoi les dirigeants étaient-ils donc coupables ? Quelle qualification pénale pouvait être conférée aux ordres qu'ils avaient donnés ?

La Déclaration sur les crimes de guerre, adoptée par les États-Unis, le Royaume-Uni, l'Union soviétique et la Chine (Moscou, 30 octobre 1943), peut être considérée comme le premier grand accord politique visant à définir certains crimes internationaux ; or, elle ne se contente pas d'invoquer les seuls crimes de guerre. L'accord de Londres, portant statut du Tribunal militaire international de Nuremberg (8 août 1945), sera encore plus explicite en distinguant les crimes contre la paix, les crimes de guerre et les crimes contre l'humanité.

Depuis 1945, de nombreux traités ont précisé ces crimes. Le 9 décembre 1948, l'Assemblée générale des Nations unies adoptait la Convention pour la prévention et la répression du crime de génocide ; cette convention entra en vigueur le 12 janvier 1951, après le dépôt du vingtième instrument de sa ratification. Le 12 août 1949, les conventions de Genève recensaient les « infractions graves » commises « contre des personnes ou des biens protégés par la Convention ». Le 10 mars 1977, les protocoles additionnels à ces conventions étendirent le champ de ces infractions. Mais ces avancées considérables ne sauraient masquer les incertitudes et les équivoques qui entourent la plupart de ces crimes. Trois d'entre eux méritent ici d'être évoqués : l'agression, le crime contre l'humanité, et la torture.

L'AGRESSION[11]

Le jugement de Nuremberg (30 septembre 1946) a fait de la guerre d'agression le « crime international suprême », considérant qu'il était à l'origine de tous les autres crimes de guerre. L'agression est de ces notions qui peuvent occuper les juristes pendant des décennies. Le 14 décembre 1974, l'Assemblée générale des Nations unies adopta la résolution 3314 (XXIX), qui fournit la seule définition « disponible » de l'agression. Ce texte établit une liste – indicative et non exhaustive – des cas d'agression. L'article 5 de la convention créant la CPI retient l'agression comme l'un des « crimes les plus graves qui préoccupent l'ensemble de la communauté internationale ».

Or, ce crime d'agression bute contre quelques difficultés de fond. Dans un monde d'États sou-

9. C'est la très belle formule de l'édit de Nantes d'Henri IV (1598) : « Que la mémoire de toutes choses passées [...] demeure éteinte et assoupie comme une chose non avenue. »
10. Overy (2001), p. 43-56. Les juristes américains développent l'idée de « plan concerté » (*conspiracy*) des dirigeants hitlériens visant à soumettre l'Europe.
11. Voir M. Dumée, dans Ascensio *et al.* (2000), p. 251-264.

verains qui conservent le droit de légitime défense (art. 51, Charte des Nations unies), tout agresseur définira toujours son agression comme une forme de légitime défense. En 1990, Saddam Hussein, envahissant et occupant le Koweït, ne fait ainsi, *à ses propres yeux*, que reprendre son bien (l'Irak regardant l'émirat comme une province illégalement perdue). Dès lors, ne faudrait-il pas qu'une autorité supérieure soit habilitée à identifier les agresseurs ? C'est là le rôle, au sein de l'Organisation des Nations unies (ONU), de l'instance chargée du maintien de la paix, le Conseil de sécurité. Pour que celui-ci désigne un agresseur, il faut qu'au moins 9 de ses 15 États membres votent dans ce sens et qu'aucun des 5 membres permanents n'utilise son droit de veto[12].

Le crime contre l'humanité[13]

Depuis sa première mention, le 18 mai 1915, à propos des massacres commis par l'armée ottomane à l'encontre des Arméniens, la notion de crime contre l'humanité est devenue de plus en plus omniprésente. Beaucoup de droits internes – comme celui de la France (loi votée à l'unanimité les 16 et 17 décembre 1964) – ont incorporé cette notion que le droit international a développée et adaptée aux nouvelles criminalités internationales (purifications ethniques, massacres de toutes sortes).

Le tribunal de Nuremberg se réfère peu au crime contre l'humanité[14]. De fait, c'est dans le sillage de la Convention sur le génocide, en 1948, que cette notion a pris racine. Elle est devenue aujourd'hui une notion autonome, qui n'est plus liée à un conflit armé[15]. Tout crime susceptible d'avoir une portée générale ou revêtant un caractère systématique (extermination, déportation, réduction en esclavage, etc.) tend à être considéré comme un crime contre l'humanité. Il ne s'agit pas, comme le suggère sa formulation, d'un crime comme les autres. C'est un crime contre une représentation, une idée : l'humanité. L'auteur de ce crime ne frappe pas seulement des hommes « concrets » ; son but ultime serait la destruction de l'humanité, autant physiquement que moralement, c'est-à-dire son anéantissement propre. Cette notion se révèle ainsi, à deux égards, très troublante.

– *Les auteurs de ces crimes apparaissent pathétiques et dérisoires au regard des actes épouvantables qu'ils ont commis.* Ces individus ont voulu « tuer l'humanité » ! Et que sont-ils en fait ? De misérables voyous, des profiteurs sadiques ou même des pères de famille bien obéissants[16]... Telle est « la banalité du mal[17] ». En les marquant au fer rouge (« criminels contre l'humanité »), les rend-on conscients de leur brutalité ? Et qu'enseigne-t-on aux hommes en général ? Ainsi le premier condamné du TPIY a-t-il été le Serbe de Bosnie Dusko Tadic, ancien commandant de camp de concentration... « Cet homme vil entrera dans l'Histoire comme celui dont l'affaire a fixé les principes et le champ du droit pénal international à la fin du XXe siècle. La question la plus intéressante est bien : en valait-il la peine ? Tadic est un Serbe ordinaire transformé en tortionnaire vicieux par deux ou trois ans d'endoctrinement raciste, mais il ne fut certainement pas un chef ayant une réelle autorité et une capacité stratégique [...]. Il fallait que Tadic fût puni par le TPIY car il n'y avait pas d'autre alternative. Cette ligne se tient parfaitement si le tribunal est prêt à infliger les mêmes sanctions aux centaines de Serbes qui ont agi comme Tadic, et tant que le Conseil de sécurité aura pour priorité d'arrêter tous ceux (politiciens, militaires) dont les responsabilités dans les atrocités sont supérieures à celles de Tadic[18]. »

– *Par ailleurs, nombre de ces crimes, parce qu'ils sont liés au politique, peuvent être jugés des décennies après avoir été commis.* Ici surgissent les controverses françaises des années 1990 autour des procès de Klaus Barbie et surtout de Maurice Papon. De tels procès rouvrent des dossiers, réintroduisant inévitablement de l'incertitude. Tout ce qui semblait à peu près clair (la honte et l'horreur d'une époque) est à nouveau débattu et remis en question. Le crime contre l'humanité ne s'invoque pas impunément[19].

12. Le 29 septembre 1990, la résolution 678 du Conseil de sécurité, autorisant le recours à tous les moyens nécessaires, y compris la force, pour libérer le Koweït, n'a pas explicitement désigné le pays agresseur : l'Irak.
13. Voir M. Bettati, dans Ascensio *et al.* (2000), p. 293-317.
14. Au moment de Nuremberg, le crime contre l'humanité ne figure dans aucun traité ; c'est donc une notion contestable. Et les crimes contre l'humanité ne sont qu'une « extension » des crimes de guerre. Relèvent des crimes contre l'humanité des actes semblables à des crimes de guerre mais frappant des populations non protégées par les conventions internationales (par exemple, Allemands d'origine juive, après le début des hostilités de septembre 1939).
15. Zoller (1993).
16. Browning (1994).
17. Hannah Arendt, *Eichmann à Jérusalem*, Paris, Gallimard, 1966.
18. Robertson (1999), p. 288-289.
19. Voir notamment Rousso (1998).

La torture[20]

L'Assemblée générale des Nations unies a adopté, le 10 décembre 1984, une Convention contre la torture et autres peines ou traitements cruels, inhumains ou dégradants. De son côté, la Cour européenne des droits de l'homme a développé une jurisprudence très riche destinée à cerner cette notion. Si la prohibition de cette pratique n'est plus un principe contesté, les difficultés viennent du contenu donné au terme de « torture » lui-même. Ici aussi, la dimension juridique ne peut être séparée de la dimension politique.

Les attentats du 11 septembre 2001 et le traumatisme violent qu'ils ont suscité ont remis la torture à l'ordre du jour à partir d'un cas simple mais essentiel[21]. La police apprend qu'une bombe est sur le point d'exploser, risquant de faire des milliers de victimes. Par de nombreux renseignements convergents, il apparaît qu'un prisonnier aux mains de cette police peut savoir où et quand cette bombe explosera, la torture étant en mesure de faciliter son aveu. Certaines formes de pression ne seraient-elles pas dans ce cas légitimes ? Certaines pratiques pourraient-elles être considérées, dans ces circonstances, comme ne relevant pas exactement de la torture (interdiction de dormir, lumières ou bruits intenses, etc.) ? La Convention de 1984 stipule que ne sauraient être définies comme tortures des souffrances provoquées par des sanctions licites. Dans les phases de crise intense, les sociétés se « brutalisent », les curseurs moraux se déplacent plus ou moins insensiblement. Ce qui était inadmissible devient plus ou moins acceptable[22]. Alors comment juger, dans le calme du prétoire, ce qui s'est accompli dans l'obscurité sinistre des prisons ou dans des temps de troubles ?

3. Quels coupables ?

Tous les exécutants ou le responsable suprême ?

Qui punir ? Parmi deux choix extrêmes, l'un préconiserait de juger tout le peuple impliqué. Comme le relève Vaclav Havel, dissident pourtant incontestable, à propos des crimes de l'Europe communiste, « nous sommes tous coupables[23] ». Durant les douze années de nazisme (1933-1945), tous les Allemands n'ont-ils pas été, d'une manière ou d'une autre, confrontés à l'horreur quotidienne du régime (par exemple, les brimades publiques des Juifs) ? Cette option radicale apparaît irréalisable, ne serait-ce que parce qu'elle ferait sienne l'idée de responsabilité collective, qui est au cœur des régimes honnis[24].

L'autre solution extrême serait de ne juger que le numéro un, qui est à l'origine, en principe, de toutes les décisions ; mais encore faut-il le capturer[25]. Et en concentrant toute la culpabilité sur une seule personne, ne risque-t-on pas d'escamoter une dimension fondamentale du procès : l'analyse et la dénonciation d'un système, certes édifié autour d'un individu, mais qui révèle, au-delà de lui, la part sombre de l'humanité, celle précisément qu'excitent et exaltent les politiques de la haine ? L'une des missions de la justice politique pénale est pédagogique : faire comprendre de façon méthodique ce qui s'est passé, afin de démonter le cycle infernal de l'horreur pour qu'il ne se répète pas. Or, tout dirigeant suprême tend à utiliser son procès pour expliquer et justifier son action. À Nuremberg, Hermann Goering, prenant la place d'Hitler décédé, s'est imposé comme le porte-parole de l'Allemagne nazie ; il s'est défendu avec talent et n'exprima jamais le moindre remords. À La Haye, Slobodan Milosevic, qui fait l'objet de 70 chefs d'inculpation, suit une stratégie : se justifier, ruser avec les juges, gagner du temps, son « public » n'étant pas les magistrats du TPIY mais le peuple serbe[26].

Des listes imparfaites

Finalement, la démarche est à peu près toujours la même. On commence par établir une

20. Voir E. Delaplace, dans Ascensio *et al.* (2000), p. 369-376.
21. *The Economist* (2003).
22. D'où, dans le courant de 2002, les vives polémiques autour des prisonniers de Guantanamo. Ces derniers, impliqués dans les attentats du 11 septembre 2001, sont-ils des « prisonniers de guerre », protégés par la Convention III de Genève (12 août 1949), et donc à l'abri de certaines mesures ? Ou échappent-ils à tout droit établi, ce qui autoriserait un traitement « spécial » ? Voir « Les prisonniers du 11 septembre », *Le Monde*, 17-18 février 2002, p. 11-18.
23. Moreau Defarges (1999), p. 60.
24. Pour l'Allemagne hitlérienne, tous les Juifs devaient être exterminés, non pour des actions précises, mais parce qu'ils étaient juifs.
25. Hitler excluait d'être jugé et s'est suicidé. Milosevic, lui, a été pris et livré. Quant à Saddam Hussein, il n'est pas encore « trouvé ».
26. « The lesson of Slobodan Milosevic's trial and tribulation », *The Economist*, 15 février 2003, p. 31.

Encadré 3
L'Irak et la justice pénale internationale

Depuis la guerre du Koweït (1991) et les atrocités qui l'ont suivie, tant contre les Kurdes que contre les chiites, Saddam Hussein et ses proches collaborateurs sont considérés, notamment par plusieurs ONG (Amnesty International, Human Rights Watch, Indict, etc.), comme de grands criminels politiques devant être jugés. En 2003, la guerre d'Irak et la victoire américano-britannique ont remis cette question sur le devant de la scène internationale. Deux problèmes à la fois distincts et indissociables se posent : qui juger et devant quels tribunaux ?

En ce qui concerne *les individus susceptibles d'être jugés*, deux différents types de crimes sont évoqués : les violations des droits de l'homme par le régime irakien et les crimes de guerre commis par les soldats irakiens dans les combats en 2003. En ce qui concerne la première catégorie, 52 grands criminels sont identifiés : Saddam Hussein et ses deux fils ; son cousin, « Ali le chimique » – tué durant les opérations... C'est le fameux « jeu de cartes » distribué aux forces d'occupation de la Coalition. Au-delà de ce noyau dur, les zones grises sont vastes : éléments de la Garde républicaine et de la Garde spéciale, miliciens, etc.

D'où le second problème : *quels tribunaux ?* Quatre solutions sont ici recensées :

– *la CPI*, mise en place le 1er juillet 2002, n'est compétente que pour les crimes commis après cette date. Elle ne saurait donc juger les hauts collaborateurs du régime de Saddam Hussein, leurs crimes étant antérieurs ;

– *un tribunal* ad hoc, *créé par une résolution du Conseil de sécurité* (comme les tribunaux pour l'ex-Yougoslavie et le Rwanda) : la mise en place d'une telle juridiction requiert un accord au Conseil (au moins 9 votes positifs sur 15, aucun veto des 5 membres permanents). Cette formule est tout à fait possible, mais les États-Unis, sans doute marqués par leurs démêlés onusiens, ne l'envisagent pas ;

– *un tribunal établi hors de l'ONU par les États-Unis* (analogue à ceux de Nuremberg et de Tokyo après la Seconde Guerre mondiale) : pour ce pays, qui rejette la CPI et se méfie de l'ONU, il est tentant d'instaurer un « Nuremberg » pour l'Irak. Mais ne serait-ce pas là, de façon notoire, instituer une justice des vainqueurs pour des vaincus ? En outre, en 1945, l'ONU était encore en gestation ; en 2003, elle est toujours le pilier central de l'ordre mondial. Dans ces conditions,la question de la légitimité de ce nouveau Nuremberg se poserait certainement ;

– *les tribunaux irakiens :* les atrocités commises par les hommes de Saddam Hussein devraient être jugées par des juges irakiens ; telle semble être l'option retenue par les États-Unis.

liste des criminels les plus évidents : il s'agit de juger les protagonistes décisifs, ceux sans lesquels la « machine de mort » n'aurait pu fonctionner ni avoir de légitimité. Puis il faut procéder aux arrestations : les uns sont pris, d'autres se livrent, d'autres encore échappent à la justice.

Chercher à juger tous les coupables pourrait enliser le processus judiciaire, voire le ridiculiser. Le procès du génocide des Tutsis par les Hutus au Rwanda, en 1994, en est un bon exemple. Le 8 novembre, le Conseil de sécurité créa, par la résolution 955, un tribunal pénal international à Arusha (Tanzanie). Le Rwanda, alors membre non permanent du Conseil, vota contre cette résolution et établit à Kigali son propre tribunal, considérant que lui seul pouvait rendre justice aux Tutsis. Les arrestations furent innombrables et souvent arbitraires (on compta jusqu'à 115 000 détenus). De part et d'autre, rien ne s'arrangea, ni à Arusha ni à Kigali : procédures interminables, juges riant des témoins, coupables majeurs échappant aux mailles des deux filets, renvoi des cas « bénins » à des juridictions traditionnelles, les *Gacaca*, etc. Le ratage rwandais confirma le principe selon lequel la justice ne se décrète pas, mais requiert une patiente et délicate construction.

S'il paraît sage de limiter le nombre des inculpés, il est essentiel, pour la crédibilité du dispositif, que ceux-ci soient effectivement arrêtés. Tel est l'un des défis auxquels se heurte le Tribunal pénal international pour l'ex-Yougoslavie. Plusieurs protagonistes importants, dont Milosevic, ont été pris ou se sont livrés. Mais deux acteurs centraux sont encore en liberté : Radovan Karadzic, l'ancien chef des Serbes de Bosnie-Herzégovine, et son bras droit militaire, le général Ratko Mladic, tandis que des subalternes, inculpés au lendemain de la mise en place du TPIY, en encombrent les rôles.

La justice pénale internationale, si elle doit s'enraciner, réclame donc soit une coopération sincère et systématique des États, ceux-ci acceptant de mettre en commun l'ensemble de leurs capacités policières et militaires, soit la mise sur pied d'une police internationale proche de l'armée, à l'instar de celle, initialement envisagée mais jamais matérialisée, des Nations unies[27]. Rien n'interdit de combiner les deux formules.

27. Les articles 45 à 47 de la Charte stipulent la mise à la disposition du Conseil de sécurité de contingents nationaux pour des actions coercitives internationales. Ces articles, visant à créer une armée onusienne, n'ont jamais été appliqués. Les Casques bleus, parfois présentés à tort comme cette armée, ne sont pas prévus par la Charte. Ce sont des forces ad hoc. La première opération de ce type est intervenue durant l'automne 1956, lors de la crise de Suez, avec le déploiement de Casques bleus pour surveiller la frontière égypto-israélienne.

Encadré 4
La CPI, les États-Unis... et les autres

Les États-Unis sont l'opposant le plus visible et le plus systématique à la CPI. Signataires du traité pour des motifs « techniques », ils excluent de le ratifier. En outre, anxieux à l'idée que leurs ressortissants participant à des opérations de maintien de la paix hors de leurs frontières puissent être poursuivis devant la Cour, ils cherchent à conclure des accords bilatéraux avec tous les États parties, garantissant que ces derniers n'extraderont jamais vers la CPI des ressortissants américains se trouvant sur leur territoire et poursuivis devant celle-ci. Plus de 50 États – Israël, Roumanie, Mauritanie, pays d'Amérique latine, etc. – se sont ralliés à cette approche. Le 1er juillet 2003, la législation américaine durcit encore la ligne : tout État ne concluant pas un accord bilatéral avec Washington ne bénéficiera plus de l'aide américaine.

Cette hostilité déterminée des États-Unis s'explique par deux raisons :

– *la souveraineté démocratique*. Comme beaucoup de peuples, le peuple américain s'estime exceptionnel. Depuis la fin du XVIIIe siècle, les États-Unis sont le laboratoire d'une expérience historique unique : l'édification d'une nation à partir d'immigrés venus de tous les coins de la planète, ces « damnés de la terre » bâtissant une société pleine de réussite et de dynamisme. À la base de cette société, il y a le contrat démocratique entre tous les Américains et son lien formel, la Constitution. Dans ces conditions, au nom de quel principe un président élu par le peuple pourrait-il être jugé par un tribunal émanant d'un traité et composé de magistrats étrangers, offrant des garanties incertaines ? Par ailleurs, pour les constitutionnalistes américains, marqués par la procédure d'*impeachment*, toute procédure peut aisément se transformer en redoutable arme politique ;

– *les engagements internationaux*. Les États-Unis sont la première puissance mondiale et sont engagés sur de nombreux théâtres d'opérations. En outre, nombre de leurs ressortissants participent à des opérations de maintien de la paix. Les risques de « bavure » sont multiples et constants. Les procédures mises en place par la CPI peuvent être redoutables. Le procureur a la possibilité d'ouvrir de sa propre initiative des enquêtes ou des poursuites, le Conseil de sécurité pouvant, sur le fondement du chapitre VII de la Charte, suspendre ses poursuites pour une période de 12 mois. Dans une perspective américaine, ce procureur indépendant, n'ayant de compte à rendre qu'à lui-même, ne saurait être légitime. Il n'a été élu par aucun peuple et n'est responsable devant aucune institution.

Ce que disent tout haut les États-Unis, d'autres États (Russie, Chine, Inde, etc.) le pensent probablement tout bas. Alors, la CPI sera-t-elle suffisamment sage et habile pour vaincre ces préventions ? Seul l'avenir pourra répondre à cette question...

Pour en savoir plus

Bolton, J.R. (1998), « Courting Danger. What's Wrong With the International Criminal Court? », *The National Interest*, hiver.

Rabkin, J. (1999), « International Law *vs.* the American Constitution », *The National Interest*, printemps.

L'inavoué ? L'inavouable ?

La justice pénale internationale rencontre et rencontrera longtemps une question inavouée ou inavouable : peut-elle juger les vainqueurs ? Jusqu'à présent, seuls des hommes ayant perdu le pouvoir ont été jugés, qu'il s'agisse des anciens dirigeants nazis, des militaires japonais, de Slobodan Milosevic, ou de Jean Kambanda, qui était le Premier ministre du Rwanda au moment du génocide.

Peut-il en être autrement ? Dans un monde d'États souverains, livrer des responsables nationaux à un tribunal international, c'est reconnaître l'insuffisance constitutionnelle des États mis en cause (à moins que *l'ensemble des États* n'acceptent, par un traité dûment ratifié, de remettre à la justice leurs plus hauts dirigeants pour crime commis dans l'exercice de leurs fonctions). Outre ce trait structurel du système international, comment un pays vainqueur ou puissant admettrait-il que ceux là mêmes qui l'ont conduit à la victoire soient des criminels devant être traduits devant un tribunal ? C'est là l'une des raisons pour lesquelles les États-Unis, mais aussi la Russie et la Chine, ne sont pas près d'adhérer à la CPI.

4. Quels juges ?

À qui appartient-il de juger ces crimes majeurs ? Au peuple qui en est la victime ou, plus précisément, à ses juges ? À un tribunal spécifique (Nuremberg, Tokyo, Arusha) ? À une juridiction permanente (CPI) ? Ou même à n'importe quel magistrat ? Ces questions reviennent de façon lancinante depuis que la justice pénale internationale, dans les années 1990, a été mise à l'ordre du jour. Elles se sont posées à propos du général Augusto Pinochet, le dictateur chilien (1973-1990). Tout magistrat peut-il juger tout crime contre l'humanité dès lors que la loi de l'État dont il relève établit une compétence dite universelle (comme ce fut le cas de la Belgique de 1993 à 2003)[28] ? Voici encore un débat qui n'a pas trouvé de réponse unique et définitive !

28. C. Braeckman, « La Belgique confrontée à son passé colonial », *Le Monde diplomatique*, janvier 2002, p. 22-23.

Deux thèses élémentaires et contestables

Selon une première approche, seules les victimes, ou plutôt leurs représentants, pourraient juger des crimes concernés. Ainsi, dès lors que, dans un pays donné (l'Espagne post-franquiste, le Chili d'après Pinochet), un consensus s'est dégagé pour laisser les morts enterrer les morts, l'extérieur ne doit pas troubler cette volonté d'apaisement ; la sagesse est d'oublier. La justice ne saurait être imposée d'en haut mais doit être bâtie d'en bas. Selon une approche opposée, l'ampleur et la gravité du crime rendent celui-ci universel et imprescriptible. Ce crime devient l'affaire de tous les hommes et de tous les temps.

Deux visions de l'Homme et de l'Histoire se font face. La première se fonde sur les faiblesses et les insuffisances de l'être humain, et fait confiance au temps pour adoucir, et peut-être résorber, les plaies. La seconde vision est absolue : un crime a été commis ; le monde ne retrouvera pas la paix tant que ce crime n'aura pas été puni. Le temps ne saurait rien apaiser si la blessure, tout en étant cachée, continuait de saigner. Comme l'écrit un philosophe, « lorsqu'un acte nie l'essence de l'homme en tant qu'homme, la prescription qui tendrait à l'absoudre au nom de la morale contredit elle-même la morale[29] ».

Chaque formule a ses avantages et ses contraintes. D'un côté, des crimes qui semblaient oubliés peuvent resurgir brutalement : le génocide arménien de 1915-1916, commis – et dénoncé – lors de la Première Guerre mondiale, est ainsi revenu dans l'actualité à partir du milieu des années 1970. De l'autre, faut-il vivre en refusant que le temps s'écoule ? Car si chaque crime majeur est exceptionnel, et sans doute impardonnable, les hommes doivent pourtant continuer à vivre.

Une course confuse et peut-être contre-productive

Existe-t-il une compétition inavouée entre les juges et les juridictions face aux grands crimes collectifs ? Tout magistrat peut-il ressentir l'absence de procès pour tel ou tel acte odieux autrement que comme une injustice ? Ces questions peuvent être illustrées par l'affaire Pinochet, le cas belge et le drame cambodgien.

En 1998, deux juges espagnols obtiennent *l'arrestation à Londres du général Augusto Pinochet* (82 ans) en vue de le faire extrader vers l'Espagne pour des crimes commis sous sa dictature. La Chambre des lords est saisie du dossier à deux reprises (25 novembre 1998 et 24 mars 1999) et conclut que Pinochet peut être extradé pour un certain nombre de crimes, très précisément délimités (des actes de torture accomplis entre décembre 1988 et mars 1990). Margaret Thatcher, se souvenant que Pinochet a redressé un Chili en plein chaos et pris le parti de la Grande-Bretagne lors de la crise des îles Malouines (1982), se mobilise pour l'ancien dictateur. Au Chili, l'opinion est très divisée : pourquoi rouvrir des plaies à peine refermées ? Le 2 mars 2000, le ministre britannique de l'Intérieur, invoquant la mauvaise santé de Pinochet, le laisse partir pour le Chili, où le feuilleton connaît un rebondissement. La cour d'appel de Santiago est saisie du dossier. Le 9 juillet 2001, par deux voix contre une, le tribunal constate que Pinochet ne dispose pas (ou plus ?) des capacités mentales nécessaires pour recevoir un procès équitable. Comment juger un homme sous les ordres duquel des atrocités incontestables ont été accomplies, mais qui non seulement a remis sur la voie de la croissance une économie très abîmée, mais encore a renoncé au pouvoir après avoir perdu un plébiscite (5 octobre 1988) organisé par lui-même ?

Les péripéties de *la compétence universelle de la justice belge* fournissent une autre illustration des aléas d'une course à la justice à tout prix. En 1993, la législation belge, incorporant les conventions de Genève d'août 1949 (droit humanitaire dans les conflits armés), prescrivait que toute personne ayant commis des crimes de guerre et se trouvant sur le territoire belge pouvait être poursuivie. En 1999, une nouvelle loi instituait le même dispositif pour les crimes de génocide et les crimes contre l'humanité. En avril 2001, sur la base de ces dispositions, 4 Rwandais d'origine hutue, installés en Belgique, et impliqués dans le génocide de 1994, étaient jugés et condamnés par la cour d'assises de Bruxelles. La mécanique était enclenchée. En 2001-2002, Ariel Sharon, qui, lui, ne vit pas en Belgique, a fait l'objet de poursuites pour les massacres de Sabra et Chatila (septembre 1982),

29. Jankelevitch (1986), p. 25.

Encadré 5
La France et la CPI

La France, non sans débats, appartient au camp des promoteurs de la CPI. La « patrie des droits de l'homme » ne saurait qu'être dans le groupe des « États pilotes » de la justice internationale. En même temps, plusieurs milieux – surtout les militaires, marqués par les tragédies yougoslaves – s'inquiètent de cette juridiction aux compétences très vastes. La liste des « crimes de guerre » (article 8) recense une cinquantaine de cas d'inculpation. Des soldats français participant à des opérations de maintien de la paix risquent de se retrouver devant cette Cour, par exemple pour non-assistance à personnes en danger. Pour cette raison, la France a obtenu que soit prévu l'article 124, qui autorise tout État partie à la Convention à ne pas accepter la compétence de la Cour pour les crimes évoqués à l'article 8 (crimes de guerre) « pendant une période de sept ans à partir de l'entrée en vigueur du Statut à son égard ».

La ratification du traité par la France requiert au préalable une révision de la Constitution. Le 28 juin 1999, le Congrès réuni à Versailles a procédé à cette révision et ajouté l'article 53-2 : « La République peut reconnaître la juridiction de la Cour pénale internationale dans les conditions prévues par le Traité signé le 18 juillet 1998. » Cette révision intervenue, l'Assemblée nationale puis le Sénat ont adopté à une très large majorité le projet de loi de ratification.

poursuites qui furent classées sans suite. Une trentaine de dossiers, concernant des dirigeants de haut rang (en particulier, l'ancien président des États-Unis George H.W. Bush et l'actuel vice-président Dick Cheney...), ont été alors ouverts[30].

Mais la Belgique, en 2003, a révisé sa législation à deux reprises. Elle se voyait devenir en effet la terre de tous les procès politiques internationaux, ce qui suscitait la méfiance généralisée de toutes les diplomaties[31]. En outre, la justice belge s'est sentie menacée par une avalanche de requêtes, alors que sa mission première et prioritaire est de s'occuper de son pays. N'est-ce pas plutôt aux tribunaux pénaux internationaux, dotés de moyens considérables, de traiter ces cas ?

Le Cambodge, quant à lui, illustre la course de lenteur que peut susciter un désir imposé de justice. De 1975 à 1978, le Cambodge, après 5 années de guerre, fut soumis à une utopie sanguinaire, celle des Khmers rouges. Le système concentrationnaire y atteignit une perfection atroce (1,7 million de morts). À la toute fin des années 1990, dans le sillage des débats sur l'ex-Yougoslavie et le Rwanda, s'imposa l'idée d'un procès des dirigeants khmers rouges. Plusieurs étaient morts, d'autres vivaient une vieillesse paisible et dorée ; et si certains étaient encore au pouvoir (comme Hun Sen, l'ancien chef du gouvernement du régime), deux des plus redoutables bourreaux (le « boucher » Ta Mok et Duch, le directeur du centre de torture et d'extermination de Tuol Seng) étaient emprisonnés. En 1999, se noua alors, entre l'ONU et le gouvernement cambodgien, une très laborieuse négociation pour l'établissement d'un tribunal.

Le Cambodge était déterminé à traîner les pieds, observant, avec un mélange de peur et de cynisme, cette justice descendue des hauteurs de New York. Pour le Cambodgien de la rue, le plus souvent très jeune, le temps des Khmers rouges appartient à une histoire lointaine. Quelle intelligence la justice internationale pourrait-elle avoir d'une tragédie profondément khmère, où les membres d'une même famille se torturèrent et s'entretuèrent ? Mais la pression internationale continua de s'exercer sur un pays qui a besoin d'aide, de touristes, d'investissements. Si bien qu'un accord fut enfin conclu, en mars 2003. Le dispositif associe, sur un plan d'égalité, magistrats onusiens et cambodgiens. Les procès auront lieu dans la capitale, Phnom Penh. Les inculpés seront des vieillards, certainement très malheureux de se retrouver devant des juges, mais qui se diront secrètement qu'ils ont sauvé un quart de siècle d'existence agréable ! Là encore, le feuilleton est loin d'être terminé, car rien n'exclut que la tenue du procès ne se heurte à un obstacle imprévu.

5. Comment juger ?

Du procès spectacle...

Tout procès est et doit être un spectacle. Si les procès passionnent les journalistes, les écrivains et le public, c'est qu'ils condensent les tensions et les conflits cachés d'une société. Tout procès constitue un remarquable miroir grossissant.

Les procès pénaux internationaux s'inscrivent tout à fait dans cette logique. En 1945-1946, Nuremberg s'attacha à faire revivre le IIIe Reich,

---

30. « Vifs débats sur une justice à "compétence universelle" », *Le Monde*, 17-18 février 2002.
31. L.A. Casey et D.B. Rivking Jr, « The Belgian Pandora », *Wall Street Journal Europe*, 2 avril 2003.

ses logiques, ses vices. Le procès fut une véritable mise en scène avec ses personnages : Telford Taylor, le jeune procureur américain, Goering le véhément, Hess le prostré, Ribbentrop le pleurnichard, Speer le manipulateur, etc. De même, tandis que le Tribunal pénal pour l'ex-Yougoslavie s'efforce d'obtenir le récit des délibérations et des décisions des hommes au pouvoir, Slobodan Milosevic, à chacune de ses audiences, confirme sa vocation de manœuvrier rusé, utilisant tous les arcanes de la procédure.

Mais le spectacle du procès n'est jamais écrit à l'avance. Les criminels-accusés peuvent se l'approprier et tenter de le retourner contre les juges et l'opinion (comme Goering à Nuremberg ou Milosevic à La Haye). En outre, ce spectacle peut lasser et sombrer dans l'indifférence. Qui s'intéresse aux tribunaux d'Arusha et de Kigali ? Et même les tragédies de l'ex-Yougoslavie des années 1990 s'éloignent déjà des mémoires...

... À UNE JUSTICE « COMME LES AUTRES » ?

La justice pénale internationale est encore dans l'enfance, chaque procès se voulant un drame utopique et planétaire. Peut-elle devenir une justice comme les autres ? Pour le moment, *elle est vouée à rester à part.* Son champ de travail est trop sensible. Ne s'agit-il pas de mettre en cause la responsabilité des hommes de gouvernement et de leurs exécutants dans la réalisation de crimes exceptionnels (déplacements organisés de populations, exterminations systématiques de groupes humains, etc.) ? En outre, dans de tels domaines, où la culpabilité s'arrête-t-elle ? Ne rien faire, ignorer, sous-estimer, n'est-ce pas déjà être coupable ? La « destruction des Juifs d'Europe » (Raul Hillberg)[32] durant la Seconde Guerre mondiale n'a été que très progressivement reconnue. À Nuremberg, elle fut à peine évoquée[33]. Seul un travail historique et politique de plusieurs décennies a permis la pleine évaluation de l'horreur.

Pourtant, si cette justice doit s'enraciner et devenir pleinement légitime, il lui faut remplir au moins trois conditions :

– *l'efficacité* : l'enjeu est clair ; il s'agit d'arrêter et de faire juger les coupables. Ce principe posé, les difficultés se multiplient : où la liste des coupables s'arrête-t-elle ? De quelle façon s'assurer que les « premiers couteaux » seront punis, les plus hauts responsables étant les mieux à même de profiter de toutes sortes de complicités pour échapper à la traque ? Ces exigences confirment l'importance essentielle d'une coopération interétatique, les États continuant de contrôler les moyens de police, dans le sens le plus large du terme. Dans l'ex-Yougoslavie, l'arrestation des responsables a ainsi dépendu de la collaboration des forces de l'Organisation du traité de l'Atlantique Nord (OTAN) déployées dans la zone ;

– *l'indépendance* : pour que cette justice soit peu à peu reconnue comme équitable, elle doit être incontestable, les procédures transparentes, et les juges compétents et indépendants. Cela implique une conséquence bien malaisée à admettre : *l'issue du procès doit être ouverte, elle ne doit pas être écrite à l'avance.* Cette soumission stricte aux procédures se traduit déjà par des procès interminables et coûteux. Elle peut avoir pour résultat, dans certaines circonstances, de délivrer un constat d'« innocence » aux pires criminels, qui auront su (ou dont les avocats auront su) mobiliser le droit et ses inévitables ambiguïtés en leur faveur ;

– *l'égalité* : cette justice doit-elle et peut-elle être la même pour tous ? Les bombardements des villes allemandes et japonaises durant la Seconde Guerre mondiale sont-ils à mettre sur le même plan que la politique concentrationnaire et exterminatrice du IIIe Reich ? Les bombes atomiques sur Hiroshima et Nagasaki devraient-elles et pourraient-elles faire l'objet d'un procès ? Aujourd'hui, pourrait-on juger les opérations militaires menées contre l'Irak de Saddam Hussein de la même façon que les crimes qui ont été commis par ce régime (agressions contre l'Iran et le Koweït, gazage des Kurdes et des chiites, pratique de la torture, etc.) ?

Ici surgit l'opposition déterminée des États-Unis contre toute appartenance à la CPI. Comment la première puissance du monde, engagée politiquement et militairement sur de multiples terrains, pourrait-elle tolérer d'être mise à égalité avec, par exemple, le Cambodge ou l'Albanie, qui, parce qu'ils ont adhéré à la CPI, ont aujourd'hui la capacité de déposer un recours devant elle contre tout autre État partie ? En outre, si des dirigeants cambodgiens ou albanais peuvent s'enfermer dans leur

32. Raul Hillberg, *La Destruction des Juifs d'Europe*, Paris, Fayard, 1988.
33. Wieviorka (1990).

pays (comme Saddam Hussein en Irak entre 1990 et 2003), quelle autorité aurait un président des États-Unis qui ne pourrait plus voyager hors de son pays ?

Malgré toutes ces difficultés, ou peut-être à cause d'elles, la justice pénale internationale est un chantier d'avenir. Les premières pierres sont posées et le chantier ne sera sans doute pas refermé. Certes, l'institution d'une Cour pénale universelle peut sembler quelque peu utopique, dans un monde où les États restent les ultimes responsables des populations qui vivent sur le territoire qu'ils contrôlent. Et pour que ce projet aboutisse réellement, il faudra beaucoup d'intelligence, de prudence et de sagesse de la part de tous : États, magistrats, ONG, opinions publiques...

Bibliographie

A Ascensio, H., E. Decaux et A. Pellet (dir.), (2000), *Droit international pénal*, Paris, Pedone.

B Barkan, E. (2000), *The Guilt of Nations: Restitution and Negotiating Historical Injustices*, New York, Norton.

Browning, C. (1994), *Des Hommes ordinaires : le 101e bataillon de réserve de la police allemande et la solution finale en Pologne*, traduction française : Paris, Les Belles Lettres.

C Cassese, A. et M. Delmas-Marty (dir.) (2002), *Crimes internationaux et juridictions internationales, juridictions nationales et crimes internationaux*, Paris, PUF.

E *The Economist (2003)*, « Is torture ever justified? », 11 janvier.

G Glover, J. (1999), *Humanity. A Moral History of the Twentieth Century*, Londres, Jonathan Cape.

Grosser, A. (1989), *Le Crime et la mémoire*, Paris, Flammarion.

J Jankelevitch, W. (1986), *L'Imprescriptible, pardonner ? Dans l'honneur et la dignité*, Paris, Le Seuil.

Jurovics, Y. (2002), *Réflexions sur la spécificité du crime contre l'humanité*, Paris, LGDJ.

M Moreau Defarges, Ph. (1999), *Repentance et réconciliation*, Paris, Presses de Sciences Po.

O Overy, R. (2001), *Interrogations. Inside the Minds of the Nazi Elite*, Londres, Penguin.

P Paris, E. (2000), *Long Shadows. History, Lies and Truth*, New York, Bloomsbury.

R Robertson, G. (1999), *Crimes Against Humanity. The Struggle for Global Justice*, Londres, Allen Lane, The Penguin Press.

Rousso, H. (1998), « Le tribunal de l'Histoire a jugé Vichy depuis longtemps », *Le Monde*, 7 avril.

W Wieviorka, A. (1990), « Le procès de Nuremberg », *L'Histoire*, n° 136, septembre.

Z Zoller, E. (1993), « La définition des crimes contre l'humanité », *Journal du droit international*, n° 3.

Partie 2

L'Europe face à son avenir : trois défis pour un continent

1. Quel avenir pour l'Union européenne ?

2. L'empire de la règle : l'intégration européenne en mal de démocratie

3. L'Union européenne face aux migrations

Sommaire et auteurs

Quel avenir pour l'Union européenne ?

Maxime Lefebvre

L'Union européenne traverse une période d'intense mutation. Plusieurs défis lui sont posés. Au-delà des 10 nouveaux membres qui entreront en 2004, bien d'autres États de l'est et du sud-est de l'Europe ont vocation à la rejoindre un jour. Cet élargissement continu sera-t-il doublé, comme ce fut toujours le cas, d'un approfondissement parallèle de la construction européenne ? Sera-t-il de nature à relancer l'économie européenne, qui est de plus en plus distancée par les États-Unis ? L'Europe sera-t-elle capable, en plus d'une puissance économique et commerciale, d'être un acteur politique et militaire ? Comment va-t-elle se positionner dans un monde qui, comme l'a montré la crise irakienne, sera de plus en plus dominé par l'« hyperpuissance » américaine ? La Convention sur l'avenir de l'Europe, qui s'est réunie en 2002 et 2003, n'a pas apporté de réponses définitives. Toute l'histoire de la construction européenne nous enseigne d'ailleurs que l'Europe progresse en se cherchant, et que c'est en avançant qu'elle invente des solutions nouvelles.

1. Les conséquences de l'élargissement à l'Est

L'élargissement de l'Union à l'Est, qui est à l'ordre du jour depuis la chute du « rideau de fer », a mis plus de 10 ans à se réaliser. C'est le Conseil européen de Copenhague de 1993 qui a ouvert officiellement la politique de l'élargissement à l'Est, en définissant les fameux « critères de Copenhague[1] ». Sur cette base, les négociations d'adhésion se sont ouvertes en deux vagues, en 1997 et en 1999, avec 12 pays candidats : 10 pays de l'ancien bloc communiste, Malte et Chypre. Elles se sont closes avec 10 d'entre eux, considérés comme prêts, au Conseil européen de Copenhague de décembre 2002. Le traité d'adhésion a été signé en avril 2003 à Athènes. S'il est ratifié sans encombre par tous les pays (anciens et nouveaux États membres), il entrera en vigueur le 1er mai 2004.

L'Union européenne pourra-t-elle fonctionner à 25 ?

Le passage d'une Europe de 15 à 25 États membres aura d'importantes répercussions sur le fonctionnement de l'Union. Celle-ci va passer de 375 à 450 millions d'habitants. Cet accroissement de 20 % de la population est moins important, en termes relatifs, que lors de l'élargissement de 1973 (Royaume-Uni, Danemark, Irlande), et comparable à l'élargissement des années 1980 aux pays méditerranéens (Grèce, Espagne, Portugal). En

Ce chapitre a bénéficié de la relecture de Louis Gautier, Pierre Lepetit, Thierry de Montbrial et Philippe Moreau Defarges.

1. Les critères de Copenhague incluent : des institutions stables garantissant la démocratie, la primauté du droit, les droits de l'homme, le respect des minorités et leur protection ; l'existence d'une économie de marché viable ; la capacité de faire face à la pression concurrentielle et aux forces du marché à l'intérieur de l'Union ; la capacité du pays candidat à assumer les obligations de l'Union, et notamment à souscrire aux objectifs de l'union politique, économique et monétaire.

revanche, c'est le plus important élargissement en nombre de pays. À part la Pologne, qui a environ le poids démographique de l'Espagne (presque 40 millions d'habitants), tous les nouveaux États sont « petits » : 10 millions d'habitants pour la République tchèque et la Hongrie, beaucoup moins pour la Slovaquie, la Slovénie, la Lituanie, la Lettonie, l'Estonie, Chypre ou Malte.

L'accroissement du nombre d'États et la rupture d'équilibre entre petits et grands États constituent l'une des principales difficultés du prochain élargissement. L'Europe à 6 comptait 3 « grands » et 3 « petits » États. L'Europe à 25 comptera 6 « grands » et 19 « petits » (en comptant l'Espagne et la Pologne comme des grands, et les Pays-Bas – 16 millions d'habitants – comme un petit).

Le Conseil européen de Nice (décembre 2000) a en grande partie traité les conséquences institutionnelles de ce nouvel équilibre. Il a accru le poids relatif des grands États au Conseil (où l'on vote en général à la majorité qualifiée) et au Parlement européen. En revanche, les grands États ont dû renoncer à leur second commissaire sans avoir pu obliger les petits États à renoncer pour le moment au principe d'un commissaire par pays. La Commission comptera donc 25 membres, les commissaires des 6 plus grands États (75 % de la population de l'Union) pesant autant que ceux des 6 États les plus petits (1,6 % de la population).

Même si les petits États se voient ainsi sur-représentés dans le système institutionnel de l'Union, on ne doit pas oublier que la prise de décision n'y obéit pas à une logique purement arithmétique. La Commission fonctionne de façon collégiale. Au Conseil, les décisions se prennent la plupart du temps par consensus, sans recours au vote, les pays minoritaires s'efforçant de monnayer leur ralliement contre des concessions. L'influence d'un pays se mesure à la présence de ses nationaux dans l'administration de la Commission (ce qui avantage la France), à sa capacité de négociation, et à l'influence de ses parlementaires européens (ce qui avantage l'Allemagne). L'Union pourra fonctionner à 25, même si l'influence d'un pays comme la France en sera nécessairement réduite. Plus préoccupant est l'alourdissement du processus de négociation et de décision dû à l'accroissement du nombre de délégations (25 au lieu de 15) et de langues officielles (20 au lieu de 11, l'usage du français comme langue de travail devenant de plus en plus difficile à défendre face à l'anglais).

L'élargissement sera-t-il un succès économique ?

L'Union élargie va se trouver confrontée à de nouvelles inégalités. Les nouveaux membres sont des États beaucoup plus pauvres que les anciens (voir graphique 1). Les pays de l'Est sortis du communisme ont des économies en transition, avec d'importants problèmes structurels (poids du secteur agricole, importance de la corruption, insuffisance de la productivité et de l'initiative individuelle, nécessité de poursuivre la restructuration de l'industrie lourde et du secteur public, etc.). Ils ont certes connu une croissance soutenue durant les dernières années et attiré d'importants investissements. Mais ils sont encore faibles économiquement, ne représentent que 5 % du produit intérieur brut (PIB) nominal de l'Union à 15 (pour 20 % de la population), et ne pourront poursuivre leur adaptation au système capitaliste sans une aide de l'Ouest.

Du point de vue des anciens États membres, l'élargissement suscite des craintes qui portent sur les délocalisations et la concurrence de la main-d'œuvre à bas prix venue de l'Est. Cela a conduit l'Allemagne et l'Autriche, notamment, à exiger de longues périodes de transition (jusqu'à 7 ans à partir de l'adhésion) avant que la libre circulation des travailleurs soit pleinement instaurée avec ces pays. Ces craintes sont probablement excessives. Les « délocalisations » sont déjà possibles aujourd'hui, et cela n'empêche pas l'Union d'avoir une balance commerciale très excédentaire avec les pays d'Europe centrale et orientale (PECO). En fait, les investissements réalisés par les Européens de l'Ouest en Europe de l'Est ne peuvent qu'être positifs pour tous s'ils favorisent la croissance dans les nouveaux États membres, ouvrent de nouveaux débouchés aux entreprises ouest-européennes, et diminuent l'écart de coût de main-d'œuvre entre l'Est et l'Ouest à mesure que s'effectue le rattrapage.

À cet égard, deux scénarios de « convergence » peuvent être envisagés à la lumière de l'expérience passée. Le premier scénario de référence est celui de l'ex-République démocratique alle-

Graphique 1
PIB par habitant dans l'Union européenne élargie
(en standards de pouvoir d'achat, 2000, Union européenne à 25 = 100)

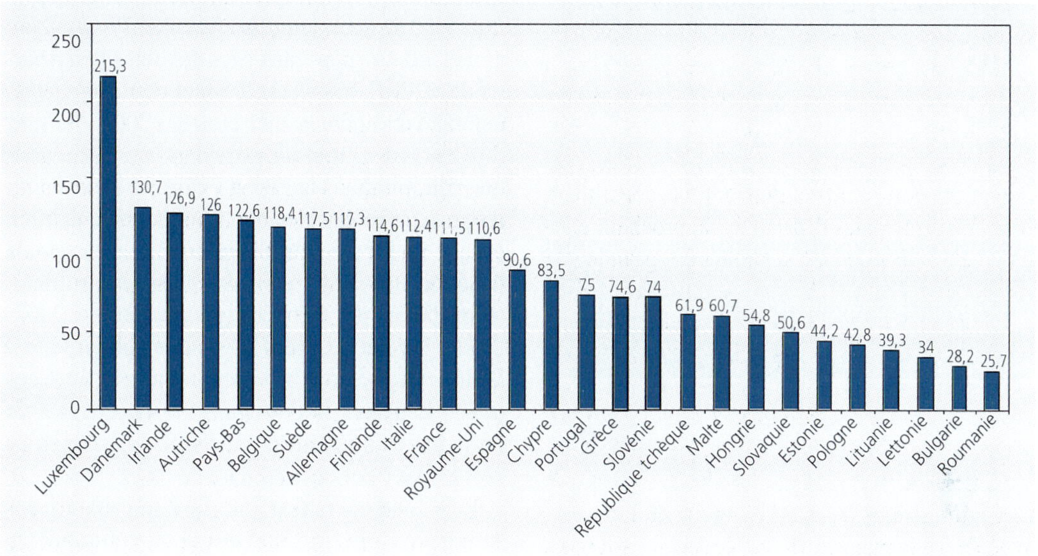

Source : Eurostat.

mande (RDA), pays intégré subitement et sans transition dans le système capitaliste. L'industrie est-allemande n'a pratiquement pas survécu au choc de compétitivité que cela représentait. Au prix de transferts financiers colossaux venus de l'Ouest (environ 75 milliards d'euros par an), les nouveaux *Länder* ont pu connaître un rattrapage rapide du niveau de vie occidental : en quelques années, leur PIB par habitant est passé de un à deux tiers du niveau ouest-allemand. Mais leur évolution, depuis 1997, est préoccupante. La croissance y est inférieure à ce qu'elle est dans l'ex-République fédérale d'Allemagne (RFA), du fait de surcapacités dans le secteur du bâtiment qui ne sont pas compensées par l'essor rapide, mais partant d'un niveau trop bas, d'un secteur industriel moderne et compétitif. Le chômage repart à la hausse, atteignant 2,5 fois le taux de l'ex-RFA, où migrent les jeunes qualifiés, à la recherche d'un emploi mieux rémunéré ou d'une place d'apprenti, ce qui fragilise encore le tissu économique est-allemand.

Cette évolution dramatique n'est pas pour rien dans le marasme que connaît actuellement l'ensemble de l'Allemagne. Mais il est peu probable qu'elle se produira de cette façon dans les autres pays de l'Est. Ces derniers n'ont pas été plongés du jour au lendemain dans un système d'union monétaire et de mobilité sans limite des travailleurs avec l'Ouest. Ils ont eu le temps d'engager progressivement le processus de restructuration et de privatisation de leur économie planifiée, alors que toute l'économie est-allemande a été, pour ainsi dire, bradée en 4 ans. Leurs élites n'ont pas été, comme celles d'Allemagne de l'Est, envoyées aux oubliettes pour laisser la place à d'autres, issues de l'Ouest. Ces pays auront bénéficié au total d'une période de transition très longue, d'une quinzaine d'années, voire d'une vingtaine si l'on prend en compte le délai d'instauration de la libre circulation des travailleurs.

Le second scénario de référence, sans doute plus pertinent, est celui des pays dits de la « cohésion » (Irlande, Grèce, Espagne, Portugal), qui ont bénéficié à partir de 1988 d'une politique d'aide de la Communauté. Lorsqu'on les compare à la solidarité financière inter-allemande, ces aides paraissent modestes (voir graphique 2, p. 80). Elles n'ont pourtant pas été pour rien dans le processus de rattrapage économique qu'ont connu ces pays dans les 15 dernières années. Entre 1988 et 2000, le PIB par habitant de ces pays en parité de pouvoir d'achat a gagné presque 1 point de moyenne communautaire par an (voir tableau 1, p. 80). En Irlande, le rattrapage a été encore plus spectaculaire.

Tableau 1
PIB par habitant des pays de la « cohésion », 1988-2000
(en standards de pouvoir d'achat – UE-15 = 100)

	1988	*2000*
Espagne	72,5	82,2
Grèce	58,3	67,7
Portugal	59,2	68
Irlande	63,8	115,2

Source : Eurostat et Commission européenne.

Graphique 2
Contributeurs et bénéficiaires nets du budget européen 2000
(solde budgétaire après correction britannique, en milliards d'euros)

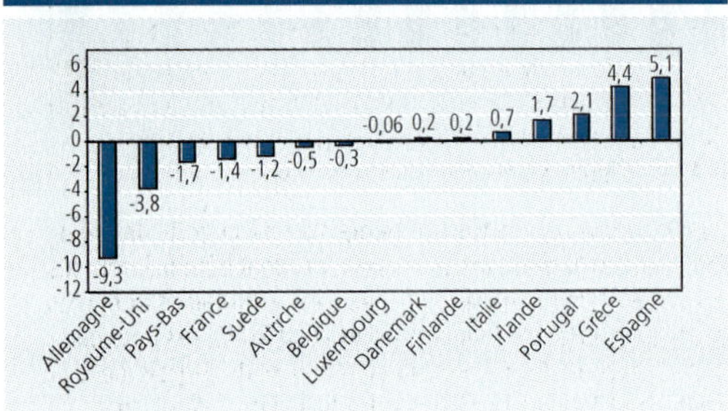

Source : Commission européenne.

Un scénario identique pourrait bien se produire pour les nouveaux États membres. Par rapport à la moyenne communautaire à 25, la Slovénie dépasse déjà le niveau relatif de l'Espagne il y a 15 ans (74 %), et la République tchèque celui de la Grèce (62 %). La Slovaquie et la Hongrie sont un peu plus loin (environ 50 % de la moyenne communautaire). La Pologne et les États baltes sont les plus en retard (autour de 40 % de la moyenne communautaire). Ceux-ci pourraient cependant connaître un développement à l'irlandaise, à la faveur de leur intégration à l'espace nordique. Le fait d'être de petits États et d'avoir recréé de toutes pièces des administrations nationales modernes sur les décombres du système soviétique est pour eux un précieux atout. La Pologne, en revanche, paraît handicapée par des problèmes structurels plus profonds (le poids du secteur agricole – 20 % de la population active – et du chômage – 18 %). Quant à la prochaine vague d'élargissement, la Roumanie et la Bulgarie (environ 25 % du niveau communautaire) poseront de plus grandes difficultés.

Pour assurer le succès de la « convergence », deux conditions sont toutefois nécessaires. La première est le maintien d'une faculté d'ajustement monétaire. Les nouveaux pays membres feront partie du « SME[2] *bis* » dès 2004, et pourront théoriquement rejoindre la zone euro dès 2006. Mais les difficultés de la transition plaident sans doute pour une adhésion plus tardive à l'euro, au moins pour les pays les moins avancés. La seconde condition est que les anciens États membres, à l'occasion de la négociation des prochaines perspectives financières du budget européen (pour la période 2007-2013), fassent preuve d'un peu de solidarité vis-à-vis des nouveaux membres, comme ce fut le cas pour l'Espagne, le Portugal et la Grèce, afin de faire de l'élargissement une réelle opportunité de croissance (voir encadré 1).

Plus fondamentalement, c'est la capacité des Européens à définir une politique commune de soutien à la croissance, et à adapter à cette fin les politiques et les moyens de l'Union, qui est en jeu. L'Union est à la traîne des États-Unis en matière de croissance, et sa part dans la richesse et le commerce mondiaux ne cesse de décliner. En 2000, l'Union a adopté la « stratégie de Lisbonne », qui vise à en faire l'économie de la connaissance la plus dynamique et la plus compétitive du monde d'ici 2010. Mais la mise en œuvre de cette stratégie repose essentiellement sur les États membres, et elle a pris, pour le moins, un sérieux retard.

Quelles frontières pour l'Union européenne ?

Le prochain élargissement va modifier quelque peu le visage de l'Europe. On a beaucoup dit que, historiquement et symboliquement, cet élargissement signifiait la fin de la division née de Yalta. L'Union intègre des pays de l'ancien pacte de Varsovie et rejoint désormais les frontières de l'ex-Union soviétique (dont elle absorbe d'ailleurs une petite partie du territoire : les trois États baltes). La mer Baltique devient ainsi une « mer intérieure »

2. Système monétaire européen.

Encadré 1
Le budget européen après l'élargissement

Le budget communautaire est important en valeur absolue (environ 100 milliards d'euros chaque année), mais faible en valeur relative : 1,1 % du PIB de l'Union, à comparer aux 45 % de prélèvements obligatoires dans des pays comme la France et l'Allemagne. Les contributions des États au budget communautaire, à travers les différentes « ressources propres » (droits de douane, part de TVA, contribution assise sur le produit national brut [PNB]), sont à peu près proportionnelles au poids de leur PIB dans l'Union (pour l'Allemagne 25 %, pour la France 18 %). En revanche, les dépenses ne profitent pas de façon équitable à tous les États. La principale politique communautaire est la politique agricole commune (PAC), qui représente près de la moitié des dépenses communautaires et profite d'abord à la France et à l'Espagne. La politique régionale (un tiers des dépenses) sert en grande partie à aider les pays en retard de développement (Espagne, Grèce, Portugal). Il en résulte que les pays méditerranéens sont les principaux bénéficiaires nets du budget communautaire, et que l'Allemagne est de loin le principal contributeur net en Europe (voir graphique 2). Le Royaume-Uni serait lui-même un contributeur net beaucoup plus important si Margaret Thatcher n'avait obtenu, en 1984, une réduction de sa contribution.

L'élargissement à l'Est risque d'aggraver ces déséquilibres. D'abord, l'application des soutiens de la PAC (notamment les « aides directes », indexées sur la production) aux nouveaux pays membres ferait exploser les dépenses communautaires. Ensemble, la Pologne et la Roumanie comptent autant de paysans que toute la Communauté réunie. En outre, il n'y a pas grand sens à garantir le même revenu agricole dans des pays où le niveau de vie reste beaucoup moins élevé. Cela pourrait même entraîner un effet d'éviction d'autres secteurs économiques vers l'agriculture. Du point de vue de la politique régionale, ensuite, le maintien des critères existants (qui orientent les aides principalement vers les régions dont le PIB par habitant est inférieur à 75 % de la moyenne communautaire) devrait entraîner une réallocation des fonds depuis les pays méditerranéens (principaux bénéficiaires aujourd'hui) vers les nouveaux États membres. Si rien ne changeait dans la définition des politiques communes, l'élargissement ferait ainsi deux types de perdants : d'un côté, l'Allemagne, le Royaume-Uni, les Pays-Bas et la Suède, appelés à accroître encore leur contribution nette ; de l'autre, les pays méditerranéens, qui seraient moins aidés.

C'est sur cette toile de fond qu'est intervenu l'accord budgétaire franco-allemand de Bruxelles, en octobre 2002, qui a dégagé les obstacles budgétaires à l'élargissement. L'Allemagne, appuyée par les pays du nord de l'Europe, souhaitait que la PAC soit en grande partie renationalisée, afin de limiter les dépenses. La France affirmait au contraire que l'accord budgétaire arrêté au Conseil européen de Berlin, en 1999, était valable pour toute la période 2000-2006, et qu'elle pouvait se servir des nouveaux États membres comme futurs alliés pour sauvegarder la PAC. Les deux pays ont décidé de conclure un compromis : le budget de la PAC sera plafonné, en termes réels, à partir de 2006 ; par ailleurs, le versement des « aides directes » à la production aux nouveaux États membres sera échelonné dans le temps (de 35 % du niveau communautaire en 2004 à 100 % en 2013). Paris a ainsi obtenu de Berlin une garantie budgétaire pour l'avenir de la PAC. La montée en puissance des versements aux pays de l'Est se fera toutefois à budget constant (et donc au détriment des agriculteurs ouest-européens) à partir de 2006 – ce qui a conduit à une première réforme de la PAC, en juin 2003. Cet accord, entériné par les partenaires des deux pays, a confirmé l'utilité du moteur franco-allemand en Europe.

Les Quinze ont considérablement limité le coût de l'élargissement en plafonnant les versements dont bénéficieront les nouveaux États membres après leur adhésion (aides agricoles et fonds régionaux). Pour la période 2004-2006, ces nouveaux États recevront 25 milliards d'euros en crédits de paiement et verseront 12 milliards de contributions au budget communautaire. Ils seront donc bénéficiaires nets de leur appartenance à l'Europe (ce qui est symboliquement important), et le coût pour les anciens États membres sera seulement, sur cette période, de 10 euros par habitant et par an.

Cette générosité relative des pays d'Europe de l'Ouest a été permise par la différence de situation qui existait entre les anciens et les nouveaux États membres lors de la négociation sur l'élargissement. Pour la négociation des prochaines perspectives financières 2007-2013, tous ces pays se retrouveront sur un pied d'égalité. Si le budget de la PAC doit être stabilisé au-delà de 2006, la politique régionale reste, elle, à réformer. Il faudra à la fois aider les nouveaux États membres et prendre en compte les contraintes des pays contributeurs, dans un contexte budgétaire d'ensemble défavorable. Cette négociation difficile s'engagera à la fin 2004, avec la prise de fonction de la nouvelle Commission.

de l'Union, et le territoire russe de Kaliningrad une enclave en son sein (voir encadré 2, p. 82). L'adhésion de Malte et de Chypre, anciennes colonies britanniques, renforce par ailleurs la façade méditerranéenne de l'Union. Et la division de Chypre (dont le nord a été occupé par la Turquie en 1974 et s'est proclamé « indépendant ») fait inévitablement le lien avec la candidature turque.

L'élargissement ne va cependant pas s'arrêter là. Au Conseil européen de Copenhague de 2002, l'adhésion de la Bulgarie et de la Roumanie a été envisagée pour 2007. La perspective d'adhésion de la Turquie n'a pas été remise en cause dans son principe : elle était déjà inscrite dans l'accord d'association de 1963, et la candidature turque a été officiellement acceptée par le Conseil européen d'Helsinki (1999). À Copenhague, les Quinze ont seulement, à la suite d'une proposition franco-allemande, fixé une « clause de rendez-vous » avec la Turquie : des négociations d'adhésion s'engageront à la fin 2004 si ce pays remplit les « critères politiques » de Copenhague. L'adhésion de la Turquie reste cependant un sujet de débat dans les sociétés européennes.

Au-delà de ces trois candidats reconnus, d'autres pays pourraient rejoindre l'Union. Il ne tient qu'à certains États d'Europe occidentale (Suisse, Norvège) de le décider. Les États successeurs de la Yougoslavie et l'Albanie ont aussi vocation à entrer dans l'Union ; la Croatie a d'ailleurs déposé une demande d'adhésion. Plus à l'est, la Moldavie (ancienne Bessarabie, largement peuplée de Roumains), la Biélorussie, l'Ukraine sont des États dont le caractère européen peut difficilement être nié. Si la Turquie entrait dans l'Union, les États du Caucase (Arménie, Azerbaïdjan, Géorgie) devraient-ils être écartés ? La Russie est dans une situation plus ambiguë, à la fois parce que son territoire s'étend jusqu'à la Chine et au Pacifique, et qu'elle entend rester une puissance indépendante malgré son déclin démographique et économique.

La réflexion sur les frontières définitives de l'Union a donc commencé. Le président de la Commission, Romano Prodi, a proposé une « politique de voisinage » pour un « cercle de pays amis » (pays de la Communauté des États indépendants [CEI] et de la rive sud de la Méditerranée). Cette stratégie serait axée sur le principe « tout sauf les institutions » (pas d'adhésion au système institutionnel de l'Union, mais association au marché intérieur et participation aux politiques communes). Dans cette optique, l'Union cesserait de s'élargir une fois les États des Balkans et la Turquie intégrés.

Une seule organisation européenne a fixé ses frontières définitives : le Conseil de l'Europe. Fondé en 1949, le Conseil de l'Europe aurait dû être le creuset de l'unification européenne, mais il est resté une organisation souple de coopération intergouvernementale. Son principal mérite est d'avoir adopté la Convention européenne des droits de l'homme (1950), dont le respect dans les États membres est assuré depuis plus de 50 ans par une juridiction indépendante. Confronté après la chute du rideau de fer à la demande d'adhésion des pays de l'Est, le Conseil de l'Europe a fixé les « frontières de l'Europe » par la résolution 1247 de son Assemblée parlementaire (1994). Sur cette base, le Conseil de l'Europe comprend aujourd'hui tous les États européens au sens géographique, y compris la Turquie (depuis 1949), la Russie (depuis 1996) et les États du Caucase (soit 45 États au total). Seule la Biélorussie, pour des raisons politiques, n'en fait pas encore partie. Les États ex-soviétiques d'Asie centrale, ceux du Proche-Orient au-delà des frontières turques, et ceux de la rive sud de la Méditerranée, en ont été exclus.

Chaque élargissement doit être digéré. Tout nouvel État membre doit d'abord récupérer l'« acquis communautaire ». Mais qu'est-ce qui pourrait empêcher l'Union de s'élargir un jour aux dimensions actuelles du Conseil de l'Europe ? Les traités fixent seulement des critères géographiques (« tout État européen ») et démocratiques pour entrer dans l'Union. Les « critères de Copenhague » sont venus s'y ajouter (voir *supra*). La candidature du Maroc a été rejetée en 1987 sur la base du critère géographique, mais celle de la Turquie a été acceptée et Chypre a été intégrée. Chaque élargissement suppose l'accord de tous les États membres et, bien sûr, celui du pays candidat : le traité d'adhésion doit être négocié, signé, puis ratifié. C'est un processus lent et progressif, mais qui comporte une part d'inéluctabilité. Dès lors que les Européens choisissent l'ouverture – ou ne s'y opposent pas –, l'élargissement devient inévitable.

Encadré 2
Kaliningrad

Kaliningrad est l'ancienne Königsberg, ville d'Emmanuel Kant et ex-capitale de la « Prusse orientale ». Ce territoire, peuplé d'Allemands depuis le Moyen Âge, a été partagé en 1945 entre la Pologne et l'Union soviétique – puis attribué, au sein de cette dernière, à la Fédération de Russie, avec le port stratégique de Kaliningrad sur la mer Baltique. Les Allemands ont alors été chassés. Au moment de l'éclatement de l'Union soviétique, le territoire de Kaliningrad, peuplé désormais pour l'essentiel de Russes, s'est trouvé enclavé entre la Pologne et la Lituanie. Moscou a alors soulevé le problème de la libre circulation de ses citoyens entre les deux parties de son territoire. Ce problème s'est aggravé lors des négociations sur l'élargissement : l'Union européenne craignait que l'adhésion future de la Lituanie et de la Pologne à l'« espace Schengen » (libre circulation des personnes sans contrôle aux frontières) ne favorise l'immigration clandestine et divers trafics illicites en l'absence de contrôles frontaliers avec le territoire de Kaliningrad.

À la fin 2002, l'Union et la Russie ont conclu un accord sur le transit des citoyens russes entre Kaliningrad et le reste de la Russie à travers la Lituanie (délivrance par les consulats lituaniens d'un document de transit, avec une procédure simplifiée en cas de voyage par train). L'Union envisage également de développer ses programmes d'aide à la région de Kaliningrad, qui souffre de sa situation d'enclavement malgré sa transformation en « zone économique spéciale » (1996). L'Allemagne (comme les autres pays de la région) y accorde un intérêt particulier mais, pour des raisons historiques, évite de se mettre en avant par des initiatives nationales.

Là où des marges de manœuvre peuvent être retrouvées, c'est sur son rythme (15 ans se sont écoulés entre la chute du Mur et l'élargissement à l'Est) et sur des formes d'organisation plus restreintes (« noyau dur », « avant-garde », coopérations renforcées, etc.).

2. Une Constitution pour l'Europe

L'idée d'une « Constitution » pour l'Europe, qui se substituerait aux traités existants, est évoquée depuis longtemps, mais elle a été relancée durant les dernières années à l'approche du grand élargis-

Encadré 3
La Convention sur l'avenir de l'Europe

Les origines

En mai 2000, Joschka Fischer tint un grand discours sur l'Europe à l'Université Humboldt de Berlin, présenté non comme la position officielle de l'Allemagne, mais comme une réflexion « personnelle ». Le ministre allemand des Affaires étrangères, soucieux de prévenir la dilution de l'Union provoquée par son élargissement, et par conséquent un retour au système passé d'équilibre européen, proposa la rédaction d'une Constitution qui répartirait les compétences non seulement entre les institutions européennes (« horizontalement »), mais aussi entre l'Europe et les États (« verticalement »). J. Fischer suggérait aussi la constitution d'un « centre de gravité » plus restreint qui s'acheminerait vers la formation d'une « fédération européenne ». Dès juin 2000, la France, par la voix de Jacques Chirac dans son discours devant le Bundestag à Berlin, apporta son soutien à l'idée d'une Constitution européenne. Éludant le débat sur la fédération, le président français proposa seulement l'instauration souple d'un « groupe pionnier » pour la coordination des politiques économiques, la sécurité et la défense, et la lutte contre la criminalité.

Il y eut, par ailleurs, la Charte des droits fondamentaux de l'Union, dont la rédaction fut confiée durant toute l'année 2000 à un groupe d'une soixantaine de représentants des gouvernements, des parlements nationaux et du Parlement européen (avec la participation d'un commissaire). Cette enceinte, qui décida d'elle-même de se baptiser « Convention », déboucha sans heurt sur la mise au point d'une Charte qui fut solennellement proclamée lors du sommet de Nice, en décembre 2000.

Par comparaison, l'affrontement de pouvoir et de prestige qui domina les négociations entre les États à Nice donna une impulsion nouvelle à l'idée (déjà évoquée dans le discours de J. Chirac à Berlin) de confier la rédaction de la Constitution à une Convention comparable à celle qui rédigea la Charte des droits fondamentaux. Le traité de Nice a ainsi prévu le lancement d'un « débat » associant les parlements nationaux, l'opinion publique et la société civile, et la mise en œuvre d'un « processus » visant à clarifier quatre questions : la délimitation des compétences entre l'Union et les États membres, le statut de la Charte des droits fondamentaux, la simplification des traités, le rôle des parlements nationaux dans l'architecture européenne. C'est sur cette base que le Conseil européen de Laeken, en décembre 2001, lança officiellement la Convention sur l'avenir de l'Europe, qui tint sa session inaugurale le 28 février 2002.

La composition

La Convention a été conçue comme une assemblée démocratique associant librement représentants des gouvernements et élus nationaux et européens. Elle comprenait 105 membres :

– son président (Valéry Giscard d'Estaing) et ses deux vice-présidents (l'Italien Giuliano Amato et le Belge Jean-Luc Dehaene) ont été désignés par le Conseil européen ;

– chacun des 15 États membres et des 13 pays candidats (y compris la Bulgarie, la Roumanie et la Turquie) était représenté par trois conventionnels : un pour le gouvernement, deux pour les deux assemblées de chaque parlement ;

– le Parlement européen avait désigné 16 conventionnels ;

– la Commission européenne était représentée par deux conventionnels (le Français Michel Barnier et l'Italien Antonio Vitorino).

Les travaux

La Convention s'est réunie à intervalles réguliers en session plénière dans le bâtiment du Parlement européen, à Bruxelles (et plus précisément dans la salle du groupe du Parti populaire européen, la salle plénière ayant été jugée trop vaste). Des groupes de travail furent constitués pour traiter des principales questions : la gouvernance économique, l'Europe sociale, l'action extérieure de l'Union, la défense européenne, etc.

La Convention a travaillé sous la surveillance étroite des États. Nommé par les chefs d'État et de gouvernement, Valéry Giscard d'Estaing a personnellement assuré le lien entre les travaux de l'assemblée qu'il présidait et les préoccupations des gouvernements. Sous son autorité, le présidium (12 membres) a joué un rôle décisif dans l'encadrement de la Convention. Les gouvernements eux-mêmes ont eu tendance à s'impliquer de plus en plus dans les travaux : certains se sont même fait représenter directement par leur ministre des Affaires étrangères (Allemagne, France, Espagne, Grèce, Belgique).

Alors qu'une Convention constitutionnelle aurait dû voter à la majorité, la Convention a cherché à faire émerger un projet consensuel de Constitution auquel les gouvernements pourraient ensuite souscrire. Les États ont tenu à ce que la Convention tienne le délai imparti (présentation d'un projet de traité constitutionnel au Conseil européen de Thessalonique, en juin 2003), afin de pouvoir lancer à temps leur Conférence intergouvernementale (CIG) chargée de mener la négociation à son terme. Les nouveaux États membres ne pouvaient bloquer l'émergence d'un consensus à la Convention, mais ils participeront pleinement à la nouvelle CIG.

sement de l'Union européenne. L'entreprise a pour ambition de refonder politiquement l'Europe, en organisant d'une façon plus démocratique et plus efficace la répartition des pouvoirs, non seulement entre les institutions européennes, mais aussi entre l'Union et les États. Tel a été l'objet de la Convention sur l'avenir de l'Europe, qui a présenté, en juin 2003, un projet de traité constitutionnel pour l'Union.

L'Europe et l'idée fédérale

La réunion de la Convention a soulevé beaucoup d'espoirs parmi les partisans les plus convaincus de l'intégration européenne. Un parallèle a été tenté avec la Convention de Philadelphie qui, en 1787, déboucha sur l'adoption d'une Constitution fédérale pour les États-Unis d'Amérique. La comparaison est intéressante, mais elle a ses limites. Certes, il s'agit bien, pour l'Europe comme pour les États-Unis, de combiner deux légitimités : celle des États constitutifs et celle des citoyens égaux de l'Union. Joschka Fischer proposait ainsi de diviser le Parlement européen en deux chambres, l'une réunissant les délégués des États, l'autre étant élue directement par les citoyens. Mais les Européens ne peuvent pas dire, comme les Américains dans leur Constitution, « We, the People ». Contrairement au peuple des colonies nord-américaines qui, dès ses origines, fut soudé par une histoire et des valeurs partagées, par une autonomie commune par rapport à la Couronne britannique, par une cohésion géographique, et enfin par une même langue, l'ensemble européen est divisé entre des États-nations où réside encore l'essentiel de la vie et de la légitimité démocratiques. Et s'il peut s'appuyer sur un bloc de valeurs communes, il n'a ni frontières définitives ni langue unique. Le mot même de fédération ne renvoie d'ailleurs pas à la même acception dans les différents États européens.

Pour l'Allemagne, le développement d'une fédération européenne est un prolongement naturel de l'État fédéral allemand. Toute l'histoire allemande est faite de cette ambiguïté entre les différents niveaux de pouvoir. L'empire « ottonien » de 962 s'est mis à se déliter, à partir du XIIIe siècle, en principautés de plus en plus indépendantes. Deux puissances ont émergé de cet éboulement progressif : celle des Habsbourg, qui a fini par créer un empire multinational en Europe centrale, au-delà des limites de l'Empire ; et celle des Hohenzollern, qui s'est imposée au nord et a fini par unifier l'Allemagne autour de la Prusse. L'Allemagne n'a jamais été aussi centralisée qu'à l'époque du IIIe Reich. Mais c'est justement la tragédie du nazisme qui a conduit l'Allemagne à s'intégrer dans une Europe supranationale et à s'organiser elle-même sur un mode fédéral.

À l'instar de tout fédéralisme, le fédéralisme allemand présente deux caractéristiques. Il prévoit d'une part une répartition des compétences entre la fédération (le Bund) et les Länder. Avec le temps, cette répartition est devenue de plus en plus enchevêtrée, ce qui a rogné l'autonomie des Länder. Or, c'est justement pour éviter un deuxième niveau d'intrication que ceux-ci veulent délimiter clairement les compétences avec Bruxelles. Le fédéralisme allemand prévoit d'autre part que l'accord du Bundesrat (l'assemblée des Länder) est nécessaire pour toute loi touchant leurs prérogatives. Les compétences étant de plus en plus mêlées (en matière fiscale, par exemple), le pouvoir fédéral est contraint en permanence de négocier des compromis avec les Länder, ce qui peut conduire à la paralysie lorsque les deux chambres sont dirigées par des majorités contraires (comme c'est le cas aujourd'hui). En ce sens, l'expérience du fédéralisme allemand n'est pas seulement un modèle pour l'Europe ; elle inspire aussi le souci de ne pas répéter certains dysfonctionnements.

Le modèle politique allemand se caractérise enfin par la puissance du Parlement, qui exerce un contrôle poussé sur l'action de l'exécutif (par exemple, en donnant son accord sur chaque intervention de troupes allemandes à l'étranger). L'insistance traditionnelle de l'Allemagne sur le rôle du Parlement européen, et son implication très forte dans les travaux de ce dernier, dérivent de ces pratiques nationales.

Par rapport à l'expérience allemande, la France et le Royaume-Uni sont des États-nations anciens et centralisés, dont la légitimité historique est profonde, et où l'exécutif a une grande latitude d'action. Bien que son expérience constitutionnelle l'ait conduit à déléguer de larges compétences aux régions non anglaises du royaume (pays de Galles, Écosse, Irlande du Nord), le Royaume-Uni est traditionnellement soucieux de préserver sa souveraineté nationale. Le mot fédéralisme suscite un rejet de sa part, car il est perçu comme conduisant à une Europe bureaucratique et centralisée, dirigée depuis Bruxelles. Londres a ainsi refusé catégoriquement que la Constitution reconnaisse que l'Union exerce sur un mode « fédéral » les compétences transférées par les États membres.

La France, en comparaison, a une attitude ambiguë consistant à vouloir « une Europe forte avec des institutions faibles » (Laurent Cohen-Tanugi). Ni Jacques Chirac ni Lionel Jospin (qui a parlé, dans son discours du 28 mai 2001, de « faire l'Europe sans défaire la France ») n'ont vraiment accepté l'idée d'une fédération qui dépasserait le cadre des États-nations. Ils ont repris à leur compte la formule de la « fédération d'États-nations » (Jacques Delors). Les représentants français à la Convention se sont ainsi opposés à deux idées d'origine allemande : celle d'une délimitation stricte des compétences entre l'Union et les États (sous la forme d'un catalogue), et celle d'une transformation du Conseil (où sont représentés les États) en « deuxième chambre » du Parlement européen. La position française a plutôt visé, dans une conception qui fait de l'État-nation le support essentiel de la vie démocratique, à renforcer le rôle du Conseil (où siègent les représentants de gouvernements démocratiquement élus) et à associer davantage les parlements nationaux à la vie de l'Union, en particulier à travers le contrôle du principe de subsidiarité.

Les autres États européens ont des conceptions qui reflètent aussi leurs propres traditions et expériences nationales. Des États faibles comme la Belgique ou l'Italie suivent naturellement une pente fédéraliste. À l'inverse, un État comme le Danemark, arc-bouté sur la préservation de sa souveraineté nationale, s'est mis à l'écart de plusieurs politiques communes de l'Union, notamment pour la monnaie unique et la défense. Les États de l'Europe orientale, de leur côté, se montrent soucieux à la fois de participer sans discrimination aux politiques de l'Union et de défendre une indépendance nationale fraîchement recouvrée. Les plus petits États, d'une façon générale, ne veulent ni d'une « Europe des citoyens » dans laquelle, en raison de leurs poids démographique, ils ne pèseraient plus rien, ni d'une Europe intergouvernementale dans laquelle les plus grands États feraient naturellement la loi.

Un « fédéralisme à l'envers »

Dans une fédération, c'est le cœur de la souveraineté (et en particulier de la souveraineté externe) qui est transféré au niveau fédéral. Ce sont les pouvoirs « régaliens » au sens classique : la monnaie, la politique extérieure, la défense. Dans les domaines de la souveraineté interne, notamment l'exercice du monopole de la violence légitime (la police) et la levée de l'impôt, le pouvoir est en revanche partagé entre l'État fédéral et les États fédérés, mais avec la garantie d'un ordre juridique unique dans lequel le droit fédéral (avec ses instances judiciaires) prévaut sur le droit des États.

À cet égard, l'Union européenne est dans une situation hybride. Elle s'est bâtie comme un « fédéralisme à l'envers » (selon l'expression de Hendrik Brugmans, fondateur du Collège européen de Bruges). Dans la construction progressive d'une supranationalité (le contrôle des industries du charbon et de l'acier, la mise en œuvre des « quatre libertés » du marché unique, la politique de la concurrence, la politique commerciale commune, les autres politiques communes développées progressivement et encadrées par le droit communautaire), la Communauté a contourné les domaines-clefs de la souveraineté des États. Ce n'est que tardivement, à partir de Maastricht, que l'Union a entrepris de se doter d'une politique étrangère et de sécurité commune (PESC) – régie cependant par le principe de l'unanimité –, d'une monnaie unique, et d'une coopération en matière de police et de justice. La politique européenne de défense est encore plus récente.

Dans certains domaines comme la politique économique et monétaire, la politique commerciale, le marché unique, la réalisation d'un espace judiciaire et policier commun, l'Union européenne présente des traits authentiquement fédéraux : soumission au droit communautaire et à la juridiction européenne, partage du pouvoir entre l'Union et les États. Dans d'autres domaines en revanche, comme la politique étrangère et la défense, le maintien de la règle de l'unanimité oriente davantage l'Union vers le modèle intergouvernemental de la « confédération ». C'est aussi le cas en matière fiscale, puisque l'allocation des ressources de l'Union repose en dernier ressort sur une décision unanime des États à travers les « perspectives financières » pluriannuelles ; mais, une fois le plafond global de ces ressources décidé, leur répartition et leur emploi relèvent des procédures et du droit de l'Union. Celle-ci ne peut pas s'endetter, contrairement aux États, mais contrôle les politiques budgétaires de ces derniers à travers le pacte de stabilité et de croissance.

Le droit européen ne cessera pas complètement d'être du droit international, dérivé des États. Il faudra ratifier la Constitution européenne dans chacun des États membres, comme il a fallu ratifier les traités de Rome, de Maastricht, d'Amsterdam ou de Nice. Néanmoins, la future Constitution exprimera plus qu'une construction interétatique. Elle consolidera davantage les bases d'une souveraineté partagée entre l'Europe et les nations. Malgré ses ambiguïtés, la formule de la « fédération d'États-nations » définit peut-être le mieux, au fond, ce modèle hybride qui unit l'Union et ses États membres : une relation d'interdépendance mutuelle – formule intermédiaire entre une fédération et une confédération.

Le bilan de la Convention

Par le débat qu'elle a suscité dans l'opinion et dans les médias, la Convention a eu un effet positif. Elle a fait prendre conscience qu'une étape était franchie dans la construction européenne, et que l'Europe n'était plus seulement l'affaire des États mais devait aussi devenir celle des peuples. Dans le même temps, la Convention n'a pas fait de « saut fédéral ». Elle n'est pas parvenue à surmonter entièrement les clivages entre États. La crise irakienne, en particulier, a révélé la fragilité de la construction européenne sur le plan politique, et relancé les spéculations sur l'opportunité de poursuivre la dynamique européenne avec un groupe plus restreint d'États. Si le projet auquel est parvenue la Convention a largement déblayé le terrain pour la future Conférence intergouvernementale (CIG), celle-ci restera cependant libre de le modifier.

La simplification des traités

Les traités étaient devenus un enchevêtrement illisible d'instruments juridiques sédimentés avec le temps (traités de Rome de 1957 instituant la Communauté économique européenne [CEE] et la Communauté européenne de l'énergie atomique [Euratom], modifications apportées par l'Acte unique de 1986, traité sur l'Union européenne de 1992, traité d'Amsterdam de 1997, traité de Nice de 2001). Un instrument juridique unique les remplacera : la Constitution européenne (voir encadré 4).

Encadré 4
La Constitution européenne

La future Constitution européenne devrait comporter quatre parties (voir <www.european-convention.eu.int>).

Le préambule ne fait aucune référence à une divinité ni à de quelconques valeurs religieuses, contrairement à ce que souhaitaient les Églises et certains États, comme la Pologne. Il mentionne en revanche les « héritages culturels, religieux et humanistes de l'Europe [...], toujours présents dans son patrimoine ». Il rappelle aussi, comme le traité de Rome, que les peuples européens sont « unis d'une manière sans cesse plus étroite ».

La première partie fixe l'architecture constitutionnelle. Elle établit l'Union, énonce ses valeurs et ses objectifs, et lui confère la personnalité juridique (titre I). Elle proclame également les droits fondamentaux et la citoyenneté (titre II). Elle répartit (titre III) les compétences de l'Union en compétences exclusives (union douanière, politique commerciale, gestion monétaire de l'euro, etc.), compétences partagées (marché intérieur, environnement, agriculture, etc.) et domaines d'appui aux États (culture, industrie, santé, etc.), et lui donne une compétence pour coordonner les politiques économiques des États membres et définir la PESC (et une politique de défense commune). Cette partie définit également les institutions de l'Union (titre IV), les instruments juridiques et les politiques communes (titre V), les principes démocratiques du fonctionnement de l'Union (titre VI), les principes budgétaires (titre VII), l'action de l'Union vis-à-vis des pays voisins (titre VIII), les règles d'adhésion, d'exclusion, de retrait (titre IX).

La deuxième partie de la Constitution reprend la Charte européenne des droits fondamentaux telle qu'elle a été proclamée et signée au sommet de Nice (décembre 2000). Ces droits dérivent de la jurisprudence communautaire, établie à partir de la Convention européenne des droits de l'homme et des traditions constitutionnelles des États membres. Ils devront être respectés par les institutions de l'Union, et par les États membres lorsqu'ils mettent en œuvre le droit de l'Union. Ils comprennent à la fois des droits classiques (liberté, dignité, égalité, etc.), des droits sociaux (droit au logement, droit de grève, etc.) et des droits « nouveaux » (bioéthique, environnement, bonne administration, etc.).

La troisième partie de la Constitution définit plus précisément les politiques et les actions de l'Union : marché intérieur, politique économique et monétaire, sécurité intérieure, action extérieure, défense, etc.

Une quatrième partie comprend les habituelles dispositions générales et finales d'un traité (procédure de révision, ratification et entrée en vigueur, etc.).

L'Union, jusqu'à présent, n'avait pas de personnalité juridique : c'était la juxtaposition des communautés européennes (la Communauté européenne du charbon et de l'acier [CECA], qui s'est éteinte en 2002 ; la CEE ; Euratom) et des États membres. Cette construction comprenait trois piliers : le pilier communautaire (fonctionnant avec le triangle institutionnel Commission/Conseil/Parlement, et soumis à la juridiction communautaire), le pilier de la PESC et celui de la coopération en matière policière et judiciaire (ces deux derniers piliers fonctionnant selon la méthode intergouvernementale, avec une intervention réduite de la Commission et du Parlement, et sans contrôle de la juridiction communautaire).

Désormais, l'Union sera une entité juridique unique qui se substituera à la Communauté économique européenne. Elle sera au-dessus des États, sans cesser de dériver d'eux. Même après la suppression des « piliers », les organes de l'Union exprimeront une souveraineté partagée entre celle-ci et les États. Lorsqu'ils prendront des décisions sur des matières qui restent soumises au principe de l'unanimité (par exemple la politique étrangère, la défense, la politique économique, la fiscalité), ils exprimeront davantage la souveraineté des États.

Les instruments juridiques seront également simplifiés. On passera de 14 à 5 normes : les lois européennes (anciens règlements), les lois-cadres (anciennes directives), les règlements, les décisions, et les avis.

Le nouvel équilibre institutionnel

Deux courants se sont affrontés sur la révision des institutions. L'un consistait à renforcer le Conseil européen en lui assignant une présidence permanente, ce qui risquait de tirer l'Union vers l'intergouvernementalité, c'est-à-dire la domination des grands États. Cette proposition était défendue par le Royaume-Uni, l'Espagne et la France, mais combattue par les petits États. L'autre courant, soutenu notamment par l'Allemagne, consistait à renforcer le caractère parlementaire et démocratique des institutions européennes en faisant élire la Commission par le Parlement européen, mais certains estimaient que cela risquait de « politiser » la Commission et d'affecter son indépendance.

C'est en fin de compte une solution de compromis, proposée par la France et l'Allemagne, qui s'est imposée. Le Conseil européen choisira en son sein, à la majorité qualifiée, un président pour un mandat de deux ans et demi, renouvelable une fois. Ce président veillera à la continuité des travaux du Conseil et représentera l'Union sur la scène internationale. Le président de la Commission sera, quant à lui, élu par le Parlement sur la base d'une proposition du Conseil européen faite à la majorité qualifiée. Il choisira les commissaires, et l'ensemble de la Commission sera investie par un vote du Parlement. Cette procédure augmentera le poids du Parlement européen, qui pourra refuser le choix du Conseil, alors que c'est ce dernier qui, dans la procédure actuelle, nomme à l'unanimité le président et les commissaires avant de les soumettre à l'approbation du Parlement.

Le Parlement européen sort donc renforcé de ces réformes, d'autant que la procédure « législative » (ancienne procédure de « codécision »), qui en fait un co-législateur avec le Conseil des ministres, a été étendue à 34 nouvelles matières (sur 70 au total).

Le président de la Convention a également réussi à rouvrir le compromis de Nice sur l'équilibre du pouvoir entre les États. À partir de 2009, le nombre de commissaires titulaires serait réduit à 15 (sur la base d'une rotation égalitaire entre les nationalités), et la majorité qualifiée serait définie d'une façon plus claire (une majorité d'États représentant 60 % de la population de l'Union). Jusqu'à cette date, les dispositions arrêtées à Nice continueront de s'appliquer. La présidence tournante du Conseil des ministres n'a pas été supprimée (sauf pour le Conseil des affaires étrangères) : les États membres se répartiront à tour de rôle les présidences des différentes formations du Conseil pour une durée d'un an.

Enfin, les parlements nationaux seront davantage associés au contrôle du principe de subsidiarité des compétences à travers une procédure d'alerte qui peut être déclenchée au sujet des propositions de la Commission.

La politique étrangère et de sécurité commune (PESC)

La Convention a dû traiter de la politique étrangère commune sur fond de crise irakienne et de divisions européennes. L'idée de créer un « ministre européen des Affaires étrangères », fusionnant le poste de commissaire aux Relations extérieures (poste occupé aujourd'hui par Chris Patten) et celui de Haut Représentant pour la PESC (occupé par Javier Solana), a très vite fait l'objet d'un consensus. Il s'agit avant tout d'assurer une meilleure coordination entre les moyens économiques considérables dont dispose l'Union dans son action extérieure (8 milliards d'euros par an pour l'aide au développement, l'aide humanitaire, l'aide à la reconstruction, l'aide aux pays candidats, etc.) et le développement d'une politique étrangère commune qui, dans un avenir prévisible, continuera de reposer sur les États. La France avait accepté, dans une contribution avec l'Allemagne, le passage systématique au vote à la majorité qualifiée pour les questions relatives à la PESC, sauf celles ayant des implications pour la sécurité et la défense. Mais l'opposition de pays hostiles à la majorité qualifiée (essentiellement le Royaume-Uni) a conduit à une solution conservatoire dans ce domaine. L'unanimité restera la règle, sauf pour la mise en œuvre de décisions déjà prises à l'unanimité.

Le ministre européen des Affaires étrangères aura un rôle important à jouer. Il sera choisi par le Conseil européen à la majorité qualifiée, en accord avec le président de la Commission. Il présidera le Conseil des ministres dans la formation « Affaires étrangères ». Il disposera d'un service diplomatique, les 130 délégations de la Commission dans le monde étant transformées en délégations de l'Union. Dans un scénario optimiste, une synergie devrait ainsi s'enclencher entre l'action extérieure de l'Union et celle des États. Mais cela suppose que les Européens parviennent à définir une vision commune de leur rôle et de leurs intérêts dans le monde, ce qui ne sera pas facile dans une matière qui restera régie par l'intergouvernementalité et dans laquelle les traditions et les ambitions nationales divergent encore fortement.

La Convention n'aboutit donc pas, en fin de compte, à des bouleversements fondamentaux de l'architecture des institutions et des compétences de l'Union. Si elle n'a pas permis des avancées décisives en matière de fiscalité, de gouvernance économique ou de politique étrangère, elle a néanmoins le mérite de simplifier l'existant et d'apporter un surplus de démocratie et de cohérence. Elle doit être vue comme un moment important de l'histoire européenne, mais ne représente sans doute ni un aboutissement ni une refondation.

3. Les perspectives de la défense européenne

La défense européenne est l'un des plus anciens projets dans l'histoire de la construction européenne. Mais, après l'échec de la Communauté européenne de défense (CED), en 1954, la sécurité de l'Europe a été assurée dans le cadre de l'Organisation du traité de l'Atlantique Nord (OTAN), avec la garantie des États-Unis. La fin de la menace soviétique et l'affirmation croissante de la puissance américaine modifient les données du débat sur la défense européenne. La vraie question est désormais la suivante : l'Europe peut-elle émerger comme un acteur politique et militaire autonome dans le monde ?

La relance de la défense européenne

Le traité de Bruxelles, signé en 1948 par cinq pays européens[3], et toujours en vigueur aujourd'hui, était destiné à établir la base d'un système de défense collective pour l'Europe occidentale. La nécessité de l'appui américain conduisit cependant à la conclusion du traité de Washington (1949) et à la création de l'OTAN. Par la suite, la France a tenté d'encadrer le réarmement de l'Allemagne en proposant une armée européenne et une Communauté européenne de défense. Celle-ci devait être le complément de la CECA et conduire à une communauté politique européenne. L'échec de la ratification de ce projet à l'Assemblée nationale française (1954) aboutit au réarmement de l'Allemagne dans l'Alliance atlantique, et c'est elle qui est restée, jusqu'à la fin de la guerre froide, le socle de la défense européenne. Le seul réajustement significatif au sein de l'Alliance fut l'accession de la France à l'arme atomique (1960) et son retrait consécutif de la structure militaire de l'OTAN (1966).

Avec la fin de la guerre froide et la disparition de la menace soviétique, la question de l'avenir de l'OTAN et de l'autonomie européenne en matière de défense s'est reposée. À partir de 1991, les

3. France, Royaume-Uni, Belgique, Pays-Bas, Luxembourg (depuis, l'Italie, l'Allemagne, la Grèce, l'Espagne et le Portugal ont signé ce traité).

Européens ont tenté de promouvoir l'Union de l'Europe occidentale (UEO, organisation basée sur le traité de Bruxelles) comme « pilier européen de l'Alliance », adossé à l'Union. Les missions dites de Petersberg[4], définies en 1992 par l'UEO, ont été intégrées dans le traité sur l'Union européenne à Amsterdam (1997). Des forces européennes multinationales, auxquelles l'UEO aurait pu avoir recours, ont été identifiées (comme l'Eurocorps). Mais l'UEO n'a joué aucun rôle opérationnel majeur dans les Balkans durant les années 1990, à l'exception de quelques opérations symboliques (surveillance de l'embargo contre la Yougoslavie sur le Danube et dans l'Adriatique, formation de la police à Mostar et en Albanie, etc.).

L'OTAN est restée l'organisation essentielle de la défense européenne. Elle a conduit des frappes aériennes contre les Serbes de Bosnie (1993-1995), garanti les accords de Dayton sur la Bosnie (1995), fait la guerre à la Serbie de Milosevic, s'est déployée militairement au Kosovo (1999), et a assuré sur le terrain le respect de l'accord passé entre les Slaves et les Albanais de Macédoine (2001). La France a envisagé de se rapprocher de la structure militaire intégrée de l'OTAN, mais elle a interrompu ce processus en 1997, subordonnant sa reprise à un rééquilibrage des responsabilités entre Américains et Européens au sein de la structure de commandement.

L'affirmation du rôle militaire de l'Union européenne

La défense européenne a été relancée au sommet franco-britannique de Saint-Malo, en décembre 1998. Les Britanniques, qui s'étaient jusqu'alors opposés à l'absorption de l'UEO dans l'Union européenne, ont consenti à ce que celle-ci se dote d'une « capacité autonome d'action, appuyée sur des forces militaires crédibles », mais dans l'idée de contribuer « à la vitalité d'une Alliance rénovée qui constitue le fondement de la défense collective de ses membres ». Cette ambiguïté s'est prolongée durant la mise en œuvre des engagements de Saint-Malo. Les Français ont insisté sur la nécessaire autonomie de décision et d'action de l'Union, les Britanniques sur l'inutilité de dupliquer les structures de l'OTAN. Les Américains se sont mêlés de ce débat en refusant les « trois D » : le découplage (entre l'Europe et les États-Unis), la duplication (des structures de l'OTAN), et la discrimination (entre alliés appartenant ou non à l'Union européenne).

Les Conseils européens de Cologne et d'Helsinki, en 1999, ont pris des décisions en matière de structures et de capacités militaires de l'Union. Celle-ci est désormais dotée d'un comité militaire (réunion des chefs d'état-major des armées) et d'un état-major militaire. Un « Comité politique et de sécurité » (COPS), composé d'ambassadeurs siégeant de façon permanente à Bruxelles, traite de toutes les questions relatives à la PESC et peut se voir confier, le cas échéant, « le contrôle politique et la direction stratégique des opérations de gestion de crise ». L'existence du COPS a été officialisée par le traité de Nice (2001). L'Union ayant été déclarée « opérationnelle » par le Conseil européen de Laeken (décembre 2001), l'UEO n'a plus qu'une existence résiduelle. Ses maigres moyens opérationnels (son état-major, son centre satellitaire de Torrejon en Espagne) ont été transférés à l'Union.

Le Conseil européen d'Helsinki a également assigné à l'Union un « objectif global » de capacités militaires afin de pouvoir gérer tout l'éventail des missions dites de Petersberg. Cet objectif consiste à pouvoir déployer des forces allant jusqu'à un corps d'armée (60 000 hommes), dans un délai de 60 jours et pour une durée de mission d'au moins un an, avec la logistique et les moyens appropriés de soutien aérien (400 avions de combat) et naval (100 bâtiments), et des capacités propres de commandement, de contrôle et de renseignements. Cette force militaire a été déclarée opérationnelle en 2003, mais elle n'est pas en mesure de mener une action armée au sens le plus ambitieux des missions de Petersberg. Chacune des trois principales puissances militaires européennes (Allemagne, France, Royaume-Uni) y contribue dans une fourchette de 20 à 25 %.

Tous les États européens ont souscrit au projet de la défense européenne, bien qu'un certain nombre d'entre eux soient dans une position de neutralité (Autriche, Finlande, Irlande, Suède). Le Danemark s'est cependant mis en réserve, à l'oc-

4. Les missions de Petersberg (définies lors du Conseil de l'UEO tenu à Petersberg, près de Bonn, en 1992) sont : les missions humanitaires ou d'évacuation de ressortissants ; les missions de maintien de la paix ; les missions de forces de combat pour la gestion des crises, y compris les opérations de rétablissement de la paix.

casion du traité d'Amsterdam, de toutes les décisions de l'Union ayant des implications en matière de défense, et a toujours réaffirmé cette position depuis.

La question la plus sensible, pour la politique de défense de l'Union est celle de sa relation avec l'OTAN ou, plus précisément, de son autonomie par rapport à l'OTAN. Il ne suffit pas que les Européens se dotent de moyens militaires communs. Encore faut-il qu'ils aient la capacité de planification, de commandement et de contrôle d'une opération. Or, dans ce domaine, deux options seulement existent aujourd'hui : celle (nécessairement limitée) d'une « multi-nationalisation » d'une capacité nationale de planification ; et celle d'un recours à la structure militaire intégrée de l'OTAN. Au nom du principe de la non-duplication, le Royaume-Uni et beaucoup d'autres pays attachés au rôle de l'OTAN n'ont pas voulu que l'Union se dote d'une capacité autonome de planification opérationnelle et de commandement. Pour eux, des opérations militaires européennes ne sont envisageables que subsidiairement à l'OTAN, donc avec son accord et – logiquement – ses moyens.

L'Union a ainsi dû négocier des arrangements avec l'OTAN pour recourir aux moyens et aux capacités de celle-ci (arrangements connus sous le nom de « Berlin plus », par référence aux décisions du Conseil atlantique de Berlin, en 1996, qui avaient ouvert le recours par l'UEO à des moyens et des capacités de l'Alliance). Cette négociation a longtemps été bloquée par la Turquie, membre de l'OTAN mais non de l'Union, qui établissait le lien entre ce dossier et sa candidature à l'Union et se plaignait d'être « discriminée » en cas d'opération de l'Union conduite avec des moyens de l'OTAN (notamment si Chypre devait devenir membre de l'Union). Ce n'est qu'en mars 2003, la Turquie ayant levé ses objections, que les arrangements entre les deux organisations ont pu enfin être conclus.

L'Union a ainsi pu lancer en 2003 ses premières missions opérationnelles : la relève de la mission de police de l'Organisation des Nations unies (ONU) en Bosnie, et surtout (première véritable opération militaire) la relève de l'opération de l'OTAN en Macédoine (400 hommes pour garantir l'accord de paix conclu entre Slaves et Albanais en 2001). Cette dernière opération a illustré l'ambiguïté des liens entre l'Union et l'Alliance, puisqu'elle recourt aux moyens de l'OTAN et que son commandant en chef n'est autre que l'adjoint (européen) au commandant (américain) des forces de l'OTAN en Europe. Reste que la relève par l'Union de la force de paix de l'OTAN en Bosnie est à présent évoquée pour 2004. L'Union a également lancé, en juin 2003, l'opération « Artemis », sous mandat de l'ONU, en République démocratique du Congo (expédition d'un contingent de 1 800 hommes dont la France est la « nation-cadre »). L'Union se transforme ainsi progressivement en organisation de maintien de la paix, ce qui ne veut pas dire qu'elle s'affirme comme un acteur stratégique.

L'Europe de l'armement

Tout en avançant ainsi dans la voie d'une défense européenne sur le plan des structures et des capacités, mais aussi sur le terrain, les Européens ont également fait progresser, ces dernières années, l'Europe de l'armement. Des restructurations ont eu lieu dans l'industrie de défense, aboutissant par exemple à la constitution d'un pôle aéronautique civil et militaire franco-germano-espagnol (European Aeronautic Defence and Space Company, EADS) ou à un pôle électronique et militaire franco-britannique (Thalès). Six États[5] ont adopté des règles communes applicables au secteur de l'armement (processus de la *letter of intent – LOI –*, lancé en 1998). Une Organisation conjointe de coopération en matière d'armements (OCCAR) a été créée en 1996 par la France, l'Allemagne, le Royaume-Uni et l'Italie. Dotée de la personnalité juridique depuis 2001, elle gère des programmes d'armement communs, tels que l'avion de transport militaire *A400M*. Les Pays-Bas, l'Espagne et la Belgique ont demandé à rejoindre l'OCCAR.

L'Europe de l'armement se construit ainsi autour de coopérations renforcées. L'enjeu est de taille, car l'Europe dépense moitié moins que les États-Unis pour la défense. En matière de recherche-développement militaire, l'écart est même de 1 à 5 ; pour le budget spatial militaire, de 1 à 25. Les États-Unis profitent d'économies d'échelle consi-

5. France, Allemagne, Royaume-Uni, Italie, Espagne, Suède.

dérables, avec lesquelles les Européens ne peuvent rivaliser qu'en mettant en commun leurs moyens. C'est ainsi que les États membres de l'Agence spatiale européenne (ESA) ont décidé de lancer le programme de satellites de reconnaissance Galileo, qui mettra fin au monopole du système américain GPS. Mais le problème est aussi d'accroître les budgets : alors que les États-Unis affectent environ 4 % de leur PIB à la défense nationale, Français et Britanniques y consacrent quelque 2,5 %, et les Allemands, moins de 1,5 %.

La crise irakienne et ses conséquences pour la défense européenne

La crise irakienne, parasitant les travaux de la Convention, a réveillé des doutes profonds sur la crédibilité du projet d'une Europe politique et de la défense. L'attitude des pays adhérents, en particulier, a été unanimement hostile à la position franco-allemande et favorable à la ligne de Washington. Le secrétaire d'État américain à la Défense, Donald Rumsfeld, a pu ainsi opposer la « nouvelle » à la « vieille » Europe. La Pologne a été récompensée en se voyant confier le commandement d'une zone militaire en Irak. Et les États-Unis ont annoncé vouloir redéployer leur présence militaire en Europe, concentrée aujourd'hui à 80 % en Allemagne, vers les nouveaux pays membres de l'Alliance, notamment en Roumanie et en Bulgarie.

La question de la place de l'Alliance dans la nouvelle stratégie des États-Unis sera cruciale. La guerre du Kosovo, et le contrôle politique qu'ont prétendu exercer leurs alliés (notamment la France) sur la conduite des opérations, ont laissé aux militaires américains d'amers souvenirs. Au lendemain des attentats du 11 septembre 2001, l'Alliance a enclenché pour la première fois de son histoire le mécanisme de l'article 5 du traité de Washington (la clause de défense collective qui prévoit une assistance mutuelle en cas d'attaque armée contre l'une des parties). Mais l'opération en Afghanistan a été réalisée par une coalition de volontaires sous le seul commandement américain. Il en est allé de même en Irak. Là où les États-Unis perçoivent l'OTAN comme une contrainte (cette remarque vaut aussi pour l'ONU), ils préfèrent agir seuls.

L'OTAN n'a cependant pas perdu toute sa signification aux yeux des États-Unis, en particulier quand elle sert à contrôler leurs alliés. L'Alliance, après son élargissement à la Pologne, la République tchèque et la Hongrie (entré en vigueur en 1999), a décidé au sommet de Prague (2002) d'accueillir sept nouveaux États d'Europe orientale[6], et comptera donc bientôt 26 membres. Elle a aussi décidé de se doter pour 2004 d'une « force de réaction » moderne de 20 000 hommes, capable de « se transporter rapidement partout où il le faudra ». Ce projet fait immanquablement concurrence à celui de l'Union, d'autant que l'Alliance, malgré les traditionnelles réticences de la France à lui voir jouer un rôle global, doit prendre le commandement de la Force internationale d'assistance à la sécurité en Afghanistan (ISAF), à l'été 2003 – mais seulement pour assurer la sécurité autour de Kaboul, les troupes américaines restant déployées dans l'ensemble du pays sous leur seule responsabilité[7].

La dérive unilatérale des États-Unis et les clivages au sein de l'Union sur la crise irakienne ne pouvaient que freiner la disponibilité du Royaume-Uni à faire avancer le projet d'une défense européenne. La Convention, après les travaux de son groupe de travail « défense », présidé par le commissaire européen Michel Barnier, n'a pas prévu de saut qualitatif dans ce domaine (à part l'inclusion dans la Constitution d'une clause générale de solidarité en cas d'attaque terroriste, et une définition élargie des missions de Petersberg). Elle envisage le recours aux coopérations renforcées en matière de défense dans trois cas : pour la création d'une Agence européenne de l'armement (qui serait sans doute dérivée de l'OCCAR), pour la « coopération plus étroite » en matière de défense collective (reprise des engagements du traité de Bruxelles, qui lient actuellement 10 États européens), et pour une « coopération structurée » entre des États désireux de renforcer leurs engagements en matière de défense.

Le sommet à quatre (France, Allemagne, Belgique, Luxembourg), tenu en avril 2003 à Bruxelles, qui a débouché sur quelques annonces concrètes (un commandement européen de trans-

6. Pays baltes (Estonie, Lettonie, Lituanie), Slovaquie, Slovénie, Bulgarie, Roumanie.

7. L'OTAN a également décidé d'apporter un soutien demandé par la Pologne pour le déploiement militaire de cette dernière en Irak.

port stratégique, un noyau de capacité collective de planification et de conduite d'opération, etc.), pourrait être l'esquisse d'une telle coopération structurée. Néanmoins, sans le soutien politique et militaire du Royaume-Uni, ce « Schengen de la défense » aurait bien du mal à devenir une force d'entraînement par rapport au reste de l'Union et à l'OTAN. L'Europe peut-elle d'ailleurs véritablement penser sa défense et sa sécurité sans, voire contre, les États-Unis ?

C'est donc en définitive en maintenant une certaine ambiguïté que la défense européenne pourra continuer à progresser. Il ne faut pas minimiser les avancées réalisées durant les dernières années. La clef de l'avenir, pour les Européens, résidera sans doute dans une combinaison optimale et subtile de trois éléments : le maintien d'une relation équilibrée avec les États-Unis (ni soumission ni opposition), une cohésion plus forte de l'action extérieure de l'Union élargie (autour du futur ministre européen des Affaires étrangères), et la volonté croissante d'un noyau d'États – d'une « avant-garde » – de voir l'Union s'émanciper davantage et de tirer leurs partenaires dans cette direction.

Bibliographie

A Andréani, G. (2002), « La défense européenne : y a-t-il encore une ambition française ? », *Politique étrangère*, n° 4, hiver.

B Boillot, J.-J. (2003) *L'Union européenne élargie. Un défi économique pour tous*, Paris, La Documentation française.

C Chopin, T. (2002), *L'Héritage du fédéralisme ? États-Unis/Europe*, Paris, Fondation Robert Schuman disponible sur : <www.robert-schuman.org/ notes/notes8.pdf>.

D Dumoulin, A., R. Mathieu et G. Sarlet (2003), *La Politique européenne de sécurité et de défense (PESD). De l'opératoire à l'identitaire*, Bruxelles, Bruylant.

H Howorth, J. (2002), « La France, l'OTAN et la sécurité européenne : statu quo ingérable, renouveau introuvable », *Politique étrangère*, n° 4, hiver.

K Klein, J., P. Buffotot et N. Vilboux (dir.) (2003), *Vers une politique européenne de sécurité et de défense. Défis et opportunités*, Paris, Économica.

L Lefebvre, M. (2003), « L'élargissement à l'Est : un défi ou une chance ? », *Revue du Marché commun et de l'Union européenne*, n° 467, avril.

M Moreau Defarges, P. (2002), *Les Institutions européennes*, Paris, Armand Colin.

Q Quermonne, J.-L. (2001), *L'Europe en quête de légitimité*, Paris, Presses de Sciences Po.

S Siedentop, L. (2003), *La Démocratie en Europe*, Paris, Buchet-Chastel.

Sites Internet

Union européenne : <www.europa.eu.int>.

Convention sur l'avenir de l'Europe : <www.european-convention.eu.int>.

Parlement européen : <www.europarl.eu.int/europe2004/index_fr.htm>.

La Documentation française (sur la réforme des institutions européennes) : <www.ladocumentationfrancaise.fr/dossier_actualite/reforme_institutions/index.shtml>.

L'empire de la règle : l'intégration européenne en mal de démocratie

Jean-Paul Fitoussi
Éloi Laurent

En 1999, à la veille de l'introduction de l'euro, le premier d'entre nous faisait part de son inquiétude devant le silence assourdissant qui accompagnait l'institution de la monnaie unique : « C'est aujourd'hui que se conçoit le dessin des politiques économiques pour les années à venir, c'est-à-dire pour l'après-euro. Cette constatation d'évidence ne paraît cependant susciter aucune interrogation, aucun débat[1]. » « Le vrai débat, le seul qui importe pour les populations européennes, ajoutait-il, devrait porter sur le choix d'un modèle de société. »

Depuis, le contexte européen a été profondément bouleversé. Au plan économique d'abord : la croissance a reflué, l'euro « bouclier » est devenu choc, la stabilité monétaire s'est muée en menace déflationniste, le chômage de masse fait à nouveau figure d'horizon indépassable. Au plan politique ensuite : l'élargissement à 10 nouvelles nations dès 2004 est devenu réalité au sommet de Copenhague (12-13 décembre 2002). Au plan international enfin : les attentats du 11 septembre 2001, symptôme de la globalisation des biens, des capitaux et de la terreur, ont fragmenté le monde. Mais l'étrange *Nautilus* européen, *immobilis in mobili*, attend encore le signal du départ. Pire : son pilote automatique, seul maître à bord, voudrait l'ancrer à sa station.

Certes, en mars 2002, l'Union européenne a mis sa Constitution en chantier. Avec la déclaration de Laeken (15 décembre 2001), le Conseil européen avait confié un mandat large à la Convention pour l'avenir de l'Europe en exprimant sa volonté que l'Union devienne « plus démocratique, plus transparente et plus efficace » et en recommandant, pour ce faire, de « relever trois défis fondamentaux » : « comment rapprocher les citoyens [...] du projet européen et des institutions européennes ? », « comment structurer la vie politique et l'espace politique européen dans une Union élargie ? » et « comment faire de l'Union un facteur de stabilisation et un repère dans le monde nouveau, multipolaire[2] ? ». À en juger par le projet de Constitution qui en a résulté, ces trois questions, qui n'en forment en réalité qu'une, restent entières : un silence plus pesant encore que celui de 1999 semble s'être fait sur l'avenir de la démocratie européenne à la veille de l'élargissement. L'Union, ne parvenant pas à conjuguer le futur, en sera-t-elle toujours réduite à le conjurer ?

Cette inertie n'est ni fortuite ni accidentelle : des quatre scénarios envisagés il y a quatre ans, celui qui s'est imposé aux autres, le « libéralisme pris au mot », suppose de faire l'économie de la

1. Fitoussi (1999).
2. Conseil européen (2001).

politique. L'Union ne peut *structurellement* ni réagir aux aléas du temps, ni maîtriser son destin, car elle a renoncé au « choix » pour sacraliser la « règle[3] ». Dans ce contexte, les perspectives ouvertes par les travaux de la Convention européenne et par l'élargissement à l'Est sont de deux ordres. Le premier est celui de l'immobilisme instable : la conservation de la règle dessinera une « Europe de l'*exit*[4] », aussi différenciée que fragile. Le second est celui de la capacité politique, ou *voice* : la démocratie, et elle seule, est le véritable pacte de stabilité susceptible de faire bénéficier l'Europe de la croissance promise par la mondialisation. Le paradoxe n'est qu'apparent : il faut « dérégler » l'Union pour la remettre sur les rails.

Prologue : l'euro, notre monnaie, nos problèmes

Au cours des trois phases qu'aura connues l'euro depuis sa création (voir graphique 1), l'inquiétude européenne ne se sera jamais tue : l'Europe a été inquiète quand l'euro a baissé, elle l'a été quand l'euro était relativement stable, et elle l'est aujourd'hui parce que l'euro remonte : l'Europe n'est donc pas inquiète de l'euro, mais d'elle-même !

Et pourtant, la création de la monnaie unique laissait espérer une plus grande autonomie de croissance pour l'Union, une meilleure protection contre les chocs externes. Elle semble ajouter aujourd'hui à sa vulnérabilité. Pourquoi ce paradoxe ? Au début des années 1970, le secrétaire au Trésor américain John Connally affirmait de manière provocante, mais sans doute juste : « Le dollar, c'est notre monnaie, mais c'est votre problème. » L'euro, notre monnaie, est le reflet de *nos* problèmes, le symptôme de l'indétermination politique européenne et de l'instabilité économique qui en résulte. Cette situation est la conséquence de l'instabilité croissante d'un modèle de plus en plus abstrait, et pour cause : c'est un modèle doctrinal.

En 1999, les scénarios « sociopolitiques » qui avaient été distingués étaient précédés d'une mise en garde : « Il est probable que la réalité ne se conforme à aucun d'entre eux, mais procède d'une combinaison complexe de leurs éléments, même si l'un deux dominera la conception de l'action politique[5]. » De fait, des quatre avenirs envisagés, trois ont été infléchis pour donner naissance à celui qui s'est effectivement réalisé.

Graphique 1
Évolution du taux de change effectif de l'euro depuis sa création

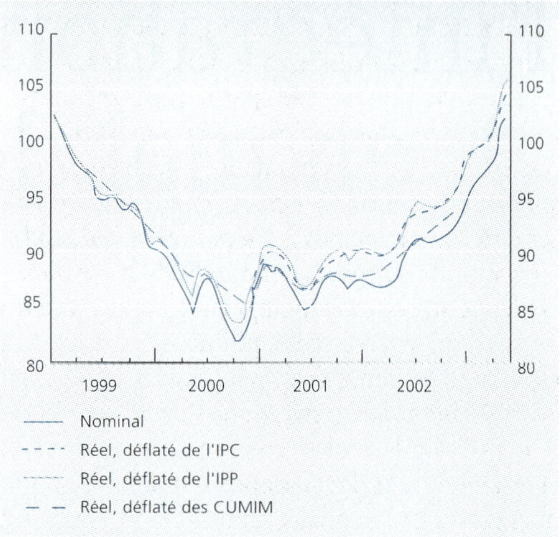

IPC : indice des prix à la consommation.
IPP : indice des prix à la production.
CUMIM : coûts salariaux unitaires de l'industrie manufacturière.
Source : BCE, *Bulletin mensuel*, juin 2003.

1. Trois avenirs pour un présent

Le fédéralisme économique réduit à l'acquêt monétaire

Le premier modèle du futur envisagé en 1999, « le modèle fédéraliste », reposait sur une hypothèse optimiste : celle que les gouvernements d'Europe, retrouvant une rationalité collective, saisissent la chance de la monnaie unique pour exercer à nouveau leurs responsabilités en matière de régulation globale. L'idée n'avait rien d'utopique, bien au contraire : son postulat était que l'euro était la chance de rompre avec les stratégies non coopératives des années 1980 et 1990. Elle pariait sur un calcul rationnel dont les termes étaient connus depuis 30 ans : celui de la zone monétaire optimale. Dans cette perspective, les pays européens pouvaient retrouver une plus grande maîtrise de

3. Fitoussi (2002).
4. Ce concept, comme celui de *voice*, est emprunté à Hirschman (1970).
5. Fitoussi (1999).

leur destin, car la perte de souveraineté résultant du « fédéralisme monétaire » était plus que compensée par le gain issu de l'affaiblissement de la tutelle des marchés.

La monnaie unique n'était cependant un pari rationnel que si la différence entre les gains et les pertes engendrés pour les participants était positive. Compte tenu de la perte de l'outil monétaire (taux d'intérêt et taux de change), deux voies pouvaient être empruntées pour garantir que le jeu serait à somme positive. La première était audacieuse : elle supposait que le budget européen devienne suffisamment important pour permettre l'exercice d'une véritable politique fédérale. Cet espoir ne s'est pas réalisé, loin s'en faut : de l'ordre de 100 milliards d'euros pour l'exercice 2003 – dont près de la moitié consacrée aux dépenses agricoles –, le budget européen, soumis à la règle de l'équilibre, demeure plafonné à 1,24 % du revenu national brut des États membres et ne peut avoir, à ce seuil, aucun effet de stabilisation de la conjoncture ou d'amortissement des chocs.

L'autre option possible était la « coordination » discrétionnaire des politiques économiques. Là aussi, les résultats sont loin des espérances. Deux instances de coordination des politiques économiques ont certes été créées dans l'Union européenne. Les États coordonnent d'abord leur politique économique au sein du Conseil Ecofin, composé des ministres européens de l'Économie et des Finances, qui peut adresser des mises en garde à un État dont la politique économique lui semble dangereuse. Par ailleurs, le traité de Maastricht avait instauré un Comité économique et financier, devenu Conseil de l'euro, puis Eurogroupe, et dont les objectifs sont les suivants : favoriser l'échange d'informations sur l'évolution économique et les intentions politiques susceptibles d'avoir des incidences au-delà des frontières nationales ; surveiller étroitement l'évolution macroéconomique et la situation budgétaire des États membres ; et expliquer les politiques nationales menées sur les marchés du travail. En outre, peuvent y être discutées les décisions éventuelles relatives au fonctionnement du Système monétaire européen *bis* (Royaume-Uni, Danemark), qui permettent la préparation des réunions du G7/G8. L'Eurogroupe contribue ainsi à l'élaboration des grandes orientations économiques (arrêtées par le Conseil Ecofin).

On le voit bien, cette coordination informelle n'a rien du gouvernement économique que beaucoup appelaient pourtant de leurs vœux. C'était peut-être le pari le plus fondamental de 1999 et il a été perdu : il supposait que les États membres choisissent ensemble un destin politique. Le déséquilibre institutionnel entre la banque centrale indépendante et une pluralité d'autorités budgétaires à l'action contrainte par le pacte de stabilité et de croissance n'a pas été corrigé, il s'est accentué (voir *infra*). Plus encore, c'est désormais l'ensemble du processus d'intégration économique européenne qui apparaît lacunaire, voire incohérent (voir encadré 1).

Du modèle de la séparation à celui de l'instrumentation

Le « modèle de la séparation » était, avant l'avènement de la monnaie unique, le deuxième visage de l'avenir. Il prévoyait que l'on en vienne à considérer l'économie comme disjointe du social, et, les politiques sociales restant de compétence nationale, le social comme disjoint de l'Europe.

Cette vision s'appuyait sur la conception européenne des questions sociales depuis le traité de Rome. Une double séparation avait alors été instituée : une séparation institutionnelle, le traité reconnaissant une forme de « souveraineté sociale » aux États membres tout en poursuivant l'accélération de l'intégration économique ; d'où une seconde séparation, analytique, entre Europe sociale et Europe économique, et dont la première était conçue comme un produit dérivé.

La « nouvelle Europe sociale », telle qu'elle a été progressivement définie à partir de 1997, vise précisément à sortir du modèle de la séparation en opérant une double réconciliation entre politique économique et politique sociale. Avec la « stratégie européenne de l'emploi » et la « méthode de coordination ouverte », elle promet la réconciliation institutionnelle entre pouvoirs nationaux et communautaire. Avec l'objectif d'« employabilité » et le dogme de la « protection sociale comme facteur productif », elle dessine une nouvelle politique économique : il s'agit désormais d'optimiser la politique sociale pour répondre aux défis de la compétitivité économique[6].

6. Voir par exemple Commission européenne (2000).

Encadré 1
La typologie de Balassa[1] et l'intégration économique européenne

Étapes d'intégration de la typologie de Balassa	Modalités et implications de politique économique	Achèvement et effectivité dans la zone euro en 2003
Zone de libre-échange	Suppression des droits de douane et quotas	Réalisée (entre 1961 et 1968)
Union douanière	Mise en place d'un tarif extérieur commun	Réalisée (en 1968)
	Politique commerciale commune	Effective
Marché commun	Libre circulation des biens	Réalisée (depuis 1993)
	Libre circulation du capital	Réalisée (depuis 1993)
	Libre circulation des services	Inachevée
	Libre circulation du travail	Inachevée
	Politique de la concurrence	Effective
Union économique	Intégration économique	Inachevée
	Coordination des politiques économiques	Partiellement effective
	Politique d'ajustement structurel	Partiellement effective
Union économique et monétaire	Intégration économique et financière	Inachevée
	Unification des politiques monétaires/ monnaie unique	Réalisée (en 1999)
	Unification des politiques fiscales	Ineffective
	Unification des politiques budgétaires	Ineffective

1. La typologie proposée en 1961 par Balassa vise à identifier les étapes successives de l'intégration économique régionale, de la simple zone de libre-échange jusqu'à l'adoption éventuelle d'une monnaie unique.
Source : B. Balassa, *The Theory of Economic Integration,* Homewood, Ill., Richard D. Irwin, Inc., 1961. Appréciations des auteurs.

Poursuivant sur la ligne de crête de celui de Luxembourg (20-21 novembre 1997), le sommet de Lisbonne (23-24 mars 2000) définit ainsi un nouvel objectif stratégique pour l'Union – « devenir l'économie de la connaissance la plus compétitive et la plus dynamique du monde » – et recommande pour ce faire la mise en œuvre d'un « État social actif » et la « modernisation du modèle social européen ». Les politiques sociales d'activation et la notion d'employabilité sont au cœur de ce nouveau processus.

Ne voit-on pas dans ce texte fondateur que l'Europe sociale, de résidu, est en passe de devenir un appendice ? Ne lit-on pas dans ces conclusions la préférence européenne pour les réformes structurelles au détriment des politiques macroéconomiques ? Du modèle de la séparation à celui de l'instrumentation, le gain est faible : de façon plus subtile, la même vision s'impose selon laquelle le chômage n'est plus aujourd'hui, comme il le fut par le passé, la conséquence d'un dysfonctionnement de l'économie, mais le résultat d'un problème d'inadaptation d'une partie de la population.

Le périlleux retour de la Nation

La Nation, comme l'inconscient, ne disparaît jamais : elle se déplace. Le troisième modèle envisagé était celui du « retour de la souveraineté nationale ». En 1999, il était entendu comme celui du retour du pouvoir national, qui aurait retrouvé des marges de manœuvre, et comme celui de la résurrection du politique, revenu pour dominer la seule logique marchande.

Si ce double retour a effectivement eu lieu, c'est sous la forme dangereuse de la montée des extrêmes (droite et gauche confondues) en Europe : ses manifestations les plus spectaculaires ont été observées en Autriche, en Italie, aux Pays-Bas et, *last but not least*, en France. Comme l'ont montré les élections françaises, cette montée est corrélée à la fois à la construction européenne et à la mondialisation : c'est bien du « malaise dans la civilisation » européenne qu'il s'agit, l'intégration communautaire étant davantage perçue comme un paravent que comme le paratonnerre d'une mondialisation menaçante.

Le modèle dominant aujourd'hui, qui était le quatrième de la série, « le libéralisme pris au mot », n'apportera pas de réponse à cette angoisse car l'Union européenne, dont rien n'est venu corriger la trajectoire, s'est muée en empire de la règle.

2. Le jeu de la règle et le despote bienveillant[7]

« Le programme européen pourrait trouver une autre légitimation, plus positive, et qui paraît à terme la plus probable : le choix d'un modèle libéral de société. » Cette prédiction s'est réalisée au-delà de toutes les (des)espérances.

Ce qui se conçoit bien s'énonce clairement : entre marché et démocratie, l'architecture présente des institutions européennes privilégie le marché. Le déficit démocratique qui en résulte, tant à l'échelle de l'Europe qu'à celle des nations qui la composent, est supposé servir l'efficacité. Mais cette relation repose sur l'acceptation d'une doctrine économique particulière qui, depuis les prémisses de son élaboration au XVIIIe siècle, a toujours été controversée. Et surtout, elle est fondée sur une hiérarchie des valeurs – le primat de l'économique sur le politique, des libertés économiques sur les libertés politiques – dont le moins que l'on puisse dire est qu'elle est contestable. Le « doux commerce » n'a jamais été suffisant ni pour apaiser les relations sociales, ni pour occuper pleinement l'espace politique.

D'un point de vue fonctionnel, le gouvernement économique de l'Union se compose de trois membres : un « secrétaire d'État à la Surveillance budgétaire », un « ministre de la Concurrence » et un « ministre de la Monnaie ». Ces trois « membres » du gouvernement européen n'ont pas le même statut. Le premier n'a pas de pouvoir décisionnel, mais un pouvoir d'instruction. Il (la Commission) doit agir « de façon à faciliter un fonctionnement strict, opportun et effectif du pacte de stabilité ». Le « secrétaire d'État » a cependant un pouvoir d'influence, car il rend public son dossier d'instruction et ses recommandations avant même que l'instance décisionnelle (le Conseil européen) se soit prononcée. Le « ministre de la Concurrence » (la Commission) concentre entre ses mains le pouvoir législatif, exécutif et judiciaire. Ces deux membres du « gouvernement économique » peuvent en certaines circonstances, très particulières il est vrai, être contraints par le Parlement européen à la démission. Le « ministre de la Monnaie » (la Banque centrale européenne [BCE]) jouit d'un pouvoir étendu dans le cadre d'une mission qui lui a été confiée par les traités, mais qu'il est libre d'interpréter. Il ne peut être démis de ses fonctions et n'est responsable, au sens juridique du terme, devant aucune institution politique. Il n'existe pas de chef de gouvernement chargé de coordonner l'action de ces trois responsables.

Du point de vue de son architecture globale, ce dispositif évoque la forme d'une fédération. En réalité, si le terme de fédération n'est presque jamais prononcé, c'est parce que le mode de gouvernement économique de l'Union s'apparente davantage à une gestion par des autorités indépendantes juxtaposées qu'à un processus politique de décision. Nous laisserons de côté ici la politique de la concurrence (chargée de lever les obstacles à la concurrence par des réformes structurelles), car elle n'est généralement pas pensée comme un instrument de la politique macroéconomique.

Le pouvoir monétaire a été confié à une institution indépendante – la seule qui, dans le monde moderne, n'est pas vraiment contrainte de rendre des comptes à la démocratie (même si elle le fait effectivement) – et le pouvoir budgétaire des États a été soigneusement encadré par des règles. La « Constitution » de l'Europe ne prévoit aucune procédure de responsabilité (*accountability*) de la BCE devant une assemblée politique. En théorie, une telle procédure, quel qu'en soit le détail, implique que la banque centrale rende compte de son action devant une instance qui dispose du pouvoir d'en modifier les statuts, même si ce pouvoir est soigneusement encadré. Il en est ainsi pour toutes les banques centrales de la planète ; pourquoi celle de l'Europe devrait-elle échapper à la « loi commune » ? Le fait que ce pouvoir ne soit qu'exceptionnellement utilisé par les parlements nationaux n'est pas une preuve de son inutilité. Sa seule existence suffit en effet à ce que la banque centrale internalise les préoccupations des assemblées représentatives, c'est-à-dire enrichisse son ensemble d'informations.

Ce déficit démocratique est d'autant plus préoccupant qu'il pourrait, en théorie, conduire à une

7. Cette section reprend en partie Fitoussi (2002).

crise majeure, puisqu'il inverse la hiérarchie normale des pouvoirs en plaçant ceux des gouvernements en dessous de ceux d'une agence indépendante. Cela ne prêterait pas à conséquence si la BCE n'avait une conception précise de ce que devrait être une bonne politique économique *générale* en Europe, conception qui se trouve répétée systématiquement dans ses publications et dans le discours de ses dirigeants : il faudrait, d'une part, réduire le poids de l'État dans l'économie (en diminuant les dépenses publiques) et, de l'autre, rendre le marché du travail plus flexible, plus « incitatif », en restreignant la générosité des systèmes de protection sociale. Or, en maintenant les taux d'intérêt à un niveau « trop élevé », la BCE a le pouvoir de sanctionner les États qui ne mettraient pas en œuvre la politique qu'elle préconise. C'est un pouvoir considérable et qui ne s'exerce que dans un sens : la BCE peut sanctionner les gouvernements de l'Union, mais non l'inverse. Si les chefs d'État et de gouvernement réunis dans les Conseils européens ont une autre idée que la banque de ce que devrait être une bonne politique monétaire, ils ne peuvent pas l'imposer. Celle-ci, en revanche, peut faire croître le coût économique et social de la non-adhésion des gouvernements à « sa » politique.

Les règles budgétaires sont le pendant des règles monétaires. Comme ces dernières, elles sont donc parées de nombreuses vertus : elles sont supposées asseoir la crédibilité de la politique budgétaire, mettre fin au soupçon de laxisme des gouvernements et donc, par ce biais, éviter les tentations inflationnistes. En augmentant la clarté du dialogue entre autorités monétaires et budgétaires, elles faciliteraient la coordination et la définition du *policy mix*, et éviteraient ainsi un équilibre non coopératif où les taux d'intérêt et les déficits budgétaires seraient simultanément, mais inutilement, élevés.

La règle choisie pour l'Europe est le pacte de stabilité et de croissance, qui non seulement prévoit une procédure de sanction en cas de déficit public « excessif » (c'est-à-dire supérieur à 3 % du produit intérieur brut [PIB]), mais contraint aussi les gouvernements à prendre l'engagement « d'atteindre l'objectif à moyen terme d'un solde budgétaire proche de l'équilibre ou en excédent ». Cette règle, aux fondements théoriques incertains (Fitoussi 1999), n'est pas crédible.

Prise au pied de la lettre, la règle européenne impliquerait que la politique budgétaire de la zone euro soit globalement restrictive jusqu'en 2005, même – et peut être surtout – si la croissance s'établissait bien en dessous de son potentiel. Dans les circonstances présentes, elle invite la plupart des pays européens à conduire des politiques budgétaires pro-cycliques, c'est-à-dire à prendre des mesures de restriction en temps de récession. Aujourd'hui, par exemple, l'Allemagne, la France et l'Italie ne disposent pas de marges de manœuvre suffisantes pour laisser jouer pleinement les stabilisateurs automatiques. Ceci est dû, au moins pour partie, à des charges d'intérêt. Ces charges, contenues dans le solde public total, grèvent les capacités de réaction des politiques budgétaires à des chocs même transitoires. Ces différents pays devraient donc mener dans les années à venir des politiques budgétaires restrictives pour rester dans les limites du pacte de stabilité et de croissance. Est-ce là un principe de saine gestion budgétaire ?

Dans un ensemble économique, la zone euro, où les gouvernements ne disposent plus que de l'instrument budgétaire, puisqu'ils ont volontairement renoncé à l'instrument monétaire et de change, l'application stricte du pacte ne revient pas tant à leur interdire d'utiliser le seul instrument qui leur reste, mais, pire, à les contraindre de l'utiliser dans le sens inverse de celui qu'ils souhaiteraient.

Le résultat est que les gouvernements sont obligés de manier la langue de bois, de surestimer les perspectives de croissance, de redoubler de créativité comptable, etc., sous le regard grondeur de la Commission et de la BCE. Car la procédure à l'œuvre invite à ces faux-semblants. Chaque année, les gouvernements européens doivent remettre leur « copie » à la Commission – les programmes de stabilité. Une résolution du Conseil européen stipule, en effet, que la Commission doit agir « de façon à faciliter un fonctionnement strict, opportun et effectif du pacte de stabilité et de croissance ». Elle est donc, en quelque sorte, la gardienne de l'orthodoxie budgétaire décidée par des gouvernements élus. Ainsi a-t-elle la responsabilité de dresser des projets d'avertissement aux pays dont les finances publiques tendent à s'éloigner des « canons » européens : un déficit public total inférieur à 3 % du PIB et un solde nul, voire positif, à moyen terme. Le problème politique qu'induit cette procédure est lié au fait que ces remontrances de la Commission sont *publiques* et qu'à l'instar de ce qui se passe pour les affaires de justice en général, les avertissements peuvent avoir valeur de preuve pour les médias. En outre, l'absolution éventuelle obtenue ultérieurement de la part des partenaires du pays, lors d'un Conseil Ecofin, peut être jugée avec suspicion ; elle est considérée comme une démission du pouvoir politique à l'encontre des préceptes budgétaires établis antérieurement. C'est ainsi le Conseil que l'on accuse d'affaiblir la crédibilité des politiques budgétaires, alors que c'est la règle elle-même qui n'est pas crédible (comme l'a reconnu publiquement Romano Prodi, le président de la Commission, en octobre 2002, dans le cadre d'un discours édifiant sur le fonctionnement d'ensemble de l'Union, voir encadré 2).

Au fond, en forçant à peine le trait de Romano Prodi, on pourrait affirmer que le « gouvernement économique » de l'Europe se rapproche à s'y méprendre de celui d'un despote éclairé, à l'abri des pressions populaires, mais cherchant le bien commun au travers de l'application d'une doctrine rigoureuse – le libéralisme –, supposée supérieure à toutes les autres en termes d'efficacité économique. Depuis Condorcet et surtout depuis Arrow[8], on sait que le vote majoritaire peut conduire à des choix incohérents. La démocratie ne serait donc pas le système politique le mieux à même d'appréhender l'intérêt général. Elle placerait de surcroît les gouvernements en position de vulnérabilité devant les pressions des populations en faveur de la redistribution.

Mais la dictature absolue n'est pas non plus un système efficace dans la mesure où elle est généralement incompatible avec les libertés économiques. C'est ainsi que certains économistes (comme par exemple Robert Barro[9]) rêvent au règne d'un dictateur bienveillant, dont les choix « collectifs » seraient rationnels, et qui garantirait les plus grandes libertés économiques tout en restreignant les libertés politiques. C'est un peu ce rêve que les institutions européennes seraient en voie de réaliser. Leur fonction de préférence (stabilité des prix, équilibre budgétaire, concurrence, c'est-à-dire libertés économiques) permettrait une définition cohérente de l'intérêt général et serait invariante par rapport aux aléas de la démocratie. En d'autres termes, il existerait bien un « despote », puisque un certain nombre de choix sont définis désormais hors du champ de la démocratie, mais il serait « éclairé » puisque son action obéirait à une doctrine économique préalablement formulée.

Une autre façon d'appréhender les choses est de souligner que le marché n'a besoin pour fonctionner que d'individus, d'électrons libres, et que toute intrusion du collectif ne peut que conduire à une affectation non optimale des ressources.

Encadré 2

Le pacte de stabilité et de croissance selon Romano Prodi

« [...] Le pacte de stabilité et de croissance a été le fondement qui a permis de défendre et d'imposer la culture de stabilité mise en place avec un tel succès grâce à l'application des critères de Maastricht. Toutefois, être conscient de tous les résultats extraordinaires que le pacte a permis – et permettra encore – d'atteindre ne signifie pas qu'il faille refuser de voir les limites du cadre institutionnel à l'intérieur duquel nous sommes appelés à l'appliquer. Et encore moins qu'il faille appliquer le pacte de façon rigide et intransigeante, en restant sourds et muets face à l'évolution de la situation. C'est cette attitude que j'ai qualifiée, et que je qualifie encore, de "stupide". Je ne considère pas que le rôle de la Commission, que mon rôle en tant que président de la Commission, soit d'appliquer les règles de cette façon. Et je sais qu'aucun de ceux d'entre nous qui sont face à vous aujourd'hui ne l'a fait dans le passé, et ne souhaite le faire à l'avenir. La Commission n'a pas été nommée, et je n'ai pas été nommé, pour appliquer les règles de façon aveugle, en refusant de voir les limites d'une telle application. Les citoyens européens ont le droit d'apprendre de nous, et nous avons le devoir de leur dire, ce que nous croyons être juste et ce que nous estimons fonctionner correctement, et inversement, ce qui, à notre avis, peut et doit être amélioré.

« Des politiques comme vous, des économistes, des banquiers et des hommes d'affaires, des journalistes aussi, répètent en privé, dans leurs conversations quotidiennes, ces mêmes choses que j'ai dites ouvertement, avec franchise et loyauté, pour défendre la crédibilité de nos institutions. Il est temps que nous apprenions à dire en public les choses que nous disons en privé. Les citoyens sont méfiants à notre égard et à l'égard de nos institutions, notamment parce qu'ils pensent que le débat public se limite aux problèmes secondaires, alors que les vraies décisions sont prises à huis clos [...]. »

Source : R. Prodi, « Renforcer le pacte de stabilité et de croissance », discours prononcé devant le Parlement européen, Strasbourg, 21 octobre 2002.

8. Le problème est celui de la définition d'un choix collectif cohérent avec une multitude de préférences individuelles différentes. Arrow a montré qu'aucune procédure de choix social ne permettrait d'aboutir à une décision rationnelle à partir des préférences des individus. Voir K. J. Arrow, *Social Choices and Individual Values,* Cowles Foundation for Research in Economics at Yale University, 1951.
9. R. J. Barro, *Determinants of Economic Growth: A Cross-country Empirical Study,* Cambridge, PIT Press, 1997.

Comme l'écrit Pierre Rosanvallon, « la théorie de l'échange [...] rend en outre possible le traitement simultané et cohérent du double problème de l'institution et de la régulation du social : le besoin et l'intérêt régissent les rapports entre les hommes. La formation de cette représentation de la société comme marché trouve son plein épanouissement dans l'école écossaise du XVIIIe siècle et tout particulièrement chez Adam Smith. La conséquence essentielle d'une telle conception réside dans le fait qu'elle se traduit par un refus global du politique. Ce n'est plus la politique, le droit et le conflit, qui doit gouverner la société, c'est le marché... De ce point de vue, Adam Smith n'est pas tant le père fondateur de l'économie politique que le théoricien du dépérissement de la politique[10]. »

Bien sûr, ces considérations peuvent paraître excessives au regard de la volonté politique obstinée qui a présidé à la construction européenne. Mais, en l'absence d'un projet politique cohérent, l'Europe apparaît comme un lieu vide de souveraineté, celui d'un gouvernement par des règles plutôt que par des choix. Le dogmatisme n'a jamais été une bonne méthode pour atteindre les objectifs finals auxquels les sociétés aspirent légitimement, au premier rang desquels se trouve le plein-emploi. Les piètres performances de l'Europe dans les années 1990 – croissance molle, chômage de masse – auraient au moins dû engendrer le doute.

Comment se présente l'avenir de cet empire de la règle qu'est devenue l'Union européenne à la lumière des travaux de la Convention ? La lecture attentive du projet de Constitution présenté le 12 juin 2003 est à cet égard éclairante. Qu'y voit-on ? D'abord la sanctuarisation du « bloc régulateur » : non seulement le pacte de stabilité et de croissance et les statuts de la BCE n'y sont nullement remis en cause, mais leur inscription dans le marbre de la Loi fondamentale européenne donne à la théorie qui les sous-tend une permanence inespérée[11]. La Convention propose en somme, en remplaçant l'ensemble des traités européens par un texte unique qui en reprendrait les dispositions et deviendrait la Constitution de l'Europe, de cristalliser le non-gouvernement économique de l'Europe dans sa forme actuelle. La définition de la politique économique, sous le signe de la coordination par la contrainte, trouve dans le projet une traduction *ad hoc*. L'article III-66, qui mérite d'être cité, en donne une formulation claire :

« 1. Aux fins énoncées à l'article I-3, l'action des États membres et de l'Union comporte, dans les conditions et selon les rythmes prévus par la Constitution, l'instauration d'une politique économique fondée sur l'étroite coordination des politiques économiques des États membres, sur le marché intérieur et sur la définition d'objectifs communs, et conduite conformément au respect du principe d'une économie de marché ouverte où la concurrence est libre.

« 2. Parallèlement, dans les conditions et selon les rythmes et les procédures prévues par la Constitution, cette action comporte une monnaie unique, l'euro, ainsi que la définition et la conduite d'une politique monétaire et d'une politique de change uniques dont l'objectif principal est de maintenir la stabilité des prix et, sans préjudice de cet objectif, de soutenir les politiques économiques générales dans l'Union, conformément au principe d'une économie de marché ouverte où la concurrence est libre.

« 3. Cette action des États membres et de l'Union implique le respect des principes directeurs suivants : prix stables, finances publiques et conditions monétaires saines, et balance des paiements stable. »

La dichotomie entre pouvoir budgétaire et monétaire, bien marquée par l'usage de l'adverbe « parallèlement » qui exclut *de facto* tout *policy mix*[12], s'accompagne d'un aveu plus saisissant encore : celui de l'adoption, à l'alinéa 3, d'un triangle comptable des objectifs intermédiaires en lieu et place du carré magique des objectifs finals. L'emploi se trouve ainsi relégué à l'article III-92, au rang de « politique dans d'autres domaines spécifiques »... La Convention aurait donc avancé sur bien des points, à l'« exception » de la gouvernance économique[13]. Mais c'était là l'une de ses missions fondamentales ! Cette exception est, en fait, un aveu : elle confirme la règle. Ce bloc régulateur est-il contrebalancé, comme on l'a entendu au moment de la présentation du projet, par l'émergence d'un bloc politique dont le Conseil stabilisé

10. Dans *Le Libéralisme économique*, Paris, Le Seuil, 1979 et 1989, p. 3.
11. On imagine le repoussoir que constituera la lourdeur des procédures de révision constitutionnelle dans une Union à 25 membres.
12. Le propre des parallèles est de ne jamais se rejoindre.
13. Au moment de l'écriture de ces lignes, les conventionnels avaient une dernière chance de progresser sur ce dossier avant la fin ultime de leurs travaux, en juillet 2003.

et la Commission légitimée seraient les fers de lance ? Rien n'est moins sûr.

L'ambition affirmée de la Convention européenne était, à juste titre, la construction de la légitimité démocratique qui fait défaut à l'Union (voir *infra*). Le système politique qui sous-tend celle-ci, le « triangle institutionnel », repose, on le sait, sur un partage des pouvoirs et une séparation des légitimités : les pouvoirs législatif et exécutif sont assumés en binômes par le Conseil, la Commission et le Parlement, tandis que chacune de ces institutions représente respectivement l'intérêt des États, de l'Union et des peuples d'Europe.

Fidèle à la doctrine communautaire, le projet de la Convention, tout en accentuant la confusion des pouvoirs – le Parlement européen verrait s'élargir son champ de codécision et de contrôle –, propose une mise en concurrence des légitimités. Dans la droite ligne de la proposition franco-allemande, il envisage en effet de doter le Conseil européen d'une présidence stable, c'est-à-dire d'un président durable, et la Commission d'un président élu par le Parlement européen. Si on mesure bien ici ce qui déstabilise le triangle institutionnel et la méthode communautaire, on voit difficilement ce qui le remplace : dans la future Constitution européenne, les légitimités ne se limiteront pas en se contenant ; elles se marcheront sur les pieds et se pousseront du coude. Faisons le pari qu'il faudra instituer dans ce nouveau régime institutionnel une instance d'arbitrage des pouvoirs de gouvernement, une « direction de la Concurrence des légitimités », qui échoira peut-être à la Cour de justice des Communautés européennes (CJCE). Mais, objectera-t-on, il reviendra aux hommes (et, espérons-le, aux femmes) titulaires de ces fonctions de tracer plus nettement les limites laissées en pointillés par les conventionnels : c'est très exactement à conjurer ce risque lié au choix des personnes qu'est destinée une Constitution !

Le mérite principal de cette architecture politique serait en fait plus politique qu'architectural : elle ménagerait habilement les deux lectures que l'on pourrait en faire. Si la Commission est bien le siège du supranational, alors le renforcement futur de sa légitimité, par l'élection de son président à la majorité qualifiée du Parlement européen, ne peut que réjouir les partisans de l'intégration fédérale. Si le Conseil est bien le lieu de l'intergouvernementalité, alors l'ambition de le doter d'une présidence stable rassure ceux qui redoutent l'extinction de la voix des souverainetés nationales au sein de l'Union.

Cette solution de compromis est-elle satisfaisante ? Assurément, si l'on considère qu'une Constitution n'est qu'un ensemble de règles juridiques. À l'évidence non, si l'on admet qu'une Constitution doit également être un ensemble de choix politiques. Pour le dire autrement, l'enjeu de la Convention, perdu de vue au fil des méandres dessinés par la volonté d'aboutir, n'était pas celui de la démocratie procédurale : c'était celui de la démocratie substantive.

Le constat est net : l'empire de la règle sort renforcé du nouvel édifice. Apprécié dans son ensemble, le projet donne bien naissance à une vision : celle du parachèvement du paradigme libéral dans l'Union européenne, désormais bien appuyé sur ses deux jambes que sont le marché concurrentiel et la garantie des droits de propriété. Le nouvel édifice, s'il devait être construit, juxtaposera un « bloc régulateur » fédéral, dont la puissance sera renforcée, et un bloc politique concurrentiel, dont la légitimité deviendra confuse. L'asymétrie de leur relation, patente aujourd'hui, sera, demain, encore accentuée : le bloc régulateur contraindra le bloc politique alors qu'il sera lui-même sanctuarisé. Dans ces conditions, c'est une Europe élargie instable, de *l'exit*, qui se profile, et il faudra bien tôt ou tard la « dérégler ».

3. Les avenirs de l'Union élargie, entre « exit(s) » et « voice »

L'exclusion par la règle : « hyper », « hard » et « soft exit »[14]

Le projet de Constitution européenne, dont la révision par la Conférence intergouvernementale (CIG) qui se réunit en octobre 2003 s'annonce délicate[15], sera proposé à l'approbation des peuples de l'Union, soit par voie parlementaire, soit, plus vrai-

14. Cette section reprend en partie Laurent et Le Cacheux (2003b).

15. Les réticences, réserves et franches hostilités à l'égard du texte ne manquant pas, tant du côté des États membres que de celui de la Commission.

semblablement, par voie référendaire au printemps 2004[16]. Un danger réel de rejet existera alors, qui, conformément aux principes régissant les démocraties représentatives, pourrait prendre la forme d'un refus rétrospectif, à la fois de la construction européenne telle qu'elle est orientée depuis Maastricht et de l'élargissement à l'Est.

En effet, les peuples de l'Union européenne n'ont pas eu directement voix au chapitre communautaire depuis plus de 10 ans, et l'on voit mal pourquoi ils se priveraient de l'occasion qui leur sera donnée de faire connaître leur appréciation d'ensemble de la décennie écoulée depuis les référendums de 1992. L'enjeu d'une consultation démocratique n'est-il pas autant le programme que le bilan ? À supposer que les votants s'en tiennent à un « vote économique » – réalité européenne sans doute la plus proche de leurs préoccupations et de leurs attentes –, est-on sûr que leur jugement sera positif ? La décennie 1990 a-t-elle été un tel succès en matière de croissance et d'emploi sur le Vieux Continent que l'on puisse tenir le « oui » pour acquis ? Pourquoi la désaffection politique tant déplorée au plan national ne trouverait-elle pas à s'exercer à l'encontre de l'Europe ? Au-delà des qualités douteuses du projet de la Convention, les États membres, qui ont systématiquement nationalisé les gains et communautarisé les pertes de l'intégration européenne depuis 1992, porteraient une responsabilité écrasante dans cet échec.

Plus encore, pourquoi les citoyens de l'Union ne se saisiraient-ils pas du vote sur la Constitution pour censurer l'élargissement à propos duquel ils n'ont pas été consultés et dont ils apprécient mal les bienfaits et bien – à tort et à raison – les méfaits. Est-on certain d'en avoir expliqué les enjeux ou même seulement les modalités ? Les études disponibles sur l'état des opinions publiques européennes montrent qu'en France, en Allemagne, au Royaume-Uni, en Autriche et en Belgique, les citoyens sont fortement, et parfois majoritairement, opposés à cette perspective[17]. Si les votes de 2004, qui interviendront juste après l'adhésion effective des pays d'Europe centrale et orientale (PECO) de la première vague, sont de projection plutôt que de rétrospection, ils apparaissent ainsi plus incertains encore : les pays candidats eux-mêmes, revenus du communisme, ne franchissent le pas de l'Union qu'à reculons.

Or, un seul « non » sur les 25 consultations à venir, à 0,5 % près, et le projet européen serait suspendu. Deux ou trois votes négatifs et il serait compromis. Au regard de ce risque d'*hyper exit* (dans la mesure où il aboutirait, par la volonté de sortie rétrospective d'une ou plusieurs nations, à plonger dans le chaos institutionnel l'ensemble des États membres), on mesure l'enjeu manqué d'une démocratisation de l'Union européenne. Il faudra des « fédéralistes » bien ardents et plus persuasifs encore qu'Hamilton, Madison et Jay pour convaincre les citoyens de ne pas user négativement de leur pouvoir du dernier mot.

Supposons que la Constitution européenne soit ratifiée par des peuples à la fois indulgents et idéalistes. Quel serait alors l'équilibre du nouveau régime, plus que jamais soumis à l'empire de la règle ? Pour l'envisager, il importe de considérer une innovation institutionnelle fondamentale du texte, souvent passée sous silence : celle du retrait volontaire de l'Union. L'article I-59 du projet dispose ainsi en son premier alinéa : « Tout État membre peut, conformément à ses règles constitutionnelles, décider de se retirer de l'Union européenne. » Cette disposition nouvelle ouvre deux perspectives de ce que l'on pourrait appeler un *hard exit*. Elle est d'abord évidemment potentiellement dangereuse, par l'affaiblissement de l'engagement mutuel qu'elle est susceptible d'engendrer, à 25 plus encore qu'à 15. Le « bon de sortie » donné aux États membres peut en effet réduire d'autant leur volonté de peser sur les décisions communautaires et leur détermination à rechercher de délicats compromis dans les situations conflictuelles – voire psychodramatiques – dont l'Union a le secret.

Mais, à l'inverse, cette possibilité, dont les États membres pourraient user avec subtilité, aurait l'avantage de faciliter l'extension du domaine des décisions à la majorité qualifiée, puisque la menace de « sécession » remplacerait alors efficacement le droit de veto en cas d'atteinte grave aux intérêts vitaux de la nation concernée. Cette possibilité d'usage dynamique et stratégique, dont le fondement pourrait être la théorie des jeux, est d'ailleurs explicitement envisagée par le projet, qui prévoit

16. Le texte ne pourra pas être signé avant le 1er mai 2004, date de l'adhésion des 10 nouveaux pays membres.
17. Eurobaromètre (2003).

dans l'alinéa 4 de l'article précité que « l'État qui s'est retiré de l'Union » peut demander d'y adhérer « à nouveau ».

La troisième possibilité offerte par cette nouvelle architecture communautaire est celle du *soft exit*, c'est-à-dire du développement des coopérations renforcées entre États membres. À ce propos, il est permis d'insister sur la fonction historique de la position franco-allemande lors de la crise irakienne : coopération renforcée de fait, n'a-t-elle pas préfiguré l'avenir de l'Union ? Longtemps prisonnier du dilemme « élargissement/approfondissement », cet avenir se jouera probablement dans la dialectique de l'unité et de l'uniformité : l'idée de « géométrie variable » sera vraisemblablement au cœur de l'Union élargie, mais aussi choisie. Puisque l'originalité du projet européen, « fédération d'États-nations » selon une formule chère aux Français, mais que ne renieraient pas la plupart de nos partenaires, est de se tenir à égale distance du modèle fédéral et du modèle intergouvernemental, il importera de couvrir le spectre des combinaisons institutionnelles possibles et souhaitables entre ces deux pôles. Dans cette perspective, il faudra préciser les modalités du « fédéralisme intergouvernemental » qui régirait cette « Europe différenciée ». Pour l'heure, l'article I-43 du projet prévoit que « les États membres qui souhaitent instaurer entre eux une coopération renforcée dans le cadre des compétences non exclusives de l'Union peuvent recourir à ses institutions ».

Rappelons que, plus avant, le modèle canonique de la « géométrie variable » distingue, dans une approche géographique de la diversité, deux entités politiques. D'une part, un centre ou « noyau dur », constitué des pays ayant intégré le plus grand nombre de domaines de coopération, capables et désireux de les approfondir ensemble. Ensuite, une périphérie, constituée de pays ne pouvant ou ne souhaitant pas aller plus loin dans l'intégration et qui s'en tiennent par conséquent à un nombre restreint de coopérations, organisées autour du principe de l'« intergouvernementalisme ». Dans la variante dite « de Lamers », les « cercles » formés par cette différenciation sont concentriques : le centre est constitué des pays qui ont atteint le plus haut niveau d'intégration fonctionnelle, les différentes étapes ayant conduit à cette polarisation définissant un processus type qui sert de référence unique aux pays qui s'en sont tenus à l'écart et qui décident à leur tour d'y prendre part. Dans la variante dite « de Balladur », les cercles sont excentriques : plusieurs centres coexistent, un dans chacune des sphères d'intégration fonctionnelle, les différents processus d'intégration pouvant alors être imbriqués, un seul processus type servant de référence pour chaque domaine d'intégration.

Finalement, la question se poserait de savoir si le croisement de ces coopérations renforcées pourrait aboutir à la fusion des États concernés, dans une forme de retour à la case « Rome », où, puisque tout serait à refaire, on commencerait par la politique. Rien dans le présent n'indique une telle direction. Dès lors, peut-on envisager de revenir au politique par un autre chemin ? Existe-t-il, pendant à celui de « l'Europe de l'*exit* », un avenir pour une « Europe du *voice* », où la construction d'une véritable capacité démocratique deviendrait la garante de la stabilité économique ?

La voie du « voice » : démocratiser l'Europe, européaniser les démocraties

Si cet avenir existe, il passe par des réformes pragmatiques et progressives, permettant de revenir à un gouvernement où les choix dominent les règles. C'est dans la démocratie que l'Europe est notre avenir. Il est donc essentiel, comme beaucoup le soulignent, de « démocratiser » les institutions de l'Union, sans pour autant invoquer le retour du politique sur un mode incantatoire. Car qu'entend-on au juste par démocratisation ? Il serait très réducteur de la limiter aux modalités du suffrage et aux formes de la démocratie représentative, même si elles y jouent naturellement un rôle central : la consultation et la remise en cause à échéance régulière des grandes orientations de la politique économique est aussi un gage de souplesse et d'adaptabilité aux circonstances. De ce point de vue, la démocratie donne une chance supplémentaire au pragmatisme, tandis que l'enfermement dans des règles intangibles fixées à un moment donné de l'Histoire sous l'influence d'une doctrine alors dominante produit plutôt de la rigidité, voire du dogmatisme.

Mais la démocratie ne se résume pas au vote : elle suppose aussi des procédures et des performances. Des procédures, d'abord, pour assurer la responsabilité et la crédibilité de ses acteurs et pour garantir la transparence de son fonctionnement (comment justifier, par exemple, que les dirigeants de la BCE ne soient responsables de leurs choix devant aucune instance politique susceptible d'en modifier les statuts ?). Des performances ensuite. Sans responsabilité ni transparence, point de crédibilité ; or, la crédibilité constitue un enjeu économique majeur dont dépend étroitement le comportement des investisseurs et des différents acteurs du marché. En ce sens, la démocratie peut être aussi un facteur d'efficacité économique.

Cependant, les relations entre économie et démocratie sont beaucoup plus complexes qu'il n'y paraît. Elles prennent bien souvent la forme d'une tension irréductible entre l'individualisme et l'inégalité (principes du marché) d'une part, et l'espace public et la recherche de l'égalité (principes de la démocratie) de l'autre. Si l'on évoque souvent les défaillances du marché, on se montre en général plus discret sur les travers de la démocratie. Or, en livrant les choix et les arbitrages économiques au jeu de majorités fluctuantes, celle-ci peut s'avérer tout aussi périlleuse, tant en ce qui concerne l'efficacité économique globale que pour l'intérêt des individus appartenant à la minorité et les impératifs de justice sociale en général. En ce sens, confier l'exclusivité de la dévolution des richesses et des emplois à la démocratie élective ne peut conduire qu'à un résultat instable qui, à terme, pourrait remettre en cause la pérennité de cette même démocratie. C'est pourquoi il existe un temps long de la démocratie – un ensemble de principes, de procédures et de dispositifs institutionnels que le vote majoritaire ne peut aisément défaire (les libertés individuelles, la Constitution, par exemple).

Rassurons-nous sur ce point : ce n'est pas tant l'excès de démocratie qui guette aujourd'hui le gouvernement économique de l'Europe que la part exorbitante prise par les principes du marché. Le durcissement de la contrainte qui s'impose aux gouvernements nationaux, la réduction de la prétention redistributive des États (sous l'effet de la concurrence fiscale et sociale)[18], sont autant d'éléments qui reviennent à modifier le système d'équité de nos sociétés par un effacement progressif du champ de la démocratie.

Pourtant, dans cette tension entre démocratie et économie, une hiérarchie « normale » des valeurs exige que le principe économique soit subordonné à la démocratie plutôt que l'inverse. Or les critères généralement utilisés pour juger du bien-fondé d'une politique ou d'une réforme sont le plus souvent des critères d'efficacité économique. Il y a déjà plus de 20 ans, Dan Usher[19] proposait d'utiliser un autre critère. Telle ou telle politique est-elle susceptible de renforcer la démocratie ou au contraire de l'affaiblir ? D'accroître l'adhésion des populations au régime politique ou au contraire de la réduire ? Quel serait le destin d'une réforme à laquelle les gens n'adhéreraient pas ? Et au nom de quelle prétendue efficacité les contraindrait-on à vivre autrement qu'ils ne le souhaitent ?

Il se trouve que la démocratie, au-delà de sa désirabilité intrinsèque, permet aussi une meilleure adaptation aux circonstances, une plus grande flexibilité. Elle procède de choix explicites que le débat et la persuasion éclairent, et qui ont pour effet tantôt de remettre en cause ce qui semble acquis, tantôt de le conforter. Une certaine dose de discrétion démocratique est indispensable au traitement de la nouveauté, qui ne se laisse pas aisément circonscrire par des règles préétablies. En bref la « gouvernance » d'un espace a *réellement* besoin de souveraineté. L'Union des peuples, c'est-à-dire l'Union politique, suppose un projet d'avenir, un ensemble d'objectifs finals partagés ; or, ce n'est pas sur cette base que se négocient les frontières de l'Europe, mais, au-delà d'une exigence minimale de démocratie (c'est bien le moins), sur celle, technique, des conditions à satisfaire pour pouvoir participer à un marché efficace. De tels critères ne peuvent que laisser dans le flou la question du contour géographique à venir de l'Union.

Faire l'Europe politique implique de prendre le chemin inverse de celui déjà parcouru, d'aller vers un gouvernement par les choix (démocratiques) plutôt que de conforter le gouvernement par des règles qui existe aujourd'hui. Il faut donc, dans une double dynamique, démocratiser l'Europe et européaniser les démocraties nationales. On peut d'abord envisager deux réformes du bloc régulateur européen, qui, si elles sont pragmatiques, n'en sont pas moins cruciales : elles pourraient agir comme un levier sur l'ensemble de la construction européenne.

Tout d'abord, il n'est pas bon de placer totalement le pouvoir monétaire hors du champ de la

18. Voir sur ce point Le Cacheux (2000) et Laurent (2002).
19. D. Usher, *The Economic Prerequisites of Democracy*, New York, Columbia University Press, 1981.

démocratie, même si la raison (et l'analyse économique) pousse à lui concéder une assez grande autonomie. Il apparaît donc indispensable de la soumettre à une procédure de responsabilité devant une assemblée politique : comme l'avait dit en substance l'un des membres du directoire de la BCE, Tommaso Paddoa-Schioppa, il n'est pas sain de la laisser dans une aussi grande solitude.

L'objectif d'inflation que s'est donné la Banque apparaît également trop ambitieux, ce qui pourrait soit conférer un tour trop restrictif à sa politique, soit nuire à sa crédibilité. Il est un secret de polichinelle que la raison pour laquelle le taux d'inflation a été significativement supérieur à l'objectif ces deux dernières années est que la BCE se préoccupe aussi d'emploi et de croissance, et pas seulement d'inflation. Alors pourquoi ne pas le dire ? Est-ce cela la transparence ? Il est vrai que l'ensemble des participants au débat sur la politique monétaire ont décidé qu'il n'était pas convenable pour une banque centrale d'avouer un autre objectif que celui de la stabilité des prix (décision confirmée dans le projet de « réforme » de la stratégie monétaire de la BCE, présenté par l'institution elle-même en mai 2003 ; voir encadré 3). Est-ce convenable pour la démocratie, et ne risque-t-on pas à la longue d'oublier cet objectif caché ? Mais la proposition selon laquelle il serait souhaitable que les banques centrales explicitent aussi l'objectif d'emploi et de croissance qu'elles ne peuvent pas ne pas avoir est tellement hétérodoxe qu'il vaut mieux la taire. *Eppure si muove*.

Il importe ensuite de réformer le pacte de stabilité et de croissance, dont même les garants reconnaissent les lacunes (voir encadré 4). Une norme optimale serait celle d'un déficit structurel – hors investissement – nul. Certes, la définition de l'investissement public est mal aisée, mais il appartiendrait au Conseil européen de dire ce qu'il considère comme faisant partie de cette catégorie de dépenses. On peut même imaginer que le Conseil, par cette médiation, incite les gouvernements à orienter leur choix vers les dépenses que les sommets européens ont reconnues comme particulièrement utiles : réseaux européens, recherche et développement (R&D), enseignement supérieur, nouvelles technologies, etc. Beaucoup mieux qu'une coordination, nécessairement difficile et longue, cette règle pourrait participer à l'émergence d'une véritable politique européenne dans des domaines cruciaux pour l'avenir de l'Europe.

Encadré 3

La réforme de la BCE envisagée par... la BCE

« En octobre 1998, le Conseil des gouverneurs de la BCE a annoncé les principaux éléments de sa stratégie de politique monétaire axée sur la stabilité. Cette stratégie repose sur une définition quantifiée de la stabilité des prix et un cadre à deux piliers pour l'évaluation des risques pesant sur la stabilité des prix. Plus de 4 ans après cette annonce, le Conseil des gouverneurs a jugé opportun de procéder à une évaluation de sa stratégie à la lumière de l'expérience acquise. Le 8 mai 2003, il a confirmé la définition de la stabilité des prix, à savoir une progression sur un an de l'indice des prix à la consommation harmonisé (IPCH) inférieure à 2 % dans la zone euro. La stabilité des prix doit être maintenue à moyen terme. En outre, le Conseil a précisé que, dans le cadre de la poursuite de l'objectif de stabilité des prix, il viserait à maintenir les taux d'inflation à un niveau inférieur, mais proche de 2 % à moyen terme.

« Par ailleurs, le Conseil des gouverneurs a confirmé que ses décisions de politique monétaire continueraient d'être fondées sur une évaluation approfondie des risques pesant sur la stabilité des prix, reposant sur une analyse économique et une analyse monétaire ; le Conseil maintient donc l'approche à deux piliers adoptée pour l'organisation, l'évaluation et le recoupement des informations utiles à la politique monétaire. La déclaration introductive du président de la BCE, faite lors de la conférence de presse mensuelle, présente désormais une nouvelle structure qui tient compte de cette approche. Enfin, le Conseil des gouverneurs a décidé de ne plus procéder chaque année au réexamen de la valeur de référence fixée pour la croissance monétaire. »

Source : BCE, *Bulletin mensuel*, juin 2003.

Elle contraindrait suffisamment les politiques budgétaires nationales pour apaiser les inquiétudes de la BCE, tout en donnant assez de marge de manœuvre aux gouvernements européens pour faire face aux aléas de la conjoncture et conduire les politiques qui conviennent le mieux aux sociétés qu'ils gouvernent. Cette norme donne en effet à chaque pays une autonomie certaine de choix en matière de part des richesses produites que chaque société souhaite consacrer aux investissements collectifs. Rien ne légitime, d'ailleurs, que cette part soit identique dans tous les pays. Et par le biais de la définition européenne de l'investissement, elle donne au Conseil européen un véritable pouvoir d'impulsion dans les domaines que l'Europe entend développer. Si elle ne garantit pas tout à fait la stabilité de la dette publique, la nouvelle règle implique que son éventuel accroissement soit toujours la

Encadré 4
Le bilan du pacte de stabilité depuis 1999 selon la Commission européenne

« [...] Sept pays de la zone euro et dix États membres de l'Union sont parvenus à des positions budgétaires proches de l'équilibre ou excédentaires en 2001. Les ratios de la dette publique au PIB se sont généralement infléchis à la baisse, d'importantes réductions ayant été enregistrées dans plusieurs États membres. La marge ainsi créée a été suffisante pour permettre aux stabilisateurs automatiques de jouer en cette période de ralentissement de l'activité, ce qui contraste avec les récessions précédentes durant lesquelles les pouvoirs publics avaient dû resserrer les politiques budgétaires afin d'éviter que l'évolution de la dette ne devienne insoutenable. En outre, plusieurs États membres ont pu mettre en œuvre des réformes fiscales ambitieuses, et certains progrès ont été faits dans la réaffectation des dépenses publiques à des utilisations plus productives, propices à la croissance et à l'emploi.

« En revanche, certains États membres ne sont pas parvenus à franchir la dernière étape menant à l'objectif du pacte de stabilité et de croissance d'un budget proche de l'équilibre ou excédentaire. Le Portugal a enregistré un déficit de 4,1 % du PIB en 2001, et le Conseil a adopté, le 5 novembre 2002, une décision relative à l'existence d'un déficit excessif. L'Allemagne devrait quant à elle accuser un déficit de 3,8 % du PIB en 2002 et la Commission a adopté un rapport au titre de l'article 104, paragraphe 3, du traité sur le risque d'un déficit excessif. La Commission a également adopté une recommandation pour que le Conseil donne rapidement l'alerte à la France, qui s'est largement écartée de ses objectifs budgétaires en 2002 et qui devrait enregistrer en 2003 un déficit de 2,9 % du PIB, ce qui est dangereusement proche de la valeur de référence de 3 % du PIB.

« La situation en matière de dette publique, qui s'est légèrement dégradée dans plusieurs États membres, est également préoccupante. Ce sont l'Italie et la Grèce qui suscitent les plus vives inquiétudes, car leurs niveaux d'endettement restent largement supérieurs à 100 % du PIB et les progrès qu'elles ont accomplis ces 4 dernières années pour ramener ces niveaux vers le seuil de 60 % du PIB restent très limités. Contrairement à ce que l'on aurait pu espérer, ces États membres ne sont pas parvenus à réduire de manière significative leur ratio d'endettement, essentiellement en raison de multiples opérations financières d'envergure qui ont eu pour effet d'accroître la dette. De plus, ces développements ont eu lieu malgré la réduction des taux d'intérêt qui a suivi l'entrée de ces pays dans la zone euro. »

Source : Commission européenne, « Renforcer la coordination des politiques budgétaires », COM (2002) 668 final du 27 novembre 2002, Bruxelles.

contrepartie d'une élévation de l'investissement public. Dans le cadre de cette règle, il deviendrait possible pour les gouvernements de la zone euro de s'investir dans la croissance de demain sans craindre les foudres de la Commission européenne. La reformulation de la règle permettrait ainsi d'élargir l'espace des choix.

Cette libération de la politique budgétaire apporterait une bouffée d'oxygène : la BCE ne serait plus sans cesse sous la pression des gouvernements, contraints par les dispositions restrictives du pacte de stabilité et de croissance sous sa forme actuelle, afin qu'elle participe plus activement à la régulation macroéconomique. De surcroît, les évolutions de la dette publique, dont elle redoute les effets inflationnistes, seraient associées à des investissements susceptibles d'être rentables pour l'avenir et n'auraient donc pas lieu d'être jugées inflationnistes.

Réciproquement, il importe d'« européaniser » les démocraties nationales[20]. S'agissant du fonctionnement des institutions politiques, puisqu'il faut inventer une construction largement inédite, ni intergouvernementale ni fédérale, il est impératif, pour le bon fonctionnement de la démocratie dans l'Union, et pour la légitimité des choix qui en seront issus, que les questions européennes soient mises au cœur du fonctionnement des institutions nationales, qui resteront encore longtemps les plus légitimes. À cet égard, le protocole sur le rôle des parlements nationaux annexé au projet de Constitution présenté par la Convention est pour le moins insatisfaisant. Rappelant avec prudence que la manière dont les différents parlements nationaux exercent le contrôle sur leur propre gouvernement pour ce qui touche aux activités de l'Union relève de l'organisation et de la pratique constitutionnelles propres à chaque État membre, il se borne à affirmer l'ambition d'encourager une participation accrue des parlements nationaux aux activités de l'Union et de renforcer leur capacité à exprimer leur point de vue sur des propositions législatives ainsi que sur d'autres questions qui peuvent présenter pour eux un intérêt particulier.

Il aurait fallu bien mieux faire. Plutôt que de créer un ministre des Affaires étrangères sans affaires étrangères – *in partibus* en somme –, il faudrait, au sein des gouvernements nationaux, que le ministre des Affaires européennes ne soit plus un ministre délégué, rattaché aux Affaires étrangères, mais au contraire un « super-ministre » au poids politique incontestable, ayant prééminence sur tous ses collègues avec, éventuellement,

20. Laurent et Le Cacheux (2003a).

rang de vice-Premier ministre. On pourrait également envisager que l'agenda des parlements nationaux, plutôt que d'être dominé par les affaires intérieures – les questions européennes y ont la portion congrue et ne sont débattues qu'au sein des commissions –, soit d'abord dicté par la nécessité de débattre au fond des choix européens dans tous les domaines.

L'Union européenne, entre empire et république

Une question hante cet article : l'Union européenne est-elle prête pour l'élargissement ? Il est un test logique qui permet d'apporter à cette interrogation une réponse formelle : l'Union, telle que l'on propose aujourd'hui de la réformer, pourrait-elle adhérer à l'Union ? La formulation de cette interrogation doit être précisée pour permettre une réponse substantielle : de quel élargissement parle-t-on ? S'il s'agit de l'extension de l'empire de la règle, alors l'Union n'a jamais, dans toute son histoire, été prête à ce point pour franchir le pas. S'il s'agit de l'expansion de la république des choix, la réponse est symétriquement inverse : jamais l'Union n'en a été aussi loin.

À cet égard, une mise en parallèle s'impose. États-Unis et Europe, auxquels on a voulu récemment attribuer les caractères respectifs de la puissance et de la faiblesse (Kagan 2002), ont un point commun : ils balancent tous les deux entre république et empire. Mais leur chemin ne diverge pas comme celui de Mars et de Vénus : si les États-Unis cherchent à bâtir un empire, c'est celui de la démocratie. Ce que propose l'*imperium* européen, c'est la substitution des droits de l'homme à ceux du citoyen. Si le premier est menacé à ses marges, le second l'est en son centre, vide de souveraineté.

C'est que démocratie et souveraineté sont indissociablement liées : le « déficit démocratique » en Europe n'est pas une caractéristique malencontreuse du mode de fonctionnement des institutions européennes. Il est au contraire interne à chacune de nos sociétés : si les démocraties nationales acceptent de renoncer à une part de souveraineté pour permettre à la chose publique de devenir européenne, mais que la chose publique à l'échelle de l'Europe n'est pas gouvernée selon les principes de la démocratie, il existe alors un déficit démocratique au sein tant des nations que de l'Union. Ce « double déficit », bien connu des économistes, a une seule et même cause, et des conséquences multiples et ravageuses. Il faut espérer que la CIG qui se réunira à l'automne 2003 pour entériner ou réviser la Constitution européenne mesurera l'enjeu de son comblement.

Bibliographie

C

Commission européenne (2000), « Agenda Social », COM (2000) 379 final.

Conseil européen (2001), *Conclusions de la Présidence*, Laeken, 14-15 décembre 2001, disponibles sur <www.europa.eu.int>.

E

Eurobaromètre (2003), *Eurobaromètre 59*, « L'opinion publique dans l'Union européenne », juin, disponible sur <europa.eu.int/futurum/documents/other/oth170603_fr.pdf>.

F

Fitoussi, J.-P. (2002), *La Règle et le choix*, Paris, Le Seuil.

Fitoussi, J.-P. (1999), « L'économie politique de l'après-euro », dans J.-P. Fitoussi et J. Le Cacheux (dir.), *Rapport sur l'état de l'Union européenne*, OFCE, Paris, Fayard/Presses de Sciences Po.

H

Hirschman A.O. (1970), *Exit, Voice and Loyalty. Responses to Decline in Firms, Organisations and States*, Cambridge, Mass., Harvard University Press.

K

Kagan, R. (2002), « Power and Weakness », *Policy Review*, n° 113, juin-juillet.

L

Laurent, E. (2002), « De la concurrence fiscale à la concurrence sociale : les modèles européens au défi de la mobilité », dans J.-P. Fitoussi et J. Le Cacheux (dir.), *Rapport sur l'état de l'Union européenne*, OFCE, Paris, Fayard/Presses de Sciences Po.

Laurent, E. et J. Le Cacheux (2003a), « Constitution européenne : l'Union politique dans les limbes », *Lettre de l'OFCE*, juin.

Laurent, E. et J. Le Cacheux (2003b), « La Convention et la réforme des institutions européennes », dans OFCE, *L'économie française 2003*, Paris, La Découverte.

Le Cacheux, J. (2000), « Les dangers de la concurrence fiscale et sociale en Europe », dans *Questions européennes*, « Les Rapports du CAE », n° 27, Paris, La Documentation française.

P

Présidium de la Convention européenne (2003a), *Texte de la Partie I et de la Partie II de la Constitution*, Bruxelles, 12 juin, CONV 797/1/03, disponible sur <european-convention.eu.int/docs/Treaty/cv00797re01.fr03.pdf>.

Présidium de la Convention européenne (2003b), *Projet de Constitution, vol. II. Projet de texte révisé des Parties II, III et IV*, CONV 802/03, disponible sur <european-convention.eu.int/docs/Treaty/cv00802.fr03.pdf>.

L'Union européenne face aux migrations

Catherine Wihtol de Wenden

Depuis une vingtaine d'années, l'Europe est devenue, à l'Ouest comme à l'Est, une terre d'immigration, après avoir été, pendant plusieurs siècles, un lieu de départ vers les Amériques, l'Afrique et l'Asie. Cette nouvelle donne a fait l'objet d'une prise de conscience tardive chez les Européens, souvent réticents à prendre en compte l'immigration comme élément de leur identité, nationale et européenne, car celle-ci a longtemps été regardée comme une réponse provisoire à des pénuries de main-d'œuvre ou à des crises politiques temporaires. À côté d'une immigration parfois installée depuis plus d'un siècle, voire davantage, dans les pays européens, se profile une immigration de plus en plus mobile, notamment à l'Est, mais aussi au Sud, qu'il s'agisse d'une migration de voisinage ou de mouvements de population induits par une mondialisation des flux.

Cette mondialisation des migrations, dont l'Europe fait aujourd'hui l'expérience au point d'être devenue l'une des premières régions d'accueil du monde, devant les États-Unis et le Canada (1,4 million d'entrées légales en 2000 ; 850 000 aux États-Unis et au Canada réunis), est le fruit de la conjonction de plusieurs facteurs :

– le passage de la condition de pays d'émigration à celle de pays d'immigration pour les États d'Europe du Sud et de l'Est (Espagne, Grèce, Hongrie, Italie, Pologne, Portugal, Russie ; la distinction entre les deux s'estompe parfois, nombre de pays de l'Est étant devenus à la fois pays d'accueil – ou de transit – et de départ) ;

– la généralisation progressive des passeports, survenue il y a seulement une vingtaine d'années, sauf dans de rares pays qui les distribuent encore parcimonieusement (Chine, Corée du Nord, Cuba). Ce phénomène a entraîné une généralisation du droit de sortie, alors que le droit d'entrée dans les pays riches devenait de plus en plus contrôlé (visas), ce qui a donné naissance à la revendication de droits propres pour les migrants, revendication qui s'inscrit dans l'agenda général des droits de l'homme ;

– l'explosion de la demande d'asile à une échelle mondiale, et non plus limitée à quelques points chauds, dans des proportions inconnues jusque-là (Afrique des Grands Lacs, Asie du Sud-Est, Balkans, Proche et Moyen-Orient, Caraïbes) ;

– l'activation de réseaux transnationaux à l'origine de migrations en chaîne (Chine, Roumanie, Balkans, Afrique de l'Ouest). Entravées par le contrôle des États, ces migrations, souvent clandestines, se jouent des frontières, qui sont même, parfois, sources de revenus ;

– le développement de migrations « pendulaires » : on ne part plus définitivement mais pour de courtes durées, dans le but de rester dans de meilleures conditions chez soi, de l'est à l'ouest de l'Europe du fait de la chute du mur de Berlin, mais aussi du sud au nord ;

– la proximité géographique, accentuée par la baisse généralisée du coût des transports, par la diffusion d'une certaine image de l'Europe à travers les médias reçus dans les pays de départ, par l'approvisionnement des marchés locaux en produits manufacturés occidentaux et par l'accroissement des transferts de fonds des migrants, tout cela suscite une « envie d'Europe » dans les régions les plus reculées.

Quelques idées reçues doivent être violemment combattues dans ce nouveau paysage de la mobilité mondialisée. Tout d'abord, ce ne sont pas les plus pauvres qui partent, mais ceux qui disposent d'un réseau ou d'une famille installée à l'étranger, et aussi d'un pécule quand le franchissement des frontières est impossible par les voies légales : sans réseau, point de migrations. La seule exception à cette force transnationale, qui transgresse les frontières et les États, est la migration forcée des réfugiés ; mais, là encore, les pays riches sont loin d'en accueillir le plus grand nombre, le Tiers-Monde, producteur et receveur de ces flux, étant la destination des trois quarts d'entre eux.

Ensuite, et contrairement au passé, c'est moins la pression démographique – en baisse dans beaucoup de pays de départ, notamment sur la rive sud de la Méditerranée – et la pauvreté qui poussent les gens hors de chez eux, que l'attirance d'un imaginaire migratoire construit par les médias et le bouche à oreille, et la visibilité – à travers les migrants de retour chez eux le temps des vacances – d'une société de consommation et d'une liberté d'expression à la fois si proches et si difficiles d'accès. Enfin et surtout, beaucoup de nouveaux migrants, de l'Est notamment, mais aussi du Sud, s'inscrivent dans une stratégie de « co-présence[1] », même si cette aspiration est fortement contrée par la politique des visas : plus les frontières sont fermées, plus les gens s'installent, faute de pouvoir aller et venir ; plus elles sont ouvertes ou entrouvertes, plus ils circulent et moins ils s'installent.

Malgré cet état de fait, l'Europe continue à se montrer frileuse face aux migrations, souvent sous la pression d'une opinion publique qui éprouve un sentiment d'insécurité, et ce, alors qu'elle doit faire face à un double défi : celui du vieillissement des populations européennes, y compris à l'Est, et celui du manque sectoriel de main-d'œuvre, deux réalités déjà soulignées dans un rapport des Nations unies de mars 2000 (Nations unies 2002). Aussi, l'Europe de l'Ouest continue-t-elle, depuis 1974, à être gérée par un régime d'exception, celui de la suspension des flux d'immigration salariée, dont les effets pervers sont légion : entrées clandestines, sédentarisation des sans-papiers, esclavage moderne.

Les politiques européennes mises en œuvre pour répondre à ce phénomène ont été progressivement définies à partir d'une série d'idées fausses dont les scénarios ne se sont pas réalisés. Au milieu des années 1970, les Trente Glorieuses (1945-1975) prenant fin, le chômage s'installant, les pays européens se sont fermés à l'immigration, partageant en effet l'idée que l'ère des grandes migrations de masse était terminée, que l'heure était à la nouvelle division internationale du travail, à la substitution de la main-d'œuvre nationale (alors pour partie au chômage) à la main-d'œuvre étrangère, aux politiques de retour et de réinsertion des non-Européens dans leurs pays d'origine, à la mobilité interne des Européens dans un espace sans frontières intérieures (1,5 % seulement sont concernés aujourd'hui) et au co-développement comme alternative à la migration. Ces prévisions ont été largement démenties tant par les faits que par les politiques des États européens et de la Communauté (puis de l'Union) européenne, qui ont concentré leurs objectifs sur le contrôle des frontières, dans une vision sécuritaire hantée par le risque migratoire et l'obsession des défis posés par l'« intégration ».

Les politiques publiques sont en décalage permanent avec la réalité des flux : avec la fermeture de l'Europe occidentale à l'immigration, voici 30 ans, le discours et les dispositifs mettaient l'accent sur l'accueil et le retour, sans toujours prendre la mesure de la sédentarisation des populations. Aujourd'hui, on insiste sur l'intégration pour tous, alors que beaucoup de nouveaux migrants font de la mobilité un mode de vie et vivent à la fois ici et « là-bas ».

Ce décalage entre la pression migratoire et les réponses apportées par les États et par l'Europe risque de faire l'économie d'une politique constructive de l'immigration qui prenne en compte les données prospectives.

1. La stratégie de co-présence peut être définie comme la recherche, par nombre de migrants, d'une vie s'appuyant sur deux pays, celui de leur naissance et celui de leur accueil.

1. L'Europe, un continent d'immigration malgré elle

Une immigration lente mais continue

En Europe de l'Ouest, sur 380 millions de personnes, on compte 20 millions d'étrangers, dont 5 millions d'Européens communautaires. Ces étrangers sont inégalement répartis dans les pays d'accueil : l'Allemagne est le premier pays d'immigration, avec 7,5 millions d'étrangers, soit près de 9 % de la population totale, suivie par la France (3,5 millions, environ 6 %), le Royaume-Uni (2,3 millions, 4 %), la Suisse (1,3 million, près de 20 %), l'Italie (1,3 million, 2,4 %) et la Grèce (1 million, 10 %). Chaque pays est un cas particulier : le Luxembourg compte 30 % d'étrangers ; l'Autriche 10 % ; la Finlande 2 %. Malgré la mondialisation, chaque pays possède un peu « ses » étrangers, fruits de l'héritage colonial, de relations bilatérales privilégiées ou de la proximité géographique, les nationalités des populations installées formant ainsi des « couples migratoires » (Allemagne/Turquie, Royaume-Uni/pays du Commonwealth, France/Maghreb) avec les pays d'accueil.

Soixante pour cent des étrangers installés en Europe y séjournent depuis plus de 10 ans. Ils ne proviennent, dans la plupart des pays européens, que de 4 ou 5 pays de départ, même si l'on s'achemine vers une diversification des pays d'émigration et des types de migrants, et si seulement une dizaine de pays européens d'accueil concentrent la quasi-totalité des immigrés. Quant aux flux, outre la migration familiale, qui est la source d'entrées la plus importante, et la migration de travail, limitée par la préférence européenne à l'emploi, la demande d'asile est la source migratoire qui a le plus augmenté récemment, notamment au Royaume-Uni (92 000 en 2000), suivi par l'Allemagne (88 000) et la France (47 000, mais 85 000 si l'on y ajoute l'asile territorial), qui distancent les États-Unis (86 000) et le Canada (44 000). Les arrivants viennent en majorité d'Afghanistan (53 000), d'Irak (50 000), de Turquie

Tableau 1
Effectifs de population étrangère par pays d'accueil en 2000

Pays	Population totale (en milliers)	Étrangers (en milliers)	Pourcentage de la population totale
Allemagne	82 236	7 297	8,9
Autriche	7 300	758	9,3
Belgique	10 252	861	8,4
Bulgarie	8 100	40	0,5
Danemark	5 224	258	4,8
Espagne	40 000	895	2,2
Finlande	5 000	91	1,8
France	58 300	3,5	6,0
Grèce	10 000	1 000	10
Hongrie	10 000	143	0,7
Irlande	3 800	126	3,3
Italie	57 800	1 388	2,4
Luxembourg	440	164	37,4
Norvège	4 487	184	4,1
Pays-Bas	15 900	667	4,2
Pologne	38 800	43	0,1
Portugal	9 900	208	2,1
République tchèque	10 050	201	2,0
Roumanie	22 400	55	0,2
Royaume-Uni	58 789	2 342	3,9
Slovaquie	5 600	28	0,5
Suède	8 800	2 342	4,0
Suisse	7 180	1 384	19,3

Source : OCDE, SOPEMI, 2002.

(32 000), de l'ex-Yougoslavie (29 000), de Chine (21 000) et d'Afrique centrale. Comparées aux principaux réservoirs démographiques d'immigration potentiels que constituent la Chine, l'Inde ou même des pays du Moyen-Orient, les migrations intra-européennes, qui bénéficient pourtant de toutes les libertés d'installation, de circulation et de travail, restent faibles.

La mobilité intra-européenne, c'est-à-dire au sein de l'Union européenne, est la plus élevée au Luxembourg, suivi de la Suisse, de l'Irlande, de la Belgique, du Portugal, de la Suède, de l'Espagne et de la Grèce. En revanche, depuis une vingtaine d'années, la part des étrangers originaires de pays tiers a augmenté et certaines nationalités ont gagné en importance (migrants originaires des pays d'Europe centrale et orientale en Allemagne, Marocains et Sénégalais en France, ressortissants de l'ex-Yougoslavie aux Pays-Bas), tandis que des nationalités nouvelles s'affirment : Pakistanais, Vietnamiens, Iraniens, Sri-Lankais, Chinois.

En Europe de l'Est, la chute du mur de Berlin a donné lieu à des migrations ethniques de retour (*Aussiedler* en Allemagne – Allemands installés depuis plusieurs siècles à l'est de la frontière Oder-Neisse, en Pologne, dans les pays baltes, en Russie, en Sibérie –, Bulgares en Turquie, Finnois de Carélie en Finlande, migrations au Danemark de Danois du Groenland et des îles Féroé), l'Allemagne constituant le principal pays d'accueil (1,5 million de migrants ethniques), suivie par l'Autriche (380 000), l'Italie (306 000) et la Grèce (131 600).

Mais ces pays d'Europe centrale et orientale (PECO), pays d'accueil et de départ, représentent surtout une migration de transit vers l'Europe de l'Ouest, tout en accueillant une population venant d'Ukraine, de Pologne et de Roumanie. Contrairement à quelques idées reçues, la grande déferlante ne s'est pas produite et il s'est agi surtout, au lendemain de la chute du Mur, de migrations de voisinage (Roumains en Hongrie, Tchèques en Slovaquie, Ukrainiens en Pologne), et plus encore de migrations pendulaires (Polonais en Allemagne, Roumains en France et en Italie), qualifiées parfois de migrations incomplètes, de la part de ceux qui s'installent dans la mobilité comme mode de vie, à la faveur de la suppression des visas de court séjour. Le groupe le plus important est celui des Polonais, suivi des Ukrainiens et des Roumains. À terme, on peut s'attendre, avant l'adhésion à l'Union, à la fois à un flux migratoire accéléré venant des pays à l'est des PECO et à des retours vers l'Est de migrants installés à l'Ouest. Les accords sur le libre accès au marché du travail prévoient un temps d'attente fixé au maximum à 7 ans.

Au Sud, on trouve le même phénomène de migrations en chaîne, le Maghreb étant lui-même une zone de départ et d'accueil – ou de transit – pour une migration subsaharienne. En effet, l'Afrique est traversée en permanence par des flux migratoires : de l'Afrique du Nord vers l'Europe, le Golfe, les États-Unis et le Canada. Cette région est aussi devenue une terre d'immigration et de passage pour les migrants subsahariens tentés par le détroit de Gibraltar ou les îles siciliennes.

Imaginaires migratoires et réseaux transnationaux

Partout dans le monde, la mobilité est régie par des réseaux transnationaux d'origine familiale, économique, commerçante et mafieuse (prostitution) qui ne sont que superficiellement affectés par les politiques de contrôle des frontières mises en œuvre par les pays d'accueil, car la détermination des migrants est souvent plus forte que les stratégies de dissuasion.

L'existence de diasporas ou de quasi-diasporas à l'étranger (quelque 50 millions de Chinois dans le monde, Turcs et Marocains en Europe), ainsi que les offres des agences de transport et de passage qui proposent des voyages au long cours contribuent à inscrire des candidats au départ dans une recherche de mieux-être économique, culturel, politique, voire sexuel : sur la rive sud de la méditerranée, 50 % de la population a moins de 25 ans, et les régimes politiques et la situation économique offrent peu de débouchés. La fascination pour l'eldorado occidental est grande et l'« envie d'Europe » aussi. L'exode rural dans les régions pauvres (Balkans, pays du Tiers-Monde) se dirige vers de grandes métropoles de départ, qui sont des foyers d'échanges où prospère toute une économie liée à la frontière et à sa fermeture : trafics de main-d'œuvre et de drogue, produits de contrebande, etc. De grands marchés viennent matérialiser ces zones de friction et de rencontre entre deux mondes, au départ et à l'arrivée : Ceuta et Melilla dans l'enclave espagnole du Maroc ; Berlin et Vienne après la chute du Mur ; les villes de la mer Noire entre

Turquie et ex-Union soviétique ; ou encore Kaliningrad, Vlores (Albanie), Bucarest, Istanbul, qui sont des espaces d'échanges, des plaques tournantes pour la migration, à proximité des frontières. Parfois, c'est le mariage, moins souvent blanc que traditionnel ou mixte d'ailleurs, ou les réseaux religieux (chrétiens comme musulmans) qui servent de ticket d'entrée vers l'Europe, puisque les frontières ne sont ouvertes qu'aux plus nantis (commerçants, hommes d'affaires, experts, étudiants, universitaires).

Quelques profils dominent dans ces nouveaux types de migrants : des hommes jeunes et diplômés issus des classes moyennes urbaines, nourris d'aspirations diffuses à la modernité occidentale ; des femmes isolées et scolarisées aspirant à une indépendance économique et personnelle, mais aussi parfois à une liberté d'expression politique – et dont le parcours, pour les plus jeunes, peut parfois se terminer dans l'exploitation – ; des enfants mineurs dont les motivations sont difficiles à démêler ; des élites très qualifiées à la recherche d'une réalisation professionnelle à la mesure de leurs compétences et de leurs talents ; des hommes peu qualifiés, prêts à offrir leurs bras pour améliorer leur condition ; des groupes entiers installés dans la mobilité (paysans maliens de la région de Kayes, Chinois de Wenzhou, Roumains du pays d'Oas, Tamouls du Sri Lanka) ; des réfugiés, enfin, dont les régions de départ varient en fonction des grandes zones de conflits. Hormis les réfugiés et l'immigration matrimoniale, beaucoup de ces nouveaux migrants aspirent davantage à la mobilité qu'à l'installation définitive. Ils considèrent souvent leur séjour comme un passage vers d'autres destinations plus convoitées (États-Unis, Canada) ou comme un aller-retour entre « ici » et chez eux. Tout porte à croire que ces tendances vont se poursuivre.

Une pression migratoire vers l'Europe, du fait des déséquilibres économiques, démographiques, culturels et politiques, subsiste au-delà des frontières extrêmes de l'Europe, à l'est et surtout au sud, où la Méditerranée fait un peu figure de Rio Grande. À ces déséquilibres s'ajoute l'absence d'alternative véritable à la migration : ni le libre-échange international, ni le développement des régions d'origine, ni les mesures dissuasives de contrôle des flux n'offrent, pour le candidat au départ, de solution à court terme. Parallèlement, les pays d'immigration européens veulent arrêter la migration d'établissement sur leur territoire, tout en souhaitant, souvent sans le dire, une immigration temporaire qui réponde à la structure du marché du travail, et en ignorant quels seront leurs besoins à long terme.

Les politiques de l'Union européenne, qui ont ouvert les frontières à plusieurs pays de l'Est (pays dits de Visegrad exemptés de visas de court séjour : Pologne, Hongrie, République tchèque, puis Slovénie et Estonie ; suppression des visas Schengen pour tous les PECO, les derniers en date à en bénéficier étant la Bulgarie [31 décembre 2000] et la Roumanie [31 décembre 2001]), tout en renforçant leur fermeture vis-à-vis des pays du Sud, accentuent encore ce clivage et font échouer l'émergence d'un espace d'intégration régionale autour de la Méditerranée. Or, la dépendance des pays européens à l'égard de l'immigration a des chances de s'accroître, compte tenu de la structure démographique de la plupart des sociétés industrielles (diminution des naissances et augmentation de la population âgée).

Encadré 1

L'immigration en Europe : quelques chiffres

- En 2000, 5,1 % de la population de l'Union européenne est constituée de non-nationaux, dont 3,5 % de non-Européens. La même année, la migration nette (ou solde migratoire, c'est-à-dire les entrées moins les sorties annuelles) était de 700 000 migrants, soit 0,2 % de la population de l'Union, les trois quarts provenant de pays tiers.
- Les Turcs sont la nationalité de non-communautaires la plus nombreuse avec 2,7 millions, suivis par les Yougoslaves. Le Maghreb constitue une autre origine importante – notamment le Maroc –, avec 2,3 millions de Maghrébins en Europe, l'Afrique subsaharienne représentant 1 million de ressortissants et l'Asie, 2,2 millions.
- Parmi les Européens, 1,5 % vivent dans un autre État de l'Union que le leur et 47 % déclarent ne parler que leur langue nationale, soit 850 000 personnes.
- Les demandeurs d'asile représentent 400 000 entrées annuelles.
- L'élargissement prévu en 2004 ajoutera 10 pays à l'Union et 75 millions d'habitants. Leur produit national brut (PNB) constitue 40 % de celui des pays membres, mais on ne s'attend qu'à 335 000 migrants vers les Quinze, soit 0,1 % de la population actuelle de l'Union.

Source : Commission européenne, *La Situation sociale dans l'Union européenne*, 2002.

2. Une européanisation à reculons

La dimension européenne, en définissant le cadre des politiques de maîtrise des flux – qui s'exercent plus à l'échelon intergouvernemental qu'au niveau communautaire – et en limitant les pays concernés à l'Europe des Quinze, est de plus en plus présente dans les décisions mises en œuvre : jeu des divergences et des convergences entre les politiques publiques des États, solidarité institutionnelle entre les pays signataires des accords de Schengen, superposition de plusieurs espaces normatifs de référence. De fait, l'harmonisation des politiques européennes de migration est porteuse de risques, sinon d'équivoques : restriction des droits fondamentaux (comme l'asile politique), soit du fait de la limitation à un seul pays de la recevabilité de la demande, soit du fait de l'accentuation de la disparité des droits entre Européens et non-Européens ; détournement des accords de Schengen de leur finalité initiale – ils visaient à rendre plus libre la circulation interne et aboutissent à protéger les États des migrations externes – ; renforcement des contrôles et élargissement du champ pénal.

Mais cette harmonisation européenne est aussi porteuse de chances (réaffirmation des droits fondamentaux de la personne, motivation des décisions, adoption de positions communes, progression de la citoyenneté européenne) et d'inconnues politiquement sensibles (dilution de la souveraineté étatique, perte de pertinence de la notion de frontières et de territoires). Des décalages en découlent entre les États et l'Europe en construction : ainsi, les plus fervents défenseurs de l'« immigration zéro » sont souvent hostiles à l'européanisation de la police des frontières, par fidélité à la symbolique de la souveraineté. Enfin, des obstacles plus structurels à l'européanisation subsistent : dépendance des politiques nationales de contrôle vis-à-vis d'une opinion publique habitée par le syndrome de l'invasion alors que la décision se fait à l'échelon européen ; divergence d'interprétation du droit d'asile selon les pays d'accueil ; diversité des codes de la nationalité, etc. Alors que l'efficacité des politiques de maîtrise des flux dépend d'une plus grande confiance dans les instruments européens, chaque pays cherche paradoxalement à rester maître de sa politique migratoire, surtout vis-à-vis de l'opinion.

L'européanisation des politiques migratoires

La construction de l'espace migratoire européen s'est faite en plusieurs étapes :

– 1957-1968

Mise en place progressive de la liberté de circulation des travailleurs et des mesures qui la garantissent.

– 1985

• *Adoption de l'Acte unique européen* par les pays membres de la Communauté économique européenne (CEE), qui définit un espace communautaire européen sans frontière grâce à la liberté de circulation des personnes et non plus seulement des travailleurs ;

• *Signature des accords de Schengen* – le Royaume-Uni, l'Irlande et le Danemark n'en font toujours pas partie –, qui ont pour objet de constituer un laboratoire pour l'Acte unique. Ses principaux instruments sont :

– l'adoption d'un visa unique de moins de 3 mois, obligatoire pour les ressortissants non communautaires qui veulent pénétrer et circuler en touristes dans l'espace Schengen ;

– la liberté de circulation à l'intérieur des frontières européennes pour les Européens et les détenteurs (non communautaires) d'un visa Schengen, ainsi que le renforcement des frontières extérieures de l'Union, et ce, à la fois grâce à l'adhésion progressive au système Schengen des nouveaux entrants et des pays qui ont demandé une réserve pour sa mise en application (Italie, Grèce), et grâce à la solidarité des pays européens dans les contrôles externes menés par les pays situés sur les frontières extérieures de l'Europe. Des accords de réadmission sont signés depuis 1991 avec les pays non communautaires riverains ou voisins de l'Union ;

– l'adoption d'un système informatisé de contrôle (le système d'information Schengen [SIS]) pour la mise en ligne des données nationales sur les « indésirables » (clandestins, déboutés du droit d'asile), qui oblige tous les États européens à leur refuser le droit au séjour et à les expulser.

– Années 1990

• *Droit d'asile* : signature des accords de Dublin, qui définissent pour les Quinze une politique d'asile commune, assortie d'un dispositif de filtrage renforcé : notions de « pays sûr », d'où il est impossible de demander l'asile (mais cette mesure n'a pas de valeur contraignante) et de « demande manifestement infondée » ; sanctions contre les transporteurs ; solidarité entre pays européens dans le contrôle à l'entrée – un demandeur d'asile débouté ne pouvant, sauf exception, déposer un dossier dans un autre pays de l'Union (pour éviter les demandes d'asile multiples et « en orbite »). Le Centre d'information, de réflexion et d'échange en matière d'asile (CIREA) permet la coopération en matière de contrôle. Entre 1995 et 1997 ont été définis des critères communs pour déterminer la qualité de réfugié. En 1998, un « papier » autrichien a proposé une politique d'asile autonome par rapport à la convention de Genève sur les réfugiés de 1951, jugée inadaptée au profil des nouveaux demandeurs. En 1997, le protocole Aznar spécifie qu'il n'est désormais plus possible de demander l'asile en Europe quand on est originaire d'un pays de l'Union.

• *Dispositions relatives à l'immigration* : définition de règles communes à l'échelon européen pour lutter contre le séjour illégal des étrangers (1990), harmoniser les règles du regroupement familial et définir une « préférence européenne » à l'emploi (1994).

• *Libre circulation dans l'Union* : signature du traité de Maastricht (1992), qui fait de la liberté de circulation, d'installation et de travail l'un des attributs essentiels de la citoyenneté européenne (définie en son article 8) et distingue les Européens communautaires des autres. La maîtrise des frontières et la politique de l'asile font partie du troisième pilier, c'est-à-dire du domaine des décisions intergouvernementales (justice et affaires intérieures).

• *Intégration de l'« acquis Schengen » dans le traité sur l'Union européenne* : signature du traité d'Amsterdam (1997), qui intègre l'« acquis Schengen » dans le traité sur l'Union et prévoit de faire passer l'asile et l'immigration du troisième pilier (intergouvernemental) au premier pilier (communautaire). Mis en œuvre à partir de 1999, pendant une période transitoire de 5 ans, ce dispositif, s'il est confirmé par les États membres à l'unanimité, impliquera que les décisions seront désormais prises selon les procédures communautaires. La Commission proposera alors une législation européenne qui devra être adoptée à la majorité qualifiée.

• *Définition d'une politique d'immigration commune* : sommet de Tampere (1999, Finlande), qui définit une politique d'immigration commune à partir d'une évaluation des besoins économiques et démographiques de l'Union et de la situation des pays d'origine, et abandonne l'objectif d'« immigration zéro ». Cette évolution a été interprétée à la fois comme une reprise de l'immigration de main-d'œuvre légale et comme la reconnaissance du système de préférence européenne en tant qu'unique mécanisme régulateur du marché de l'emploi européen (il reste une ambiguïté sur la question des quotas, chaque État membre continuant à « faire son marché » de main-d'œuvre, qualifiée ou non, sur la scène internationale).

– 2000

• *Création, en septembre, pour une durée de 5 ans,* d'un Fonds européen pour les réfugiés (FRE), chargé de l'accueil, de l'intégration et de l'aide au retour.

• *Adoption, en décembre, d'une convention Eurodac* sur l'asile pour la comparaison des empreintes digitales des demandeurs d'asile et des personnes ayant franchi irrégulièrement une frontière à partir d'une base de données informatique. L'accès à l'information est ouvert à chaque État membre de l'Union.

• *Le traité de Nice, en décembre,* prévoit que les États membres passent, à partir de 2004, à la majorité qualifiée pour les décisions concernant l'immigration et l'asile. Le Conseil européen de Nice adopte la Charte des droits fondamentaux.

– 2001

• *Proposition, en juillet,* d'un règlement (Dublin II) destiné à se substituer à la convention de Dublin en mutualisant le contrôle aux frontières pour les demandeurs d'asile par la désignation d'un seul État responsable de leur examen.

• *À Laeken, en décembre,* les pays européens parlent, à propos de l'asile, d'un « équilibre nécessaire » entre la protection des réfugiés, l'aspiration légitime à une vie meilleure et la « capacité d'accueil des États membres ».

– 2002

• *À Séville, en juin,* les États européens décident d'accélérer le processus d'harmonisation des politiques migratoires en vue de garantir un meilleur « équilibre ». Mais ils se sont surtout focalisés sur la lutte contre l'immigration clandestine et l'abus des demandes d'asile : clauses de réadmission, gestion conjointe des flux migratoires (opération « Ulysses » contre l'immigration illégale en mer, coordonnée par l'Espagne). Des accords de réadmission entre l'Union et Hong-Kong (signés en novembre 2002), Macao, le Sri Lanka, la Russie, le Pakistan, le Maroc, la Chine, l'Albanie, l'Ukraine, l'Algérie et la Turquie sont prévus pour faire de ces États les « garde-frontières » de l'espace européen – le Mali, la Gambie, le Ghana et le Nigeria étant déjà liés par une clause de réadmission obligatoire. Des officiers de liaison immigration et asile doivent assurer un contrôle renforcé des frontières externes, et le rapatriement communautaire est considéré comme un signal fort de dissuasion. En novembre 2002, la notion de « pays tiers sûr » est élargie aux États membres de l'Association européenne de libre-échange (AELE) et aux pays candidats à l'entrée dans l'Union.

Encadré 2
L'« Europe à la carte »

Le Royaume-Uni et la République d'Irlande ne participent pas à la politique commune d'immigration et d'asile, bien qu'ils aient signé la convention de Dublin sur l'examen des demandes d'asile. Quant au Danemark, membre de Schengen, il n'a pas souhaité être partie prenante des délibérations du titre IV du traité d'Amsterdam sur l'immigration et l'asile, bien qu'il participe à la politique commune des visas. L'Islande et la Norvège, qui appartiennent à l'Union douanière nordique, et les pays candidats à l'Union européenne sont en revanche tenus d'adopter l'intégralité de l'acquis Schengen et de participer à la coopération en matière de justice et d'affaires intérieures.

Cette complexité du système européen renforce tout ce qui relève du contrôle : coopération européenne renforcée, adoption de l'acquis communautaire par les États candidats à l'Union, sans empêcher ici et là l'esquisse d'une Europe « à la carte ». Un cadre européen existe, mais les États européens, qui sont réticents à l'idée d'abandonner leur souveraineté au profit d'un contrôle européen des frontières, restent maîtres de son application (lutte contre l'immigration et le travail clandestins).

Quant aux attentats du 11 septembre 2001, s'ils n'ont pas eu d'impact majeur sur les politiques migratoires européennes, ils ont néanmoins eu pour effet de renforcer le volet sécuritaire et d'associer les représentations de l'immigration à la criminalité et au terrorisme islamiste : une tendance qui s'inscrit de longue date, depuis que les ministères de l'Intérieur des États membres ont tenté, au tournant des années 1990, de s'approprier la « gouvernance » des questions migratoires au détriment des autres ministères. Les défis sont pourtant tout autres : liberté de circulation interne sur le marché européen du travail, démographie à long terme, intégration, choix de l'entrouverture ou de la fermeture des frontières, respect des droits de l'homme, etc.

Encadré 3
Vers une communautarisation des politiques migratoires

Le traité d'Amsterdam, signé le 2 octobre 1997 par les 15 États de l'Union, a pour objectif de renforcer le processus de communautarisation des politiques migratoires dans le domaine du « troisième pilier ». La perspective d'une politique migratoire européenne commune requiert l'articulation de cette question avec le « premier pilier » (celui de la Communauté européenne).

Dans un premier temps, asile et immigration sont soumis à des dispositions obligatoires d'applicabilité directe communautaire ; les États doivent les transposer dans leur droit interne. Cependant, à titre transitoire, la règle de l'unanimité reste en vigueur pendant au moins 5 ans. Ce n'est que dans un second temps que s'appliquera la règle de la majorité qualifiée, le Conseil des ministres européen prenant des décisions qui pourraient être imposées aux États, ce qui correspond à un abandon de souveraineté. Mais les États membres doivent, au préalable, donner leur accord à l'unanimité pour passer à cette phase de codécision communautaire.

Cette évolution du processus de décision, radicale à terme, marque-t-elle la fin de l'exercice de la souveraineté dans ce domaine, et ainsi la fin d'un débat démocratique et d'une législation nationale sur l'entrée et le séjour ? Quelle sera l'efficacité d'un dispositif décidé par une instance et appliqué par une autre quand les États devront les mettre en œuvre contre leur gré et avec une expérience du terrain dont Bruxelles est dépourvue ?

Plus largement, est-ce la fin des politiques nationales d'immigration ? On peut escompter un atout essentiel à cette évolution : celui de dépassionner un débat excessivement politisé. Une prise de conscience s'impose pour constater qu'il n'y a plus de réponse nationale effective et qu'une politique souterraine par peur des effets d'opinion est porteuse d'effets pervers.

Politiques des États

Ce qui frappe, c'est la diversité des situations migratoires dans les pays européens : elles sont liées à l'Histoire (ancienneté ou non de la migration, passé colonial ou non), à la géographie (insularité ou frontières terrestres, voisinage ou non avec des pays de l'Union), à des philosophies relatives à la citoyenneté, à l'identité, à l'intégration (tendances assimilationnistes ou communautaristes), aux droits de la nationalité (droit du sol ou droit du sang).

De fait, alors que l'Europe a une vieille tradition d'émigration (vers les Amériques, l'Australie, l'Afrique, l'Asie) et d'accueil des réfugiés, elle connaît une pression migratoire qui se maintient malgré la « suspension » de 1974 : depuis les années 1990, les flux se dirigeant vers l'Europe sont supérieurs à ceux cheminant vers les États-Unis (en 1992, 900 000 vers l'Europe des Douze contre 750 000 vers les États-Unis, 200 000 vers le Canada, 80 000 vers l'Australie ; en 1996, 1,3 million vers les Quinze contre 915 000 vers les États-Unis, 216 000 vers le Canada, 85 800 vers l'Australie ; aujourd'hui, 1,4 million contre 850 000 vers les États-Unis et le Canada).

Après la poussée migratoire des années 1980, son tassement à partir de 1992-1993, puis la reprise de l'immigration à partir de 1997-1998 dans la plupart d'entre eux, les pays européens ont réagi par de fréquentes modifications des lois en vigueur sur l'entrée, le séjour et la nationalité. Une plus large place a été faite au droit du sol. Ces lois ont parfois été assorties de mesures de régularisation des sans-papiers.

Autre point commun entre les pays européens : le droit au séjour est aujourd'hui davantage lié à la durée du séjour antérieur qu'au travail exercé, ce qui n'était pas le cas durant les années 1960 et 1970. Le régime de l'opposabilité de l'emploi s'applique systématiquement à tous les non-Européens qui cherchent à entrer sur le marché du travail. L'asile en Europe est marqué par une crise aiguë depuis 1992, après les restrictions relatives à l'acquisition du statut de réfugié et du fait d'une inégale répartition des demandeurs entre pays européens.

Si les procédures à l'entrée sont harmonisées ou en passe de l'être, les dispositions relatives au séjour restent du ressort des États, conformément à la règle de la « subsidiarité ». Elles sont à la source de grandes disparités entre les pays d'accueil : durée des titres de séjour variables (1, 3, 5, 10 ans, etc.) ; admission au travail immédiatement après l'entrée ou à la suite d'une certaine durée de présence ; accès variable aux droits sociaux ; diversité de l'interprétation de la convention de Genève relative à l'asile ; disparité du traitement social des demandeurs en cours de procédure – avec ou non droit au travail – ; variété des formes d'asile territorial d'un État à l'autre ; pluralité des définitions du regroupement familial (quant aux ayants droit) et des codes de la nationalité donnant accès à l'acquisition de celle du pays d'accueil. Tous ces éléments viennent s'ajouter aux divers degrés d'attraction des marchés du travail, des salaires, des États-providence et des niches d'emploi sectorielles, ainsi qu'à l'existence, préalable ou non, de réseaux familiaux installés dans le pays d'accueil.

La marche vers l'européanisation est entravée par la forte dépendance des États vis-à-vis de leur opinion publique, ce qui les entraîne à poursuivre des politiques d'immigration propres, définies par une législation nationale spécifique portant sur tout ce qui échappe à l'entrée des immigrés (séjour, conditions de l'asile et de l'accueil, nationalité et citoyenneté, intégration).

Réfugiés et demandeurs d'asile

La question des réfugiés a commencé à se poser en Europe au milieu des années 1970, quand les pays européens ont fermé leurs frontières aux migrants économiques, et quand les crises du Tiers-Monde (Afrique, Amérique centrale et Asie) ont produit des flux croissants de demandeurs d'asile. À l'Est, après l'éclatement du bloc soviétique, la montée des nationalismes a contribué à en élargir la liste, parfois au sein même de ces pays (Russie, Ukraine), l'ex-Yougoslavie en offrant l'exemple le plus criant. Au Sud, l'émergence de mouvements extrémistes à caractère religieux ou ethnique a mis en marche des cohortes de plus en plus importantes de demandeurs d'asile.

Depuis les années 1990, cette question n'a cessé de se poser aux responsables politiques. La politique de l'asile a été intégrée dans les législations des pays européens relatives à l'entrée et au séjour des immigrés, celle-ci devenant parfois un instrument parmi d'autres de la maîtrise des flux migratoires. Une nouvelle figure du demandeur d'asile a émergé : à l'individu menacé physiquement et personnellement en raison de ses idées politiques, et fort éloigné socialement du migrant économique (la convention de Genève de 1951, qui définit le droit d'asile, a été adoptée dans un contexte de guerre froide, où le dissident d'Europe de l'Est constituait le profil type du réfugié), tend à succéder un demandeur d'asile collectif, membre d'un groupe de population en danger pour des raisons ethniques, religieuses, écologiques (désertification) ou sexuelles, qui partage souvent avec le migrant économique la pauvreté et l'injustice sociale, et pour qui la réalité de menaces personnelles est parfois difficile à établir.

Les improvisations auxquelles ont donné lieu ces situations nouvelles constituent souvent autant de précarisations du droit d'asile (asile territorial, humanitaire, protection temporaire) et s'inscrivent de plus en plus dans un cadre européen (une proposition autrichienne dissociant le régime européen de l'asile de celui de la convention de Genève, jugé inadapté, avait été formulée en 1998 mais n'a pas eu de suite). Le droit d'asile en Europe, en crise depuis plus de 10 ans, est menacé par une double dérive, sécuritaire et humanitaire, qui risque de confiner à l'arbitraire et de s'éloigner de la philosophie universaliste des droits de l'homme.

La crise de l'asile politique a atteint son sommet en 1992, quand, en un mois, plus de 800 000 demandes ont été enregistrées dans les États signataires de la convention de Genève. En Allemagne, les chiffres ont alors atteint leur apogée (438 000 en 1992), avant de décroître rapidement, suite à la réforme de 1993 (127 000 en 1994). Cette évolution de la demande s'explique aussi par une plus grande mobilité des populations, due à des moyens de transport plus accessibles, et par le fait que les pays d'accueil se font plus proches à travers les médias. Ainsi, jusqu'en 1973, les réfugiés accueillis en Europe étaient surtout européens, et l'attention était portée en priorité à l'accueil et au statut de réfugié (80 % des demandes donnaient lieu à une décision positive, contre 20 % aujourd'hui). Depuis, le souci de la maîtrise des flux de demandeurs l'a emporté, la petitesse du nombre de ceux qui obtiennent le statut servant à dissuader d'éventuels candidats. Pourtant, des pays ravagés par des guerres civiles violentes ne génèrent pas automatiquement un flux de demandeurs d'asile vers l'Europe, car, pour s'installer, il faut des filières, une connaissance des procédures, de l'argent : là encore, ceux qui partent vers les pays riches sont rarement les plus démunis.

Si l'Europe est beaucoup moins touchée que les pays du Tiers-Monde, qui sont à la fois producteurs mais aussi destinataires de flux de demandeurs d'asile, elle est aussi très inégalement confrontée à ceux-ci. Les pays européens sont, du fait de leur passé colonial pour certains, de leur situation géographique pour d'autres, de leur tradition en matière d'asile pour d'autres encore, diversement confrontés au phénomène des réfugiés. S'y ajoutent de sensibles différences juridiques sur l'interprétation du droit d'asile et sur les critères donnant droit au statut, ce qui rend difficile le traitement de la question à l'échelle communautaire. Ainsi, depuis 1945, du fait de son droit d'asile constitutionnel (article 16.2 de la Loi fondamentale du 23 mai 1949, modifié par la loi de 1993), l'Allemagne de l'Ouest a accueilli à elle seule près de la moitié de l'ensemble des demandeurs d'asile qui frappaient aux portes de l'Europe occidentale.

Les réponses peuvent aussi varier pour un même requérant en fonction des liens diplomatiques du pays auquel il s'adresse avec tel pays ou région du monde : les réfugiés de l'ex-Yougoslavie, les Algériens, les Tamouls ont pu obtenir une réponse différente selon le pays d'accueil, faute d'une politique étrangère commune entre Européens. Les institutions européennes en appellent à une coordination des politiques pour lutter contre leurs effets pervers, comme on l'a vu à Sangatte dans la partie de bras de fer entre la France et le Royaume-Uni ; de même, les pays européens les plus concernés (Allemagne, Autriche) sont favorables à un « partage du fardeau ».

Mais les millions des ressortissants de l'ex-Yougoslavie victimes de la guerre civile, qui n'ont pas été persécutés personnellement, n'ont généralement pas pu se prévaloir de la protection issue des instruments d'harmonisation européens, ni de l'interprétation de la convention de Genève. Aussi apparaît une nouvelle catégorie de personnes, vivant dans un no man's land juridique : celles qui ne peuvent ni obtenir le statut de réfugié, ni être expulsées pour raisons humanitaires ; celles qui fuient l'arbitraire, la pauvreté, l'injustice sociale et pour lesquelles la preuve de menaces personnelles exercées par l'État à leur encontre est parfois impossible, dans la mesure où ce n'est pas l'État qui est en cause – hormis son incapacité à assurer la sécurité de ses ressortissants – mais une partie de la société.

Les réponses à cette situation inédite sont variables selon les pays d'accueil, qui rechignent souvent à reconnaître la situation des pays de départ comme définitive, de peur de cautionner ainsi la victoire, souvent contestée, d'un groupe ou d'une ethnie. D'où l'apparition de réfugiés humanitaires au séjour temporaire, le développement de l'asile territorial au gré des États d'accueil, l'assignation dans des camps, la délivrance de visas de transit vers d'autres destinations, la création de zones internationales dans les aéroports : autant de dispositifs aussi provisoires que discrétionnaires, et soumis aux variations des opinions publiques nationales, alors que la politique d'asile se veut européenne. Une certaine déréglementation se fait ainsi jour par rapport au système de la convention de Genève, menacé par une lame de fond qui fait des demandeurs d'asile une population de plus en plus vulnérable. Les chiffres d'obtention du statut de réfugié en Europe le montrent (entre 5 et 10 % des demandeurs l'obtiennent en première instance), tout comme l'encombrement des instances de recours. Ces tendances à la baisse du taux de reconnaissance du statut et au développement de l'asile temporaire s'inscrivent dans un autre contexte, difficile à concilier avec l'européanisation : celui de la disparité des procédures et des instances de délivrance du statut, de l'absence d'harmonisation des critères à l'échelon européen, et de la difficulté d'homogénéiser des procédures souvent juridictionnelles, donc indépendantes.

Le « vivre ensemble »

Le « vivre ensemble » constitue, malgré des philosophies différentes de l'intégration, l'objectif poursuivi par tous les pays européens, mais il est fonction d'une très grande disparité de situations. Il y a d'abord disparité quant au volume et à la concentration des nationalités entre les pays d'accueil : 60 % des étrangers vivent dans seulement 4 ou 5 pays. Ainsi, les Turcs sont les plus nombreux (plus de 2 millions), suivis des Marocains (1,5 million), des ressortissants de l'ex-Yougoslavie (1 million), des Italiens (600 000) et des Grecs (600 000 en Europe de l'Ouest, 500 000 à l'Est et autour de la mer Noire, plusieurs millions dans le monde). Certaines nationalités ne vivent que dans un seul pays (97 % des Algériens, les deux tiers des Portugais et des Tunisiens et 50 % des Marocains immigrés en Europe vivent en France) ; 80 % des Grecs, 72 % des Turcs, 68 % des Polonais et des ressortissants de l'ex-Yougoslavie vivent en Allemagne ; la presque totalité des Irlandais et des ressortissants du Commonwealth se trouvent au Royaume-Uni. 60 % des étrangers installés ont plus de 10 ans de séjour, d'où des implantations de type diasporique qui gardent une relation forte avec leur pays d'accueil, situation souvent héritée d'un passé colonial (Indo-Pakistanais au Royaume-Uni, Maghrébins en France).

Le droit de la nationalité est traditionnellement tout aussi partagé entre pays de droit du sol (Irlande, Royaume-Uni), pays de droit du sang (Allemagne, Autriche, Danemark, Finlande, Grèce, Luxembourg, Norvège, Pays-Bas, Suisse) ou pays « mixtes » avec souvent prééminence du droit du sang (Belgique, Espagne, France, Italie, Portugal). Sous l'effet des migrations, presque tous les pays européens ont modifié leur législation au tournant des années 1990 (France : lois de 1993 et de 1998 ; Allemagne : loi de 1999 ; Royaume-Uni : loi de 1981 ; Espagne : loi de 1990 ; Italie : loi de 1992), accordant une plus large part au droit du sol.

Quant à l'intégration, il n'y a pas de « modèle » plutôt assimilationniste ou plutôt communautariste, tant l'Histoire (anciens et nouveaux pays d'accueil), les conceptions du lien social, les populations en présence, l'importance des situations locales pèsent sur les modalités du « vivre ensemble ». Les instruments privilégiés de l'intégration diffèrent ainsi selon les pays d'accueil.

En France, la politique de la ville est à l'origine d'une gestion territorialisée de l'intégration, mise en place à partir de 1990 sur des critères de zonage géographique et socioéconomique, qui sont une forme de discrimination positive fondée sur des critères sociaux. D'autres mécanismes, qui s'inscrivent dans la logique de la citoyenneté (accès à la nationalité, liberté d'association, contrat d'intégration), œuvrent à la promotion socioculturelle et politique, même si des poches d'exclusion, allant souvent de pair avec des problèmes de logement et d'accès à l'emploi, persistent durablement.

Au Royaume-Uni, la politique de lutte contre les discriminations, mise en œuvre, dès 1976, par la Commission pour l'égalité raciale, a pris une avance institutionnelle sur le terrain de l'égalité des chances et de la poursuite judiciaire du racisme. Elle constitue, avec la représentation politique des deux groupes les plus nombreux, les Irlandais et les Indo-Pakistanais, l'instrument le plus important du vivre ensemble. En Allemagne, l'intégration est menée à l'échelon décentralisé des Länder et rendue plus effective par l'accès au travail et à l'habitat, alors que la maîtrise de la langue suscite parfois des inquiétudes. Dans les nouveaux pays d'accueil (Espagne, Italie, Portugal), les associations jouent un très grand rôle dans les politiques d'insertion, de même que les régularisations massives de sans-papiers permettant de légaliser périodiquement les migrants en situation irrégulière. En Europe du Nord, le droit de vote aux élections locales pour tous les étrangers, reconnu dès 1975 en Suède et au tournant des années 1980 aux Pays-Bas, en Norvège et au Danemark, a inscrit la citoyenneté des nouveaux venus dans cette logique de vivre ensemble.

Tous ces ingrédients contribuent à façonner des modèles d'intégration plus ou moins différenciés, mais qui ont en commun un grand pragmatisme, car ils se combinent avec les comportements des populations en présence dans chaque pays d'accueil. Ainsi, l'intégration « à la française » est autant le fruit d'un modèle français prédéfini que de l'acculturation forte de la population majoritaire dans l'immigration, à savoir les Maghrébins, d'où une image assimilationniste et jacobine souvent présentée comme telle à l'extérieur. Il en va de même au Royaume-Uni, où le prétendu communautarisme est moins le fait de la politique publique britannique que du mode d'adaptation des Indiens et des Pakistanais, qui donne le ton, fruit d'un mode de gestion coloniale différent des méthodes françaises. On pourrait étendre l'exemple à l'Allemagne ou aux Pays-Bas, qui ont développé des politiques multiculturalistes : l'intégration est ainsi le résultat d'un partenariat où les bricolages et les ajustements des populations majoritaires dans l'immigration ont leur place. En France, le fait maghrébin accentue la tournure intégrationniste et républicaine que l'on prête au modèle français.

Mais les pays européens doivent aussi faire face à une immigration plus mobile, qui n'aspire plus nécessairement à la sédentarisation, comme les migrations de l'Est ou les réseaux migratoires transnationaux asiatiques, qui proposent à leurs compatriotes des structures d'accueil qui ne sont pas toujours intégrationnistes (niches d'emploi fondées sur des appartenances ethniques ou régionales). En outre, malgré la marche vers une certaine convergence des droits des résidents (la distinction résidents/non-résidents se substitue peu à peu à la distinction Européens/non-Européens, qui elle-même remplaçait l'opposition entre nationaux et étrangers), l'harmonisation des politiques de séjour tarde à s'accomplir, aussi bien du fait de la résistance des États d'accueil dans des domaines aussi emblématiques pour leur identité que le droit de la nationalité (même si l'équilibre droit du sol/droit du sang s'impose peu à peu), que de l'importance des politiques locales dans la mise en œuvre de l'intégration au quotidien et du principe de subsidiarité. En vertu de ce principe, inspiré du système fédéral allemand, l'intervention de l'Union se limite aux domaines pour lesquels l'action engagée ne peut être réalisée de manière suffisante par les États membres ; tout ce qui a trait à la vie des citoyens, aux identités locales et nationales, est confié aux collectivités locales et aux administrations nationales pour rester proche des citoyens. L'intégration des populations de l'immigration entre ainsi dans le champ de la subsidiarité.

Deux modèles prévalent :
– le modèle post-colonial (France, Pays-Bas, Royaume-Uni et, à un moindre degré, Espagne et Portugal) ;
– le modèle fonctionnel des « travailleurs hôtes » (Allemagne, Luxembourg, Suisse), auquel se rattachent aujourd'hui l'Italie et la Grèce.

Ces deux modèles connaissent actuellement une certaine convergence de fait et cohabitent avec la superposition de plusieurs profils migratoires, en raison des nouveaux migrants. Trois instruments privilégiés sous-tendent les politiques d'intégration :
– le droit de la nationalité, plus ou moins « absorbant » selon la place que font les pays d'accueil au droit du sol et à la durée de résidence pour l'acquisition de la nationalité, et selon l'accès ouvert à la représentation politique des étrangers et des populations issues de l'immigration ;
– la situation du marché du travail, instrument-clef de l'intégration et de la socialisation par le partage d'une même expérience ;
– les politiques d'égalité des chances : politique

de la ville (école, logement, accès à l'emploi, soutien social et animation culturelle), politique de lutte contre les discriminations raciales, promotion de la citoyenneté participative grâce au développement de la vie associative et au droit de vote local.

On pourrait y ajouter la place faite à l'islam. L'Europe de l'Ouest compte 12 millions de musulmans, dont 4 en France. Les pays européens les plus concernés tentent de faciliter une « citoyennisation de l'islam » par la reconnaissance des structures associatives censées en représenter les tendances.

Les nouveaux pays d'immigration, comme l'Espagne, l'Italie et le Portugal ou la Grèce, ont défini à leur tour des politiques d'intégration pour leurs nouveaux venus. En Espagne, la loi du 11 janvier 2000 inscrit à son programme la politique d'intégration. Il en est allé de même en Italie avec la loi de mars 1998 (loi Turco-Napolitano) – qui ne sera pas suivie d'effet après l'accession à la présidence du Conseil de Silvio Berlusconi –, et au Portugal avec la loi du 8 août 1998. Dans ces pays, la prise de conscience récente de la nécessité de mettre en œuvre une politique d'intégration, hier assumée essentiellement par les associations, témoigne de leur identification à des pays d'immigration durable.

3. Prospective : quotas, co-développement, droit à la mobilité

Avec l'élargissement à l'Est, l'une des incertitudes des Quinze concerne leur capacité à maîtriser les flux migratoires le long des nouvelles frontières extérieures de l'Europe, car le développement des migrations de transit favorise celui de l'immigration irrégulière et le travail clandestin, notamment en Russie et dans les Balkans, du fait des mesures restrictives à la circulation qui frappent les pays non bénéficiaires des accords de Visegrad. Cette nouvelle frontière, qui devrait s'appliquer aux nouveaux membres dès leur adhésion (2004), peut aussi casser des échanges régionaux intenses sur les futures limites de l'Union à 25.

À l'Ouest, l'européanisation progressive du contrôle des entrées (accords de Schengen de 1985 et de Dublin de 1990) a eu pour effet de renforcer les contrôles à distance et de faire des pays riverains de la « forteresse Europe » les garde-frontières de celle-ci, en échange d'accords de coopération et de co-développement. Mais l'espace de liberté, de sécurité et de justice défini par le traité d'Amsterdam en 1997 est en certains points perméable. Des « zones grises » se développent notamment dans les pays d'accueil de l'Europe du Sud.

De l'autre côté de la Méditerranée, les propositions de substitution de la circulation des biens à la circulation des hommes (accords de Barcelone en 1995 sur le partenariat euro-méditerranéen), sur le modèle de l'Accord de libre échange nord-américain (ALENA), sont de peu d'effet, car la circulation des biens induit souvent celle des hommes et tend à mettre sur la route tous ceux dont les emplois sont détruits par la concurrence des pays industrialisés (notamment productions agricoles). Les masses rurales poussées vers les grandes villes se tournent vers l'émigration. Toujours à court terme, l'équation migration et co-développement est fausse car le temps des migrations ne coïncide pas avec les stratégies de développement (transferts de fonds, modernisation des modes de vie), et plus les économies se développent, plus les migrations sont importantes, du fait des changements socioéconomiques. Pour le candidat au départ, l'anticipation d'un éventuel développement de sa région à long terme passe souvent après la tentation migratoire, même périlleuse ou mortelle. Plus au sud encore, sous l'effet de la mondialisation, les pauvres ont connaissance de la richesse du Nord et savent que, si elle ne vient pas à eux, c'est eux qui iront à elle : ce sont rarement les plus pauvres qui partent d'eux-mêmes, mais plutôt les réseaux migratoires qui les mettent en mouvement. Plus fondamentalement, la fermeture alimente la clandestinité et favorise l'établissement durable des immigrés, alors que l'ouverture permet la fluidité et la circulation des flux migratoires.

Des drames, avec des morts aux frontières de l'Europe (Gibraltar, Douvres), montrent l'hypocrisie des politiques de fermeture qui alimentent, du fait de la prohibition, les filières mafieuses et un marché du travail proche de l'esclavage moderne, car il faut rembourser le voyage et les faux papiers plusieurs années durant.

En réponse au manque de main-d'œuvre et au vieillissement de la population (rapport des Nations unies sur les migrations de remplacement, puis rapports du Bureau international du travail [BIT] et de l'Organisation de coopération et de développement économiques [OCDE] sur le manque de main-d'œuvre), deux discours s'affrontent, l'un offensif (reprise des flux migratoires, ouverture des frontières comme objectif à long terme), l'autre défensif (fermeture par crainte des conséquences en termes d'« intégration »).

Face au décalage entre les mécanismes européens de maîtrise des flux migratoires et les réalités qui se dessinent, des effets pervers s'amplifient sans que des solutions soient clairement proposées par les pays d'accueil. La communautarisation des décisions européennes est-elle un instrument plus performant que les politiques étatiques pour y répondre ? Va-t-on vers un risque de blocage des négociations européennes ? Vers un abandon de la souveraineté étatique ou un retour à celle-ci ? Vers une privatisation des politiques publiques par le recours à des opérateurs privés ? Vers une délocalisation des centres de décision ? Quelles solutions vont être adoptées à court terme pour répondre aux besoins de main-d'œuvre et aux demandes d'asile ? Régularisations par pays ? Quotas ? Partage du fardeau pour les demandeurs d'asile ? Reprise des migrations par secteurs d'activité grâce à une politique plus diversifiée des visas et dans une perspective de pré-adhésion ?

Pour l'Europe, l'enjeu consiste à trouver un compromis entre la position frileuse de l'opinion publique, la satisfaction des besoins de main-d'œuvre, les perspectives démographiques et le respect des engagements internationaux (droits de l'homme, respect du droit d'asile et du droit de vivre en famille, engagements au dialogue et au co-développement avec les pays de départ, prévention contre le pillage des cerveaux).

Parallèlement, le droit à la mobilité fait partie des droits émergents. L'idée que les pays européens ne pourront pas indéfiniment empêcher la mobilité des hommes commence à se répandre, non seulement dans les mouvements de défense des droits de l'homme, mais aussi dans le monde de l'entreprise. En même temps, un timide droit de migrer commence à être revendiqué, même si le droit à quitter un pays, y compris le sien (droit pourtant affirmé par la Déclaration universelle des droits de l'homme de 1948), demeure fort peu respecté dans le monde tant les conditions d'entrée dans un autre pays sont devenues difficiles. Est souvent fait le choix de la porte de service à défaut de pouvoir pénétrer par la porte principale.

En ce début de siècle, des interrogations se font jour sur le bien-fondé de la fermeture des frontières, porteuse d'effets pervers, et en décalage à la fois par rapport aux besoins économiques et démographiques de l'Europe et par rapport à l'aspiration à la mobilité de ceux qui, animés par un « désir d'Europe », tentent, à leurs risques et périls, d'y pénétrer coûte que coûte.

De son côté, l'immigration contribue à la redéfinition de la citoyenneté et de l'identité européennes, l'une et l'autre en recherche de son contenu : introduction de valeurs nouvelles (comme le multiculturalisme, la citoyenneté plurielle, la multiplicité des allégeances) et d'approches nouvelles des droits individuels (comme la dissociation de la citoyenneté d'avec la nationalité), notamment dans la vie locale, lutte contre les discriminations, droits des minorités, prise en compte des droits de ceux qui n'en ont pas (nomades, apatrides), réinvention de la laïcité et de l'image de l'« Autre » face à l'islam, etc. L'immigration joue enfin un rôle dans la construction d'un « nous » collectif européen, culturel et symbolique, qui, loin d'être un produit fini, est un projet perpétuellement recomposé.

Encadré 4
La Méditerranée : une ligne de fracture Nord/Sud

Tandis que les pays de la rive nord de la Méditerranée ont vu leur population croître d'environ un tiers entre 1950 et 2000, passant de 158 à 212 millions, les populations des pays des rives est et sud ont triplé, passant de 73 à 244 millions, soit une évolution allant de 32 % à 53 % selon les États. Le taux d'accroissement naturel (différence entre le taux de natalité et celui de mortalité) dans les années 1990 est de 1,5 % sur la rive nord contre 20,2 % sur la rive sud, en dépit de la stagnation démographique observée dans les pays de l'est et du sud de la Méditerranée durant la période. Il en résulte que 50 % de la population de cette région a aujourd'hui moins de 25 ans. D'ici 2025, la population du Maghreb devrait croître de 48 %, contre 3 % pour celle de l'Union européenne.

L'emploi constitue une autre ligne de fracture : le PIB par habitant dans l'Union est 14 fois plus élevé que celui des pays du Maghreb. Il est 20 fois plus important en Allemagne, 19 fois en France et 12 fois en Espagne. Les transferts de fonds liés à l'émigration représentent 6,3 % du PIB au Maroc, 2,3 % en Algérie, 4,1 % en Tunisie.

Bibliographie

B

Bade, K. (2002), *L'Europe en mouvement*, Paris, Le Seuil.

Bernard, P. (2002), *Immigration : le défi mondial*, Paris, Gallimard.

Bertossi, C. (2001), *Les Frontières de la citoyenneté en Europe*, Paris, L'Harmattan.

Bribosia, E. et A. Rea (dir.) (2002), *Les Nouvelles Migrations. Un enjeu européen*, Bruxelles, Complexe.

C

CEMOTI (2002), « Musulmans d'Europe », *Cahiers d'études sur la Méditerranée orientale et le monde turco-iranien*, n° 33.

G

Geddes, A. (2000), *Immigration and European Integration*, Manchester, Manchester University Press.

Guiraudon, V. (2000), « L'espace socio-politique européen, un champ encore en friche ? », *Culture et conflits*, septembre.

H

Haut Commissariat pour les réfugiés des Nations unies (HCR) (2000), *Les Réfugiés dans le monde*, Paris, Autrement.

Hommes et migrations (2001), « Nouvelles mobilités », n° 1233, septembre-octobre.

Hommes et migrations (2001), « Europe : ouvertures à l'Est », n° 1231, mars-avril.

K

Kastoryano, R. (dir.) (2000), *Le Multiculturalisme à l'épreuve*, Paris, Presses de Sciences Po.

L

Leveau, R., C. Wihtol de Wenden et K. Mohsen-Finan (dir.) (2002), *De la citoyenneté locale*, Paris, Ifri/La Documentation française, coll. « Les études de la Documentation française ».

Leveau, R., K. Mohsen-Finan et C. Wihtol de Wenden (dir.) (2002), *New European Identity and Citizenship*, Londres, Ashgate/Ifri.

Leveau, R., C. Wihtol de Wenden et K. Mohsen-Finan (dir.) (2001), *Nouvelles citoyennetés : réfugiés et sans-papiers dans l'espace européen*, Paris, Ifri, coll. « Travaux et recherches de l'Ifri ».

M

Migrations Société (2002), « Migration et avenir », vol. 14, n° 79, janvier-février.

Migrations Société (2001), « La nouvelle donne de l'immigration en Europe », vol. 13, n° 74, mars-avril.

N

Nations unies (2000), *Replacement Migration: Is it a Solution to Declining and Ageing Populations?,* New York, United Nations, Population Division (ESA/P/WP/.160), mars.

O

OIM (2003), *État de la migration dans le monde*, Genève, Organisation internationale pour les migrations.

P

Paquet, D. (2001), *L'Europe et le droit d'asile*, Paris, L'Harmattan.

R

Revue internationale des sciences sociales (2000), « La migration internationale en 2000 », UNESCO, n° 165, septembre.

S

SOPEMI (Système d'observation permanente des migrations, OCDE) (2002), *Tendances des migrations internationales*, Paris, L'Harmattan.

T

Tandonnet, M. (2001), *Le Grand Bazar*, Paris, L'Harmattan.

Tinguy, A. (de) (2001), « L'élargissement à l'est de l'Union : un nouveau défi pour l'Europe réunifiée », *Hommes et migrations*, mars-avril.

W

Wihtol de Wenden, C. (dir.) (2001), « On ouvre les frontières ? Chiche ! Et après ? », *Panoramiques,* novembre.

Wihtol de Wenden, C. (2001), *L'Europe des migrations*, Paris, La Documentation française.

Wihtol de Wenden, C. (1999), *Faut-il ouvrir les frontières ?*, Paris, Presses de Sciences Po.

Wihtol de Wenden, C. (1999), *L'Immigration en Europe*, Paris, La Documentation française.

Partie 3

S'ADAPTER À LA MONDIALISATION : Asie, Amérique latine, Moyen-Orient

Sommaire et auteurs

Économies en développement

Le mythe de la souveraineté confisquée

Françoise Nicolas

Il est courant d'entendre dire que les États sont les premières victimes de la montée en puissance de la mondialisation. Leur souveraineté se trouverait entamée pour diverses raisons, d'une part parce que l'espace national apparaît désormais trop étroit, et d'autre part parce que l'État est en concurrence avec d'autres acteurs susceptibles, en quelque sorte, de se substituer à lui dans l'exercice du pouvoir et la définition des politiques (Higgott 1997). La réduction du rôle de l'État semble découler naturellement du constat selon lequel la mondialisation et certaines institutions internationales dictent leur loi. C'est ce que Zaki Laïdi (2002) appelle « le déclassement des États dans la régulation mondiale, le plus souvent au profit du marché ». Ces affirmations extrêmes ont été contredites par les faits : loin d'avoir disparu, l'État a survécu et se trouve même confronté à des défis nouveaux dans le contexte de la mondialisation, qui lui offre de nouveaux espaces d'intervention. Force est de constater aussi que l'État a été contraint de s'adapter à la nouvelle donne et que les modalités d'exercice de son pouvoir ont évolué. En particulier, les conditions de la définition des politiques économiques apparaissent perturbées par la mondialisation.

Bien que tous les États, même les plus puissants, risquent de voir leur liberté de manœuvre remise en cause dans de telles conditions, les pays en développement (PED)[1] semblent particulièrement vulnérables. Nombreux sont ceux qui estiment que ces derniers sont plus que jamais contraints dans leur choix de politiques économiques à l'heure de la mondialisation. C'est en tout cas sur ce thème de la souveraineté confisquée que les critiques les plus vives sont adressées aux prétendus hérauts de la mondialisation que seraient l'Organisation mondiale du commerce (OMC), le Fonds monétaire international (FMI) ou la Banque mondiale (ces deux derniers sont fréquement appelés « institutions financières internationales », IFI). Suivant cette logique, les conseils prodigués par les institutions économiques internationales devraient conduire à une uniformisation des stratégies économiques et des comportements. Or, la diversité persistante des stratégies de croissance et l'absence d'un modèle unique de développement ne paraissent pas confirmer cette prédiction. L'objectif de ce chapitre est de chercher à réconcilier ces deux observations apparemment contradictoires. Il s'agira en particulier d'examiner dans quelle mesure les PED sont prisonniers de la mondialisation et des institutions économiques internationales, et quelles sont les marges de manœuvre dont ils peuvent disposer dans la définition de leurs politiques économiques.

1. Cette expression désigne ici les pays à revenu intermédiaire ou à faible revenu, selon la nomenclature de la Banque mondiale.

1. La souveraineté confisquée

Les institutions internationales de coopération économique (IFI en tête) sont souvent en première ligne des attaques des détracteurs de la mondialisation, pour lesquels elles apparaissent comme les promoteurs de la mondialisation. Ces institutions sont fréquemment accusées d'exercer une influence excessive sur les économies en développement en leur dictant leur conduite et en les privant de toute autonomie d'action. L'accroissement du pouvoir coercitif de l'OMC[2] (par rapport à son prédécesseur, le GATT[3]) et le rapprochement entre cette institution et les IFI de Washington viennent accréditer cette interprétation alarmiste.

Pour les « altermondialistes », la liberté de manœuvre des PED dans le contexte actuel de mondialisation se trouverait largement contrainte pour diverses raisons qui se renforcent mutuellement. Selon Nayyar (2000), la notion de mondialisation peut être comprise à la fois dans un sens positif (pour décrire le processus d'intégration toujours plus poussé des économies) et dans un sens normatif (pour définir l'orientation d'une stratégie de développement, qui passe par l'intégration aux marchés mondiaux). L'autonomie des PED dans la formulation de leurs politiques économiques serait donc tout d'abord limitée par la nécessité, pour eux, de s'inscrire dans le mouvement de mondialisation. Par ailleurs, ces pays se trouveraient en situation de dépendance, dans la mesure où ils sont également tenus de se conformer à des règles édictées en dehors d'eux, essentiellement par les pays industrialisés, et en conséquence fortement biaisées. Quoi qu'il en soit, la définition des politiques économiques ne semble plus appartenir aux dirigeants des PED, qui sont tenus de respecter la « pensée unique » « néolibérale et mondialisatrice » ; en d'autres termes, la mondialisation constituerait un véritable diktat idéologique et la participation à la mondialisation viendrait se substituer en quelque sorte à toute autre stratégie de développement.

Dans le même esprit, Khor (2000) voit dans la mondialisation une forme d'uniformisation idéologique qui prive les gouvernants des PED de toute liberté de manœuvre dans la définition de leurs politiques économiques. Selon lui, cette uniformisation tiendrait non seulement à l'influence dominante des IFI et de l'OMC, mais aussi à l'essor de l'orthodoxie libérale et à un véritable « fondamentalisme du marché[4] ». Les choix en matière de politique économique, mais aussi sociale, culturelle et technologique, seraient désormais largement influencés par les grandes agences internationales ou par de grands opérateurs financiers ou entreprises privées. Il en résulterait une érosion de la souveraineté nationale et une réduction des marges de manœuvre des gouvernants[5].

Une source supplémentaire de malaise tient au fait que les règles qui sont imposées actuellement aux PED ne l'ont pas été par le passé aux pays aujourd'hui industrialisés. Une application stricte des principes de l'OMC, par exemple, leur interdira de recourir à des politiques interventionnistes comme celles qui ont permis à des pays, notamment le Japon, de réussir au cours de la seconde moitié du xxe siècle. Par ailleurs, les PED ne pouvant participer à la définition des règles du jeu (ou tout au moins pas de manière aussi active que les pays industrialisés), et n'ayant qu'une influence marginale sur l'établissement de l'ordre du jour des négociations commerciales, se trouveraient automatiquement en position d'infériorité.

Ainsi, à travers l'Organe de règlement des différends (ORD), l'OMC peut s'ingérer dans le processus de définition des politiques nationales dans tous les domaines qui relèvent désormais de la compétence de la nouvelle institution et qui vont de la politique de la concurrence aux pratiques des marchés publics, en passant par les normes environnementales et du travail. Certes, les PED ne sont pas les seuls à devoir se soumettre aux décisions de cet organe, mais, comme les règles sont largement influencées par les pays industrialisés, ils se trouveraient dans une position nettement plus inconfortable que leurs partenaires plus développés. De même, du fait de leur situation de dépendance finan-

2. En raison notamment de la mise en place de l'Organe de règlement des différends (ORD).

3. *General Agreement on Tariffs and Trade*, Accord général sur les tarifs douaniers et le commerce.

4. Pour reprendre une expression de George Soros, cité par Williamson (2000).

5. L'essor des nouvelles technologies de l'information et de la communication (TIC), comme le courrier électronique et Internet, risque de rendre la définition d'une politique culturelle ou de communication particulièrement délicate, et de rendre vain le contrôle de la diffusion des informations ou des produits culturels. Ce thème ne sera pas abordé ici.

cière, ces pays seraient par définition à la merci des IFI et de leur conditionnalité[6].

Enfin, l'idéologie de la mondialisation risque d'aboutir à une uniformisation des régimes mais aussi des institutions. Or la diversité des situations appellerait des institutions différenciées ; ainsi le rôle de l'État ne peut être le même dans des économies industrialisées et dans des économies en développement ou émergentes ; les niveaux de revenu et de développement[7] imposent des degrés d'intervention divers.

Les PED doivent suivre les injonctions des organisations internationales, qui sont dominées par les pays industrialisés, mais ils sont aussi à la merci des grandes entreprises multinationales ; sur ce dernier point, à vrai dire, leur situation ne diffère guère de celle des pays industrialisés, si ce n'est que ces grandes entreprises sont le plus souvent issues des pays industrialisés et peuvent avoir partie liée avec certains gouvernements de ces pays.

Même si ces accusations sont sans doute excessives, elles comportent une part de vérité et ont surtout le mérite de soulever des questions importantes. La première est de savoir si les institutions économiques internationales sont aussi puissantes que leurs détracteurs le prétendent et si leur discours est aussi monolithique et résolument favorable à la « mondialisation libérale ».

2. La « dictature » des institutions internationales

L'asymétrie des règles de l'OMC

En matière commerciale, les PED apparaissent bel et bien limités dans leurs choix puisqu'ils doivent se conformer aux règles de l'OMC. S'il est vrai que ces règles sont en principe élaborées à l'issue d'une concertation entre les différents États membres et qu'elles sont donc volontairement adoptées, force est de constater que tous les pays ne sont pas égaux dans la procédure. Le résultat est une certaine asymétrie dans les règles et la mise à l'écart de certains domaines (agriculture et textile, notamment), qui seraient particulièrement intéressants pour les PED. À titre d'exemple, il ne fait guère de doute que les règles relatives à la protection des droits de propriété intellectuelle (DPI) auraient été sensiblement différentes si les intérêts de ces pays, qui sont essentiellement importateurs de technologie, avaient été mieux pris en compte. De la même manière, la libéralisation des échanges de marchandises s'impose à ces pays, alors que, pour l'instant, aucune libéralisation des flux de main-d'œuvre ou de technologie n'est envisagée en retour. En outre, les exceptions ou dérogations pouvant bénéficier aux PED ne sont généralement pas dénuées de contreparties pour les pays industrialisés.

Dans le contexte actuel, les marges de manœuvre des PED en matière commerciale sont effectivement réduites. Toutefois, l'un des principaux objectifs du nouveau cycle de négociation de l'OMC, lancé à Doha en novembre 2001, est précisément de privilégier leurs intérêts dans les négociations, d'où le nom de « cycle de développement » qui lui a été attribué. Pour l'instant, il est difficile de savoir si ces intentions se concrétiseront ou resteront lettre morte.

Les IFI : un pouvoir de coercition limité...

Contrairement à ce que d'aucuns prétendent, les IFI ne sont pas toutes puissantes, loin s'en faut. À ce propos, il convient de distinguer entre les situations de crise, où les IFI sont en position de force vis-à-vis des PED et en mesure de leur imposer une certaine ligne de conduite, et les situations plus classiques, dans lesquelles elles n'ont qu'un pouvoir de recommandation sans dimension coercitive. Les économies en difficulté financière qui ont besoin d'un rééchelonnement de leur dette et font appel au FMI sont en effet tenues d'adopter un plan d'ajustement, qui accompagne le versement des aides. Contrairement à ce qui est fréquemment avancé, ces plans ne constituent pas de véritables « oukases » : ils sont officiellement élaborés en concertation avec les autorités nationales et appliqués avec leur accord. Dans tous les cas de

6. Les prêts accordés par les IFI sont accompagnés de conditions relatives à l'orientation de la politique économique du pays concerné. Comme ces versements sont généralement effectués par tranches, leur poursuite dépend du respect desdites conditions.
7. Mais aussi les préférences nationales.

Encadré 1
Les mécanismes de financement du FMI

L'objectif des prêts du FMI est d'aider un État membre à résoudre ses problèmes de balance des paiements et de rétablir les conditions d'une croissance économique durable. À la différence des prêts accordés par les agences de développement, les concours du FMI ne financent pas des projets ou des activités spécifiques. Ces prêts sont généralement assortis de conditions concernant l'application de la politique économique convenue.

Le FMI a mis en place divers mécanismes de financement qui correspondent à des situations différentes.

- *Accords de confirmation* : créé en 1952, c'est le mécanisme de base de financement du FMI destiné à aider un pays à faire face à des difficultés temporaires de balance des paiements. Dans le cadre d'un tel accord, un pays peut tirer sur les ressources de l'institution à hauteur d'un montant spécifié et pour une période de 12 à 18 mois.

- *Mécanisme élargi de crédit* : créé en 1974, il est destiné à aider à résoudre des problèmes économiques structurels entraînant des carences graves dans la balance des paiements. Il permet à un État membre de tirer sur les ressources de l'institution à hauteur d'un montant spécifié et pour une période de 3 ou 4 ans.

- *Facilité pour la réduction de la pauvreté et pour la croissance* (a remplacé la facilité d'ajustement structurel renforcée en novembre 1999) : c'est un mécanisme assorti d'un faible taux d'intérêt qui est destiné aux pays les plus pauvres en proie à des problèmes persistants de balance des paiements.

- *Facilité de réserve supplémentaire* : créée en 1997, elle apporte des concours à court terme supplémentaires aux pays en proie à des difficultés de balance des paiements exceptionnelles, dues à une perte de confiance soudaine des marchés et aux sorties massives de capitaux qui s'ensuivent. Le taux d'intérêt est majoré par rapport au taux ordinaire appliqué par le FMI.

- *Ligne de crédit préventive* : créée en 1999, c'est une ligne de défense ouverte, par précaution, pour aider les États membres victimes d'un effet de contagion, mais dont la politique économique est solide.

- *Aide d'urgence* : créé en 1962, ce mécanisme permet d'aider les États membres à faire face à des problèmes de balance des paiements dus à des catastrophes naturelles soudaines et imprévisibles (ou, depuis 1995, des situations de sortie de conflits militaires).

Source : <www.imf.org>.

figure, la dimension coopérative a été renforcée récemment, ce qui traduit une volonté de concertation plus résolue que par le passé. Certes, il ne faut pas croire naïvement que la marge de manœuvre des économies sous programme soit très importante, mais elle existe. Sur ce plan, bien sûr, tous les pays ne sont pas non plus égaux et certains disposent d'une capacité de négociation supérieure aux autres, en raison non seulement de leur poids économique mais aussi de leur positionnement géostratégique. C'est le cas par exemple de l'Égypte ou de la Turquie.

... MAIS UNE RIGUEUR NÉCESSAIRE

La conditionnalité qui accompagne les programmes des IFI est fréquemment critiquée, tant dans son principe que dans son contenu. Pour ce qui est du premier point, la conditionnalité a pour objectif tout d'abord d'assurer que le pays emprunteur ne se contente pas d'ajourner des choix difficiles mais renforce sa politique économique, et ensuite de permettre le rétablissement rapide de la situation économique du pays concerné, et donc de garantir le remboursement des sommes mises à disposition, ce qui permet la reconstitution des ressources de l'institution et leur rotation éventuelle entre les différents pays membres.

Si le deuxième point est sujet à controverses, la rigueur exigée dans ces programmes est généralement inévitable. Le carcan imposé par les IFI est justifié par le fait que leurs interventions se font, par définition, dans des situations de crise. En d'autres termes, c'est lorsqu'il est déjà trop tard que les gouvernants font appel à leurs services. Dans ces conditions, la palette des solutions est nécessairement assez réduite et la discipline imposée peut paraître particulièrement douloureuse. Comme le souligne Rogoff (2002), il est important de ne pas confondre corrélation et causalité : en situation de crise, les marges de manœuvre sont obligatoirement étroites ; toutefois, seuls les pouvoirs publics sont responsables de cette situation difficile – et pas les IFI. Il ne fait aucun doute que la conditionnalité associée aux programmes du FMI réduit la liberté de manœuvre des économies sous programmes, mais c'est le prix à payer pour des erreurs antérieures. Le respect des règles minimales en terme de bonne gestion macroéconomique leur permettra précisément d'éviter de se retrouver dans cette position inconfortable.

Les contraintes qui pèsent sur les PED en matière de gestion macroéconomique tiennent à la nature des difficultés auxquelles ils sont confrontés, et non pas tant à une posture idéologique de principe prise par les IFI. Ainsi, l'austérité budgétaire prônée dans certains plans d'ajustement accompagnant l'octroi de fonds par ces institutions s'explique par la situation délicate des finances publiques de ces pays. La situation créée par la mise en place du programme doit être comparée à celle qui résulterait d'une absence d'intervention, et non pas à une situation idéale qui, de toutc façon, soit a cessé d'exister, soit n'a jamais existé. L'austérité budgétaire peut être nécessaire et finalement salutaire, alors que l'absence de réforme déboucherait sur une situation encore plus délicate.

Deux remarques méritent d'être faites à ce stade à propos du caractère censément répressif des IFI. Premièrement, les contraintes imposées par ces institutions peuvent avoir un caractère salutaire, dans la mesure où elles fournissent une légitimation extérieure pour les pouvoirs publics nationaux, qui peuvent invoquer la « contrainte extérieure » pour faire passer certaines réformes peu populaires. Par ailleurs, la perception que les populations des PED ont des IFI n'est pas nécessairement aussi négative que l'on pourrait l'imaginer. Ainsi, une enquête récente (Pew Research Center for the People and the Press 2003)[8] révèle que seules les populations des pays qui ont eu récemment maille à partir avec les IFI à l'occasion de crises financières aiguës (Argentine et Brésil notamment, mais aussi Indonésie, Jordanie et Turquie[9]) estiment que ces institutions ont une influence négative sur leurs sociétés. Le jugement est en revanche positif dans les économies africaines, pourtant placées elles aussi, mais de manière plus chronique, sous la coupe du FMI et de la Banque mondiale[10].

Tableau 1
Perception des organisations internationales dans les PED

OMC, FMI et Banque mondiale	
Meilleurs classements	Bon pour le pays (%)
Côte-d'Ivoire	87
Vietnam	85
Ouzbékistan	85
Philippines	81
Sénégal	81
Nigeria	79
Angola	74
Guatemala	73
Ghana	72
Kenya	71
Moins bons classements	Mauvais pour le pays (%)
Argentine	66
Jordanie	63
Turquie	57
Brésil	48
Liban	34
Indonésie	30
Nations unies	
Meilleurs classements	Bon pour le pays (%)
Kenya	93
Côte-d'Ivoire	89
Philippines	89
Sénégal	85
Vietnam	85
Ouzbékistan	84
Ghana	83
Nigeria	83
Ouganda	79
Guatemala	78
Moins bons classements	Mauvais pour le pays (%)
Jordanie	55
Argentine	50
Liban	41
Turquie	34
Brésil	34
Bolivie	27

Source : Pew Research Center (2003).

Le consensus (mou) de Washington

Les IFI sont également fréquemment critiquées pour leur orientation idéologique néolibérale, qui s'exprime non seulement à travers les programmes d'ajustement dont il vient d'être question, mais aussi, de façon plus générale, dans les recommandations de politique économique qu'elles peuvent émettre à l'occasion des missions de surveillance régulière effectuées auprès de tous les pays membres[11]. Cette pensée unique n'est d'ailleurs pas l'apanage des institutions multilatérales, mais reflète l'idéologie dominante dans les milieux académiques et politiques. Elle constitue ce qu'il est

8. The Pew Global Attitudes Project (Pew Research Center 2003) est le résultat d'une enquête effectuée dans 44 pays à travers le monde auprès d'un total de 38 000 personnes, dont l'objectif était d'étudier les réactions de la population mondiale face à divers grands défis tels que la guerre en Irak, la lutte des États-Unis contre le terrorisme, le conflit israélo-palestinien ou la montée de la mondialisation.

9. En dépit de la forte hostilité au FMI exprimée par les Sud-Coréens à l'occasion de la crise financière de 1997-1998, le jugement sur les institutions économiques internationales apparaît relativement positif dans cette étude, puisque 53 % des personnes interrogées estiment que leur influence est plutôt bonne et 5 %, bonne. Le jugement est également très favorable au Mexique, avec près de 60 % d'opinions positives.

10. Il est intéressant de noter que la perception que ces pays ont de l'Organisation des Nations unies (ONU) est dans l'ensemble plus favorable, même si l'écart est généralement marginal.

11. On notera au passage que *tous* les 183 pays membres du FMI font l'objet de missions de surveillance au titre de l'article 4 des statuts du Fonds, quels que soient leur niveau de richesse et leur importance sur la scène économique internationale.

Encadré 2
Le « consensus de Washington »

L'expression de « consensus de Washington » est due à Williamson (1990). Elle réunit les prescriptions de politique économique (appliquées aux économies latino-américaines) qui semblaient faire l'objet d'un consensus au sein des institutions de Bretton Woods et de l'Administration des États-Unis à la fin des années 1980. À l'origine, ce consensus n'était donc en aucune manière destiné à avoir un caractère normatif, mais simplement descriptif.

Le consensus comprend 10 principes sur la conduite de la politique macroéconomique :

– *discipline budgétaire* permettant d'éviter les pressions inflationnistes et les fuites de capitaux ;

– *dépenses publiques prioritaires* dans les secteurs offrant des rendements économiques importants et permettant d'améliorer la répartition des revenus (éducation, santé et développement des infrastructures) ;

– *réforme fiscale* permettant d'élargir l'assiette fiscale et de limiter les taux d'imposition ;

– *taux d'intérêt* réels positifs afin d'encourager l'épargne et de décourager les fuites de capitaux ;

– *taux de change* compétitif ;

– *libéralisation commerciale* et suppression des droits sur les produits intermédiaires entrant dans la production des biens destinés à l'exportation ;

– *libéralisation* des flux d'investissement direct étranger ;

– *privatisation* des entreprises publiques ;

– *déréglementation* de manière à éliminer les barrières à l'entrée et à la sortie, ainsi que les sources de corruption ;

– *garantie* des droits de propriété.

Rapidement, l'expression a été utilisée par les opposants au libéralisme pour désigner l'idéologie ultralibérale. Dans le langage courant, elle ne correspond donc plus aux recommandations énoncées ci-dessus, mais est devenue synonyme de libéralisation financière et commerciale totale, de privatisation rapide et de rigueur monétaire et budgétaire.

Pour Naïm (2000), l'un des principaux apports du consensus de Washington est l'idée que les PED ne fonctionnaient pas d'une manière fondamentalement différente de toutes les autres économies et, en conséquence, qu'une certaine orthodoxie économique (au sens d'une gestion macroéconomique rigoureuse) s'imposait aussi dans leur cas.

Les résultats mitigés obtenus par nombre des économies latino-américaines qui avaient tenté de respecter les orientations du consensus de Washington (dans son acception d'origine) ont mis en évidence les lacunes de ces recommandations. Williamson (2000) souligne en particulier le manque d'attention accordée au renforcement des institutions, mais aussi le peu d'importance accordé à l'objectif de réduction de la pauvreté. Pour autant, à ses yeux, ces échecs économiques ne remettent aucunement en cause la validité des recommandations relatives à la bonne gestion macroéconomique, la déréglementation et l'ouverture.

Sources : Williamson (1990, 2000), Naïm (2000).

convenu d'appeler le « consensus de Washington » (voir encadré 2). La particularité de la décennie 1990 est d'avoir correspondu à une période où l'on avait l'impression qu'un consensus clair et solide existait sur le chemin à suivre par les PED pour s'engager sur la voie de la prospérité et du développement. Or, à y regarder de plus près, force est de constater, premièrement, que cette expression a été assez largement détournée de son sens original, et, deuxièmement, que les recommandations adressées par les IFI ont considérablement évolué au cours des 15 dernières années.

Tout d'abord, le consensus de Washington ne constitue pas à proprement parler une doctrine qui aurait été élaborée par les IFI et l'Administration des États-Unis à l'intention des gouvernants des économies en développement, mais simplement une synthèse des principales prescriptions de politique économique qui semblaient, à un moment donné, avoir reçu l'approbation de ces diverses instances et sur lesquelles il semble qu'il y ait eu convergence, suite notamment à la chute de l'Union soviétique[12]. Ce consensus est toutefois plus modéré que ses détracteurs le prétendent et il ne reflète pas l'idéologie néolibérale extrémiste ni le fondamentalisme de marché que d'aucuns dénoncent (voir encadré 2). Il est vrai que certaines recommandations ont sans doute été poussées plus que d'autres par les IFI – ou plus médiatisées –, ce qui explique la dérive observée dans l'interprétation du discours de ces institutions.

D'autre part, ce consensus a considérablement évolué au fil des années sous la pression de la réalité : certains exemples de réussite ont démontré que le succès n'était pas toujours associé au respect de l'orthodoxie, alors que certains échecs ont suggéré que l'orthodoxie pouvait présenter des failles. Les supposées certitudes en matière d'orien-

12. Williamson (2000) s'inscrit en faux contre l'interprétation donnée au « consensus de Washington ». Il rappelle qu'il s'agissait simplement d'identifier le plus petit commun dénominateur parmi les recommandations de politique économique faites par les IFI et l'Administration des États-Unis aux économies latino-américaines en 1989.

tation des politiques économiques ont été largement entamées par l'observation de la réussite de certaines économies, notamment en Asie de l'Est. Bien que la Banque mondiale ait longtemps voulu voir dans ces économies des élèves modèles, leur expérience reflète le succès de stratégies de développement assez peu orthodoxes. En dehors d'une grande discipline budgétaire, ces économies se sont démarquées de la ligne prescrite, en combinant des stratégies de substitution des importations et de promotion des exportations, et surtout en ayant recours à des politiques interventionnistes, notamment en matière de politique industrielle. Reconnaissant l'hétérodoxie de certaines pratiques, la Banque mondiale a essayé, dans un rapport resté célèbre[13], de réconcilier l'expérience asiatique avec ses recommandations antérieures, en établissant une distinction subtile entre les interventions favorables au marché (*market friendly*) et les autres. L'évolution du consensus était en marche.

Par ailleurs, la crise du peso mexicain de 1994-1995 a démontré, en particulier, que les réformes macroéconomiques ne permettaient pas à elles seules d'assurer la prospérité des PED[14]. En matière d'attractivité pour les investisseurs étrangers, par exemple, le bon fonctionnement du système judiciaire, la qualité de la main-d'œuvre et le développement des infrastructures de télécommunications sont apparus comme autant de facteurs pouvant aider à optimiser les entrées d'investissements directs étrangers (IDE). De la même manière, la mise en place d'une réforme fiscale est apparue inutile si elle ne s'accompagne pas d'une amélioration de la capacité de collecter les impôts, et le maintien d'un taux de change compétitif s'est révélé inefficace pour soutenir une stratégie de croissance fondée sur les exportations en l'absence d'infrastructures portuaires appropriées ou de dispositifs anti-corruption. En d'autres termes, la qualité des institutions s'est imposée comme un complément indispensable des réformes macroéconomiques (Naïm 2000).

Alors que l'intégration à l'économie mondiale (dans sa dimension tant commerciale que financière) commençait à émerger comme l'un des piliers d'un éventuel nouveau consensus, les crises financières successives de la fin des années 1990 ont encore infléchi le discours. Les IFI prônaient jusqu'à une date récente une ouverture assez systématique du compte de capital de la balance des paiements dans le cadre de la libéralisation des marchés[15], mais elles se montrent aujourd'hui nettement plus modérées. L'idée initiale sous-jacente était que l'intégration dans les circuits de la mondialisation financière constituait le meilleur moyen d'accroître les investissements dans des économies à faible capacité de financement autonome. Le FMI allait même jusqu'à faire de cette politique une conditionnalité de ses aides. Or, suite aux crises financières qui ont secoué nombre d'économies en développement depuis le milieu des années 1990, les certitudes en la matière ont été remises en question, et les discours des IFI connaissent aujourd'hui une incontestable inflexion vers une plus grande prudence (Prasad *et al.* 2003). L'approbation récente (juin 2003), par le FMI, de l'initiative argentine sur la mise en place d'un contrôle des mouvements de capitaux, illustre l'évolution du discours officiel.

S'il fallait encore une preuve de l'absence d'un véritable consensus sur la marche à suivre pour parvenir au développement économique, il suffirait de rappeler les violents débats qui ont opposé, au lendemain de la crise asiatique, nombre d'éminents économistes[16], essentiellement anglo-saxons, appartenant pourtant tous à une mouvance idéologique favorable à l'économie de marché, au libre-échange et à la liberté de circulation des capitaux.

En fait, l'expression de « consensus de Washington » a été victime de son succès : synthétique et frappante, elle est rapidement devenue synonyme de doctrine économique néolibérale, voire ultra-libérale, pour les opposants au libéralisme. Elle a surtout donné l'illusion qu'il existait un ensemble solide et stable de mesures économiques à mettre en place pour assurer la croissance, alors qu'en réalité, le discours des IFI n'a cessé d'évoluer. Pour autant, si la mauvaise interprétation de la pensée dominante doit être condamnée, certaines prescriptions « orthodoxes » de politique économique demeurent néanmoins valables, en particulier dans un contexte de mondialisation.

13. Voir Banque mondiale (1993).
14. Jusqu'à la crise, le Mexique avait été qualifié d'élève modèle du FMI.
15. Une prescription qui ne figurait toutefois pas en tant que telle dans le consensus d'origine (voir encadré 2).
16. Joseph Stiglitz, Paul Krugman d'une part, Michael Mussa et Rudiger Dornbusch d'autre part, pour n'en citer que quelques-uns. Pour plus de détails sur ce point, voir Naïm (2000).

3. Les contraintes de la mondialisation

L'obligation de mondialisation

Même si les institutions économiques internationales n'en sont pas exclusivement responsables, l'intégration à la mondialisation apparaît aujourd'hui comme une véritable obligation pour toutes les économies du monde, et en particulier pour celles des PED. Il s'agit toutefois d'une obligation à laquelle ces pays obéissent d'assez bonne grâce[17]. En effet, comme la non-participation semble entraver l'émergence d'une dynamique de croissance (voir graphique 1), elle n'apparaît plus comme une véritable option. L'intégration à la mondialisation ne se décrète toutefois pas, et elle ne peut en aucune manière se substituer à une stratégie de développement. En outre, l'intérêt que les PED trouvent à s'intégrer dans la mondialisation ne les prive pas de tout degré de liberté. En dehors de l'intégration, ils doivent aussi se préoccuper d'autres aspects de la politique économique et ne se trouvent donc pas exemptés de définir une stratégie de développement. L'ouverture commerciale est potentiellement porteuse de croissance, mais à certaines conditions. Ceci est encore plus vrai pour l'ouverture financière ; en effet, les résultats empiriques ne permettent pas de mettre clairement en évidence un lien positif entre intégration financière et croissance pour les PED (Prasad *et al.* 2003). Des marges de manœuvre existent donc dans les mesures d'accompagnement, mais aussi dans la manière dont la politique est mise en œuvre (comme nous le verrons plus loin). Enfin, divers degrés d'intégration sont possibles : le choix est ouvert entre une version édulcorée de la participation à la mondialisation et une version plus orthodoxe.

Les implications de la mondialisation

La deuxième question qui se pose est de savoir si la participation à la mondialisation (ou l'intégration à l'économie mondiale) limite les options ouvertes aux PED en matière de définition de leur politique économique. Elle impose incontestablement des contraintes : elle implique tout d'abord l'adhésion aux règles du jeu international, ce qui limite automatiquement la liberté de manœuvre des économies concernées en les obligeant à mettre leur propre réglementation en conformité.

Par ailleurs, la participation à la mondialisation entraîne des modifications importantes des modalités de fonctionnement des économies. Ainsi, du fait de la concurrence à laquelle elles se trouvent alors soumises, les économies sont automatiquement plus exposées aux évolutions – et éventuellement aux sanctions – des marchés. La mondia-

17. L'enquête du Pew Research Center (2003) montre que la perception de la mondialisation est positive dans un grand nombre de PED (voir graphique 2).

Graphique 1
Les bénéfices de l'intégration dans l'économie mondiale (taux de croissance annuel moyen du PIB par tête, en %, 1990-2001)

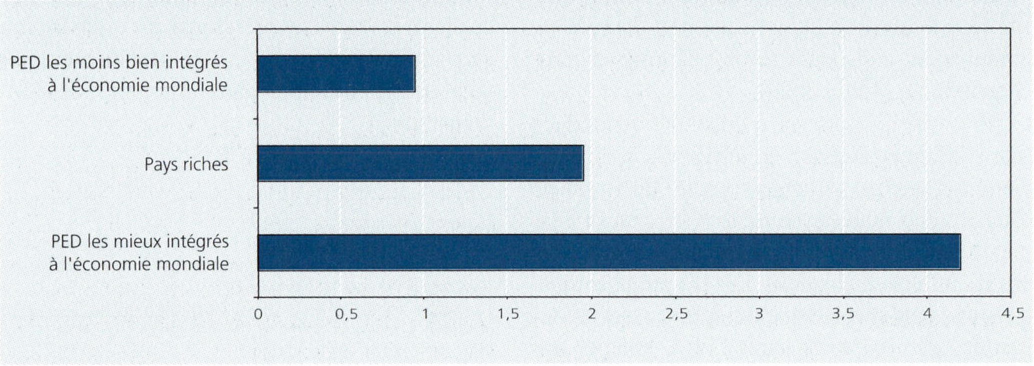

Graphique 2
Perception des effets de la mondialisation sur l'économie nationale dans les PED

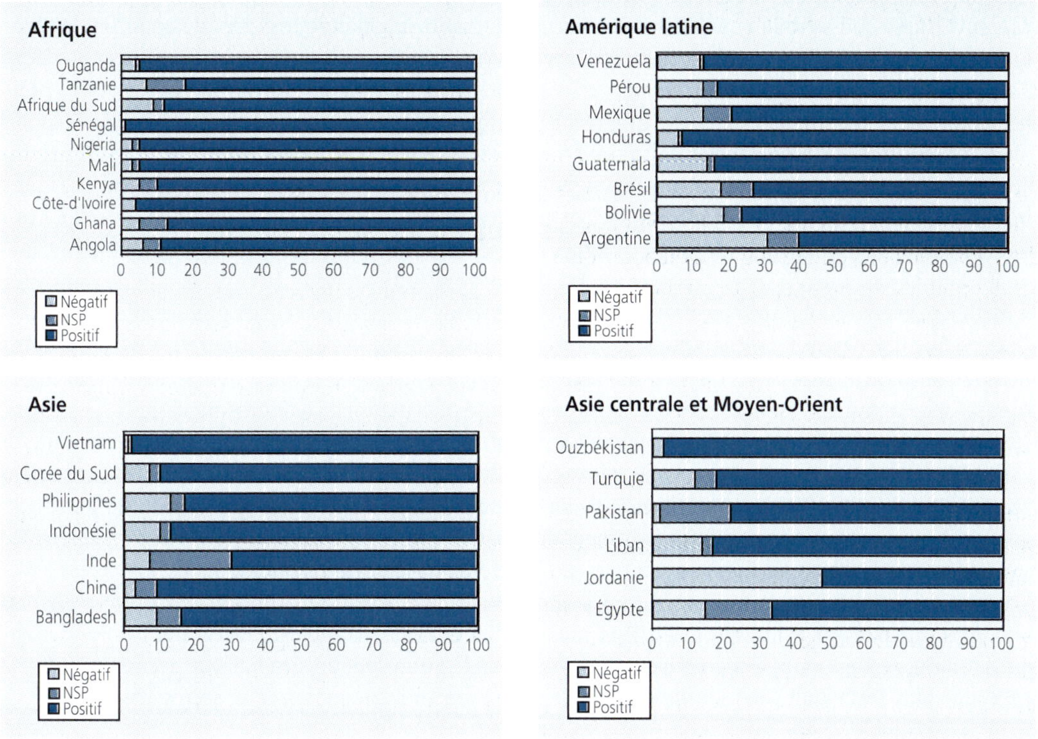

Source : The Pew Research Center for the People and the Press (2003).

lisation se manifeste en particulier par une forte mobilité des capitaux et par une intensification non seulement des flux commerciaux mais aussi des flux d'investissements directs. L'une des principales conséquences de la mondialisation est d'accroître les structures d'interdépendance entre les économies et, ce faisant, de multiplier les canaux de transmission des chocs d'une économie à une autre. Dans ces conditions, les options prises par les différents pays ne sont pas neutres pour leurs partenaires et font l'objet d'une sorte de surveillance au niveau international, qui peut éventuellement déboucher sur des sanctions. La mondialisation comporte ainsi une dimension disciplinaire. Théoriquement, toutes les économies qui participent au mouvement sont logées à la même enseigne, et les PED ne devraient pas être plus exposés que leurs partenaires industrialisés. En réalité, toutefois, ils sont, là encore, plus vulnérables, dans la mesure où leurs structures internes ne leur permettent pas aisément d'encaisser des chocs extérieurs importants. Mais, même s'il réduit quelque peu l'autonomie économique, l'effet de « discipline » peut aussi être bénéfique, car il peut permettre d'éviter certains dérapages (et éventuellement le passage par les fourches caudines des IFI).

Il ne faut cependant pas exagérer cet effet bénéfique, dans la mesure où les sanctions ne sont pas toujours exercées à bon escient : typiquement, les flux financiers répondent souvent à des phénomènes de mode et ne sont pas obligatoirement liés à la situation des « fondamentaux ». Dans le cas de la crise financière asiatique, certaines économies comme la Malaisie ou la Corée du Sud ont incontestablement été sanctionnées plus sévèrement qu'elles ne le méritaient, du fait des comportements grégaires fréquemment observés sur les marchés internationaux des capitaux et de l'amplification des flux qui en est résultée. Sur ce plan encore, la situation des PED est un peu plus délicate que celle des économies industrialisées.

L'intégration à l'économie mondiale impose aussi des obligations supplémentaires aux PED en les contraignant, en particulier, à mettre en place des mesures d'accompagnement[18]. Le processus de mondialisation s'accompagnant de pertes pour certains groupes sociaux ou certains secteurs, le rôle de l'État « redistributeur » se trouve accru puisqu'il doit assurer la protection des perdants. Dans ces conditions, la mondialisation accroît mécaniquement la demande sociale d'État (Laïdi 2002, Rodrik 1997), car ce dernier doit faire face aux coûts d'ajustement immanquablement engendrés par les bouleversements qui accompagnent la mondialisation (ouverture aux échanges, changements dans la structure de spécialisation, etc.). En la matière, diverses solutions sont toutefois possibles en fonction des préférences collectives exprimées dans les différents pays. La mondialisation impose une contrainte, mais la réponse apportée peut varier et laisse donc des marges de manœuvre.

L'expérience des dernières années a aussi montré que la participation à la mondialisation financière impose aux pays d'avoir mis en place au préalable des structures financières internes suffisamment solides pour limiter les répercussions négatives que peuvent entraîner des afflux massifs de capitaux. Les contraintes qui pèsent sur les politiques des PED sont plus lourdes que celles que connaissent les économies industrialisées en raison de la nature même de ces économies et de leurs modalités de fonctionnement. Ainsi, l'absence de reconnaissance internationale de leur monnaie et leur faible crédibilité sur les marchés financiers les exposent aux risques de la mondialisation financière[19].

Enfin, en optant pour la mondialisation, une économie se prive automatiquement de certaines options de politique économique. L'un des exemples les plus connus est le principe dit du « triangle d'incompatibilité », selon lequel un pays qui décide de participer à la mondialisation financière se trouve contraint de renoncer soit à la stabilité de son taux de change s'il veut aussi conserver l'autonomie de sa politique monétaire, soit à l'autonomie de sa politique monétaire s'il veut préserver la fixité de son taux de change. Même si les trois objectifs ne peuvent effectivement pas être atteints simultanément, il existe néanmoins plusieurs moyens de faire face à ce « trilemme », ce qui offre donc une certaine latitude.

Dans le même ordre d'idée, Rodrik (2002) estime que la participation à la mondialisation est incompatible avec le maintien en parallèle d'un système politique démocratique (c'est-à-dire fondé sur la consultation de groupes de citoyens) d'une part, et de l'État-nation de l'autre. Selon cet auteur, l'intégration économique complète contraint les économies qui y participent soit à renoncer au cadre de l'État-nation en transférant les décisions politiques au niveau supranational – ce qui correspond à une situation de fédéralisme global –, soit à abandonner les modalités de décision démocratiques en appliquant au niveau de l'État des principes qui permettent la poursuite de l'intégration et s'imposent de l'extérieur. Il s'agit en fait de transférer le pouvoir à d'autres que les groupes d'intérêt nationaux (abandon de la démocratie) ou d'accepter que les discussions aient lieu au niveau global et non plus national (fédéralisme global). Ce raisonnement ne tient toutefois que si l'on envisage la mondialisation comme une situation où l'ensemble des obstacles aux échanges (quelle qu'en soit la nature) ont disparu, ce qui ne correspond bien évidemment pas à la situation actuelle. Dans ces conditions, une solution consisterait à opter pour une intégration incomplète des économies (une mondialisation inachevée), ce qui permettrait de ne renoncer à aucun des deux autres objectifs.

4. Variations possibles sur un même thème

Certains grands principes de saine gestion macroéconomique recueillent un large consensus au sein des institutions économiques internationales et des milieux académiques. Ces principes très généraux, qui relèvent du bon sens, ne donnent toutefois que de grandes orientations sans définir dans le détail une stratégie de développement. Une gestion prudente des finances publiques constitue l'un de ces principes : une telle pratique permet aux autorités d'éviter les dérapages financiers pouvant déboucher sur la mise en place d'un programme d'ajustement, accompagné d'une conditionnalité stricte qui restreindrait la liberté d'action et la capacité à poursuivre des objectifs de

18. L'érosion de la capacité nationale de définition des politiques tient non seulement à la libéralisation des marchés mais aussi à certaines innovations technologiques.
19. C'est ce que Torre *et al.* (2002) appellent *unblessed trinity*.

développement. En outre, elle permet aussi de réduire la vulnérabilité de l'économie, et en particulier les risques associés à l'intégration financière internationale. Le respect de tels principes de prudence est le seul moyen, pour les PED, d'éviter certains des coûts de la mondialisation et d'en retirer certains des bénéfices.

Bien que soumises à des contraintes sous l'effet combiné de la mondialisation et des recommandations des institutions internationales de coopération économique, les PED disposent de marges de manœuvre quant aux modalités de leur intégration dans la mondialisation et à la manière de transposer en politiques concrètes les grandes orientations recommandées par les IFI. Il paraît donc très excessif de parler, comme le prétend Khor (2000), d'une « mondialisation de la définition » des politiques économiques.

Pour pouvoir tirer le meilleur bénéfice de leur participation à la mondialisation, les PED doivent respecter au moins deux conditions : une certaine discipline macroéconomique et un minimum de stabilité institutionnelle. Certes, la tentation peut être forte, pour les promoteurs de ces orientations stratégiques, d'imposer tout à la fois les fins et les moyens, même si ceux-ci peuvent être différents[20]. Le respect des principes de bonne gestion macroéconomique et de quelques règles de base en matière de politique économique n'exclut pas une certaine souplesse dans leur transposition sous forme de mesures opérationnelles, ce qui peut déboucher sur des stratégies économiques diversifiées (Rodrik 2003). En d'autres termes, il est possible de « décliner » l'orthodoxie macroéconomique selon différentes modalités.

Ainsi, pour ce qui concerne l'ouverture, l'orientation générale semble devoir y être plutôt favorable, mais les modalités de cette ouverture restent à définir et peuvent varier d'une économie à l'autre. Elle peut être plus ou moins rapide, ou encore plus ou moins complète.

De même, la liberté est entière quant à la manière de garantir la protection des droits de propriété. Le mécanisme original retenu en Chine constitue un exemple intéressant : plutôt que de privatiser les terres et les actifs industriels, les autorités chinoises ont choisi d'en confier la propriété aux communautés locales, dans le cadre des « entreprises rurales » (*xiangzhen qiye*), ce qui était à l'évidence mieux adapté à la réalité de ce pays. Ces entreprises sont devenues les principaux piliers de la croissance économique jusqu'au milieu des années 1990 (Gabriel 1999).

Enfin, en matière de gestion macroéconomique, le maintien d'une dette à un niveau soutenable, associé à une certaine prudence budgétaire et monétaire, peut s'accommoder de dispositifs institutionnels assez divers. L'obsession actuelle quant à l'indépendance de la banque centrale ou à la poursuite d'un objectif d'inflation s'apparente à un phénomène de mode, mais n'obéit à aucune loi universelle. L'application de principes économiques d'inspiration néoclassique ne débouche pas nécessairement sur des prescriptions de politique économique de type néolibéral. En d'autres termes, le recours à des moyens peu orthodoxes n'exclut pas de parvenir à des résultats jugés orthodoxes.

L'exemple de la Malaisie, au cours de la crise de 1997-1998, est également éclairant : le gouvernement a rejeté l'orthodoxie libérale pure et dure, et décidé de réduire l'exposition de son économie à l'intégration financière en appliquant pour un temps des contrôles sur les mouvements de capitaux. Il a également choisi de fixer le cours de sa monnaie par rapport au dollar alors que la tendance était plutôt favorable à la flexibilité des taux de change. Cette liberté d'action s'explique par le fait que la Malaisie a renoncé à faire appel à l'aide du FMI, dont elle n'était en conséquence nullement dépendante. Ce comportement s'inscrit dans la logique suivie depuis longtemps par les autorités de ce pays, qui ont toujours su définir une stratégie économique propre (à tendance clairement nationaliste) et adapter l'esprit des prescriptions de politique économique à la spécificité des conditions locales (Beeson 2000)[21]. Le retour de la croissance dès la deuxième année après la crise semble leur avoir donné raison, même s'il est difficile de savoir si cette réussite est intégralement imputable aux mesures hétérodoxes choisies. La reprise en parallèle de l'économie coréenne, dont les autorités ont en revanche suivi une voie plus orthodoxe,

20. L'interprétation du consensus de Washington évoquée plus haut a entretenu une certaine confusion sur ce point.

21. L'exemple de la Malaisie est particulièrement intéressant, car il s'agit d'un pays qui a su tirer parti de la mondialisation (notamment grâce à une ouverture sélective aux investissements étrangers et à une stratégie de promotion des exportations) tout en défendant des objectifs nationaux. Il illustre parfaitement la capacité de résistance de l'État face à la dynamique de mondialisation.

ne permet pas en effet de conclure de manière définitive sur ce point.

De façon générale, la réussite des économies dynamiques de l'Asie de l'Est est un bon exemple de l'espace de liberté que peuvent se ménager les gouvernants. Ils ont généralement habilement mêlé des éléments orthodoxes (politique budgétaire et monétaire rigoureuse, ouverture aux échanges) et des éléments hétérodoxes (interventions étatiques en faveur de certains secteurs, sélectivité dans l'ouverture aux investissements étrangers notamment). Dans le détail, les approches ont également différé, de même que les moyens concrets d'assurer la promotion de certains secteurs (avec une politique de crédit subventionné en Corée du Sud par exemple, et des incitations fiscales à Taiwan). Si ces économies n'ont pas suivi aveuglément les recommandations du consensus de Washington, même dans son acception originelle, elles ont su les adapter à leur situation propre.

Les économies dynamiques d'Asie de l'Est ne sont pas les seules a avoir réussi ce pari. L'île Maurice[22] a, pour sa part, ménagé des espaces de libéralisation commerciale dans le cadre des zones spéciales d'exportation sans pour autant étendre la libéralisation à l'ensemble de ses échanges, et en particulier sans renoncer, pour certains secteurs, à la logique de substitution des importations. La segmentation du marché du travail dans ce pays, ainsi que l'accès privilégié dont il bénéficiait sur les marchés européens, a sans aucun doute contribué à la réussite de la stratégie (Wellisz et Lam Shin Saw 1993). D'autres expériences suggèrent qu'il n'est pas inconcevable d'associer des éléments d'orthodoxie économique et des innovations institutionnelles moins conventionnelles. L'exemple du Chili, qui a combiné le maintien de contrôles sur les mouvements de capitaux et des dispositions économiques parfaitement orthodoxes, est particulièrement éloquent. L'une des grandes inconnues concerne aujourd'hui la trajectoire économique du Brésil. Le gouvernement du président « Lula » tente de mettre en place un système alternatif qui combine le respect des grands équilibres macroéconomiques et des préoccupations sociales. L'avenir dira si les autorités brésiliennes parviendront à maintenir ce « cocktail » entre éléments orthodoxes et hétérodoxes.

Les innovations institutionnelles constituent donc l'essentiel de la liberté de manœuvre dont peuvent disposer les PED. Si une certaine latitude existe, elle doit néanmoins être exploitée le plus judicieusement possible en fonction des caractéristiques de l'économie concernée. Lors de l'élaboration des politiques, il est en effet essentiel de tenir compte des spécificités de chaque économie, de leurs modalités de fonctionnement, des habitudes sociales, etc.[23]. Les contraintes géographiques ou naturelles ont certainement aussi un rôle à jouer ; certains auteurs avancent d'ailleurs que les institutions peuvent être influencées par la géographie : à travers elles, on peut observer empiriquement un impact indirect de la géographie sur la croissance (Rodrik *et al.* 2002).

Quoi qu'il en soit, la nécessaire prise en compte des données locales explique qu'il ne puisse y avoir un modèle unique applicable dans tous les pays du monde[24] et que les tentatives d'imitation de certaines pratiques hétérodoxes dans un contexte différent aient rarement été couronnées de succès. À titre d'exemple, les expériences africaines de création de zones spéciales d'exportation « à la mauricienne » n'ont pas fait leurs preuves. Paradoxalement, en créant des décalages entre les réglementations ou les systèmes nationaux, la diversité des stratégies économiques face à la montée de la mondialisation peut empêcher l'aboutissement du processus, compris comme une situation où l'intégralité des obstacles aux échanges (quelle qu'en soit la nature) auraient disparu.

5. L'émancipation par la régionalisation

La participation à la mondialisation ne peut être considérée en elle-même comme une véritable contrainte, dans la mesure où il est de l'intérêt bien compris des PED de l'encourager. À son tour, en revanche, l'intégration à l'économie mondiale

22. Qui est un des rares pays africains à avoir enregistré des taux de croissance positifs de manière systématique sur une longue période : 6,2 % pour la décennie 1980 et 5,1 % pour la décennie 1990.
23. Une telle adaptation en fonction des données et caractéristiques propres à chaque pays requiert une intervention active de la part de l'État, ce qui, là encore, accroît le besoin d'État plutôt qu'il ne le réduit.
24. De la même manière, les pays industrialisés n'ont pas adopté un seul et unique mode de gestion et de fonctionnement, même s'il existe une certaine convergence entre eux, dans la mesure où ils participent tous au processus de mondialisation, par exemple.

impose des contraintes. Elle a tout d'abord pour conséquence d'ouvrir les économies aux influences extérieures, de permettre aux chocs de se transmettre plus rapidement et de rendre les sanctions des erreurs particulièrement violentes. S'ils choisissent de s'intégrer aux divers circuits économiques internationaux, les PED ne peuvent échapper à ces contraintes et doivent prendre en compte à la fois les incidences de leurs propres décisions sur leurs voisins et les répercussions des événements extérieurs sur leur propre économie, ce qui limite nécessairement leur liberté d'action. Par ailleurs, ils se trouvent dans l'obligation de prendre des mesures permettant de réduire les risques associés à leur participation au processus. Les impératifs de bonne gestion macroéconomique ne peuvent être envisagés comme des contraintes imputables à la mondialisation ; la nécessité de les respecter est simplement plus forte dans un contexte de mondialisation. Enfin, l'intégration à l'économie mondiale implique que les pays concernés acceptent les règles imposées par les institutions de gouvernance de la mondialisation.

Pour autant, la participation à la mondialisation ne signifie pas que les économies ne disposent pas d'une certaine latitude, tant au niveau interne, dans la manière dont elles choisissent de gérer les contraintes imposées par la mondialisation, qu'au niveau international, à travers leur participation à la définition des règles du jeu. Sur ces deux plans, les initiatives de régionalisation devraient permettre aux PED d'accroître encore leurs marges de manœuvre. En effet, les regroupements régionaux pourraient leur permettre de faire entendre leur voix et de peser dans les négociations des institutions multilatérales comme l'OMC, par exemple[25]. Par ailleurs, la régionalisation constitue sans doute un moyen, pour eux, d'accroître leur capacité à tirer avantage de la mondialisation en leur permettant de regagner un certain contrôle politique sur le processus de mondialisation économique, qui a tendance à entamer l'efficacité des instruments nationaux de politique (Oman 1994).

C'est par exemple ce que les pays d'Asie de l'Est semblent tenter de faire à travers l'initiative de Chiang Mai[26], qui devrait les aider à se protéger contre les éventuels soubresauts des marchés financiers (Eichengreen 2002). De la même manière, le Marché commun du Sud (Mercosur) est clairement perçu et utilisé, en particulier par les dirigeants brésiliens[27], comme un moyen « de participer de manière plus active aux échanges internationaux ainsi qu'au processus de prise de décision international au XXIe siècle ». La régionalisation peut sans aucun doute être pour les PED un précieux instrument d'émancipation et un moyen de préserver le rôle de l'État.

25. La constitution d'alliances entre PED autour de thèmes d'intérêt commun est une autre voie possible. Ainsi, c'est grâce à la coalition formée par le Brésil, l'Afrique du Sud et l'Inde que ces pays sont parvenus à remporter la bataille contre les grandes multinationales pharmaceutiques et à faire accepter, dans le cadre des négociations de l'OMC, le principe d'un accès plus aisé aux médicaments contre le sida.

26. Cette initiative, qui regroupe les 10 pays de l'Association des nations du Sud-Est asiatique (ASEAN) ainsi que le Japon, la Chine et la Corée du Sud, a pour objectif de permettre à un pays en difficultés financières de faire appel à ses partenaires dans le cadre d'accords de swap de devises.

27. La citation qui suit est tirée d'une déclaration de l'ancien président brésilien Fernando Henrique Cardoso (Nicolas 1997), mais elle est également cohérente avec la vision de l'actuel président.

Bibliographie

B

Banque mondiale (1993), *Le Miracle asiatique*, Washington, D.C.

Beeson, M. (2000), « Mahathir and the Markets: Globalisation and the Pursuit of Economic Autonomy in Malaysia », *Pacific Affairs*, vol. 73, n° 3, automne.

D

Dollar, D. et P. Collier (2001), *Globalization, Growth, and Poverty: Building an Inclusive World Economy*, New York, Oxford University Press.

E

Eichengreen, B. (2002), « Whither Monetary and Financial Cooperation in Asia? », *miméo,* University of California, août.

G

Gabriel, S. (1999), « Ambiguous Capital – The Success of China's New Capitalists in the Township and Village Enterprises and their Impact on the State Sector », *China Essay Series*, n° 13, mars.

H

Higgott, R. (1997), « Mondialisation et gouvernance : l'émergence du niveau régional », *Politique étrangère*, été, p. 277-292.

Hugon, P. (dir.) (2002), *Les Économies en développement à l'heure de la régionalisation*, Paris, Karthala.

K

Khor, M. (2000), « Globalization and the South: Some Critical Issues », *UNCTAD Discussion Papers*, n° 147, avril.

L

Laïdi, Z. (2002), « L'État mondialisé », *Esprit*, octobre, p. 136-157.

N

Naïm, M. (2000), « Washington Consensus or Washington Confusion? », *Foreign Policy*, printemps, p. 87-103.

Nayyar, D. (2000), *Mondialisation et stratégies de développement*, Table ronde de haut niveau sur le commerce et le développement : orientations pour le XXIe siècle, Xe CNUCED, février.

Nicolas, F. (1999), « Vingt ans de développement : les avatars du néo-libéralisme », *Politique étrangère*, n° 3, automne, p. 627-643.

Nicolas, F. (1997), « Mondialisation et régionalisation dans les PED : les deux faces de Janus », *Politique étrangère*, été, p. 293-307.

O

Oman, C. (1994), *Globalization and Regionalization: The Challenge for Developing Countries*, Paris, OECD Development Centre.

P

Pew Research Center for the People and the Press (2003), *Views of a Changing World*, Washington, D.C., juin.

Prasad, E., K. Rogoff, Shang-Jin Wei et M.A. Kose (2003), « Effects of Financial Globalization on Developing Countries: Some Empirical Evidence », *miméo*, Washington, D.C. International Monetary Fund, mars.

R

Rodrik, D. (2003), « Growth Strategies », *miméo*, Cambridge, Mass., Harvard University Press, avril.

Rodrik, D. (2001), « Trading in Illusions », *Foreign Policy*, n° 123, mars-avril.

Rodrik, D. (2000), « How Far Will International Economic Integration Go? », *Journal of Economic Perspectives*, vol. 14, n° 1, hiver, p. 177-186.

Rodrik, D. (1997), *Has Globalization Gone Too Far?*, Washington, D.C, Institute for International Economics.

Rodrik, D., A. Subramanian et F. Trebbi (2002), « Institutions Rule: The Primacy of Institutions over Geography and Integration in Economic Development », *NBER Working Paper*, n° 9305, octobre.

Rogoff, K. (2003), « The IMF Strikes Back », *Foreign Policy*, n° 134, janvier-février.

T

Torre (de la), A., E. Levy Yeyati et S. Schmukler (2002), « Financial Globalization: Unequal Blessings », *World Bank Policy Research Working Paper*, n° 2903, octobre.

W

Wellisz, S. et P. Lam Shin Saw (1993), « Mauritius », dans R. Findlay et S. Wellisz (dir.), *The Political Economy of Poverty, Equity and Growth: Five Small Open Economies*, New York, Oxford University Press, p. 219-255.

Williamson, J. (2000), « What Should the Bank Think About the Washington Consensus », *World Bank Research Observer*, vol. 15, n° 2, août, p. 251-264.

Williamson, J. (1990), « What Washington Means by Policy Reform », dans J. Williamson (dir.), *Latin American Adjustment – How Much Has Happened?*, Washington, D.C., Institute for International Economics.

Wolf, M. (2001), « Will the Nation-State-Survive Globalization? », *Foreign Affairs*, vol. 80, n° 1, p. 178-190.

L'Amérique latine entre démocratie et populisme

Guy Hermet

Débarrassée il n'y a pas si longtemps de ses gouvernements militaires, l'Amérique latine ne se trouve-t-elle pas aujourd'hui en passe de voir les jeunes démocraties qui leur ont succédé être emportées par un regain de passions populistes ? La présence du président-lieutenant-colonel Chavez au Venezuela, ou celle du colonel-président Gutierrez en Équateur, montrent à tout le moins que l'interrogation sur la continuité démocratique y redevient primordiale. En considérant les choses de façon opposée, on pourrait en dire autant du soulagement presque étonné suscité en Europe et en Amérique du Nord par la modération politique du nouveau président brésilien Luiz Inacio da Silva, dit « Lula ».

Tout semble pourtant assez normal à première vue. Chavez, Gutierrez et Lula ont été élus de façon régulière, avec des marges confortables par rapport à leurs concurrents. Parallèlement, le 2 juillet 2000, l'élection historique du président Vicente Fox a démontré que le Mexique avait enfin échappé à l'hégémonie semi-autoritaire du Parti révolutionnaire institutionnel (PRI). Plus généralement, depuis ce tournant, la démocratie prend figure de régime de gouvernement sans alternative pour l'ensemble des pays latino-américains, à l'exception – provisoire ? – de Cuba. Malheureusement, on ne peut considérer pour autant que l'Amérique latine soit devenue la réplique politique de l'Europe ou de l'Amérique du Nord. Pensons à l'Argentine aux abois, à l'Amérique centrale toujours aussi misérable, aux nouveaux leaders populistes dont il vient d'être question, aux mouvements indiens qui débordent les partis, ou bien à la guérilla douce du Chiapas mexicain et à celle – résiduelle – du Pérou, ou encore aux criminelles armées révolutionnaires de la Colombie ? Que de menaces et de difficultés impressionnantes, alors même que la stabilité des démocraties de l'Amérique latine ne cesse d'apparaître comme l'instrument indispensable de sa participation pleine et entière au monde avancé.

1. Les mêmes valeurs démocratiques que l'Europe

Il ne s'agit pas là d'une considération philosophique gratuite, car il résulte de ce constat une conséquence d'une immense portée. Dans la mesure où ils partagent nos valeurs en dépit de l'écart économique quelquefois gigantesque qui les sépare des pays riches, les habitants de l'Amérique latine ne nous considèrent pas comme fondamentalement différents de ce qu'ils sont. Ils ne nous prennent pas pour des étrangers au sens absolu du terme, c'est-à-dire, au bout du compte, comme des êtres antipathiques à ne pas imiter. Ils ignorent, en particulier, la crispation typique des communautés asiatiques ou africaines confrontées à des valeurs et à des formes de vie occidentales qui leur semblent non seulement imposées de l'extérieur, mais aussi néfastes, immorales et, à la limite, impies. À l'inverse, les Latino-Américains se sont approprié ces traits culturels au même titre que nous, quitte à les critiquer, mais de l'intérieur, pourrait-on dire. Pour reprendre ici une formule d'Alain Rouquié[1], l'Amérique latine est notre Extrême-Occident, lointain par la distance, mais proche par les idées et les sentiments.

Au plan des principes au moins, la relation de l'Amérique latine à la démocratie se révèle par conséquent très favorable, et même privilégiée. À la différence de ce qui peut se produire dans certains milieux musulmans, en particulier, la démocratie va de soi pour les Latino-Américains. Elle constitue à leurs yeux l'unique régime acceptable, le seul réellement légitime, y compris pour les militaires putschistes de naguère ou pour les guérilleros qui, les uns et les autres, ont toujours affirmé vouloir l'asseoir sur de meilleures bases. Dès lors, tout irait pour le mieux si les faits ne venaient contrarier les principes. Premier constat : en Europe et en Amérique du Nord, ce sont des transformations de l'économie antérieures à celles du système politique qui ont facilité l'avènement de la démocratie ; en Amérique latine, en revanche, l'imagination démocratique a dû se donner libre cours dans des environnements économiques souvent fort arriérés. Les peuples latino-américains ont ainsi fini par confondre l'avènement de la démocratie avec l'annonce d'un miracle économique constamment démenti : celui du développement à la portée de tous. Second constat : les structures des sociétés latino-américaines et les circonstances instables qu'elles ont traversées les ont conduites, trop souvent, à interpréter et à appliquer nos valeurs politiques communes d'une façon, pourrait-on dire, païenne ou, plus explicitement, en « faisant semblant ». En clair, la réalité de la démocratie y a rarement correspondu à la lettre des textes de loi, au point d'y engendrer les déficiences d'un État de droit qui n'était superbe que sur le papier. L'ancien président brésilien Getulio Vargas rappelait naguère à ce propos ce cruel dicton populaire : « Aux ennemis, la loi ; aux amis, tout. »

Une image vient alors à l'esprit. Les sociétés latino-américaines ressemblent à des sociétés orphelines. L'Amérique latine n'a plus de relations qu'avec l'un de ses parents, l'Europe, ou bien avec sa filiale culturelle nord-américaine, devenue dominante. En revanche, elle ne possède plus qu'une notion confuse de son autre ancêtre, amérindien sans le moindre doute, mais fort oublié dans ses traits authentiques, et au mieux réinventé selon des stéréotypes qui empruntent au moins autant à l'Europe que ceux qu'ils prétendent contester. En outre, les élites latino-américaines ont longtemps refusé – et refusent encore – de se contempler sous leur vrai visage, celui de l'inégalité et de la violence. Elles ont préféré se voir pour ce qu'elles n'étaient pas : comme les habitants d'une Europe factice.

Dès la période des indépendances des années 1810-1830, il en est résulté un redoutable obstacle à l'enracinement des gouvernements libéraux, qui auraient dû donner naissance à des démocraties si les choses s'étaient mieux passées. L'ambition intellectuelle fut en effet, dans ces années, immense, et les Constitutions latino-américaines des deux derniers tiers du XIXe siècle ont un indéniable caractère de majesté. Le seul ennui tient à ce que la distance entre la rhétorique constitutionnelle et la pratique politique est demeurée tout aussi immense. À l'époque où, en Europe de l'Ouest, les régimes parlementaires contrôlés par les notables cédaient la place à une démocratie politique fondée sur le suffrage universel masculin, et s'ouvraient même à une touche de démocratie sociale, l'Amérique latine est restée soumise à des régimes libéraux à l'ancienne, accaparés par une petite oligarchie inamovible. Ces oligarques étaient des admirateurs platoniques de la philosophie des Lumières. Mais c'est en totale contradiction avec cette admiration livresque qu'ils ont exercé un pouvoir très contraire aux institutions qu'ils avaient couchées sur le papier ; un pouvoir fait de fraude électorale, de vote acheté, d'asservissement clientéliste des masses paysannes, et recourant si nécessaire à la violence et à l'assassinat. Il en est résulté des régimes non seulement stables, mais aussi longtemps indestructibles, et qui reposaient sur ce que les initiés appelaient un *gentlemen's agreement* (*acuerdo entre caballeros*). C'est dans ces conditions que les parlements se sont trouvés réduits au rôle de simples décors d'États privatisés relevant du simulacre. Sans oublier que la structure fédérale des

1. Alain Rouquié, *Amérique latine. Introduction à l'Extrême-Occident*, Paris, Le Seuil, 1987.

Encadré 1
Le retour de la démocratie en Amérique latine : dates-clefs

– *5 octobre 1982* : Bolivie. Retour de la démocratie avec le gouvernement d'union populaire d'Hernan Siles Zuazo.
– *30 mai 1982* : Colombie. Accession à la présidence de Belisario Betancur, qui amnistie certains guérilleros et engage des réformes allant dans le sens d'une libéralisation politique.
– *30 octobre 1983* : Argentine. Élection à la présidence de Raul Alfonsin.
– *1er mars 1985* : Uruguay. Entrée en fonctions du président Julio Maria Sanguinetti, membre du parti Colorado.
– *15 janvier 1985* : Brésil. Pour la première fois depuis 21 ans, un civil, Tancredo Neves, est élu président de la République.
– *14 décembre 1989* : Chili. Premier scrutin présidentiel depuis 1973. Augusto Pinochet reste chef des armées jusqu'en 1998, puis se fait nommer sénateur à vie.
– *14 mai 1989* : Argentine. Carlos Menem est élu président. Il décrète le pardon pour des militaires accusés de répression.
– *10 juin 1990* : Pérou. Alberto Fujimori accède à la présidence. Il sera réélu en 1995, puis en 2000.
– *19 juin 1991* : Colombie. Adoption d'une nouvelle Constitution qui renforce les institutions démocratiques ; l'état de siège est levé et les trafiquants de drogue prêts à se rendre sont amnistiés.
– *20 juin 1992* : Paraguay. Adoption d'une nouvelle Constitution qui concède des pouvoirs importants au président, mais n'autorise qu'un seul mandat.
– *31 octobre 1993* : Pérou. Adoption d'une nouvelle Constitution instaurant une république parlementaire.
– *6 juillet 1997* : Mexique. Pour la première fois depuis 1932, le Parti révolutionnaire institutionnel (PRI) perd la majorité à la Chambre des députés.
– *6 décembre 1998* : Venezuela. Hugo Chavez est élu président, mettant fin à 40 ans de pouvoir sans partage de l'Action démocratique (AD) et du Comité d'organisation politique des électeurs indépendants (COPEI). Il sera réélu en 2000.
– *2 juillet 2000* : Mexique. Vincente Fox, du Parti d'action nationale (PAN), est élu président, mettant fin à près de 70 ans de présidence du PRI.
– *3 juin 2001* : Pérou. Alejandro Toledo est élu président.
– *27 mai 2002* : Colombie. Alvaro Uribe est élu président.
– *4 août 2002* : Bolivie. Gonzalo Sanchez de Lozada est élu président.
– *21 octobre 2002 :* Équateur. Edwin Gutierrez est élu président.
– *28 octobre 2002* : Brésil. Luiz Inacio Lula da Silva, candidat du Parti des travailleurs (PT), est élu président.
– *25 mai 2003* : Argentine. Nestor Kirchner est élu président.

RAMSES

principaux pays latino-américains a abouti à ce que les États fédérés les plus importants étaient en général plus puissants que le pouvoir central (ainsi ceux de Sao Paulo et de Rio, au Brésil).

2. Le cycle fatal

Au lieu de jeter les fondements de leur propre dépassement sur le chemin de la démocratie, ces gouvernements oligarchiques, adeptes d'un libéralisme sauvage, ont abouti à la situation inverse. Avec leurs élections truquées et leurs deux partis – libéral et conservateur[2] – qui convenaient par avance du décompte des voix, ils ont discrédité auprès des masses les régimes constitutionnels civils, au moment même où la démocratie moderne naissait en Europe. Puis quand, vers la fin des années 1920, le pouvoir des oligarchies s'effondra dans certains pays, comme en Argentine et au Brésil, sous la pression d'une nouvelle classe politique plus populaire, la brèche fut vite colmatée. Alors qu'en Europe sonnait déjà l'heure de l'État-providence, est venu en Amérique latine le temps des faux prophètes populistes et des redresseurs de torts militaires.

Ce fut là l'échec de la première démocratisation latino-américaine, antérieure à 1930, avec trois exceptions fastes, observées dans de petits pays avantagés par l'économie, la démographie ou l'existence d'un État un peu plus consistant qu'ailleurs : l'Uruguay, le Chili et le Costa Rica. Exclusivement peuplé d'immigrants européens, le modeste Uruguay inaugura, dès avant 1914, le premier *Welfare State* qui ait existé de par le monde en dehors de l'Allemagne impériale de Bismarck. Parallèlement, le Chili entra en démocratie en 1928, à l'initiative d'un semi-dictateur populiste, le général Ibanez. Quant au minuscule Costa Rica, de peuplement européen, comme l'Uruguay, dans une Amérique centrale indienne, métisse ou noire, il parvint dès 1948 à bâtir une démocratie qui n'a pas connu d'interruption depuis lors. En revanche, à l'échelle continentale, le fiasco démocratique majeur de cette époque fut celui de l'Argentine, convertie au suffrage universel en 1912, dominée socialement et politiquement par une classe moyenne urbaine à l'européenne, gouvernée de 1917 à 1930 par la majorité de centre gauche de

2. Dans le cadre de ce bipartisme artificiel longtemps typique de l'Amérique, on disait aussi parti « blanc » (*blanco*) et parti « rouge » (*colorado*) dans certains pays comme l'Uruguay. Ce bipartisme subsiste parfois, en particulier en Colombie.

l'Union civique radicale, et assimilée pour son opulence à un Canada austral normalement voué à un destin démocratique des plus honorables. Mais, au lieu d'y enraciner une démocratie stable, les radicaux et les conservateurs ont œuvré, chacun à leur façon, à ouvrir la boîte de Pandore. Faute de parvenir à un compromis, la gauche urbaine et la droite des grands intérêts terriens ont déstabilisé le régime constitutionnel, entraînant après 1930 l'intervention de l'armée dans les affaires publiques, puis celle du colonel Peron à partir de 1945. La société argentine ne s'en est toujours pas remise.

La cause de la démocratie en Amérique latine bénéficia toutefois d'une deuxième chance après la Seconde Guerre mondiale. Durant celle-ci, c'était plutôt l'Italie de Mussolini ou même l'Allemagne de Hitler qui y avaient fait école. Mais 1945, l'année de la « victoire de la démocratie sur le totalitarisme », comme on disait alors, fut en Amérique latine le théâtre de retours éphémères à la démocratie, orchestrés par des armées touchées par une révélation libérale soudaine. Ce fut le cas en Argentine, pour déboucher en 1946 sur l'élection du colonel Peron, puis sur l'imposition de son régime « justicialiste » d'orientation populiste progressiste. Ce le fut encore au Venezuela, à cette nuance près que la démocratie installée par l'armée en 1945 y sombra aussitôt dans un projet socialiste radical auquel les mêmes officiers mirent un terme en 1948. Bref, la deuxième chance de la démocratie en Amérique latine fut à nouveau perdue, comme dans un cycle fatal où un régime de liberté très estimable, mais trop faible, semblait toujours condamné à succomber sous le poids de ses dérives démagogiques pour céder la place à un régime fort. Viendra donc, après la courte parenthèse démocratique de 1945, la phase des gouvernements militaires qui, du milieu des années 1960 au début de la décennie 1980, pour l'essentiel, vont s'inscrire sans surprise dans une perspective conservatrice, hormis quelques exceptions progressistes (le Pérou et l'Équateur auront un moment des gouvernements militaires réformateurs). Cela en attendant la troisième chance de la démocratie, qui adviendra, à partir de 1983, en Uruguay, en Argentine et au Brésil, avant de s'étendre à la plupart des autres pays latino-américains, dont le Chili en 1990 et le Mexique en 2000[3].

Cette troisième chance sera-t-elle la bonne ? Si l'ironie se justifiait sur ce sujet, il serait tentant d'estimer que l'Amérique latine a souffert d'avoir trop de démocrates, en particulier trop de démocrates excessifs, intolérants, acharnés à se déchirer entre eux sur des conceptions antagonistes. C'est là le mal politique latino-américain. Personne ne s'y déclare ennemi de la démocratie. Mais rares furent longtemps ceux qui se sont accordés sur des conceptions conciliables de celle-ci.

La cause de la démocratie en Amérique latine souffre en tout premier lieu de l'opposition permanente qui s'y est toujours observée entre les démocrates modérés, qui la conçoivent comme un simple mode de gouvernement libéral et civil

3. Le Pérou et l'Équateur ayant en réalité précédé de quelques années ces trois pays dans leur retour à la démocratie.

Encadré 2
Le populisme en Amérique latine

En Europe, le terme de populisme désigne d'abord une sorte d'anomalie politique, une espèce de pathologie véhiculée par des courants démagogiques situés en marge de la démocratie. Pourvu d'une connotation négative, le mot désigne des personnalités ou des formations extrémistes – dites souvent d'extrême droite –, hostiles aux partis classiques, et qui accusent ceux-ci de trahir la volonté du peuple au bénéfice de leurs intérêts propres ou de ceux de leurs mandants. Bien que se déclarant souvent favorables à certaines formes de démocratie directe ou référendaire, ces populistes européens tendent, en outre, à exprimer des tendances xénophobes et autoritaires qui peuvent les faire apparaître comme un danger pour la démocratie établie.

En Amérique latine, le phénomène est différent sur plusieurs plans. Tout d'abord, dans une perspective historique, le populisme y a atteint en quelque sorte sa plénitude en dépassant le stade du parti ou du mouvement, plus ou moins factieux, pour se transformer en régime de gouvernement semi-autoritaire, au sens institutionnel complet de l'expression. Ce fut en particulier le cas au Brésil, de 1934 à 1945, avec l'*Estado Novo* de Getulio Vargas, ou en Argentine, après 1946, sous l'égide de Juan Domingo Peron. Mais, en second lieu, ce fut paradoxalement dans le cadre de tels régimes semi-autoritaires que la masse des Brésiliens, des Argentins et aussi des Chiliens ou des Mexicains, par exemple, prirent conscience du fait que les pauvres étaient aussi des citoyens, moins du reste par la tenue régulière d'élections que sous l'influence d'un sentiment de communion avec la personne du grand leader providentiel ou sous celle d'un parti-État, comme au Mexique. Autrement dit, le populisme latino-américain eut et conserve des aspects ambivalents. D'un côté, il n'a cessé de se poser en rival de la démocratie représentative et pluraliste telle qu'elle se conçoit d'ordinaire. De l'autre, il ne peut être interprété comme un courant antidémocratique, dans la mesure où il correspond plutôt à une conception alternative de la démocratie incarnée ou plébiscitaire.

conforme aux procédures en usage dans les sociétés avancées, et les démocrates « absolutistes », qui la confondent avec la révolution sociale et, à l'extrême, avec la lutte armée pour la rédemption des pauvres. Pour ces absolutistes, la « démocratie formelle », avec ses élections périodiques et ses Constitutions de papier, n'est pas seulement une comédie : elle entretient le malheur du peuple. Jusque dans les années 1930, ces amants excessifs de la démocratie ont orchestré les marches millénaristes des paysans mexicains ou brésiliens, qui ravageaient les campagnes afin de les transformer en paradis collectivistes. Puis, en raccourcissant un peu l'Histoire, ils ont présidé au développement des guérillas marxistes des années 1960, 1970 ou 1980 au Venezuela, au Pérou, en Argentine, en Uruguay, en Bolivie, en Amérique centrale ; sans parler de celles qui n'ont cessé d'exister en Colombie depuis 1948, ou encore de la peu belliqueuse Armée zapatiste de libération nationale (EZLN, *Ejercito Zapatista de Liberacion Nacional*) mexicaine, née sur le tard en 1994.

3. Le retour des populistes

Cette confrontation des démocrates révolutionnaires et des démocrates pragmatiques ne représente toutefois plus le phénomène majeur aujourd'hui, où la question cruciale se rapporte plutôt à la résurgence d'une troisième famille de démocrates : celle des populistes. Certes, deux conceptions contraires de la représentation démocratique n'ont jamais cessé de se manifester où que ce soit. Devenue dominante en Europe et en Amérique du Nord, la première de ces conceptions met l'accent sur la représentation élective, celle qui nous est familière, et qui délègue le pouvoir à des partis et à une élite de responsables dont la politique constitue le métier. De son côté, refoulée en Europe sur la voie de garage du politiquement incorrect, voire de la subversion, la seconde conception – la démocratie d'incarnation, pourrait-on dire – défend l'idée d'une représentation directe, émotive et sans intermédiaire des citoyens par la personne d'un grand leader ou, au minimum, au travers de l'entité collective d'un parti symbolisant la venue du règne des « petites gens ». Mais, alors que l'opposition entre ces deux visions est devenue assez négligeable dans nos vieilles démocraties où règne le principe électoral, la deuxième d'entre elles – celle de la démocratie d'incarnation – n'a aucunement perdu de sa vigueur politique en Amérique latine. Aujourd'hui encore, des figures comme celles du Vénézuélien Hugo Chavez, de l'Équatorien Edwin Gutierrez, ou même du Brésilien Luiz Inacio da Silva, y illustrent la vigoureuse persistance d'une conception de la démocratie « incarnée », véhémentement condamnée chez nous.

Ces trois leaders présentent assurément de profondes différences. Chavez cultive son profil révolutionnaire et guerrier comme un défi à la prudence politique. Gutierrez reste un inconnu, attaché surtout à son image de protecteur des Indiens équatoriens. Quant à Lula, dont le passé de militant ouvrier inquiétait tant avant son élection, il se distingue en somme comme la « divine surprise », c'est-à-dire la révélation inattendue d'une Amérique latine devenue soudain économiquement responsable et soucieuse de racheter ses errements d'hier. Mais, comme aussi Alejandro Toledo au Pérou, au moins à ses débuts, tous trois possèdent un point commun : ils incarnent la démocratie populiste, c'est-à-dire une forme de démocratie latino-américaine originale, où les partis et les députés ne comptent guère, et qui repose avant tout sur la fascination exercée par un personnage adulé par les foules, une sorte de héros providentiel comme l'avaient été avant eux le général Ibanez au Chili, le colonel Peron en Argentine ou Getulio Vargas au Brésil. Ces chefs hors norme jouissent de ce que l'on appelle le charisme, à savoir un ascendant « extraordinaire » engendrant chez des millions de gens une foi aveugle dans leur capacité de les conduire vers un destin meilleur.

Le populisme n'est pas exclusif de l'Amérique latine. L'Europe compte également ses populistes. Mais il reste que l'Amérique latine constitue à nouveau le terrain par excellence du phénomène. Diverses spécificités sautent en outre aux yeux en ce qui la concerne. La plupart des populistes latino-américains s'orientent aujourd'hui à gauche[4], tan-

4. Encore que Joaquin Lavin, au Chili, ait failli remporter la dernière élection présidentielle contre Roberto Lagos grâce à son charisme de populiste conservateur.

dis que leurs homologues européens tendent plutôt vers l'autre bord. Mais une autre différence importe davantage : même quand il enregistre des progrès fulgurants, le populisme n'apparaît en Europe ou en Amérique du Nord que comme un accident transitoire, tandis qu'il correspond, en Amérique latine, à une tendance profonde et ancienne, à une véritable tradition dont une fraction massive de la population caresse la nostalgie, et à laquelle rien n'exclut qu'elle ne se rallie à nouveau. Le populisme évoque pour les descendants des *descamisados*[5] argentins le souvenir attendrissant d'Evita Peron. Pour les héritiers du *povo moreno*[6] de Rio, il rappelle l'époque « bénie » de Getulio Vargas. D'autres encore croient se souvenir de tel ou tel paradis populiste largement imaginaire, mais d'autant plus regretté. Conséquence décisive de cette mémoire enjolivée à l'excès : alors que le populisme s'interprète en Europe comme une pathologie politique dont il importe de guérir la société par tous les moyens, il ne cesse de constituer en Amérique latine une option à part entière.

Perçus en Europe comme des factieux et des agresseurs de la démocratie, les populistes parlent toujours au cœur des masses latino-américaines. Comment résister à Chavez au Venezuela, à Lula au Brésil, à Gutierrez en Équateur, ou à d'autres à venir ? Ces figures d'exception sont spectaculaires et émouvantes. Agissant dans le registre de l'affectif beaucoup plus que dans celui de la raison, elles personnifient – de bonne foi ? – ce que devrait être la démocratie authentique pour une fraction considérable, sinon pour la majorité, des habitants de leurs pays. Soit un mode de gouvernement auquel les « petits » peuvent s'identifier presque charnellement.

Il s'agit là d'une vieille histoire : celle du parcours, peu orthodoxe à nos yeux, de la démocratie en Amérique latine. À l'origine, dès avant 1950, presque partout, ce sont en effet des démagogues populistes plutôt que des leaders démocratiques de style habituel qui ont présidé au premier accès des masses populaires à la citoyenneté, et ce, moins en vertu d'une quelconque instauration constitutionnelle du suffrage universel à la façon de l'Europe qu'au moyen d'une rencontre vécue comme un prodige entre un « chef » et un peuple. La répétition d'un phénomène assez analogue est à redouter à présent.

Pendant la seconde moitié des années 1980, les masses latino-américaines ont cru, pour un temps trop court, que les « transitions démocratiques » typiques de cette période leur apporteraient moins la liberté d'expression et de choix de leurs gouvernants qu'un droit enfin effectif à l'existence sociale. Mais, au lieu de cela, elles n'ont eu à contempler que des « décennies perdues », marquées d'abord par une inflation dévastatrice, puis par des programmes d'ajustement structurels générateurs d'une misère encore plus écrasante que celle dont elles souffraient auparavant. Dans ces conditions, l'érosion du crédit et même la disqualification des institutions démocratiques observée aujourd'hui dans les sondages n'ont rien pour surprendre. Comme il y a un demi-siècle, des dizaines de millions de Latino-Américains n'aspirent plus tant à voter pour tel ou tel candidat qu'à investir leurs espérances dans une autre démocratie : celle qui remplirait la promesse d'offrir trois repas par jour à tous les sous-alimentés ou qui, en ce qui concerne les communautés indiennes en particulier, leur permettrait de gérer enfin leurs affaires comme elles le voudraient. On partagerait volontiers ces espoirs, si l'on n'ignorait pas qu'ils entraînent à nouveau le risque de voir les peuples d'Amérique latine retomber dans l'illusion régressive d'une démocratisation inscrite dans l'attente impatiente de miracles improbables, au sein de sociétés dont les membres attendraient tout de l'État, et dans lesquelles l'esprit d'entreprise se trouverait systématiquement découragé.

4. Le paradoxe des transitions démocratiques

La rivalité entre les deux conceptions de la démocratie électorale classique et du gouvernement populiste avait toutefois semblé s'apaiser dans les années 1980, avec le retrait des gouvernements militaires et le retour à des régimes constitutionnels fondés sur les élections. Au tout début de cette

5. Surnom des ouvriers qui acclamaient Peron et son épouse Evita.
6. *Povo moreno*, le « peuple brun » des petites gens au Brésil, les « petits », contre les « gros ».

Encadré 3

Les dilemmes d'un président : l'exemple de Lula au Brésil

Porté à la présidence du Brésil en tant qu'idole des pauvres et sur la base de son image plutôt « gauchiste » d'ancien leader du syndicat de la métallurgie, Luiz Inacio Lula da Silva s'est trouvé dans l'obligation délicate de se garder au moins autant de ses amis de toujours que de ses adversaires naturels (voir, dans le Panorama, l'article « Brésil »). En effet, l'hypothèse de son accession au pouvoir effrayait considérablement les milieux économiques et financiers, tant brésiliens qu'étrangers, qui redoutaient qu'il ne succombe aux pressions de ses partisans en pratiquant une politique démagogique et déstabilisatrice capable de mettre à mal les équilibres fragiles d'un pays tout juste sorti de la grave crise monétaire de 1999. C'est donc pour rassurer les grands acteurs économiques que Lula a choisi, au cours des premiers mois de son mandat, de privilégier la modération en matière de taux d'intérêt (demeurés élevés) et de contrôle de l'inflation, et ce, au point de provoquer une remontée de la devise nationale – le real – vis-à-vis du dollar américain. Mais, en se préoccupant d'abord de secteurs qui ne lui étaient pas acquis par avance, le nouveau président a inévitablement déçu ses « amis », aussi bien dans les masses populaires en général qu'au sein de la gauche radicale de son propre parti – le Parti des travailleurs (PT) – et d'autres courants plus ou moins extrêmes. Après une courte période d'attente, le Mouvement des sans-terre (MST), en particulier, a relancé ses occupations d'exploitations agricoles par la force et ressuscité le thème litigieux de la réforme agraire. Plus largement, les anciens partisans de Lula lui ont reproché de conduire le pays à la récession sous prétexte de combattre l'inflation, autrefois galopante (la croissance du Brésil ne s'est élevée qu'à 1,5 % en 2002, et le gouvernement a abaissé ses perspectives de croissance pour 2003 de 2,2 à 2 %).

La résurgence de la vieille question agraire ne doit cependant pas donner à croire que les difficultés rencontrées par le Brésil ou d'autres « démocraties pauvres » de l'Amérique latine ont un caractère « exotique » ne présentant guère de ressemblance avec celles qu'ont dû affronter les « démocraties riches » de l'Europe ou de l'Amérique du Nord. Les problèmes, en définitive, sont souvent analogues. Ainsi le nouveau président brésilien a-t-il pour première urgence d'opérer une réforme fiscale politiquement extrêmement périlleuse et constamment remise à plus tard. Il lui faut aussi réformer de fond en comble le régime de retraite des fonctionnaires, dont le déficit absorbe 4,25 % du produit national brut (PNB) pour un effectif de 2,5 millions de retraités de l'État, cependant que le solde négatif des régimes des 20 millions de retraités du privé n'équivaut qu'à 1,3 % du même PNB. Cet avantage exorbitant constitue un legs trop durable de la dictature populiste de Getulio Vargas, et il en résulte que les fonctionnaires brésiliens prennent aujourd'hui leur retraite avec l'intégralité de leur salaire, les femmes aux alentours de 50 ans, et les hommes à peine plus tard.

Source : « Lula's great pension battle », *The Economist*, 5 avril 2003.

période, les militaires péruviens et équatoriens avaient jugé bon d'abandonner d'eux-mêmes le pouvoir pour le restituer à des personnalités civiles. En Argentine, la guerre perdue des îles Falklands (Malouines) avait contraint les généraux et les amiraux, disqualifiés par leur défaite et par leurs crimes, à faire de même en 1983. La même année, les militaires uruguayens avaient commencé à préparer leur retraite politique, mais dans de meilleures conditions, dans le cadre d'une passation organisée du pouvoir sanctionnée par un pacte avec l'opposition. Puis était venu, en 1984-1985, le tour du Brésil, au terme également de longs préparatifs. Cela avant que la vague des démocratisations n'atteigne la Bolivie, le Paraguay, les Antilles et l'Amérique centrale, pour toucher finalement le Chili en 1990 et – très différemment – le Mexique en 2000.

Le fait remarquable de ces transitions concerne cependant moins leur chronologie ou leur extension graduelle que leur méthode et leur toile de fond idéologique. Dès la fin des années 1970, les élites politiques latino-américaines se sont visiblement inspirées de la quasi légendaire – mais très ambiguë – transition espagnole de 1975-1978. Ce qui, pour parler franc, signifie que, si les démocratisations de l'Amérique latine se sont déroulées de façon pacifique, sans règlements de comptes ni effondrement des institutions administratives, elles se sont également opérées selon des procédés peu démocratiques (ce que l'Espagne veut faire oublier en ce qui la concerne). Plus généralement, comme la transition espagnole, la plupart des démocratisations latino-américaines ont revêtu des caractéristiques peu conformes à une imagerie d'Épinal en quête de foules en liesse chassant leurs tyrans dans l'odeur de la poudre.

En premier lieu, ces retours à la démocratie se sont effectués le plus souvent sur la base d'une entente officielle, ou officieuse, d'une négociation, voire d'une collusion secrète, entre les secteurs modérés des deux bords jusqu'alors adverses : ceux de l'opposition démocratique et ceux de l'appareil du gouvernement militaire. À la limite, des pactes formels de « non-nuisance réciproque » furent signés. Ainsi, en Uruguay, en 1983, ou encore indirectement au Chili, en 1988, afin d'amender la Constitution imposée en 1980 par le général Pinochet dans une perspective plus compatible avec le retour à la démocratie.

À chaque fois, les motivations des modérés – les réformateurs ? – de l'opposition démocratique comme du secteur autoritaire, jusqu'alors en conflit, étaient du même ordre. « Sensibles au risque », et craignant de tout perdre en ce qui concerne les cadres du régime militaire ou d'échouer dans l'entreprise de démocratisation s'agissant des opposants prudents, les uns et les autres se sont ralliés par raison politique à la perspective d'une transition négociée ; cela avec l'espoir, du côté des ex-autoritaires, que cette transition leur laisserait une chance de survie politique et, du côté des démocrates, qu'elle permettrait au nouveau régime de ne pas se heurter trop à l'hostilité et au sabotage des anciens détenteurs du pouvoir. Les deux exemples inverses du Chili et de l'Argentine illustrent le succès de ce mécanisme aussi bien que son échec. Au Chili, où les deux camps se sont entendus, le maintien du général Pinochet à la tête des forces armées jusqu'au printemps 1998 a évité à la démocratie restaurée les tentatives de soulèvement militaire qui auraient pu troubler la transition. Pinochet contrôlait l'armée et l'a maintenue dans l'obéissance à la nouvelle autorité civile. En Argentine, en revanche, où les militaires ont « évacué » d'urgence les palais nationaux plutôt qu'ils n'ont négocié la passation du pouvoir, les tentatives séditieuses d'un grand nombre d'officiers n'ont cessé de perturber le mandat du président Alfonsin au cours des premières années de la transition.

En deuxième lieu, toujours à l'instar de celle de l'Espagne, les transitions démocratiques latino-américaines se sont singularisées par leur relation particulière au temps. Cette considération un peu abstraite requiert une explication. Jusqu'alors et où que ce soit, les changements de régime s'étaient caractérisés par un privilège accordé à l'apurement des comptes d'un passé obéré par les fautes du régime précédent. Il convenait de ne rien oublier, de conserver la mémoire des torts subis, voire même de célébrer cette mémoire, de faire justice, de trouver des coupables et de les punir, et ce, bien entendu, en oubliant les responsabilités de son propre bord dans la logique d'une politique non avouée du ressentiment. Or, rompant avec cette pratique, les artisans des transitions latino-américaines ont, comme en Espagne, évité cette sorte d'épuration. Mais pourquoi l'avoir fait, quand tant d'opposants réfugiés à l'étranger auraient aimé rentrer en triomphateurs, pressés de faire justice au nom des droits de l'homme ? Parce que d'autres, plus influents parmi ces opposants, ont privilégié la préservation de l'avenir démocratique, la réconciliation ou, pour le dire crûment, l'oubli simulé, plutôt que la sanction ou la fausse repentance comme condition d'un pardon hypocrite. Tout cela, qui représentait un lourd sacrifice, dans le but de ne pas dresser un obstacle irrémédiable à la cohabitation indispensable, sinon à la réconciliation, impossible dans l'immédiat, entre deux secteurs de la population qui, ennemis jurés de la veille, se voyaient appelés soudain à former le plus vite possible une communauté de citoyens.

En troisième lieu, la connivence « transitoire » entre les représentants de l'ex-opposition et les anciens dirigeants autoritaires, ainsi que le privilège accordé à l'avenir politique du pays par rapport à l'apurement judiciaire de son passé, supposaient que le préalable de la critique des erreurs commises jusque-là soit réglé. En clair, cette sorte de compromis entre les deux bords adverses ne devint possible que sur la base d'un profond retour sur eux-mêmes des militaires les plus éclairés et des membres les moins dogmatiques des élites politiques latino-américaines. Ce qui se vérifia au cours des années immédiatement antérieures à 1985. Au terme de plusieurs décennies de fureur réactionnaire ou de délire révolutionnaire, les uns et les autres ont atteint à ce moment-là l'âge de raison politique, à savoir celui de la prise en compte de la nécessité inéluctable d'avoir son adversaire comme partenaire. C'est ainsi que l'idée est venue aux élites démocratiques latino-américaines que la meilleure façon de servir la démocratie consistait à ne pas en demander trop d'emblée, tandis que les groupes qui, à l'inverse, redoutaient les débordements populaires se sont mis à estimer qu'une dose contrôlable de démocratie fournissait précisément le meilleur antidote contre les passions révolutionnaires. S'il y avait bien longtemps que l'on avait réalisé cela en Europe de l'Ouest et en Amérique du Nord, il s'agissait d'une découverte totalement inédite en Amérique latine.

Comment s'est produit l'avènement de cet âge de raison politique ? D'un côté, les intellectuels latino-américains chassés vers l'Europe, l'Amérique du Nord ou le Mexique par les gouvernements militaires se sont trouvés contraints, à cette occasion, de se dégager de leur dogmatisme marxisant.

Établis pour de longues années dans des pays développés caractérisés par le niveau élevé de leurs institutions universitaires, les professeurs et autres sociologues exilés n'ont pu gagner leur vie qu'en oubliant les idéologies de café ancrées dans la vision mythique d'une Amérique latine innocente de tout péché et pure victime de l'impérialisme étranger. Ils sc sont intéressés de moins en moins à la révolution ou à la dénonciation apocalyptique de l'autoritarisme militaire pour se convertir, au bout du parcours, à la démocratie telle qu'elle peut être effectivement : un gouvernement modéré, travaillant sur la base d'un calendrier très échelonné, tout n'étant pas réalisable dans l'instant. Quant aux leaders de l'opposition démocratique, qui étaient aussi, du reste, des intellectuels, ils se sont alignés sur cette évolution, le grand tournant se produisant lors d'un colloque organisé au Costa Rica en 1978, où il apparut soudain que le futur président argentin Alfonsin s'était transformé en un démocrate pragmatique, convaincu que la surenchère démocratique tuait la démocratie en provoquant, notamment, les putschs militaires. Alfonsin n'était que le premier à revêtir les habits neufs des futurs artisans des transitions.

En outre, un changement symétrique s'est observé au sein des élites conservatrices acquises jusqu'alors aux gouvernements autoritaires. En premier lieu, la « crise de la dette internationale », survenue au Mexique en 1982, puis étendue l'année suivante à la plus grande partie de l'Amérique latine, a persuadé certains cadres militaires, en particulier au Brésil et en Uruguay, qu'il devenait mauvais pour leur image de continuer à diriger leurs pays dans un contexte économique et financier aussi désastreux. La dépression ne seyait pas aux régimes militaires ! Au-delà, le contexte mondial se transformait. C'était l'époque de la *glasnost* de Mikhaïl Gorbatchev dans l'Union soviétique finissante ; l'heure de la démocratie mondiale paraissait même sur le point de sonner jusqu'en Afrique et aux Philippines, cependant que les États-Unis tournaient désormais le dos aux dictatures militaires qu'ils avaient autrefois contemplées avec faveur. Sur le fond, surtout, non seulement les généraux, mais aussi les milieux dominants de l'Amérique latine qui n'étaient hostiles qu'à ce qu'ils estimaient être les excès de la démocratie sociale, ont cru comprendre que s'offrait enfin la chance, longtemps impossible, de refonder la démocratie sur des bases assainies par la défaite du communisme et le triomphe de la société libérale de marché. C'est dans de telles conditions, favorables à la conclusion de pactes de neutralité réciproque, au moins tacites, entre des parties naguère inconciliables, que s'est réalisé le rétablissement de la démocratie en Amérique latine.

Encadré 4
Le pétrole en Amérique latine

Comblé par la nature, le Venezuela dispose des plus importantes réserves d'or noir de l'hémisphère occidental : 7,3 % du total des réserves mondiales répertoriées, contre 2,7 % pour le Mexique, qui occupe en Amérique latine la 2e place dans ce domaine. Il est vrai qu'à l'échelle de la planète, le Venezuela ne se situe plus à cet égard qu'au 7e rang, derrière l'Arabie Saoudite, l'Irak, le Koweït, l'Iran, les Émirats arabes unis et la Russie (avec des réserves de 48 milliards de barils contre 265 pour l'Arabie Saoudite, le Mexique figurant au 10e rang avec 27 milliards de barils). Reste qu'il est pourtant le 4e exportateur mondial de pétrole, dont il tire le tiers de son PNB, la moitié de ses rentrées fiscales et plus de 80 % de la valeur de ses exportations (contre 33 % pour l'Équateur, 25 % pour la Colombie, 18 % pour l'Argentine, 8 % pour le Mexique et 6 % pour le Pérou – données de 1999). Il est surtout le 2e exportateur d'or noir vers les États-Unis, avec 80 millions de tonnes livrées en 2001 contre 82 millions pour l'Arabie Saoudite (74 pour le Canada et 71 pour le Mexique, situés en 3e et 4e place sur ce plan, suivis de loin par la Colombie [13 millions de tonnes], l'Équateur [6 millions], et l'Argentine [3 millions]).

Bien qu'à des degrés variables, certaines démocraties latino-américaines sont par conséquent très dépendantes de leurs exportations pétrolières, orientées au premier chef vers les États-Unis (une hausse de 1 dollar du prix du baril entraîne une croissance de 0,6 % du PNB vénézuélien, contre 0,1 % dans l'ensemble de l'Amérique latine). Et de même, doublement fidèle à ses valeurs, le gouvernement américain se révèle particulièrement attentif à la cause de la démocratie dans les pays pétroliers de l'Amérique latine. Ainsi, pendant la guerre d'Irak, a-t-il revu dans une perspective plus favorable sa position jusqu'alors hostile au président Chavez au Venezuela.

Sources : BBVA et US Energy Information Administration.

5. Le risque d'un retour en arrière ?

Vers 1990, au moment où le Chili retrouvait à son tour le chemin de la démocratie, l'Amérique latine semblait ainsi avoir changé de nature sur le plan politique. Ayant atteint l'âge de raison, elle paraissait avoir échappé au cercle vicieux de l'échec programmé de ses tentatives chroniques de démocratisation, à chaque fois gâchées par les querelles intestines de ses démocrates jusqu'au moment où les militaires mettaient fin à la dispute. Au sommet, les élites politiques ou intellectuelles, et même économiques et militaires, manifestaient sans ambiguïté leur ralliement à une démocratie pluraliste sans vainqueurs ni vaincus, à un régime dépourvu de toute gloriole inutile et qui, simplement plus transparent et prévisible que les dictatures militaires, ne jouerait plus les faiseurs de miracles impossibles. Mieux encore, à la base, les populations, pourtant frappées par une aggravation de la pauvreté, semblaient comprendre, pour la première fois peut-être, que le retour à la démocratie ne signifiait en aucune façon le prodigieux surgissement d'une bonne fée qui comblerait tous leurs espoirs d'un coup de baguette magique après deux petits tours d'élection. Elles comprenaient qu'il convenait d'attendre et que la démocratie n'était qu'un outil à utiliser à bon escient.

Il s'est agi là, au niveau des élites comme du gros des populations, d'un changement d'attitude proprement formidable, dans la mesure où il correspondait au type de conditions internes généralement fixées pour qu'une société soit jugée apte à entrer en démocratie de façon stable : à savoir des élites respectant des règles du jeu communes sur la base d'une confiance réciproque suffisante, et une population à la fois avertie du danger recelé par les fausses promesses des démagogues et raisonnablement confiante dans la capacité de ses gouvernants modérés. Certains sociologues expliquent que ce genre d'attitude n'est autre que le « capital social » interne requis pour l'enracinement véritable d'un régime démocratique.

Cet acquis était-il réellement irréversible ? Certes, il ne s'est pas produit en Amérique latine de putsch d'envergure annulant la régularité démocratique ; en dehors, tout au moins, de l'auto-coup d'État d'Alberto Fujimori au Pérou, en avril 1992, qu'il faut toutefois interpréter en partie dans l'optique du combat sans merci mené contre l'abominable guérilla du Sentier lumineux. Plus largement, ce que l'on pourrait qualifier de normalité démocratique s'y est maintenu à peu près partout, pendant une période continue qui couvre maintenant une quinzaine d'années. S'il existe encore des officiers séditieux, comme le furent d'ailleurs les colonels Chavez ou Gutierrez, les forces armées des différents pays de la région, en tant qu'institutions de l'État, semblent aujourd'hui convaincues qu'elles doivent demeurer dans leurs casernes au lieu d'occuper les palais nationaux (quand bien même elles exerceraient encore une influence politique en coulisses). Parallèlement, et paradoxalement, il est en définitive remarquable, sur le strict plan du maintien de la normalité démocratique, qu'Hugo Chavez ait pu accéder très légalement, par la voie des urnes, à la présidence du Venezuela en décembre 1998, et plus remarquable encore qu'il ait survécu à la tentative de renversement perpétrée contre lui par la presque totalité des groupes dirigeants de son pays, en avril 2002. La même remarque vaut pour Edwin Lucio Gutierrez, à qui ses ennemis auraient pu reprocher d'être un ancien officier putschiste[7], porté en novembre 2002 à la présidence de l'Équateur avec 54 % des suffrages exprimés, grâce à l'appui massif des communautés indiennes jusqu'alors exclues du jeu politique. Et il faudrait rappeler encore toute une série d'événements confirmant la consolidation de la démocratie en Amérique latine. Ainsi la révocation graduelle des dispositions qui, au Chili, octroyaient à l'armée un droit de tutelle sur le gouvernement. Ou les mésaventures judiciaires du général Pinochet (qu'elles n'aient pas débouché sur une mise en jugement n'a en rien empêché la détérioration de son image). Ou encore la nouvelle Constitution colombienne de 1991, qui a instauré l'élection des maires, jusqu'alors nommés, et prévoit une représentation parlementaire spécifique pour les populations indigènes. Sans oublier le fait qu'il ait pu y avoir un vice-président de langue indienne en Bolivie.

La preuve la plus manifeste de l'enracinement de la démocratie dans le sous-continent a toutefois été fournie par le Mexique, pays qui avait pourtant fait figure d'exception dans une région caractérisée généralement par le succès de transitions vers des régimes permettant à leurs citoyens de renvoyer légalement leurs gouvernants. Depuis des décennies, en effet, les Mexicains paraissaient s'être accoutumés à un régime au décor libéral autori-

7. En janvier 2000, le colonel Gutierrez avait conduit l'opération de renversement du président élu Jamil Mahuad, en réaction à sa décision de « dollariser » l'économie équatorienne, permettant ainsi son remplacement par le vice-président Gustavo Noboa. La dollarisation s'étant poursuivie sous l'égide de ce dernier, Gutierrez n'y mit plus obstacle cette fois.

sant les formations d'opposition et organisant des élections régulières, mais où ces consultations ne débouchaient jamais sur la défaite du candidat à la présidence du parti officiel, le bien nommé Parti révolutionnaire institutionnel. Sans doute le dépouillement des résultats était-il plus secret que le vote lui-même, dans un système que l'écrivain Mario Vargas Llosa avait surnommé la « dictature parfaite ».

Ce déni d'alternance démocratique devenait cependant de moins en moins tenable dans le voisinage des États-Unis, surtout après l'entrée en vigueur de l'Accord de libre-échange nord-américain (ALENA ou NAFTA, *North American Free Trade Agreement*), survenue le 1er janvier 1994, en même temps que le soulèvement de l'Armée néo-zapatiste du sous-commandant Marcos au Chiapas. Il fallait libéraliser pour sauver la face, mais avec l'espoir secret de préserver malgré cela l'hégémonie du PRI. L'ennui tenait à ce qu'il était en réalité difficile de libéraliser le fonctionnement du système sans le démocratiser et sans miner la position du parti établi. L'opposition emporta d'abord des gouvernements d'États de la Fédération aux élections locales, puis la ville de Mexico elle-même, puis encore, en 1997, les élections au Congrès, où le PRI devint minoritaire, jusqu'à ce que Vicente Fox remporte, sous l'étiquette du parti de la droite d'opposition – le Parti d'action nationale (PAN) –, l'élection présidentielle du 2 juillet 2000[8]. Certains observateurs, habitués aux mystérieux décomptes du passé, estimaient la chose impossible. Elle s'est pourtant produite, démentant l'exception mexicaine et mettant quasiment un point final à la conversion du sous-continent à la démocratie.

Il est dommage que ne puisse être ignoré le revers de la médaille, c'est-à-dire la situation économique catastrophique ou, au mieux, très critique de la plupart des pays latino-américains, à l'exception du Chili et du Mexique. Il semblait pourtant que les démocratisations qui s'étaient produites à des dates assez rapprochées en Amérique latine et dans l'Europe post-communiste s'inscrivaient dans un contexte beaucoup plus favorable dans le premier cas que dans le second. À l'Est, l'immense défi consistait à tout rebâtir à partir de zéro, à mener de pair la réforme politique – l'installation de la démocratie – et la réforme socio-économique – la création de sociétés de marché –, tandis qu'en Amérique latine, il ne s'agissait en général que de restaurer des traditions démocratiques interrompues tout en opérant une remise en ordre financière consistant « simplement » à juguler une inflation dévastatrice. C'était déjà une rude tâche, mais moins délicate assurément que de devoir recréer de toutes pièces des sociétés, des économies, des États et des systèmes politiques. Qui plus est, l'inflation, parfois à 4 ou 5 chiffres comme en Argentine ou au Nicaragua, fut effectivement réduite à des niveaux tolérables. Entre 1992 et 1994, ce fut en particulier le mérite du président Carlos Menem en Argentine et de son homologue Fernando Henrique Cardoso au Brésil.

Il ne fallait pas crier victoire pour autant. Une fois l'inflation vaincue, et les économies trop vivement relancées sur des bases spéculatives aventureuses, vint le temps des crises financières de grande envergure et des quasi-faillites des principaux pays de la région. Au Mexique d'abord, en 1994, juste après l'entrée en vigueur de la Zone de libre-échange des Amériques (ZLEA), ce qui valut à ce pays de bénéficier d'un gigantesque plan de sauvetage international. Puis au Brésil, en 1999, qui fut contraint de dévaluer sa monnaie – le real –, alignée un moment non sans triomphalisme sur le dollar, mais finalement efficacement secourue par le Fonds monétaire international (FMI), la Banque interaméricaine de développement (BID) et les grands pays industriels, en raison du poids économique considérable du pays à l'échelle régionale et mondiale. Enfin, en Argentine, à la fin de 2001, dans un pays écrasé par une banqueroute financière et une faillite économique absolues, victime à la fois de ses pratiques de corruption spécialement flagrantes, de son habitude de vivre au-dessus de ses moyens – communiquée il y a plus d'un demi-siècle par la démagogie populiste de Peron –, et aussi de l'application trop zélée, par l'ex-président Menem, des consignes d'ajustement structurel du FMI. Élève modèle ou apprenti sorcier des experts des grandes agences internationales de Washington, Menem a privatisé à tout va, vendu à l'extérieur les grandes entreprises nationales et détruit l'État, au point d'effacer pratiquement de son pays les derniers vestiges du système avancé de protection sociale et d'éducation publique qui y avait existé autrefois.

8. Le président Fox n'a été investi que le 1er décembre 2000.

6. Quelle démocratie durable ?

Croyant s'aligner sur les pays avancés de l'Europe et de l'Amérique du Nord, l'ancien président argentin n'est parvenu qu'à détruire le sien aux yeux mêmes de ses habitants. Sans doute s'agit-il là d'un cas limite en Amérique latine. Comme dans les années 1930 et 1940, déjà, la « République australe » a signalé aux autres pays de la région la voie de l'enfer, alors qu'elle disposait à première vue de tous les atouts capables de la mener au paradis démocratique. L'erreur serait cependant de penser que le mauvais exemple argentin place ce pays hors de la norme de la région, et qu'il n'est pas significatif à ce niveau élargi. C'est tout le contraire. L'Argentine offre seulement un miroir grossissant des impasses créées par une certaine dérive de l'image de la démocratie, aussi bien que de ce que l'on pourrait appeler le soutien à la démocratisation en ces temps de globalisation.

Les transitions démocratiques latino-américaines d'il y a une quinzaine d'années avaient représenté un saut qualitatif immense, en ce sens qu'elles s'appuyaient sur une compréhension inédite et indispensable, bien que longtemps absente, de ce que devrait être la méthode d'une transformation politique réussie et stable. Pour que l'Amérique latine entre solidement dans l'ère de la démocratie moderne, il convenait qu'elle ne compte que sur elle-même, que ses habitants cessent d'en attendre des prodiges matériels immédiats, et que toutes les parties prenantes admettent que le régime démocratique ne peut constituer, au début du moins, qu'une modeste procédure de gouvernement, et non la clef de sociétés d'abondance comme il en existe dans les pays les plus développés. Or, c'est ce qui a semblé se produire pendant quelques années, au point de suggérer que les conditions internes d'une démocratisation mieux que provisoire ou cyclique s'y trouvaient enfin réunies.

Mais les choses ont malheureusement changé. La difficulté présente tient avant tout à ce que l'environnement externe de cette démocratisation s'est détérioré, au point d'influencer négativement le contexte interne, devenu, lui, plus favorable. Mais le pire est sans doute que cet environnement mondial détérioré n'est autre que celui que les pays avancés, parmi lesquels nous nous rangeons, ont contribué à aménager en faisant fi des exigences d'un enracinement durable de la démocratie en Amérique latine. Il y a quelques décennies, le préjugé était que l'accès à la démocratie obéissait à une espèce de prédestination, liée à la réalisation de pré-conditions économiques et culturelles indispensables à la réussite du changement politique. D'une part, la démocratie apparaissait comme une espèce de « cerise » institutionnelle venant coiffer le « gâteau » d'un développement économique préalable. D'autre part, elle semblait ne pouvoir s'acclimater sans retour que dans des sociétés pacifiées, largement urbanisées, suffisamment dégagées du poids du conformisme religieux, et caractérisées par leur conversion à un individualisme « rationnel » de type occidental.

Ces préjugés étaient bien entendu démentis par l'exemple de l'Inde, démocratie de la pauvreté extrême, inscrite par surcroît dans une société de castes... Surtout, les transitions méditerranéennes et latino-américaines postérieures à 1975 ont fait apparaître que, si le succès des processus de démocratisation dépendait bien pour l'essentiel d'éléments internes, l'aspect politique immédiat l'emportait de loin à cet égard sur les pré-requis structurels d'ordre économique. La réussite d'une transition dépend, au premier chef, du talent stratégique et de la modération de ses acteurs, qu'ils appartiennent à l'ancienne opposition ou à l'ex-secteur autoritaire, dans une situation, toujours instable au début, où il n'y a d'autre solution efficace que de gérer au mieux une base économique et sociale qui s'impose de toute façon à ceux-ci. C'est ce que la comparaison des transitions argentine et chilienne révèle avec netteté. Celle de l'Argentine fut conduite de façon brouillonne et sans concertation entre les différents courants ou dirigeants politiques, qui ne s'accordaient aucune confiance réciproque. En revanche, la transition s'est opérée au Chili sur la base d'une connivence – assez impure, il faut le reconnaître – entre les démocrates et leurs ex-adversaires, et en tenant compte de la raison politique, qui commandait de préserver les acquis économiques, voire proprement politiques – l'allégement des charges trop lourdes d'un État hypertrophié –, du gouvernement Pinochet. On sait ce qu'il en est résulté. D'une part la tragédie argentine, d'autre part l'exception chilienne, celle du seul pays d'Amérique latine, avec le Mexique, à se trouver dans une situation objectivement assez satisfaisante aujourd'hui.

Cette primauté, vérifiable, des facteurs internes de l'édification de démocraties durables dans l'espace latino-américain se trouve aujourd'hui gravement ignorée, et même bousculée, par des interventions venues de l'extérieur, qui proviennent moins d'ailleurs de ce phénomène mal défini portant le nom de « mondialisation » que d'actes précis et de prises de position identifiables relevant de la responsabilité des « vieilles démocraties » qui sont les nôtres. L'imposition rigide aux pays latino-américains des programmes d'ajustement structurel du FMI constitue l'aspect le plus notoire de cette ingérence extérieure, génératrice de ces crises sociales dévastatrices qui font désormais que la démocratie est devenue synonyme de misère pour le gros des populations de ces pays (les Latino-Américains furent admirablement patients au début, mais ils ne pouvaient le rester indéfiniment, surtout lorsqu'ils voyaient leur situation empirer au lieu de s'améliorer si peu que ce soit). Moins manifeste vu d'ici, l'impact de la nouvelle doctrine de la « bonne gouvernance », prônée depuis quelques années par les grandes institutions internationales, s'avère tout aussi redoutable. En effet, loin de se limiter à préconiser un bon gouvernement, ce contre quoi il n'y aurait évidemment rien à redire, elle recommande en fait de pratiquer largement l'impasse contre des États réputés irrécupérables, de privatiser la gestion de l'aide au développement et de faire transiter une part des crédits extérieurs par les organisations non gouvernementales (ONG) ; et ce, en oubliant bien entendu que l'on ne peut réformer un État en lui tournant le dos et en le laissant mourir de sa belle mort.

Ce n'est pas tout. Si bien intentionnée qu'elle soit dans l'esprit au moins de ses zélateurs, la nouvelle politique des droits de l'homme introduit un élément perturbateur supplémentaire, en ce qu'elle rend encore plus délicate la mise en place de démocraties durables, en Amérique latine et ailleurs. L'affaire de l'assignation à résidence à Londres du général Pinochet, à l'automne 1998, l'a montré. Il ne s'agit nullement, on l'aura compris, de plaider l'innocence de ce dernier. Mais il convient de rappeler que, dictée avant tout par des préoccupations d'ordre intérieur visant à ne pas aiguiser les antagonismes existant dans un pays, la logique des transitions démocratiques réussies du dernier quart du XXe siècle fut une logique d'oubli du passé, privilégiant le futur du nouveau régime au détriment incontestable de l'exigence de justice rétroactive. En Europe, la justice comme principe nous importe plus que la démocratie comme réalité en Amérique latine. C'est une attitude très défendable pour notre propre usage, mais avec ce défaut qu'elle pèche à l'« exportation » par son indifférence totale aux dégâts qu'elle peut occasionner à la cause démocratique dans le pays « exotique » que nous soumettons à notre jugement. Aussi désolant que soit ce constat, c'est reculer sur le chemin de la promotion de la démocratie durable dans le Nouveau, comme du reste dans l'Ancien Monde, que de penser et d'agir comme s'il ne s'agissait que de la prescrire par voie d'autorité depuis l'Europe ou l'Amérique du Nord.

Bibliographie

C

Couffignal, G. (dir.) (2002), *Amérique latine 2002*, Institut des hautes études de l'Amérique latine, Observatoire des changements en Amérique latine, Paris, La Documentation française.

D

Dabène, O. (1997), *La Démocratie dégradée*, Bruxelles, Complexe.

Dezalay, Y. et B. G. Garp (2002), *La Mondialisation des guerres de palais : la restructuration du pouvoir d'État en Amérique latine, entre notable du droit et «Chicago Boys»*, Paris, Le Seuil.

Dornbusch, R. et S. Edwards (1992), *The Macroeconomics of Populism in Latin America*, Chicago, University of Chicago Press.

H

Hermet, G. (2001), *Les Populismes dans le monde. Une histoire sociologique XIXe-XXe siècles*, Paris, Fayard.

Hermet, G. (2000), *Culture et développement*, Paris, Presses de Sciences Po.

Hermet, G. (1996), *Le Passage à la démocratie*, Paris, Presses de la Fondation nationale des sciences politiques, 1996.

M

Marquès-Pereira, B. (dir.) (1993), *L'Amérique latine : vers la démocratie ?*, Bruxelles, Complexe.

McGuire, J. (1999), *Peronism without Peron: Unions, Parties and Democracy in Argentina*, Stanford, Stanford University Press.

S

Santiso, J. (2002), « Du bon révolutionnaire au bon libéral ? À propos d'un étrange caméléon latino-américain », dans J. Santiso (dir.), *À la Recherche de la démocratie. Mélanges offerts à Guy Hermet*, Paris, Karthala.

Turquie : des crises aux réformes

Gilles Dorronsoro

Parfois présentée comme un « pont entre l'Orient et l'Occident », la Turquie est d'abord à la périphérie du monde occidental, dont elle dépend pour son économie et sa sécurité. Si la fin de l'Union des républiques socialistes soviétiques (URSS) a fait disparaître une menace sur sa frontière nord, elle n'a pas distendu les liens de la Turquie avec les pays occidentaux. En ce sens, les prédictions de Samuel Huntington à propos d'une Turquie redéfinie comme centre d'un « monde turc » se sont révélées fausses[1]. Cet espace n'a pas en effet de cohérence politique, notamment parce que les pays d'Asie centrale ont clairement refusé de reconnaître un rôle leader à la Turquie. Des relations culturelles et économiques se sont développées, mais elles gardent une importance limitée pour une Turquie plus que jamais tournée vers les pays occidentaux, auxquels elle est étroitement liée en raison à la fois de crises financières récurrentes et d'un projet d'adhésion à l'Union européenne (UE) qui conditionne la quasi-totalité de ses réformes législatives.

L'européanisation, idéologie officielle depuis la période des Tanzimat[2] jusqu'à la république kémaliste, reste le projet national turc, mais son contenu a considérablement changé, l'Europe ayant elle-même beaucoup évolué. L'européanisation, qui était d'abord la conquête de la « civilisation » et de la puissance technologique dans le cadre rigide de l'État-nation, est devenue un projet d'intégration économique et politique à l'Union européenne. Ainsi, le kémalisme comme doctrine et pratique politique n'a plus aujourd'hui de signification réelle, du fait même qu'il est utilisé pour justifier pratiquement toutes les positions politiques, de l'extrême droite à l'extrême gauche. Si Atatürk reste une figure essentielle de la construction nationale, à laquelle les Turcs témoignent généralement une grande affection, c'est peut-être précisément en raison de ce caractère désormais supra-politique.

En fait, le nationalisme, et surtout les formes extrêmes qu'il a connues en Turquie, de même que la volonté d'autarcie économique, sont contradictoires avec un projet européen qui repose sur l'ouverture économique et le dépassement de l'État-nation. Ainsi, l'adhésion à l'Union, question centrale pour la Turquie dans les années à venir, met en jeu deux principes kémalistes qui ont, dans ce contexte, des implications contraires : indépendance nationale et européanisation. En ce sens, l'analyse rapide de trois questions régulièrement mises en avant pour expliquer que la Turquie ne se conforme pas à la norme européenne – le poids de l'armée, l'islam et les minorités – révèle bien ce passage à une Turquie post-kémaliste.

Depuis le coup d'État militaire de septembre 1980, le système politique turc se caractérise par une idéologie sécuritaire qui justifie le poids des bureaucraties, notamment de l'armée, dans le processus politique. Le discours sécuritaire est construit autour de la figure de l'ennemi intérieur – dans

L'auteur remercie J.-F. Pérouse de ses commentaires sur une première version de ce texte.

1. S. Huntington, « The Clash of Civilization », *Foreign Affairs*, 1993, vol. 72, p. 42.
2. Les Tanzimat sont l'ensemble des réformes entreprises au XIXe siècle par l'Empire ottoman pour européaniser la société.

les années 1990, il s'agissait des nationalistes kurdes et de l'islam politique – et tend à criminaliser les contestations. Ainsi, des partis politiques sont régulièrement interdits, et la liberté d'association et d'expression connaît des limites arbitraires au nom d'une raison d'État conçue de façon extensive. Rappelons que l'armée agit principalement par le biais du Conseil national de sécurité (MGK) et de déclarations publiques parfois ouvertement contradictoires avec la ligne politique du gouvernement. Aujourd'hui, il n'y a plus de subordination simple des politiques aux militaires, mais ces derniers restent néanmoins largement autonomes. Les gouvernements successifs ont intériorisé les bornes à ne pas franchir, même si une épreuve de force peut fort bien, ponctuellement, avoir lieu. Ainsi, l'avis du MGK du 27 février 1997 a conduit à la démission du gouvernement de coalition dominé par le Refah (juin 1997), puis à l'interdiction de ce parti, processus qualifié de « coup d'État post-moderne » par la presse turque. L'adhésion à l'Union européenne oblige aujourd'hui à redéfinir la place de l'armée en Turquie, mais il est encore trop tôt pour savoir quel compromis émergera des négociations en cours entre le gouvernement et l'armée.

L'armée a généralement justifié ses interventions dans la vie politique par le risque d'atteinte à la laïcité. On doit cependant rappeler que les généraux, dans les années 1980, ont sciemment brisé la gauche turque et favorisé la réislamisation pour faire échec à ce qui était perçu comme un danger communiste. De surcroît, la Turquie a *de facto* une religion d'État, l'islam sunnite, et la laïcité turque ne peut se confondre avec ce que l'on entend sous ce terme en France, par exemple.

Par ailleurs, le courant islamiste – en constante progression dans les années 1980 et jusqu'au milieu des années 1990 – a connu une mutation interne qui en fait un terrain privilégié pour l'observation du « post-islamisme ». Les intellectuels liés à ce mouvement ne revendiquent plus une rupture avec la « démocratie de marché » et s'inspirent ouvertement du modèle américain pour garantir les libertés religieuses. On voit ainsi l'équation gauche/occidentalisation/laïcité *versus* réaction/anti-européanisme/islamisme remplacée par une configuration beaucoup plus complexe, où le nationalisme autoritaire et anti-européen d'une certaine gauche est parfois proche de celui de l'extrême droite. De même, l'évolution des mœurs, plus qu'une imitation de l'Europe (laquelle d'ailleurs ?), renvoie à une invention qui pourrait témoigner de la naissance d'un islam européen. Le voile, porté par deux tiers des Turques, peut ainsi signifier tout aussi bien la continuation de pratiques rurales, l'affirmation de valeurs religieuses ou l'appartenance de classe (les classes moyennes anatoliennes

Encadré 1
Acronymes

AKP : *Adalet ve Kalkinma Partisi*, Parti de la justice et du développement.

ANAP : *Anavatan Partisi*, Parti de la mère patrie.

CHP : *Cumhuriyet Halk Partisi*, Parti républicain du peuple.

DEHAP : *Demokratik Halk Partisi*, Parti démocratique du peuple.

DEP : *Demokrasi Partisi*, Parti de la démocratie.

DGM : *Devlet Güvenlik Mahkemesi*, Tribunal de sûreté de l'État.

DPT : *Devlet Planlama Teskilati*, Conseil national de la planification.

DSP : *Demokratik Sol Partisi*, Parti de la gauche démocratique.

DYP : *Dogru Yol Partisi*, Parti de la juste voie.

GP : *Genç Parti*, Parti jeune.

HADEP : *Halkin Demokrasi Partisi*, Parti de la démocratie du peuple.

HEP : *Halkin Emek Partisi*, Parti populaire du travail.

IHD : *Insan Haklari Dernegi*, Association des droits de l'homme.

MGK : *Milli Ouvenlik Kurulu*, Conseil national de sécurité.

MHP : *Milliyetçi Hareket Partisi*, Parti du mouvement nationaliste.

PKK : *Partiya Karkeren Kurdistan*, Parti des travailleurs du Kurdistan.

RTÜK : *Radyove Televizyon Üst Kurulu*, Conseil supérieur de l'audiovisuel.

SP : *Saadet Partisi*, Parti du bonheur.

TBMM : *Türkiye Büyük Millet Meclisi*, Grande assemblée nationale de Turquie.

TÜSES : *Türkiye Sosyal Ekonomik Siyasal Arastrmalar Vakf*, Fondation pour les recherches sociales, économiques et politiques de Turquie.

TOBB : *Türkiye Odalar ve Borsalar Birligi*, Union des chambres de commerce et des bourses de Turquie.

TÜSIAD : *Türkiye Sanayclar ve is adamlarn Dernegi*, Association des industriels et des hommes d'affaires de Turquie.

YÖK : *Yüksek Ögretim Kurulu*, Conseil de l'enseignement supérieur.

YSK : *Yüksek Seçim Kurulu*, Conseil supérieur électoral.

YTP : *Yeni Türkiye Partisi*, Parti de la nouvelle Turquie.

contre les élites plus anciennes liées à la bourgeoisie d'État) que l'autonomie grandissante de femmes qui ont plus largement accès à l'emploi et à l'espace public.

Enfin, dans la dernière décennie, la Turquie a rompu avec un dogme kémaliste essentiel en reconnaissant le caractère composite de sa population. Elle n'est plus le pays des « Turcs », mais celui des citoyens turcs. La reconnaissance de la simple *existence* des Kurdes, sans parler d'éventuels droits collectifs, a été un acquis essentiel des années 1990. Le passage au multi-communautarisme ne s'est pas fait pour autant, mais la question se pose et se posera avec de plus en plus d'insistance.

Plus immédiatement, quelles sont les perspectives économiques et politiques de la Turquie ? Ce pays a vécu dernièrement une conjonction de crises économique, politique et internationale dont l'interaction a créé un environnement instable, mais propice aux réformes. Une forte récession a entraîné un vote de protestation contre les partis au pouvoir lors des élections du 3 novembre 2002. L'échec de la coalition sortante a permis la victoire du Parti de la justice et du développement (AKP)[3], issu du courant islamiste, mais aujourd'hui présenté par beaucoup de médias comme « islamo-conservateur ». Quoi qu'il en soit, la candidature à l'Union européenne reste, par consensus, l'axe déterminant de la politique turque, avec le lourd programme de réformes internes qu'elle implique à l'échéance de décembre 2004, quand l'Union devra se prononcer sur un éventuel début des négociations d'adhésion. La contrainte européenne a aussi des effets sur la politique extérieure turque, en particulier parce que le règlement de la question chypriote est une condition *sine qua non* pour l'acceptation de la Turquie dans l'Union, alors même que l'invasion de l'Irak a provoqué des tensions avec l'allié jusque-là privilégié, les États-Unis.

1. La crise économique

Alors que le pays se relevait à peine du tremblement de terre qui avait provoqué une récession en 1999[4], la Turquie a connu deux sévères crises monétaires en novembre 2000 et février 2001. Une dévaluation de 50 % de la livre turque, une récession de 7,4 % du produit intérieur brut (PIB), le doublement de la dette publique et 500 000 chômeurs supplémentaires en quelques mois ont ensuite plongé le pays dans la plus grave crise économique de l'après-guerre. Cette situation s'explique par les dysfonctionnements structurels de l'économie, essentiellement liés aux interventions politiques[5].

Des difficultés structurelles

En premier lieu, les dépenses publiques sont mal contrôlées et fortement corrélées avec le cycle électoral. Ainsi, les subventions à l'agriculture, élevées et inefficaces, dépendent généralement des réseaux clientélistes des élus. Les entreprises publiques sont peu rentables et en sureffectif. Par ailleurs, le budget militaire échappe en pratique au contrôle du Parlement, et le coût de la guerre contre le Parti des travailleurs du Kurdistan (PKK) a été tel, jusqu'en 1999, que l'on a pu parler d'économie de guerre. Les dépenses liées à la défense représenteraient aujourd'hui un tiers du budget du pays, qui reste, malgré l'état de ses finances publiques, l'un des premiers acheteurs mondiaux de matériels militaires. Du côté des ressources, l'État a du mal à lever l'impôt, car la fraude est généralisée. Les privatisations, commencées au milieu des années 1980, ont généré plus de scandales que de recettes. En second lieu, le système bancaire est en pleine restructuration, suite aux créances douteuses accumulées depuis les années 1980. Enfin, le poids des investissements étrangers en Turquie est négligeable, en raison d'un véritable mur bureaucratique et de l'instabilité financière.

Le coût humain de la crise est important, car la protection sociale est très réduite et les solidarités familiales n'évitent pas toujours la marginalisation des plus fragiles. D'après la Chambre de commerce d'Istanbul, 500 000 vendeurs des rues sont aujourd'hui présents dans la ville, faisant concur-

3. Les acronymes sont développés dans l'encadré 1. Les caractères propres au turc ne sont pas rendus ici.

4. Le tremblement de terre a provoqué la mort d'environ 35 000 personnes, surtout à cause de la mauvaise qualité des constructions, dans une zone pourtant connue pour sa dangerosité. Voir F. Deli et J.-F. Pérouse, « Le tremblement de terre de Yalova-Izmit-Istanbul », *Les Dossiers de l'IFEA*, Istanbul, décembre 1999.

5. Un des meilleurs exemples de l'allocation irrationnelle des ressources est l'immobilier. En raison d'une législation mal appliquée, du blanchiment d'argent et de la spéculation, le parc immobilier stambouliote permettrait de loger 24 millions de personnes, soit le double de la population de la mégapole (*Lettre de l'Observatoire urbain d'Istanbul,* n° 14, 30 avril 2002, p. 7).

rence aux commerçants installés[6]. Le chômage a dépassé 10 % de la population active, mais le chiffre réel est probablement plus élevé, les indemnités étant pratiquement inexistantes[7]. Certains groupes sont particulièrement touchés, notamment les jeunes diplômés de l'université, dont un tiers est sans emploi, et le petit commerce, qui a vu la multiplication des faillites. Les traitements n'ayant pas été alignés sur l'inflation, le pouvoir d'achat des fonctionnaires a baissé d'un tiers depuis l'effondrement de la livre turque.

Or, dans cette situation marquée par de graves difficultés économiques, les protestations demeurent sectorielles et peu efficaces. Le scénario argentin, que l'on avait envisagé au début de la crise, ne s'est pas réalisé. Début avril 2001, au moment de l'effondrement de la livre turque, des manifestations ont rassemblé plusieurs centaines de milliers de personnes dans tout le pays. Mais, faute d'être relayées par les acteurs institutionnels (partis, syndicats), elles sont restées sans effet. La faiblesse des protestations s'explique peut-être par la peur d'un retour aux désordres des années 1970 et, plus immédiatement, par la brutalité de la répression policière. Le retrait, symbolique ou réel, est la réaction la plus répandue face aux difficultés sociales et politiques : il peut se traduire par le projet de quitter le pays ou le repli sur la sphère familiale. De nombreux jeunes expriment ainsi le désir de chercher du travail à l'étranger, et l'on constate une augmentation des demandes de visas[8].

Vers une sortie de crise ?

La Turquie a su tirer avantage de son importance aux yeux des pays occidentaux – sa rente stratégique – pour obtenir une aide massive du Fonds monétaire international (FMI). Un accord portant sur 16 milliards de dollars a été signé en février 2002, dont 9 milliards étaient immédiatement disponibles. Le programme mis en œuvre par le ministre de l'Économie, Kemal Dervis – un ancien vice-président de la Banque mondiale –, a permis une stabilisation de l'économie et une accélération des réformes structurelles. L'année 2002 a vu l'inflation ramenée à un niveau historiquement bas pour la Turquie (voir tableau 2) et un retour de la croissance, qui est cependant fragile et reste fortement dépendante des exportations, dans une conjoncture internationale difficile. Si celle-ci n'est pas trop défavorable, la Turquie pourra jouer de ses atouts, notamment la réactivité de ses petites et moyennes entreprises (PME) – qualifiées par un rapport de la Commission de « colonne vertébrale de l'économie turque » –, dont la souplesse permet une bonne adaptation aux variations de la conjoncture.

Les finances publiques constituent le principal problème à court terme. La dette publique a doublé en 2001 en raison du coût du sauvetage du système bancaire, de la montée des taux d'intérêt et de la dépréciation de la monnaie. Le paiement des intérêts constitue le premier poste de dépense budgétaire[9], même si la vague d'optimisme qui a suivi les élections du 3 novembre 2002 a fait significativement baisser les taux d'intérêt, facilitant son remboursement. L'obligation de garder la confiance des marchés limite considérablement la marge de manœuvre du gouvernement, par ailleurs soumis aux injonctions du FMI, qui débourse par tranches

6. *Radikal*, 1er avril 2003.
7. *Rapport régulier de la Commission européenne sur la candidature turque*, 2002, p. 54.
8. D'après une enquête récente, 85 % des étudiants dans les universités privées et 75 % dans les universités publiques envisagent de vivre ou de travailler à l'étranger (*Radikal*, 7 mai 2003).
9. De 1993 à 2003 compris, la Turquie aura payé près de 250 milliards de dollars d'intérêts de la dette (*Radikal*, 14 février 2003).

Tableau 1
Les chiffres de l'économie turque

Année	1998	1999	2000	2001	2002
Inflation (moyenne annuelle)	84,6	64,9	54,9	54,4	45
Chômage (% population active)	6,4	7,6	6,6	8,5	9,9
Croissance (% du PIB)	2,8	-5	7,4	-7,4	6,5
Investissements directs en % du PIB	0,5	0,4	0,5	2,2	0,3

Sources : FMI, OCDE, statistiques nationales, ESTAT, Rapport avancement de la Commission.

les prêts consentis. Pour augmenter ses revenus, l'État a annoncé de nouvelles privatisations en avril 2003 : Tekel (alcool et tabac), Turkish Air Lines, Petkim (pétrochimie). Par ailleurs, la vente d'une partie du domaine public est actuellement envisagée. Cette mesure, rentable à court terme, fait peser un risque sérieux sur le patrimoine culturel et naturel du pays, qui serait livré à des promoteurs immobiliers à la recherche de rendements immédiats.

2. De la crise politique aux élections

Le système politique turc est en crise depuis des années, les scandales à répétition ayant contribué à miner la crédibilité des partis et des institutions. Depuis l'affaire Susurluk[10] et les premières révélations concernant les liens entre partis politiques, police et mafias d'extrême droite, les affaires se sont multipliées. Plusieurs proches de l'ancien président Demirel ont été inculpés dans des affaires de corruption. Deux scandales ont frappé successivement le Parti de la mère patrie (ANAP, centre droit) et le Parti du mouvement nationaliste (MHP, extrême droite), partenaires de l'ancienne coalition gouvernementale. Deux ministres, accusés de pratiques frauduleuses dans le cadre de leurs fonctions, ont ainsi été forcés de démissionner à la suite d'une campagne de presse[11].

La corruption est d'autant plus mal acceptée que les partis semblent inefficaces dans la gestion des affaires publiques. Leur cote de confiance, déjà extrêmement faible depuis plusieurs années[12], s'est proprement effondrée avec la crise économique de 2000-2001, y compris chez leurs sympathisants. Au-delà des partis politiques, les institutions elles-mêmes bénéficient d'un crédit limité. Le tremblement de terre d'août 1999 a ainsi mis en évidence l'inefficacité de l'État, qui s'est avéré incapable de faire face aux demandes des populations touchées. Plusieurs années après la catastrophe, la plupart de ceux qui ont perdu leur logement vivent encore dans des préfabriqués[13], et les pratiques frauduleuses des promoteurs ne semblent guère avoir changé. En 2001, à la question « À quelle institution faites-vous le plus confiance dans le pays ? », seuls 3 % des sondés indiquaient les partis politiques et seule l'armée jouissait toujours

Tableau 2
Résultats des principaux partis aux élections législatives du 3 novembre 2002

Parti	Nombre de voix	Pourcentage	Sièges
AKP	10 763 904	34,26	363
CHP	6 094 961	19,4	178
DYP	3 001 043	9,55	
MHP	2 619 899	8,34	
GP	2 276 706	7,25	
DEHAP	1 955 992	6,23	
ANAP	1 609 575	5,12	
SP	781 326	2,49	
DSP	386 113	1,23	
Indép.	313 852	1,0	9
Total	*31 417 134*	*100*	*550*

Source : <www.election-politique.com>.

d'une confiance élevée, ainsi, à un moindre niveau, que le président[14]. En ce sens, les élections de l'automne 2002 ont marqué à la fois le point le plus aigu de la crise politique et peut-être, avec un peu d'optimisme, une refondation des rapports entre la classe politique et la population.

Les élections[15]

Les trois partis au pouvoir entre 1999 et 2002, issus de traditions idéologiques très différentes, avaient pour seul point commun d'avoir été dans l'opposition au moment de la démission forcée du gouvernement de coalition dominé par le Refah (Parti de la prospérité), en 1997. Pourtant, l'alliance de circonstance entre le Parti de la gauche

10. L'affaire Susurluk débute en novembre 1996 : un accident de voiture met en évidence les rapports entre un député du Parti de la juste voie (DYP, parti de l'ancien Premier ministre Tansu Ciller), un haut responsable de la police et un militant d'extrême droite recherché pour différents meurtres par Interpol. Malgré les révélations qui ont suivi, aucun responsable politique important ne sera condamné. Un des personnages-clefs du scandale, Mehmet Agar, a été élu député aux élections du 3 novembre et s'est imposé à la tête du DYP à la place de T. Ciller.

11. Le ministre des Questions énergétiques, Cumhur Ersümer (ANAP), a été accusé de détournements de fonds à partir de janvier 2001 ; il ne démissionnera qu'après la crise monétaire de février, malgré les réticences de l'ANAP, qui menace de rompre la coalition. Le ministre des Travaux publics, Koray Aydn (MHP), est accusé d'avoir extorqué de l'argent aux entreprises passant des contrats avec l'État – K. Aydn cumulait la direction de son entreprise de travaux publics et son poste de ministre jusqu'à sa démission, le 5 septembre 2001.

12. Déjà, en 1998, une enquête montrait que seulement 13,5 % des jeunes avaient confiance dans les partis politiques, placés en dernière position de l'ensemble des institutions (*YeniYüzyl*, 28 juillet 1998).

13. *Cumhuriyet*, 16 août 2001.

14. *Cumhuriyet*, 9 août 2001.

15. Pour une analyse plus complète des élections, on consultera Massicard (2003).

(DSP, gauche nationaliste) de Bülent Ecevit, le MHP de Devlet Bahçeli (extrême droite) et l'ANAP de Mesut Yilmaz (centre droit) s'est révélée durable, du moins relativement aux gouvernements précédents. La coalition, reconduite après les élections de 1999, a cependant éclaté en raison de divergences de fond sur le programme économique et l'adhésion à l'Union européenne. Le ministre de l'Économie, Kemal Dervis[16], s'est ainsi heurté à plusieurs reprises à ses collègues, notamment à propos de l'indépendance de la banque centrale, des privatisations et du sauvetage du système bancaire. Le MHP, en particulier, a contesté la politique de rigueur inspirée par le FMI, ainsi que les réformes prises dans le cadre de la préparation de l'adhésion à l'Union, à la fois par conviction idéologique et pour protéger ses réseaux clientélistes.

La cause immédiate de l'éclatement de la coalition a cependant été la maladie du Premier ministre, Bülent Ecevit (77 ans), incapable d'assurer pleinement ses fonctions après son hospitalisation, le 4 mai 2002. Ce dernier a cependant refusé d'envisager son remplacement à la tête du gouvernement et de son parti. Des voix se sont élevées à l'intérieur du DSP, où le numéro deux, Hüsamettin Özkan, a finalement démissionné, entraînant avec lui un nombre important de députés (fin juin). En raison des défections qui touchaient les autres partis de la coalition, le gouvernement était menacé de perdre sa majorité au Parlement. Pour sortir de l'impasse, le MHP a proposé, le 7 juillet, des élections anticipées pour le 3 novembre, ce qui a été accepté par une large majorité. Pourtant, une partie importante des députés sortants ont ensuite tenté, jusqu'au dernier moment, de repousser les élections. En effet, dans les intentions de vote, aucun des partis au pouvoir ne franchissait le seuil des 10 % de voix – condition nécessaire pour être représenté au Parlement. Les élections apparaissaient comme un échec annoncé et, pour le Premier ministre sortant, comme un véritable suicide politique.

La fluidité de la situation explique la formation de nouveaux partis dont la plupart échoueront, notamment le Parti de la nouvelle Turquie (YTP) de l'ancien ministre des Affaires étrangères, Ismail Cem. En revanche, Cem Uzan, un homme d'affaires à la tête d'un groupe de médias, parviendra, à la suite d'une campagne très critiquée pour son populisme, à imposer le Parti jeune (GP) dans le paysage politique. Contrairement aux élections précédentes, les pressions policières contre les partis hors système, notamment le Parti démocratique du peuple (DEHAP, nationaliste kurde), ont été limitées. L'agenda de la campagne a été dominé par les thèmes économiques. L'adhésion à l'Europe, présentée comme une chance de sortir de la crise, a été soutenue par tous les grands partis, à l'exception du MHP. La politique extérieure et la sécurité, thèmes essentiels lors des élections de 1999, sont restées marginales, même si le MHP a tenté de jouer la solidarité avec les Turcs chypriotes et les Turkomans d'Irak pour dénoncer l'Union européenne et le risque d'un État kurde indépendant au nord de l'Irak.

Les résultats, assez conformes aux sondages, indiquent un véritable effondrement des partis sortants. La volatilité de l'électorat, pourtant forte en Turquie, est un trait marquant de ces élections : le DSP, premier parti en 1999 avec 22,2 % des votes, s'effondre à 1,2 %. Le taux de renouvellement des députés est proche de 90 %, alors qu'il se situait entre 50 et 60 % depuis 1983 (Massicard 2003). L'interprétation qui s'impose est un véritable rejet des partis au pouvoir, sanction de la crise économique et de l'image d'impuissance donnée par le Premier ministre sortant, B. Ecevit. En raison du barrage des 10 %, seuls deux partis sont initialement représentés au Parlement : l'AKP (34,3 % des voix) et le Parti républicain du peuple (CHP, 19,4 %). La victoire de Tayyip Erdogan[17], le leader de l'AKP, représente la revanche de celui qui s'est présenté en victime du système.

La fragmentation politique se poursuit ainsi, avec des partis très nombreux qui recueillent en moyenne un nombre de voix de plus en plus faible. Le barrage des 10 %, instauré en 1983 pour éviter l'instabilité gouvernementale, n'a pas limité la dispersion de l'offre. En conséquence, le Parlement ne représente qu'un peu plus de la moitié des électeurs. Les résultats confirment enfin le mouvement de régionalisation déjà perceptible lors des élections municipales d'avril 1999. Dans les provinces à majorité kurde, la carte politique est très

16. Ce dernier n'avait pas d'appartenance partisane, mais, connu pour sa sensibilité de centre gauche, il sera élu député sur les listes du CHP.
17. T. Erdogan, qui n'a pas pu se présenter aux élections en raison d'une condamnation prononcée à la suite d'un discours à Siirt, trouvera l'occasion de se présenter dans cette même ville en raison de l'invalidation d'un candidat. Il sera élu avec 84 % des inscrits et deviendra Premier ministre à la place d'Abdullah Gül, qui passera aux Affaires étrangères.

Encadré 2
Où en est la « question kurde » ?

Depuis le début de la guérilla du PKK, en 1984, les affrontements avec les forces de sécurité turques ont fait des dizaines de milliers de victimes. Des milliers de villages ont été vidés par l'armée et des centaines de milliers de personnes forcées de quitter les provinces à majorité kurde du sud-est. L'état d'exception dans les provinces kurdes a créé une zone de non-droit où les forces de sécurité se sont distinguées par leur arbitraire. Cette situation s'est beaucoup améliorée avec le cessez-le-feu unilatéral du PKK, intervenu après la capture d'Abdullah Öcalan en 1999. L'état d'urgence a été progressivement levé et les forces de sécurité ont adopté un comportement plus légaliste. La fin des combats pose cependant de nouveaux problèmes. En effet, plusieurs dizaines de milliers de personnes sont revenues dans leurs villages et affrontent parfois les milices du gouvernement (*korucu*), qui ont accaparé leurs terres, ce qui a provoqué quelques heurts sanglants ces derniers mois.

Avec la fin de la guérilla, les questions culturelles sont devenues le terrain privilégié d'affrontements – généralement non violents – entre le gouvernement et les militants nationalistes. Ainsi l'hiver 2001-2002 a-t-il vu la multiplication des pétitions pour l'éducation en kurde à l'école et la possibilité de suivre des cours optionnels de kurde à l'université. Environ 11 000 signatures auraient été recueillies dans toute la Turquie. Bien que le droit de pétition soit inscrit dans la Constitution, ces demandes ont été considérées comme des actions criminelles par les autorités. Le 29 janvier 2002, le MGK a ainsi déclaré que la campagne était inspirée par des groupes terroristes. Différentes circulaires des ministères de l'Intérieur et de l'Éducation ont mis en garde contre les « visées séparatistes » des étudiants. Après l'abandon de la plupart des poursuites au pénal, les institutions universitaires ont été utilisées pour sanctionner certains étudiants.

Les réformes constitutionnelles d'août 2002 pouvaient faire espérer une véritable reconnaissance de la langue kurde. Cependant, même si le principe de cours de kurde privés a été accepté, les institutions d'État continuent à refuser des cours optionnels à l'université. De même, les décrets d'application sur la radiodiffusion en kurde sont extrêmement restrictifs. Pour l'instant, la télévision d'État (et elle seule) peut diffuser des émissions en kurde pour un volume horaire limité. Ces restrictions, qui devraient être levées prochainement, sont d'autant plus incompréhensibles que *Med TV*, qui émet en kurde à partir de l'Europe, a déjà une audience importante.

Un second enjeu est l'interdiction, systématique depuis des années, des partis nationalistes kurdes (HEP, DEP, HADEP, DEHAP). Ainsi, la Cour européenne des droits de l'homme a condamné la Turquie à des dommages et intérêts pour avoir condamné et emprisonné 13 députés du DEP depuis 1994, à la suite d'un procès inique. En mars 2002, le procès contre le HADEP s'est achevé par la dissolution du parti. Le DEHAP, successeur du HADEP, est menacé lui aussi de fermeture. Ces interdictions risquent de radicaliser une frange de la jeunesse, peut-être prête à une nouvelle guérilla.

Quelles que soient les avancées politiques, la « question kurde » est aussi un problème de sous-développement, et les perspectives, dans ce domaine, sont médiocres. Le revenu moyen dans les provinces de l'est et du sud-est est de 30 % inférieur à la moyenne nationale, et ces provinces présentent les traits caractéristiques du sous-développement. Selon le Conseil national de la planification (DPT), dans l'est de la Turquie, 25 % des enfants de moins de 5 ans sont en situation d'insuffisance alimentaire[1]. En raison de ces conditions de vie et de la violence des années 1990, l'émigration a été massive. On estime aujourd'hui que la moitié des Kurdes vivent en dehors du sud-est. Les projets d'irrigation sont largement en panne, et les investissements sont très insuffisants pour espérer un rééquilibrage à moyen terme entre les différentes régions de Turquie.

1. *Radikal*, 18 mars 2003.

spécifique, avec la position dominante du parti nationaliste kurde (DEHAP), qui ne recueille que 6,2 % au niveau national. Sur le plateau anatolien, le mouvement islamo-conservateur (AKP) et l'extrême droite (MHP) se partagent largement les votes, le mouvement de centre gauche CHP étant plus fort à l'ouest et sur la côte méditerranéenne.

Le gouvernement AKP

Depuis l'ANAP de Turgut Özal dans les années 1980, aucun parti n'avait disposé d'une majorité aussi confortable à l'Assemblée nationale. Contrôlant près des deux tiers des sièges, l'AKP peut envisager des réformes législatives et constitutionnelles avec une certaine facilité. Quel est le projet politique d'un parti qui se compare aux grands partis conservateurs comme la CDU[18] ?

Le programme de l'AKP est flou, ce qui correspond à une stratégie électorale de parti « attrape-tout » et à la nature même du mouvement. Les cadres sont en partie issus de la mouvance islamiste, mais les biographies des élus montrent que beaucoup viennent de partis conservateurs, par exemple de l'ANAP. Au-delà de quelques questions symboliques, comme le droit de porter le foulard à l'université, il n'y a aucun projet cohérent d'islamisation de la société[19]. Le noyau idéologique de l'AKP semble être une vision libérale, voire ultra-libérale, de l'économie et un conservatisme moralisateur sur les questions de société.

18. Parti chrétien démocrate allemand.
19. Les anciens du mouvement islamiste Milli Görüs (« Vision nationale ») au sein de l'AKP ne forment pas un groupe cohérent qui pourrait imposer un « agenda caché ».

Encadré 3
Tayyip Erdogan : un politique issu du peuple

Deux éléments caractérisent la biographie de Recep Tayyip Erdogan : son origine populaire et son professionalisme politique. Recep Tayyip est né en 1954 à Istanbul, dans le vieux quartier de Kasimpasa. Issu d'une famille pauvre venue du nord-est de la Turquie, il adhère aux valeurs conservatrices d'un père autoritaire. Comme de nombreux enfants turcs, il financera en partie ses études comme vendeur des rues. Remarqué pour sa piété par son instituteur, il est dirigé vers un établissement destiné à former les prédicateurs religieux. Il adhère ensuite à l'Union nationale des étudiants, qui regroupe les anticommunistes de combat dans les années 1960 et 1970. Il est également influencé par l'association islamiste Milli Görüs (« Vision nationale »), fondée par celui qui deviendra son maître en politique, Necmettin Erbakan. Malgré l'opposition de son père, il sera un temps footballeur professionnel avant de suivre, plus classiquement, un cursus de gestion.

Mais le travail au sein du Refah (Parti islamiste) est déjà sa première occupation. En 10 ans de travail méthodique, T. Erdogan va construire un réseau militant à Istanbul qui lui ouvre les portes de la mairie en 1994. À la tête d'une équipe décidée à faire bouger une ville submergée par les problèmes de transport, d'eau et de pollution, le nouveau maire se construit une image de dynamisme et d'intégrité[1]. Ses critiques lui reprochent de mener une politique d'islamisation, mais rien n'entame sa popularité grandissante. À mesure que la dimension nationale de T. Erdogan s'affirme, ses relations avec N. Erbakan se dégradent, d'autant que ce dernier échoue lors de son passage au pouvoir.

Marginalisé au sein d'un mouvement islamiste en crise, T. Erdogan est également en butte à l'hostilité de l'État. Après un discours à Siirt, le 6 décembre 1997, il est condamné à la prison pour avoir mentionné ces vers de Zia Gökalp – pourtant cités dans nombre de manuels scolaires turcs : « Les minarets sont nos baïonnettes, les coupoles nos casques et les mosquées nos casernes. » Déchu de son mandat de maire d'Istanbul et condamné à 5 années d'interdiction d'exercice d'un mandat électif, il passe quelques mois en prison. En août 2001, ayant définitivement rompu avec N. Erbakan, T. Erdogan se décide à lancer sa propre formation, l'AKP, mais ne pourra pas se présenter lui-même aux législatives du 3 novembre 2002 en raison de sa condamnation. À la suite d'une élection partielle et d'une nouvelle loi, il est élu député, puis Premier ministre, le 14 mars 2003, à 49 ans. S'il parvient à maintenir l'unité de son parti, il pourra réaliser son ambition, faire entrer la Turquie dans l'Union européenne et l'installer ainsi définitivement parmi les pays nantis.

1. Pour un bilan des municipalités islamistes, voir Pérouse (1999).

L'équation n'est pas très différente de celle des conservateurs américains, avec qui l'AKP est d'ailleurs en contact régulier. La rhétorique populiste de Tayyip Erdogan ne doit pas faire illusion : le nouveau pouvoir est lié aux milieux d'affaires – très représentés au sein de ses élus – et a pour priorité la stabilisation de l'économie.

Par ailleurs, les premiers mois d'exercice du pouvoir ont montré les contraintes fortes qui limitent la marge de manœuvre du gouvernement. En dehors même des moyens budgétaires, la présidence, la haute administration et l'armée ont entrepris de bloquer autant que possible les réformes qu'il proposait. Le gouvernement est engagé actuellement dans deux réformes qui visent toutes deux à diminuer le poids des institutions d'État : une plus grande autonomie des mairies et une réforme de l'enseignement supérieur.

Le remplacement du Conseil de l'enseignement supérieur (YÖK) est réclamé depuis longtemps par les universitaires, mécontents du caractère antidémocratique d'une institution qui a joué un rôle déterminant dans la mise au pas des universités après le coup d'État de 1980. Le YÖK sélectionne actuellement les candidats recteurs, nomme les doyens – souvent sur des critères politiques – et impose nombre de contraintes aux enseignants (leurs contacts à l'étranger notamment) et aux étudiants (code vestimentaire, droit d'association, etc.). L'organisme prévu ne pourrait plus sélectionner les candidats recteurs, ni nommer les doyens, et les universités gagneraient en autonomie. La seconde réforme vise à donner des moyens supplémentaires aux municipalités, aujourd'hui très dépendantes des institutions centrales. Le renforcement des administrations locales va dans le sens des directives européennes sur le gouvernement local, et la plupart des réformes législatives seront, de façon générale, liées à l'échéance de décembre 2004, qui impose le respect des critères de Copenhague.

3. Les réformes et la candidature à l'Union européenne

Le débat né à la suite des déclarations de Valéry Giscard d'Estaing contestant le caractère européen de la Turquie (novembre 2002) était mal posé et, de ce fait, peu éclairant, pour au moins deux raisons. Tout d'abord, la question n'est pas susceptible d'une réponse simple, car plusieurs lectures de l'histoire européenne sont possibles à partir des enjeux politiques et sociaux *actuels*. Les identités ne se définissent pas sur des critères objectifs, par exemple la religion, mais ont un caractère subjectif et construit qui ne devrait plus être à rappeler. En second lieu, on suppose implicitement que l'appartenance à l'Europe entraîne *ipso facto* un droit d'adhésion. Or, pourquoi y aurait-il automaticité de celle-ci, même si les critères de Copenhague sont respectés ? Ou faut-il alors supposer, de proche en proche, un même droit d'adhésion pour Israël (ce que souhaite Silvio Berlusconi, par exemple), la Russie, la Géorgie, etc. ? La question des frontières ne se résoudra donc pas par des querelles pseudo historiques, mais par le sens que l'on donne à la construction européenne.

Le faux débat sur l'européanité de la Turquie est donc un symptôme de l'incapacité de l'Union européenne à se penser comme puissance politique définissant son espace et ses intérêts. En ce sens, le pari du Royaume-Uni – et des États-Unis – est ouvertement de faire de l'accession de la Turquie la fin de l'Europe politique. Sur un terrain plus factuel, deux questions éclairent les enjeux de la candidature turque, le rappel de son histoire et l'écart économique *croissant* avec l'Union.

Dans les années 1960, la Turquie se rapproche de la Communauté économique européenne (CEE) dans le dessein de faire contrepoids aux États-Unis, avec qui les relations sont alors assez mauvaises, et d'obtenir des avantages commerciaux[20]. La réussite du projet européen et la concurrence avec la Grèce expliquent que l'adhésion devienne progressivement la priorité de la diplomatie turque. Dans les enquêtes actuelles, la candidature à l'Union européenne est approuvée par plus des deux tiers des citoyens turcs, et seule une petite minorité se déclare disposée à voter contre. Sans grande surprise, les catégories les plus éduquées y sont les plus favorables. Par rapport aux autres pays candidats, les réticences semblent liées à des peurs identitaires : perte de la langue et de la culture, notamment. De façon étonnante étant donné la faiblesse de la livre turque, la moitié des sondés sont opposés à son abandon. Les avantages attendus de l'adhésion concernent la liberté de déplacement, et la capacité de travailler et d'étudier en Europe[21].

En réponse, l'attitude de la CEE, puis de l'Union, a généralement été dilatoire. Si, dans les années 1960, Walter Hallstein, alors président de la Commission, déclarait que « la Turquie fait partie de l'Europe[22] », nombre de pays européens n'envisageaient pas sérieusement la candidature turque. La Commission et le Conseil y étaient même largement opposés. Au sommet de Luxembourg, en décembre 1997, les négociations d'adhésion étaient encore ouvertes avec tous les demandeurs, exceptée la Turquie. Après ce qui fut considéré comme une humiliation nationale, celle-ci refusa de participer au sommet de Londres (mars 1998).

Un compromis fut ensuite trouvé à Cardiff, en juin 1998 : la Turquie n'était pas admise à adhérer en même temps que les anciens pays de l'Est, mais la Commission proposait de l'assister pour préparer sa candidature. Malgré une opinion européenne peu favorable et l'opposition des pays scandinaves, le sommet d'Helsinki (décembre 1999) marqua l'acceptation définitive de la Turquie parmi les pays candidats. Le sommet de Copenhague (décembre 2002) entérina l'élargissement, portant désormais le nombre de membres à 25. Cependant, malgré une forte pression des États-Unis[23], l'Union repoussa alors sa décision sur l'ouverture des négociations d'adhésion avec la Turquie à décembre 2004, en insistant sur le respect des critères de Copenhague[24].

Si l'adhésion n'est plus mise en doute dans son principe au sein des institutions européennes[25], aucun programme de pré-adhésion n'est à la mesure

20. Les accords d'Ankara, signés en 1963, incluaient trois phases pour parvenir à une pleine intégration douanière. Après modification en 1970, l'union douanière se concrétisa à partir du 31 décembre 1995.

21. Chiffres tirés de European Commission Candidate Countries Eurobarometer, *Public Opinion in the Countries Applying for European Union Membership,* Rapport n° 2002.2, Gallup, décembre 2002, enquêtes réalisées en septembre-octobre 2002, disponible sur <europa.eu.int/comm/public_opinion>.

22. J. Redmond, *The Next Mediterranean Enlargement of the European Community: Turkey, Cyprus and Malta?,* Aldershot, Dartmouth, p. 23.

23. La Maison-Blanche a fait une première déclaration le 6 décembre, demandant à l'Union de fixer une date pour le début des négociations d'adhésion et prenant directement le contre-pied des propositions franco-germaniques. Le 10 décembre, lors d'une visite de T. Erdogan à la Maison-Blanche, le président Bush déclara « être aux côtés » de la Turquie dans ses efforts vis-à-vis de l'Union. Ces pressions, auxquelles on pourrait ajouter de nombreux contacts plus informels avec les États membres, ont eu un effet mitigé, et peut-être contre-productif, en raison de la dégradation des relations américano-européennes.

24. « Si le Conseil européen de décembre 2004, sur la base d'un rapport et d'une recommandation de la Commission, décide que la Turquie remplit les critères de Copenhague, l'Union européenne ouvrira aussitôt les négociations sur l'accession de la Turquie », *Conclusions de la présidence,* Conseil européen de Copenhague, 12-13 décembre 2002, p. 5.

25. Les opinions publiques des 15 sont globalement défavorables à l'entrée de la Turquie dans l'Union, et il est probable qu'un référendum sur ce thème amènerait une réponse négative dans la plupart des pays. Cette hypothèse, avec une Union à 25, n'est pas totalement à écarter.

du défi que représente la mise au niveau européen du pays qui sera, dans une génération, le plus peuplé de l'Union. Si les négociations débutent en 2005, comme la décision du sommet de Copenhague le laisse entendre, une aide financière significative devra être prévue, alors même que la vague précédente d'adhésions pèsera encore lourd sur le budget commun. L'Union a certes doublé le financement destiné à la stratégie de pré-adhésion, porté à 1 milliard d'euros pour 2004-2006, mais ces sommes sont encore symboliques et ne peuvent pas contrarier la tendance actuelle au creusement de l'écart. Au cours de la période 1995-2000, le rattrapage de la Turquie par rapport à l'Union n'a fait aucun progrès, et l'on constate, pour la période récente, un recul du PIB par habitant, la croissance ayant été insuffisante pour compenser les évolutions démographiques. Le niveau de vie en Turquie représente aujourd'hui 22 % de celui des pays de l'Union, et les disparités régionales et sociales, considérables, s'aggravent.

De surcroît, en raison des difficultés économiques, le gouvernement peut difficilement entreprendre de pallier certaines faiblesses structurelles qui freinent le développement du pays. Ainsi, malgré la valeur attachée à l'école et aux diplômes dans la société turque, on constate un inquiétant décrochage en matière de formation. L'accès à l'enseignement reste très inégalitaire, en raison de la concentration des écoles en milieu urbain, et une partie non négligeable de la population est encore analphabète, particulièrement dans le sud-est[26]. Par ailleurs, les universités publiques, par manque de financement, n'ont pas les moyens de rester compétitives dans la recherche internationale.

L'ADAPTATION AUX NORMES EUROPÉENNES : DES TEXTES AUX PRATIQUES

Sous l'influence du projet européen, la législation turque a été profondément modifiée ces dernières années, et cette dynamique tend à devenir de plus en plus présente. Derrière l'encombrement des détails « techniques », c'est une réforme en profondeur de la société turque qui se joue, au point que l'on pourrait parler de nouveaux Tanzimat. La préparation du sommet de Copenhague de décembre 2002 a dernièrement fourni l'occasion à la Turquie de faire passer un important train de mesures. La peine de mort a été abolie, les fondations religieuses minoritaires se sont vu reconnaître certains droits, le principe de l'enseignement des langues minoritaires a été accepté[27]. Mais un travail législatif significatif reste à faire, et le gouvernement a annoncé que le Parlement siégerait pendant l'été 2003.

La portée de ces changements législatifs est toutefois relativisée par les décrets d'application, qui tardent à paraître ou limitent considérablement la réalité des réformes, sans compter que certaines pratiques survivent malgré les textes. D'après les chiffres du ministère de la Justice, entre 2000 et 2002, 4 600 personnes ont ainsi été torturées par la police[28]. Pour l'année 2002, la Cour européenne de droits de l'homme comptabilise le plus grand nombre de ses procès avec la Turquie. Alors que les plaintes pour tortures et gardes à vue arbitraires ont diminué, celles en relation avec la liberté de pensée et d'association sont en augmentation[29]. Dans l'indifférence générale, les grèves de la faim dans les prisons ont, par ailleurs, fait 66 morts chez les militants d'extrême gauche (fin mars 2003), et les gouvernements successifs ont refusé de faire des concessions significatives[30].

Au-delà des droits de l'homme, l'adhésion à l'Union européenne suppose une rupture dans les équilibres politiques et institutionnels actuels. Ainsi, la Commission a indiqué à plusieurs reprises que le poids excessif des militaires par rapport aux élus était un obstacle majeur à la réalisation des critères de Copenhague. Le Parlement turc a fait un premier pas en ce sens en adoptant, en janvier 2003, une loi sur le Conseil national de sécurité. Le vice-Premier ministre et le ministre de la Justice sont devenus membres du MGK, ce qui renforce le nombre des civils face aux militaires. Là aussi, les pratiques sont déterminantes, et le contrôle de l'institution militaire par les civils est un objectif difficilement réalisable à court terme. La conjonction de trois facteurs – un gouvernement

26. Voir le rapport de l'Association des industriels et hommes d'affaires de Turquie (TÜSIAD), « Vers l'égalité entre hommes et femmes ».
27. La Turquie a aussi connu quelques régressions dans le domaine des libertés publiques. Ainsi, la loi sur les médias prévoit des amendes dissuasives pour les médias, qui restent soumis au contrôle d'une autorité administrative, le Conseil supérieur de l'audiovisuel (RTÜK), au sein de laquelle siège un membre des forces armées.
28. *Radikal*, 23 mars 2003.
29. *Radikal*, 4 février 2003.
30. Voir É. Massicard, « Réforme pénitentiaire en Turquie : du bon usage de la norme européenne », *Critique internationale*, n° 16, juillet 2002, p. 169-181.

monochrome, un chef d'état-major qui paraît favorable à un retrait des militaires et une pression croissante de l'Union – permet d'espérer un changement dans les rapports entre l'armée et le gouvernement[31]. Cependant, l'horizon de décembre 2004 paraît trop proche pour juger d'un changement de culture au sein des élites politiques turques.

La politique extérieure

Après une période neutraliste dans les premières années de la République, la Turquie s'est rapprochée des pays occidentaux après la Seconde Guerre mondiale, en adhérant successivement à l'Organisation de coopération et de développement économiques (OCDE, 1948), au Conseil de l'Europe (1949) et à l'Organisation du traité de l'Atlantique Nord (OTAN, 1952). Jusqu'à la chute de l'URSS, la Turquie a joué un rôle essentiel dans la protection du sud de l'Europe. Par ailleurs, elle s'est généralement alignée sur la politique extérieure de l'Union européenne et a été associée à ses actions extérieures, particulièrement dans les Balkans. Au sein de la politique étrangère et de sécurité commune (PESC), la Turquie est associée aux groupes 15+1 (l'Union à 15 et la Turquie) et 15+6 (l'Union à 15 et six pays d'Europe n'appartenant pas à l'Union).

Solidement installée dans le système de sécurité occidental[32], la Turquie a développé ses relations avec les pays turcophones d'Asie centrale et du Caucase dans les années 1990. Elle participe également à différentes organisations régionales, notamment le Conseil de coopération économique de la mer Noire (BSEC) et le D8[33], qui réunit les 8 pays musulmans les plus peuplés (Bangladesh, Égypte, Indonésie, Iran, Malaisie, Nigeria, Pakistan, Turquie). La mise en service du gazoduc venant de la Russie (décembre 2002) et les accords avec l'Iran pour l'ouverture d'un autre sont à la fois une nécessaire source d'approvisionnement énergétique et une occasion d'améliorer les relations avec des pays qui ont souvent eu des relations troubles avec la Turquie dans le passé. Cependant, cet élargissement du champ de la diplomatie turque n'a pas changé les deux pôles essentiels de la politique extérieure, l'Europe et les États-Unis. Or, ces derniers mois ont vu deux crises se nouer avec ces partenaires essentiels autour de Chypre et de l'Irak.

Chypre et l'Union européenne

La question chypriote reste un point majeur de crispation entre l'Union européenne et la Turquie. Avec l'adhésion de Chypre en 2003, la Turquie va se retrouver dans la position inconfortable d'occuper militairement une partie de l'Union. L'évacuation de l'armée turque de la partie nord de l'île et la réunification de l'île sont une condition implicite, mais *sine qua non*, de l'adhésion turque. La Grèce – dont les relations avec la Turquie se sont beaucoup améliorées – avait insisté sur ce point dès le sommet d'Helsinki[34].

Résoudre la question chypriote suppose pour la Turquie de rompre avec la politique qui l'a conduite à une véritable impasse. Jusqu'à l'automne 2003, la politique turque visait à légitimer la présence des 35 000 soldats turcs qui occupent la partie nord de l'île depuis 1974. Or, malgré la déclaration d'indépendance de la République turque de Chypre du Nord (RTCN) en 1983, les tentatives pour la faire reconnaître internationalement, notamment auprès de l'Union européenne, ont été un échec sans appel. Seule la Turquie a reconnu cette « république », qui reste une non-entité juridique. Par ailleurs, la politique constante des gouvernements turcs successifs a été de pousser à une intégration croissante de Chypre-Nord avec la Turquie. En particulier, les équilibres démographiques ont été altérés avec l'arrivée d'environ 70 000 colons venus de Turquie. À une date aussi récente que septembre 2002, de nouvelles mesures étaient prises pour renforcer cette intégration. Des négociations avaient bien peu de chances d'aboutir dans ces conditions,

31. Les rumeurs de coup d'État militaire, lancées par une publication anglaise et un quotidien turc en mai 2003, paraissent un pur exercice de désinformation.

32. Le 30 juin 2002, la Turquie a pris le commandement de l'ISAF (Force internationale d'assistance à la sécurité) à Kaboul pour 6 mois.

33. Le D8 (D pour pays en développement) est une organisation de coopération économique et commerciale créée en 1997 à Istanbul. L'idée a été lancée en 1996 par l'ex-Premier ministre islamiste turc Necmettin Erbakan, pour regrouper 760 millions de musulmans, surtout d'Asie. Les pays membres s'aideront dans les instances internationales et en matière de télécommunications, d'industrie, de transport, de haute technologie et d'investissement.

34. Différentes mesures de confiance ont été prises avec la Grèce (nettoyage des mines sur la frontière, ligne directe entre les deux ministères des Affaires étrangères). Il a aussi été prévu que le conflit frontalier devrait être réglé avant la fin 2004. Par ailleurs, un accord a été trouvé lors de la constitution de la force de réaction rapide de l'Union, la Turquie ayant eu l'assurance que ces troupes ne seraient pas utilisées à Chypre.

et la Turquie, en septembre 2001, a appuyé Rauf Denktash, le président chypriote turc, dans sa décision de se retirer des négociations.

Pourtant, dès la fin des années 1990, la candidature de Chypre à l'Union européenne (au nom de l'île entière) laissait apparaître que la réunification était nécessaire aux intérêts turcs. Les élections du 3 novembre en Turquie et le sommet de Copenhague ont permis de formuler un nouveau discours. En réponse aux exigences européennes, le gouvernement d'Ankara a mené une politique en rupture nette avec celle de ses prédécesseurs. En exprimant son refus du *statu quo* – « I am not in favour of the continuation of the policy that has been maintained in Cyprus over the past 30 to 40 years[35] » –, Tayyip Erdogan a affirmé que la réunification de l'île était désormais l'objectif de son pays. Aussi Rauf Denktash apparaît-il aujourd'hui comme le principal obstacle à un règlement du conflit, comme Kofi Annan l'a souligné de façon explicite après l'échec des négociations menées sous l'égide de l'ONU en mars 2003.

Rauf Denktash a cependant des appuis en Turquie, et le chef de l'état-major, Hilmi Özkök, a nettement pris position en sa faveur. L'extrême droite, le courant islamiste et la gauche nationaliste s'opposent également à ce qui est présenté comme un renoncement. Peut-être en réaction au gel diplomatique, les habitants de Chypre-Nord ont manifesté en masse pour l'unification et contre la politique de Rauf Denktash. Ce dernier a autorisé l'ouverture de la ligne de contrôle, et des milliers de Chypriotes passent régulièrement la frontière. La Turquie a, dans le même temps, ouvert ses frontières aux Chypriotes grecs, sans visa. Ces avancées, pour importantes qu'elles soient, ne règlent pas la question de fond : si la Turquie n'obtient pas la réunification de Chypre avant fin 2004, ses chances d'obtenir une date pour l'ouverture des négociations d'adhésion sont faibles.

4. Une remise en cause du partenariat stratégique avec les États-Unis ?

La Turquie, élevée au rang de « partenaire stratégique », est un allié essentiel pour les États-Unis au Moyen-Orient. Depuis la fin de la guerre froide, les gouvernements qui se sont succédé à Washington ont été attentifs à maintenir de bonnes relations avec la Turquie, comme en témoignent leur soutien au moment de la crise avec la Syrie en 1999 et leur aide décisive dans l'arrestation d'Abdullah Öcalan, le leader du PKK[36]. Les gouvernements américains successifs ont également refusé de reconnaître le génocide arménien pour préserver leurs relations avec Ankara.

L'invasion de l'Irak est tombée au plus mauvais moment pour le gouvernement turc issu des élections du 3 novembre. Comme beaucoup d'autres, il s'est trouvé pris entre son opinion publique – à plus de 90 % opposée à la guerre – et sa dépendance par rapport aux États-Unis. Les longues tractations, menées notamment par Paul Wolfowitz du côté des États-Unis, se sont articulées autour de trois points : la zone d'influence de la Turquie dans le nord de l'Irak, l'aide économique, le passage des troupes américaines par la Turquie. Le gouvernement turc souhaitait se voir reconnaître *de facto* une zone d'influence au Kurdistan irakien et éviter ainsi tout risque d'indépendance kurde. Les négociations ont permis d'aboutir, de façon très tardive, à un compromis entre les deux gouvernements. En échange d'une aide économique de plusieurs milliards de dollars et d'un droit d'entrée des troupes turques dans le nord de l'Irak, la Turquie devait permettre aux États-Unis le stationnement de 62 000 soldats pour six mois sur son territoire.

Or, malgré les efforts du gouvernement turc, la proposition de loi qui devait avaliser l'accord a été rejetée le 1er mars par le Parlement en raison de la défection d'une centaine de députés de l'AKP qui ont voté avec l'opposition (en fait, le texte avait réuni une majorité de députés, mais le quorum n'était pas atteint). Peu sûr de sa majorité, le gouvernement a ensuite refusé de présenter un nouveau texte. Finalement, le 20 mars, l'Assemblée nationale turque a autorisé le survol de son espace aérien par les avions de la coalition anglo-américaine, ainsi que l'envoi de troupes dans le nord de l'Irak. Sur ce dernier point, la Turquie – confrontée à l'opposition conjointe des Kurdes d'Irak, de l'Union européenne et des États-Unis – a dû rapidement battre en retraite. Malgré les assurances

35. *Anatolia News*, 3 janvier 2003.
36. La capture du chef rebelle kurde a eu lieu le 15 février 1999 à Nairobi.

de Washington, les forces kurdes – qui restent armées – ont pénétré dans Kirkuk et Mossoul.

L'explication de ce qui apparaît comme une crise majeure entre Ankara et Washington est complexe. Les États-Unis – qui avaient déjà commencé des travaux sur les bases turques – ont probablement surestimé leur degré d'influence sur la Turquie. L'AKP est un parti récent, où les tensions internes sont importantes, et les oppositions entre le président du Parlement et le Premier ministre sur ce dossier étaient claires. En outre, le président Sezer a pris nettement position contre l'accord en s'appuyant sur l'illégalité de l'invasion de l'Irak. Enfin, les militaires turcs sont restés discrets dans le débat, peut-être parce qu'ils estimaient l'accord avec les États-Unis peu favorable à la Turquie.

Cet épisode va-t-il laisser des traces dans les relations turco-américaines ? La Turquie ne risque certainement pas de se trouver en butte aux mêmes attaques xénophobes que la France dans la presse américaine. En effet, les États-Unis ont besoin de l'alliance entre la Turquie et Israël pour remodeler la carte politique du Moyen-Orient. En ce sens, ce n'est pas un hasard si l'American Jewish Committee a pris publiquement position pour une aide à la Turquie (1 milliard de dollars) dans une lettre aux membres du Congrès. On aurait tort cependant de réduire ces tensions à un simple incident, la confiance entre les deux hiérarchies militaires ayant été sérieusement ébranlée. Lors de sa visite à Ankara, en mai 2003, Paul Wolfowitz a demandé à la Turquie de reconnaître ses erreurs et critiqué ouvertement l'armée turque[37]. Proche sur le fond de la position franco-allemande, la Turquie n'avait pas les moyens de s'exprimer, notamment en raison de sa dépendance financière, et le partenariat avec Washington reste une obligation. L'évolution pour l'instant défavorable de la situation en Irak[38] est une source d'inquiétude pour les élites turques et met à jour des différences d'intérêt majeures sur ce dossier. Comme partout, la perception des États-Unis s'est considérablement dégradée, dans un pays qui n'avait jamais connu, jusqu'à présent, un fort sentiment anti-américain[39].

Conclusion

La conjonction des crises de l'année 2002-2003 est l'occasion de réformes en profondeur de la société turque. Celles-ci ont pour point commun de se faire largement sous l'influence d'institutions étrangères, le FMI et l'Union européenne. Dans ce dernier cas, les difficultés pratiques de l'adhésion restent importantes et sont probablement sous-estimées en Europe. Par ailleurs, le risque d'une réaction nationaliste contre ce qui pourrait apparaître comme une véritable mise sous tutelle politique n'est pas à écarter. Sur le plan de ses alliances, la Turquie a vu son partenariat stratégique avec les États-Unis mis à l'épreuve avec l'invasion de l'Irak. En réaction, une partie des élites turques semble se rallier à l'idée que l'intégration européenne pourrait à moyen terme servir de contrepoids au partenaire américain.

37. Ces déclarations, faites avec l'arrogance qui est devenue la marque des néo-conservateurs, ont marqué une dégradation supplémentaire de l'image des États-Unis en Turquie.

38. Depuis la première guerre du Golfe (1991), la Turquie tente d'utiliser les Turkomans d'Irak comme relais local, notamment en armant des milices. En dehors d'une montée des tensions intercommunautaires, il n'est pas certain que la Turquie dispose là d'un instrument d'influence efficace, en raison du soutien des États-Unis aux mouvements kurdes de M. Barzani et J. Talabani. Par ailleurs, différents textes de diplomates et quelques déclarations officielles ont remis à l'ordre du jour les droits que la Turquie posséderait sur le pétrole de Mossoul. Plus qu'une revendication immédiate, ce discours justifie à l'avance une intervention en cas de création d'un État kurde.

39. Voir les résultats récents des enquêtes d'opinion effectuées dans le cadre du projet Pew Global Attitudes sur <http://people-press.org>.

Bibliographie

A

Athanassopoulou, E. (1996), « Greece, Turkey, Europe: Constantinos Simitis in Premiership Waters », *Mediterranean Politics,* vol. 1.

Aybet, G. (1999), « Turkey and European Institutions », *International Spectator,* vol. 34.

B

Balkr, C. et M. A. Williams (dir.) (1993), *Turkey and Europe,* Londres, Pinter.

Bozarslan, H. (1999), « Les élections en Turquie et la question kurde », avril, disponible sur <www.ceri-sciencespo.com /archive/april/arthb.pdf>.

C

Çarkoglu, A. (2002), « Elections in Turkey: Whither Politics as We Know It? », TUSIAD-US, disponible sur <www.tusiad-us.org>.

D

Dorronsoro, G., É. Massicard et J.-F. Pérouse (2003), « Turquie : changement de gouvernement ou changement de régime ? », *Critique internationale*, n° 18, janvier, p. 8-15.

E

Evin, A. et G. Denton (dir.) (1990), *Turkey and the European Community*, Opladen, Leske and Budrich.

G

Günter, E. (1998), « Turkey and the European Union: A Question of Cultural Differences? », *Perceptions*, p. 54-72.

H

Hale, W. (2000), *Turkish Foreign Policy,* 1774-2000, Londres, Frank Cass.

Hiç, M. (1995), *Turkey's Customs Union with the European Union: Economic and Political Prospects,* Ebenhausen, Stiftung Wissenschaft und Politik.

M

Massicard, É. (2003), « Les élections du 3 novembre 2002 : une recomposition de la vie politique turque ? », *Les Dossiers de l'IFEA,* Istanbul.

Mastny, V. et R.C. Nation (dir.) (1996), *Turkey between East and West: New Challenges for a Rising Regional Power,* Boulder, Co., Westview.

O

Özbudun, E. (2000), *Contemporary Turkish Politics: Challenges to Democratic Consolidation,* Londres, Lynne Rienner.

P

Pérouse, J.-F. (1999), « Le nouvel ordre urbain du Refah : urbanisation, gestion urbaine et urbanisme à Istanbul depuis mars 1994 », *Les Annales de l'Autre Islam,* n° 6, Paris.

Iran : l'impossible transition

Olivier Roy

Après les 10 ans de pouvoir sans partage de l'imam Khomeiny (1979-1989), la décennie 1990 devait être celle de la sortie de la révolution islamique, incarnée par les deux présidents qui ont été à la tête de l'Iran durant cette période : le conservateur pragmatique Ali Akbar Rafsandjani (1989-1997) et le libéral Mohammad Khatami (élu en 1997, et dont le second mandat s'achève en 2005). Pourtant, si la société iranienne a profondément changé en 10 ans, la situation politique et économique reste bloquée, tandis que les relations avec les États-Unis sont devenues la clef à la fois de la politique extérieure de l'Iran et de son évolution intérieure, car elles conditionnent l'ouverture tant économique que politique du pays.

1. Bilan de la révolution islamique

Les apories de la révolution islamique

L'originalité du système politique iranien est qu'il s'agit d'une « théocratie constitutionnelle ». Promulguée en décembre 1979, amendée en août 1989, la Constitution iranienne est de type présidentiel : le président est élu au suffrage universel, ainsi que le Parlement. Mais la Constitution place au-dessus du président le « Guide » (*rahbar*), incarné d'abord par Ruhollah Khomeiny, puis par Ali Khamenei. Le Guide est celui qui assure le *vilayat-e fâqih*, c'est-à-dire le « gouvernement du docteur de la loi », soit l'incarnation de la fusion du religieux et du politique. Le Guide nomme les membres religieux du Conseil des gardiens, qui doivent vérifier l'islamité des candidats aux élections et celle des lois votées par le Parlement, ce qui lui donne un pouvoir de censure sur l'activité législative. Il nomme la plus haute autorité judiciaire du pays. Il est le chef des armées, nomme et révoque le chef d'état-major et le commandant en chef des Gardiens de la révolution. Il préside le Conseil supérieur de la défense (composé du président de la République, du ministre de la Défense, des chefs d'état-major, du commandant en chef des Gardiens de la révolution et de deux conseillers nommés par le Guide). Il ratifie l'élection du président de la République et peut le révoquer. S'il ne gouverne pas au sens strict, cette fonction revenant au président, le Guide peut donc bloquer l'action de ce dernier (Khosrokhavar et Roy 1999, Buchta 2000). De 1981 à 1997, Guide et président ont travaillé ensemble, mais, en 1997, Mohammad Khatami a été massivement élu, à la surprise générale, sur un programme de réformes, c'est-à-dire de transition vers la démocratie : une cohabitation difficile se met alors en place.

Le vote en faveur de Khatami est clairement un désaveu du régime islamique. L'échec de la révolution islamique s'explique par plusieurs facteurs. D'abord, le régime a été incapable de tenir ses promesses de justice sociale et de développement économique. Le pouvoir, accaparé par une élite politique qui ne s'est pas renouvelée en 20 ans, s'est sclérosé et corrompu dès la disparition de

Khomeiny, en juin 1989. Mais, de manière plus complexe, la révolution islamique, loin de mettre le clergé au pouvoir, a en fait entraîné une crise de légitimité religieuse et une sécularisation croissante de la société civile, contrastant avec l'insistance des conservateurs sur la symbolique islamique (le voile, la charia) : cette schizophrénie politique a peu à peu paralysé le pays.

Le concept de *vilayat-e fâqih*, une innovation tardive de Ruhollah Khomeiny, est la clef du système politique islamique : sans lui, en effet, l'actuelle Constitution iranienne définirait un État de droit, moderne et démocratique, avec séparation des pouvoirs et souveraineté populaire, même si la charia est explicitement citée comme la source du droit par excellence. Mais, paradoxalement, le *vilayat* incarne moins le contrôle clérical de la société que l'achèvement d'un processus de surpolitisation du religieux : c'est le politique qui définit le religieux et non l'inverse. Dans ce concept de *vilayat*, on trouve deux idées : l'une, commune à l'islamisme moderne, tant sunnite que chiite, qui veut que la souveraineté n'appartienne qu'à Dieu et que le gouvernement terrestre ne puisse être qu'une forme de « régence » exercée par le « meilleur des musulmans » ; l'autre, propre au chiisme, qui inscrit cette régence dans la tradition de l'imamat, c'est-à-dire d'une véritable représentation du Prophète sur terre par l'intermédiaire de ses descendants directs (les 12 premiers imams), puis des représentants de ceux-ci.

Se pose ainsi la question, récurrente dans toute la réflexion politique islamique, de savoir qui est l'homme (ou le groupe d'hommes) le plus qualifié pour exercer cette régence, pour être le Guide. La Constitution a donné deux réponses. La première (1980), faite du vivant de Khomeiny, établit que le Guide doit être un *marja'* (un grand ayatollah source d'imitation, qui a la compétence de publier des fatwas) (article 107) et aussi être « conscient de son temps » (*agâh be zamân*), expression désignant la compétence politique. Or les grands *marja'* – jamais guère plus d'une dizaine à chaque époque – se sont en général tenus à l'écart de la vie politique (sauf bien sûr Khomeiny lui-même). La seconde (1989) supprime la condition de *marjayyat*. Le Guide doit être un religieux mais pas nécessairement le plus éminent ; en revanche, il doit incarner les principes politiques et idéologiques de la révolution. On voit donc que, dans le passage d'une version à l'autre, la Constitution accentue le primat du politique sur le religieux, ce qui est soit un paradoxe pour une révolution religieuse, soit au contraire le principe même d'une révolution religieuse, comme de toute révolution.

La prééminence du politique est également réaffirmée dans le domaine juridique, même si la charia est officiellement le fondement du droit. L'article 36 du chapitre 3 de la Constitution déclare qu'« une sentence ne peut être passée que par un tribunal compétent et en accord avec la loi », ce qui signifie que personne ne peut invoquer la seule charia et que la loi reste du domaine de l'État. Le problème est alors de concilier les prérogatives du Parlement et l'obligation de fonder les lois sur la charia. La Constitution a donc prévu la mise en place d'un Conseil des gardiens chargé de vérifier l'islamité des lois votées. Ce Conseil est composé de 6 juges religieux et de 6 juges laïcs. Bien entendu, les désaccords entre ce Conseil et le Parlement ont rapidement conduit à un blocage. Khomeiny a donc imposé, en 1987, la création d'un « Conseil de discernement de l'intérêt public » (*majma'e tashkhis-e maslahat*), chargé de statuer sur les désaccords entre les Gardiens et les députés. Remanié en mars 1997, ce Conseil est composé avant tout de politiques ; les religieux qui en sont membres de droit ne peuvent se prononcer que sur les questions constitutionnelles. Le nom de ce Conseil est significatif, l'« intérêt public » étant une notion éminemment politique. C'est donc bien la logique politique qui l'emporte sur le juridique. De nombreuses autres provisions de la Constitution n'ont d'ailleurs rien à voir avec la charia : la définition de la citoyenneté (un Afghan chiite persanophone a autant de difficulté à devenir Iranien qu'un Européen chrétien), le principe général d'égalité politique entre hommes et femmes, la présence d'avocats dans les tribunaux, etc.

Khomeiny s'est toujours montré particulièrement clair sur cette prééminence du politique. Dans une lettre restée fameuse (6 janvier 1988) adressée à Khamenei, il tance ce dernier à qui il reproche d'ignorer, au nom de la charia, le primat du politique. Khomeiny déclare que « le gouvernement islamique peut abroger unilatéralement des stipulations légales » (*shar'i*, c'est-à-dire conformes à la charia). Cette déclaration va plus loin que la reconnaissance par les juristes les plus fondamentalistes d'un domaine de juridiction qui échappe à la charia (code de la route, droit de douanes, etc.) ; il s'agit bel et bien d'affirmer la primauté du politique, au nom bien sûr d'un raisonnement implicite : « L'État iranien est islamique, donc tout ce qui va dans le sens de l'affirmation de cet État est pour le bien de l'islam, même s'il faut parfois ignorer la charia, c'est-à-dire l'islam. »

La question du Guide et la crise de légitimité du clergé

Toute réforme passe donc soit par un changement constitutionnel qui limite ou abroge le pouvoir du Guide, soit par un repli volontaire du Guide, qui renoncerait à l'exercice de certaines de ses fonctions afin de laisser le président gouverner. La nomination comme Guide, en 1989, d'Ali Khamenei a disjoint la légitimité religieuse de la légitimité politique : ce dernier, en effet, n'était qu'un ayatollah parmi d'autres et nullement une source d'imitation. Le clergé chiite, tant en Iran qu'en Irak, comptait nombre de grands ayatollahs plus importants que lui mais moins engagés dans la vie politique (Araki, Taqi Behjat, Tabata'ï Qomi, Khu'y, Sistani, Makaram Chirazi, Fadlallah, etc.). Aussi bien parmi les clercs que les laïcs, un mouvement de contestation du *vilayat* s'est alors développé. Cette démarche aboutit en fait à justifier la démocratie parlementaire, voire même la sécularisation, mais au nom de l'islam. Un des plus éminents représentants de ce courant est un religieux, l'hodjat ol-eslam Mohsen Kadivar (par ailleurs beau-frère du ministre libéral de la Culture lors du premier mandat de Khatami, Mohajerani). Il remet en cause la centralité du concept de *vilayat* en soulignant la place minoritaire qu'il occupe dans l'ensemble de l'édifice conceptuel du droit canon chiite. L'impact de cette démarche est d'autant plus fort que son auteur fait lui-même partie du clergé et que sa maîtrise des méthodes de droit canon islamique (*fiqh*) ne permet pas au clergé étatique de le disqualifier comme hétérodoxe.

De grands religieux partisans de la révolution islamique contestent à leur tour le *vilayat*, comme le grand ayatollah Montazeri, ex-dauphin de Khomeiny, en résidence surveillée à Qom, voire même le cheik libanais Fadlallah, qui, tout en soutenant le régime islamique, refuse le concept de *vilayat*. Les grands ayatollahs irakiens Khuy (mort en 1991) et Sistani ont eux aussi refusé le *vilayat*.

Toute une réflexion s'est donc développée dans la décennie 1990, ouvrant la voie à une nouvelle forme de séparation entre religion et politique. Deux tendances principales apparaissent parmi les intellectuels post-islamistes au sujet de la place de l'islam dans la société. La première, incarnée par Soroush (qui n'est pas un clerc) et Modjtahed Shabestari (un ayatollah) identifie le religieux avec l'intériorité et la spiritualité, et abandonne le champ social à la responsabilité des hommes qui doivent le gérer démocratiquement. Le religieux est hétérogène au politique et relève de la conscience de l'homme.

La seconde tendance, illustrée par Montazeri et d'autres, cantonne le religieux à un principe négatif et extérieur, à savoir le contrôle de l'islamité des lois, ce qui donne une grande autonomie à la société dans la mesure où ce n'est pas le clerc qui règne au nom du *vilayat-e fâqih* mais le peuple souverain ; la législation votée n'a pas à être islamique *stricto sensu*, mais doit seulement ne pas être anti-islamique. Alors que le *vilayat-e fâqih* est l'institution d'un ordre social conforme à l'islam, l'ordre que prônent ces clercs post-islamistes libère la loi de sa conformité à l'islam tout en lui imposant de ne pas contredire les principes islamiques fondamentaux. Chacune à leur façon, ses deux conceptions décentrent le religieux, brisent son imbrication étroite avec la politique et libèrent la société de tout carcan au nom du sacré ; mais elles maintiennent l'idée d'une société « religieuse ». Reste alors à penser la place nouvelle qui est donnée à la religion : peut-on inventer un nouveau sécularisme « religieux » ou bien la « privatisation » de la religion est-elle inéluctable, le post-islamisme n'étant qu'un combat d'arrière-garde, un moment dans le processus de laïcisation ?

Ces débats ont captivé les intellectuels iraniens durant la décennie 1990 et fourni à Mohammad Khatami les instruments conceptuels de sa théorie de la « démocratie religieuse », qui permettrait d'assurer la transition entre révolution islamique et démocratie moderne, mais qui ont tourné court du fait des blocages des conservateurs et de la frustration de la jeunesse iranienne. L'évolution sociologique a rattrapé le débat intellectuel. Mais celui-ci fournit une argumentation qui peut se révéler utile pour d'autres mouvements islamistes en quête de modernisation.

Une population jeune mais stabilisée

La demande de démocratisation est soutenue par les changements sociaux qui, depuis 20 ans, ont transformé l'Iran (Ladier 2003, Hourcade *et al.* 1998). Sous la République islamique, la société iranienne s'est modernisée dans de nombreux domaines comme l'alphabétisation (aujourd'hui totale), l'extension de l'école aux zones rurales, la communication entre les villes et les villages (des routes, pistes, chemins vicinaux relient les zones rurales les plus éloignées entre elles et aux centres urbains). Cette société est plus homogène, même si elle n'est pas plus égalitaire qu'à l'époque du chah. La révolution n'a pas été nécessairement la cause de la modernisation : elle l'a accompagnée, l'a accentuée dans certains domaines, tout en s'efforçant d'en prévenir les effets culturels et politiques.

La révolution s'est faite à une période de forte croissance démographique et d'urbanisation intense. En 1976, la population iranienne était estimée à 33,7 millions (à 46,9 % urbaine), la croissance urbaine était de 4,6 % par an et celle de la campagne, de 1,3 % (le taux de croissance globale étant de 2,7 %). En 1986, la population s'élevait à 49,5 millions (à 54,2 % urbaine), avec une croissance urbaine de 5,5 % et rurale de 2,5 % (pour un taux de croissance globale de 3,1 %). En 2000, la population atteint 64 millions d'habitants, mais le taux de fécondité est passé de 7,6 enfants par femme en âge de procréer en 1976 à 2,5 en 1998 (par comparaison, la France a un taux de 1,9), soit une chute des deux tiers en un peu plus de 20 ans. On voit que le pic de la croissance démographique a été atteint sous la révolution pour décliner ensuite. L'Iran dispose donc d'une population jeune et éduquée, mais est brutalement entré dans la transition démographique : ce qui domine, c'est une structure moderne de famille et de natalité (famille restreinte, âge et niveau d'études comparables entre les conjoints). Sociologiquement, les femmes n'ont jamais été aussi émancipées (accès à l'éducation, à la contraception, au marché du travail), tout en subissant de plein fouet les contraintes du hidjab (voile islamique) et d'une législation archaïque (même si elle est de plus en plus aisément contournée par celles qui sont éduquées et savent faire valoir leurs droits). C'est cette modernité sociale qui demande à s'exprimer dans le domaine politique : les révoltes étudiantes de 1999 sont le prodrome de ce changement de fond.

Encadré 1
Les femmes

La révolution islamique a eu deux résultats contradictoires pour les femmes[1] : une régression sur le plan juridique et de la vie quotidienne ; et une progression sur le plan politique et sociologique. La révolution a immédiatement rendu obligatoire le port du hidjab (tout ce qui permet de dissimuler les cheveux, qu'il s'agisse du tchador traditionnel, pièce unique de tissu couvrant tout le corps, du *maghnae* islamiste moderne – sorte de voile de religieuse – ou du *rusari* – simple foulard couvrant les cheveux). Le hidjab est ainsi devenu le baromètre des opinions politiques et des tendances du régime : les périodes de durcissement voient les jeunes *bassijis* contrôler strictement le hidjab dans les lieux publics, tandis que les jeunes femmes rusent avec les règles islamiques pour en réduire la portée (à la fin des années 1990, la coupe de cheveux en « banane » permet de repousser le voile). Ce contrôle va de pair avec la répression de la mixité (dans les écoles, mais aussi dans la rue, où la police peut contrôler qu'un couple est bien uni par des liens familiaux ou matrimoniaux). Sur le plan juridique, sans reprendre la totalité des règles de la charia, le nouveau code de la famille a réduit les droits des femmes (divorce, garde des enfants, autorisation du mari pour travailler, etc.). Les féministes iraniennes se divisent en deux catégories : celles qui luttent de l'intérieur, en démontrant par exemple que la charia est mal comprise, ou bien en en utilisant les failles (elles peuvent inclure leurs conditions dans le contrat de mariage, comme l'engagement de renoncer à la polygamie), et les « laïques » qui pensent que le système doit être rejeté[2]. Une tradition chiite tombée en désuétude, le mariage temporaire ou *sighe*, permet ainsi à des couples illégitimes de se donner une couverture juridique, à condition que la femme soit célibataire[3].

La tension est d'autant plus forte que le poids des femmes dans la société iranienne, considérable, a été renforcé par les évolutions sociologiques récentes : elles constituent la majorité des étudiants et ont accès au marché du travail ; la famille patriarcale est en déclin et la contraception, accessible. Sur le plan politique, à part l'exclusion de la fonction présidentielle, les femmes ont les mêmes droits politiques que les hommes, ce qui rend encore plus insupportable la discrimination dans le statut personnel. Les femmes ont pris une part active dans l'élection du président Khatami, mais la vague de déception qui a suivi son incapacité à réformer le régime a contribué à faire glisser la contestation du champ politique vers le terrain des mœurs et de la vie quotidienne : tenue vestimentaire, sports (les conservateurs ont tenté en vain de bannir l'usage du vélo, défendu par la fille de Rafsandjani), loisirs, etc. La question de la femme est la pierre de touche de toute évolution du régime : la révolution islamique sera terminée le jour où le hidjab ne sera plus obligatoire (même si nombre de femmes continueront à le porter, la société iranienne restant malgré tout très conservatrice).

---

1. Kian-Thiebaut (2002), Adelkhah (1991, 1998).
2. Sur les stratégies développées par les femmes, on lira : Z. Mir-Hosseini (1993), *Marriage on Trial: Islamic Family Law in Iran & Morocco,* Londres/New York, I.B.Tauris.
3. S. Haeri (1990), *Law of Desire,* Londres/New York, I.B. Tauris.

Une économie prisonnière de la rente et de l'État

L'économie iranienne (voir Coville 2002) est largement aux mains du secteur étatique et des « fondations » (*bonyad*) créées en 1980 pour gérer les biens confisqués aux anciens dirigeants ou pour aider les victimes de guerre. Contrôlées par d'anciens cadres des Gardiens de la révolution, les fondations ont été officiellement privatisées au cours des années 1990. Elles gardent un statut administratif très opaque et échappent de fait à tout contrôle administratif ou comptable, ce qui implique une certaine corruption mais leur permet aussi de bénéficier de conditions d'action plus favorables que leurs éventuels concurrents privés. Surtout engagées dans la spéculation, ces fondations, qui ne sont plus une source de financement pour l'industrie, se sont transformées en réseaux d'affairisme.

Le droit du travail, très favorable aux salariés, bride les petites entreprises et favorise l'utilisation d'une main-d'œuvre clandestine (afghane et kurde irakienne), surtout dans l'agriculture et le secteur du bâtiment et des travaux publics (BTP). Le capital privé est pourtant important en Iran, mais, faute de pouvoir s'investir dans le domaine de la production, il nourrit une spéculation immobilière considérable, notamment à Téhéran, laquelle chasse les classes moyennes du centre-ville et remplit les banlieues et les cités satellites. L'inflation nourrit aussi la spéculation (officiellement de 15 % en 2002, elle atteint en fait les 30 %).

L'Iran n'échappe pas à la malédiction des États pétroliers : la rente pétrolière empêche en effet le développement d'un secteur privé productif et entretient une bureaucratie pléthorique et un système ruineux de subventions aux produits de base. Les hydrocarbures représentent 80 % des exportations et constituent 50 % du budget de l'État. L'Iran exporte environ 3,7 millions de barils/jour et dispose de 9 % des réserves prouvées dans le monde.

Le développement économique dépend donc des fluctuations des prix du pétrole, dont la bonne tenue en 2002 et 2003 a permis une croissance supérieure à 4 % en 2002 et sans doute en 2003. Mais la consommation énergétique intérieure augmente de 7 % par an, ce qui va diminuer la part exportée, à moins que de nouveaux investissements soient faits dans le domaine de la recherche et de l'exploitation. Pour cela, l'Iran a besoin d'investissements étrangers, qui sont aujourd'hui limités tant du fait de lois très restrictives (même si une nouvelle loi a été passée début 2003) que des sanctions américaines qui, depuis 1996, restreignent sérieusement les investissements non seulement américains mais de toute entreprise opérant sur le sol américain (loi D'Amato-Kennedy ou *Iran and Libya Sanctions Act* de 1996). La firme Total s'est lancée dans des opérations fondées sur le *buy-back* (l'investisseur étranger se paie en commercialisant à son compte une part de la production), mais ce mode de coopération reste peu apprécié des entreprises.

Une nation moderne

Les 25 ans de République islamique ont aussi correspondu à une homogénéisation de la société iranienne. Alors que le persan est la langue maternelle d'à peine 51 % des Iraniens, la généralisation de l'enseignement, mais aussi les migrations internes, l'urbanisation, la conscription et l'extension de la télévision ont généralisé l'usage de la langue nationale. L'influence de l'État sur les zones rurales (qui n'avaient pas pris part à la révolution islamique) s'est étendue par l'intermédiaire d'organisations comme la « croisade de la reconstruction » (*jihad-e sazandegi*), chargée, avec plus ou moins de succès, de développer les campagnes. Les minorités linguistiques, lorsqu'elles sont chiites, sont parfaitement intégrées : en particulier, les Azéris turcophones sont sur-représentés dans l'appareil politique (le Guide est un Azéri et Téhéran est la plus grande ville azérie du pays). Les langues régionales sont autorisées, mais le persan reste la seule langue officielle. Les séparatismes sont moins forts qu'à l'époque du chah, même si les minorités sunnites (Kurdes, Baloutches et Turkmènes) sont moins intégrées et conservent de forts particularismes. La contestation actuelle touche le régime, mais pas l'État, ni le concept de nation iranienne. Le nationalisme reste une dimension incontournable de l'identité iranienne, comme on l'a vu lors de la Coupe du monde de football en 1998, où l'Iran a battu les États-Unis devant des millions de téléspectateurs iraniens.

Dans les provinces périphériques, aux confins de l'Afghanistan, l'autorité de l'État est en revanche battue en brèche, non par des mouvements politiques mais par le développement du trafic de drogue en provenance de ce pays : les contrebandiers, puissamment armés, peuvent tenir tête aux forces de l'ordre (Hourcade 2002) (voir encadré 2).

Encadré 2
Immigration et diaspora

Nombre d'Iraniens ont quitté l'Iran à la suite de la révolution islamique. La première vague (1979-1981) est essentiellement constituée d'opposants provenant des classes moyennes et supérieures, en général laïques, rejoints par la suite par une émigration moins politique et plus motivée par des raisons économiques. Éduqués et disposant d'un certain capital, les premiers émigrés ont très bien réussi dans les pays occidentaux, et particulièrement aux États-Unis (où ils dépassent 1 million d'individus). Los Angeles, capitale des Iraniens aux États-Unis, en compte plus de 300 000 (dont 1 000 médecins). Cette diaspora est très diverse, en particulier sur le plan politique : elle ne constitue donc pas un groupe de pression, comme le sont les Cubains. Beaucoup, d'ailleurs, répondant aux ouvertures du régime après 1989, ont repris la route de Téhéran, mais se gardent bien de s'y établir, moins à cause de l'absence de démocratie que du fait de la contrainte du voile, mal supportée par des femmes nées ou ayant vécu en Occident. Les émigrés ont développé une tradition laïque de la culture persane, véhiculée par de nombreux journaux et revues, et relayée par une explosion de chaînes de télévision privées sur le territoire américain, dont quelques-unes sont, depuis 2002, captées en Iran par les antennes paraboliques. La société iranienne est ainsi soumise en permanence à une influence laïque et occidentale. La République islamique laisse sortir ses ressortissants (qui vont à Doubaï, Chypre ou Istanbul chercher leur visa américain) et délivrent facilement des passeports aux émigrés, car, même si la double nationalité n'est pas officiellement reconnue, la tolérance est très grande. En fait le problème principal pour les Iraniens qui veulent voyager aux États-Unis est l'aggravation des restrictions apportées par les autorités américaines (nombre de visas, mais aussi obligation de donner ses empreintes digitales et de se faire photographier).

Moins connue est la nouvelle émigration de travail de jeunes Iraniens qui vont au Japon par centaines de milliers pour des séjours de quelques mois (il n'y a pas, comme pour la Turquie, d'obligation de visa). Cette émigration économique est en croissance, mais le régime iranien ferme les yeux car elle sert de soupape de sûreté au chômage, tout en étant un indice de l'échec économique de la révolution.

2. La crise politique intérieure

Des urnes à la rue

Les espoirs soulevés par l'élection du président Mohammad Khatami en 1997, puis par sa réélection en 2001, ont été déçus : les conservateurs ont utilisé toutes les ressources de la Constitution pour bloquer les réformes. Pourtant, le Parlement élu en 2000 et présidé par Mehdi Karroubi est pour la première fois entièrement dominé par les réformistes. Les députés ont donc présenté une série de projets de loi visant à instituer le multipartisme, à limiter le contrôle du Conseil des gardiens, et à empêcher l'appareil judiciaire de mener une guérilla juridique contre les journalistes et les intellectuels réformateurs. Mais les lois doivent être approuvées par le Conseil des gardiens, une instance largement nommée par le Guide de la révolution, Ali Khamenei, qui contrôle également l'appareil judiciaire.

C'est en s'appuyant sur ces deux instances que le Guide a pu, d'une part, s'opposer à toute proposition de réformes (allant solennellement jusqu'à écrire en personne au président du Parlement pour lui demander de retirer la loi sur la presse, en juillet 2001) et, d'autre part, lancer une série de procès contre les journalistes, les intellectuels libéraux et les religieux réformistes (comme Kadivar). Certes, la guérilla judiciaire et législative menée par les conservateurs n'a pas éliminé l'espace de débat public, car un journal fermé réapparaît sous un autre nom dans les semaines qui suivent, de même que beaucoup de journalistes arrêtés n'hésitent pas à reprendre la plume peu de temps après avoir été libérés ; mais elle a prouvé que l'aile dure des conservateurs ne veut pas de réformes et qu'elle a l'appui du Guide de la révolution. Or celui-ci a le pouvoir constitutionnel de contrer aussi bien le Parlement que le président (qu'il peut destituer, comme l'a fait Ruhollah Khomeiny avec Bani Sadr en 1981). Toute évolution politique suppose donc soit une réforme constitutionnelle, soit que le Guide accepte de ne pas utiliser ses pouvoirs et de laisser le Parlement légiférer. La question est donc bien politique : les conservateurs refusent toute évolution.

En réalité, leur obsession est la chute de l'Union soviétique, car ils voient en Khatami le Gorbatchev de l'Iran : ils préconisent au contraire un modèle chinois visant à conserver le contrôle politique tout en permettant une ouverture économique qui donnerait des perspectives aux générations montantes, fer de lance de la contestation. Mais, à la différence de la Chine, il y a bien, en Iran, une scène politique ouverte (élections et relative liberté d'expression) ; il ne suffit pas d'y triompher d'une crise passagère pour avoir les mains libres.

Les conservateurs ont aussi joué sur les erreurs de l'équipe Khatami. La stratégie de ce dernier visait à éviter toute confrontation avec les conservateurs en se présentant comme le meilleur garant d'une évolution en douceur : cela supposait que les conservateurs jouent le jeu et que la rue reste calme. Or les conservateurs se sont « bunkerisés », et les émeutes étudiantes, qui ont commencé en juillet 1999 et sont récurrentes depuis, ont mis les réformistes en porte-à-faux : ils ne pouvaient ni les approuver, ni totalement les condamner. La répression qui a visé des intellectuels libéraux et nationalistes, même violemment désapprouvée par le président, a montré que celui-ci était sans pouvoir. Jamais Khatami n'a voulu aller à la confrontation ouverte ni à la crise de régime, et il a donc dû avaler toutes les couleuvres présentées par l'appareil judiciaire et le Conseil des gardiens. Enfin, son équipe s'est aliénée d'éventuels alliés de circonstances, comme Ali Akbar Rafsandjani, battu aux élections législatives de 2000 suite à une violente campagne des libéraux contre lui, ce qui l'a rejeté dans le camp des conservateurs.

L'opposition s'est donc peu à peu déplacée dans la rue, soit sous la forme de manifestations ouvertement politiques (comme celles des étudiants), soit par le détournement ou le débordement de manifestations festives (comme les matchs de football, où les femmes ont forcé l'entrée des stades qui leur étaient interdits ou ont enlevé leur voile, tandis que des slogans anti-régime étaient criés par le public). Pour contrer ces manifestations, le régime dispose de deux forces de police : les Pasdaran, ou Gardiens de la révolution, un corps paramilitaire bien armé qui a joué un grand rôle dans la guerre contre l'Irak, mais dont le recrutement est moins idéologique qu'au début de la révolution, et les *bassijis* ou « mobilisés », composés de jeunes issus des classes populaires, encadrés par des mollahs, mal armés, mais prêts à faire le coup de poing contre des étudiants perçus comme des nantis.

Les réformistes, coalisés dans le front du « 2 Khordad » (date de la première élection de Mohammad Khatami), sont donc largement discrédités et ont perdu les élections locales de février 2003, du fait d'une très forte et inhabituelle abstention (moins de 40 % de votants dans le pays et moins de 13 % à Téhéran). Khatami ne peut se présenter à la présidentielle de 2005. La question de savoir qui sera alors le candidat des libéraux n'agite guère les esprits : c'est l'option même de la transition démocratique qui est critiquée. Pourtant, le régime est plus que jamais l'objet d'une désaffection générale : les jeunes sont dépolitisés et ne croient plus dans les idéaux de la révolution ; l'usage de la drogue, de l'aveu même des autorités, se répand. Mais les perspectives politiques restent plutôt fermées. Les manifestations étudiantes de 1999 ont été une sérieuse alerte, mais elles ne suffisent pas à mettre le régime en danger : pour cela il faudrait une conjonction de tous les mécontentements (dont beaucoup sont liés à des problèmes d'urbanisme et d'approvisionnement) pour que la rue prenne le relais du politique. Or, la population ne semble pas prête à passer à la violence : 10 années de révolution et de guerre étrangère ont cassé toute velléité de nouvelle révolution.

Une fois l'hypothèque libérale levée, toutefois, les conservateurs ne se heurtent pas à une opposition structurée en Iran, même s'ils peuvent être à tout moment confrontés à des émeutes spontanées pouvant faire tache d'huile. Pour le moment, malgré les tensions, l'évolution de la scène politique dépend essentiellement de facteurs extérieurs, à savoir les relations avec les États-Unis, dans la foulée de l'occupation militaire de l'Irak.

La voie Rafsandjani : trop tard ?

Ancien président de la République réputé par son pragmatisme, Ali Akbar Hachemi Rafsandjani se verrait plus en Deng Xiaoping de l'Iran qu'en Mikhaïl Gorbatchev. Il est président du Conseil de discernement, c'est-à-dire de l'instance politique chargée d'arbitrer les conflits entre le Parlement et le Conseil des gardiens, ce qui en fait l'homme du consensus par définition, à condition qu'un tel consensus soit possible. Partisan explicite de la ligne « chinoise » (ouverture économique, normalisation extérieure, privatisation, mais maintien du contrôle politique), il se présente comme l'arbitre qui permettrait de sortir de l'impasse du conflit entre conservateurs et réformistes, tout en offrant une stratégie politique globale cohérente : pour préserver les acquis de la révolution islamique (en fait les intérêts de la nouvelle élite dirigeante) et pour pouvoir se lancer dans des réformes économiques de fond, l'Iran a un besoin impératif de normaliser ses relations avec les États-Unis, à la fois pour attirer les investissements et pour éviter toute attaque américaine ou toute entreprise de déstabilisation. Il faut donc sortir de l'isolement. Les campagnes américaines en Afghanistan et en Irak fournissent cette opportunité : Washington a besoin de la neutralité bienveillante de l'Iran dans les deux cas, et l'Iran n'a guère les moyens de s'opposer aux desseins des États-Unis. Plutôt que de mener de coûteux combats d'arrière-garde, il conviendrait donc d'officialiser un rapprochement inéluctable sur le long terme entre les deux pays.

Or, si l'Iran a bien effectivement facilité les choses pour les États-Unis lors de ces deux campagnes, une série d'incidents ont montré que des éléments radicaux parmi les Pasdaran et les conservateurs ont fait ou laissé faire des « coups » contre Israël et les États-Unis (affaire du navire *Karine A*, en janvier 2002, où des armes sans doute destinées à l'Autorité palestinienne ont été saisies par les Israéliens ; transit de cadres d'Al-Qaida sur le territoire iranien, peut-être impliqués dans l'attentat anti-américain de Riyad en Arabie Saoudite, etc.). S'il y a bien une cohérence de la politique étrangère de l'Iran, dont les objectifs globaux sont partagés par les conservateurs et les libéraux, la question du rapprochement avec les États-Unis reste profondément idéologique. Rafsandjani a donc proposé en avril 2003 de tenir un référendum sur la normalisation des relations avec Washington : le résultat ne faisant pas de doute, les conservateurs se sont immédiatement opposés à l'idée. Un ancien dirigeant étudiant, Abbas Abdi, responsable de l'occupation de l'ambassade américaine en 1979, a même été condamné à une lourde peine de prison pour avoir dirigé un institut de sondage qui avait annoncé que 74 % des Iraniens étaient en faveur d'un rapprochement avec les États-Unis. Mais jouer les Cuba du Moyen-Orient devient de plus en plus difficile lorsque les troupes américaines sont sur le pied de guerre sur toutes les frontières du pays.

3. L'Iran : puissance régionale et nostalgie révolutionnaire

NORMALISATION DE LA POLITIQUE RÉGIONALE DE L'IRAN

La politique étrangère de l'Iran se définit, depuis le cessez-le-feu avec l'Irak en juillet 1988, comme celle d'une puissance régionale animée avant tout par la défense de ses intérêts nationaux. L'illusion révolutionnaire qui avait dominé cette politique après l'avènement de la République islamique avait de toute façon vite montré ses limites. L'échec de la révolution islamique fut patent dès l'invasion irakienne de septembre 1980 : les masses musulmanes arabes, appelées par Khomeiny à se soulever contre les régimes qui soutenaient Saddam Hussein, n'ont pas bougé. L'Iran n'a trouvé d'écho favorable que chez les minorités chiites (Libanais, Afghans et Bahreïnis), parmi lesquelles il a pu constituer des mouvements radicaux bénéficiant de son soutien direct (Amal islamique et Hezbollah libanais, Front de libération du Golfe, Conseil suprême de la révolution islamique en Irak, Nasr puis Wahdat en Afghanistan).

Mais cette mobilisation des chiites étrangers n'a été que partielle, d'autant que nombre de grands ayatollahs et de mollahs établis en dehors de l'Iran refusent le concept même de *vilayat-e fâqih* et se méfient de la mainmise de l'État iranien sur le clergé chiite transnational. Si l'Iran a pu, grâce au Hezbollah libanais, obtenir le départ des troupes françaises et américaines du Liban en 1984, il n'a jamais pu susciter un mouvement général de révolte contre les régimes en place dans le monde arabe. Le grand échec a été l'insurrection manquée des pèlerins iraniens à La Mecque en 1987, qui a marqué, avec la contre-offensive victorieuse de l'Irak autour du Chott el-Arab, l'isolement définitif de l'Iran dans le paysage stratégique du Moyen-Orient. Le seul moyen de jouer un rôle était alors de rétablir un système de coopération avec les régimes en place, en renonçant au principe de l'exportation de la révolution et en acceptant le *statu quo*.

L'acceptation du cessez-le feu avec l'Irak en juillet 1988, et surtout la mort de l'imam Khomeiny, ont entraîné une lente normalisation de la politique étrangère de l'Iran, qui a repris les grands axes de la politique du chah (sauf en ce qui concerne Israël) : obliger l'Irak à reconnaître les frontières actuelles (et donc le contrôle du Chott el-Arab par l'Iran), suivant ainsi les accords d'Alger en 1975 (que Saddam Hussein a dû reconnaître de nouveau en 1990) ; jouer un rôle déterminant dans la sécurité du Golfe, en particulier par le contrôle des îles de Tomb et d'Abou Moussa, occupées par l'Iran en 1971, tout en entretenant des liens corrects avec les monarchies du Golfe ; ne pas laisser au Pakistan le contrôle de l'Afghanistan ; et maintenir un condominium avec la Russie sur la mer Caspienne (Schaffer 2001).

Dans le Caucase, l'Iran a soutenu l'Arménie contre l'Azerbaïdjan, pourtant chiite, et a coopéré avec la Russie pour mettre fin à la guerre civile du Tadjikistan (juin 1997). En Afghanistan, il s'est retrouvé dans le même camp que la Russie, l'Inde et les États-Unis pour soutenir l'Alliance du Nord contre les Talibans lors de la campagne américaine de 2001. Enfin, tout en soutenant matériellement le Hezbollah libanais et les Palestiniens, l'Iran est resté au second plan lors du déclenchement de la seconde Intifada en 2000. Téhéran a vivement condamné les attentats du 11 septembre 2001, mais cette fois par la voix du Guide lui-même et pas seulement par celle du président Khatami. En même temps, l'Iran veut être un acteur incontournable non seulement dans le Golfe, mais aussi au Levant, et cherche à profiter de l'échec des accords d'Oslo. Téhéran refuse donc toute normalisation avec Tel-Aviv, soutient le Hezbollah libanais et défend les mouvements palestiniens radicaux. C'est cette ambiguïté en face d'Israël qui est aujourd'hui la principale pierre d'achoppement d'une complète normalisation.

Pour apparaître comme le « gendarme du Golfe », l'Iran se devait de normaliser ses relations avec les États conservateurs du Golfe (réunis dans le Conseil de coopération du Golfe [CCG], créé en 1981 précisément en réaction à la révolution islamique et regroupant l'Arabie Saoudite, le Koweït, Oman, les Émirats arabes unis, le Qatar et Bahreïn). Lors de la première guerre du Golfe (1990-1991), l'Iran n'a pas gêné le déploiement des forces américaines. Il a ainsi peu à peu cessé de soutenir ses relais traditionnels : les chiites irakiens en 1991, bahreïnis en 1996, afghans en 1998, les abandonnant dans tous les cas à la répression des États sunnites. Malgré le contentieux avec les émirats sur le statut des îles Tomb et d'Abou Moussa, l'Iran s'est rapproché, à partir de 1994, des pays arabes conservateurs (d'abord Arabie Saoudite et Qatar, puis, plus tardivement Koweït – les relations avec Oman ont, quant à elles, toujours été bonnes). La réconciliation avec les monarchies conservatrices du Golfe a été réalisée lors de la dernière année de la présidence de Rafsandjani (1996) et entérinée lors de la présidence iranienne de la Conférence islamique mondiale (en 1997), qui marque la rentrée diplomatique de l'Iran au Moyen-Orient.

Pourtant, les objectifs sont loin d'être atteints : alors que toute la politique iranienne depuis 1988 a été d'établir un système d'alliances et de sécurité régionale pour exclure les États-Unis de la zone, le paradoxe est qu'en 2003 l'Iran est désormais encerclé par les troupes américaines sur presque toutes ses frontières (Afghanistan, Turquie, Irak, États du Golfe). L'Iran n'a pu imposer ses priorités, et son statut de puissance régionale dépend de ses relations avec les États-Unis.

La normalisation avec l'Europe

La rentrée de l'Iran dans le jeu moyen-oriental supposait aussi une normalisation avec les Occidentaux. L'Iran, membre de l'Organisation des pays exportateurs de pétrole (OPEP), pousse à la stabilité des prix et ne se réfère plus à l'« arme pétrolière ». Il a également signé le Traité sur la non-prolifération des armes nucléaires (TNP) et accepte les inspections de l'Agence internationale de l'énergie atomique (AIEA) de Vienne, même si, en juin 2003, il n'a toujours pas signé les protocoles additionnels qui prévoient des inspections inopinées. C'est la question du terrorisme iranien qui a été la pierre de touche des relations entre les Iraniens et les Occidentaux, mais selon deux trajectoires complètement différentes : l'Union européenne considère que l'on peut négocier avec le régime iranien, car il représente des intérêts étatiques avant d'incarner une option idéologique, alors que les États-Unis, après quelques hésitations, estiment que seul un changement de régime peut créer les conditions d'une véritable normalisation. Pour l'Europe, il faut donc parler avec l'Iran, politique qui a été positive ; pour les États-Unis, il est désormais trop tard.

Les relations entre l'Iran et les pays européens sont restées tendues après 1988 : en effet, même si l'Iran a cessé de soutenir des radicaux islamiques, les services iraniens ont continué de procéder à des assassinats contre des opposants basés en Europe (Chahpour Bakhtiar, Ghassemlou). Un coup de frein a été donné lorsqu'un tribunal allemand a impliqué en 1997 le Guide et le président iranien dans l'affaire dite du Mykonos (assassinat en 1992 à Berlin de leaders kurdes iraniens). L'Iran a répliqué en faisant condamner à mort un ressortissant allemand (Hoefer, gracié et libéré par la

Encadré 3
Les Moudjahidines du peuple (MEK)[1]

L'organisation des Moudjahidines du peuple fut créée vers 1965. Elle s'inspire à l'origine des idées d'Ali Chariati, philosophe formé en France, et prône une synthèse entre marxisme et islam. Les Moudjahidines se lancent dans la lutte armée contre le chah d'Iran ; après une sévère répression, seul survit Massoud Radjavi. Le mouvement recrute parmi la jeunesse éduquée des classes moyennes. Il participe activement à la révolution islamique et à la prise d'otages de l'ambassade des États-Unis, mais perd la lutte pour le contrôle politique de la révolution, que récupèrent les partisans de Khomeiny. Les tensions s'accroissent et, en 1981, les Moudjahidines sont contraints à la clandestinité. Leur coup d'éclat est l'exfiltration du président déchu Abol Hassan Bani Sadr, avec qui ils forment en France le Conseil national de la résistance, dont le quartier général est à Auvers-sur-Oise. Très soutenus par certains milieux politiques et policiers français (dont le directeur de la Direction de la surveillance du territoire [DST], Yves Bonnet), les Moudjahidines s'engagent dans la déstabilisation du régime iranien ; un appel au soulèvement est lancé le 20 juin 1981 : il échoue et est suivi d'une vaste répression. Le MEK se lance alors dans l'action terroriste : des centaines de cadres et dirigeants sont assassinés. La guerre entre le régime et le MEK est sans merci. Ce dernier établit, après 1983, une base militaire en Irak, alors que celui-ci a envahi l'Iran ; le patriotisme passe après la haine du régime : le terrorisme et l'alliance avec l'ennemi coupe peu à peu le MEK de la population iranienne, même s'il conserve un réseau efficace de militants et d'informateurs.

Mais le mouvement connaît en France une évolution de plus en plus sectaire et se transforme en secte politico-religieuse. La rupture est consommée avec Bani Sadr en 1983, après l'alliance irakienne. Surtout, une affaire curieuse illustre la dérive sectaire : Massoud Radjavi, qui veut épouser la femme de son adjoint, Mariam Azadanlou (janvier 1985), décide d'ériger ce mariage en acte révolutionnaire et idéologique ; un véritable culte de la personnalité se développe en faveur du couple, puis de plus en plus de la seule Mariam, proclamée en 1993 « présidente élue » de l'Iran. Les membres de l'organisation, soumis à une discipline très stricte (les femmes portent obligatoirement le hidjab), coupés du monde extérieur, s'enferment dans un mouvement qui ne se renouvelle pas. La répression a d'ailleurs détruit la base iranienne du mouvement lors du cessez-le-feu entre l'Iran et l'Irak en juillet 1988 : Khomeiny ordonne la liquidation de milliers de prisonniers appartenant aux Moudjahidines, tandis que le mouvement envoie à une mort certaine une colonne armée à partir de l'Irak. Le mouvement est mis sur la liste des organisations terroristes par les États-Unis.

Mais le MEK, très bien organisé, mène une remarquable campagne de relations publiques, obtenant le soutien d'une centaine de parlementaires américains. Pourtant la campagne militaire des États-Unis en Irak (mars-avril 2003) marque le déclin du mouvement : sa base en Irak est fermée, Mariam Radjavi est brièvement emprisonnée en France. L'idéologie du mouvement est désormais en total porte-à-faux avec les aspirations pour la démocratie et l'ouverture qui marquent la jeunesse iranienne.

---

1. Mujahedin-e Khalq Organisation ou MKO.
Voir E. Abrahamian (1989), *The Iranian Mojahedin*, New Haven, Yale University Press.

suite). Mais les relations se sont normalisées peu à peu, la solidarité entre pays européens ayant convaincu les Iraniens qu'il ne servait à rien de cibler un pays européen en représailles et qu'il valait mieux s'engager, même de manière officieuse, à mettre fin à toute action en territoire européen. L'Union européenne, quant à elle, a toujours contesté les sanctions américaines imposées à l'Iran, à la fois par refus du principe même des sanctions extraterritoriales (s'appliquant à des compagnies non américaines) et parce qu'elle porte un regard différent sur le régime. Elle considère que le « dialogue critique » qu'elle a mené durant près de 10 ans s'est révélé fructueux et a conduit à l'abandon du terrorisme international par l'Iran. Les perquisitions menées en France contre les Moudjahidines du peuple, en juin 2003, marquent sans doute la continuité de cette normalisation.

La fin de la décennie 1990 est donc marquée par un contraste frappant entre la normalisation des relations entre l'Iran, l'Europe et les pétromonarchies, d'une part, et l'aggravation des tensions entre l'Iran, les États-Unis et Israël, de l'autre.

Les États-Unis : acteur incontournable de la politique iranienne

Les relations entre les États-Unis et l'Iran sont marquées par une profonde ambivalence. De part et d'autre, le discours est très radical et le ressentiment vivace, mais ce discours de guerre se fait dans un contexte stratégique où les deux camps partagent… les mêmes ennemis.

La prise de l'ambassade américaine par les militants pro-khomeinistes, en septembre 1979, et la rétention de diplomates en otages restent pour les États-Unis un événement majeur qui justifie leur hostilité viscérale envers le régime islamique d'Iran. Les États-Unis ont soutenu politiquement l'Irak dans sa guerre contre l'Iran, et leur intervention au Liban en 1983 s'est faite explicitement contre l'Iran et le Hezbollah. Mais, par la suite, la politique américaine a été de fait plus ambivalente, oscillant entre hostilité déclarée et rapprochement inavoué. L'« Irangate », en 1985, illustre cette ambiguïté : au moment même où les États-Unis soutiennent Saddam Hussein dans sa guerre contre l'Iran, des proches de la Maison-Blanche négocient une vente d'armes à l'Iran afin de ramasser des fonds pour équiper les *contras* au Nicaragua (le Congrès américain ayant refusé un tel financement). En 1987, les États-Unis et l'Iran sont au bord de la guerre dans le Golfe après que les premiers ont décidé de « repavillonner » des pétroliers enlevant le pétrole koweïtien et attaqués par la marine iranienne. Mais, en 1991, l'Iran ne bouge pas lors de la première guerre du Golfe, facilitant ainsi la campagne de la coalition occidentale.

Pourtant les relations se tendent à partir de 1995. La relation entre Washington et Téhéran est indissociable de celle entre Washington et Tel-Aviv. Or l'Iran condamne le processus de paix et les accords d'Oslo, tandis qu'engagés dans un rapprochement avec les Arabes, les travaillistes israéliens voient dans l'Iran la principale menace pour Israël et poussent Washington à adopter une ligne de plus en plus dure. Une intense campagne menée par le sénateur D'Amato aboutit à la promulgation en 1996 de l'*Iran and Lybia Sanctions Act* (ILSA), qui interdit tout investissement en Iran pour des sommes supérieures à 20 millions de dollars, mais étend les sanctions aux sociétés non américaines travaillant aux États-Unis. Dans le même temps, ces derniers attribuent aux Iraniens une part de responsabilité dans les attentats anti-américains de Riyad (1995) et Khobar (1996) en Arabie Saoudite. Toute la politique américaine vis-à-vis de l'Iran après la première guerre du Golfe va être construite sur la dénonciation de la conjonction terrorisme/armes de destruction massive et non plus sur la question de la révolution islamique. Pour les États-Unis, le Hezbollah est un mouvement terroriste : l'anti-sionisme militant de l'Iran est donc assimilé à un soutien au terrorisme.

Dans quelle mesure l'Iran joue-t-il un rôle important dans le confit israélo-palestinien, au-delà de la rhétorique ? L'interception par les Israéliens, en janvier 2002, du *Karine A*, ainsi que le financement du Hezbollah par l'Iran soulignent la volonté des conservateurs de Téhéran d'être des acteurs dans le conflit du Proche-Orient, même si le soutien iranien ne joue aucun rôle décisif dans la combativité des acteurs anti-israéliens. De même, la possession d'armes nucléaires par l'Iran est perçue comme une menace directe par Israël (du fait du discours violemment anti-sioniste des dirigeants iraniens), alors que les Iraniens considèrent que toute la région est devenue nucléaire (Pakistan, Inde, Israël) et qu'ils ont eux-mêmes fait l'objet de l'usage d'armes de destruction massive (utilisation d'armes chimiques par l'Irak en 1988), bref que l'environnement régional rend nécessaire l'accès à la bombe nucléaire, même si un tel programme a toujours été nié à Téhéran.

L'évolution de la politique intérieure iranienne va pourtant infléchir un temps la position des États-Unis. L'élection du président Khatami, en 1997, entraîne un changement du discours officiel (Madeleine Albright, secrétaire d'État sous Clinton, allant même jusqu'à présenter des excuses pour le rôle de Washington lors du renversement du Premier ministre Mossadegh en 1953). Les États-Unis espèrent que les réformistes l'emporteront et considèrent que de toute façon un régime démocratique en Iran mettra fin tant au programme nucléaire militaire qu'à l'opposition à Israël. Cet éphémère rapprochement est aussi rendu possible par l'alliance entre Al-Qaida et les Talibans afghans, qui place Téhéran et Washington dans le même camp. En août 1998, Al-Qaida fait sauter deux ambassades américaines en Afrique de l'Est ; quelques jours plus tard, les Talibans s'emparent de la ville de Mazar-é Charif dans le nord de l'Afghanistan et massacrent une dizaine de diplomates iraniens dans leur consulat. Les États-Unis bombardent un camp d'Al-Qaida dans l'est de l'Afghanistan tandis que l'Iran masse des troupes à la frontière afghane et envisage sérieusement une opération militaire en Afghanistan. Après les attentats du 11 septembre, la même configuration se met en place : les États-Unis décident de détruire le régime taliban et s'appuient sur l'Alliance du Nord, qui comprend les troupes d'Ahmed Shah Massoud et les chiites du parti Wahdat, deux mouvements soutenus par Téhéran.

Mais, en février 2002, le président George W. Bush déclare que l'Iran fait partie de l'« axe du Mal » (*axis of evil*) au même titre que l'Irak et la Corée du Nord. Washington finance une nouvelle radio destiné à l'Iran (*Radio Farda*) dans le but ouvert de déstabiliser le régime des mollahs (*Voice of America*, qui émet en persan, est considérée comme trop « objective » et trop distante de la politique officielle).

En mars 2003, le schéma se répète : les États-Unis lancent une campagne militaire victorieuse contre l'Irak de Saddam Hussein. Téhéran ne fait rien pour gêner la victoire américaine, qui le débarrasse du régime en place et peut déboucher sur la mise en place d'un gouvernement chiite en Irak. Pourtant, à peine les États-Unis installés à Bagdad, le ton monte à nouveau. Le 15 juin 2003, soutenant les étudiants iraniens qui manifestent dans les rues de Téhéran, le président Bush appelle ouvertement à changer de régime en Iran.

Pourquoi cet acharnement des États-Unis ? En réalité, la véritable pierre d'achoppement est, comme on l'a vu, le refus iranien de reconnaître Israël. Les demandes américaines envers Téhéran sont très claires : renonciation au « terrorisme » et à l'arme nucléaire. Le terrorisme évoque le soutien ouvert que Téhéran offre au Hezbollah libanais et celui, plus discret, donné aux mouvements palestiniens Jihad et Hamas. L'enjeu nucléaire concerne évidemment la menace potentielle sur Tel-Aviv, constamment mise en avant par les Israéliens. Or le Guide, malgré de fortes pressions y compris dans les milieux conservateurs (Rafsandjani), maintient une ligne très dure, même si celle-ci est largement rhétorique.

Européens et Américains : la grande division

Lorsque les pays Européens lancèrent le concept de « dialogue critique » avec l'Iran, ils furent vivement désapprouvés par les États-Unis, avant que ceux-ci ne fassent leurs ouvertures de 1997. La politique iranienne des États-Unis, si elle s'est radicalisée avec l'arrivée au pouvoir de George W. Bush, n'est d'ailleurs pas liée à la seule Administration républicaine : elle est « bipartisane ». C'est l'Administration Clinton qui a défini le concept de *rogue state* (« État voyou »), qui incluait l'Iran, et que l'Administration Bush a repris sous le nom de *axis of evil*. Mais la divergence majeure entre l'Europe (incluant les Britanniques) et les États-Unis refait surface au printemps 2003, car l'Administration Bush a soudainement radicalisé la position américaine : désormais, pour Washington, aucun progrès ne peut être fait tant que le régime issu de la révolution islamique est en place, alors que, pour les Européens, quelle que soit l'idéologie du régime, on peut faire pression sur lui, sur la base de relations d'État à État, afin qu'il normalise sa politique étrangère. L'abandon par l'Iran du terrorisme en dehors de son territoire à partir de 1994, ainsi que la signature du TNP, sont considérés par les Européens comme une preuve de la validité de cette politique de pressions et d'incitations. Lors de la nouvelle crise ouverte en juin 2003 après l'aveu iranien du non-respect des règles de déclaration à AIEA, l'Union européenne s'est engagée dans de fortes pressions sur Téhéran, mais dans la perspective de relations bilatérales avec le régime en place (visite de Jack Straw, ministre britannique des Affaires étrangères, le 30 juin 2003), alors que le président Bush, dans une déclaration du 15 juin, appelait ouvertement au changement de régime.

En fait, la position des États-Unis s'inscrit dans le cadre plus large de la doctrine des néo-conservateurs américains : la recherche de la stabilité et du maintien du *statu quo* au Moyen-Orient, clef de voûte de la politique américaine depuis 1945, n'a pu empêcher les attentats du 11 septembre. Il convient donc de remettre en cause le *statu quo* en déstabilisant les régimes hostiles et en faisant d'une démocratisation agressive le nouvel objectif des États-Unis. Il ne suffit pas d'obtenir des concessions des différents régimes hostiles, ni même de les isoler, mais bien de les renverser. Dans cette perspective, la chute du régime iranien serait la deuxième étape après l'effondrement du régime de Saddam Hussein. Or, même les pays européens ayant participé à la coalition contre Saddam Hussein sont très réticents à se lancer dans une pareille escalade. Ils préfèrent donc faire pression sur Téhéran pour désamorcer les deux éléments du contentieux.

L'enjeu nucléaire

L'Iran a signé le TNP. Il avait entamé le développement d'un programme nucléaire à l'époque du chah. La centrale de Bushehr, construite en collaboration avec les Russes, est à finalité civile. Washington craignait cependant que le plutonium produit soit utilisé à des fins militaires (voir <www.chez.com/atomicsarchives/bombe_iran.html>). Les Russes se sont donc engagés à rapatrier le plutonium tandis que l'AIEA assurait des inspections régulières. Des voix américaines et israéliennes se sont régulièrement élevées pour prôner un bombardement préventif de cette centrale. Or, en février 2003, l'Iran a annoncé officiellement qu'il entreprenait la production d'uranium enrichi dans le complexe de Natanz (200 km au sud de Téhéran), tout en construisant une usine de production d'eau lourde : la raison officielle est que l'Iran, disposant de minerai d'uranium, n'a aucune raison d'importer ce produit et veut contrôler la totalité de la filière nucléaire. Mais cet uranium enrichi permet aussi de fabriquer des armes nucléaires. Le complexe de Natanz a certes été visité par l'AIEA, mais Téhéran, en juin 2003, hésitait encore à accepter des visites d'inspection inopinées de l'agence, seul moyen de satisfaire les exigences européennes, alors que Washington se refusait à négocier sur ce domaine, semblant considérer que l'Iran avait atteint un point de non-retour. Le problème pour les États-Unis est que, même si l'Iran n'a pas signé les protocoles additionnels du TNP, il est bien plus engagé dans l'acceptation du contrôle international que des pays alliés des États-Unis, comme Israël, qui n'a même pas signé le TNP, ou le Pakistan. Il est difficile ici de parler de programme clandestin, puisque l'Iran annonce ce qu'il fait, tout en déniant toute filière militaire, qui sera de toute façon longue à mettre en route. Mais ce développement, couplé avec la mise au point de missiles de portée moyenne pouvant atteindre Tel-Aviv, a alimenté la campagne des milieux américains et israéliens en faveur d'une frappe préventive.

Le terrorisme

Les derniers attentats imputables à l'Iran hors du territoire iranien, ou menés avec de probables complicités iraniennes, datent de 1992 (Mykonos) et 1994 (Buenos Aires). Mais les États-Unis ont régulièrement défendu la thèse de la complicité entre l'Iran et d'autres mouvements terroristes comme Al-Qaida : les attentats de Riyad et Khobar en Arabie Saoudite ont été un temps attribués par les États-Unis à l'Iran ; plus tard, Washington a dénoncé la présence en Iran de commanditaires du nouvel attentat de Riyad de juin 2003. En juillet 2003, des rumeurs faisaient état d'une éventuelle extradition de membres importants d'Al-Qaida vivant en Iran vers leurs pays d'origine. Pourtant l'Iran semble s'être tenu largement à l'écart des activités d'Al-Qaida.

Outre que les affirmations américaines reposent souvent sur une analyse politique plutôt que sur du renseignement concret (comme on l'a vu pour les liens supposés entre Saddam Hussein et Al-Qaida) et sont donc à manier avec prudence, il est clair que Téhéran n'a aucun intérêt à soutenir un mouvement sunnite comme Al-Qaida, allié à des groupes violemment anti-chiites, comme la nébuleuse radicale pakistanaise et les Talibans. Mais des initiatives tactiques venues des services iraniens ne sont jamais à exclure : les radicaux iraniens n'ont jamais accepté d'être doublés par un radicalisme sunnite plus proche de l'Arabie Saoudite et ont, souvent de façon suicidaire, soutenu des radicaux sunnites (ainsi, l'Afghan Goulbouddine Hekmatyar a trouvé asile à Téhéran jusqu'à son expulsion en janvier 2003). Comme toujours, la politique de recentrage de l'Iran est bloquée par des restes de considérations idéologiques qui n'ont plus de cohérence stratégique dans le paysage contemporain.

La campagne d'Irak : un tournant dans l'équation régionale

L'occupation de l'Irak par les États-Unis a deux conséquences immédiates : d'une part, elle met la relation américano-iranienne au centre des tensions du Moyen-Orient ; d'autre part, elle modifie considérablement la relation entre le chiisme et la révolution islamique d'Iran, en créant de nouveau un pôle d'autonomie chiite en Irak.

Une conséquence paradoxale du renversement du régime de Saddam Hussein est en effet d'avoir redonné au clergé chiite traditionnel une autonomie qu'il avait perdue lors de la révolution islamique d'Iran de 1979 et de la répression de Saddam Hussein à son égard en 1980. Avant la révolution, les grandes familles religieuses chiites étaient multi-ethniques (irano-arabes et souvent azéries) et transnationales. À partir de Najaf et de Kerbela, en Irak, où elles disposaient d'une quasi-extraterritorialité jusqu'à l'avènement de Saddam Hussein, leurs réseaux d'influence ignoraient les frontières ; de jeunes mollahs pouvaient commencer leur carrière dans un pays et la terminer dans un autre. Les grands ayatollahs étaient indifféremment arabes (Hakim, Baqer al Sadr), iraniens (Khu'y) ou... les deux. L'imam Musa Sadr, chef spirituel des chiites du Sud-Liban (disparu en 1979), en est un bon exemple : sa famille est issue du Sud-Liban et s'installe à Najaf à la fin du XVIIIe siècle ; son père, l'ayatollah Sadr al Din al Sadr, s'installe en Iran dans les années 1920 et meurt à Qom en 1953, où Musa naît en 1928 ; Musa Sadr fait ses études à l'Université de Téhéran, passe 4 ans à Najaf, revient à Qom et s'installe au Sud-Liban en 1959. La famille Sadr a bien entendu une branche dans chacun de ces pays et noua des alliances matrimoniales aussi bien avec des Arabes qu'avec des Persans. Musa Sadr parlait, dit-on, l'arabe avec l'accent iranien ; le président Khatami a épousé un membre de sa famille.

La révolution iranienne, suivie de la guerre avec l'Irak, a grandement affaibli ce clergé transnational. Le Guide, autorité suprême, est élu par un corps électoral exclusivement iranien (même si, selon la Constitution, il n'est pas forcément iranien lui-même). Les dirigeants religieux non iraniens sont écartés *de facto* des débats, même s'ils sont politiquement sympathisants de la révolution, comme le cheikh Fadlallah, qui conserve pourtant sa prééminence au Liban. La quasi-obsolescence du *marjayyat* face à l'autorité purement politique conférée par la prise de pouvoir à des mollahs plus jeunes et moins formés interdit aux grands ayatollahs de jouer un rôle important dans la direction religieuse du chiisme international. Il n'y a plus de places neutres où s'établir : Qom est en fait sous influence politique iranienne (même si de nombreux enseignants et étudiants non iraniens y résident). Lorsque Saddam Hussein, en février 1991, fit bombarder le mausolée d'Ali à Najaf (le lieu le plus saint du chiisme) sans entraîner de réactions autres que verbales de la part du gouvernement iranien, il devint clair que la stratégie de l'État iranien était désormais déconnectée des intérêts du chiisme transnational, même si celui-ci avait été instrumentalisé par Téhéran durant la décennie 1980.

Ce processus de nationalisation du chiisme n'est pas propre à l'Iran : ailleurs, soit il est impulsé par les autorités en place (comme Saddam Hussein), peu soucieuses de voir une partie de leurs sujets entretenir une loyauté extérieure, soit il constitue l'aboutissement du processus de politisation des groupes activistes chiites comme le Hizb-e wahdat afghan et le Hezbollah libanais, qui représentent aujourd'hui des partis politiques nationaux plutôt que des excroissances du chiisme international. Les chefs religieux chiites non iraniens dissocient désormais allégeance religieuse et allégeance politique : ainsi, Fadlallah, le leader spirituel du Hezbollah libanais, ne reconnaît pas Khamenei comme un *marja*, mais se définit comme un partisan de la révolution islamique d'Iran, ce qui a contribué à déconnecter les allégeances politiques des allégeances religieuses, en donnant la primauté à l'allégeance politique. D'autres dignitaires religieux, comme le cheikh libanais Chamsouddin, ont pris acte de cette crise du clergé supranational et ont mis en place leur propre filière d'enseignement et de formation.

Or, depuis la victoire des États-Unis, Najaf et Kerbela redeviennent des centres autonomes de la pensée chiite, même si des rivalités internes parfois violentes divisent le clergé (assassinat à Najaf du fils du grand ayatollah Khu'y, à son retour de Londres en avril 2003, par des partisans de Moqtada Sadr, le fils de Mohammad Sadr, un grand ayatollah assassiné par Saddam en 1999). Des centaines d'étudiants et de cadres sont revenus d'Iran : beaucoup sont loin d'être des partisans du *vilayat* et souhaitent même prendre leur distance par rapport à l'État iranien. Le paradoxe est que les mollahs les plus radicaux (comme Moqtada Sadr) ne sont pas partisans de l'Iran, tandis que les grands ayatollahs d'origine iranienne, comme Sistani, refusent aussi le modèle iranien. Les mouvements chiites opposés à Saddam et réfugiés en Iran (comme le Conseil suprême de la révolution islamique, dirigé par Baqr al Hakim) veulent jouer une carte purement irakienne, une fois de retour à Najaf ou Kerbela.

Quelles que soient les recompositions qui agitent le clergé chiite basé en Irak, l'Iran ne contrôle donc plus le chiisme international, et ce, au moment où, plus que jamais, Washington adopte une politique dure envers Téhéran.

Conclusion

Le régime issu de la révolution islamique est donc bien sur la défensive : contesté de l'intérieur, encerclé sur ses frontières, ayant de lui-même saboté la chance d'une transition démocratique et pacifique, il dépend désormais de la conjonction possible entre les mouvements d'opposition intérieurs et la pression extérieure. Or sa chance est justement que les États-Unis en fassent trop, et, pour affaiblir Téhéran, soutiennent des mouvements qui font peur à l'opinion publique iranienne, comme les Moudjahidines du peuple, ou qui heurtent le nationalisme iranien, comme les séparatistes de tout poil.

La contestation interne en Iran, menée par les étudiants, reste très nationaliste et n'a aucunement la volonté de se prêter au jeu de Washington. Les mouvements périphériques (kurdes, azéris, etc.) sont en fait très différents selon qu'ils sont chiites ou sunnites. L'option indépendantiste azérie ne peut que faire jouer le nationalisme iranien, y compris chez une majorité d'Azéris ; c'est ne rien comprendre à l'Iran moderne que d'y voir une majorité persane opprimer une minorité turcophone : la loyauté envers l'État est fondée sur le chiisme et non sur la « persianité », qui était un argument du chah, mais pas des mollahs. La monarchie repose sur des exilés qui ont quitté le pays il y a plus de 20 ans et ne sont plus au fait des nouvelles réalités. Mais la « bunkerisation » des dirigeants conservateurs ne peut qu'attiser la crise économique et la contestation sociale. Si le régime veut survivre, il devra, tôt ou tard, reprendre la voie des réformes, même si, cette fois, elles seront menées par des conservateurs. Sinon, il sera victime du pourrissement de la situation, sans qu'une alternative crédible et légitime ne se profile à l'horizon.

Bibliographie

A Adelkhah, F. (1998), *Être moderne en Iran*, Paris, Karthala.

Adelkhah, F. (1991), *La Révolution sous le voile*, Paris, Karthala.

B Buchta, W. (2000), *Who Rules Iran? The Structure of Power in the Islamic Republic*, Washington, D.C., The Washington Institute for Near East Policy.

C Coville, T. (2002), *L'Économie de l'Iran islamique : entre ordre et désordres*, Paris, L'Harmattan.

D Digard, J.-P., B. Hourcade et Y. Richard (1996), *L'Iran au XXe siècle*, Paris, Fayard.

E *Esprit* (2003), dossier sur l'Iran (articles traduits de la revue iranienne *Goftegu*), juillet.

H Hourcade, B. (2002), *Iran : nouvelles identités d'une république*, Paris, Belin/La Documentation française.

Hourcade, B., H. Mazurek, M. Hosseyn et P. Yazdi (1998), *Atlas d'Iran*, Paris, La Documentation française.

K Kian-Thiebaut, A. (2002), *Les Femmes iraniennes entre islam, État et famille*, Paris, Maisonneuve et Larose.

Khosrokhavar, F. et O. Roy (1999), *Iran : comment sortir d'une révolution religieuse*, Paris, Le Seuil.

L Ladier, M. (2003), *Population et politique en Iran : de la monarchie à la République islamique*, Paris, PUF/INED.

S Schaffer, B. (2001), *The Strategic Relationship of Russia and Iran*, Washigton D.C., The Whashigton Institute for Near East Policy.

Repères

- Séquences graphiques
- Le monde en cartes
- Le monde en chiffres
- Panorama
- Chronologie, juillet 2002-juillet 2003
- Index

Sous la direction d'Eddy Fougier
et Christophe Jaquet

La crise des marchés financiers dans la zone euro

Indice Eurostoxx (50 premières valeurs de la zone euro), juin 2002 – juin 2003 ❶

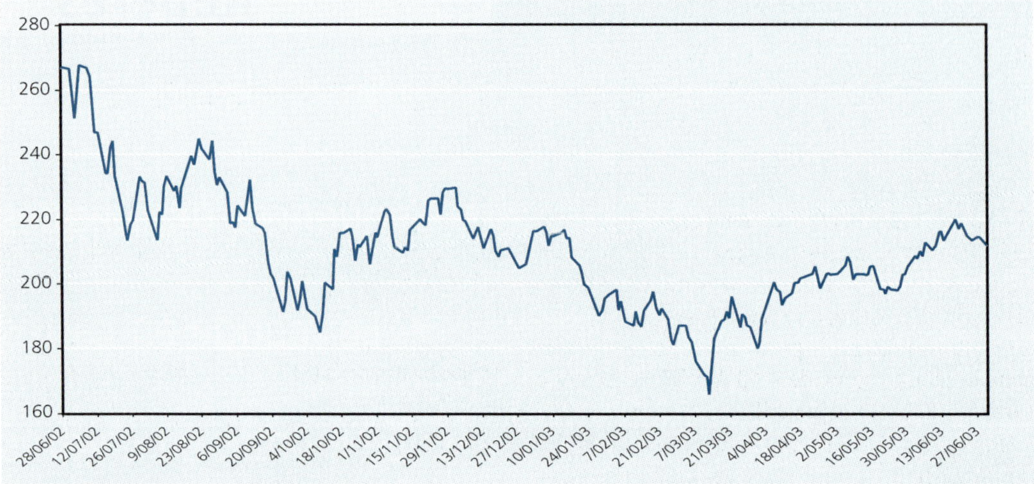

Valeur boursière des actions, juin 2002 – juin 2003 (en %) ❷

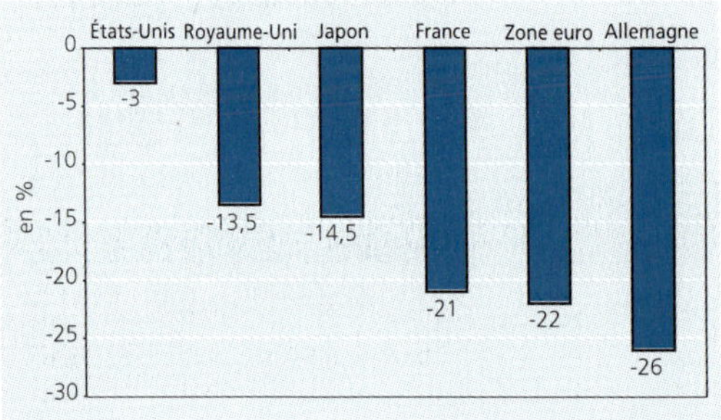

Indices sectoriels Eurostoxx, juin 2002 – juin 2003 ❸

	28 juin 02	30 juin 03
Assurance	263,25	154,59
Produits de base	195,53	131,68
Biens et services non cycliques	341,00	230,60
Biens et services cycliques	116,03	80,46
Chimie	343,75	245,60
Automobile	218,37	159,06
Santé	416,88	307,85
Alimentation & boissons	235,54	177,89
Construction	225,06	170,63
Biens et services industriels	322,44	249,05
Médias	194,12	152,72
Énergie	332,17	261,94
Services aux collectivités	271,51	215,34
Distribution	276,03	226,62
Services financiers	199,15	166,00
Technologie	313,32	264,11
Banque	262,77	222,89
Télécommunications	284,14	345,15

Depuis mars 2000, les marchés d'actions ont profondément baissé dans la zone euro, ainsi que le montre l'évolution de l'indice Eurostoxx ❶, mais aussi dans d'autres espaces économiques ❷. Tous les secteurs ont été affectés par cette baisse ❸. Une aversion pour le risque est perceptible chez les investisseurs, qui deviennent plus exigeants en termes de taux de rentabilité requis sur les actions. Compte tenu de la baisse du taux sans risque

Glossaire financier

– *Bund* : taux de rendement actuariel des obligations d'État allemandes à 10 ans.

– *Écart* : différence de taux de rentabilité annuel anticipé entre le marché des actions de la zone euro (Rm tel que défini ci-dessous) et les taux Euribor ou Bund.

– *Euribor* : taux du marché monétaire de la zone euro.

– *EV* : *Entreprise Value*, ou valeur d'entreprise, égale à la somme de la valeur de marché des actions d'une société et de sa dette nette.

– *EV/CA* : rapport de la valeur d'entreprise au chiffre d'affaires.

– *EV/REX* : rapport de la valeur d'entreprise au résultat d'exploitation.

Évolution des paramètres de valorisation des actions de la zone euro, juin 2002 – juin 2003 ❹

	CAC 40	DAX 30	Eurostoxx 50	Euribor 3 mois	Bund	Prime de risque	Prime d'illiquidité	Rm	Écart sur l'Euribor 3 mois	Écart sur le Bund
Fin juin 2002	3 897,99	4 382,56	3 133,39	3,44	4,95	4,53	1,50	9,99	6,55	5,04
Fin juin 2003	3 084,10	3 220,58	2 419,51	2,15	3,79	5,37	1,02	10,98	8,83	7,19
Variation	- 20,9 %	- 26,5 %	- 22,8 %	- 1,29	- 1,16	0,84	- 0,48	0,99	2,28	2,15

(Euribor 3 mois), du taux à long terme (Bund) et de la prime d'illiquidité (voir le glossaire), les taux de rentabilité requis par un investisseur sur les actions auraient dû baisser sur la période juin 2002-juin 2003. Pourtant, la prime de risque est passée dans le même temps de 4,53 à 5,37 %. De telle sorte que le taux de rentabilité exigé pour un portefeuille diversifié d'actions est passé de 9,9 à 11 % sur cette période ❹. Ceci est le reflet des incertitudes économiques et géopolitiques. Les conséquences pour la politique financière des entreprises ont été doubles, avec à la fois la hausse des coûts de financement et des contraintes financières accrues. Un certain nombre de ratios financiers se sont ainsi nettement détériorés ❺ et cette situation devrait perdurer au moins jusqu'en 2005 ❻, même si la structure financière doit se redresser et certaines marges se maintenir ❼.

Ratios financiers 1, juin 2002 – juin 2003 ❺

	Fin juin 2002	Fin juin 2003
Variation capitalisation boursière (%)		- 16,1
EV/CA dernière année connue	1,17	0,99
EV/REX	15,54	12,85
EV/capitaux employés	1,66	1,60
Dettes/fonds propres (%)	87,3	93,7
Marge REX (%)	7,5	7,7
Marge nette courante ensemble (%)	4,2	4,0
P/E bénéfices courants	20,2	17,2

Les calculs sont effectués sur la base de 160 sociétés de la zone euro, hors sociétés financières, incluses dans l'échantillon Trival aux deux dates mentionnées.
Les ratios sont calculés sur la dernière année de référence : comptes 2001 pour les calculs à fin juin 2002, comptes 2002 pour les calculs à fin juin 2003.

Ratios financiers 2, juin 2002 – juin 2003 ❻

EV/CA	Fin juin 2002	Fin juin 2003	EV/REX	Fin juin 2002	Fin juin 2003
2001	1,17	1,01	*2001*	15,54	13,38
2002	1,12	0,99	*2002*	13,38	12,85
2003	1,05	0,97	*2003*	11,83	11,42
2004	0,99	0,94	*2004*	10,58	10,25
2005	0,93	0,89	*2005*	9,64	9,17

Source : TRIVAL, Associés en Finance, juin 2003.

Glossaire financier (suite)

– *Marge d'exploitation* : ratio du résultat d'exploitation au chiffre d'affaires.

– *Marge nette courante* : même définition que marge d'exploitation, mais du résultat d'exploitation sont déduits les frais financiers et l'impôt théorique.

– *Prime d'illiquidité* : différentiel de taux de rentabilité anticipé entre les actions peu liquides et très liquides de la zone euro.

– *Prime de risque* : différentiel de taux de rentabilité anticipé dans le modèle Trival entre les actions risquées et peu risquées de la zone euro.

– *Rm* : taux de rentabilité annuel anticipé par les investisseurs sur l'ensemble des actions de la zone euro, tel qu'il résulte des estimations du modèle Trival.

Ratios financiers 3 (en %) ❼

	Dettes/FP	Marge d'exploitation	Marge nette courante
1998	60	8,1	4,6
1999	71	8,6	5,0
2000	82	9,1	5,1
2001	87	7,5	4,2
2002	94	7,7	4,0
2003	*73*	*8,5*	*4,7*
2004	*62*	*9,1*	*5,2*
2005	*54*	*9,7*	*5,7*

Source : TRIVAL, Associés en Finance, juin 2003

B. J.

Les migrations internationales

Nombre de migrants par région ❶

	1990 (millions)	2000 (millions)	2000 (% du nombre total de migrants)	1990-2000 (évolution en %)
Afrique	16,221	16,277	9,3	+ 0,3
Asie	49,956	49,781	28,5	- 0,4
Europe	48,437	56,100	32,1	+ 15,8
Amérique latine	6,994	5,944	3,4	- 15,0
Amérique du Nord	27,597	40,844	23,4	+ 48,0
Océanie	4,751	5,835	3,3	+ 22,8
Monde	*153,956*	*174,781*	*100*	*+ 13,5*

Source : Nations unies.

Pays où le nombre de migrants est le plus élevé, 2000 (en stock net et en %) ❷

	Nombre de migrants (en milliers)		Nombre de migrants (en % de la population totale)
États-Unis	34 988	Émirats arabes unis	73,8
Russie	13 259	Koweït	57,9
Allemagne	7 349	Jordanie	39,6
Ukraine	6 947	Israël	37,4
France	6 277	Singapour	33,6
Inde	6 271	Oman	26,9
Canada	5 826	Estonie	26,2
Arabie Saoudite	5 255	Arabie Saoudite	25,8
Australie	4 705	Lettonie	25,3
Pakistan	4 243	Suisse	25,1

Source : Nations unies.

Liste de pays pratiquant une politique restrictive en matière d'immigration ❸

Afrique	Botswana, Cameroun, Congo, Congo (RDC), Côte-d'Ivoire, Djibouti, Gabon, Gambie, Kenya, Malawi, Maurice, Namibie, Niger, Sierra Leone, Tanzanie, Zambie, Zimbabwe
Amérique	Bahamas, Barbade, Belize, République dominicaine, Équateur, Honduras, Panama, Suriname, Trinité-et-Tobago
Asie-Pacifique	Bangladesh, Bhoutan, Fidji, Indonésie, Malaisie, Myanmar, Népal, Pakistan, Papouasie-Nouvelle-Guinée, Thaïlande, Vietnam
CEI/Eurasie	Arménie, Biélorussie, Géorgie
Europe	Allemagne, Autriche, Chypre, Danemark, France, Grèce, Hongrie, Lettonie, Lituanie, Luxembourg, Macédoine, Malte, Pays-Bas, Roumanie, Royaume-Uni, Serbie-Monténégro, Slovaquie, Slovénie, Suisse, République tchèque
Moyen-Orient/ Maghreb	Arabie Saoudite, EAU, Égypte, Iran, Jordanie, Koweït, Liban, Libye, Oman, Tunisie, Turquie, Yémen

Liste de pays pratiquant une politique favorable à l'immigration

Afrique	Soudan
Amérique	Uruguay
Asie-Pacifique	Singapour
CEI/Eurasie	Kirghizstan, Russie, Ukraine
Moyen-Orient	Israël

Source : Nations unies.

175 millions de personnes dans le monde résident dans un pays autre que leur pays natal, soit environ 3 % de la population mondiale et plus du double par rapport à 1970 ❶. Ces flux continuent à se diriger en priorité vers l'Europe et l'Amérique du Nord ❷ ❻. Les migrations constituent un apport économique non négligeable pour les pays d'émigration sous la forme de fonds en provenance de l'étranger. Ainsi, ces fonds représentent plus de 10 % du PIB de certains pays (Albanie, Bosnie-Herzégovine, Cap-Vert, Jamaïque, Jordanie, Nicaragua, Salvador, Samoa et le Yémen[1]. L'Europe occidentale, qui regroupe 16,4 % des migrants dans le monde, est bien entendu une destination privilégiée de l'émigration ❹, de plus en plus en provenance de l'est et du sud-est du continent. La plupart des pays d'Europe orientale ont ainsi un solde migratoire négatif : Albanie, Bulgarie, Estonie, Lettonie, Moldavie, Pologne, Roumanie, Serbie, Ukraine. Depuis la seconde moitié des années 1990, le solde migratoire est devenu positif dans tous les pays membres de l'Union européenne (1,028 million de migrants en 2002[2].

Les migrations en Europe ❹

	Solde migratoire, 2002 (a)	Population étrangère, 2000 (en milliers)	Part de la population étrangère dans la population totale, 2000	Principal pays d'origine de la population étrangère	Entrées de personnes étrangères, 2000 (en milliers)	Demandes d'asile, 2002 (b)
Allemagne	230	7 297	8,9	Turquie	674*	71 127
Autriche	17	758	9,3	Ex-Yougoslavie	66	37 074
Belgique	30	862	8,4	Italie	69	18 805
Danemark	14	259	4,8	Turquie	20	5 947
Espagne	227	896	2,2	Maroc	ND	6 179
Finlande	6	91	1,8	Russie	9	3 443
France	60	3 263*	5,6*	Portugal*	95	50 798
Irlande	20	127	3,3	Royaume-Uni	28	11 634
Italie	150	1 388	2,4	Maroc	272	7 281
Norvège	22	184	4,1	Suède	28	ND
Pays-Bas	29	668	4,2	Maroc	91	18 667
Portugal	70	208	2,1	Cap-Vert	16	245
Royaume-Uni	104	2 342	4,0	Irlande	289	110 700
Suède	33	477	5,4	Finlande	34	33 016
Suisse	45	1 384	19,3	Italie	87	ND

* 1999.
Sources : SOPEMI, sauf (a) Eurostat et (b) HCR.

Ce solde constitue le principal facteur de l'accroissement de la population de l'UE depuis 1989 ❺. En Europe, comme ailleurs, on observe cependant une tendance au durcissement des politiques en matière d'immigration. Cela concerne de plus en plus des pays d'émigration du Sud ❸. En 1976, seuls 4 PED pratiquaient une politique restrictive en la matière, contre 57 en 2001[(1)]. Parallèlement, de moins en moins de pays favorisent l'immigration (seulement 7 en 2001). Ces politiques restrictives visent tout particulièrement l'immigration clandestine, dans un contexte de politisation croissante des enjeux de migrations et d'intégration ❼.

Principales sources :
(1) Nations unies, *Rapport sur les migrations internationales 2002*, 2002 ; (2) Eurostat ; (3) Système d'observation permanente des migrations (SOPEMI), *Tendances des migrations internationales*, 2002, OCDE.

Composantes de la croissance de la population totale dans l'Union européenne à 15, 1960-2000 (pour 1 000 habitants) ❺

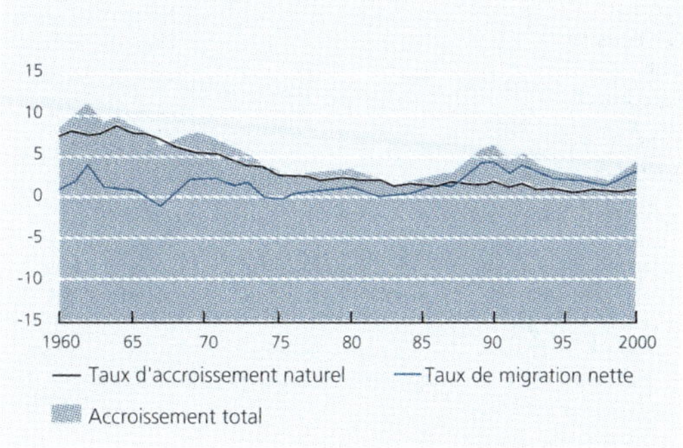

Source : SOPEMI.

Soldes migratoires, moyenne annuelle, 1995-2000 (en milliers de migrants) ❻

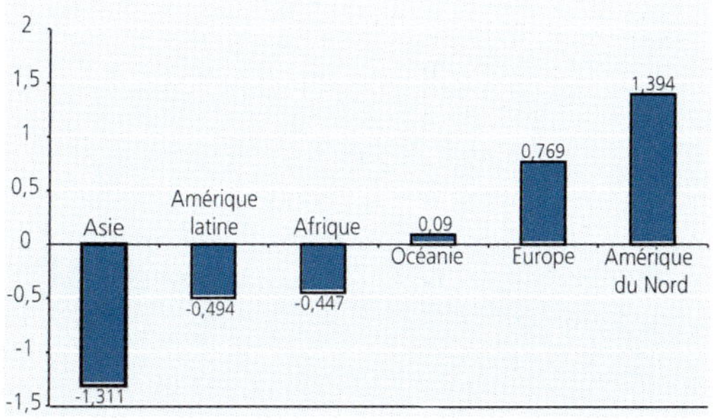

Source : Nations unies.

Lutte contre l'immigration clandestine dans l'UE, 2001 ❼

	Nombre de reconductions à la frontière de migrants illégaux	Nombre d'expulsions
Allemagne	4 320	2 697
Autriche	1 854	ND
Belgique	368	630
Danemark	52	300
Espagne	93 306	1 677
Finlande	549	132
France	8 804	426
Irlande	ND	ND
Italie	2 451	2 900
Pays-Bas	348	1 492
Portugal	417	45
Royaume-Uni	46 645	ND
Suède	203	392

Source : Haut Conseil à l'intégration de l'UE, cité dans *Le Monde*, « Dossiers et documents », septembre 2002.

La santé dans le monde

Taux de mortalité ❶

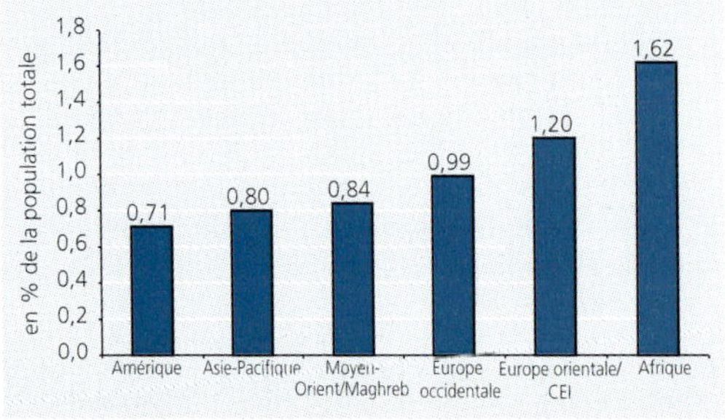

Source : OMS (3)

Les principales causes de mortalité dans le monde, en 2001 (en millions) ❷

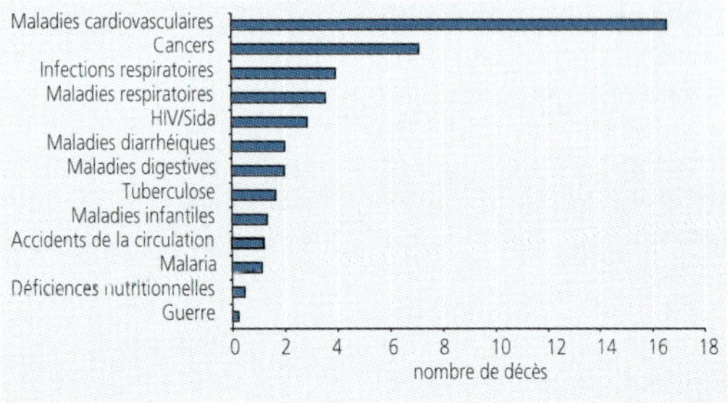

Source : OMS (2).

Principales causes de mortalité par région, 2000 (en %) ❸

Afrique	*Amérique*	*Asie-Pacifique*	*Europe occidentale*	*Europe orientale/CEI*	*Moyen-Orient/ Maghreb*
VIH/sida 19,3*	Maladies cardio-vasculaires 33,5	Maladies cardio-vasculaires 28,5	Maladies cardio-vasculaires 43,1	Maladies cardio-vasculaires 57,9	Maladies cardio-vasculaires 24,8
Infections respiratoires 10,1	Cancers 18,8	Cancers 12,6	Cancers 26,0	Cancers 14,3	Infections respiratoires 9,6
Maladies cardio-vasculaires 9,3	Infections respiratoires 13,5	Maladies respiratoires 9,1	Maladies respiratoires 5,2	Maladies respiratoires 3,6	Conditions périnatales 7,7
Malaria 9,2	Maladies respiratoires 6,3	Infections respiratoires 7,7	Maladies digestives 4,6	Maladies digestives 3,5	Maladies diarrhéiques 7,5
Maladies infantiles 7,1	Maladies digestives 4,7	Conditions périnatales 5,3	Infections respiratoires 4,2	Infections respiratoires 2,4	Cancers 6,8

* En % du nombre total de décès dans la région.
Source : OMS (1).

Principaux facteurs de risques de maladies mortelles, 2000 ❹

PED à forte mortalité	*PED à faible mortalité*	*Pays développés*
Insuffisance pondérale	Alcool	Tabagisme
Pratiques sexuelles à risque	Hypertension	Hypertension
Eau non potable et défaut d'assainissement et d'hygiène	Tabagisme	Alcool
Fumée de combustibles solides à l'intérieur des habitations	Insuffisance pondérale	Hypercholestérolémie
Carences en zinc	Surcharge pondérale	Surcharge pondérale
Carences en fer	Hypercholestérolémie	Apport insuffisant en fruits et légumes

PED à forte mortalité : pays d'Afrique, d'Amérique, d'Asie et du Maghreb/Moyen-Orient à forte mortalité chez l'enfant et forte (ou très forte) chez l'adulte.
PED à faible mortalité : pays d'Amérique, d'Asie, du Pacifique et du Maghreb/Moyen-Orient à faible mortalité chez l'enfant et chez l'adulte.
Pays développés : pays d'Amérique du Nord, d'Europe et du Pacifique à faible (ou très faible) mortalité chez l'enfant et chez l'adulte ; pays d'Europe orientale et d'Asie centrale à faible mortalité infantile et à forte mortalité des adultes.
Source : OMS (3).

Le taux de mortalité diverge de façon assez notable selon les régions, l'Afrique étant le continent où ce taux est le plus élevé ❶. Les maladies cardiovasculaires et les cancers constituent les premières causes de mortalité dans le monde ❷, même si l'Afrique, là aussi, se distingue ❸. Les facteurs de risque de maladie apparaissent en grande partie liés au niveau de développement ❹. Parmi ces facteurs, la malnutrition reste le plus important dans les pays pauvres en favorisant le développement de maladies infectieuses chez l'enfant et d'affections périnatales chez la mère. L'OMS estime ainsi que l'insuffisance pondérale a provoqué 3,7 millions de décès en 2000 (dont 1,8 million en Afrique) [OMS (1)]. Celle-ci est mesurée par le retard de croissance de l'enfant ❺. Les pratiques sexuelles à risque constituent l'autre grand facteur de risque de maladie mortelle dans ces pays : 2,9 millions de décès dans le monde y sont liés, dont la plupart en Afrique, où 99 % des cas d'infection sont liés à ces pratiques risquées [OMS (1)]. Fin 2002, 42 mil-

Prévalence du retard de croissance chez l'enfant d'âge préscolaire, 1980-2000 ❺

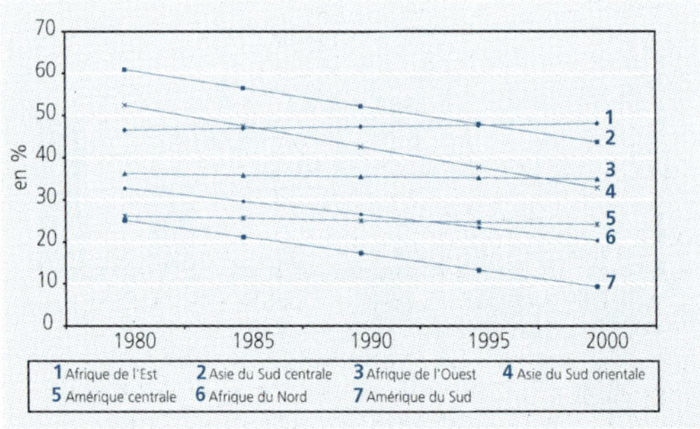

Source : OMS (4).

Taux de personnes vivant avec le VIH/sida chez les adultes (15-49 ans), 2001 ❻

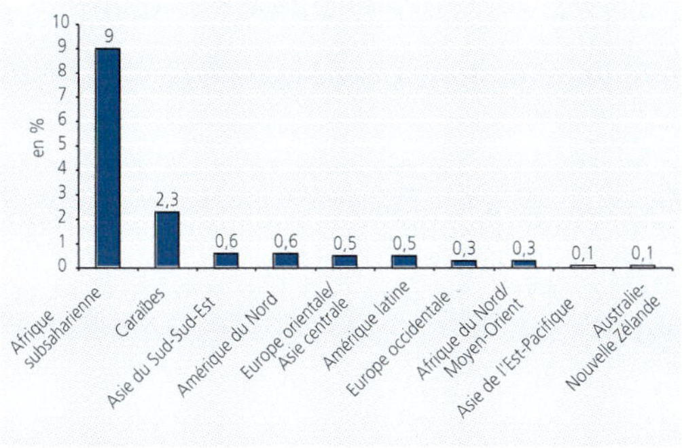

Source : ONUSIDA (1).

lions de personnes dans le monde étaient infectées par le VIH/sida, dont 29,4 millions en Afrique [ONUSIDA (2)] ❻. L'impact démographique et sociologique du sida est déjà considérable sur ce continent. L'espérance de vie y est passée de 62 à 47 ans ❼ [ONUSIDA (1)], et on y trouve 79 % des orphelins du sida ❽. La propagation du VIH/sida est également exacerbée par les conflits, notamment en raison des déplacements de population vers des zones fortement infectées, des viols, des taux d'infection relativement plus élevés chez les militaires et d'importants trafics de femmes ❾. Tout ceci se traduit bien évidemment par de grandes disparités dans ce que l'OMS définit comme l'espérance de vie en bonne santé ❿.

Les disparités d'espérance de vie en bonne santé à la naissance, 2001 ❿

EVCS inférieur à 35 ans	Années	EVCS supérieur à 70 ans	Années
Sierra Leone	26,5	Japon	73,6
Angola	28,7	Suisse	72,8
Malawi	29,8	Suède	71,8
Zambie	30,9	Australie	71,6
Zimbabwe	31,3	France	71,3
Botswana	32,9	Islande	71,2
Niger	33,2	Autriche	71,0
Afghanistan	33,4	Italie	71,0
Lesotho	33,4	Espagne	70,9
Burundi	33,7	Norvège	70,8
Rwanda	33,8	Grèce	70,4
Swaziland	33,9	Nouvelle-Zélande	70,3
Rép. centrafricaine	34,0	Allemagne	70,2
Congo (RDC)	34,8	Danemark	70,1
Somalie	35,0	Finlande	70,1

L'espérance de vie en bonne santé (ou espérance de vie corrigée de l'état de santé, EVCS) est définie par l'OMS comme l'espérance de vie à la naissance corrigée du temps passé en mauvaise santé, soit le nombre d'années qu'une personne peut espérer vivre en pleine santé compte tenu des taux actuels de morbidité et de mortalité (*source* : OMS). Pays dont l'EVCS se situe entre 35 et 40 ans : Burkina Faso, Côte-d'Ivoire, Éthiopie, Guinée-Bissau, Liberia, Mali, Mozambique, Ouganda, Tanzanie, Tchad.
Source : OMS (1).

Nombre d'années d'espérance de vie perdues à cause du sida, 2000-2005 ❼

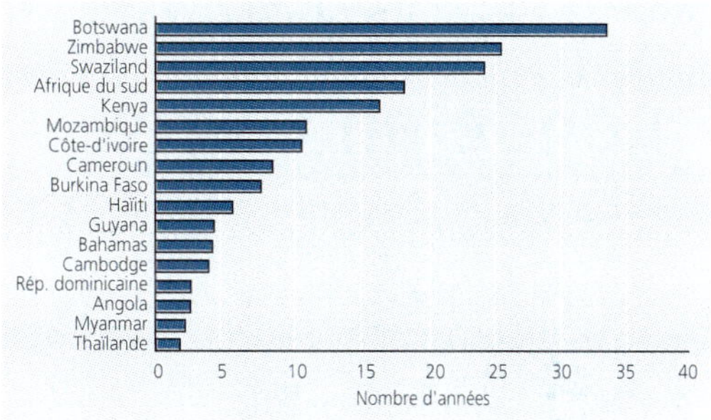

Note : Taux de personnes vivant avec le VIH/sida chez les adultes en 2001 (en %) : Botswana (38,8), Zimbabwe (33,7), Swaziland (33,4), Lesotho (31), Namibie (22,5), Zambie (21,5), Afrique du Sud (20,1), Kenya (15), Malawi (15), Mozambique (13).
Source : ONUSIDA (1).

Nombre d'orphelins du sida, 2001 (en millions) ❽

Nigeria	1,00
Éthiopie	0,99
Congo (RDC)	0,93
Kenya	0,89
Ouganda	0,88
Tanzanie	0,81
Zimbabwe	0,78
Afrique du Sud	0,66
Zambie	0,57
Malawi	0,47

Source : ONUSIDA (1).

Conflits et sida : le cas du Rwanda ❾

Taux de prévalence du VIH/sida au Rwanda avant et après le conflit

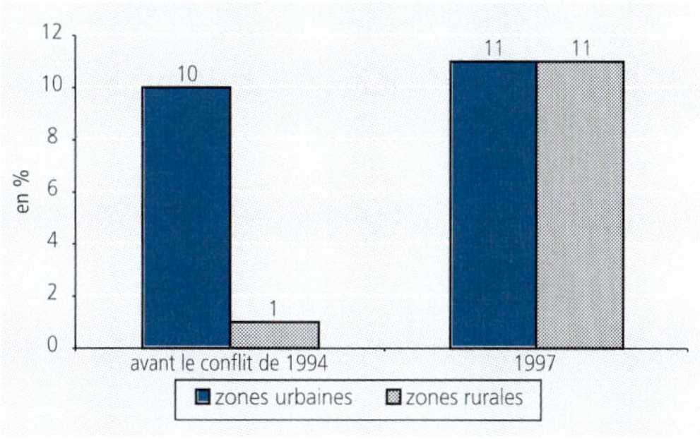

Sources : ONUSIDA (2).

Sources pour l'ensemble de la séquence : OMS (1), *Rapport sur la santé dans le monde*, 2002 ; OMS (2), *Global Burden of Disease 2001* ; OMS (3), *Global Burden of Disease 2000 : Version 2 Methods and Results*, 2002 ; OMS (4), « La Malnutrition est-elle en régression ? Analyse de l'évolution de la malnutrition de l'enfant depuis 1980 », *Bulletin de l'OMS*, Recueil d'articles n° 4, 2001 ; ONUSIDA (1), *Rapport sur l'épidémie mondiale de VIH/sida 2002*, 2002 ; ONUSIDA (2), *Le Point sur l'épidémie de sida*, décembre 2002.

Le monde en cartes

L'indicateur du développement humain

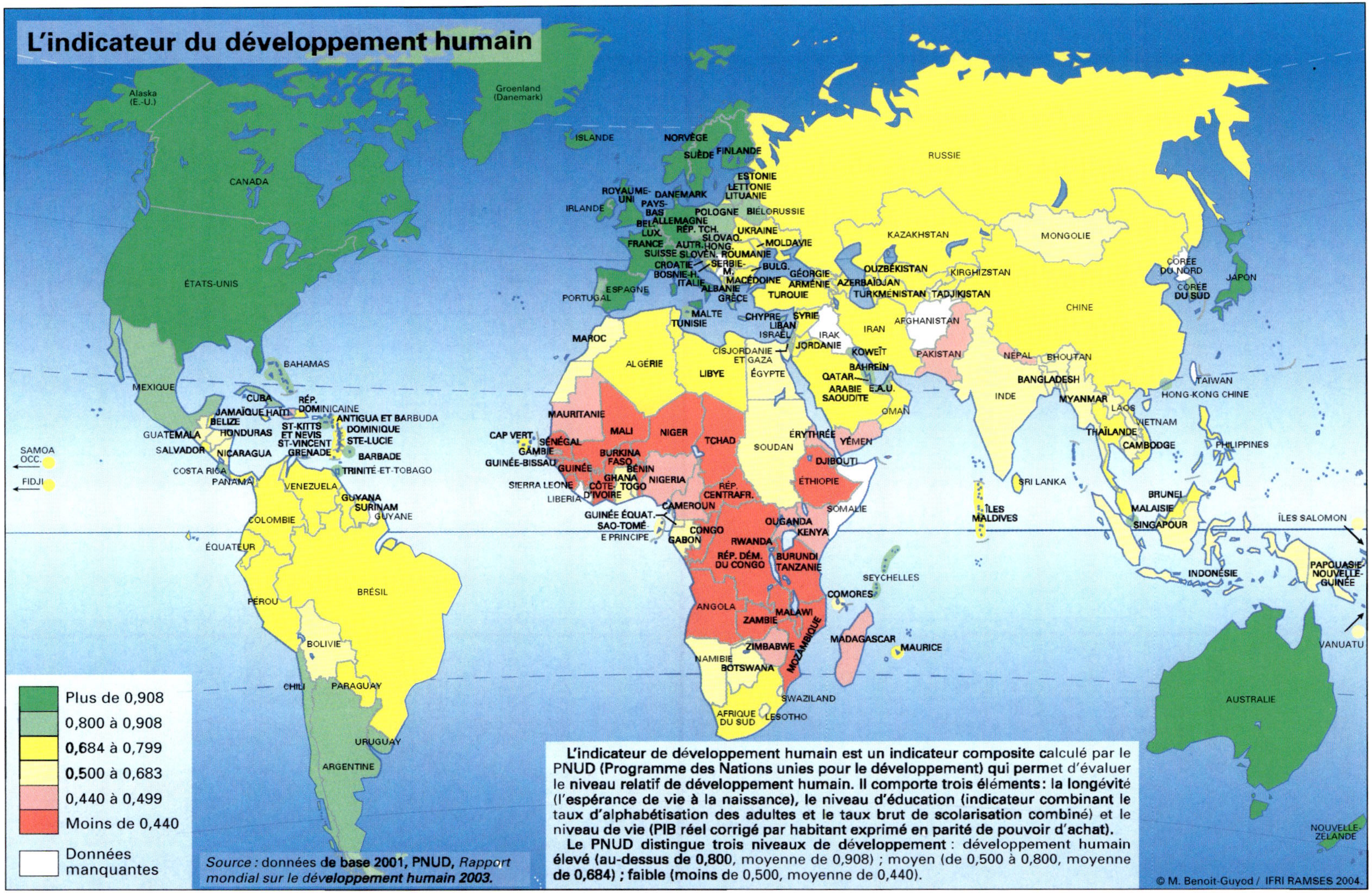

Source : données de base 2001, PNUD, Rapport mondial sur le développement humain 2003.

L'indicateur de développement humain est un indicateur composite calculé par le **PNUD (Programme des Nations unies pour le développement) qui perm**et d'évaluer le **niveau relatif de développement humain. Il comporte trois éléments : la longévité (l'espérance de vie à la naissance), le niveau d'éducation (indicateur combinant le taux d'alphabétisation des adultes et le taux brut de scolarisation combiné) et le niveau de vie (PIB réel corrigé par habitant exprimé en parité de pouvoir d'achat).**

Le PNUD distingue trois niveaux de développement : développement humain **élevé (au-dessus de 0,800**, moyenne de 0,908) ; moyen (de 0,500 à 0,800, moyenne **de 0,684) ; faible (moins d**e 0,500, moyenne de 0,440).

La richesse mondiale

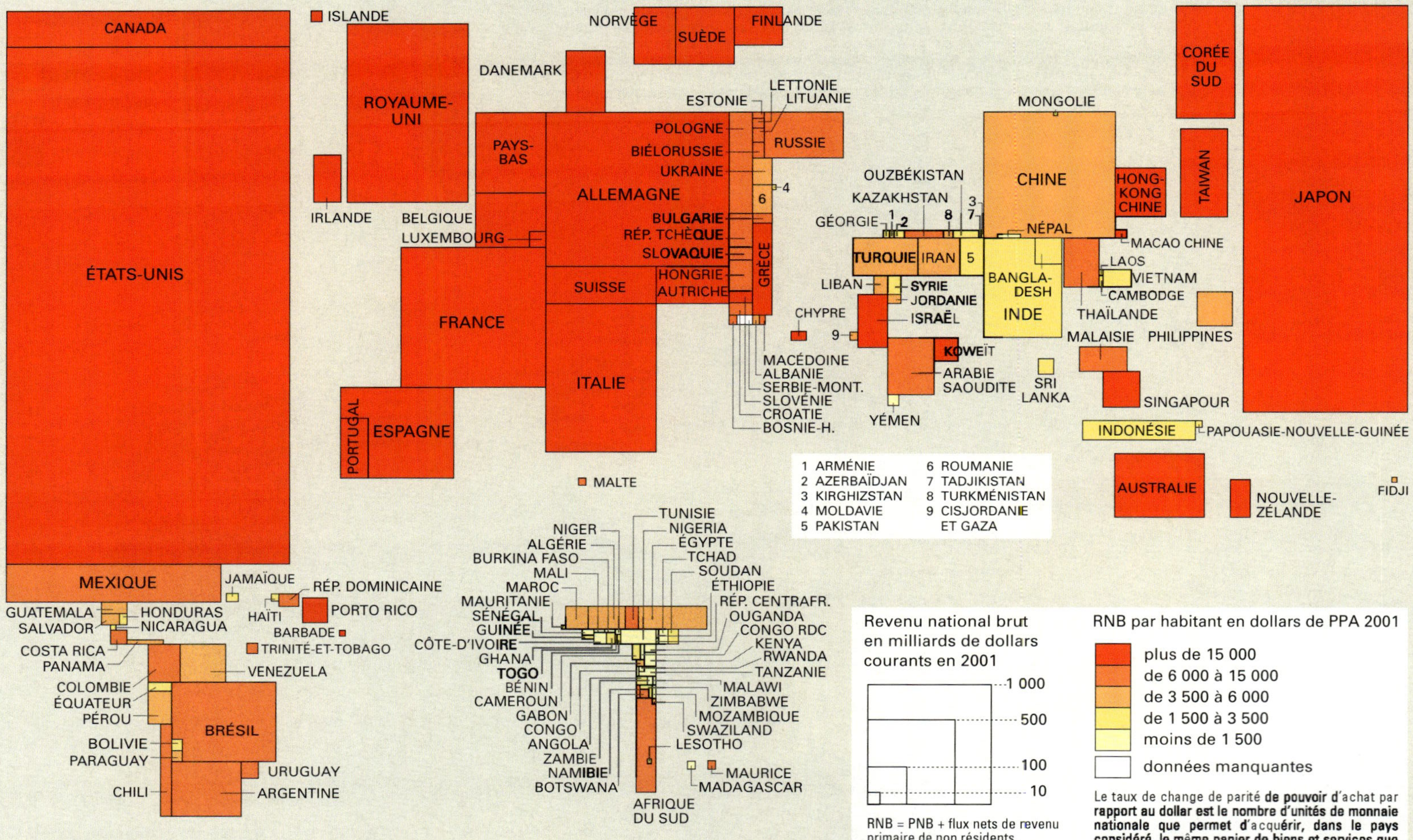

Sources : Banque mondiale, *2003 World Development Indicators* ; source nationale pour Taiwan.

La dynamique de la population mondiale

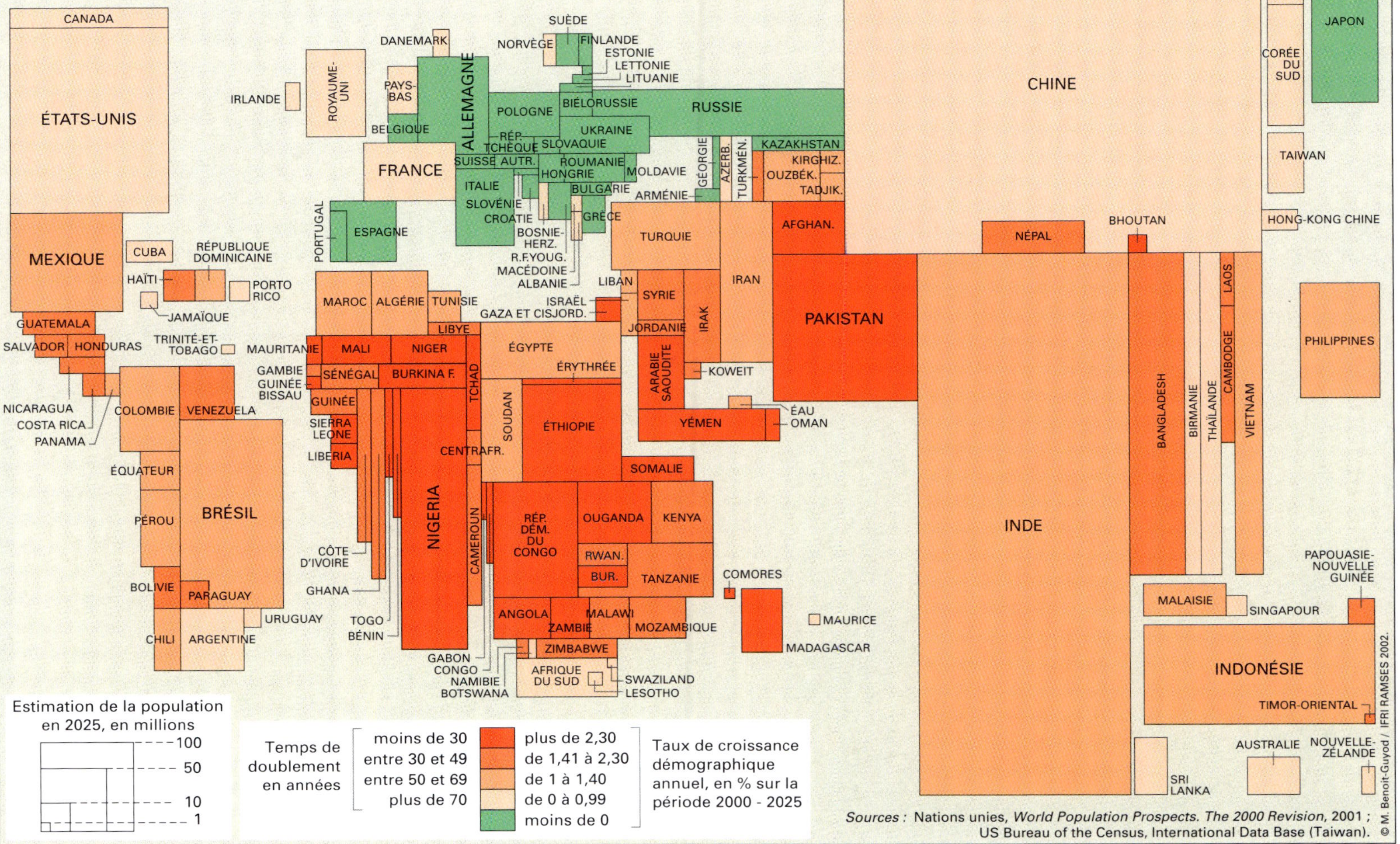

Sources : Nations unies, *World Population Prospects. The 2000 Revision*, 2001 ; US Bureau of the Census, International Data Base (Taiwan).

Les conflits dans le monde

Cercle Polaire Arctique
RUSSIE
45°
ABKHAZIE et OSSÉTIE DU SUD
TCHÉTCHÉNIE
3
GÉORGIE
AZERB.
ARMÉNIE
NAGORNI-KARABAKH
TURQUIE
KURDES
OUZBÉKISTAN
KIRGHIZSTAN
TADJIKISTAN
CORÉE DU NORD
CORÉE DU SUD
OCÉAN
CHYPRE
ISRAËL
IRAN
IRAK
TERRITOIRES PALESTINIENS
SUD-LIBAN
1
AFGHANISTAN
PAKISTAN
CACHEMIRE
NÉPAL
CHINE
Tropique du Cancer
TAIWAN
INDE
PACIFIQUE
PHILIPPINES
MINDANAO
ÎLES SALOMON
SOUDAN
SOMALILAND
PUNTLAND
SOMALIE
OUGANDA
ACEH
Équateur
RÉP. DÉM. DU CONGO
BURUNDI
INDONÉSIE
PAPOUASIE OCCIDENTALE
OCÉAN INDIEN
© M. Benoit-Guyod / IFRI RAMSES 2004.
Zone de conflit intra-étatique (déstabilisation interne grave, violences armées significatives ou guerre civile)
Zone de conflit ouvert à dimension internationale (conflit inter-étatique ou conflit intra-étatique avec intervention militaire de forces armées étrangères)
Zone de conflit séparatiste (déstabilisation interne grave dont l'objet est l'indépendance ou l'autonomie)
Zone de tension latente (conflit «dormant» à dimension internationale)
Sortie de conflit inter ou intra-étatique, avec affrontements importants
Sortie de conflit inter ou intra-étatique, avec affrontements sporadiques
Juillet 2003

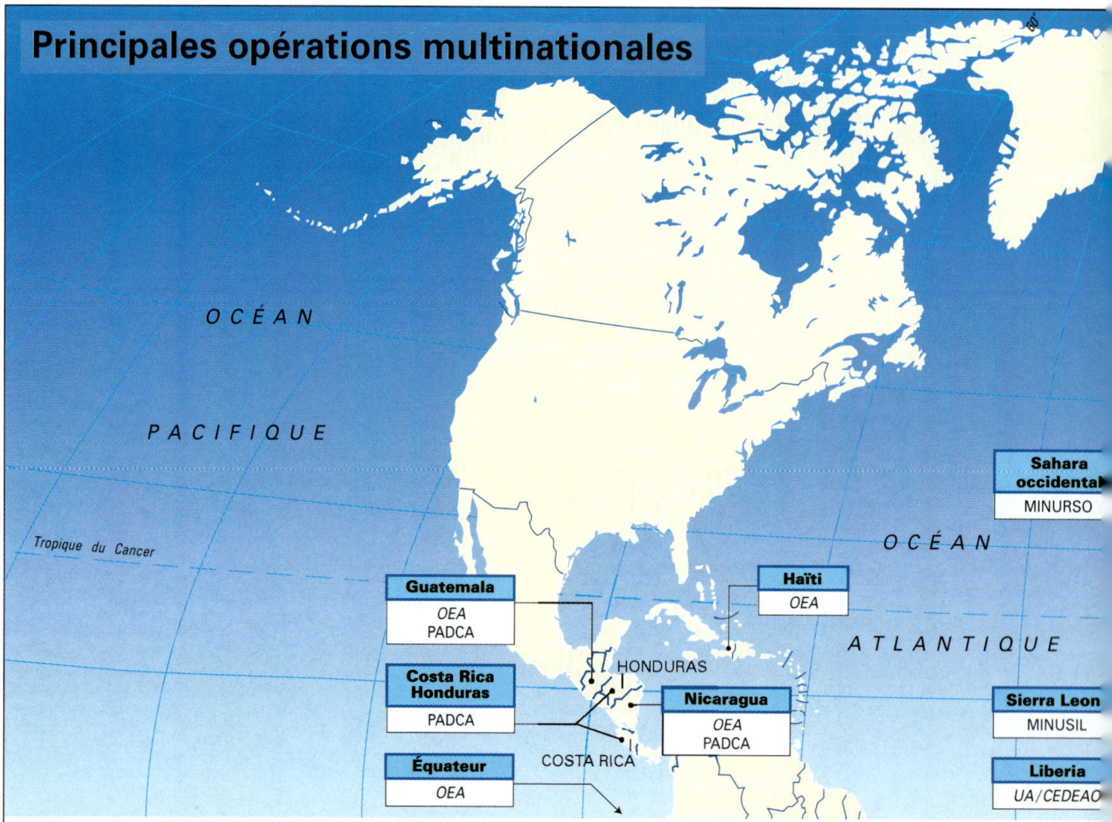

Principales opérations multinationales, juillet 2003

Les dates mentionnées sont celles du déploiement ir

ONU (Organisation des Nations unies)

Missions de maintien de la paix et d'observation

FINUL : Force intérimaire des Nations unies au **Liban, 1978**
FNUOD : Force des Nations unies chargée **d'observer le** désengagement (Syrie - Golan), **1974**
MANUA : Mission d'assistance des Nations **unies en Afghanistan**, 2002
MANUTO : Mission des Nations unies au Timor Oriental, 2002
MINUCI : Mission des Nations unies en Côte-d'Ivoire, 2003
MINUEE : Mission des Nations unies en **Éthiopie et en** Érythrée, 2000
MINURSO : Mission des Nations unies pour **l'organisation** d'un référendum au Sahara **occidental**, 1991
MINUSIL : Mission des Nations unies en Sierra **Leone, 1999**
MONUC : Mission de l'Organisation des **Nations unies** en République démocratique du Congo, 1999
MONUG : Mission d'observation des Nations **unies en Géorgie**, 1993
ONUST : Organisme des Nations unies chargé **de la surveillance** de la trêve en Palestine, 1948
UNFICYP : Force des Nations unies chargée du **maintien de** la paix à Chypre, 1964
UNMOGIP : Groupe d'observateurs militaires **des Nations** unies en Inde et au Pakistan, 1949

***Administration** provisoire*

MINUK : Mission d'administration intérimaire des Nations unies au Kosovo, 1999

Organisations continentales

OEA (Organisation des États américains)
Missions de soutien de la paix et de la démocratie au **Nicaragua** (1997), en Haïti (2000), et en Équateur
PADCA : Programme d'aide au déminage en Amérique centrale (Costa Rica, Guatemala, Honduras, Nicaragua), 1992
Programme spécial de soutien au processus de paix au Guatemala, 1995

OSCE (Organisation pour la sécurité et la coopération en Europe)
Missions en Bosnie-Herzégovine (1995), Croatie (1996), Géorgie (1992), Kosovo (1999), Moldavie (1993), Serbie et Monténégro (2001), Tadjikistan (1993), mission de surveillance à Skopje (Macédoine, 1992)

UA (Union africaine)
Observateurs militaires au Burundi (2003) et en Somalie (2003)
Mission de maintien de la paix UA/CEDEAO au Liberia, 2003

Organisations régionales

UE (Union européenne)
EUMM : Mission de surveillance en ex-Yougoslavie (Albanie, Bosnie-Herzégovine, Croatie, Macédoine, Serbie et Monténégro), 1991
Mission de surveillance de la sécurité générale au Kosovo, 1998

Artemis : opération militaire au Congo (RDC), 2003
Pays ayant annoncé leur participation (juin 2003) : Allemagne, Afrique du Sud, Belgique, Canada, France, Norvège, Portugal, Royaume-Uni, Suède

CEDEAO (Communauté économique des États d'Afrique de l'Ouest)
Force de maintien de la paix en Côte-d'Ivoire, 2003

Coalitions militaires régionales

OTAN **(Organisation du traité de l'Atlantique** Nord)
AFOR : **Force de paix en Albanie, 1999**
KFOR : **Force de paix au Kosovo, 1999**
Mission en Afghanistan afin d'assurer le commandement de la Force **Int**ernationale d'assistance à la sécurité (ISAF), 2003
SFOR II : Force de stabilisation (Bosnie-Herzégovine), 1998

CEI (Communauté des États indépendants)
Force de maintien de la paix en Géorgie (Abkhazie, 1994), et au Tadjiki
(1993)

Coalitions interétatiques *ad hoc*

FMO (Force multinationale et d'observateurs au Sinaï, 1982)
Pays participants : Australie, Canada, Colombie, États-Unis, Fidji, Fran
Hongrie, Italie, Nouvelle-Zélande, Norvège, Uruguay

GSP (Groupe de surveillance de la paix, Papouasie-Nouvelle-Guinée - Bougainville, 1998)
Pays participants : Australie, Fidji, Nouvelle-Zélande, Vanuatu

IPMT (Équipe internationale de paix des Îles Salomon, 2000)
Pays participants : Australie, Barbade, Îles Cook, Nouvelle-Zélande, Nigeria, Tonga, Vanuatu

ISAF (Force internationale d'assistance à la sécurité, Afghanistan, 200
Pays participants : Allemagne, Autriche, Belgique, Bulgarie, Danemar
Espagne, Finlande, France, Grèce, Italie, Norvège, Nouvelle-Zélande,
Bas, Portugal, Roumanie, Royaume-Uni, Suède, République tchèque, Turquie

Liberté pour l'Irak (opération militaire en Irak, 2003)
Coalition regroupant une cinquantaine de pays, selon les États-Unis
Principaux pays ayant participé à l'opération militaire : Australie, Bulg
Corée du Sud, Danemark , Espagne, États-Unis, Hongrie, Italie, Jorda
Koweït, Pologne, Portugal, Royaume-Uni, Roumanie, Turquie

NNSC (Commission de surveillance des nations neutres pour l'armisti
en Corée, 1953)
Pays participants : Pologne, Suède, Suisse

SAPSD **(Initiative régionale de paix au Burundi, 2001)**
Pays participant : Afrique du Sud

TIPH **(Présence internationale temporaire à Hébron, 1997)**
Pays participants : Danemark, Italie, Norvège, Suède, Suisse, Turquie

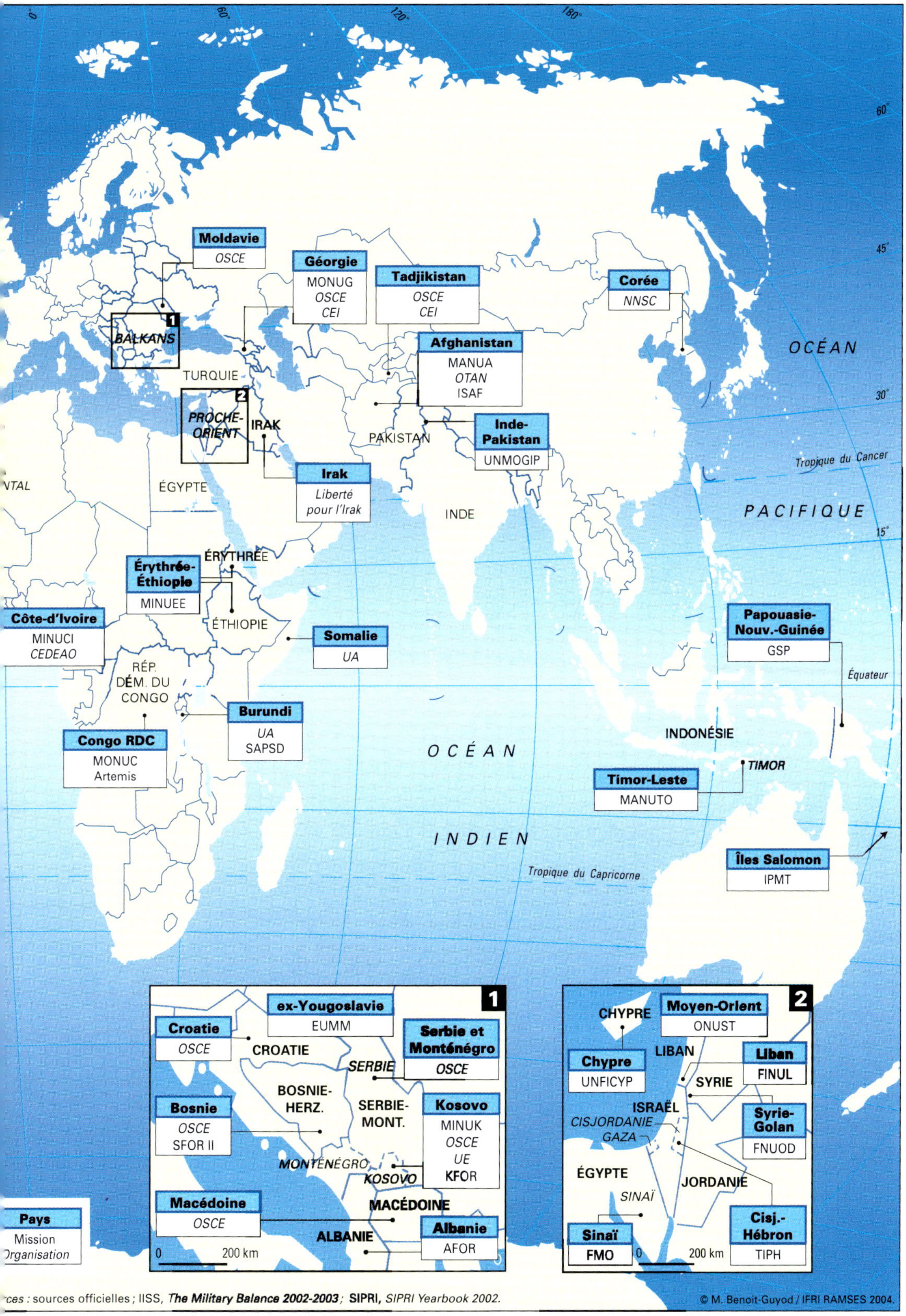

…ces : sources officielles ; IISS, *The Military Balance 2002-2003* ; SIPRI, *SIPRI Yearbook 2002*.

Les déploiements actuels des forces américaines
Alaska
(ÉTATS-UNIS)
CANA
ÉTA
UN
IIIe flotte
OCÉAN
Hawaii
(ÉTATS-UNIS)
Tropique du Cancer
CORÉE DU SUD
JAPON
PHILIPPINES
GUAM
VIIe flotte
PACIFIQUE
SINGAPOUR
OCÉAN
INDIEN
AUSTRALIE
Tropique du Capri
Échelle
à l'équateur
2000 km
Principaux accords de défense
Bases américaines majeures
Bases américaines mineures
Infrastructures prêtes à accueillir un grand nombre de militaires américains
Interventions militaires en cours
Flottes
Redéploiements prévus
Principaux redéploiements annoncés par les États-Unis en 2003
Juillet 2003
Sources : sources officielles américaines ; GlobalSecurity.org ; IISS, The Military Balance 2002-2003.

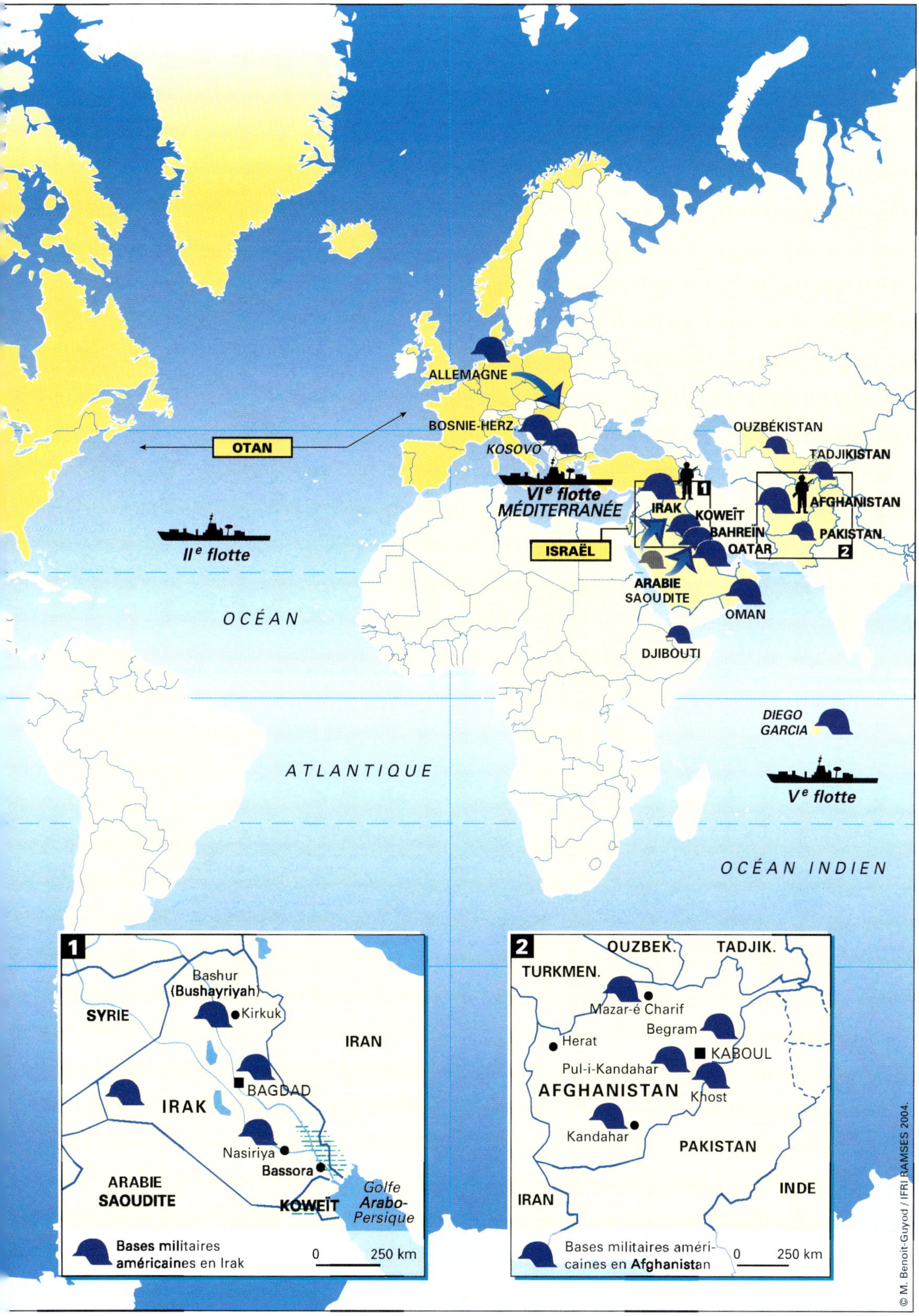
ALLEMAGNE
BOSNIE-HERZ.
KOSOVO
OTAN
VIe flotte MÉDITERRANÉE
IIe flotte
ISRAËL
IRAK
KOWEÏT
BAHREÏN
QATAR
ARABIE SAOUDITE
OMAN
DJIBOUTI
OUZBÉKISTAN
TADJIKISTAN
AFGHANISTAN
PAKISTAN
OCÉAN
ATLANTIQUE
DIEGO GARCIA
V^e flotte
OCÉAN INDIEN
1
SYRIE
Bashur (Bushayriyah)
Kirkuk
IRAN
BAGDAD
IRAK
Nasiriya
Bassora
ARABIE SAOUDITE
KOWEÏT
Golfe Arabo-Persique
Bases militaires américaines en Irak
0 250 km
2
OUZBEK.
TADJIK.
TURKMEN.
Mazar-é Charif
Begram
Herat
KABOUL
Pul-i-Kandahar
AFGHANISTAN
Khost
Kandahar
PAKISTAN
IRAN
INDE
Bases militaires américaines en Afghanistan
0 250 km

La prolifération des armes chimiques

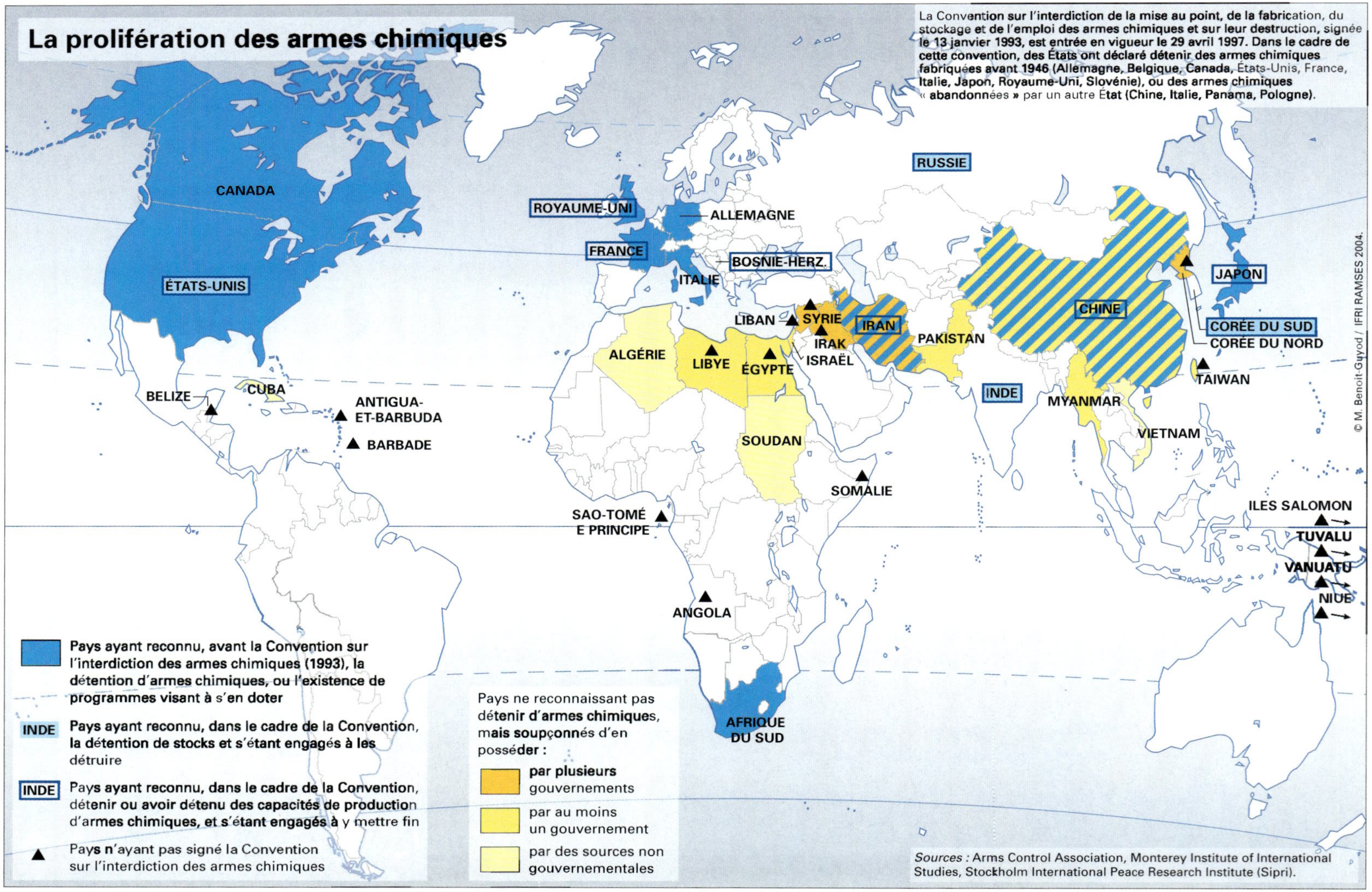

La Convention sur l'interdiction de la mise au point, de la fabrication, du stockage et de l'emploi des armes chimiques et sur leur destruction, signée le 13 janvier 1993, est entrée en vigueur le 29 avril 1997. Dans le cadre de cette convention, des États ont déclaré détenir des armes chimiques fabriquées avant 1946 (Allemagne, Belgique, Canada, États-Unis, France, Italie, Japon, Royaume-Uni, Slovénie), ou des armes chimiques « abandonnées » par un autre État (Chine, Italie, Panama, Pologne).

- Pays ayant reconnu, avant la Convention sur l'interdiction des armes chimiques (1993), la détention d'armes chimiques, ou l'existence de programmes visant à s'en doter
- INDE — Pays ayant reconnu, dans le cadre de la Convention, la détention de stocks et s'étant engagés à les détruire
- INDE — Pays ayant reconnu, dans le cadre de la Convention, détenir ou avoir détenu des capacités de production d'armes chimiques, et s'étant engagés à y mettre fin
- ▲ Pays n'ayant pas signé la Convention sur l'interdiction des armes chimiques

Pays ne reconnaissant pas détenir d'armes chimiques, mais soupçonnés d'en posséder :

- par plusieurs gouvernements
- par au moins un gouvernement
- par des sources non gouvernementales

Sources : Arms Control Association, Monterey Institute of International Studies, Stockholm International Peace Research Institute (Sipri).

La prolifération des armes biologiques

La **Convention sur l'interdiction des armes biologiques engage les États** parties à **ne pas mettre au point, fabriquer et stocker des armes bactériologiques** ou à **toxines et à détruire les armes existantes.** « **Chaque** État **partie** [...] **s'engage à ne jamais, et en aucune circonstance, mettre au point, fabriquer, stocker, ni acquérir d'une manière ou d'une autre ni conserver : 1) des agents microbiologiques ou autres agents biologiques, ainsi que des toxines quels qu'en soient l'origine ou le mode de production, de types et en quantités qui ne sont pas destinés à des fins prophylactiques, de protection ou à d'autres fins pacifiques ; 2) des** armes, de l'équipement **ou des vecteurs destinés à l'emploi de tels agents ou tox**ines à des **fins hostiles ou dans des conflits armés** » (art. 1).
Cette Convention, signée le 12 avril 1972, est entrée en vigueur le 26 mars 1975.

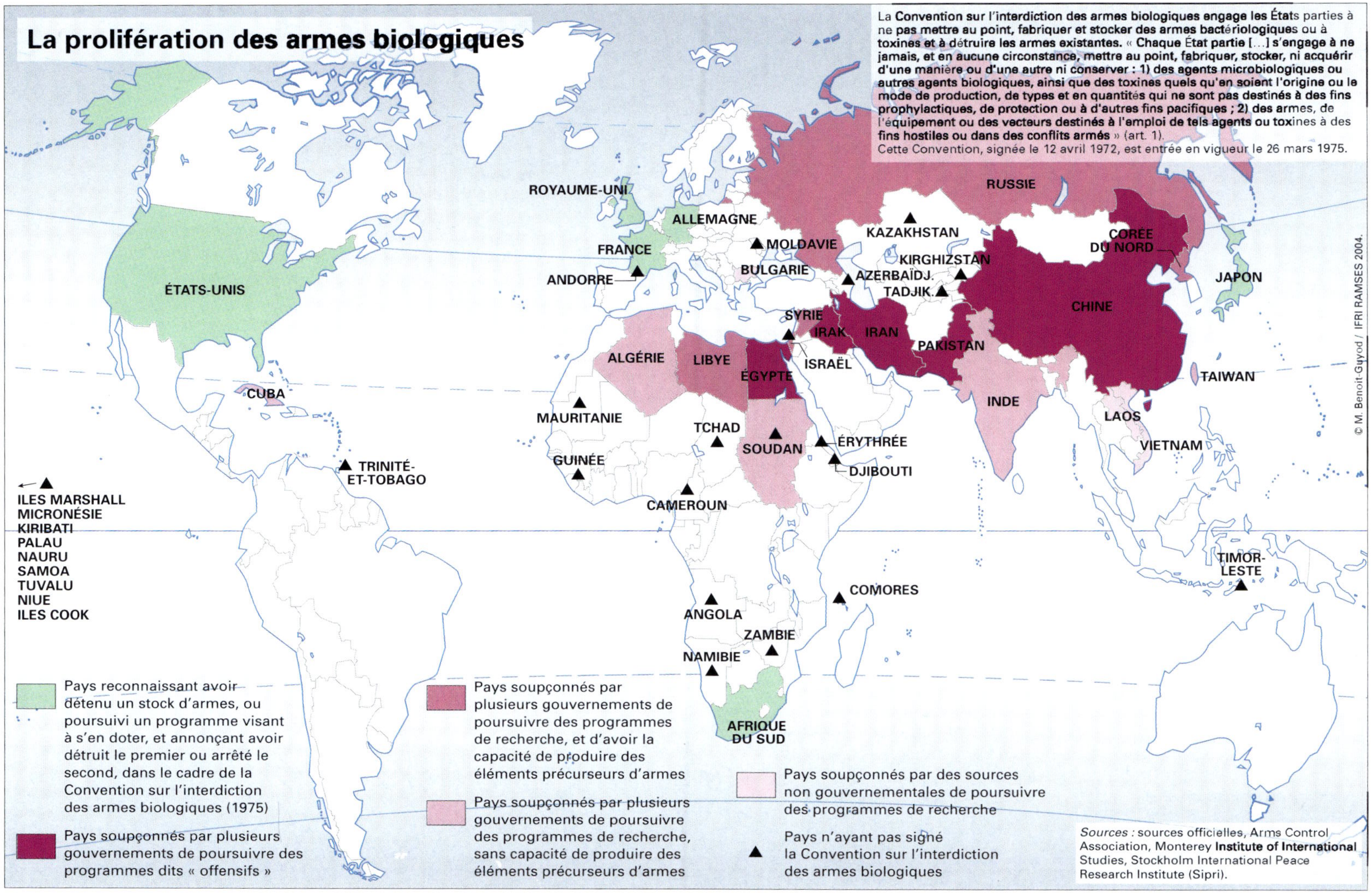

- Pays reconnaissant avoir détenu un stock d'armes, ou poursuivi un programme visant à s'en doter, et annonçant avoir détruit le premier ou arrêté le second, dans le cadre de la Convention sur l'interdiction des armes biologiques (1975)
- Pays soupçonnés par plusieurs gouvernements de poursuivre des programmes dits « offensifs »
- Pays soupçonnés par plusieurs gouvernements de poursuivre des programmes de recherche, et d'avoir la capacité de produire des éléments précurseurs d'armes
- Pays soupçonnés par plusieurs gouvernements de poursuivre des programmes de recherche, sans capacité de produire des éléments précurseurs d'armes
- Pays soupçonnés par des sources non gouvernementales de poursuivre des programmes de recherche
- ▲ Pays n'ayant pas signé la Convention sur l'interdiction des armes biologiques

Sources : sources officielles, Arms Control Association, Monterey **Institute of International** Studies, Stockholm International Peace Research Institute (Sipri).

Les organisations européennes

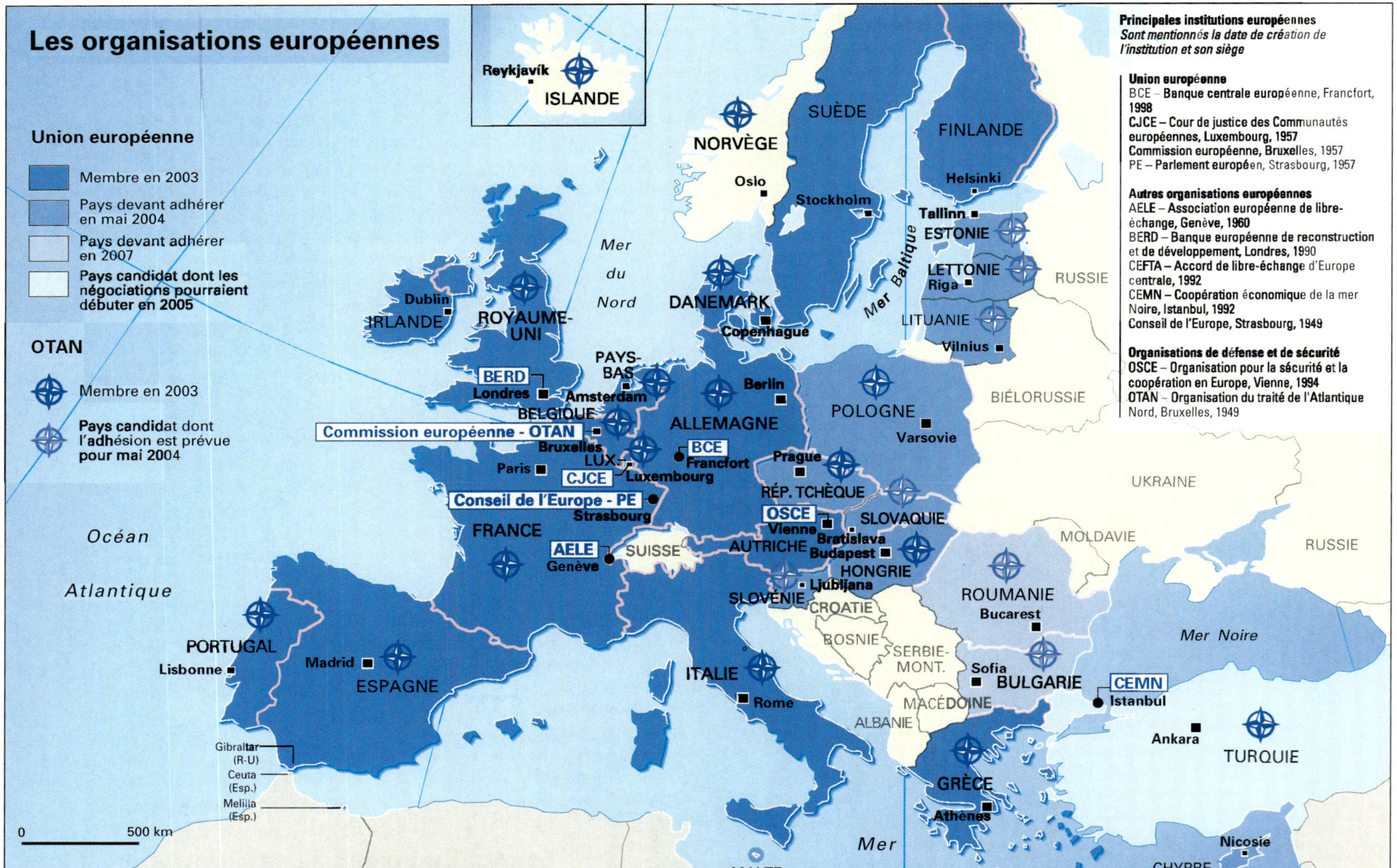

Sources : sources officielles ; *L'Union européenne* ***élargie***, « Notes et études documentaires », n° 5164-65, La **Documentation** française, décembre 2002.

La situation économique en Europe

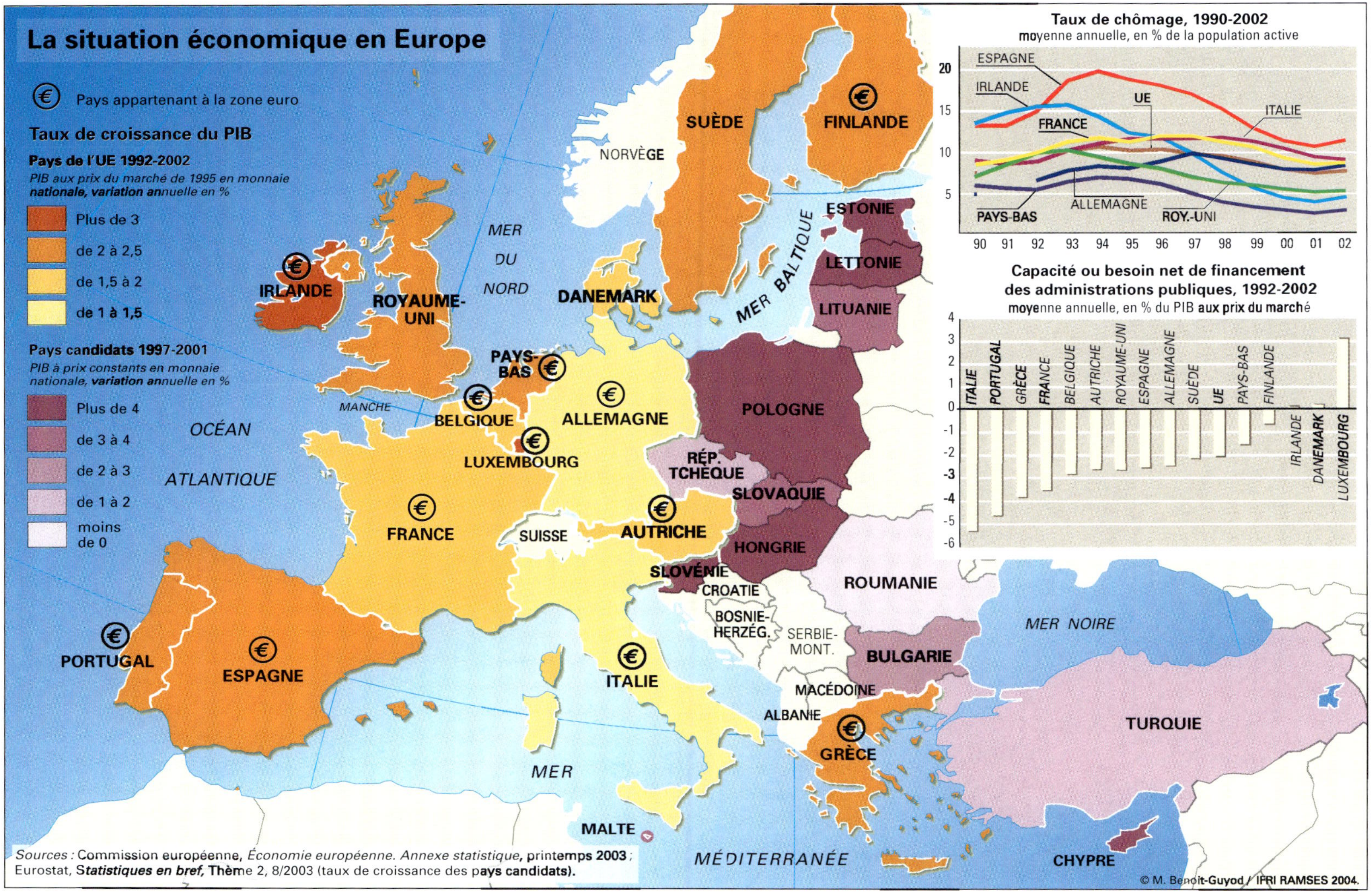

Sources : Commission européenne, *Économie européenne. Annexe statistique*, **printemps 2003** ; Eurostat, ***Statistiques en bref***, **Thème** 2, 8/2003 (taux de croissance des **pays candidats**).

Les flux migratoires vers l'Union européenne

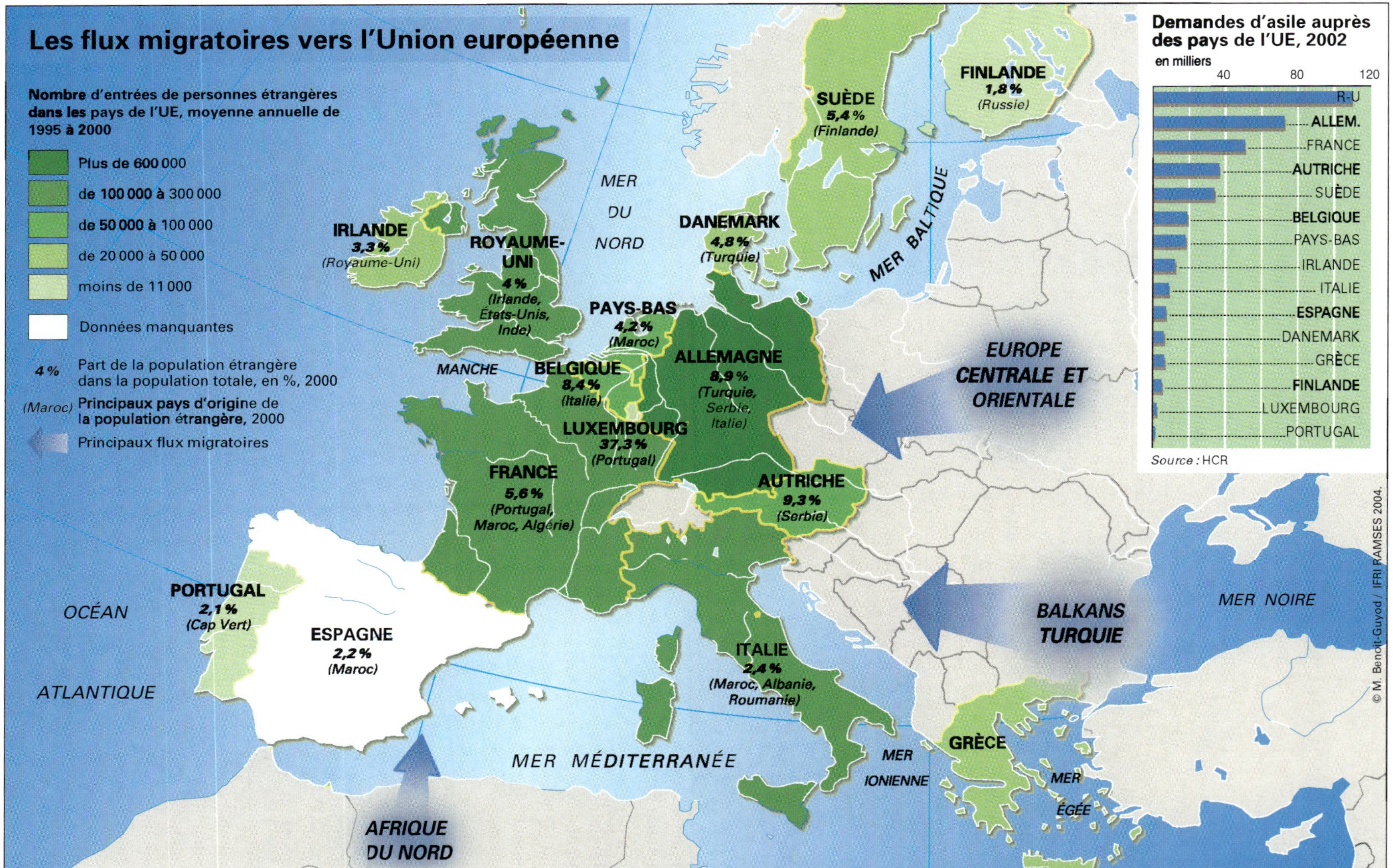

Source : SOPEMI, ***Tendances des migrations internationales*, 2002, OCDE.**
Nombre d'entrées : Autriche et Italie (1998-2000), Grèce (1998). Part de la population étrangère : **France (1999)**.

Institutions multilatérales et développement

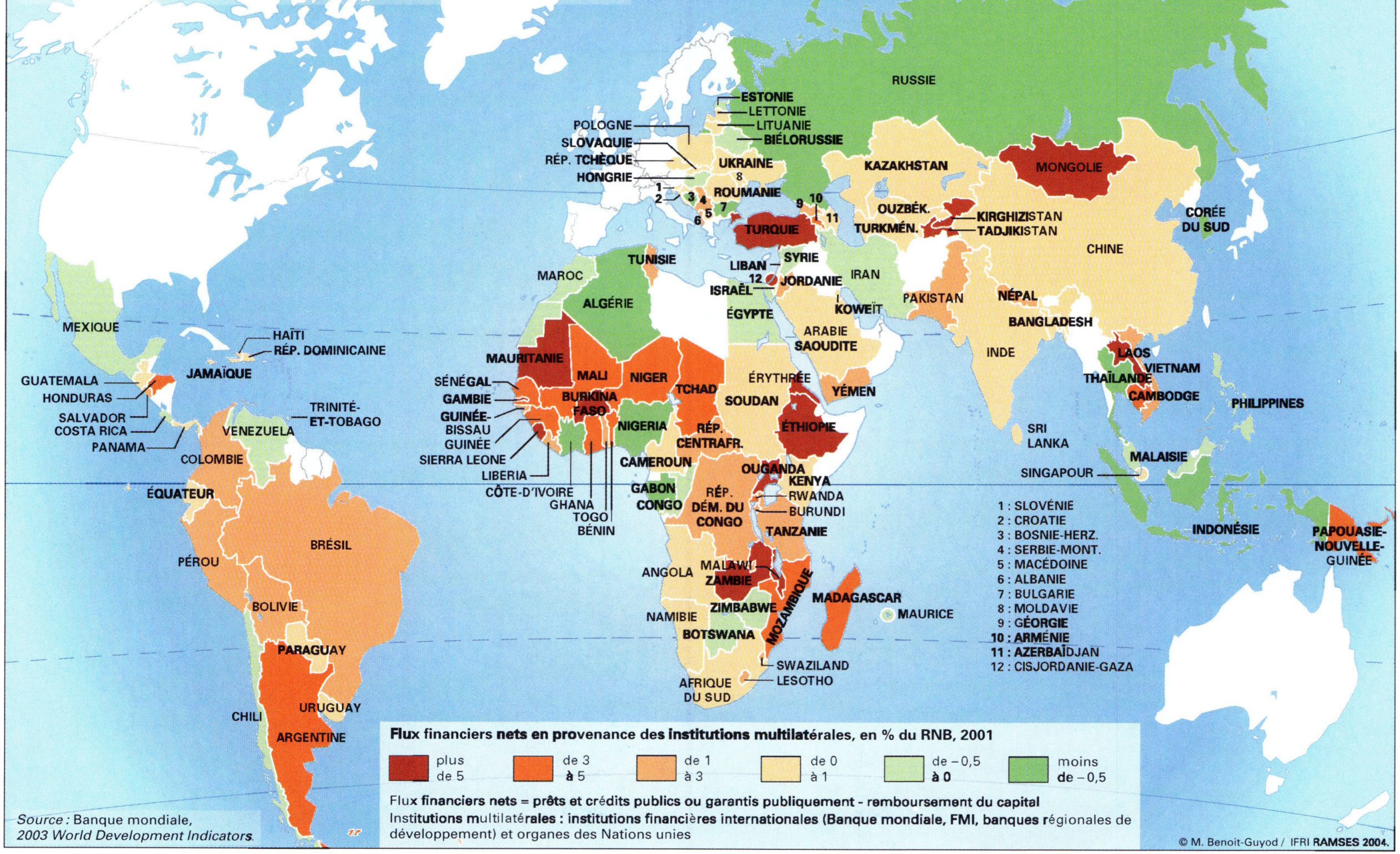

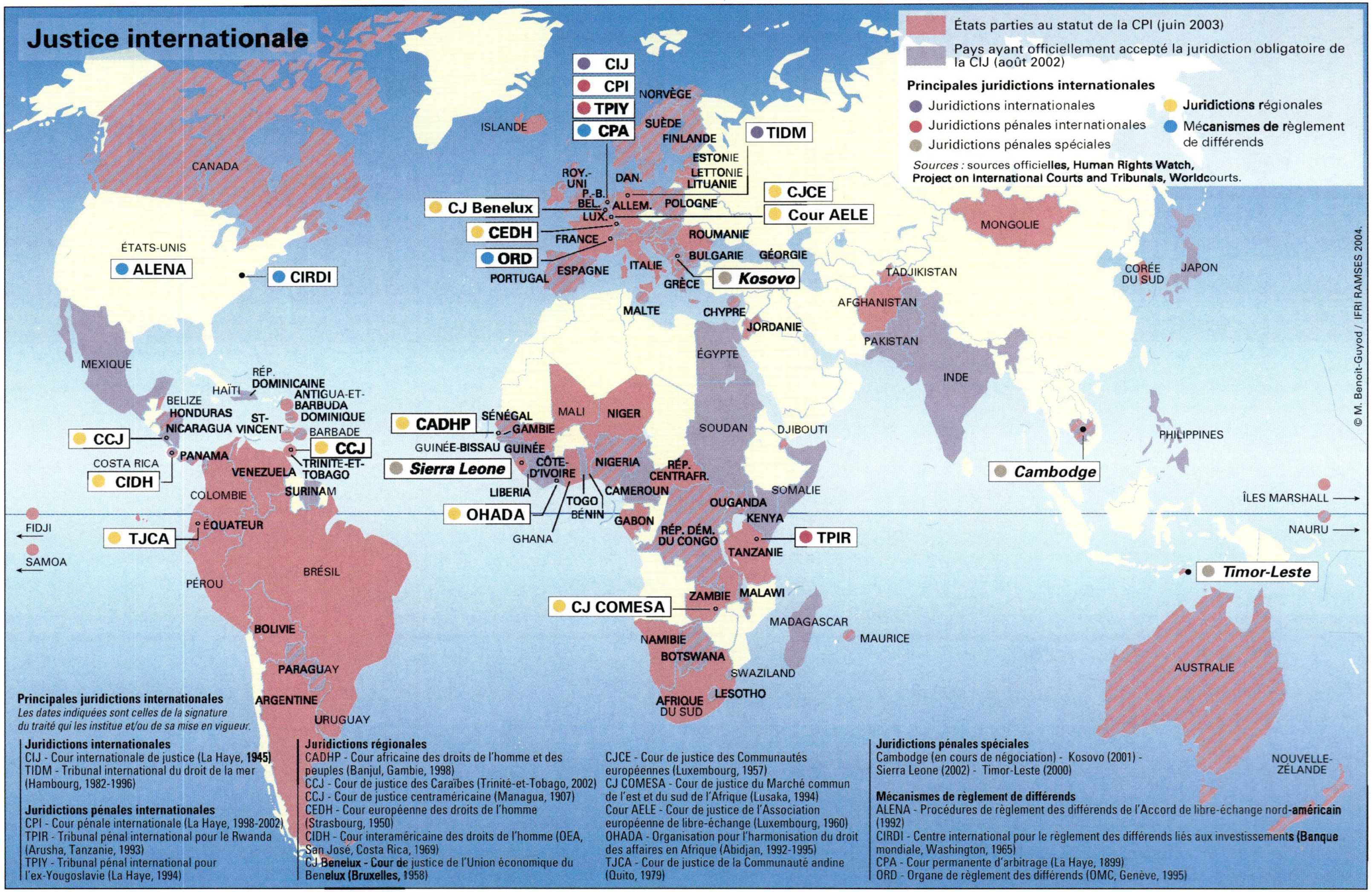
Justice internationale
États parties au statut de la CPI (juin 2003)
Pays ayant officiellement accepté la juridiction obligatoire de la CIJ (août 2002)
Principales juridictions internationales
Juridictions internationales
Juridictions pénales internationales
Juridictions pénales spéciales
Juridictions régionales
Mécanismes de règlement de différends
Sources : sources officielles, Human Rights Watch, Project on International Courts and Tribunals, Worldcourts.
© M. Benoit-Guyod / IFRI RAMSES 2004.
CIJ
CPI
TPIY
CPA
TIDM
CJCE
Cour AELE
CJ Benelux
CEDH
ORD
Kosovo
ALENA
CIRDI
CCJ
CIDH
TJCA
CADHP
Sierra Leone
OHADA
CJ COMESA
TPIR
Cambodge
Timor-Leste
CANADA
ÉTATS-UNIS
MEXIQUE
BELIZE
HONDURAS
NICARAGUA
COSTA RICA
PANAMA
HAÏTI
RÉP. DOMINICAINE
ANTIGUA-ET-BARBUDA
DOMINIQUE
ST-VINCENT
BARBADE
TRINITÉ-ET-TOBAGO
VENEZUELA
SURINAM
COLOMBIE
ÉQUATEUR
PÉROU
BRÉSIL
BOLIVIE
PARAGUAY
ARGENTINE
URUGUAY
FIDJI
SAMOA
ISLANDE
NORVÈGE
SUÈDE
FINLANDE
ESTONIE
LETTONIE
LITUANIE
DAN.
ROY.-UNI
P.-B.
BEL.
LUX.
ALLEM.
POLOGNE
FRANCE
ESPAGNE
PORTUGAL
ITALIE
ROUMANIE
BULGARIE
GÉORGIE
GRÈCE
MALTE
CHYPRE
JORDANIE
ÉGYPTE
SÉNÉGAL
GAMBIE
GUINÉE-BISSAU
GUINÉE
MALI
NIGER
CÔTE-D'IVOIRE
LIBERIA
GHANA
TOGO
BÉNIN
NIGERIA
CAMEROUN
RÉP. CENTRAFR.
GABON
RÉP. DÉM. DU CONGO
SOUDAN
DJIBOUTI
SOMALIE
OUGANDA
KENYA
TANZANIE
ZAMBIE
MALAWI
MADAGASCAR
MAURICE
NAMIBIE
BOTSWANA
SWAZILAND
LESOTHO
AFRIQUE DU SUD
TADJIKISTAN
AFGHANISTAN
PAKISTAN
INDE
MONGOLIE
CORÉE DU SUD
JAPON
PHILIPPINES
ÎLES MARSHALL
NAURU
AUSTRALIE
NOUVELLE-ZELANDE
Principales juridictions internationales
Les dates indiquées sont celles de la signature du traité qui les institue et/ou de sa mise en vigueur.
Juridictions internationales
CIJ - Cour internationale de justice (La Haye, 1945)
TIDM - Tribunal international du droit de la mer (Hambourg, 1982-1996)
Juridictions pénales internationales
CPI - Cour pénale internationale (La Haye, 1998-2002)
TPIR - Tribunal pénal international pour le Rwanda (Arusha, Tanzanie, 1993)
TPIY - Tribunal pénal international pour l'ex-Yougoslavie (La Haye, 1994)
Juridictions régionales
CADHP - Cour africaine des droits de l'homme et des peuples (Banjul, Gambie, 1998)
CCJ - Cour de justice des Caraïbes (Trinité-et-Tobago, 2002)
CCJ - Cour de justice centraméricaine (Managua, 1907)
CEDH - Cour européenne des droits de l'homme (Strasbourg, 1950)
CIDH - Cour interaméricaine des droits de l'homme (OEA, San José, Costa Rica, 1969)
CJ Benelux - Cour de justice de l'Union économique du Benelux (Bruxelles, 1958)
CJCE - Cour de justice des Communautés européennes (Luxembourg, 1957)
CJ COMESA - Cour de justice du Marché commun de l'est et du sud de l'Afrique (Lusaka, 1994)
Cour AELE - Cour de justice de l'Association européenne de libre-échange (Luxembourg, 1960)
OHADA - Organisation pour l'harmonisation du droit des affaires en Afrique (Abidjan, 1992-1995)
TJCA - Cour de justice de la Communauté andine (Quito, 1979)
Juridictions pénales spéciales
Cambodge (en cours de négociation) - Kosovo (2001) - Sierra Leone (2002) - Timor-Leste (2000)
Mécanismes de règlement de différends
ALENA - Procédures de règlement des différends de l'Accord de libre-échange nord-américain (1992)
CIRDI - Centre international pour le règlement des différends liés aux investissements (Banque mondiale, Washington, 1965)
CPA - Cour permanente d'arbitrage (La Haye, 1899)
ORD - Organe de règlement des différends (OMC, Genève, 1995)

Le monde en chiffres

Note : nd = données non disponibles

Démographie

Pays	Population 2002	Population 2025	Taux de fécondité	Espérance de vie	Urbanisation	Vieillissement
Afrique subsaharienne						
Afrique du Sud	44,2	43,0	2,8	47	58	4,6
Angola	13,9	25,2	6,6	47	35	2,9
Bénin	6,6	11,1	5,4	53	43	2,7
Botswana	1,6	1,6	3,9	39	49	2,2
Burkina Faso	12,2	24,5	6,4	44	17	2,7
Burundi	6,7	12,3	5,9	42	9	2,6
Cameroun	15,5	20,8	4,7	49	50	3,7
République centrafricaine	3,8	5,2	4,7	43	42	3,5
Congo	3,2	6,8	5,9	51	66	3,2
Congo (RDC)	54,3	95,4	6,1	45	nd	2,6
Côte-d'Ivoire	16,7	22,1	4,7	46	44	2,6
Érythrée	4,0	7,3	5,4	51	19	2,6
Éthiopie	66,0	116,0	5,6	42	16	2,8
Gabon	1,3	1,9	4,1	53	82	5,7
Gambie	1,4	2,2	4,9	53	31	3,2
Ghana	20,2	30,6	4,1	56	36	4,6
Guinée	8,4	13,7	5,1	46	28	2,6
Guinée-Bissau	1,3	2,8	5,7	45	32	3,6
Kenya	31,9	39,9	4,3	46	34	2,7
Lesotho	2,1	1,6	4,3	43	29	4,3
Liberia	3,3	6,1	5,9	47	45	2,8
Madagascar	16,9	30,2	5,3	55	30	3,0
Malawi	11,8	18,2	6,2	38	15	3,6
Mali	12,0	25,7	6,2	41	31	3,0
Maurice	1,2	1,4	2,0	72	42	6,2
Mauritanie	2,8	5,0	4,5	51	59	3,2
Mozambique	19,0	25,4	5,1	42	33	3,7
Namibie	1,8	2,4	4,9	44	31	3,8
Niger	11,6	25,7	7,2	46	21	2,4
Nigeria	120,0	192,1	5,2	46	45	2,6
Ouganda	24,8	54,9	6,1	43	15	1,9
Rwanda	8,1	12,5	5,8	40	6	3,1
Sénégal	9,9	15,7	5,0	52	48	2,7
Sierra Leone	4,8	7,6	5,7	37	37	2,6
Somalie	9,6	21,0	7,0	47	28	2,4
Soudan	32,6	47,5	4,5	58	37	3,5
Tanzanie	36,8	53,4	5,2	44	33	2,4
Tchad	8,4	15,8	6,3	48	24	3,0
Togo	4,8	7,6	5,0	49	34	3,2
Zambie	10,9	14,4	5,2	37	40	2,2
Zimbabwe	13,1	12,9	3,7	39	36	3,2
Amériques						
Argentine	37,9	47,0	2,5	74	88	9,7
Bolivie	8,7	12,5	3,8	63	63	4,4
Brésil	174,7	216,4	2,2	68	82	5,2
Canada	31,3	36,1	1,5	79	79	12,6
Chili	15,6	19,7	2,1	76	86	7,2
Colombie	43,5	58,2	2,5	72	75	4,7
Costa Rica	4,2	5,6	2,4	78	60	5,7
Cuba	11,3	11,5	1,6	77	75	10,1

Pays	Population 2002	Population 2025	Taux de fécondité	Espérance de vie	Urbanisation	Vieillissement
République dominicaine	8,6	11,0	2,7	67	66	4,4
Équateur	13,1	16,7	2,9	70	63	4,7
États-Unis	288,5	358,0	2,1	78	77	12,6
Guatemala	12,0	19,5	4,4	65	40	3,5
Haïti	8,4	10,7	4,3	52	36	3,5
Honduras	6,7	10,1	4,1	66	54	3,4
Jamaïque	2,6	3,3	2,4	76	57	7,0
Mexique	101,8	129,9	2,5	73	75	5,0
Nicaragua	5,3	8,3	3,5	69	57	3,1
Panama	2,9	4,3	2,5	75	57	5,6
Paraguay	5,8	9,2	3,9	71	57	3,5
Pérou	26,5	35,6	2,7	70	73	4,9
Porto Rico	4,0	4,1	1,9	76	76	10,1
Salvador	6,5	8,4	3,0	70	61	5,0
Uruguay	3,4	3,9	2,2	74	92	12,6
Venezuela	25,1	35,3	2,8	74	87	4,4
Asie-Pacifique						
Afghanistan	23,3	44,9	6,8	43	22	2,8
Australie	19,5	23,2	1,8	79	91	12,0
Bangladesh	143,4	208,3	3,0	62	26	3,3
Cambodge	13,8	21,9	3,9	54	17	2,8
Chine	1 294,4	1 445,1	1,9	70	37	7,1
Corée du Nord	22,6	24,7	2,1	61	61	5,8
Corée du Sud	47,4	50,2	1,4	74	82	7,0
Hong-Kong Chine	7,0	8,5	0,9	80	100	11,2
Inde	1 041,1	1 369,3	3,0	63	28	5,0
Indonésie	217,5	270,1	2,4	66	42	4,7
Japon	127,5	123,4	1,4	81	79	17,6
Laos	5,5	8,6	4,9	54	20	3,5
Malaisie	23,0	33,5	2,9	73	58	4,2
Mongolie	2,6	3,4	2,5	65	57	4,0
Myanmar	49,0	59,8	2,9	57	28	4,6
Népal	24,2	37,8	4,2	59	12	3,8
Nouvelle-Zélande	3,8	4,4	2,0	78	86	11,8
Pakistan	148,7	249,8	4,6	63	33	3,3
Papouasie-Nouvelle-Guinée	5,0	8,4	4,4	57	18	2,5
Philippines	78,6	108,6	3,3	70	59	3,9
Singapour	4,2	4,9	1,4	78	100	7,3
Sri Lanka	19,3	21,5	2,1	73	23	6,4
Thaïlande	64,3	73,9	1,8	69	20	6,3
Vietnam	80,2	104,6	2,2	69	25	5,3
CEI/Eurasie						
Arménie	3,8	2,9	1,4	74	67	9,3
Azerbaïdjan	8,1	10,2	2,1	65	52	7,2
Biélorussie	10,1	9,0	1,3	68	70	13,6
Géorgie	5,2	4,4	1,1	73	57	13,1
Kazakhstan	16,0	15,4	1,8	63	56	7,5
Kirghizstan	5,0	6,5	2,5	66	34	6,0
Moldavie	4,3	4,1	1,4	67	42	11,0
Ouzbékistan	25,6	33,8	2,5	67	37	4,5
Russie	143,8	124,4	1,2	66	73	12,5
Tadjikistan	6,2	8,2	3,0	67	28	4,4
Turkménistan	4,9	6,5	2,3	65	45	4,3
Ukraine	48,7	40,8	1,2	68	68	14,3

Démographie

Pays	Population 2002	Population 2025	Taux de fécondité	Espérance de vie	Urbanisation	Vieillissement
Europe						
Albanie	3,2	3,6	2,2	74	43	6,9
Allemagne	82,0	82,0	1,4	78	88	16,4
Autriche	8,1	8,0	1,3	78	67	15,7
Belgique	10,3	10,5	1,6	78	97	16,6
Bosnie-Herzégovine	4,1	4,2	1,6	74	43	10,2
Bulgarie	7,8	6,6	1,3	72	67	16,2
Croatie	4,7	4,1	1,4	74	58	15,2
Danemark	5,3	5,5	1,8	77	85	14,9
Espagne	39,9	40,4	1,2	78	78	16,9
Estonie	1,4	1,0	1,2	71	69	14,9
Finlande	5,2	5,3	1,7	78	59	15,0
France	59,7	64,2	1,9	79	76	16,1
Grèce	10,6	10,7	1,3	78	60	18,1
Hongrie	9,9	8,9	1,3	72	65	14,5
Irlande	3,9	4,7	1,9	77	59	11,2
Italie	57,4	52,9	1,2	79	67	18,4
Lettonie	2,4	1,9	1,2	70	60	14,9
Lituanie	3,7	3,0	1,3	73	69	13,7
Macédoine, ARYM	2,1	2,2	1,8	73	59	10,2
Norvège	4,5	4,9	1,8	79	75	15,1
Pays-Bas	16,0	17,1	1,7	78	90	13,7
Pologne	38,5	37,3	1,3	74	63	12,2
Portugal	10,0	9,8	1,5	76	66	15,2
Roumanie	22,3	20,8	1,3	70	55	13,5
Royaume-Uni	59,7	63,3	1,7	77	90	16,1
Serbie-Monténégro	10,5	10,2	1,7	73	52	13,7
Slovaquie	5,4	5,4	1,3	73	58	11,3
Slovénie	2,0	1,9	1,2	76	49	14,2
Suède	8,8	9,1	1,6	80	83	17,5
Suisse	7,2	6,8	1,4	80	67	15,4
République tchèque	10,3	9,8	1,2	75	75	13,8
Moyen-Orient/Maghreb						
Algérie	31,4	42,4	2,9	71	58	3,9
Arabie Saoudite	21,7	39,8	5,4	73	87	2,9
Cisjordanie-Gaza	3,4	6,9	5,0	72	nd	3,3
EAU	2,7	3,9	3,1	75	87	2,7
Égypte	70,3	103,2	3,2	68	43	4,2
Irak	24,2	41,7	4,2	62	68	2,9
Iran	72,4	90,9	2,6	69	65	4,7
Israël	6,3	8,6	2,8	79	92	9,7
Jordanie	5,2	8,1	3,6	72	79	3,1
Koweït	2,0	3,9	2,6	77	96	2,3
Liban	3,6	4,6	2,3	71	90	5,9
Libye	5,5	7,8	3,4	72	88	3,5
Maroc	31,0	40,7	2,8	68	56	4,2
Oman	2,7	4,8	4,1	74	76	2,5
Syrie	17,0	27,0	3,6	70	52	3,1
Tunisie	9,7	12,0	2,1	72	66	5,9
Turquie	68,6	89,0	2,3	70	66	5,8
Yémen	19,9	43,2	6,1	57	25	2,8

Développement humain

Pays	Pauvreté	Malnutrition infantile	Mortalité infantile	Santé	Accès à l'eau	Scolarisation	Analphabétisme	
							Hommes	Femmes
Afrique subsaharienne								
Afrique du Sud	2,0	nd	71	255	86	89	14	15
Angola	nd	nd	260	24	38	37	nd	nd
Bénin	nd	23	158	11	63	70	47	75
Botswana	2,2	13	110	191	95	84	25	19
Burkina Faso	4,5	34	197	8	42	36	65	85
Burundi	5,1	45	190	3	78	54	43	58
Cameroun	4,6	22	155	24	58	nd	20	35
République centrafricaine	2,0	nd	180	8	70	55	39	63
Congo	nd	nd	108	22	51	nd	12	24
Congo (RDC)	nd	nd	205	9	45	33	26	48
Côte-d'Ivoire	7,1	21	175	16	81	64	40	62
Érythrée	nd	nd	111	9	46	41	32	54
Éthiopie	2,4	47	172	5	24	47	52	68
Gabon	nd	12	90	120	86	88	nd	nd
Gambie	4,0	17	126	10	62	69	55	69
Ghana	5,6	25	100	11	73	58	19	35
Guinée	6,4	33	169	13	48	47	nd	nd
Guinée-Bissau	5,2	25	211	9	56	54	45	75
Kenya	5,6	22	122	28	57	69	11	23
Lesotho	1,4	18	132	28	78	78	27	6
Liberia	nd	nd	235	2	nd	83	29	62
Madagascar	6,4	nd	136	9	47	68	26	39
Malawi	4,9	25	183	11	57	101	25	52
Mali	4,6	nd	231	10	65	43	63	83
Maurice	nd	nd	19	134	100	95	12	18
Mauritanie	6,4	32	183	14	37	64	49	69
Mozambique	6,5	nd	197	9	57	54	39	70
Namibie	1,4	nd	67	136	77	82	17	18
Niger	2,6	40	265	5	59	30	76	91
Nigeria	4,4	31	183	8	62	nd	27	42
Ouganda	7,1	23	124	10	52	109	22	42
Rwanda	nd	24	183	12	41	97	26	38
Sénégal	6,4	18	138	22	78	63	52	71
Sierra Leone	1,1	27	316	6	57	nd	nd	nd
Somalie	nd	26	225	19	nd	nd	nd	nd
Soudan	nd	11	107	13	75	46	30	52
Tanzanie	6,8	29	165	12	68	47	15	32
Tchad	nd	28	200	6	27	58	47	64
Togo	nd	25	141	8	54	92	27	56
Zambie	3,3	nd	202	18	64	66	14	27
Zimbabwe	4,6	13	123	43	83	80	7	15
Amériques								
Argentine	nd	nd	19	658	nd	107	3	3
Bolivie	4,0	8	77	67	83	97	8	20
Brésil	2,0	nd	36	267	87	97	13	13
Canada	7,3	nd	7	2 058	100	99	nd	nd
Chili	3,2	1	12	336	93	89	4	4
Colombie	1,4	7	23	186	91	89	8	8
Costa Rica	2,6	nd	11	273	95	91	4	4
Cuba	nd	nd	9	169	91	97	3	3

Développement humain

Pays	Pauvreté	Malnutrition infantile	Mortalité infantile	Santé	Accès à l'eau	Scolarisation	Analphabétisme	
							Hommes	Femmes
République dominicaine	5,1	5	47	151	86	93	16	16
Équateur	3,3	14	30	26	85	99	7	10
États-Unis	5,2	nd	8	4 499	100	95	nd	nd
Guatemala	2,6	24	58	79	92	84	23	38
Haïti	nd	17	123	21	46	nd	47	51
Honduras	2,0	17	38	62	88	88	25	24
Jamaïque	6,7	4	20	165	92	95	17	9
Mexique	3,4	8	29	311	88	103	7	11
Nicaragua	2,3	12	43	43	77	81	33	33
Panama	3,6	nd	25	268	90	100	7	9
Paraguay	1,9	nd	30	112	78	92	5	8
Pérou	4,4	7	39	100	80	104	5	14
Porto Rico	nd	nd	nd	nd	nd	nd	6	6
Salvador	3,3	12	39	184	77	81	18	23
Uruguay	4,5	nd	16	653	98	90	3	2
Venezuela	3,0	4	22	233	83	88	7	8
Asie-Pacifique								
Afghanistan	nd	nd	257	8	13	nd	nd	nd
Australie	5,9	nd	6	1 698	100	96	nd	nd
Bangladesh	9,0	48	77	14	97	89	50	69
Cambodge	6,9	45	138	19	30	95	20	42
Chine	5,9	10	39	45	75	93	7	21
Corée du Nord	nd	28	55	18	100	nd	nd	nd
Corée du Sud	7,9	nd	5	584	92	99	1	3
Hong-Kong Chine	5,3	nd	nd	nd	nd	nd	3	10
Inde	8,1	nd	93	23	84	nd	31	54
Indonésie	8,4	25	45	19	78	92	8	17
Japon	10,6	nd	5	2 908	nd	101	nd	nd
Laos	7,6	40	100	11	37	81	23	46
Malaisie	4,4	nd	8	101	nd	98	8	16
Mongolie	5,6	13	76	23	60	89	1	2
Myanmar	nd	nd	109	153	72	83	11	19
Népal	7,6	48	91	nd	88	72	39	75
Nouvelle-Zélande	6,4	nd	6	1 062	nd	99	nd	nd
Pakistan	8,8	nd	109	18	90	66	42	71
Papouasie-Nouvelle-Guinée	4,5	nd	94	31	42	84	29	42
Philippines	5,4	32	38	33	86	93	5	5
Singapour	5,0	nd	4	814	100	nd	4	11
Sri Lanka	8,0	33	19	31	77	97	5	11
Thaïlande	6,1	nd	28	71	84	85	3	6
Vietnam	8,0	34	38	21	77	95	5	9
CEI/Eurasie								
Arménie	6,7	3	35	38	nd	69	1	2
Azerbaïdjan	7,4	17	96	8	78	91	nd	nd
Biélorussie	8,4	nd	20	57	100	108	0	0
Géorgie	6,0	3	22	41	79	95	nd	nd
Kazakhstan	8,2	4	99	44	91	89	0	1
Kirghizstan	9,1	nd	61	12	77	82	nd	nd
Moldavie	7,1	nd	32	11	92	78	0	2
Ouzbékistan	9,2	nd	68	29	85	nd	0	1
Russie	4,9	nd	21	92	99	nd	0	1
Tadjikistan	8,0	nd	116	6	60	103	0	1
Turkménistan	6,1	12	87	52	nd	nd	nd	nd
Ukraine	8,8	3	20	26	98	72	0	0

Pays	Pauvreté	Malnutrition infantile	Mortalité infantile	Santé	Accès à l'eau	Scolarisation	Analphabétisme	
							Hommes	Femmes
Europe								
Albanie	nd	14	25	41	97	98	8	22
Allemagne	5,7	nd	5	2 422	nd	87	nd	nd
Autriche	7,0	nd	5	1 872	100	91	nd	nd
Belgique	8,3	nd	6	1 936	nd	101	nd	nd
Bosnie-Herzégovine	nd	4	18	50	nd	nd	nd	nd
Bulgarie	6,7	nd	16	59	100	94	1	2
Croatie	8,3	nd	8	434	nd	nd	1	3
Danemark	8,3	nd	4	2 512	100	99	nd	nd
Espagne	7,5	nd	6	1 073	nd	102	1	3
Estonie	7,0	nd	12	218	nd	98	0	0
Finlande	10,1	nd	5	1 559	100	100	nd	nd
France	7,2	nd	6	2 057	nd	100	nd	nd
Grèce	7,1	nd	5	884	nd	97	1	4
Hongrie	10,0	nd	9	315	99	90	1	1
Irlande	6,7	nd	6	1 692	nd	90	nd	nd
Italie	6,0	nd	6	1 498	nd	100	1	2
Lettonie	7,6	nd	21	174	nd	92	0	0
Lituanie	7,9	nd	9	185	67	95	0	0
Macédoine, ARYM	8,4	6	26	106	nd	92	nd	nd
Norvège	9,7	nd	4	2 832	100	101	nd	nd
Pays-Bas	7,3	nd	6	1 900	100	100	nd	nd
Pologne	7,8	nd	9	246	nd	98	0	0
Portugal	5,8	nd	6	862	nd	nd	5	10
Roumanie	8,2	nd	21	48	58	93	1	3
Royaume-Uni	6,1	nd	7	1 747	100	99	nd	nd
Serbie-Monténégro	nd	2	19	50	98	nd	nd	nd
Slovaquie	8,8	nd	9	210	100	89	nd	nd
Slovénie	9,1	nd	5	788	100	93	0	0
Suède	9,1	nd	3	2 179	100	102	nd	nd
Suisse	6,9	nd	6	3 573	100	99	nd	nd
République tchèque	10,3	nd	5	358	nd	90	nd	nd
Moyen-Orient/ Maghreb								
Algérie	7,0	6	49	64	89	98	23	42
Arabie Saoudite	nd	nd	28	448	95	58	16	32
Cisjordanie-Gaza	nd	nd	25	nd	nd	nd	nd	nd
EAU	nd	nd	9	767	nd	87	25	20
Égypte	8,6	4	41	51	97	93	33	55
Irak	nd	nd	133	375	85	93	45	76
Iran	5,1	11	42	258	92	74	16	30
Israël	6,9	nd	6	2 021	nd	101	3	7
Jordanie	7,6	nd	33	137	96	94	5	15
Koweït	nd	nd	10	586	nd	66	16	20
Liban	nd	nd	32	499	100	74	8	19
Libye	nd	nd	19	246	72	nd	9	31
Maroc	6,5	nd	44	50	80	78	37	63
Oman	nd	nd	13	295	39	65	19	36
Syrie	nd	nd	28	30	80	96	11	38
Tunisie	5,7	4	27	110	80	99	18	38
Turquie	6,1	8	43	150	82	nd	6	23
Yémen	7,4	nd	107	20	69	67	32	73

Économie

Pays	RNB total	RNB/hab.	Croissance du PIB	Chômage	Inflation	Balance des paiements	Service de la dette
Afrique subsaharienne							
Afrique du Sud	121,9	10 910	2,1	23,3	8,3	- 166	4,0
Angola	6,7	1 690	2,0	nd	633,2	- 355	23,7
Bénin	2,4	970	4,8	nd	7,9	- 74	2,1
Botswana	5,3	7 410	5,2	nd	10,0	438	1,1
Burkina Faso	2,5	1 120	4,5	nd	5,2	- 338	1,5
Burundi	0,7	680	- 2,2	nd	15,9	- 24	3,4
Cameroun	8,7	1 580	2,1	nd	5,9	- 147	4,3
République centrafricaine	1,0	1 300	2,1	nd	4,9	16	1,4
Congo	2,0	680	1,4	nd	8,5	nd	4,8
Congo (RDC)	4,2	630	- 4,8	nd	813,4	nd	0,4
Côte-d'Ivoire	10,3	1 400	3,1	nd	6,7	- 58	6,3
Érythrée	0,7	1 030	5,3	nd	nd	- 206	1,0
Éthiopie	6,7	800	4,7	nd	4,7	- 272	3,0
Gabon	4,0	5 190	2,6	nd	4,6	435	12,1
Gambie	0,4	2 010	3,4	13,8	4,0	- 53	2,8
Ghana	5,7	2 170	4,2	nd	28,1	- 251	6,2
Guinée	3,1	1 900	4,2	nd	nd	- 60	3,6
Guinée-Bissau	0,2	890	1,0	nd	30,6	nd	12,7
Kenya	10,7	970	2,0	nd	14,5	- 318	4,1
Lesotho	1,1	2 980	4,0	nd	8,8	- 95	7,0
Liberia	0,5	nd	6,2	nd	nd	nd	0,2
Madagascar	4,2	820	2,4	nd	17,5	- 17	1,5
Malawi	1,7	560	3,6	nd	33,5	- 531	2,3
Mali	2,5	770	4,1	nd	4,8	nd	3,2
Maurice	4,6	9 860	5,2	nd	6,7	247	4,5
Mauritanie	1,0	1 940	4,2	nd	5,9	65	9,1
Mozambique	3,8	1 050	6,7	nd	28,8	- 1 604	2,6
Namibie	3,5	7 410	4,6	nd	9,5	nd	nd
Niger	2,0	880	2,5	nd	5,7	- 170	1,3
Nigeria	37,1	790	2,5	nd	30,0	506	6,7
Ouganda	5,9	1 460	6,8	nd	9,5	- 369	0,9
Rwanda	1,9	1 240	0,8	nd	14,7	- 118	1,1
Sénégal	4,7	1 480	3,9	nd	5,0	- 297	4,7
Sierra Leone	0,7	460	- 4,4	nd	27,0	nd	13,1
Somalie	nd	nd	nd	nd	nd	nd	nd
Soudan	10,7	1 750	5,6	nd	66,8	- 522	0,5
Tanzanie	9,4	520	3,2	nd	19,3	- 738	1,6
Tchad	1,6	1 060	2,5	nd	7,9	- 660	1,5
Togo	1,3	1 620	2,2	nd	7,8	- 140	2,6
Zambie	3,3	750	0,8	nd	80,8	- 553	3,7
Zimbabwe	6,2	2 220	1,8	6,0	31,8	nd	1,5
Amériques							
Argentine	260,3	10 980	3,6	12,8	7,4	- 4 554	9,3
Bolivie	8,1	2 240	3,8	nd	8,1	- 293	7,0
Brésil	528,9	7 070	2,8	9,6	161,6	- 23 211	11,3
Canada	681,6	26 530	3,1	6,8	1,7	19 479	nd
Chili	70,6	8 840	6,3	9,7	8,3	- 1 243	10,4
Colombie	81,6	6 790	2,7	20,5	19,5	- 1 788	7,9
Costa Rica	15,7	9 260	5,1	6,1	15,1	- 702	4,4
Cuba	nd	nd	4,2	nd	nd	nd	nd
République dominicaine	19,0	6 650	6,0	13,8	8,5	- 839	3,1
Équateur	14,0	2 960	1,8	11,5	38,7	- 800	9,6

Pays	RNB total	RNB/hab.	Croissance du PIB	Chômage	Inflation	Balance des paiements	Service de la dette
États-Unis	9 780,8	34 280	3,4	4,1	2,7	- 393 390	nd
Guatemala	19,6	4 380	4,1	nd	9,7	- 1 238	2,2
Haïti	3,9	1 870	- 0,4	nd	20,8	- 177	0,7
Honduras	5,9	2 760	3,1	3,7	18,0	- 325	5,4
Jamaïque	7,3	3 490	0,2	15,7	21,4	- 788	8,8
Mexique	550,2	8 240	3,1	2,0	18,6	- 17 683	8,1
Nicaragua	nd	nd	2,8	13,3	35,1	- 557	nd
Panama	9,5	5 540	3,8	13,3	1,1	- 500	12,2
Paraguay	7,6	5 180	2,1	nd	12,5	- 207	5,0
Pérou	52,2	4 470	4,3	8,0	23,8	- 1 098	4,1
Porto Rico	42,1	18 090	4,3	10,1	nd	nd	nd
Salvador	13,0	5 160	4,5	7,3	7,8	- 177	2,9
Uruguay	19,2	8 250	2,8	11,3	30,2	- 513	8,1
Venezuela	117,2	5 590	1,5	14,9	45,9	3 931	6,1
Asie-Pacifique							
Afghanistan	nd	nd	nd	nd	nd	nd	nd
Australie	385,9	24 630	3,9	6,4	2,2	- 8 876	nd
Bangladesh	48,6	1 600	4,9	nd	5,1	- 816	1,4
Cambodge	3,3	1 790	5,0	nd	5,3	- 105	0,6
Chine	1 131,2	3 950	10,0	3,1	7,6	17 401	2,1
Corée du Nord	nd	nd	nd	nd	nd	nd	nd
Corée du Sud	447,6	15 060	5,7	4,1	4,9	8 617	6,2
Hong-Kong Chine	170,3	25 560	3,8	5,0	4,9	11 736	nd
Inde	477,4	2 820	5,9	nd	8,7	1 300	2,0
Indonésie	144,7	2 830	3,8	6,1	13,9	6 899	11,1
Japon	4 523,3	25 550	1,3	4,8	0,6	87 797	nd
Laos	1,6	1 540	6,4	nd	29,8	- 82	2,6
Malaisie	79,3	7 910	6,5	3,0	3,4	7 287	7,8
Mongolie	1,0	1 710	1,2	5,7	39,0	- 79	4,4
Myanmar	nd	nd	7,4	nd	25,0	- 218	nd
Népal	5,8	1 360	4,9	1,1	8,1	172	1,5
Nouvelle-Zélande	51,0	18 250	3,1	6,0	1,8	- 1 403	nd
Pakistan	60,0	1 860	3,7	5,9	9,1	- 1 112	5,1
Papouasie-Nouvelle-Guinée	3,0	2 450	3,6	nd	9,7	286	9,5
Philippines	80,8	4 070	3,3	10,1	8,0	4 503	10,3
Singapour	88,8	22 850	7,4	4,4	1,6	17 884	nd
Sri Lanka	16,4	3 260	5,0	10.6	9,9	- 265	4,4
Thaïlande	118,5	6 230	3,8	2,4	4,6	6 227	18,0
Vietnam	32,8	2 070	7,7	nd	3,2	682	3,7
CEI/Eurasie							
Arménie	2,2	2 730	- 0,7	9,3	55,8	- 201	2,5
Azerbaïdjan	5,3	2 890	- 0,3	1,2	134,5	- 52	2,5
Biélorussie	12,9	7 630	- 0,8	2,0	294,7	- 285	1,9
Géorgie	3,1	2 580	- 5,6	nd	20,6	- 269	2,5
Kazakhstan	20,1	6 150	- 2,8	13,7	54,8	- 1 240	15,7
Kirghizstan	1,4	2 630	- 2,9	nd	21,2	- 20	12,1
Moldavie	1,5	2 300	- 8,4	11,1	19,3	- 99	12,0
Ouzbékistan	13,8	2 410	0,4	nd	nd	- 113	7,5
Russie	253,4	6 880	- 3,7	11,4	85,9	34 621	5,8
Tadjikistan	1,1	1 140	- 8,5	nd	nd	- 74	7,8
Turkménistan	5,1	4 240	- 2,8	nd	nd	- 74	nd
Ukraine	35,2	4 270	- 7,9	11,9	200,4	1 402	6,1

Économie

Pays	RNB total	RNB/hab.	Croissance du PIB	Chômage	Inflation	Balance des paiements	Service de la dette
Europe							
Albanie	4,2	3 810	3,7	18,0	24,2	- 220	0,8
Allemagne	1 939,6	25 240	1,5	8,1	2,2	2 442	nd
Autriche	194,7	26 380	2,2	4,7	2,2	- 4 103	nd
Belgique	245,3	26 150	2,2	7,0	1,9	9 392	nd
Bosnie-Herzégovine	8,1	6 250	nd	nd	nd	- 952	6,0
Bulgarie	13,2	6 740	- 1,2	14,1	105,3	- 889	10,3
Croatie	19,9	8 930	- 1,1	20,6	72,1	- 617	15,0
Danemark	164,0	28 490	2,4	5,4	2,1	4 142	nd
Espagne	588,0	19 860	2,7	14,1	3,7	- 15 082	nd
Estonie	5,3	9 650	0,2	14,8	18,9	- 339	7,3
Finlande	123,4	24 030	2,9	9,8	1,6	8 631	nd
France	1 380,7	24 080	1,9	10,0	1,6	21 359	nd
Grèce	121,0	17 520	2,4	10,8	8,3	- 9 400	nd
Hongrie	49,2	11 990	1,9	6,5	19,2	- 1 097	27,2
Irlande	87,7	27 170	7,7	4,7	2,4	- 1 043	nd
Italie	1 123,8	24 530	1,6	10,8	3,5	- 163	nd
Lettonie	7,6	7 760	- 2,2	8,4	25,0	- 734	6,8
Lituanie	11,7	8 350	- 2,2	16,6	27,0	- 574	16,4
Macédoine, ARYM	3,5	6 040	- 0,2	34,5	8,0	- 324	5,7
Norvège	160,8	29 340	3,5	3,4	2,2	25 960	nd
Pays-Bas	390,3	27 390	2,9	3,6	2,4	3 743	nd
Pologne	163,6	9 370	4,5	16,7	23,1	- 5 357	8,8
Portugal	109,3	17 710	2,7	3,8	4,3	- 9 959	nd
Roumanie	38,6	5 780	- 0,4	10,8	92,8	- 2 317	6,8
Royaume-Uni	1 476,8	24 340	2,7	5,3	2,8	- 30 277	nd
Serbie-Monténégro	9,9	nd	nd	nd	nd	- 596	1,0
Slovaquie	20,3	11 780	2,1	18,9	8,5	- 694	13,0
Slovénie	19,4	17 060	2,9	7,5	22,0	31	nd
Suède	225,9	23 800	2,1	5,1	1,8	6 696	nd
Suisse	277,2	30 970	1,0	2,7	1,5	22 624	nd
République tchèque	54,3	14 320	1,2	8,8	7,3	- 2 624	8,7
Moyen-Orient/Maghreb							
Algérie	51,0	5 910	2,0	nd	15,5	nd	8,3
Arabie Saoudite	181,1	13 290	1,5	nd	0,8	14 502	nd
Cisjordanie-Gaza	4,2	nd	1,2	14,1	nd	nd	nd
EAU	nd	nd	2,9	nd	nd	nd	nd
Égypte	99,6	3 560	4,5	8,2	8,1	- 33	1,9
Irak	nd	nd	nd	nd	nd	nd	nd
Iran	108,7	5 940	3,6	nd	24,7	4 754	1,1
Israël	106,6	19 630	4,7	8,3	8,9	- 1 852	nd
Jordanie	8,8	3 880	4,8	13,2	3,3	- 4	7,6
Koweït	37,4	21 530	3,4	nd	2,0	8 562	nd
Liban	17,6	4 400	5,4	nd	nd	- 3 984	8,3
Libye	nd	nd	nd	nd	nd	1 984	nd
Maroc	34,7	3 500	2,5	22,0	3,5	1 611	7,9
Oman	nd	nd	4,3	nd	0,0	2 315	nd
Syrie	17,3	3 160	4,8	nd	5,9	1 062	1,4
Tunisie	20,0	6 090	4,7	nd	4,2	- 910	7,1
Turquie	167,3	5 830	3,3	8,3	77,9	3 396	15,3
Yémen	8,2	730	5,8	nd	32,6	1 107	3,4

Sécurité

Pays	Dépenses militaires	Dépenses en % PIB	Dépenses par soldat	Importateurs d'armes	Exportateurs d'armes
Afrique subsaharienne					
Afrique du Sud	1 829	1,7	29 740	40	96
Angola	1 470	17,0	11 264	902	nd
Bénin	41	1,8	8 542	nd	nd
Botswana	203	3,8	22 556	105	nd
Burkina Faso	36	1,6	3 600	nd	nd
Burundi	35	5,5	769	nd	nd
Cameroun	120	1,3	5 430	16	nd
République centrafricaine	15	1,6	4 688	nd	nd
Congo	80	3,0	8 000	21	nd
Congo (RDC)	392	8,9	4 816	198	nd
Côte-d'Ivoire	80	0,9	5 755	0	nd
Érythrée	173	20,9	1 006	290	nd
Éthiopie	580	9,8	2 297	426	nd
Gabon	120	2,4	25 532	nd	nd
Gambie	3	0,7	3 750	nd	nd
Ghana	34	0,7	4 857	21	nd
Guinée	45	1,5	4 639	27	nd
Guinée-Bissau	3	1,5	323	nd	nd
Kenya	308	3,1	12 623	61	nd
Lesotho	24	3,1	12 000	2	nd
Liberia	24	5,6	1 600	9	nd
Madagascar	47	1,0	3 481	nd	nd
Malawi	6	0,3	1 132	nd	1
Mali	63	2,5	8 514	15	nd
Maurice	9	0,2	nd	1	nd
Mauritanie	25	2,9	1 603	20	nd
Mozambique	71	1,9	6 455	0	nd
Namibie	91	3,1	10 111	34	nd
Niger	29	1,8	5 472	3	nd
Nigeria	516	1,3	6 573	28	nd
Ouganda	126	2,2	2 291	107	nd
Rwanda	98	5,8	1 400	44	nd
Sénégal	61	1,4	6 224	nd	nd
Sierra Leone	12	1,7	2 000	13	nd
Somalie	39	4,4	nd	nd	nd
Soudan	588	4,3	5 026	102	nd
Tanzanie	140	1,6	5 185	nd	nd
Tchad	13	0,8	428	20	nd
Togo	31	2,5	3 263	7	nd
Zambie	27	0,8	1 250	27	nd
Zimbabwe	267	2,9	6 846	36	nd
Amériques					
Argentine	4 408	1,7	62 882	688	5
Bolivie	135	1,7	4 286	1	nd
Brésil	10 511	2,1	36 547	1 454	98
Canada	7 745	1,1	136 356	1 045	644
Chili	2 841	4,4	32 469	591	4
Colombie	2 861	3,5	18 108	593	nd
Costa Rica	76	0,5	nd	nd	nd
Cuba	735	4,1	15 978	nd	nd

Sécurité

Pays	Dépenses militaires	Dépenses en % PIB	Dépenses par soldat	Importateurs d'armes	Exportateurs d'armes
République dominicaine	156	0,7	6 367	15	nd
Équateur	507	2,9	8 521	91	nd
États-Unis	322 365	3,2	235 699	988	44 821
Guatemala	186	0,9	5 924	1	nd
Haïti	40	1,1	13 333	nd	nd
Honduras	96	1,5	11 566	nd	nd
Jamaïque	40	0,5	14 286	10	nd
Mexique	5 733	0,9	29 735	664	nd
Nicaragua	27	1,1	1 688	nd	nd
Panama	132	1,3	nd	12	nd
Paraguay	76	1,1	4 086	0	nd
Pérou	896	1,7	8 960	671	nd
Salvador	165	1,2	9 821	3	nd
Uruguay	352	2,0	14 728	62	1
Venezuela	1 896	1,5	23 038	301	nd
Asie-Pacifique					
Afghanistan	245	12,2	nd	82	nd
Australie	6 752	1,9	133 176	1 471	618
Bangladesh	639	1,4	4 664	621	nd
Cambodge	188	5,8	1 343	22	nd
Chine	46 049	4,0	19 935	7 117	1 555
Corée du Nord	2 049	11,6	1 894	191	13
Corée du Sud	11 165	2,7	16 347	3 931	216
Hong-Kong Chine	nd	nd	nd	nd	nd
Inde	14 167	2,9	11 217	4 710	17
Indonésie	860	0,6	2 896	587	90
Japon	39 513	1,0	164 775	3 203	3
Laos	19	0,9	653	41	nd
Malaisie	3 249	3,8	32 328	1 454	8
Mongolie	25	2,4	2 747	nd	nd
Myanmar	1 088	2,4	3 163	542	nd
Népal	142	2,7	3 087	10	nd
Nouvelle-Zélande	664	1,4	72 174	82	13
Pakistan	2 395	4,4	3 863	2 931	3
Papouasie-Nouvelle-Guinée	27	0,9	6 136	20	nd
Philippines	1 065	1,5	9 953	109	nd
Singapour	4 280	5,1	70 744	1 169	121
Sri Lanka	786	5,1	6 496	409	nd
Taiwan	10 432	3,7	28 195	11 397	5
Thaïlande	1 831	1,7	5 984	1 304	nd
Vietnam	2 351	7,2	4 857	506	nd
CEI/Eurasie					
Arménie	637	6,5	15 167	2	nd
Azerbaïdjan	833	3,7	11 553	3	nd
Biélorussie	1 960	2,2	23 643	82	1 518
Géorgie	265	1,7	15 774	134	180
Kazakhstan	1 274	1,3	19 906	369	207
Kirghizstan	255	2,0	28 333	nd	nd
Moldavie	147	1,7	17 927	nd	324
Ouzbékistan	1 764	2,6	33 923	5	nd
Russie	63 684	4,3	65 177	nd	17 354
Tadjikistan	127	1,7	21 167	nd	nd
Turkménistan	222	3,2	12 686	nd	nd
Ukraine	4 899	2,2	16 126	nd	2 627

Pays	Dépenses militaires	Dépenses en % PIB	Dépenses par soldat	Importateurs d'armes	Exportateurs d'armes
Europe					
Albanie	106	2,6	3 926	3	nd
Allemagne	26 902	1,5	87 231	460	4 821
Autriche	1 471	0,8	42 514	486	82
Belgique	3 017	1,3	76 574	250	214
Bosnie-Herzégovine	141	3,0	5 875	99	nd
Bulgarie	365	2,8	4 722	6	223
Croatie	512	2,6	8 782	100	2
Danemark	2 409	1,5	112 570	614	18
Espagne	6 938	1,2	48 348	947	870
Estonie	92	1,7	20 444	39	0
Finlande	1 432	1,2	44 334	2 273	34
France	32 909	2,6	120 237	436	9 808
Grèce	5 517	4,8	34 655	4 436	85
Hongrie	909	1,8	26 893	179	24
Irlande	623	0,5	59 333	78	0
Italie	20 966	2,0	90 998	1 237	1 671
Lettonie	85	1,2	13 077	26	nd
Lituanie	211	1,8	17 295	46	nd
Macédoine, ARYM	73	2,2	4 563	211	nd
Norvège	2 967	1,8	111 124	973	270
Pays-Bas	6 257	1,7	124 147	1 036	1 862
Pologne	3 408	2,0	16 544	199	158
Portugal	2 226	2,0	51 055	49	nd
Roumanie	969	2,5	9 408	242	32
Royaume-Uni	34 714	2,5	164 210	2 680	6 699
Serbie-Monténégro	609	6,3	5 773	8	2
Slovaquie	386	2,0	11 697	0	336
Slovénie	277	1,5	36 447	81	nd
Suède	3 898	1,9	114 985	782	1 123
Suisse	2 840	1,2	105 970	1 395	218
République tchèque	1 167	2,2	21 772	52	295
Moyen-Orient/Maghreb					
Algérie	3 149	6,3	25 395	1 106	nd
Arabie Saoudite	24 266	14,1	120 606	6 717	0
Bahreïn	364	4,8	33 091	426	2
Cisjordanie-Gaza	nd	nd	nd	0	nd
EAU	3 070	4,6	47 231	2 412	33
Égypte	4 318	4,7	9 747	3 250	5
Irak	1 372	9,3	3 236	nd	nd
Iran	4 698	5,8	9 158	1 367	1
Israël	10 375	9,5	63 456	2 835	975
Jordanie	740	8,5	7 385	782	5
Koweït	5 029	12,1	324 452	919	82
Liban	579	3,5	8 064	20	45
Libye	546	4,1	7 184	nd	3
Maroc	1 315	4,2	6 625	319	nd
Oman	2 831	14,4	65 230	315	nd
Qatar	1 243	7,1	101 057	942	46
Syrie	1 884	10,9	5 869	460	0
Tunisie	377	1,9	10 771	81	nd
Turquie	7 219	5,0	14 015	5 028	69
Yémen	531	8,1	9 833	245	nd

Mode de vie

Pays	Automobiles	TV	PC	Internet	Emissions de CO_2
Afrique subsaharienne					
Afrique du Sud	94	152	72,6	68,2	7,9
Angola	nd	19	1,9	2,9	0,8
Bénin	nd	44	1,7	3,9	0,2
Botswana	29	30	38,7	29,7	2,4
Burkina Faso	nd	103	1,5	1,6	0,1
Burundi	nd	30	nd	0,9	0,0
Cameroun	nd	34	3,9	2,9	0,3
République centrafricaine	0	6	1,9	0,8	0,1
Congo	nd	nd	3,9	0,3	0,8
Congo (RDC)	nd	nd	nd	0,1	0,0
Côte-d'Ivoire	nd	60	7,2	5,5	0,8
Érythrée	nd	39	2,5	2,3	0,1
Éthiopie	1	6	1,5	0,7	0,1
Gabon	nd	326	11,9	19,2	3,0
Gambie	nd	3	12,7	13,5	0,2
Ghana	nd	118	3,3	1,9	0,3
Guinée	nd	44	4,2	2,0	0,2
Guinée-Bissau	nd	36	nd	3,3	0,2
Kenya	nd	26	5,6	16,0	0,3
Lesotho	nd	16	nd	2,3	nd
Liberia	nd	25	nd	nd	0,1
Madagascar	nd	24	2,6	2,3	0,1
Malawi	nd	4	1,3	2,6	0,1
Mali	nd	17	1,3	2,9	0,0
Maurice	73	301	108,3	148,7	2,1
Mauritanie	nd	nd	10,3	3,7	1,2
Mozambique	nd	5	4,0	1,7	0,1
Namibie	nd	38	54,7	24,6	0,1
Niger	nd	37	0,5	1,1	0,1
Nigeria	nd	68	6,8	1,7	0,3
Ouganda	2	27	2,9	2,5	0,1
Rwanda	nd	nd	nd	2,5	0,1
Sénégal	nd	79	20,4	10,7	0,4
Sierra Leone	2	13	nd	1,4	0,1
Somalie	nd	14	nd	nd	0,0
Soudan	nd	386	9,2	2,6	0,1
Tanzanie	nd	42	3,6	3,0	0,1
Tchad	nd	1	1,6	0,5	0,0
Togo	nd	37	32,0	42,7	0,2
Zambie	nd	113	7,5	4,9	0,2
Zimbabwe	nd	nd	51,6	43,0	1,4
Amériques					
Argentine	140	326	82,0	112,0	3,8
Bolivie	22	121	22,8	21,8	1,4
Brésil	137	349	74,8	82,2	1,8
Canada	459	700	487,0	483,9	14,4
Chili	87	286	119,3	201,4	4,2
Colombie	43	286	49,3	45,8	1,5
Costa Rica	88	231	170,2	93,4	1,6
Cuba	16	251	19,6	10,7	2,3
République dominicaine	nd	nd	nd	21,5	2,8
Équateur	43	225	31,1	38,9	1,9

Pays	Automobiles	TV	PC	Internet	Emissions de CO_2
États-Unis	475	835	625,0	537,5	19,7
Guatemala	52	61	12,8	17,1	0,9
Haïti	nd	6	nd	9,6	0,2
Honduras	52	96	12,2	29,8	0,8
Jamaïque	nd	194	50,0	38,5	4,0
Mexique	107	283	68,7	45,8	3,9
Nicaragua	12	69	27,9	16,8	0,8
Panama	83	194	37,9	41,4	2,9
Paraguay	nd	218	14,2	17,3	0,8
Pérou	27	148	47,9	76,6	1,2
Porto Rico	nd	330	nd	156,3	2,7
Salvador	30	201	21,9	46,5	0,9
Uruguay	158	530	110,1	119,0	2,0
Venezuela	nd	185	52,8	50,4	5,3
Asie-Pacifique					
Afghanistan	nd	14	nd	nd	0,0
Australie	510	731	515,8	427,2	18,2
Bangladesh	0	17	3,4	1,5	0,2
Cambodge	26	8	1,5	2,2	0,1
Chine	7	312	19,0	46,0	2,3
Corée du Nord	nd	59	nd	nd	9,4
Corée du Sud	168	363	555,8	551,9	8,4
Hong-Kong Chine	59	504	386,6	430,9	6,2
Inde	5	83	5,8	15,9	1,1
Indonésie	14	153	11,0	19,1	1,2
Japon	492	731	382,5	449,2	9,1
Laos	nd	52	3,3	2,7	0,1
Malaisie	181	201	126,1	273,1	5,4
Mongolie	18	72	14,6	16,7	3,2
Myanmar	nd	8	1,1	0,2	0,2
Népal	nd	8	3,5	2,6	0,1
Nouvelle-Zélande	580	557	392,6	484,4	8,1
Pakistan	5	148	4,1	3,4	0,7
Papouasie-Nouvelle-Guinée	nd	19	56,7	9,4	0,5
Philippines	10	173	21,7	25,6	1,0
Singapour	97	300	508,3	539,7	13,7
Sri Lanka	12	117	13,2	10,6	0,5
Thaïlande	nd	300	27,8	77,6	3,3
Vietnam	nd	186	9,8	18,5	0,6
CEI/Eurasie					
Arménie	nd	230	9,2	18,4	0,8
Azerbaïdjan	41	321	nd	36,8	4,2
Biélorussie	145	342	nd	81,6	5,7
Géorgie	46	474	31,6	14,9	1,0
Kazakhstan	65	241	nd	9,3	7,4
Kirghizstan	39	49	12,7	29,8	1,0
Moldavie	54	296	15,9	13,7	1,5
Ouzbékistan	nd	276	nd	10,9	4,8
Russie	140	538	88,7	40,9	9,8
Tadjikistan	nd	326	nd	0,5	0,8
Turkménistan	nd	196	nd	1,7	6,4
Ukraine	104	456	18,3	11,9	7,5

Mode de vie

Pays	Automobiles	TV	PC	Internet	Emissions de CO_2
Europe					
Albanie	37	123	7,6	2,5	0,5
Allemagne	516	586	434,9	423,7	9,7
Autriche	495	542	335,4	409,4	7,6
Belgique	448	543	241,6	328,6	10,2
Bosnie-Herzégovine	nd	111	nd	24,4	1,2
Bulgarie	234	453	34,6	74,6	5,1
Croatie	257	293	156,9	162,9	4,8
Danemark	357	857	576,8	465,2	9,3
Espagne	404	598	168,2	193,1	6,8
Estonie	339	629	210,3	413,3	11,7
Finlande	403	678	441,7	508,9	11,3
France	476	632	347,1	313,8	6,1
Grèce	254	519	81,2	181,5	8,2
Hongrie	238	445	108,4	157,6	5,6
Irlande	296	399	390,7	270,9	10,8
Italie	545	494	194,8	301,1	7,3
Lettonie	235	840	171,7	133,1	2,8
Lituanie	334	422	70,6	67,9	3,8
Macédoine, ARYM	nd	282	nd	34,2	5,6
Norvège	412	883	508,0	504,8	8,7
Pays-Bas	383	553	428,4	530,4	8,5
Pologne	259	401	85,4	98,4	8,1
Portugal	321	415	117,4	355,5	6,0
Roumanie	133	379	35,7	80,6	3,6
Royaume-Uni	389	950	366,2	406,2	10,3
Serbie-Monténégro	150	282	27,1	59,7	3,7
Slovaquie	229	407	180,4	160,4	7,2
Slovénie	426	367	300,6	400,8	7,3
Suède	451	965	561,2	573,1	5,3
Suisse	494	554	538,3	326,2	5,7
République tchèque	335	534	146,7	146,7	10,6
Moyen-Orient/Maghreb					
Algérie	nd	114	7,1	16,0	3,0
Arabie Saoudite	nd	264	62,7	69,4	11,7
Cisjordanie-Gaza	nd	134	nd	23,2	nd
EAU	nd	252	135,5	367,4	31,3
Égypte	nd	217	15,5	9,3	2,0
Irak	nd	83	nd	nd	3,3
Iran	nd	163	69,7	15,6	4,8
Israël	228	335	245,9	301,4	10,0
Jordanie	nd	111	32,8	45,2	3,1
Koweït	nd	482	119,6	87,9	24,9
Liban	313	336	80,5	117,1	4,0
Libye	nd	137	nd	3,6	8,3
Maroc	41	159	13,7	16,9	1,3
Oman	nd	563	32,4	45,7	8,5
Syrie	9	67	16,3	3,6	3,4
Tunisie	54	198	26,3	51,5	1,8
Turquie	63	319	40,7	72,8	3,1
Yémen	nd	283	2,0	0,9	1,1

Panorama

Ce Panorama propose une vision aussi large que possible des évolutions politiques, stratégiques et économiques internationales les plus marquantes, en une cinquantaine d'entrées classées par ordre alphabétique. Chaque article – portant sur un pays, une région ou un thème transversal – vise à fournir à la fois l'exposé des faits récents et les problématiques dans lesquelles ils s'inscrivent. Une telle « encyclopédie de l'actualité », volontairement non exhaustive, présente, dans le choix même des sujets, un caractère nécessairement subjectif.

C'est pourquoi le lecteur qui recherche un fait ou un commentaire sur un sujet précis est invité à consulter d'abord l'index en fin de volume, et à se référer à la chronologie générale, ainsi qu'aux cahiers « Séquences graphiques », « Le monde en cartes » et « Le monde en chiffres », qui offrent des précisions ou des recadrages sur beaucoup de thèmes de ce *RAMSES*.

NB : Seules les initiales de l'auteur apparaissent en bas de chaque article. On trouvera ci-dessous la liste des noms et leurs fonctions dans « L'équipe de *RAMSES 2004* ».

Liste des entrées

Afghanistan, Xavier Crombé
Afrique des Grands Lacs, François Gaulme
Afrique et mondialisation, Philippe Colombani
Agriculture, Jean-Christophe Bureau
Allemagne, Claire Demesmay
Alliance atlantique, Frédéric Bozo
Antimondialisation, Eddy Fougier
Arabie Saoudite, Fatiha Dazi-Heni
Argentine, Diana Quattrocchi-Woisson
Asie du Sud-Est, Sophie Boisseau du Rocher
Autorité palestinienne, Agnès Levallois
Bio- et nanotechnologies, Joël de Rosnay
Brésil, Alfredo G.A. Valladao
Caspienne, Helen Bird
Changement climatique, Richard Baron
Chine, Christile Druhle
Commerce mondial, Olivier Cattaneo
Corée, Marianne Péron-Doise
Côte-d'Ivoire, François Gaulme
Droit international, Jean-Pierre Colin
Espace, Laurence Nardon
Espagne, Djamila Chikhi et Bernard Labatut
États-Unis, Pierre Mélandri
États-Unis/Défense, Étienne de Durand
États-Unis/Économie, Hélène Baudchon
États-Unis/Maîtrise des armements, Jean Klein
France, Philippe Moreau Defarges
Golfe Arabo-Persique, Rémy Leveau
Gouvernement d'entreprise, Jacques Delga
Inde, Jean-Luc Racine
Irak, Loulouwa Al Rachid
Israël, Alain Dieckhoff
Italie, Marc Lazar
Japon, Évelyne Dourille-Feer
Lutte antiterroriste, Olivier Kim
Maghreb, Khadija Mohsen-Finan
Malaisie, Sophie Boisseau du Rocher et Françoise Nicolas
Marchés financiers, Bertrand Jacquillat
Monde arabe, Mohammed El Oifi
Nations unies, Philippe Moreau Defarges
Opinion mondiale, Philippe Moreau Defarges
Pakistan, Amélie Blom
Pétrole, Pierre Noël
Pologne, Georges Mink
Royaume-Uni, Jolyon Howorth
Russie, Thomas Gomart
Serbie-Monténégro, Hans Stark
SRAS, Gilles Guiheux
Terrorisme islamiste, François Légaré
Venezuela, Daniel van Eeuwen

Afghanistan

Les enjeux de la reconstruction de l'État

L'après-guerre en Afghanistan ne signifie pas le retour à la paix. Outre que le pays est encore l'un des principaux théâtres de la guerre contre le terrorisme menée par les États-Unis, le processus de transition politique ébauché par les accords de Bonn (décembre 2001) et entamé par la tenue de la Loya Jirga (juin 2002) reste lourd d'incertitudes. La création d'institutions étatiques efficaces et la stabilisation du pays sous l'autorité du gouvernement central de transition, qui doivent ouvrir la voie à des élections générales en juin 2004, tardent à se concrétiser et soulignent les divisions au sein du gouvernement. Les jeux d'influence des puissances régionales dans le pays, le rôle des forces militaires internationales dans sa sécurisation, et la pérennité du soutien de la communauté internationale, sont autant de points d'interrogation déterminants pour l'avenir.

Un État à (re)bâtir. Reconnu internationalement depuis la chute du régime taliban et la création d'un gouvernement de transition en application des accords de Bonn, le nouvel État afghan reste largement évanescent sur son propre territoire. L'Administration islamique de transition (AIT), issue de la Loya Jirga, est une collection de personnalités et de partis rivaux plus soucieux de leur influence respective que de l'accomplissement de leur mandat. Le président Hamid Karzaï, arbitre habile, mais fragile, de l'équilibre des forces politiques issues de la guerre, ne dispose que d'une étroite marge de manœuvre pour réussir la reconstruction. L'administration mise en place par l'État afghan ne s'étend pas, de fait, au-delà de la capitale et de ses ministères, qui sont eux-mêmes affectés par le clientélisme ou la corruption, liés aussi bien à des logiques partisanes qu'à la modestie des rémunérations. L'armée nationale, composée des contingents de la Coalition et dirigée par les forces américaines, reste, en outre, embryonnaire.

Si la plupart des gouverneurs provinciaux et les principaux commandants militaires locaux reconnaissent officiellement l'autorité du gouvernement central, ils le font tout d'abord en vertu de leur allégeance à leurs chefs de parti respectifs en poste à Kaboul, et plus encore en raison de la capacité de dissuasion de la force aérienne américaine. Les ambitions territoriales et les tensions entre « chefs de guerre » ne se traduisent donc pas par une reprise à grande échelle des combats entre milices ; mais elles donnent néanmoins lieu à des heurts sporadiques meurtriers, principalement dans le nord. En tout état de cause, le contrôle effectif des provinces, non seulement politique et militaire mais aussi économique, n'est pas aux mains de l'État mais des pouvoirs régionaux. Ainsi, le revenu substantiel des douanes de la ville d'Herat, par laquelle transitent les importants flux commerciaux avec l'Iran et le Turkménistan, remplit pour l'essentiel les coffres d'Ismaël Khan, le puissant baron local, et lui assure la loyauté de son armée personnelle.

Dépourvus d'accès aux soins et à l'éducation pour une grande partie d'entre eux, et soumis à l'arbitraire des milices privées, les Afghans savent qu'ils ne peuvent compter sur un État qui, pour les populations rurales, n'a jamais été, même avant la guerre, qu'une entité lointaine et abstraite. Le plus souvent préoccupée de sa survie, la population ne trouve de soutien que dans l'aide internationale éparse fournie par les organisations non gouvernementales (ONG) ou dans l'attention aléatoire des pouvoirs locaux. Un nombre croissant d'agriculteurs ont déjà renoué avec la culture du pavot et sont prêts à lutter arme au poing contre toute politique d'éradication décidée à Kaboul.

Bien plus qu'envers l'État, néanmoins, c'est vers une communauté internationale dont les promesses d'assistance massive à la reconstruction tardent à se concrétiser que se portent le plus souvent les critiques et les frustrations populaires. Ce constat est particulièrement amer pour les 2 millions d'Afghans rentrés au pays, en 2002, avec l'espoir de bénéficier de l'aide internationale pour faciliter leur réintégration. Concentrés dans les grandes villes, notamment à Kaboul, leur nombre ne fait que peser davantage sur des infrastructures déjà dilapidées.

Dans ce contexte, les tentatives de l'État pour affirmer sa souveraineté n'ont encore revêtu qu'une portée symbolique, même si elles ont montré la détermination de Karzaï à renforcer sa position et à faire avancer les réformes politiques, en dépit de la tentative d'assassinat dont il a fait l'objet, le 5 septembre 2002, à Kandahar. L'imposition d'une nouvelle monnaie à l'ensemble du pays, le remplacement de certains gouverneurs, la décision de séparer les postes militaires et politiques, et le déploiement des premiers bataillons de l'armée nationale afghane dans quelques districts instables, ont été, en général, accueillis favorablement par la population.

Mais ces mesures n'ont pas suffi à remettre en cause le pouvoir des principaux chefs régionaux. De même, le remplacement du ministre de l'Intérieur et de ses adjoints, et celui d'un certain nombre de généraux au ministère de la Défense, n'ont pu affaiblir la mainmise de l'Alliance du Nord, première force militaire à dominante tadjik, sur ces deux ministères-clefs. La montée de l'insécurité au printemps 2003, liée à la multiplication des attaques de groupes extrémistes (ex-taliban, Hezb-i-Islami) contre la présence étrangère dans son ensemble (ONG, Force internationale d'assistance à la sécurité [International Security Assistance Force, ISAF], Coalition) et les représentants du gouvernement, a cristallisé le sentiment d'impasse politique. Aveu de faiblesse ou ultime bras de fer ? Le 19 mai, Karzaï a fait monter les enchères en menaçant de démissionner et de dissoudre son gouvernement sous trois mois, si ses appels au respect de l'autorité de l'État et à la bonne volonté des pouvoirs régionaux, notamment pour la remise du produit des douanes, n'étaient pas suivis d'effet dans ce délai.

Ambivalence de l'Occident et des puissances régionales. La menace de démission de Karzaï ne vise pas que les pouvoirs locaux. Elle entend également réveiller une communauté internationale dont l'attention et le soutien ont été remis en question par le conflit en Irak. À l'occasion de deux réunions des donateurs sur la reconstruction de l'Afghanistan, qui ne sont tenues à Kaboul et Bruxelles en mars 2003, le président et son ministre des Finances avaient déjà tenté de contrer cet apparent désengagement, arguant que l'établissement d'un État stable, à l'islam modéré et ouvert sur l'Occident, dépendait de l'effort des bailleurs internationaux. Si les États occidentaux qui sont parties au processus de reconstruction ont maintes fois réitéré leurs engagements, le montant et la nature de l'aide à la reconstruction révèlent une certaine défiance vis-à-vis du gouvernement afghan et des perspectives de stabilisation du pays. L'aide internationale par habitant est restée, de fait, bien en deçà de celle accordée au Timor-Leste ou au Kosovo. Et elle a essentiellement transité par les ONG, sans passer par le gouvernement, jugé incapable d'absorber et de gérer ces flux financiers. Dépendants d'une aide dont le contrôle effectif leur échappe, les membres les plus réformistes du gouvernement sont d'autant plus amers qu'ils font face à des leaders conservateurs toujours influents et de plus en plus enclins à attiser les haines anti-occidentales. Autre déception, en dépit des appels réitérés de Karzaï, les contributeurs de l'ISAF s'opposent toujours à l'extension de son mandat au-delà de Kaboul.

Plus que toute autre, les ambiguïtés de la politique américaine sont lourdes de conséquences. Principaux bailleurs de la reconstruction, et garants de la relative stabilité du pays, y compris de la sécurité de son président, les États-Unis, dont la politique afghane semble déterminée par le Pentagone, ont toujours pour priorité la guerre contre le terrorisme, ce qui les a conduits à réarmer des chefs locaux et leur vaut le ressentiment croissant d'une partie de la population, en particulier chez les Pachtounes du sud. Le déploiement d'équipes de réservistes, armés et en uniformes, consacrées à la reconstruction et chargées d'asseoir la légitimité du gouvernement afghan, fait figure de leurre. Dotées d'un budget dérisoire et dénuées d'objectifs précis, leur association, sur le terrain, aux unités de la Coalition les a confinées dans un rôle de propagandistes.

De fait, le soutien des États-Unis à Karzaï n'est pas sans inconvénient pour celui-ci. Son invitation à Washington, en février 2003, a tourné au camouflet diplomatique lorsque le Congrès lui a infligé un barrage de critiques sur son incapacité à redresser le pays, tandis que le soutien officiel à la guerre en Irak, obtenu du ministre afghan des Affaires étrangère, se faisait contre le sentiment général de la population.

Faits et dates

– *5 décembre 2001* : Signature des accords de Bonn (approuvés le 6 par la résolution 1383 du Conseil de sécurité de l'ONU). Formation d'un gouvernement intérimaire, sous la présidence de H. Karzaï (pachtoune).
– *20 décembre 2001 :* Vote de la résolution 1386 du Conseil de sécurité créant l'ISAF pour aider l'AIT (mise en place le 22) à maintenir la sécurité à Kaboul et dans ses environs. Son mandat sera renouvelé pour 6 mois le 23 mai 2002, puis pour 1 an le 27 novembre.
– *21-22 janvier 2002* : Conférence internationale sur l'aide à la reconstruction de l'Afghanistan à Tokyo (4,5 milliards d'euros promis sur 5 ans).
– *10-21 juin 2002 :* Loya Jirga, conseil traditionnel destiné à choisir les membres de l'AIT et son président. Karzaï est élu à ce poste le 13.
– *6 juillet 2002 :* Assassinat du vice-président afghan H. A. Qadir (pachtoune).
– *5 septembre 2002 :* Tentative d'assassinat par un Taliban (libéré de prison en avril à la suite d'une amnistie du président afghan) contre ce dernier à Kandahar.
– *28 septembre 2002 :* Attentat près de l'ambassade des États-Unis et du ministère afghan de la Défense.
– *22 décembre 2002 :* Signature, par l'Afghanistan et ses voisins (Chine, Pakistan, Iran, Ouzbékistan, Tadjikistan, Turkménistan), de la « déclaration de Kaboul » sur la sécurité en Asie centrale. Entérinée, le 24, par la résolution 1453 du Conseil de sécurité, elle constitue un engagement à entretenir des relations bilatérales constructives (non-agression) et à lutter contre le terrorisme.
– *27 décembre 2002 :* Signature par le Turkménistan, l'Afghanistan et le Pakistan d'un accord prévoyant la construction d'un gazoduc qui permettrait de transporter le gaz turkmène jusqu'à l'océan Indien sans passer par la Russie.
– *16 janvier 2003 :* Signature d'un accord de coopération militaire avec la Turquie.
– *Janvier 2003 :* Attaques quasi quotidiennes de Talibans contre les étrangers (troupes américaines, bureaux de l'ONU, ONG), notamment au sud du pays.
– *27 février 2003 :* Visite de Karzaï à Washington : il demande aux Congrès de ne « pas oublier l'Afghanistan ».
– *Mars 2003 :* Réunions des donateurs pour la reconstruction du pays, à Kaboul puis Bruxelles.
– *21 avril 2003 :* Signature d'un accord entre l'AIT et les seigneurs de guerre sur la constitution d'une armée nationale.
– *19 mai 2003 :* Karzaï menace de démissionner si les pouvoirs régionaux continuent de ne pas respecter l'autorité de l'État afghan.
– *2 juin 2003 :* Promesse du transfert de 20 millions de dollars de revenus fiscaux par le gouverneur de la province d'Herat.
– *7 juin 2003 :* Lancement de la consultation populaire (elle durera 3 mois) visant à adopter une nouvelle Constitution après l'institution d'une Loya Jirga constitutionnelle en octobre 2003.
– *Juin 2003 :* Les attentats contre les étrangers commencent à toucher Kaboul. Le 7 juin, 4 allemands de l'ISAF sont tués. Regain de tensions ethniques.
– *Juillet 2003 :* Début de la mise en œuvre d'un programme de désarmement, démobilisation et réintégration (DDR), lancé en avril par Kaboul et l'ONU, et qui doit permettre, en un an, le retour à la vie civile d'environ 100 000 combattants.
– *Juin 2004 :* Échéance du mandat de l'AIT. Une élection présidentielle devrait être organisée.

Les nombreux opposants de Karzaï, hors et au sein du gouvernement, cherchent à capitaliser sur ce sentiment en suscitant des manifestations populaires ou en multipliant les appels au djihad et les actes terroristes.

Les relations du pays avec ses voisins sont, de surcroît, délicates. La signature, le 22 décembre 2002, à Kaboul, d'une déclaration de non-ingérence entre l'Afghanistan et l'ensemble de ses voisins n'a pas eu de résultats probants. En dépit de relations diplomatiques officiellement amicales et de nombreux accords commerciaux, l'Afghanistan reste le terrain de leurs rivalités. La Russie continue de fournir des armes à l'Alliance du Nord. L'Iran, désormais isolé entre deux États où se déploie une présence militaire américaine, conserve une influence sur certains partis chiites et entretient des liens privilégiés avec Ismaël Khan, à Herat. Et le soutien économique et militaire de l'Inde est avant tout motivé par le souci de contrer le Pakistan.

Ce dernier pays reste le principal motif d'inquiétude pour Kaboul. Les calculs électoraux du président Pervez Moucharraf ont porté au pouvoir des islamistes radicaux dans la Province de la Frontière du Nord-Ouest (NWFP), frontalière de l'Afghanistan. Cette radicalisation est un terreau propice à la réorganisation des groupes issus des Talibans et d'Al-Qaida qui, après la campagne militaire américaine de l'automne 2001, se sont réfugiés dans les zones tribales pakistanaises. En dépit de l'arrestation spectaculaire de quelques personnalités d'Al-Qaida, le gouvernement pakistanais et sa police secrète, l'Inter Service Intelligence (ISI), se montrent peu enclins à empêcher – quand ils ne les soutiennent pas – les incursions de groupes armés mobiles déterminés à déstabiliser, par la terreur, le processus de reconstruction afghan. Les attaques de guérilla contre la Coalition et l'armée afghane, mais aussi contre les membres d'ONG, sont déjà en passe de priver le sud et l'est du pays, où se concentre l'ethnie majoritaire pachtoune, de toute assistance. Persécutées au nord, et marginalisées dans le nouveau gouvernement, ces populations du sud, historiquement à la tête de l'État afghan, pourraient bien se retourner contre un processus de reconstruction dont elles se sentent exclues. Ce n'est pas le moindre des enjeux pour le nouvel État, et pour la communauté internationale qui s'est engagée à le soutenir, que d'empêcher cette évolution.

X. C.

Sites Internet

International Crisis Group (ICG) : <www.crisisweb.org>, rubrique Asie centrale.
Sur le processus de rapatriement des refugiés afghans, voir le rapport de l'Afghanistan Research and Evaluation Unit (AREU), « Taking Refugees for a Ride? The Politics of Refugee Return to Afghanistan », disponible sur <www.areu.org.pk>.

Pour en savoir plus

Dorronsoro, G. (2000), *La Révolution afghane*, Paris, Karthala.

Rashid, A. (2001), *L'Ombre des Taliban*, Paris, Autrement.

Afrique des Grands Lacs

Conflits et massacres en chaîne

Depuis avril 2002, les négociations de Sun City en Afrique du Sud offrent un espoir théorique de mettre fin à la partition de la République démocratique du Congo (RDC) et d'instaurer une démocratie élective dans l'ancien Congo belge, devenu une sorte de possession personnelle du président Mobutu, qui l'avait rebaptisé « Zaïre » en 1971. Mais ces négociations, tout en progressant sur le plan formel, achoppent toujours sur la question de la sécurité, en particulier dans l'est du pays, zone limitrophe des Grands Lacs, où des massacres se poursuivent sous diverses formes.

L'incessante reprise des combats. Avec la fin de la guerre civile angolaise, consécutive à la décapitation de l'Unita (Union nationale pour l'indépendance totale de l'Angola), au début de 2002, la tension s'est donc apaisée à l'ouest, le long de l'Atlantique, malgré le maintien d'un foyer plus ou moins latent au Cabinda et dans les zones adjacentes du Congo-Brazzaville. Au nord du bassin du Congo, la capitale de la République centrafricaine (RCA), Bangui, a finalement concentré les convoitises, le régime du président Patassé, renversé avec l'appui du Tchad en mars 2003, faisant preuve d'une évidente faiblesse. Parallèlement, la volonté politique d'appliquer l'accord de Pretoria sur un gouvernement de transition à Kinshasa a fait durablement défaut, en dépit des pressions internationales. Aussi les combats ont-ils repris en RDC en se concentrant progressivement sur la zone d'origine des conflits, l'est du pays, limitrophe des Grands Lacs. Le retrait des troupes étrangères, effectif en théorie, n'était lui aussi qu'un trompe-l'œil supplémentaire.

Les raisons de la persistance d'une situation aussi malsaine tiennent au croisement d'intérêts divers, les uns stratégiques et les autres économiques. Au-delà de l'exploitation des richesses minières de l'ancien Zaïre, dénoncée par l'Organisation des Nations unies (ONU), les rivalités politiques et militaires entre l'Ouganda et le Rwanda, que la Grande-Bretagne tentait d'apaiser, justifiaient la poursuite de rivalités locales sur le versant congolais de la crête Nil-Congo, alors que se poursuivait parallèlement une guerre civile très dure au Burundi, en dépit des accords signés jadis à Arusha (Tanzanie). Mais ce fond de rivalités multiples était entretenu surtout par les animosités entre différents groupes de population, du type de celles qui déclenchèrent le génocide rwandais de 1994. C'est ainsi qu'en 2002, plusieurs milliers de maquisards hutus, à partir de l'est de la RDC, menaçaient toujours les régimes tutsis du Rwanda et du Burundi, sans que l'on pût entrevoir d'autre solution que la signature d'accords politiques dont la faiblesse n'a d'égale que la méfiance des différents groupes les uns envers les autres.

Faits et dates

– *17 octobre 2002* : Entretien à Londres entre le président ougandais Museveni et son homologue rwandais Kagamé, organisé par la ministre britannique du Développement international, C. Short.
– *24 octobre 2002* : Sommet régional de Kinshasa sur le retrait des troupes étrangères de RDC.
– *25 octobre 2002* : Tentative de coup d'État à Bangui, lancée par l'ancien chef d'état-major, le général Bozizé et repoussée par la garde du président Patassé.
– *4 décembre 2002* : Résolution 1445 du Conseil de sécurité de l'ONU, renforçant les effectifs de la MONUC, qui passent de 5 537 à 8 700 hommes.
– *17 décembre 2002* : Signature à Pretoria d'un « accord global et inclusif sur la transition » en RDC, sous l'égide de l'ONU.
– *24 janvier 2003* : Résolution 1457 du Conseil de sécurité, condamnant l'exploitation illégale des ressources naturelles de RDC.
– *22 février 2003* : Signature de l'« engagement de Bruxelles » prévoyant un processus global de paix dans la région des Grands Lacs.
– *16 mars 2003* : Prise de Bangui par les forces du général Bozizé, qui se proclame président de la RCA.
– *17 mars 2003* : Signature à Brazzaville d'un accord de paix dans le Pool entre le gouvernement congolais et des miliciens ninjas.
– *30 mai 2003* : Résolution 1484 du Conseil de sécurité sur la mise en place d'une « force multinationale intérimaire d'urgence à Bunia » dans l'Ituri, sous commandement français, en coordination avec le détachement de la MONUC déjà sur place.
– *5 juin 2003* : L'UE décide de l'envoi d'une force commune dans l'est de la RDC, sous commandement français (opération « Artemis »), jusqu'au 1er septembre.

Une catastrophe humanitaire. Au début de 2003, la communauté internationale a pris conscience de la gravité de la question humanitaire dans la partie orientale de la RDC, qui était passée sous le contrôle de divers mouvements, et où les forces gouvernementales tentaient des reconquêtes militaires partielles avec l'aide de maquisards locaux hostiles aux éleveurs des Grands Lacs (Tutsis au sud, Hémas dans l'Ituri au nord). Alors que la violence aurait fait dans l'ancien Zaïre, depuis 1997, plus de 3 millions de morts, essentiellement des civils, et autant de déplacés, c'est la situation dans la province de l'Ituri, frontalière de l'Ouganda, qui préoccupe le plus. Il y aurait eu dans cette seule zone, depuis 1999, plus de 50 000 morts et 500 000 déplacés. Des rapports convergents sur les massacres et les actes de cannibalisme dans cette province à la fin de 2002, notamment envers les chasseurs-cueilleurs pygmées et les éleveurs hémas, ont produit une émotion croissante dans le monde.

Fin mai 2003, l'ONU, dont les éléments uruguayens d'une MONUC (Mission des Nations unies en République démocratique du Congo) assez symbolique étaient débordés dans la ville de Bunia, objet de rivalités entre factions locales hémas et lendus, décida de l'envoi d'un nouveau contingent international sous commandement français, avec une ossature européenne. Cette opération de portée limitée et aux résultats aléatoires s'est voulue symbolique des préoccupations de l'ONU et de l'Union européenne (UE) : refuser l'impuissance et la passivité face à des dérives comparables à celles des années 1960 au Congo, mais dans un contexte international différent. La France y a aussi vu un témoignage du renouvellement de sa politique africaine, dans le sens d'une plus grand implication que naguère, mais sans poursuivre l'action strictement bilatérale qui avait caractérisé, jusqu'aux années 1990, ses interventions au sud du Sahara. C'était là reconnaître, à Paris, non seulement les exigences d'une politique étrangère « éthique » à base internationale, dont la Grande-Bretagne travailliste avait voulu se faire la championne, mais aussi les limites de l'option choisie depuis les années 1996-1997 : celle de confier la sécurité de l'Afrique aux seuls Africains, en se confinant volontairement au simple appui logistique.

F. G.

Pour en savoir plus

Braeckman, C. (2003), *Les Nouveaux Prédateurs. Politique des puissances en Afrique centrale*, Paris, Fayard.

Maindo Monga Ngonga, A. (2003), La « "républiquette de l'Ituri" en République démocratique du Congo : un *Far West* ougandais », *Politique africaine*, n° 89, mars.

Sites Internet

Actualité sur la région des Grands Lacs :
<usinfo.state.gov/regional/af/security/french/frcentr.htm>.
Réseau documentaire international sur la région des Grands Lacs africains : <www.grandslacs.net>.
Bases de données classées par pays :
<www.strategic-road.com/pays/afrique/afriqu01.htm>.
Sites officiels des gouvernements :
<www.rwanda1.com/government>, <burundi.gov.bi>,
<www.chez.com/rdcembassy>
(ambassade de la RDC en Belgique).
Sur la RDC : <www.congonline.com>.
Sur le conflit dans la province de l'Ituri (RDC) :
<www.crisisweb.org/projects/africa/democraticrepublicofcongo/reports/A401005_13062003.pdf>.

Afrique et mondialisation

De l'échec à l'espoir ?

La question de la place de l'Afrique dans la mondialisation se pose de façon récurrente, autant pour constater le décrochage économique du continent que pour tenter d'y apporter des solutions, sous forme de plans de désendettement ou d'aide, non moins récurrents depuis le début des années 1980 que les causes des problèmes sous-jacents.

L'Afrique est-elle vouée à l'échec ? Il serait plus précis de parler ici de l'Afrique subsaharienne, car la situation économique, politique et sociale des pays d'Afrique du Nord est très différente. Sur la période 1980-2000, la première a connu une apparente diminution de la productivité du travail, contrairement aux pays du pourtour méditerranéen, où celle-ci a crû de façon modeste. En conséquence, la croissance de l'Afrique subsaharienne repose essentiellement sur celle de sa population active, qui reste très soutenue.

Il est assez significatif que la productivité agricole soit en baisse sur le sous-continent, ce qui illustre les difficultés grandissantes à nourrir une population en forte croissance. Les causes de ce phénomène sont multiples : certaines organisations non gouvernementales (ONG), parfois proches des mouvements altermondialistes, accusent le productivisme agricole des pays occidentaux, dont les exportations déstabiliseraient les marchés locaux, ou la politique de privatisation des grandes filières, comme le coton ou le cacao, prônée par la Banque mondiale ou le Fonds monétaire international (FMI). Le cas des exportations américaines de coton subventionnées au Mali est souvent repris en exemple (voir aussi l'article « Agriculture »).

Qu'en est-il au juste ? Les différences de productivité entre les agricultures modernes et traditionnelles ont atteint de telles proportions que, dans ce domaine comme ailleurs, l'Afrique subsaharienne ne combat pas à armes égales. En outre, le phénomène d'exode rural, qui ira s'amplifiant dans les prochaines décennies, entraîne des déséquilibres entre des modes anciens de gestion des ressources, avec une approche semi-autarcique adaptée à une certaine répartition démographique, mais incapable – faute de disponibilités d'intrants et de capitaux – de réaliser à court terme une modernisation indispensable.

Pour s'en sortir au plan agricole, c'est-à-dire faire valoir un avantage comparatif assez évident, l'Afrique subsaharienne devrait mener de front des investissements importants à la fois dans la formation aux nouvelles techniques agricoles, y compris des techniques spécifiques faisant la part des traditions et de la modernité, et en matière de remembrement, ce qui suppose une capacité de gouvernance et de transparence importante, s'agissant du foncier. Elle devrait aussi mettre en place les capitaux et les circuits nécessaires pour financer les intrants, les équipements ou l'irrigation, et assurer le respect des normes phytosanitaires des pays importateurs. Certes, l'initiative du président Chirac de proposer au G8 l'arrêt de toutes les subventions aux exportations agricoles des pays industrialisés vers les pays africains est une excellente chose. Cela aiderait effectivement à rétablir une certaine vérité des prix et à rééquilibrer le jeu. Mais cette mesure ne résoudrait pas les difficultés structurelles mentionnées plus haut. En outre, la question n'est plus d'actualité puisque les États-Unis s'y opposent.

Quelle est la réalité sur le terrain ? La prétendue réforme agraire entamée par le président Mugabe au Zimbabwe illustre de façon non moins désespérante que le désastre agricole angolais les difficultés du sous-continent à mener des réformes efficaces. Dans le premier cas, l'instrumentalisation politique, à seule fin de se maintenir au pouvoir, est évidente. Le résultat est frappant. Le Zimbabwe est passé, en 2 ou 3 ans, d'une situation d'exportateur net à une situation d'importateur net. La situation en Angola est identique, à cause de l'interminable conflit qui a agité ce pays pendant 20 ans depuis le milieu des années 1970 : les centaines de milliers de mines antipersonnel ont eu raison de l'agriculture angolaise qui assurait largement l'autosuffisance, avec une capacité exportatrice, avant le conflit.

Le nombre de conflits armés de « basse intensité » en Afrique, et leur impact sur les populations, pose un très sérieux problème. Depuis deux décennies, les victimes directes se comptent en centaines de milliers, les armes légères circulent relativement facilement, et la violence urbaine s'ajoute désormais à ce tableau : Johannesburg est l'une des villes les plus dangereuses du monde, et le taux de criminalité en Afrique du Sud, l'un des plus élevés.

D'autres facteurs entrent en ligne de compte au débit de l'avenir de l'Afrique subsaharienne : malgré les plans successifs de réduction de l'endettement, le sous-continent était encore en transferts nets négatifs en 2001, c'est-à-dire qu'il remboursait plus qu'il ne recevait, et une bonne partie de l'épargne locale n'est pas réinvestie sur place.

La situation devrait se dégrader dans les 50 prochaines années, en valeurs relative et absolue, si rien n'est fait : tous les pays du monde, sauf ceux de l'Afrique subsaharienne, sont entrés en transition démographique (selon les projections de l'Ifri faites dans le cadre d'un rapport pour la Commission européenne, *Le Commerce mondial au XXIe siècle. Scénarios pour l'Union européenne,* novembre 2002, disponible sur <www.ifri.org>). Cela signifie que le taux de fécondité est proche ou inférieur au taux de renouvellement des générations, ce qui n'est pas le cas au sud du Sahara. De ce fait, la part africaine de la population en âge de travailler devrait représenter, selon les projections de l'Organisation des Nations unies (ONU), 10 % du total mondial en 2020 puis 16 % en 2050 (7 % en 2000). Cela conduit à une population totale d'environ 860 millions en 2020, puis 1,4 milliard en 2050 (dont près de 1 milliard de personnes en âge de travailler).

Même si la productivité apparente du travail passait de – 0,9 % par an en moyenne (1980-2000) à « seulement » – 0,5 % par an jusqu'en 2020, puis + 0,5 % par an de 2020 à 2050, le produit intérieur brut (PIB) par tête (en dollars de parité de pouvoir d'achat 1990) évoluerait de 1 218 dollars (2000) à 1 577 dollars (2050), avec une diminution à 1 160 dollars (2020). Les écarts relatifs de richesse avec toutes les autres régions du monde pourraient donc être multipliés, entre 2000 et 2050, selon un facteur de 20 à 40 (Accord de libre-échange nord-américain ou ALENA) ou de 4 à 15 (Chine).

Cette situation de paupérisation ne peut qu'entraîner de fortes tensions migratoires, régionales – comme c'est déjà le cas de toute l'Afrique australe vers l'Afrique du Sud – ou transcontinentales – vers l'Europe en particulier. Elle peut également faciliter les conflits régionaux ou susciter des convoitises extérieures, du fait de la détérioration profonde du tissu institutionnel. En effet, sans établir forcément de lien direct, on ne peut exclure que certains conflits africains soient en partie liés à l'existence de ressources minérales (diamants, pétrole, gaz, niobium, or, platine, etc.) ou forestières (bois précieux et industriels).

Le risque géopolitique à terme est celui d'une nouvelle « ruée vers l'Afrique » pour emprunter au titre de l'ouvrage de T. Pakenham sur le partage de l'Afrique à la fin du XIXe siècle (*The Scramble for Africa, 1870-1912*, Londres, Weidenfeld and Nicolson, 1990).

De possibles solutions ? Chaque jour, des millions d'Africaines et d'Africains vivent, travaillent et espèrent un avenir meilleur, pour leur continent et sur leur continent. Les décevoir serait injuste. Ce qui se passera en Afrique dans les années à venir sera certainement la meilleure façon de mesurer la réalité et la portée des discours de la communauté internationale sur la nécessité de donner un caractère humain à la mondialisation et de ne laisser personne sur le bord du chemin.

D'aucuns auraient tendance à dire que toutes les initiatives sont bonnes à prendre, mais peu ont fait le diagnostic des causes réelles du manque d'efficacité, économique et sociale, de l'Afrique subsaharienne en général, et de certains pays en particulier. Le sujet est délicat, et il est fort probable que s'y mêlent les sentiments partagés des anciens colonisateurs et des colonisés, mais également le choc de deux conceptions du rapport au monde totalement différentes.

D'un côté, le monde européen occidental, passé à la révolution industrielle dès le XVIIe siècle, avec les changements de mœurs – la nécessité de passer du collectif à l'individuel – et de rapport à la nature et au travail que cela supposait, y compris dans la sphère religieuse. Le rêve – ou l'illusion – prométhéen et démiurgique y est très présent et alimente la soif de connaissance des secrets de la matière et de la nature. D'un autre côté, les sociétés africaines, dans leur ensemble, sont restées assez communautaires, et la cohésion du groupe l'emporte sur la réussite individuelle. Le rapport à la nature est culturellement très différent, de même que le rapport à la connaissance ou au temps. Or, l'exportation du modèle socioéconomique occidental ne respecte pas toujours ces spécificités.

Le choc de ces deux approches provoqué par les colonisations, puis par les décolonisations et les recolonisations (les Soviétiques en Afrique australe), n'a jamais vraiment permis à l'Afrique et aux Africains de tenter leur chance pour bâtir des sociétés selon leurs propres critères économiques, sociaux et institutionnels. Le drame de l'Afrique, au fond, c'est d'avoir résisté – avec succès – à l'imposition du mode de fonctionnement des sociétés occidentales, mais au prix d'une détérioration très forte de l'efficacité sociale, notamment et surtout en matière d'éducation et de santé. Sa chance pourrait être, à l'avenir, de capitaliser sur cette formidable capacité d'adaptation qui lui a permis de conserver ses modes de fonctionnement ancestraux, qui apparaissent rapidement sous le vernis occidental.

Une synthèse, ou plutôt une coexistence fructueuse, est-elle possible entre les deux approches ? Il s'agirait d'un apport culturel essentiel pour la mondialisation en cours. Mais cela suppose des capacités institutionnelles hors du commun en Afrique pour conserver et développer le meilleur de la culture occidentale, qui repose largement sur des principes de portée universelle, notamment dans le domaine des droits de l'homme. Il faudrait aussi que les pays industrialisés et les pays émergents les plus puissants comprennent et respectent cette nécessité et fassent les efforts nécessaires pour améliorer les choses, notamment dans le domaine de la sécurité. Pour l'instant, la voix de la France est la seule à se faire entendre sur ce sujet pourtant essentiel pour l'avenir de la planète. Or, c'est peut-être en Afrique que se joue l'essence même de la mondialisation, de sa nature et de son sens.

P. C.

Sites Internet

PNUD (*Human Development Report 2003*) :
<www.undp.org/hdr2003>.
UE-ACP : <www.ue-acp.org>.
Publications Indigo :
<www.africaintelligence.fr/indigo_f.asp>.
« Investir en zone franc » (site économique) :
<www.izf.net/izf>.
« La Maison de l'Afrique » :
<www.lamaisondelafrique.com/presser.html>.
Index des sites Internet africains :
<www.afriqueindex.com/index.html>.

Agriculture

La PAC au cœur des négociations

L'année 2002-2003 a été marquée par d'âpres négociations sur la réforme de la politique agricole commune (PAC). Ces négociations ont eu de nombreuses interactions sur l'élargissement de l'Union européenne (UE), où un accord sur la PAC a permis l'adhésion de 10 nouveaux membres, et sur les négociations en cours dans le cadre de l'Organisation mondiale du commerce (OMC), dont le « cycle du développement » continue d'achopper sur la question agricole. Les échéances ratées du calendrier de négociations ont accru les tensions et se traduisent par de nombreux recours devant l'Organe de règlement des différends (ORD) de l'OMC. En arrière-plan, les effets des subventions agricoles des pays riches sur les pays pauvres sont largement médiatisés. La France, quant à elle, a adopté une attitude quelque peu schizophrène de défenseur des pays du Sud, tout en refusant toute baisse des subventions à sa propre agriculture.

La réforme de la PAC à 25. Le 10 juillet 2002, la Commission européenne a adopté une proposition de « révision à mi-parcours » de la PAC, l'Agenda 2000 donnant un cadre réglementaire pour la période 2000-2006. La Commission proposait une réforme assez radicale, comprenant des baisses des prix des céréales, une conditionnalité des aides à de bonnes pratiques environnementales et au bien-être des animaux, et un plafonnement des aides individuelles directes. La proposition qui soulèvera le plus d'opposition est celle d'une aide au revenu unique par exploitation, regroupant les paiements perçus les années précédentes, et donc sans lien avec les quantités produites : c'est l'option du « découplage total » des aides. La Commission proposait également la réorientation de 20 % des aides à la production actuelles vers l'amélioration de l'environnement et de la qualité des produits, et vers le développement rural. Ces objectifs sont ceux du « deuxième pilier » de la PAC, qui reste jusqu'ici financé à des niveaux très faibles par rapport au « premier pilier » que constituent les aides à la production. Les syndicats agricoles français s'opposent à la réforme, qui trouve le soutien de la plupart des associations de consommateurs et de défense de l'environnement.

Paris, qui mène le front du refus, a rassemblé suffisamment de pays critiques vis-à-vis du projet pour rejeter la proposition initiale. La France, premier bénéficiaire de la PAC (elle reçoit 22 % des aides financières communautaires) et l'Espagne (deuxième bénéficiaire, 15 % des aides) continueront de s'opposer aux différentes versions amendées par la Commission jusqu'au 26 juin 2003, où un compromis est enfin trouvé. La France accepte un découplage partiel des aides contre l'abandon des projets de baisse des prix des céréales. Dans l'accord trouvé, le découplage est assez important pour les grandes cultures mais limité pour les bovins. L'option d'un découplage plus large est laissée aux États membres qui le souhaitent. La réorientation de seulement 5 % des aides aux plus gros producteurs vers des actions en faveur du second pilier est très en retrait du projet initial et n'apportera que 1,2 milliard d'euros aux politiques d'environnement et de développement rural. La coexistence d'aides liées aux quantités produites et d'autres conditionnées à de bonnes pratiques sanitaires et environnementales risque de se traduire par des besoins d'administration supplémentaires et d'inciter certains États à opter pour des procédures simplifiées et des aides plus découplées. Ceci pourrait conduire à une certaine « renationalisation » de la PAC.

Le 24 octobre 2002, en marge de négociations difficiles sur l'élargissement, Jacques Chirac et Gerhard Schröder se sont entendus sur le financement de la PAC. L'accord qu'ils ont conclu a « gelé » les dépenses concernant la production et les marchés jusqu'en 2013. Ce gel du budget, qui financera la PAC d'une UE élargie à 25 membres, devrait donc correspondre à une réduction significative des aides, au moins celles du premier pilier (l'accord ne prévoit pas de plafonner les aides du second pilier). Ce compromis a contribué à débloquer la négociation sur l'élargissement.

En janvier 2003, celui-ci a donné lieu à d'âpres négociations sur l'agriculture, en particulier à propos des montants d'aides directes et des quotas pour les nouveaux membres. La Commission, qui faisait valoir que des aides aussi élevées introduites de façon rapide susciteraient de la spéculation et se cristalliseraient dans le prix du foncier, s'est heurtée à l'intransigeance des pays candidats, en particulier la Pologne, qui a obtenu de nombreuses concessions. Au total, les 10 nouveaux membres, qui accéderont en mai 2004, se verront octroyer progressivement, d'ici 2013, les mêmes aides que les agriculteurs de l'UE à 15. Le cadre budgétaire pour la PAC se monte à environ 50,5 milliards d'euros à l'horizon 2006, dont 43,7 milliards pour le soutien au marché et 6,8 milliards pour le développement rural.

Négociations et tensions internationales. En décembre 2002, l'UE a présenté (tardivement) ses propositions pour le volet agricole des négociations de l'OMC. Elle envisage de baisser de 55 % les aides à la production, de réduire les exportations subventionnées de 45 % et de réduire en moyenne de 36 % les droits de douane sur les produits agricoles. Elle propose aussi un traitement différencié favorable aux pays en développement (PED) et demande la fin de la clause *de minimis* (exonération des contraintes de l'OMC en matière de subventions, à hauteur de 5 % de la valeur de la production) qui avantage les États-Unis, ainsi que des règles plus strictes sur les crédits à l'exportation et les monopoles commerciaux d'État.

En février 2003, le président du comité de négociation sur l'agriculture de l'OMC, Stuart Harbinson, a proposé un compromis entre les diverses propositions d'accord sur l'agriculture. Il prévoit un système de baisse des droits de douane qui réduit de 60 % les plus élevés, une coupe de 60 % dans les subventions liées à la production, et l'élimination des subventions à l'exportation d'ici 10 ans. La Commission européenne trouve ces propositions trop favorables aux États-Unis, de même que le Japon, pour qui cette baisse des droits

Faits et dates

– *10 juillet 2002* : La Commission européenne adopte une proposition de « révision à mi-parcours » de la PAC dans le cadre de l'Agenda 2000 (une nouvelle proposition sera formulée le 22 janvier 2003).
– *26 août-4 septembre 2002* : Les subventions et le protectionnisme agricoles des pays du Nord sont mis en cause au sommet de la Terre (Johannesburg).
– *24 octobre 2002* : Accord J. Chirac-G. Schröder sur le financement de la PAC, qui débloque la négociation sur l'élargissement de l'UE.
– *12-13 décembre 2002* : Conseil européen de Copenhague. L'élargissement de l'UE est décidé après d'âpres négociations sur l'agriculture.
– *1er janvier 2003* : L'UE met en place des quotas d'importation de céréales suite à l'explosion des importations de blé à bas prix venant de Russie et d'Ukraine. L'UE, pourtant exportateur important, est devenue le premier importateur mondial de blé en 2001-2002.
– *21 janvier 2003* : La Commission, après 6 mois de mise en garde, intente une action en justice contre la France et 7 autres États membres (Allemagne, Belgique, Irlande, Pays-Bas, Portugal, Royaume-Uni, Suède) pour non-respect des directives communautaires en matière de qualité de l'eau.
– *12 février 2003* : Le président du comité de négociation sur l'agriculture de l'OMC, S. Harbinson, propose une synthèse des propositions d'accord sur l'agriculture dans le cadre du cycle du développement. Aucun compromis ne sera trouvé à l'échéance du 31 mars.
– *2 avril 2003* : La Commission impose une amende élevée à des organisations syndicales agricoles françaises pour entente anticoncurrentielle sur le prix de la viande et sur une limitation des importations.
– *Avril-juin 2003* : Annonces de plusieurs recours devant l'OMC, face au piétinement des négociations sur l'agriculture, censées se conclure en septembre.
– *20 mai 2003* : Un cas de vache folle (encéphalopathie spongiforme bovine [ESB]) est déclaré au Canada, le premier en Amérique du Nord, bien que de nombreux cerfs aux États-Unis aient aussi été infectés par une maladie à prions. Les États-Unis ont aussitôt mis un embargo sur la viande canadienne. Dans l'UE, le nombre de cas baisse faiblement (2 081 déclarés en 2002, dont la moitié en Grande-Bretagne).
– *26 juin 2003* : Accord des ministres de l'Agriculture des Quinze sur la réforme de la PAC (Luxembourg).
– *2 juillet 2003* : Vote par le Parlement européen de deux règlements sur les OGM. Ces nouvelles dispositions renforcent et complètent le cadre législatif communautaire, en définissant un système européen de traçabilité et d'étiquetage des OGM et des produits qui en sont dérivés.

de douane est inacceptable. Le groupe de Cairns (qui regroupe 18 pays exportateurs de produits agricoles) juge la proposition trop timorée et propose une réduction plus forte des droits de douanes élevés. Les États-Unis critiquent le fait que le déséquilibre dans le niveau des soutiens « non découplés » actuellement autorisés par l'OMC (67 milliards de dollars pour l'UE, 19 milliards pour eux-mêmes) ne fasse l'objet d'aucune réduction dans le projet. En mars, S. Harbinson a légèrement amendé ses propositions initiales. Mais le texte ne parvient pas à rapprocher les points de vue, et il n'y a pas eu d'accord à l'échéance prévue du 31.

Bien qu'il n'y ait pas, formellement, de lien entre les deux négociations, un accord sur la PAC était une condition indispensable pour donner à l'UE la flexibilité nécessaire à un compromis dans le cycle de négociations multilatérales. Un découplage total aurait permis de sortir les aides européennes du champ de la discipline de l'OMC (qui porte seulement sur le niveau des aides directement liées à la production). Le découplage partiel adopté réduit les contraintes que la proposition Harbinson imposerait sur les aides européennes. L'accord du 26 juin 2003 facilite la négociation à l'OMC, même si celle-ci risque de rendre nécessaires de nouveaux ajustements de la PAC (en particulier sur les droits de douane, et donc les prix agricoles), bien avant l'horizon prévu pour une nouvelle réforme.

Les échéances manquées dans le calendrier de négociations à l'OMC aiguisent les tensions internationales. Le printemps 2003 a vu se développer un grand nombre de recours devant l'ORD. En mars, la Thaïlande a rejoint le Brésil et l'Australie pour attaquer le régime des exportations de sucre de l'UE. En avril, les États-Unis et l'Australie ont attaqué devant l'OMC le régime européen d'attribution de labels géographiques, jugé discriminatoire. En mai, les États-Unis, rejoint par 12 pays, ont annoncé le dépôt d'une plainte contre le moratoire informel imposé par certains pays européens à l'encontre de l'autorisation de nouvelles variétés d'organismes génétiquement modifiés (OGM) (sous la pression des opinions publiques, ce moratoire a été maintenu par la plupart des pays membres, contre l'avis de la Commission. Sa levée a cependant été facilitée par le vote du Parlement européen du 2 juillet 2003). De son côté, l'UE a contesté devant l'OMC les règles sanitaires protectionnistes de l'Australie et a annoncé des sanctions sur une liste de produits agricoles dans le cadre de mesures de rétorsion, approuvées par l'OMC, contre le système américain d'exonérations fiscales aux exportations (*Foreign Sales Corporation, FSC*).

Les PED, enjeu majeur du débat. En septembre 2002, le sommet de la Terre à Johannesburg, qui fut par ailleurs un échec, s'est transformé en un forum de dénonciation des aides agricoles de l'UE et des États-Unis. Les pays africains (quelque peu instrumentalisés par le groupe de Cairns) reprochent aux pays riches d'accorder 6 fois plus de subventions à leur agriculture qu'à l'aide au développement. Des organisations non gouvernementales (ONG) anglaises ont lancé une vaste campagne contre les subventions européennes, accusées de concurrencer de façon déloyale les producteurs des pays pauvres et d'être responsables de la ruine de secteurs entiers (lait, coton, sucre, viande bovine). Le 21 février 2003, J. Chirac a proposé un moratoire temporaire sur les subventions à l'exportation pour certains produits agricoles destinés à l'Afrique. La France s'est posée en défenseur d'un traitement spécial pour le continent africain, que le président français a soutenu, avec peu de résultats, au sommet du G8, début juin, à Évian. Cette proposition surprend de la part de la France qui a jusqu'ici lutté d'arrache-pied contre la suppression des subventions à l'exportation, à la fois dans l'UE et à l'OMC, et n'a cessé de défendre les subventions aux producteurs de sucre dans les négociations avec les PED (notamment, lors de l'accord sur l'initiative « Tout sauf les armes »).

Mais accepter de mettre fin aux subventions agricoles à l'exportation pourrait faciliter un accord à l'OMC. L'UE totalise 80 % de ces subventions au niveau mondial. Si un accord n'est pas conclu en septembre à Cancun, la « clause de paix », conclue en 1994, arrivera à échéance fin 2003, et les pays tiers pourront aisément attaquer ces subventions pour dumping.

J.-C. B.

Pour en savoir plus

Commission européenne (2002), *Impact Assessment of the Mid-Term Review Proposals on the Agricultural Markets and Farm Income in the EU-15, 2004-2019*, Bruxelles, direction générale de l'Agriculture, décembre.

Organisation de coopération et de développement économiques (2003), « Politiques agricoles des pays de l'OCDE : suivi et évaluation 2003 », Paris, OCDE.

Oxfam International (2002), *Time for Coherence: CAP Reform and Developing Countries,* Londres, Oxfam.

Sites Internet

Sur la réforme de la PAC : <www.europa.eu.int/comm/agriculture/index_fr.htm>, <www.agriculture.gouv.fr/spip/ressources.themes.europetinternational.politiqueagricolecommune_r18.html>.
Sur l'action de la Commission à l'encontre de 8 États membres pour non-respect des directives relatives à la qualité de l'eau :<www.health.fgov.be/WHI3/krant/krantarch2003/kranttekstjan3/030122m05beu.htm>
Sur la négociation agricole à l'OMC : <www.wto.org/french/tratop_f/agric_f/agric_f.htm>.
Sur les FSC : <www.useu.be/ISSUES/FSCdossier.html>.
Sites de syndicats agricoles : <www.fnsea.fr>, <www.confederationpaysanne.fr>, <www.icftu.org> (International Confederation of Free Trade Unions).
Département de l'Agriculture (États-Unis) : <www.usda.gov>.
Groupe de Cairns : <www.cairnsgroup.org>

Allemagne
Le temps de l'action

Reconduite au pouvoir de justesse lors des élections législatives de septembre 2002, la coalition rouge-verte a aussitôt été confrontée à une série de défis sans précédent. Grâce à sa gestion des inondations catastrophiques dans l'est de l'Allemagne et à son refus catégorique – en partie dû à des considérations électorales – d'une intervention militaire américaine en Irak, Gerhard Schröder a certes su évacuer les questions économiques de la campagne des élections législatives et faire oublier le bilan plutôt maigre de son premier gouvernement dans ce domaine, qui était près de lui faire perdre le pouvoir. En effet, bien que la grande majorité des Allemands, préoccupés par la hausse du chômage, aient alors considéré Edmund Stoiber, son rival de la droite conservatrice, comme le candidat le mieux à même de régler les problèmes économiques de l'Allemagne, ils ont finalement opté pour le charisme d'un *Krisenmanager*.

Mais, passé le temps du duel électoral, la réalité a vite eu fait de rattraper le chancelier réélu et son équipe, qui ont rapidement dû prouver leur capacité à agir efficacement : dans le domaine économique bien sûr, où ils disposent de 4 années pour réussir là où tous les précédents gouvernements ont échoué depuis les années 1970, en particulier pour créer des emplois et diminuer les dépenses publiques ; mais aussi dans celui de la politique étrangère, où la position de Schröder sur l'Irak lors de la campagne électorale a laissé des traces profondes. Pour corser le jeu, ils ne disposent que d'une marge de manœuvre politique restreinte. Non seulement la coalition au pouvoir ne détient qu'une très faible majorité au Bundestag, mais le Bundesrat, la chambre haute du Parlement, dont l'approbation est nécessaire pour adopter la plupart des réformes, est en outre dominée par l'opposition conservatrice.

Défis économiques. Incontestablement, l'économie allemande n'est pas en bonne forme : la plus grande économie de la zone euro et première puissance commerciale de l'Union européenne (UE) représente aujourd'hui la lanterne rouge de l'Europe au niveau des taux de croissance, d'endettement public et de chômage. Alors que la croissance s'est élevée à 0,2 % en 2002, les perspectives pour 2003 ne sont pas bonnes : le gouvernement a d'ores et déjà revu par trois fois ses prévisions à la baisse, et la Bundesbank tablerait désormais sur un taux situé autour de 0,5 %. Le déficit public, qui, en 2002, a valu à l'Allemagne le lancement d'une procédure d'avertissement de la Commission européenne, ne devrait guère s'améliorer ; le ministre des Finances Hans Eichel a lui-même reconnu qu'en 2003, il dépasserait certainement les 3 % du produit intérieur brut (PIB) autorisés par Bruxelles, et espère le contenir à moins de 4 %. Quant à l'évolution du marché du travail, elle n'est guère plus brillante : si le taux de chômage est encore en deçà de la moyenne européenne, il ne cesse d'augmenter, ayant pratiquement atteint sa valeur de 1998, l'année où Schröder est arrivé au pouvoir (10,7 % de la population active dans l'ensemble du pays). Enfin, confrontées à de nouvelles exigences, notamment de la part de leurs actionnaires, les banques sont de moins en moins prêtes à soutenir les petites et moyennes entreprises (PME), dont les faillites continuent à se multiplier. Tout cela s'explique non seulement par les difficultés structurelles de l'économie allemande, mais aussi par la faiblesse de la conjoncture internationale, à laquelle se montre particulièrement sensible l'Allemagne, dont la puissance économique repose largement sur les exportations.

Dans la mesure où la morosité de la croissance économique pèse sur les recettes fiscales et favorise la montée du chômage, qui alourdit à son tour les finances publiques du pays, le gouvernement ne peut plus se contenter de colmater les brèches en augmentant impôts et cotisations sociales, comme il avait eu tendance à le faire jusqu'alors. Afin de casser ce cercle vicieux et de donner des « impulsions à la croissance » (G. Schröder), minée par la faible demande intérieure et un taux d'épargne des ménages record, il a annoncé fin juin qu'il souhaitait avancer d'un an la baisse des impôts, initialement prévue pour 2005. Si elle était adoptée, cette mesure populaire pourrait, aux dires de certains experts, apporter un point de croissance supplémentaire au pays. Mais elle représenterait également un manque à gagner fiscal de 18 milliards d'euros en 2004, qui paraît impossible à compenser dans le contexte économique actuel – le plus probable est qu'elle aille grossir la dette publique. Dans ces conditions, l'assainissement des comptes de l'État fédéral, mais aussi des *Länder* et des communes, qui totalisent à eux seuls près de 60 % du déficit public total, devrait une nouvelle fois être reporté. C'est en tout cas ce que craint la Commission européenne, qui a aussitôt lancé une mise en garde au gouvernement. De leur côté, les chrétiens-démocrates ont d'ores et déjà annoncé qu'ils s'opposeraient, en l'état, au projet d'avancement de la baisse des impôts, alors même qu'ils en avaient fait la proposition quelques mois auparavant.

Agenda 2010. Concernant les actions économiques de fond, il aura fallu attendre les élections régionales de février 2003, et les lourdes défaites du SPD (Sozialdemokratische Partei Deutschlands), pour que Schröder retrouve sa combativité. Les premiers mois de la législature ont bien été marqués par une période de flottement, durant laquelle le chancelier semblait avoir perdu et le soutien de l'opinion publique, et le contrôle de son propre parti – en début d'année, on a même pu s'attendre à l'émergence d'une grande coalition menée par le « superministre » du Travail et de l'Économie Wolfgang Clement. Pourtant, une fois le dos au mur, Schröder a finalement fait part de sa volonté de s'affranchir de la pression des syndicats et d'une partie du SPD pour s'attaquer aux problèmes structurels internes dont souffre l'économie allemande. Dans la déclaration gouvernementale très remarquée qu'il a prononcée devant le Bundestag le 14 mars 2003, il a ainsi dévoilé son « Agenda 2010 », un programme de grande envergure en matière de réforme du marché de l'emploi et de restructuration des systèmes sociaux. Son but est d'abord de remédier aux rigidités du marché du travail allemand, en partie responsables de la hausse continue du chômage, en assouplissant les modalités de licenciement dans les plus petites entreprises, en diminuant les allocations versées aux chômeurs de longue durée et en dérégulant le travail intérimaire. Il est aussi de corriger le déficit public en réformant les systèmes de santé et de retraite, devenus bientôt impossibles à financer dans un pays qui ne cesse de vieillir – d'ici 2050, la population active pourrait passer de 46 à 27 millions de personnes.

Si elles vont dans le bon sens, ces mesures devront encore être adoptées par les parlementaires et appliquées – ce qui, étant donné le contexte politique actuel, n'ira pas sans difficultés. Pour saisir l'ampleur de la tâche, il n'est que de voir les réactions de colère qu'a déclenchées l'Agenda 2010, notamment au sein de l'aile gauche du SPD et des puissants syndicats, qui reprochent violemment à Schröder de trahir les idéaux sociaux-démocrates et ses promesses de candidat. Certes, la cohésion de la coalition rouge-verte, et par là même sa survie, n'est plus aujourd'hui mise en question. L'Agenda 2010 ayant été adopté à près de 90 % par les délégués sociaux-démocrates lors du congrès extraordinaire du SPD, le 1er juin 2003 – après que le chancelier eut menacé de quitter son poste s'il n'obtenait pas le soutien de la base –, puis approuvé massivement par les délégués des Verts le 14 juin, les réformes ne sont pas condamnées à disparaître, à court terme du moins.

Mais ce n'est qu'à l'automne 2003 que sonnera l'heure de vérité, lorsque les lois traduisant l'Agenda 2010 seront présentées aux parlementaires. On peut alors s'attendre à des réticences et des blocages de la part de certains députés du SPD, mais aussi de l'opposition qui, étant majoritaire au Bundesrat, a la possibilité de paralyser l'adoption des lois auxquelles elle s'oppose – par principe ou par stratégie. Si Angela Merkel, la présidente de la CDU (Christlich Demokratische Union Deutschlands), se dit plutôt favorable aux projets de réforme du gouvernement, tout en les jugeant insuffisants, l'opposition n'a, semble-t-il, pas encore arrêté sa position. Sur fond de lutte pour le pouvoir, les discussions promettent donc d'être vives à l'automne 2003 et recèlent sans doute quelques surprises politiques.

Berlin, Paris, Washington. Alors que, sur le plan économique, le gouvernement Schröder a dû mettre les bouchées doubles, il a continué une politique active sur le plan militaire. Prolongeant le bilan positif de la précédente législature, qui a vu l'Allemagne prendre plusieurs engagements internationaux, il n'a pas hésité à faire participer la Bundeswehr à différentes opérations parallèles de maintien de la paix, quitte, d'ailleurs, à dépasser parfois la charge maximale qu'elle est aujourd'hui en mesure de supporter : Kosovo, Bosnie-Herzégovine, Macédoine, Géorgie, République démocratique du Congo et surtout Afghanistan, où les Allemands assurent avec les Néerlandais le commandement de la Force internationale d'assistance à la sécurité (ISAF), et contribuent ainsi à la stabilisation du pays.

Cette continuité dans le domaine militaire va de pair avec un élément radicalement nouveau en politique étrangère, à savoir l'état des relations entre Berlin et Washington. La position radicale que Schröder a adoptée pendant la campagne électorale contre la politique irakienne de l'Administration Bush, puis l'alliance de l'Allemagne avec la France et la Russie contre le déclenchement de l'offensive

Faits et dates

– *22 septembre 2002* : La coalition rouge-verte gagne les élections législatives de justesse : les sociaux-démocrates (SPD) ne l'emportent qu'avec 8 864 voix d'avance sur l'Union (CDU-CSU) ; bons résultats des Verts, mauvais des libéraux (FDP).
– *24 septembre 2002 :* G. Schröder effectue son premier voyage à l'étranger depuis les élections ; il ne se rend pas à Paris, mais à Londres.
– *17 octobre 2002 :* Le ministre des Affaires étrangères J. Fischer devient représentant du gouvernement allemand à la Convention et remplace P. Glotz.
– *29 octobre 2002 :* Une semaine après avoir été élu chancelier par le Bundestag, G. Schröder prononce sa première déclaration gouvernementale ; il annonce vouloir consolider le budget, réduire le chômage et poursuivre les réformes, et appelle les Allemands à leurs responsabilités.
– *1er janvier 2003 :* L'Allemagne devient pour 2 ans membre non permanent du Conseil de sécurité de l'ONU.
– *15 janvier 2003 :* La France et l'Allemagne proposent de doter l'UE d'une double présidence, composée des présidents de la Commission et du Conseil, et d'abolir la traditionnelle présidence tournante.
– *22-23 janvier 2003 :* Paris et Berlin célèbrent le 40e anniversaire du traité de l'Élysée ; l'occasion pour J. Chirac et G. Schröder de rappeler la responsabilité commune des 2 pays en Europe.
– *1er février 2003 :* L'Allemagne prend la présidence du Conseil de sécurité de l'ONU.
– *2 février 2003 :* Défaite du SPD aux élections régionales en Hesse et en Basse-Saxe.
– *14 mars 2003 :* Déclaration gouvernementale du chancelier, qui présente son « Agenda 2010 », une série de réformes radicales de l'État-providence.
– *21 mai 2003 :* Le ministre de la Défense P. Struck annonce la nouvelle doctrine militaire de l'Allemagne.
– *1er juin :* Congrès extraordinaire du SPD : l'Agenda 2010 est adopté à 90 % par les délégués.
– *25 juin 2003 :* Le ministre des Finances H. Eichel présente son projet de budget 2004, qui prévoit de nombreuses coupes dans les dépenses sociales.
– *3 juillet 2003 :* Déclaration gouvernementale du chancelier, qui annonce la volonté du gouvernement d'avancer la baisse des impôts à 2004 et appelle l'opposition à coopérer aux réformes.
– *14-17 juillet 2003 :* Voyage de J. Fischer aux États-Unis pour renouer les liens germano-américains.

américaine, ont en effet plongé les relations germano-américaines dans une crise dont le gouvernement s'efforce de sortir au plus vite. Bien conscient de cette nécessité à l'heure où l'Allemagne aurait besoin de relancer ses exportations vers les États-Unis et où d'aucuns redoutent outre-Rhin la fermeture des bases américaines, l'équipe au pouvoir adopte depuis quelques mois un profil bas et se montre plutôt conciliante concernant l'éventuelle extension de la mission en Afghanistan. Le voyage à Washington du ministre de la Défense Peter Struck et la visite à Berlin du secrétaire d'État américain Colin Powell, en mai 2003, suivis du voyage aux États-Unis de Joschka Fischer, en juillet, ont certes permis de briser la glace. Mais nul ne doute que, jusqu'à la normalisation des relations, la voie est encore longue et incertaine, d'autant plus que l'Administration Bush fait mine de boycotter Schröder et, dans une moindre mesure, son ministre des Affaires étrangères.

Certes, Berlin est loin d'être complètement isolé. Grâce au rapprochement entrepris avec Paris dès fin 2002, et intensifié à l'occasion du 40e anniversaire du traité de l'Elysée, en février 2003, il a retrouvé son principal allié en Europe et a renoué avec un partenariat qui lui confère un poids accru dans l'UE et dans le monde. Schröder a en effet eu l'habileté de s'approcher dès le mois d'octobre de la position française, alors plutôt modérée. Il s'agissait certes d'un pari osé, qui aurait échoué si la France s'était engagée militairement auprès des États-Unis et avait ainsi abandonné l'Allemagne dans le camp pacifiste planté par son chef, mais qui lui a finalement permis de lever en partie l'hypothèque prise lors de la campagne électorale.

Cependant, cela est loin d'être suffisant. Aussi important soient-ils, le partenariat franco-allemand et l'intégration européenne ne pourront jamais se substituer à de bons rapports avec Washington, auxquels la République fédérale a toujours accordé la même importance qu'aux premiers. Si le gouvernement était durablement exclu du dialogue transatlantique au profit de l'opposition, qui entretient quant à elle d'étroits rapports avec les États-Unis, il en sortirait incontestablement affaibli. Dans ces conditions, sa longévité dépendra non seulement de sa capacité à résoudre les difficultés économiques du pays, mais aussi de son aptitude à normaliser les relations de l'Allemagne avec son environnement anglo-saxon tout en poursuivant son engagement européen.

C. D.

Pour en savoir plus

Bourgeois, I. (2002), « Avis de tempête », *Regards sur l'économie allemande*, n° 59.

Demesmay, C. (2003), « France-Allemagne-Russie : retour sur une alliance atypique », supplément à *La lettre de la Fondation*, n° 122.

Kiziltepe, C. et C. Logeay (2003), « L'économie allemande, entre faiblesses structurelles et volonté de réforme », *Note du Cerfa*, n° 2, <www.ifri.org>.

Ménudier, H. (2002), « Elections fédérales 2002 : L'équilibre dans la morosité », *Documents. Revue des questions allemandes*, n° 4.

Stark, H. (2003), « Recompositions politiques sur fond de crise économique en Allemagne », *Note du Cerfa*, n° 3, <www.ifri.org>.

Stark, H. (2003), « Berlin, Washington et la crise irakienne », *Documents. Revue des questions allemandes*, n° 2.

Vaillant, J., S. Martens, M. Cullin et R. Herrmann (2002), *Allemagne d'aujourd'hui*, numéro spécial : « 40e anniversaire du Traité de l'Elysée et de l'OFAJ – Vers une refondation des relations franco-allemandes ? », n° 161.

Sites Internet

Comité d'étude des relations franco-allemandes (Cerfa) : <www.ifri.org> (cliquer sur Comité d'étude des relations franco-allemandes).
Ministère allemand des Affaires étrangères (en français) : <www.auswaertiges-amt.de/www/fr/index_html>.
Ambassade d'Allemagne en France :
<www.amb-Allemagne.fr/actualites/starter2.htm>.
Gouvernement allemand (en français) :
<fr.bundesregierung.de/frameset/index.jsp>.
Mission économique de l'ambassade de France en Allemagne : <www.dree.org/Allemagne>.
Revue électronique sur la politique, la culture, l'économie et les sciences : <www.publikation-deutschland.de/french.html>.

Alliance atlantique

La crise irakienne, et après ?

La récente crise irakienne n'aura pas seulement débouché sur un nouveau conflit au Moyen-Orient et une nouvelle guerre du Golfe, 12 ans après la précédente ; elle n'aura pas seulement constitué – selon certains – la crise fondatrice d'une ère dominée par les menaces que constituent la prolifération des armes de destruction massive (ADM) et le terrorisme de masse : elle aura aussi engendré, comme à plusieurs reprises depuis la crise de Suez en 1956, une sérieuse tension euro-américaine et conduit l'Alliance atlantique au bord d'une grave crise.

Chronique d'une crise annoncée. Il s'agit pourtant, à bien des égards, d'une crise annoncée. Si la première décennie de l'après-guerre froide avait conduit à une refondation inattendue de la relation transatlantique, celle-ci avait sans doute connu son apogée au moment de la crise du Kosovo au printemps 1999. Derrière le succès et la cohésion affichés alors, cette dernière – comme en témoignent les débats transatlantiques qui y firent suite – avait en fait révélé l'ampleur du fossé que la disparition de la menace soviétique avait subrepticement laissé se creuser entre les États-Unis et l'Europe dans les années 1990 : alors que les premiers plaçaient de plus en plus l'accent sur les « menaces » globales et extra-européennes, comme la prolifération des ADM, et se montraient de plus en plus tentés par un leadership atlantique confinant à l'unilatéralisme, la seconde restait avant tout préoccupée par les risques d'instabilité résiduels sur le Vieux Continent, notamment dans les Balkans, tout en cherchant, depuis la relance de Saint-Malo (sommet franco-britannique de décembre 1998), à mettre sur pied une défense européenne ayant vocation à compenser le désintéressement américain pour les questions de sécurité européenne.

Les attentats du 11 septembre 2001 et leurs conséquences avaient agi tout à la fois comme révélateur et comme catalyseur de ces divergences euro-américaines. Si l'invocation, pour la première fois depuis sa création, de la clause de défense mutuelle de l'Alliance confirmait le caractère existentiel de la solidarité de ses membres face à cette menace d'un type inédit, le rôle inexistant de l'Organisation du traité de l'Atlantique Nord (OTAN) et la participation très limitée des alliés, pris individuellement, dans la campagne d'Afghanistan de novembre 2001 avaient mis en évidence une marginalisation sans précédent de l'institution atlantique et jeté une lumière crue sur le fossé transatlantique : d'une part, les États-Unis n'hésitaient pas à afficher leur dédain de l'outil otanien en mettant en avant le concept de coalitions de volontaires (*coalition of the willings*) ; d'autre part, les pays européens, tout en reconnaissant la légitimité de représailles après le 11 septembre, ne dissimulaient pas un certain malaise à l'égard des objectifs américains au-delà de la destruction du régime des Talibans, notamment après la dénonciation par le président George W. Bush, en janvier 2002, de l'« axe du Mal ».

Le sommet de Prague. Pourtant, les faire-part de décès de l'Alliance étaient prématurés. Le sommet de Prague, en novembre 2002, débouchait en effet sur un succès inattendu encore quelques mois plus tôt. En invitant jusqu'à 7 États (Bulgarie, Estonie, Lettonie, Lituanie, Roumanie, Slovaquie et Slovénie) à adhérer à l'Alliance, en décidant de créer une nouvelle force de réaction rapide (*NATO Response Force* ou NRF) capable d'intervenir dans des scénarios analogues à l'opération en Afghanistan de l'automne 2001, en s'engageant enfin à faire de la lutte contre le terrorisme une priorité, les alliés suggéraient la possibilité d'un nouveau compromis transatlantique : d'un côté, les Européens se montraient disponibles pour rendre l'institution otanienne « pertinente » face aux nouvelles menaces et aux nécessités de la « guerre contre le terrorisme » ; de l'autre, les Américains reconnaissaient l'importance maintenue de l'Alliance atlantique et de la relation euro-américaine et, par extension, celle du système multilatéral.

Le succès de Prague, pourtant, ne s'expliquerait pas sans référence au contexte de l'automne 2002. Alors que, au printemps et à l'été, les intentions des États-Unis s'agissant de l'Irak semblaient de nature à provoquer de nouvelles tensions transatlantiques, le discours du président Bush devant l'Organisation des Nations unies (ONU), le 12 septembre, contribuait au contraire à rassurer leurs alliés puisqu'il semblait indiquer une préférence pour un traitement multilatéral de l'affaire irakienne. L'adoption à l'unanimité de la résolution 1441 par le Conseil de sécurité quelques semaines plus tard venait confirmer ce choix et contribuer au succès du sommet de l'Alliance qui, à l'inverse, aurait sans doute été compromis en cas d'adoption par Washington, dès cette période, d'une politique agressivement unilatérale à l'égard de l'Irak. Mais, du même coup, il était clair à l'issue du sommet de Prague que la viabilité du compromis atteint dans la capitale tchèque serait étroitement dépendante de l'évolution de la crise irakienne.

À l'épreuve de l'Irak. Celle-ci, de fait, allait se transformer en épreuve de vérité pour les relations transatlantiques et pour l'Alliance. Dès lors que le compromis obtenu dans la résolution 1441 volait en éclat au Conseil de sécurité dans les premières semaines de 2003, et que la faille entre les partisans d'une opération militaire et ceux qui s'y opposaient traversait l'Alliance, celle-ci ne pouvait que faire les frais de cette crise euro-américaine.

Les choses auraient pu, cependant, ne pas en arriver à une crise proprement otanienne si les protagonistes, à commencer par les États-Unis, n'avaient pas choisi d'instrumentaliser l'OTAN dans ce contexte. En proposant, en janvier 2003, un « paquet » de mesures destinées à assurer préventivement la défense de la Turquie en cas d'attaque irakienne consécutive à une opération décidée contre ce pays, le Pentagone, par la voix de Paul Wolfowitz, cherchait de toute évidence à tester le soutien à une telle opération, voire à forcer la main aux alliés des États-Unis, afin d'obtenir une caution atlantique à la politique de Washington. Du coup, il déclenchait une réaction ferme de la part de la France et – fait plus nouveau – de l'Allemagne et de la Belgique, toutes trois décidées à bloquer la procédure pour signifier leur refus de cautionner la politique des États-Unis, sans, bien entendu, remettre en cause la solidarité avec la Turquie, à laquelle l'assistance prévue à l'article 5 du traité de Washington était promise par les trois en cas de menace effective. Ce n'est qu'après une épreuve de quelques semaines qu'une solution put être trouvée, et la situation, débloquée, Berlin, Bruxelles et Paris acceptant finalement la mise en œuvre au profit de la Turquie de mesures défensives revues et corrigées pour tenir compte de leurs objections.

La virulence de la crise transatlantique des premières semaines de 2003 ne se comprend que si l'on prend en compte le caractère inconciliable des positions des uns et des autres : d'un côté, la « vieille » Europe et, notamment, la France, pour laquelle l'affaire irakienne constitue une énième crise aux enjeux périphériques pour les relations transatlantiques et laisse, par conséquent, la place à l'expression d'un désaccord franc avec la politique américaine ; de l'autre, les États-Unis et, avec eux, la « nouvelle » Europe, qui perçoivent cette même crise, à travers le prisme du 11 septembre, comme mettant en question les fondamentaux de la relation euro-américaine, au point de conduire Washington à assimiler tout positionnement dissident à une attitude de pure et simple hostilité à son égard. D'où la profondeur de la faille,

Faits et dates

– *21-22 novembre 2002 :* Sommet de l'OTAN à Prague. 7 nouveaux « pays invités » devraient adhérer à l'Alliance en mai 2004. Un protocole d'accession est signé le 26 mars par les 19 membres de l'Alliance.
– *16 décembre 2002*: Adoption d'une déclaration commune OTAN/UE, qui ouvre « la voie à une coopération politique et militaire plus étroite entre les deux organisations ».
– *16 janvier 2003 :* Proposition des États-Unis visant à protéger la Turquie en cas de guerre avec l'Irak. Le Conseil de l'Atlantique Nord l'examine entre le 6 et le 19 février. La France, la Belgique et l'Allemagne y opposent leur veto le 10. Un accord est trouvé le 19.
– *16 janvier 2003*: Rencontre, à Athènes, entre le secrétaire général de l'OTAN et la présidence de l'UE.
– *17 janvier 2003 :* Nomination à l'OTAN d'un nouveau Commandant suprême des forces alliées en Europe, le général américain J. Jones.
– *31 mars 2003*: La direction de l'opération « Allied Harmony » en Macédoine est transférée de l'OTAN à l'UE.
– *2 avril 2003*: Réunion à Bruxelles des 19 États membres de l'OTAN.
– *13 mai 2003*: Réunion à Moscou du Conseil OTAN-Russie. Il s'agit de sa première réunion à Moscou après sa création, le 28 mai 2002.
– *3 juin 2003*: L'OTAN accepte d'aider la Pologne dans sa mission en Irak.

qui aura traversé non seulement l'ONU et l'Alliance, mais également l'Union européenne, divisée comme rarement dans son histoire.

Si l'Alliance atlantique est formellement restée à l'écart de l'opération « Liberté pour l'Irak », cette dernière l'aura donc affectée profondément en confirmant dramatiquement l'ampleur du fossé politico-stratégique qui divise aujourd'hui l'Europe et les États-Unis. Reste à savoir quel en sera l'impact. S'il est sans doute trop tôt pour se prononcer sur ses conséquences à long terme, on peut du moins observer que, de part et d'autre, c'est le souci de retrouver un minimum de cohésion transatlantique qui l'emporte depuis la fin des opérations en Irak. Les difficultés de l'après-guerre, que les membres de la Coalition n'ont pas tardé à mesurer, pourraient aider Américains et Européens à trouver un terrain d'entente : le souci des uns de ne pas affronter seuls des problèmes redoutables, la volonté des autres de se montrer prêts à partager une partie de ce fardeau pourraient les conduire à se retrouver sur une implication, fût-elle limitée et discrète, de l'OTAN en Irak.

F. B.

Pour en savoir plus

Beltran, J. et F. Bozo (dir.) (2001), *États-Unis – Europe : réinventer l'Alliance,* Paris, Ifri, coll. « Travaux et recherches de l'Ifri ».

Bozo, F. (2003), « Les relations transatlantiques depuis la fin de la guerre froide », *Questions internationales,* n° 3, septembre.

Sites Internet

OTAN : <www.nato.int>.
French American Foundation : < www.frenchamerican.org>.
Centre français sur les États-Unis à l'Ifri : <www.cfe-ifri.org>.

Antimondialisation

Essor et politisation

La mondialisation a été le support d'un vif débat à partir des années 1990, principalement sur des thématiques économiques, sociales, culturelles ou environnementales. Depuis le 11 septembre 2001, l'évolution la plus notable est la « politisation » de ce débat.

Une politisation croissante du débat. Trois évolutions sont significatives en la matière. La première est la transformation des courants s'opposant à la « mondialisation libérale », qui se définissent eux-mêmes comme altermondialistes, en mouvance de contestation « attrape-tout ». Contrairement à ce qui a été affirmé un peu hâtivement au lendemain des attentats du 11 septembre, la mouvance contestataire n'a pas disparu. Elle a adapté son mode d'expression et ses thématiques au nouveau contexte international, après ce que l'on peut appeler l'« âge d'or » de la contestation de la mondialisation, de Seattle à Gênes.

Compte tenu des mesures de sécurité drastiques prises par les gouvernements hôtes, les groupes contestataires ont de plus grandes difficultés pour manifester lors des sommets (Doha, Kananaskis) ou bloquer leur organisation (Évian). Ils tendent ainsi à s'exprimer plutôt dans le cadre de leurs propres réunions, que ce soit le Forum social mondial (FSM) ou, depuis 2002, ses déclinaisons continentales (Forum social européen, FSE, ou asiatique, FSA), nationales ou locales. Début 2003, le 3e FSM de Porto Alegre a ainsi remporté un vif succès en accueillant quelque 100 000 personnes. Un FSE a été organisé à Florence en novembre 2002 (environ 60 000 participants).

Mais l'évolution récente la plus caractéristique concerne les thématiques des contestataires. Désormais, la dénonciation de l'« impérialisme » américain, ou encore de l'alliance du militarisme et du néolibéralisme, va de pair avec la critique de la mondialisation. Les groupes contestataires ont largement participé aux manifestations contre la guerre en Irak. Le principe de la manifestation pacifiste mondiale du 15 février 2003 a été arrêté lors du FSE de Florence, où une imposante marche anti-guerre a rassemblé environ 600 000 personnes. Le mouvement de contestation de la mondialisation tend donc à devenir une mouvance de protestation incluant divers courants traditionnels, comme le pacifisme, l'anti-impérialisme et l'antiaméricanisme, qui ont été renforcés par les réactions de l'Administration Bush au 11 septembre.

La seconde évolution réside dans l'arrivée au pouvoir d'un certain nombre de mouvements politiques défendant des idées proches de celles des contestataires ou soutenus par des groupes appartenant à cette mouvance. C'est bien entendu le cas au Brésil (voir l'article « Brésil »). Soutenu par le Mouvement des sans-terre (MST), « Lula » a été l'une des grandes figures de Porto Alegre. Trois des initiateurs du FSM, anciens élus de cette région – Tarso Genro, Olivio Dutra et Miguel Rossetto –, sont devenus respectivement secrétaire d'État au Développement économique et social, ministre de la Ville et ministre de la Réforme agraire.

Depuis son accession à la présidence, Lula s'efforce de mettre en œuvre une véritable « troisième voie », en tentant de combiner réalisme économique et réponses aux préoccupations sociales qui sont plus ou moins conformes aux idées véhiculées par les contestataires, dont le programme de lutte contre la malnutrition, « Faim zéro », est l'exemple le plus significatif. En cas de réussite, cette expérience pourrait démontrer que le social et l'économique ne sont pas incompatibles et qu'un projet « contestataire » réaliste peut s'appliquer dans un seul pays, malgré des contraintes extérieures fortes : remboursement de la dette, engagements auprès du Fonds monétaire international (FMI), relations avec les marchés financiers et Washington. Son échec constituerait au contraire, pour nombre de contestataires, la preuve que le système n'est pas amendable et qu'il est nécessaire d'en changer radicalement. Or, cette orientation « réaliste » suscite déjà de nombreuses critiques à gauche, ainsi qu'en a témoigné, par exemple, la publication, le 15 juin, du manifeste intitulé « Un agenda qui a été interdit : une alternative de prospérité pour le Brésil », signé par plus de 200 économistes brésiliens qui réclament une véritable alternative.

La troisième évolution est plus discrète, mais certainement tout aussi décisive. Les organisations non gouvernementales (ONG) et les groupes contestataires sont dans le collimateur de l'Administration Bush, Naomi Klein parlant, de ce point de vue, d'une véritable « guerre contre les ONG ». En mai 2003, Andrew Natsios, le responsable de l'Agence américaine pour le développement international (USAID), a ainsi affirmé que les ONG américaines doivent être le « bras du gouvernement » dans la reconstruction de l'Irak et que, recevant des fonds fédéraux, elles doivent se comporter en maillon de la politique étrangère de Washington. Il leur faut désormais obtenir l'autorisation préalable de l'USAID pour intervenir dans les médias. Par ailleurs, en juin 2003, The Federalist Society et l'American Enterprise Institute, un *think tank* très proche de l'Administration Bush, ont créé un site Internet de « surveillance » des ONG (NGOWatch), considérant que leurs activités vont à l'encontre des intérêts de la politique extérieure et des entreprises américaines. De grandes figures néoconservatrices (Jeane J. Kirkpatrick, Richard Perle) participent à ce projet. Cette remise en cause de l'indépendance et de la légitimité des organisations de la société civile risque de favoriser une certaine radicalisation de part et d'autre.

Au-delà du 11 septembre. Le 11 septembre et la crise en Amérique latine n'ont pourtant pas tout changé. Les tendances de fond persistent. Le phénomène ONG est loin de se tarir : le chiffre d'affaires annuel du secteur associatif serait estimé à quelque 1 000 milliards de dollars (source : SustainAbility), et les grandes ONG continuent de participer à la nébuleuse contestataire. Parmi les organisateurs du Sommet pour un autre monde – contre-sommet du G8 d'Évian –, figuraient les principales ONG environnementalistes (Les Amis de la Terre, Greenpeace), de défense des droits de l'homme (Amnesty International, Fédération internationale des ligues des droits de l'homme, Ligue des droits de l'homme), et d'aide au développement (Comité catholique contre la faim et pour le développement, Oxfam International, Secours catholique) ou des ONG aussi emblématiques qu'Act Up ou Médecins du Monde.

En même temps, les partenariats entre un certain nombre d'ONG et le secteur privé continuent de se développer, comme on a pu le voir lors du Sommet mondial sur le développement durable de Johannesburg : partenariats de type II ou appel commun de Greenpeace et du World Business Council for Sustainable Development pour faire pression sur les gouvernements dans la lutte contre le changement climatique. Cette tendance semble confirmée par un rapport consacré aux ONG, publié par l'entreprise de consulting SustainAbility et les Nations unies (PNUE et Global Compact), et réalisé sur la base d'entretiens avec plus de 200 experts, dont nombre d'ONG. Ce rapport parle de « changement de paradigme » en expliquant que les grandes ONG du Nord deviennent de plus en plus réformistes et tendent à passer d'une culture de l'affrontement à une culture de l'engagement.

L'évaluation de la perception de la mondialisation dans le monde a beaucoup progressé récemment grâce à différentes enquêtes d'opinion globales : Global Public Opinion on Globalization (25 000 personnes interrogées dans 25 pays en 2002), Global Express (20 pays, 2002), Worldviews 2002 (environ 9 000 personnes interrogées dans 7 pays), Pew Global Attitudes Project (38 000 personnes interrogées dans 44 pays en 2002) ou World Social Forum Survey (15 000 personnes interrogées dans 15 pays en 2003).

Or, malgré les limites de ces entreprises et quelques résultats contradictoires, on peut observer un certain nombre de tendances communes que les attentats du 11 septembre ou la guerre contre le terrorisme n'ont pas remises en cause. La mondialisation serait globalement acceptée même si des inquiétudes sont exprimées à son propos, et le nombre de personnes qui ne se prononcent pas sur ce thème, par méconnaissance ou indifférence, est relativement élevé. Ces enquêtes révèlent, en particulier, que ce sont les pays du Sud qui ont les attentes les plus fortes vis-à-vis du processus. Ainsi, une majorité de personnes interrogées dans les pays à faibles revenus pense que les pays pauvres peuvent bénéficier de la mondialisation, alors qu'une majorité dans les pays à revenus élevés soutient le contraire (Global Public Opinion on Globalization). Les résultats du Pew Global Attitudes Project indiquent que ce sont les pays africains qui se montrent le plus favorables à la mondialisation ou aux entreprises multinationales. Ce processus est plutôt perçu comme un facteur positif en ce qui concerne l'accès aux produits (alimentation et santé) et la diffusion de la démocratie.

En revanche, la mondialisation est souvent appréhendée comme un facteur de dégradation des conditions sociales et environnementales, et de concentration des richesses. Les mouvements contestataires n'en sont pas pour autant plébiscités. Leur perception apparaît, en effet, plutôt négative dans les pays du Sud et de l'Est (Pew Global Attitudes Project) ou aux États-Unis (Worldviews 2002). En France, si les contestataires sont plus populaires – 70 % des per-

Faits et dates

– *25-30 janvier 2001* : 1er Forum social mondial à Porto Alegre.
– *20-22 juillet 2001* : Imposantes manifestations et violences lors du G8 de Gênes. 1er décès d'un contestataire.
– *6-10 novembre 2002 :* 1er FSE à Florence.
– *2-7 janvier 2003 :* 1er FSA à Hyderabad (Inde).
– *23-28 janvier 2003* : 3e FSM à Porto Alegre.
– *1er-3 juin 2003 :* Contre-sommet et manifestations à l'occasion du G8 d'Évian.
– *11 juin 2003 :* Création de NGOWatch.
– *8-10 août 2003* : Rassemblement anti-OMC « Larzac 2003 ».
– *10-14 septembre 2003* : Manifestations à l'occasion de la 5e conférence ministérielle de l'OMC à Cancun, Mexique.

sonnes interrogées en mai 2003 considèrent qu'ils ont raison de protester contre la mondialisation –, ils restent tout aussi peu crédibles – seulement 11 % pensent qu'ils offrent de vraies solutions alternatives.

Ces enquêtes tendent à confirmer l'existence d'une spécificité française face à la mondialisation. La France apparaît comme le pays où le débat sur la mondialisation est central et où les groupes contestataires sont les plus influents. C'est en France que le nombre de personnes qui ne se prononcent pas sur la mondialisation est le plus faible (Pew Global Attitudes Project, Worldviews 2002). C'est également dans ce pays que les points de vue négatifs sur la mondialisation paraissent les plus répandus parmi les pays industrialisés. L'organisation du G8 à Évian et la tenue du contre-sommet qui l'a accompagné en sont autant de symptômes.

Le gouvernement français a en effet participé au financement de l'organisation du village du contre-sommet (et annoncé qu'il serait prêt, le cas échéant, à faire de même pour l'organisation du FSE de Saint-Denis/Paris, prévu en novembre 2003). Il a mis en place un long processus de consultation avec les acteurs de la société civile en préparation du sommet. Les propositions du contre-sommet ont été transmises, *via* la présidence française, à l'ensemble des membres du G8. Enfin, le président de la République a déclaré lors de la conférence de presse finale du sommet : « Je tiens à rendre hommage au travail important qui a été fait par le contre-sommet, qui a apporté un certain nombre d'idées [...] qui, sur un très grand nombre de points, sont de nature à influencer la réflexion et la mise en œuvre des décisions du sommet. »

E. F.

Pour en savoir plus

Cassen, B. (2003), « On the Attack », *New Left Review*, n° 19, janvier-février.

Elliott, K. A., D. Kar et J. D. Richardson (2002), *Assessing Globalization's Critics: « Talkers Are not Good Doers? »*, Working Paper WP 02-5, Washington, D. C., Institute for International Economics.

Fougier, E. (2003), « La mondialisation en débat : l'après-11 septembre », *Le Débat*, mai-août.

Fougier, E. (2002), *La Contestation de la mondialisation : une nouvelle exception française ?*, Paris, Ifri, coll. « Les Notes de l'Ifri », n° 46.

International Forum on Globalization (2002), *Alternatives to Economic Globalization. A Better World Is Possible*, San Francisco, Berrett-Koehler.

Laïdi, Z. (2002), « La mondialisation, entre résistances et réticences », *Cahiers du Mauss*, n° 20.

Sommet pour un autre monde (2003), *Synthèse des travaux*, Annemasse-Genève, 29-31 mai.

SustainAbility, PNUE et Global Compact (2003), *The 21st Century NGO: In the Market for Change*, Londres, SustainAbility

Enquêtes d'opinion :

BVA (2003), *Les Représentations de la mondialisation dans l'opinion publique française*, mai.

Chicago Council on Foreign Relations et German Marshall Fund of the United States (2002), *Worldviews 2002.*

Environics International (2003), *World Social Forum Survey*, en collaboration avec le Forum social mondial.

Environics International (2002), *Global Public Opinion on Globalization*, en collaboration avec le Forum économique mondial.

Ipsos-Reid (2002), *Global Express*, 10 janvier.

Pew Research Center (2003), *Views of a Changing World. June 2003*, Pew Global Attitudes Project, Washington, D. C.

Sites Internet

ATTAC : <www.attac.org>.
Forum social européen (Paris) : <www.fse-esf.org>.
Forum social mondial (Porto Alegre) : <www.forumsocialmundial.org.br>.
Forum social mondial (Inde) : <www.wsfindia.org/ index.php>.
Indymedia : <www.indymedia.org>.
International Forum on Globalization : <www.ifg.org>.
Naomi Klein/No Logo : <www.nologo.org>.
NGO Watch : <www.ngowatch.org>.
Sommet pour un autre monde (anti-G8) : <www.g8-autremonde.org>.SE

Arabie Saoudite

De la déligitimation à la reconstruction

Les tensions provoquées par l'après-11 septembre 2001 ont accru les divergences entre le pôle conservateur, incarné par le Haut Conseil des oulémas, et le courant réformateur, représenté par le prince héritier et régent Abdallah. Celui-ci va alternativement choisir de faire des concessions symboliques aux religieux conservateurs (essentiellement sur la question de l'émancipation des femmes) et d'accélérer la mise en place des réformes dites « sensibles ».

Parallèlement, on a pu constater une forte crispation interne sur la question irakienne, le pôle religieux conservateur ayant radicalisé son discours vis-à-vis de Washington. Si le régime saoudien s'est également opposé avec vigueur à une guerre contre l'Irak en dehors du cadre onusien, il n'a eu d'autre choix que de laisser les États-Unis disposer de son espace aérien et d'une partie de son territoire, où des forces spéciales se sont déployées. Mais les questions qui pèsent sur l'avenir de la région, qui est lié au devenir de l'Irak et à l'interventionnisme américain croissant, ont poussé Riyad à introduire les réformes politiques institutionnelles préconisées par la société civile.

La tenue, à Riyad, d'un Forum national pour le dialogue (15-18 juin 2003), sous l'égide du prince héritier, atteste de ce nouveau processus visant à renforcer la cohésion nationale. Il a réuni des dignitaires religieux sunnites et chiites (imams et oulémas) et des intellectuels libéraux, dits « séculiers », afin de débattre de la nécessité de mettre en œuvre des réformes dans un cadre islamique réaffirmé.

De nécessaires concessions à Washington. En usant de l'alibi de l'ingérence américaine dans les affaires intérieures saoudiennes, les conservateurs ont essayé de décrédibiliser la politique de réformes et de modernisation que le prince héritier s'efforce de mettre en place depuis 1998. La crise régionale (questions palestinienne et irakienne) a eu une incidence directe sur les divisions politiques assez nettes qui se dessinent à la tête du royaume entre le pôle conservateur, qui rejette en bloc la politique des États-Unis, et le pôle réformateur, qui la réprouve tout autant mais tente, par pragmatisme, de composer avec elle.

En outre, les très fortes secousses essuyées par le régime, suite aux attentats du 11 septembre, ont renforcé le dépit et la méfiance de la famille Séoud à l'égard du corps des oulémas, qui a profité de la très large latitude que lui a concédée la dynastie pour se forger une influence considérable dans la société. L'après-11 septembre et les pressions américaines ont donné au prince hériter, qui, depuis le début de sa régence (2 janvier 1996), cherche à contrôler ces religieux de façon plus étroite, une opportunité de le faire au nom de la survie du royaume. Le prince Abdallah s'est, pour ce faire, entouré d'une équipe constituée de libéraux et de conservateurs modérés, dont nombre de religieux, qui partagent son souci de contrôler les oulémas fondamentalistes.

Conscient que la volonté de l'Administration Bush à renverser le régime de Saddam Hussein avait pour but de se positionner en Irak, et qu'elle sanctionnera à terme la place privilégiée du royaume auprès de son allié, le pôle réformiste qui conseille le prince héritier joue la carte de l'accélération des réformes intérieures et de la conciliation avec Washington. Son ambition est de renforcer son assise au sein du pouvoir et de bénéficier à plus long terme du soutien américain contre le pôle conservateur. La décision, rendue publique le 20 mars 2002 par le ministre de l'Intérieur (le prince Nayif), de placer sous un régime d'autorisation préalable l'ensemble des activités caritatives menées en dehors du royaume par les organisations saoudiennes montre que Riyad est soucieux de ménager Washington. De même, la « Commanderie pour la lutte contre le Mal et la promotion du Bien », à savoir la police religieuse (*mutawwa*), symbole de la doctrine wahhabite, exerce son autorité avec beaucoup plus de discrétion que par le passé, alors que cette institution a joué un rôle historique actif dans l'unification du royaume.

L'éducation constitue l'autre domaine significatif des concessions faites par le gouvernement. Les partenariats avec les universités occidentales, et notamment américaines, pour intégrer des cursus techniques plus adaptés au marché du travail que les cursus en sciences humaines et religieuses (qui représentent 60 % des diplômés du royaume) se multiplient. Et nombre de parlementaires américains ont multiplié les pressions pour que la Maison-Blanche exige de Riyad le strict contrôle de l'enseignement religieux dans tous les cursus, jusqu'ici aux mains du Haut Conseil des oulémas.

Les réformes des 104 signataires et des 450 pétitionnaires. Ces deux groupes représentent diverses composantes de la population : technocrates libéraux et intellectuels issus de la nouvelle classe moyenne, oligarchies marchandes, clergé religieux, islamistes réformateurs.

Le premier document,« Vision du présent et de l'avenir » (104 signataires), est le fruit de discussions et d'échanges au sein de l'équipe du prince héritier, constituée de conseillers, de consultants et d'experts sur les diverses questions de société (droit, islam, institutions politiques, économie, géostratégie). Sa mission est double : élaborer un programme acceptable pour le régime, et adresser un signal fort à Washington pour l'assurer de la bonne volonté de Riyad de conduire rapidement des réformes de fond.

Ce document préconise des réformes institutionnelles par le biais de l'amélioration de la Loi fondamentale de 1992 : séparation des pouvoirs, élections municipales organisées par les 13 provinces du royaume, élection partielle du Conseil consultatif, institution d'un système judiciaire indépendant. Il appelle également à plus de tolérance entre les communautés religieuses et à la reconnaissance des droits des minorités afin d'établir le principe de l'égalité des citoyens saoudiens (en référence à la non-reconnaissance des chiites en tant que communauté musulmane distincte des sunnites). Les signataires ont pris le soin de relier la présentation de ce texte à leur attachement à la nation saoudienne, en mettant en avant les dangers qui la guettent (peuple et direction politique confondus).

Faits et dates

– *14 avril 2002* : Après l'incendie d'une école de filles à La Mecque, le prince Abdallah met l'enseignement féminin sous la responsabilité du ministère de l'Éducation et de l'Enseignement (il était aux mains des autorités religieuses depuis 1967).
– *29 avril 2002* : Les États-Unis annoncent le retrait du dispositif « Southern Watch ».
– *29 janvier 2003* : Publication du document « Vision du présent et de l'avenir » par 104 signataires.
– *1er mars 2003* : Sommet de la Ligue arabe (Charm El-Cheikh) sur l'Irak qui réunit 11 chefs d'État sur 22 : ils refusent toute frappe contre l'Irak et toute participation aux opérations militaires.
– *19 avril 2003* : Réunion à Riyad des ministres des Affaires étrangères de l'Arabie Saoudite, de la Jordanie, de l'Iran, de la Syrie, de la Turquie et du Koweït. Ils demandent aux forces d'occupation de quitter le territoire irakien une fois la guerre achevée et de laisser à l'ONU le soin d'administrer l'Irak.
– *27 avril-2 mai 2003* : Tournée de D. Rumsfeld dans le Golfe. Le 29, il annonce le transfert au Qatar du quartier aérien américain situé à 50 km de Riyad.
– *30 avril 2003* : Publication de « Partenaires de la Nation », signé par 450 pétitionnaires.
– *12-13 mai 2003* : Attentats-suicides à Riyad (39 morts, 200 blessés).
– *27 mai 2003* : Discours du prince héritier appelant à de nombreuses réformes internes.
– *15-18 juin 2003* : Tenue, à Riyad, du Forum national pour le dialogue, sous l'égide du prince héritier.

De même, la pétition des 450 chiites, qui comprend pour la première fois des femmes (46), et dont certains ont signé l'appel des 104, intitulée « Partenaires de la Nation », rassemble aussi bien les courants de la gauche nationaliste arabe que les islamistes. Elle exprime le désir des chiites d'exister en tant que citoyens saoudiens à part entière. Ils réclament le droit de construire des mosquées, d'ouvrir des centres culturels et de publier des livres.

La fragilisation du régime a été aggravée par la guerre contre l'Irak. Plus encore, c'est aujourd'hui la tutelle des puissances occupantes sur ce pays, et les incertitudes liées à son avenir, qui suscitent le plus d'inquiétudes. Si cette occupation parvient à stabiliser le pays et à imposer une équipe qui joue le jeu des États-Unis en matière de libéralisation économique et de transition démocratique, donc de stabilité intérieure, Riyad se verra largement disputer la place d'allié fondamental. Ce scénario serait conforté dans la perspective d'une normalisation des liens entre les États-Unis et l'Iran, quitte à provoquer dans ce pays des changements notables, voire un changement radical de régime (voir le chapitre « Iran, l'impossible transition »). À nouveau, la donne externe vient perturber les équilibres interieurs du royaume, qui depuis sa création, en 1932, n'a cessé de se livrer à un jeu d'équilibriste entre le pôle religieux interne et le recours à la puissance américaine.

L'attentat du 12 mai : une opportunité pour le régime. Le triple attentat-suicide à la voiture piégée qui a eu lieu au nord-est de Riyad, dans la nuit du 12 au 13 mai 2003, est une première en Arabie Saoudite. 8 ressortissants américains et 7 Saoudiens ont péri parmi les 39 victimes.

Cet attentat est intervenu après que les États-Unis avaient annoncé, par la voix de leur secrétaire à la Défense, le 29 avril, le retrait du dispositif « Southern Watch », consécutif à la victoire militaire américaine en Irak. Si cette nouvelle forme de violence, qui a ciblé en priorité des expatriés logés par la société américaine Vinel Corporation (chargée de former et conseiller des officiers de la Garde nationale), s'inscrit dans le cycle des attentats de novembre 1995 à Riyad (7 morts, 60 blessés) et de juin 1996 à Khobar (19 soldats américains tués, 400 personnes blessées), elle témoigne d'un contexte radicalement nouveau. À l'époque, Riyad s'était en effet opposé à laisser le Federal Bureau of Investigation (FBI) et la Central Intelligence Agency (CIA) enquêter sur le territoire saoudien. Aujourd'hui, le régime s'estime visé autant que les États-Unis. Et après la détérioration des relations qui a suivi le 11 septembre, le 12 mai 2003 marque une nouvelle étape dans la collaboration entre les deux alliés et les rapproche dans une cause commune : la lutte antiterroriste.

Si l'on dresse un bilan de l'année 2002-2003, on passe d'une phase de crise de légitimité du régime, due aux répercussions du 11 septembre, à une phase, récente, de reconstruction, qui s'appuie sur le traumatisme du 12 mai. Jamais dans son histoire contemporaine – hormis sous le règne du roi Fayçal (1964-1975) –, le royaume n'avait connu autant d'initiatives pour une meilleure cohésion sociale et nationale entre l'élite, relais d'une « société civile balbutiante » (comme l'attestent les initiatives des 104 signataires et des 450 pétitionnaires), et le pouvoir. Plutôt que de miser sur son rayonnement régional par le biais du Conseil de coopération du Golfe (CCG), Riyad joue aujourd'hui la carte de l'apaisement sur le plan international, d'où une politique de coopération avec l'Administration Bush et le soutien à la « feuille de route » – qui s'inspire pour partie de l'initiative du régent, adoptée comme plan de paix au sommet de la Ligue arabe, le 28 mars 2002, à Beyrouth.

F. D. H.

Site Internet

Panorama général sur l'Arabie Saoudite :
<www.imarabe.org/perm/mondearabe/pays/arabie-saoudite-index.html>.

Argentine

Une victoire démocratique

En décembre 2001, des millions d'Argentins, tous secteurs sociaux confondus, manifestent de façon spontanée dans tout le pays pour demander la démission du gouvernement élu 2 ans auparavant (on comptera plus de 11 000 manifestations pour l'année 2001-2002) : l'endettement auprès des organismes internationaux et la paupérisation sont devenus insupportables. Tandis que la parité peso-dollar, maintenue de façon artificielle, s'effondre, l'Argentine prononce le défaut de paiement. Les épargnants sont expropriés par les banques et par l'État, et l'état de siège décrété par le président Fernando de la Rua. Plus grave : avec la répression qui fait 33 morts parmi les manifestants, le pacte républicain est soudain rompu. Mais c'est seulement après l'assassinat de 2 jeunes chômeurs par la police de la province de Buenos Aires, en juin 2002, que le président par intérim, le péroniste Eduardo Duhalde, convoque une élection présidentielle pour avril 2003.

L'effet Kirchner. Personne ne croit au début à cette annonce d'élection. Principalement parce que le parti péroniste, décomposé par des luttes intestines, n'arrive pas à choisir son candidat officiel. Après avoir cherché en vain un successeur parmi les gouverneurs péronistes des deux grandes provinces argentines – Cordoba (José Manuel de la Sota) et Santa Fe (Carlos Alberto Reuteman) –, le président Duhalde établit un accord avec le gouverneur de Santa Cruz (Patagonie), Nestor Kirchner. Celui-ci, issu de la gauche péroniste des années 1970, et qui a soutenu Menem en 1989, avant de s'en éloigner, est passé du jour au lendemain du statut d'outsider du parti péroniste pour les élections primaires à celui de candidat officiel du président par intérim pour l'élection présidentielle.

Lors de la campagne, aucun des candidats ne suscite l'enthousiasme de l'électorat. Aucun n'arrive même à dépasser les 16 % d'intentions de vote. Toutefois, malgré les cris d'alarme et les mauvais présages – de fraude, d'annulation, de manipulation, de retour au passé le plus détesté en cas de possible triomphe de Menem –, l'élection présidentielle a finalement lieu, sans accusation réelle d'irrégularité, pour aboutir, pour la première fois dans l'histoire du pays, à un ballottage, dont Menem sera le perdant. Les 4,5 millions d'électeurs qui lui ont donné 24,4 % des suffrages lors du premier tour, le 27 avril 2003, devant Kirchner (22,2 %), ne constituent pas la force déterminante qu'il espérait rassembler. Menem renonce alors à se présenter au second tour et Kirchner est élu le 25 mai.

Si le premier tour s'est caractérisé par l'indigence du débat sur les programmes des candidats, la campagne pour le second a été l'occasion d'une réelle confrontation sur leurs projets. Le candidat Kirchner a eu le mérite de faire une lecture pertinente de l'enjeu en introduisant le débat sur le modèle économique, politique et social argentin. Le modèle qu'il a proposé n'était pas celui préconisé par le candidat Menem. Il est vrai que le retour au passé et au néolibéralisme n'était plus possible, les enquêtes d'opinion montrant une opposition massive de l'électorat à ce dernier.

La refonte démocratique du pays s'est ainsi faite malgré la classe politique. Et la fragmentation électorale entre les cinq candidats les plus en vue, qui témoigne d'une rupture avec les appareils politiques traditionnels, de même que le pourcentage dérisoire de votes blancs ou nuls ont montré que les citoyens plébiscitaient la solution démocratique. Par ailleurs, les divers partis se réclamant de la gauche ont recueilli un nombre extrêmement limité de suffrages. Dans un contexte rarement vu de radicalisation sociale et politique, la gauche argentine a, une nouvelle fois, raté son rendez-vous avec les électeurs.

C'est donc un outsider peu charismatique, et qui inspirait de la méfiance du fait de son alliance avec Duhalde – c'est-à-dire avec un secteur fort peu présentable du péronisme « mafieux » de la province de Buenos Aires –, qui est devenu le premier président argentin légitimé par les urnes après la terrible secousse économique, politique, sociale et institutionnelle de décembre 2001. Les Argentins ont ainsi été capables de se mobiliser pour recréer un nouveau lien entre le social et le politique. Il s'agit là d'une recomposition « par le haut » et « par le bas » du champ politique, à partir des élections, d'une part, et des éléments les moins compromis avec la décennie Menem – ou de ceux qui dressent désormais un bilan négatif de cette période (le vice-président Daniel Scioli, par exemple), de l'autre. Ainsi, même si le gouvernement, qui a pris ses fonctions le 25 mai 2003, doit faire face à des problèmes fondamentaux non résolus (la dette extérieure et intérieure, la corruption, l'impunité et la terrible fracture sociale : plus de la moitié de la population vit en dessous du seuil de pauvreté), les premiers pas vers une reconstruction du lien sociopolitique et une refondation démocratique de la nation ont été faits.

Des débuts novateurs. Les débuts du nouveau président ont été remarquablement novateurs. Son gouvernement représente un spectre plus large que ne le mlaissait espérer son lien avec le duhaldisme. Toutefois, Kirchner n'a pas derrière lui de parti. Il ne peut s'appuyer pour l'instant que sur l'alignement des sénateurs et des députés péronistes et duhaldistes, et sur ce qui reste du péronisme dans les fiefs provinciaux, c'est-à-dire le passé. C'est pourquoi l'émergence d'un nouveau parti de ralliement au programme de Kirchner n'est pas à exclure. Il est fort probable que cette nouvelle force sera « transversale » et mobilisera des militants venus d'autres mouvances. Et à la différence des autres tentatives de construction d'une troisième force politique, qui ont jusqu'ici échoué, la base sociale de ce futur mouvement est cette fois clairement identifiée : il s'agit des exclus du « néolibéralisme », qui ont réaffirmé leur désir de participation citoyenne et joué un rôle capital à partir des mobilisations de décembre 2001. Ceux-là mêmes qui exigeaient la fin de tous les mandats politiques (« Que se vayan todos ! », [« Qu'ils s'en aillent tous ! »]) et appelaient à des élections généralisées.

Au-delà des spéculations sur l'évolution du gouvernement Kirchner ou sur les possibilités de création d'une nouvelle force politique placée sous son égide, la recomposition et la rénovation du champ politique argentin sont actuellement en cours. Ce travail s'accomplit inexorablement et graduellement, sur les bases qui furent celles de la restauration démocratique argentine : la conscience irréductible du « jamais plus ». Cette conscience a permis à la société de prendre en charge de façon originale, créative et démocratique le drame majeur de son histoire récente. C'est grâce à elle que toutes les tentatives visant à freiner les demandes de justice et de vérité ont échoué (les lois de l'oubli et de l'impunité). Que la première décision de Kirchner ait été une purge très importante des généraux, des amiraux et des brigadiers des forces armées plaide en faveur de cette interprétation. Tout comme son refus d'identifier l'« acte de gouverner » avec l'« impunité ». Symboliquement, aucun ex-président du pays n'était d'ailleurs présent lors de sa prise de fonction, sauf Raul Alfonsin. Dans une cérémonie originale et fondatrice – en présence de 13 présidents d'Amérique latine, dont Lula, Hugo Chavez et Fidel Castro –, le nouveau président argentin a affiché une ambition de changement et de reconstruction dont les Argentins avaient perdu le souvenir.

L'Argentine a besoin d'espoir et les conditions semblent aujourd'hui réunies pour répondre à ce besoin. Mais la recomposition du lien social et politique, encore inachevée, demandera du temps et les problèmes que doit régler le nouveau gouvernement sont d'une ampleur et d'une urgence telles que le temps, précisément, ne sera pas son principal allié. Si l'alignement international aux côtés du Brésil et du Mercosur ne fait pas de doute, la leçon la plus évidente de la crise et de son issue est que la classe dirigeante argentine est l'une des plus conservatrices d'Amérique latine. Elle a sans doute réussi à sauver l'essentiel malgré une énorme mobilisation sociale, mais la demande de réformes politiques, judiciaires, économiques et sociales reste virulente, et le gouvernement ne pourra pas faire longtemps la sourde oreille. On peut d'ores et déjà prévoir que le bras de fer recommencera, en particulier au sujet de la dette externe et des services publics. Comment Kirchner fera-t-il valoir sa légitimité ? Fera-t-il appel à une nouvelle coalition parlementaire ? Recourra-t-il, en cas de conflit aigu, au plébiscite constitutionnel ? Une chose est certaine : la démocratie est pour l'instant sortie gagnante de l'épreuve.

Si le gouvernement réussit à arbitrer les intérêts contradictoires de « ceux d'en haut » et de « ceux d'en bas », s'il parvient à incliner le pendule du côté de la justice sociale, s'il s'appuie sur la nouvelle constellation sud-américaine et le Mercosur, y compris pour renégocier la dette, il se peut que les 33 morts des événements de décembre 2001 deviennent les héros fondateurs d'une nouvelle démocratie argentine.

D. Q.-W.

Faits et dates

– *2 décembre 2002* : Levée des restrictions bancaires mises en place en décembre 2001 afin de freiner la fuite des capitaux à l'étranger.
– *16 janvier 2003* : Accord transitoire entre l'Argentine et le Fonds monétaire international (FMI) sur l'octroi d'un crédit de 2,9 milliards de dollars et le rééchelonnement de la dette argentine, soit 6,6 milliards de dollars d'ici août 2003.
– *27 avril 2003* : Premier tour de l'élection présidentielle. L'ex-président C. Menem, péroniste de droite, obtient 24,4 % des suffrages et N. Kirchner, péroniste de gauche et gouverneur de la province de Santa Cruz, obtient 22,2 %.
– *14 mai 2003* : Menem annonce son désistement du second tour, prévu pour le 18, et qui n'aura pas lieu.
– *25 mai 2003* : Kirchner est élu président et prend ses fonctions.
– *28 mai 2003* : Kirchner limoge une trentaine d'officiers de haut rang (dont les chefs d'état-major de l'armée de l'air et de la marine) impliqués durant la dictature (1976-1983). C'est la purge la plus importante des 20 dernières années.
– *11 juin 2003* : Voyage officiel de Kirchner au Brésil. Avec le président Lula, il annonce le projet de création d'un parlement du Mercosur.
– *23-24 juin 2003* : Visite en Argentine du directeur général du FMI, H. Köhler. L'accord actuel entre le gouvernement argentin et le FMI devait arriver à échéance le 31 août 2003.
– *29 juin 2003* : Extradition du Mexique vers l'Espagne de l'ex-officier de marine argentin R. M. Cavallo. Il est accusé de crime contre l'humanité durant la dictature militaire, entre 1976 et 1983.

Pour en savoir plus

Quattrochi-Woisson, D. (dir.) (2003), *Argentine : enjeux et racines d'une société en crise*, Paris, Tiempo Éditions/Éditions le Félin.

Asie du Sud-Est

Un islam de plus en plus radical

L'Asie du Sud-Est est la première région musulmane au monde. Elle accueille un tiers des musulmans (avec notamment l'Indonésie et ses 200 millions de pratiquants), et l'islam y est de plus en plus marqué par la radicalisation de l'expression et de la pratique religieuses.

Du syncrétisme à l'islam politique. L'islam est arrivé dans la région dès le VIIIe siècle mais a connu son véritable essor entre les XIIIe et XVe siècles, principalement propagé par des réseaux de marchands arabes. Les premiers sultanats des cités portuaires contrôlées par ces marchands sont implantés le long des côtes (Palembang, Aceh, Malacca, Brunei, etc.). Les princes locaux se sont le plus souvent convertis pacifiquement et ont progressivement entraîné les populations à les imiter, ce qu'elles ont fait, souvent en conservant leurs traditions. Longtemps, les observateurs ont vanté les mérites d'un islam tolérant, modéré, syncrétique.

La révolution iranienne, l'internationalisation des objectifs révolutionnaires du colonel Kadhafi et la guerre en Afghanistan ont eu des répercussions directes à la fois sur les pratiques religieuses, le positionnement socioéconomique des jeunes musulmans et leurs revendications politiques. Ces évolutions extérieures se déroulent alors que les États d'Asie du Sud-Est entrent dans une phase accélérée de modernisation, qui bouscule les modes d'organisation sociétale et les solidarités traditionnelles. Elles se conjuguent sur le terrain à des discours politiques plus ou moins revendicatifs et virulents. Ici et là, en Asie du Sud-Est, pour des motifs différents issus d'histoires variées, des groupuscules se lancent dans la contestation politique, voire dans la guérilla.

Aux Philippines, où les valeurs catholiques dominantes ont conduit les musulmans des îles du sud à poursuivre le combat qu'ils avaient déjà mené contre les colonisateurs espagnols et américains, la situation ne se stabilise pas plus après les accords de Tripoli (1976), qui leur octroient un certain degré d'autonomie, qu'après ceux de septembre 1996, qui créent une région autonome musulmane à Mindanao. Le fractionnement des groupes (Moro National Liberation Front [MNLF], Moro Islamic Liberation Front [MILF], Abu Sayaf, etc.) entretient une violence endémique (attentats à la bombe, prise d'otages, etc.) qui empêche tout développement durable sur ces îles longtemps négligées par le pouvoir central (le produit national brut [PNB] par habitant y est 6 fois inférieur à celui du reste du pays). La présence de soldats américains depuis 2002 pour aider les troupes philippines à « mettre un terme à cette guérilla » n'a toujours pas permis une stabilisation de la sécurité.

En Indonésie, la laïcité est inscrite dans la Constitution. Les fameux principes du Pancasila (avec, en priorité, la croyance en un Dieu unique) défendent cette conception et justifient le mouvement de dépolitisation de l'islam des années 1980. Des ajustements politiques internes (notamment la contestation au sein du parti Golkar, qui avait jusque-là soutenu le régime du président Suharto) et le « renouveau religieux » de la société, généré par le branchement brutal sur les circuits de la mondialisation, incitent Suharto à instrumentaliser, par une alliance tacite, certains représentants de ce renouveau : le gouvernement accepte de subventionner les activités religieuses, de relâcher son contrôle politique sur les prêches des oulémas et d'autoriser la juridiction islamique dans certaines parties du territoire ; en 1990, il crée l'Association des intellectuels musulmans indonésiens (ICMI), qui défend une vision moderniste de l'islam. En se voulant le porte-parole d'un islam réformiste et en favorisant une confession au détriment des autres, l'État suhartiste récuse sa fonction de garant de la paix religieuse et de l'État séculier. Une brèche est ouverte dont profiteront directement les partis islamiques : le Partai Persutuan Pembanunan (PPP), le Partai Daulat Rakyat (PDR) ou le Partai Bulan Bintang (PBB), entre autres, dont une des revendications récurrentes est « le respect de la charia ».

En Malaisie, seul État d'Asie du Sud-Est où l'islam est religion officielle, les revendications de l'islam politique sont désamorcées par une politique d'intégration des acteurs radicaux (quand ce n'est pas le cas, ceux-ci sont soumis par un arsenal répressif efficace) ; on se souvient par exemple de l'invitation lancée à Anwar Ibrahim, alors président des Jeunesses musulmanes, à rejoindre le gouvernement pour devenir jusqu'en 1998 le dauphin désigné du Premier ministre. Mais la montée en puissance du Parti Islam SeMalaysia (PAS) oblige le gouvernement à suivre la surenchère. Dans les autres États, Singapour, Thaïlande, Cambodge et Vietnam, où les musulmans sont minoritaires, leurs capacités de déstabilisation sont circonscrites et l'islam n'est pas un enjeu politique, même s'ils disposent d'une certaine capacité de nuisance.

Une dynamique intégriste transnationale. Plusieurs facteurs vont œuvrer pour favoriser la poussée de l'islam intégriste. Tout d'abord, le soutien financier actif des royautés arabes qui interviennent par un réseau d'associations de bienfaisance efficace ; on ne compte plus le nombre de mosquées et d'écoles coraniques qui, à travers toute l'Asie du Sud-Est, ont été construites grâce aux fonds saoudiens (*via* la Ligue islamique mondiale) ou koweïtiens ; la formation d'étudiants bénéficiant de bourses dans les pays arabes (notamment l'Égypte) ou de l'Asie du Sud (Pakistan) est une autre retombée de ces liens transnationaux.

Par ailleurs, la guerre d'Afghanistan a constitué pour nombre de jeunes un baptême du feu auprès des moudjahidines ; ils ont pu y gagner une légitimité et approfondir leur connaissance des réseaux (souvent proches d'Al-Qaida), aujourd'hui considérés comme une des principales menaces sécuritaires dans la région. Un beau-frère de Ben Laden, Jamal Khalifa, a passé plusieurs années à Manille, d'où il a financé des associations « caritatives » musulmanes, vitrines commodes pour des activités moins avouables.

Enfin, la crise économique qui frappe l'Asie du Sud-Est en 1997, outre ses conséquences socioéconomiques catastrophiques, a des retombées politiques qui vont dans deux directions : le difficile établissement d'États de droit dont les balbutiements désordonnés et la faiblesse des appareils sécuritaires profitent directement aux activités terroristes (notamment dans les îles reculées des Philippines ou d'Indonésie où les frontières sont particulièrement poreuses), et l'ouverture politique qui permet l'expression publique de revendications jusqu'ici contenues. Quelle que soit la lecture privilégiée, cet islam radical profite de la conjoncture de crise générale de la fin des années 1990.

En tout état de cause, l'Asie du Sud-Est est un espace travaillé par une dynamique qui dépasse les cadres nationaux et qui relie la région à la communauté musulmane mondiale. Les mouvements qui s'y déploient (la Jemaah Islamiyah en Indonésie, le Kampulan Militan Malaysia en Malaisie, le MILF, le MNLF ou Abu Sayaf aux Philippines) travaillent de plus en plus en concertation (à la fois en matière de formation (camps à Mindanao ou aux Célèbes), de ressources et de soutien logistiques (planques et boîtes aux lettres), et revendiquent la création d'un État islamique qui comprendrait l'Indonésie, la Malaisie et le sud des Philippines. Lee Kuan-yew, *Senior Minister* de Singapour, évoque d'ailleurs un « axe terroriste régional ». L'Asie du Sud-Est est considérée comme une base, un relais et un laboratoire par ces groupuscules. Des actions terroristes y ont d'ailleurs été organisées bien avant les attentats du 11 septembre : on en compte en effet plusieurs dizaines entre 1998 et 2001, qui vont de l'explosion de bombes dans des restaurants ou centres commerciaux locaux à des attentats parfaitement orchestrés. Et c'est aussi à Kuala Lumpur que deux participants aux attentats du 11 septembre ont fait étape et bénéficié de soutiens locaux. L'attentat de Bali, qui a coûté la vie à plus de 200 personnes, le 12 octobre 2002, n'aurait pu être réalisé sans le soutien de réseaux souterrains extérieurs. Les exemples de connexion peuvent être multipliés.

Au-delà de ces menaces sécuritaires, la montée en puissance de l'islam politique inquiète autant. L'ouverture qui a succédé à la fin des régimes autoritaires a directement profité aux partis musulmans qui, souvent, proposent une légitimité de substitution aux défaillances de l'État républicain. Ce rejet des systèmes clientélistes et des jeux de corruption rallie les déçus et les mécontents. Deux pays sont particulièrement visés : l'Indonésie et la Malaisie.

En Indonésie, l'actuelle présidente, Megawati Sukarnoputri, a dû s'allier avec un parti islamiste représenté au Parlement, Unité et développement. Les manœuvres de son dirigeant, Hamzah Haz, en vue des prochaines échéances électorales de 2004 (élections présidentielle et législatives) laissent supposer que les partis musulmans plus ou moins radicaux se positionnent déjà pour conforter leur percée politique. En proposant un islam rigoriste et pieux, refuge contre une influence occidentale décadente, ces partis (qui n'avaient pourtant pas obtenu 13 % des voix aux élections législatives de juin 1999) réussissent déjà à accaparer les principaux thèmes et slogans de la campagne électorale. L'enjeu est d'autant plus stratégique que, pour la première fois, le chef de l'État indonésien sera élu au suffrage universel.

En Malaisie, où le PAS a triplé sa représentation parlementaire aux élections de novembre 1999, le départ du Premier ministre Mahathir de la scène politique nationale va créer des turbulences (il dirige le pays depuis 22 ans) qui seront probablement exploitées par l'opposition radicale. On observe d'ailleurs, ici comme en Indonésie, une islamisation des discours politiques qui font craindre des débordements incompressibles (voir l'article « Malaisie »).

S. B. d. R.

Sites Internet

Pays d'Asie du Sud-Est : <www.france-diplomatie.fr>, <www.ladocumentationfrancaise.fr>.
Sur le terrorisme : <www.terrorismanswers.com>, <www.fas.org/irp/world>.
Revue de presse (en anglais) : <www.worldpress.org>.

Faits et dates

– *31 juillet 2002* : Forum de l'Association des nations du Sud-Est asiatique (ASEAN) à Brunei. Adoption d'un plan de lutte contre le financement du terrorisme.
– *10 août 2002* : Indonésie. L'Assemblée consultative du peuple (Majelis Permusyawaratan Rakyat, MPR) rejette l'introduction de la charia dans la Constitution.
– *Octobre 2002* : Indonésie. Attentat terroriste à Bali faisant 202 morts, dont 88 Australiens (le 12). Annonce par le Laskar Jihad de la cessation de ses activités. Décret présidentiel fixant les orientations générales de la lutte contre le terrorisme (le 18).
– *6 novembre 2002* : Indonésie. Gel des activités du Front des défenseurs de l'Islam (Front Pembela Islam, FPI).
– *Décembre 2002* : Indonésie. Attentats de Makassar (le 5). Signature, à Genève (le 9), d'un accord de paix entre le gouvernement indonésien et le mouvement séparatiste Aceh libre (Gerakan Aceh Merdeka, GAM).
– *10 février 2003* : Philippines. Début des combats entre l'armée et le MILF à Cotobato. Le 20, le bilan est de 150 morts.
– *4 mars 2003* : Philippines. Attentat revendiqué par les islamistes à l'aéroport de Davao dans le sud du pays (21 morts, 150 blessés).
– *23 avril 2003* : Indonésie. Ouverture du procès de A.B. Baashir, chef de la Jemaah Islamiyah, suspectée d'être liée à Al-Qaida.
– *Mai-juin 2003* : Indonésie. Offensive de l'armée dans la province d'Aceh. Lancée le 19 mai, elle intervient après l'instauration, le 18, de la loi martiale dans cette région, et enterre l'accord de paix du 9 décembre. Le 2 juin, ouverture du procès des accusés de l'attentat de Bali, attribué à la Jemaah Islamiyah. 15 personnes sont inculpées, parmi lesquelles I. Samudra, accusé d'être le cerveau de l'attentat.

Autorité palestinienne

Réforme et « feuille de route »

L'Autorité palestinienne (AP) sort affaiblie de l'année qui vient de s'écouler, et ce, pour plusieurs raisons. Le discours de George W. Bush, en date du 24 juin 2002, conditionnant la création d'un État palestinien à la mise en place d'une « direction palestinienne nouvelle et différente », met en cause le leadership de Yasser Arafat. Celui-ci est accusé d'utiliser un double langage et d'empêcher tout règlement de paix. Le siège de son quartier général et l'interdiction qui lui est faite d'en sortir expriment la volonté sans cesse réaffirmée des États-Unis de marginaliser le chef de l'AP, qui, selon Washington, serait un obstacle à la relance du processus de paix israélo-palestinien. Bush estime en effet que « la paix requiert une direction palestinienne nouvelle et différente, pour qu'un État palestinien puisse naître ».

Après avoir demandé la tenue d'élections présidentielle et législatives, clef de voûte de toute réforme, mais qui restent impossibles à organiser en raison des conditions de sécurité sur le terrain, les États-Unis et Israël ont poussé à la création d'un poste de Premier ministre de l'AP, et à la nomination de Mahmoud Abbas pour l'occuper. Mais ce dernier ne dispose pas de l'assise politique qui lui permettrait de représenter une alternative crédible à Arafat. Pour Washington et Tel-Aviv, il s'agit de mettre le président de l'AP définitivement sur la touche et d'inciter la nouvelle direction à mener les réformes politiques demandées par la communauté internationale. Dans le même temps, Ariel Sharon a paralysé les institutions existantes de l'AP en interdisant le déplacement des responsables palestiniens. Le Conseil des ministres et le Conseil législatif – seuls compétents pour introduire des réformes – ne peuvent ainsi se réunir qu'épisodiquement.

Incontournable Arafat. Il est néanmoins extrêmement difficile au nouveau gouvernement de s'affranchir de l'autorité d'Arafat. Celui-ci est et reste le chef historique du mouvement palestinien et, s'il a finalement accepté la création du poste de Premier ministre, il n'a pas renoncé pour autant à jouer un rôle politique. Sans doute compte-t-il de nombreux opposants au sein du Conseil législatif et parmi les cadres et les militants de l'Organisation de libération de la Palestine (OLP), qui critiquent ses méthodes autoritaires, ses tergiversations, ses fautes politiques et la corruption régnant dans son entourage. Mais la plupart d'entre eux sont décidés à le soutenir dans les circonstances actuelles. Cette attitude, qui peut paraître paradoxale, signifie simplement qu'Arafat, tant qu'il est vivant, restera le chef, et qu'en dépit des erreurs commises, il serait réélu si un scrutin était organisé.

C'est précisément la raison pour laquelle Sharon ne veut pas d'élections, qui redonneraient au raïs une légitimité. En outre, aucune personnalité ne se détache pour prétendre à sa succession sur la scène politique palestinienne, qui se caractérise de plus en plus par l'émiettement de son leadership. On assiste ainsi à l'émergence de petits chefs de guerre qui n'ont pas de stratégie et dont la motivation est une logique de vengeance face aux exactions de l'armée israélienne. Le local a pris le relais au détriment de l'autorité centrale, et l'absence d'articulation avec le politique explique la déconnexion observée entre l'AP et la population.

L'AP est également affaiblie en raison de l'emprisonnement, par Israël, de certains responsables du Fatah, accusés d'avoir organisé des attentats contre des Israéliens. Le cas de Marwan Barghouti est emblématique. Âgé de 44 ans, responsable du Fatah pour la Cisjordanie, élu député lors des élections de 1996, il était à même de représenter une alternative au pouvoir d'Arafat : ce symbole de la jeune génération palestinienne avait soutenu les accords d'Oslo et possédait une véritable légitimité sur le terrain. Il est aujourd'hui emprisonné.

Enfin, les attentats-suicides contre des Israéliens ont eu pour effet de radicaliser la société israélienne et de rendre quasi impossible tout dialogue entre les deux parties. En outre, les mesures prises par l'armée israélienne pour lutter contre ces opérations ont des conséquences désastreuses sur la population palestinienne : bouclage des territoires, impossibilité pour les travailleurs palestiniens de se rendre en Israël, morcellement des enclaves palestiniennes empêchant toute activité économique, etc. Les conséquences sociales sont catastrophiques : le taux de chômage a dépassé les 60 % et la part de personnes vivant au-dessous du seuil de pauvreté atteint 50 %.

Difficiles négociations avec les islamistes. Les tentatives de trêve entre l'AP et les islamistes se heurtent à de nombreux obstacles. L'objectif que s'est assigné Abbas est

La feuille de route

La « feuille de route » *(road map)*, élaborée par le Quartet (États-Unis, Russie, Union européenne et Nations unies) et adoptée le 20 décembre 2002, prévoit la création par étapes, d'ici 2005, d'un État palestinien coexistant pacifiquement aux côtés d'Israël (voir aussi l'article « Israël »). Le préambule porte sur l'arrêt de la violence et du terrorisme. Les Palestiniens doivent entreprendre des réformes politiques, déclarer la fin des violences et lutter efficacement contre les organisations terroristes. Israël, de son côté, doit se retirer des zones palestiniennes réoccupées, et revenir aux lignes du 28 septembre 2000, avant le début de l'Intifada. Il doit également geler toute activité de colonisation.

À la différence des accords de paix signés précédemment, la feuille de route prévoit des mécanismes pour veiller à l'application des engagements portant, au cours de la première phase, sur les exigences de sécurité. Le document stipule également que les Parties doivent parvenir « à un accord sur un statut définitif et complet qui mette un terme au conflit israélo-palestinien en 2005, à travers un accord négocié entre les Parties, fondé sur les résolutions 242, 338 et 1397 ».

des plus difficiles à atteindre. Il s'appuie pour cela sur le chef des renseignements égyptien, Omar Souleimane, et une trêve conditionnelle impliquant un arrêt des hostilités pour 3 mois a finalement été conclue le 29 juin. Mais le Hamas a menacé de la rompre si Israël ne libérait pas 6 000 prisonniers palestiniens (Tel-Aviv propose de n'en relâcher que 350). La trêve est donc des plus fragiles et des incidents répétés depuis sa signature font craindre sa remise en cause par l'une ou l'autre des parties.

La divergence majeure porte ici sur l'utilisation ou non de la violence. Le Hamas et le Djihad islamique ont réaffirmé qu'ils ne cesseront les attentats-suicides en territoire israélien qu'en contrepartie d'une garantie internationale que l'armée israélienne mettra un terme à ses incursions et à ses opérations de liquidation ciblées. Quant au Premier ministre, il a déclaré que « l'Intifada armée devait cesser » et a rejeté l'usage de la « terreur contre les Israéliens où qu'ils soient ». Le débat est vif, au sein de la population palestinienne, sur l'intérêt qu'il y a à poursuivre une Intifada armée qui cause de nombreux morts alors que des voix s'élèvent pour demander de déposer les armes.

La première condition posée par Sharon est l'arrêt de la violence. Mais les islamistes estiment que la violence est le résultat de la politique menée par Israël dans les territoires palestiniens : assassinats ciblés, destructions de maisons, arrachages d'oliviers, confiscations de terres, poursuite de la colonisation, érection du mur de séparation, etc. Les chiffres parlent d'eux-mêmes : selon l'association israélienne Peace Now, la population des colons (hors Jérusalem-Est) a doublé depuis la signature des accords d'Oslo (septembre 1993), et leur nombre dépasse les 400 000 dans les territoires palestiniens (Cisjordanie, bande de Gaza, Golan et Jérusalem-Est).

L'intérêt nouveau porté par l'Administration Bush à la situation au Proche-Orient, pour redonner une chance à la « feuille de route », entre dans le cadre du projet plus large de remodelage du Moyen-Orient, annoncé avant la guerre contre l'Irak. C'est la raison pour laquelle Washington veut se débarrasser d'Arafat et faire émerger une nouvelle direction palestinienne plus ouverte aux priorités de la Maison-Blanche. Mais, pour les Palestiniens et de nombreux observateurs internationaux, seul le retour à la légalité internationale permettra de sortir de l'impasse. Les Israéliens, quant à eux, privilégient le seul parapluie américain. En tout état de cause, aucune réforme sérieuse de l'AP ne sera possible sans la fin de l'occupation militaire des territoires palestiniens.

A. L.

Pour en savoir plus

Botiveau, B. et A. Signoles (dir.) (2003), *D'une Intifada à l'autre. Les quotidiens en Palestine*, Paris, CEDEJ-Complexe.

Questions internationales (2003), *dossier* « Moyen-Orient : zone de conflits », n° 1, mai-juin.

Reinhart, T. (2002), *Détruire la Palestine ou comment terminer la guerre de 1948*, Paris, La Fabrique.

Signoles, A. (2003), « Arafat, le pouvoir en divisant », *Alternatives internationales,* mai-juin.

Sites Internet

Autorité palestinienne : <www.pna.org>.
Sur la question palestinienne :
<www.courrierinternational.com>.
Sur l'économie palestinienne :<www.pcbs.org>.
Palestinian Information Center :<www.palestine-info.co.uk>.

Faits et dates

– *11 septembre 2002* : Démission du gouvernement palestinien. Y. Arafat annonce, pour le 20 janvier 2003, la tenue d'élections législatives et présidentielle.
– *17 septembre 2002* : La « feuille de route » est adoptée par le Quartet.
– *22 décembre 2002* : Les élections palestiniennes sont reportées jusqu'au retrait des troupes israéliennes des zones autonomes occupées.
– *18 mars 2003* : Le Parlement palestinien adopte une loi créant le poste de Premier ministre (69 voix pour, 1 contre, 1 abstention).
– *19 mars 2003* : M. Abbas, dit Abou Mazen, numéro deux de l'OLP, est nommé Premier ministre de l'AP.
– *29 avril 2003* : Constitution du nouveau gouvernement (26 ministres).
– *29 juin 2003* : Signature d'une trêve entre l'AP, Le Hamas et le Djihad islamique.
– *Mi-juillet 2003* : Conflit entre Arafat et Abbas. Celui-ci menace de démissionner. Médiation de l'Égyptien O. Souleimane.

Bio- et nanotechnologies

Promesses et défis pour l'avenir

Grâce aux biotechnologies, les sciences et techniques du vivant ont acquis une dimension industrielle. La transformation des biomatériaux et des cellules conduisent à des produits intéressant l'industrie pharmaceutique, l'agroalimentaire, la chimie, l'environnement ou l'énergie. Avec la génomique, la transgénie et la bio-informatique, cette évolution atteint un nouveau stade : elle questionne directement l'homme, sujet et objet, ingénieur des gènes. Nous transformons la biosphère et cette transformation nous change de façon irréversible. Au cours des prochaines décennies, les développements scientifiques et techniques dans le domaine du vivant seront en grande partie déterminés par les convergences entre biologie et informatique. Cette convergence se traduit par des relations toujours plus étroites entre biotechnologies, infotechnologies et nanotechnologies. De nouveaux secteurs industriels verront le jour, et l'industrie pharmaceutique s'en trouvera bouleversée.

Numérique et biologie : nouvelles voies pour demain. Les percées réalisées dans la mise au point de nouveaux médicaments à partir du décryptage du génome humain s'appuient sur une relation toujours plus étroite entre biologie et informatique. La génomique serait impossible sans l'essor de la bio-informatique, dont les différentes approches mettent en jeu la recherche de gènes dans des bases de données et favorisent l'essor de la protéomique (application des techniques de la génomique à l'étude des protéines et de leurs fonctions). Depuis peu, s'ajoute à celles-ci la glycomique, ou application des nouvelles technologies d'analyse et de synthèse aux sucres ou polysaccharides, qui jouent un rôle majeur dans nombre de fonctions cellulaires. La puissance de ces outils conduit directement à la conception rationnelle de médicaments et à la définition de molécules actives fondée sur l'étude des structures des récepteurs ; celle-ci bénéficient de la simulation sur ordinateur qui, grâce à la puissance des processeurs et à la taille des mémoires, permet d'analyser les différents effets des nouvelles molécules en cours de tests.

La simulation accélérée de l'évolution biologique grâce à l'évolution numérique est utilisée par plusieurs laboratoires pour mettre au point de nouveaux médicaments. On met en œuvre le modèle des algorithmes génétiques, consistant à laisser évoluer spontanément des populations de programmes informatiques en compétition pour la solution la mieux adaptée à un problème donné. C'est la découverte de la simplicité conceptuelle et de l'efficacité des algorithmes génétiques qui a conduit biologistes et chimistes à appliquer les mêmes principes à la sélection de molécules biologiques à usage pharmaceutique. Un nouveau domaine des biotechnologies est en plein essor : la synthèse de molécules par évolution dans un tube à essai. Plusieurs entreprises sont déjà en compétition dans le monde pour les brevets et les premiers produits commerciaux issus de ces techniques. Avec les techniques classiques, plusieurs années auraient été nécessaires pour parvenir au même résultat.

Matériaux intelligents et nano-biotechnologies : la chimie du XXIe siècle. De nombreux tests et systèmes d'administration de médicaments mettent en œuvre des nano-biotechnologies tirant profit de « matériaux intelligents » s'inspirant de modèles biologiques. Cette évolution conduit à des puces biotiques implantables, susceptibles de traiter des désordres métaboliques (rétine artificielle, audition artificielle, pompe à insuline, simulateurs ou défibrillateurs cardiaques), à des biopuces à ADN destinées à des tests biochimiques et médicaux, ou à des machines moléculaires capables d'exécuter de nombreuses fonctions. Ces biopuces de quelques millimètres carrés révolutionnent le traitement personnalisé de certaines maladies. Leur utilisation pour le diagnostic de l'expression des gènes doit permettre d'éviter l'application de lourds traitements postopératoires (chimiothérapie, radiothérapie, hormonothérapie, immunothérapie). De nombreux laboratoires ont développé des médicaments liés à des indicateurs moléculaires permettant de dépister une maladie et de suivre les progrès d'un traitement. Des médicaments anticancéreux actuellement commercialisés sont reliés à des biotests spécifiques permettant de personnaliser et d'adapter la dose requise pour le traitement de tel ou tel malade.

L'une des percées parmi les plus spectaculaires des matériaux intelligents a été réalisée dans le secteur des biopolymères, où l'une des techniques les plus prometteuses est l'« ingénierie tissulaire injectable » (*injectable tissue engineering*). Un laboratoire américain a réussi à faire croître du cartilage naturel chez la souris en injectant un mélange de cellules de cartilage, de polymères photosensibles et de stimulateurs de croissance. Soumis à de la lumière ultraviolette à travers la peau, le polymère se durcit et encapsule les cellules qui se multiplient en remplaçant le cartilage manquant. Cette technique pourrait permettre de remplacer des tissus nécrosés du foie ou du cœur. Des « matériaux de soutien intelligents » vont ainsi jouer un rôle de plus en plus important dans le domaine du génie tissulaire. Des biomatériaux modifiés ou des polymères de synthèse exercent une influence directe sur les cellules qui les recouvrent en raison de leurs propriétés de surface. Des signaux moléculaires biologiques sont en effet intégrés à ces matériaux afin de leur conférer des caractéristiques de surface qui imitent des sites de reconnaissance naturels. Les cellules reconnaissent ces signaux et se comportent comme dans l'organisme vivant. On peut ainsi diriger les cellules pour qu'elles se rassemblent ou s'organisent de façon programmée. Des chercheurs sont parvenus à faire croître des nerfs sectionnés en réalisant un pontage entre les deux extrémités nerveuses avec de tels matériaux intelligents.

Nano-laboratoires, micromachines et pilules intelligentes. Avec les nano-biotechnologies s'ouvre un nouvel univers d'usinage de pièces miniaturisées pouvant servir dans des systèmes de diagnostics ou des appareils implantables : « pilules intelligentes » capables d'administrer des médicaments selon des procédures précises à partir d'une implantation permanente dans le corps ; nano-laboratoires pouvant analyser en parallèle plus de 500 000 molécules nouvelles par jour ; micro-usines fondées sur le principe des MEMS (*microelectromecanical systems*), capables de synthétiser des structures complexes, de séparer des mélanges comportant des concentrations très faibles de molécules ou de procéder à la catalyse de processus variés. Une application spectaculaire des MEMS est la « pilule intelligente » fabriquée par R. Langer (Massachusetts Institute of Technology, MIT). Son équipe a mis au point une pilule bioélectronique implantable, libérant les produits qu'elle contient pendant des durées atteignant plusieurs mois. L'implant sous-cutané comporte des réservoirs miniatures remplis de médicaments et recouverts d'une membrane d'or jouant le rôle d'anode. Sous l'effet d'un faible courant électrique provenant, par exemple, d'un biocapteur, les réservoirs s'ouvrent, libérant *in situ* le produit actif. Les médicaments sont libérés à l'endroit voulu et à la concentration désirée.

Les sociétés américaines Caliper Technology et Aclara ont développé des nano-laboratoires tenant sur une puce (*lab on a chip*), avec des capillaires de 80 microns de diamètre et des volumes de quelques picolitres. Il est désormais possible d'effectuer des milliers d'expériences sur une seule cellule vivante sans la détruire. En intégrant des puces contenant des nanototubes de carbone et des nanofils enrobés de molécules jouant le rôle de « têtes chercheuses », l'équipe de J. Heath (California Institute of Technology, Pasedena) a détecté des séquences spécifiques d'ADN et de protéines passant à travers les pores de la membrane cellulaire. Le professeur M. Ferrari (Ohio State University) a fabriqué un « implant intelligent » capable d'administrer de l'insuline à des diabétiques par l'intermédiaire de cellules vivantes enrobées à l'intérieur d'un microréservoir comportant une membrane poreuse. Ces microcapsules implantables ouvrent la voie à la nanomédecine, une médecine à l'échelle moléculaire.

Bio-transistors et bio-ordinateurs : la nouvelle informatique moléculaire. Les composants électroniques moléculaires sont les successeurs potentiels des semi-conducteurs, sur lesquels ils ont de nombreux avantages : assemblage tridimensionnel, matériaux de synthèse permettant d'obtenir des propriétés sur mesures, miniaturisation approchant celle des structures biologiques, possibilités d'interface avec des systèmes vivants. L'objectif de nombreux chercheurs en électronique moléculaire est d'arriver à fabriquer des bio-ordinateurs à ADN et des mémoires de masse utilisant des protéines photosensibles. L'idée d'une informatique à base d'ADN a été lancée pour la première fois en 1994 par L. Aldeman (California University). Dans un article célèbre, il explique comment on peut utiliser une méthode biologique de laboratoire pour résoudre un problème classique de mathématiques. L'extraction, le tri et la lecture des séquences de molécules d'ADN comportant la solution au problème posé ne peuvent se faire que par des opérations longues et routinières.

C'est pourquoi de nombreux laboratoires travaillent à l'automatisation des processus enzymatiques permettant d'analyser les molécules donnant la solution au problème posé, grâce notamment à des nano-laboratoires fonctionnant en parallèle. Le bio-ordinateur à ADN permettra de traiter en un temps record des problèmes d'une grande complexité, mais restera complémentaire de l'informatique utilisant des semi-conducteurs ou de l'électronique moléculaire.

Un tel traitement va de pair avec la mémorisation des informations à l'échelle moléculaire. Des protéines naturelles pourraient servir de mémoires de masse pour les bio-ordinateurs du futur. Les protéines photoréceptrices, comme la bactériorhodopsine (BR), sont capables de convertir directement la lumière en signal. Ce processus implique la formation d'un dipôle électrique et s'accompagne d'un changement de couleur de la protéine. Ce principe permet de stocker des informations. Des techniques d'ingénierie génétique peuvent être utilisées pour stabiliser les deux états naturels de la molécule de BR et passer de l'un à l'autre grâce à des lumières de couleurs différentes. En affectant des valeurs binaires 0 et 1 aux deux états de la protéine, un ensemble de molécules peut servir de mémoire de masse. On peut en effet superposer plusieurs pellicules BR les unes sur les autres pour créer des mémoires en trois dimensions. Leur très petite taille permettrait de créer d'énormes capacités de stockage par unité de volume.

Brancher le cerveau sur les ordinateurs : l'espoir des grands handicapés. D'autres laboratoires cherchent à fabriquer des puces hybrides constituées à la fois de silicium et de cellules vivantes. Les applications pourraient être nombreuses dans des biocapteurs ou des tests. Des chercheurs de l'Université de Berkeley ont réussi à fabriquer une biopuce hybride, composée de circuits en silicium et de cellules vivantes. Ces travaux laissent entrevoir une communication directe de l'ordinateur vers le monde biologique et, réciproquement, du corps humain vers les ordinateurs. Avec des applications déterminantes dans le suivi en temps réel de patients atteints de déficiences métaboliques, ainsi que pour la mise au point de nouvelles générations d'interfaces bioélectroniques entre l'homme et les machines. Un laboratoire dirigé par M. Nicolelis (Duke University), a pu transmettre à 1 000 km de distance, par Internet, l'impulsion nerveuse provenant du cerveau d'un singe afin de contrôler un bras articulé.

Ces travaux ouvrent la voie au secteur prometteur des neuroprothèses, capables de jouer un rôle déterminant dans le traitement de certains handicaps moteurs. D'autres laboratoires ont réussi à mettre au point des « neuropuces » (*neurochips*) en faisant croître des neurones sur des puces en silicium. Certains expérimentent actuellement de telles neuropuces directement implantables dans le cerveau. Grâce à un financement de 24 millions de dollars sur 2 ans provenant de la DARPA (*Defense Advanced Research Project*) de l'armée américaine, le laboratoire de T. Berger (University of Southern California), l'un des bénéficiaires de ces subventions, développe une puce implantée dans une zone du cerveau de rat, appelée hippocampe, qui joue un rôle essentiel dans l'apprentissage et la mémoire. L'objectif est de traiter certaines maladies neurologiques, et peut-être d'accroître les capacités de mémorisation.

De nouveaux défis industriels et éthiques. Ces différents exemples montrent que les progrès des nano-, des bio- et des infotechnologies posent un défi majeur à l'industrie pharmaceutique, confrontée à l'une des plus grandes crises de son histoire. En effet, le coût de développement de nouvelles molécules s'accroît et le retour sur investissements doit se faire sur des périodes de plus en plus courtes, compte tenu de la durée des recherches et du temps restant pour la validité des brevets. Le modèle économique des années 1990, fondé sur des médicaments vedettes dont les ventes sont supérieures à 1 milliard d'euros, n'est plus adapté. Les laboratoires ne devront plus se limiter à fabriquer des comprimés, mais surtout offrir des gammes de produits et de services de soins adaptés à chaque patient. De plus, les progrès des biotests liés au développement de l'Internet mobile permettront aux patients de contribuer, depuis leur domicile ou dans le cadre de leurs activités professionnelles, à un suivi permanent de leur santé en relation avec des experts médicaux dédiés. Ainsi, l'industrie pharmaceutique de demain pourra aborder la nouvelle phase de son avenir, fondée sur la commercialisation de produits adaptés, de packages de services personnalisés et d'une prise en charge contractuelle de la santé tout au long de la vie.

On constate aussi la nécessité d'une réflexion éthique adaptée à ces nouveaux enjeux. La révolution biologique a posé avec acuité la nécessité d'une réflexion bioéthique. Aujourd'hui, le mariage de la biologie et de l'informatique introduit la nécessité d'une démarche « infoéthique ». En effet, la bio-informatique, les biopuces, les enregistrements numériques vont permettre de manipuler ce qui fait l'identité même d'un individu : son ADN, son image, sa voix, ses dossiers médicaux, etc. Ce qui rapproche infoéthique et bioéthique, c'est la base technologique de la manipulation de l'information. De manière analogue au clonage biologique, l'informatique permet aujourd'hui le « clonage virtuel ». À partir de trois types d'informations sur une personne (l'image, la voix, l'endroit où elle évolue), on peut reconstituer un personnage, « cloner » virtuellement un être vivant. Les risques sont grands d'aller trop loin dans la manipulation de l'image humaine. D'où l'importance du travail qui attend les juristes et les comités d'éthique. Les bases de la réflexion bioéthique paraissent donc devoir être transposées à la mutation informationnelle pour tenter d'éviter que l'on puisse porter atteinte à l'intégrité de la personne humaine avec de l'information numérique manipulée.

Grâce à la discipline émergente que nous avons appelée, dès 1981, la « biotique » – mariage de la biologie et de l'informatique dans des matériaux intelligents –, l'homme entrera en symbiose avec les réseaux d'information qu'il a extériorisés de son propre corps. À la fois objet et sujet de la révolution biologique, l'homme tient entre ses mains l'avenir de l'espèce humaine. Il se situe à la charnière d'un « micromonde », qui le détermine en partie, et d'un « macromonde » sur lequel il agit et qui, en retour, conditionne son existence. Sa vie dépend du moléculaire et du microscopique : protéines, gènes, cellules, etc. Mais elle dépend aussi collectivement de son action sur la société humaine et sur l'écosystème, fondements de son développement et de son avenir.

J. de R.

Pour en savoir plus.

Aldeman, L. (1994), « Molecular Computation of Solutions of Combinatorial Problems », *Science*, n° 266, 11 novembre.

Joachim, C., J. K. Gimzewski et A. Aviram (2000), « Electronics Using Hybrid-molecular and Mono-molecular Devices », *Nature*, vol. 408, 30 novembre.

Langer, R. *et al.* (1999), « A Controlled-release Microchip », *Nature*, vol. 397, 28 janvier.

Nicolelis, M. A. L. *et al.* (2000), « Real-time Prediction of Hand Trajectory by Ensembles of Cortical Neurons in Primatese, *Nature*, vol. 408, 16 novembre.

Rosnay, J. (de) (2001), « De la biologie moléculaire à la biotique : l'essor des bio-, info- et nanotechnologies », *Cellular and Molecular Biology*, vol. 47, numéro spécial.

Rosnay, J. (de) (1995), *L'Homme symbiotique, regards sur le 3e millénaire*, Paris, Seuil, 1995 (nouvelle édition 2000).

Rosnay, J. (de) (1981), « Les biotransistors : la microélectronique du XXIe siècle », *La Recherche*, n° 124, vol. 12, juillet-août.

Tour, J. M. et M. A. Reed (2000). « Computing with Molecules », *Scientific American*, juin.

Brésil

La porte étroite

Le Brésil a sans doute vécu un tournant historique avec l'élection, en octobre 2002, de Luis Inácio « Lula » da Silva à la présidence de la République. Pour la première fois, une personnalité issue des milieux populaires les plus pauvres, étrangère aux élites qui se sont partagé le pouvoir depuis l'indépendance au début du XIXe siècle, parvient à accéder à la plus haute charge. Plus significatif encore : le nouveau président était le leader incontesté du parti politique latino-américain de gauche le plus puissant et le plus moderne (le Parti des travailleurs, PT) et son accession au pouvoir s'est faite dans le cadre d'un scrutin démocratique exemplaire.

Lula : candidat radical et président réaliste. L'élection de Lula a suscité espoir et curiosité non seulement dans toute l'Amérique latine, mais également au sein des grandes institutions internationales (Fonds monétaire international [FMI], Banque mondiale, Banque interaméricaine de développement, etc.) et des organisations de la société civile (ONG, altermondialistes, etc.) impliquées dans le débat et les politiques de développement. De fait, le succès – ou l'échec – d'un gouvernement de gauche modérée aux commandes de la 10e puissance économique de la planète, poids lourd des pays dits « émergents », est considéré comme un test crucial pour les chances de voir apparaître un nouveau paradigme qui permettrait d'associer gestion économique rigoureuse et justice sociale, et de réconcilier avec la démocratie une gauche latino-américaine encore marquée par sa longue tradition d'autoritarisme interne.

Le processus électoral lui-même a rempli une fonction pédagogique importante auprès de l'opinion publique et des diverses forces politiques brésiliennes. Dès le mois de juin 2002, les investisseurs étrangers et locaux se sont inquiétés des prises de position radicales de plusieurs candidats – dont Lula lui-même – contre la gestion macroéconomique orthodoxe du gouvernement sortant du président Fernando Henrique Cardoso. Celle-ci était fondée sur la responsabilité fiscale, la priorité donnée à la lutte contre l'inflation, l'autonomie de la Banque centrale et l'ouverture commerciale. Le résultat ne s'est pas fait attendre. Le risque pays du Brésil, calculé par la banque JP Morgan, a atteint près de 2 500 points en juillet 2002, alors que la fuite vers le dollar entraînait une dévaluation de 60 % de la monnaie nationale.

En octobre 2002, en plein second tour de la présidentielle, la monnaie culminait à 4 reales pour 1 dollar. Ces deux phénomènes ont alourdi d'autant le paiement des intérêts de la dette extérieure et intérieure, et les opérateurs financiers ont craint que le pays ne soit contraint de suivre l'exemple du moratoire proclamé *de facto* par le voisin argentin. Contrairement à ce dernier, cependant, le gouvernement Cardoso réussit à négocier avec le FMI, en septembre 2002, une aide d'urgence d'un montant record de 30 milliards de dollars (l'accord *stand-by* le plus important de l'histoire de l'institution), assortie de conditions strictes en matière de déficits publics : un surplus budgétaire primaire supérieur à 3,75 % pour les 3 années à venir. En d'autres termes, le FMI demandait que le futur président, quel qu'il soit, s'engageât également sur les termes de l'accord.

Confronté à l'inquiétude des marchés, de la masse des épargnants locaux et de l'opinion publique – qui perçoivent la crise comme une conséquence des positions radicales et hétérodoxes défendues par le PT –, Lula a publiquement accepté l'accord avec le FMI et axé sa campagne sur un discours centriste défendant la nécessité d'une gestion économique et refusant toute rupture radicale avec le modèle antérieur. Contrariant la gauche de son propre parti et les aspirations des militants, Lula s'est engagé clairement à appliquer une politique réformiste pragmatique et prudente. Il a obtenu l'appui d'une partie non négligeable de groupes d'entreprises nationales, s'est allié à quelques puissants politiciens traditionnels, a donné des gages aux secteurs les plus nationalistes des forces armées et choisi comme vice-président un important chef d'entreprise issu du petit Parti libéral. Cette stratégie s'est révélée payante : pour la première fois, le candidat du PT a attiré une partie significative des classes moyennes, rassuré les couches sociales les plus pauvres – qui, traditionnellement, votent pour l'establishment – et dépassé largement le pourcentage de votes « petistes » en obtenant plus de 60 % des suffrages.

Cette volte-face radicale et rapide a créé une ambiguïté qui continue à marquer le mandat du nouveau président. Ses partisans comme ses adversaires se posent la même question : s'agit-il d'un simple jeu tactique pour arriver au pouvoir et reprendre la stratégie classique de la « rupture » prônée par le PT ? Ou est-on en présence d'une véritable conversion à une gestion gouvernementale pragmatique ? Lula et son entourage rétorquent qu'il ne doit pas y avoir de contradiction entre réformisme social et administration responsable de l'État et des finances publiques, l'un n'allant pas sans l'autre. La décision du président, en janvier 2003, de participer à la fois au Forum social mondial à Porto Alegre et au Forum économique mondial à Davos se veut l'illustration de cette volonté de poursuivre le changement en respectant les équilibres économiques et les marchés, et à travers le dialogue avec tous les groupes sociaux dans le cadre de la loi et des institutions démocratiques.

Orthodoxie monétaire et programme « Faim zéro ». Dès son arrivée au palais du Planalto, Lula s'est attaqué à la crise de confiance à l'égard des finances de l'État. Pour rassurer les investisseurs, nationaux et étrangers, ainsi que les institutions financières internationales, le nouveau ministre des Finances, Antonio Palocci, a mis en œuvre une politique monétaire parfaitement orthodoxe, plus rigoureuse même que celle de son prédécesseur : respect strict des accords avec le FMI, augmentation importante des taux d'intérêt pour lutter contre l'inflation, rigueur budgétaire. De même, la présidence de la Banque centrale, ainsi que les ministères-clefs de l'Agriculture et du Développement, de l'Industrie et du Commerce extérieur, ont été confiés à des personnalités liées aux milieux d'affaires et connues pour leurs compétences. Profitant de l'« état de grâce », le gouvernement joue toute sa crédibilité future dans la mise en chantier de deux des grands projets du gouvernement Cardoso que le PT, dans l'opposition, avait tout fait pour bloquer : la réforme fiscale et, surtout, la réforme des retraites, qui touche particulièrement les fonctionnaires publics, l'une des principales bases sociales et électorales du parti. Pour concilier continuité de la politique économique et espoirs soulevés par son élection, Lula a lancé, en parallèle, le programme « Faim zéro », destiné à éradiquer la sous-alimentation encore présente dans certaines régions d'un pays qui reste l'un des plus inégalitaires au monde. Il a aussi confié les ministères « sociaux » et techniques à ses partisans et alliés, dont le ministère symbole de la Réforme agraire, pris en charge par un « petiste » de la mouvance radicale, liée au Mouvement des sans-terre (MST).

Le bilan de la politique intérieure au bout de 6 mois est mitigé. D'un point de vue macroéconomique, les résultats sont spectaculaires : le risque-pays est à moins de 700 points en juillet 2003 ; la hausse du taux d'inflation semble maîtrisée ; le dollar est retombé au-dessous de 3 reales, les obligations du Trésor brésilien ont connu une hausse spectaculaire et le pays est revenu en force sur les marchés de titres internationaux ; le surplus budgétaire primaire est encore plus important que la marge négociée avec le FMI ; les lignes de crédits à l'exportation sont pratiquement rétablies et les investissements de portefeuille ont repris le chemin de la Bourse de Sao Paulo (Bovespa). Le Brésil, considéré comme l'un des meilleurs élèves de la classe, a reçu des satisfecit appuyés des dirigeants des institutions financières internationales et des pays industrialisés.

À l'inverse, le programme « Faim zéro » peine à démarrer, enlisé dans des querelles bureaucratiques et l'incompétence de ses responsables. Les ministères « sociaux », subissant de fortes coupes budgétaires et, pour la plupart, administrés par des politiciens sans expérience, ont du mal à présenter, et encore moins à appliquer, des programmes cohérents. Le président continue à caracoler en tête des sondages, mais son gouvernement commence à accuser le coup face à l'inquiétude des grands centres urbains, confrontés à une augmentation importante du chômage et aux récriminations d'une partie du patronat, qui exige une baisse significative des taux d'intérêt. Par ailleurs, l'action décisive promise contre la violence et la corruption liées au trafic de drogue – dont Rio de Janeiro est maintenant la principale victime – reste à l'état de promesse.

Lula doit donc affronter la frustration de ses partisans les plus radicaux, y compris dans son propre parti. Ils lui reprochent de poursuivre la même politique que le gouvernement précédent et s'inquiètent de l'alliance avec le vieux parti populiste du centre, le Parti du Mouvement démocratique brésilien (PMDB), pour faire approuver les réformes au Congrès. Par ailleurs, le MST, appuyé par les secteurs les plus extrémistes des mouvements catholiques, revendique une réforme agraire radicale et multiplie les occupations de terre, souvent accompagnées de violences. Une situation qui incite les propriétaires à constituer des milices armées, avec tous les dangers de dérapage et de violence dans les campagnes que cela comporte. En juillet 2003, le président était de plus en plus pressé de démontrer que sa gestion responsable des finances publiques ne lui a pas fait oublier ses promesses de réforme sociale. Mais il lui est difficile de s'engager dans cette voie tout en maintenant les équilibres macroéconomiques et avant que les réformes de la fiscalité et des retraites ne soient approuvées par le Législatif.

L'affirmation du Brésil dans le monde. Confronté à ces difficultés intérieures, le nouveau gouvernement a cependant fait preuve d'un véritable activisme en politique étrangère. Dès les premiers jours de son mandat, Lula a expliqué que le Brésil devait cesser de se prendre pour une victime et assumer un rôle de leader et d'acteur international à part entière. Mieux : la diplomatie brésilienne affirme que le leadership a un coût et qu'il faut l'assumer. Le gouvernement a ainsi pris l'initiative d'intervenir en tant que médiateur dans la crise vénézuélienne et de lancer une campagne pour trouver des appuis à sa candidature à un poste de membre permanent du Conseil de sécurité. Le programme de visites à l'étranger voulu par Lula lui-même est beaucoup plus ambitieux que celui de son prédécesseur. Il l'a amené à rencontrer la plupart de ses homologues sud-américains, des chefs d'État européens ainsi que le président George W. Bush, et à participer, à l'invitation de la France, au sommet du G8, en juin 2003, à Évian. Des tournées en Afrique et au Moyen-Orient sont également prévues au second semestre de 2003 et le ministre des Affaires étrangères a déjà annoncé la mise en place de véritables politiques africaine et arabe.

La priorité de la stratégie diplomatique brésilienne a été clairement fixée : favoriser l'intégration sud-américaine autour d'un Mercosur (Brésil, Argentine, Uruguay, Paraguay) renforcé. Lula propose l'approfondissement du processus d'intégration du Cône sud – y compris dans ses aspects politiques et sociaux – et la constitution d'une Zone de libre-échange sud-américaine (Amercosur) permettant de mieux négocier, avec les États-Unis, la création de la Zone de libre-échange des Amériques (ZLEA) prévue pour la fin de 2005. Et pour montrer que le Brésil est prêt à assumer ses responsabilités de leader, la Banque nationale de développement économique et social brésilienne (BNDES) a accordé d'importantes lignes de crédit à ses voisins vénézuélien et argentin. Le second élément de cette stratégie est de se donner davantage de marge de manœuvre dans le cadre des négociations commerciales internationales en promouvant des coalitions d'États « émergents » et des relations privilégiées avec certains États industrialisés. C'est ainsi que l'Amercosur entend contrebalancer l'influence de Washington dans la ZLEA. L'accélération des négociations en vue d'un accord d'association entre l'Union européenne (UE) et le Mercosur à l'horizon fin 2004, ainsi que l'accord « G3 », signé en juin 2003, en vue de la création d'une zone de libre-échange entre le Mercosur, l'Afrique du Sud et l'Inde –, sont aussi censés renforcer le poids du Brésil dans les négociations multilatérales de l'Organisation mondiale du commerce (OMC) et vis-à-vis de la ZLEA.

En définitive, la politique étrangère de Lula vise à faire du Brésil un protagoniste actif de la politique internationale, disposant d'une voix indépendante, mais sans que cela soit perçu comme une attitude hostile aux États-Unis ou comme un retour au non-alignement des années 1960. Opposé publiquement à l'intervention anglo-américaine en Irak, le président n'en a pas moins obtenu, en juin 2003, une réunion au sommet, la première du genre, entre les deux chefs d'État brésilien et américain. Pour l'instant, cette orientation est encore essentiellement rhétorique. Reste à savoir si le Brésil de Lula est prêt à faire les considérables efforts internes, y compris budgétaires, lui permettant d'assumer *de facto* ce rôle de leader autoproclamé. La réponse se trouve dans la manière dont le président brésilien parviendra à gérer la fin de la période d'« état de grâce ».

A. G. A. V.

Sites Internet

Sur la situation générale du Brésil : <www.latinreporters.com>.
Sur l'économie brésilienne :
<www.ceim.uqam.ca/Obs_Amer/Bilan_Bres02.pdf>.
ZLEA : <www.ftaa-alca.org/alca_f.asp>.
FMI : <www.imf.org/external/country/BRA/index.htm>.

Faits et dates

– *17-18 mai 2002* : Sommet de l'UE et de l'Amérique latine et des Caraïbes (ALC) à Madrid, en vue d'intensifier l'intégration économique entre les deux zones.
– *6 septembre 2002* : Aide exceptionnelle du FMI d'un montant de 30,4 milliards de dollars.
– *21 juin 2002* : Le risque pays du Brésil est à 1 716 points (augmentation de 50 % en 2 semaines) après 2 journées de panique à Sao Paolo (c'était le niveau atteint par le risque pays argentin en août 2001, début de la faillite de l'économie argentine). Le réal s'est déprécié de 22 % depuis le début du mois.
– *6 et 27 octobre 2002* : Élection présidentielle. Lula, candidat du PT, est élu au second tour avec 61,3 % des suffrages contre J. Serra (social démocratie brésilienne, centre droit). C'est le premier président issu des milieux populaires depuis l'indépendance du Brésil (1889).
– 1er novembre 2002 : Déclaration ministérielle de Quito pour la ZLEA, qui doit être effective en décembre 2005.
– *1er janvier 2003* : Investiture du président brésilien.
– *23-28 janvier 2003* : Lula participe au Forum social mondial à Porto Alegre et au Forum économique mondial à Davos.
– *30 janvier 2003* : Lancement du programme « Faim zéro » en vue d'éradiquer en 4 ans la malnutrition, qui touche 46 millions de Brésiliens.
– *1-3 juin 2003* : Sommet du G8 à Évian.
– *11 juin 2003* : Voyage officiel du président argentin, N. Kirchner, au Brésil. Volonté de créer un parlement du Mercosur.

Caspienne

Les enjeux énergétiques

La diversification des sources d'approvisionnement reste l'objectif principal de la politique énergétique des pays consommateurs de pétrole. Même si l'attention s'est portée récemment sur le Moyen-Orient, et notamment l'Irak, l'intérêt pour les pays producteurs d'Asie centrale et du Caucase n'en demeure pas moins élevé.

Le mythe de la Caspienne. Dans l'immédiat après-guerre froide, les entreprises et les gouvernements occidentaux, notamment des États-Unis, ont vu l'immense potentiel de ressources pétrolières et gazières des nouvelles républiques d'Asie centrale et du Caucase à la fois comme autant de sources de diversification de leurs approvisionnements énergétiques et comme un moyen de sortir d'une situation de dépendance vis-à-vis du Golfe. À l'époque, ces sources étaient estimées à environ 10 % des réserves mondiales, soit à peu près l'équivalent des réserves koweïtiennes. Pourtant, après une décennie d'accès à la région, les estimations concernant ces réserves ont été revues à la baisse. Aujourd'hui, le département d'État américain les estime à 4 % des réserves mondiales, soit un peu moins que les réserves russes (plus de 4,5 %).

Les experts occidentaux ont aussi pris conscience des limites du développement de ces États. Si ceux-ci disposent d'une population instruite, fruit de la période soviétique, leur situation économique reste précaire. Leur développement et leur attractivité sont conditionnés par la démocratisation de leurs institutions, la mise en place d'une économie de marché, ainsi que par leur stabilité et la sécurité. En outre, ces pays souffrent de la corruption, de l'absence d'un État de droit, et de leur dépendance vis-à-vis de la Russie.

Les différences tribales, ethniques et religieuses en Géorgie, en Ouzbékistan, au Tadjikistan et en Azerbaïdjan sont également un obstacle à l'instauration de démocraties viables et à la stabilisation de la région. Depuis la disparition de l'Union soviétique, ces divisions ont nourri des conflits internes (Géorgie) et interétatiques (Nagorni-Karabakh, vallée de la Fergana). Si, dans cette région depuis longtemps musulmane, un islam modéré tend à dominer, des factions fondamentalistes se développent et déstabilisent certains pays, comme l'Ouzbékistan. Ces problèmes sont renforcés par l'explosion démographique qui caractérise la région. Des institutions politiques faibles et une situation économique délicate font de ces pays des territoires propices à l'implantation de groupes terroristes. Tous ces pays ont d'ailleurs renforcé leur coopération avec les États-Unis dans la lutte contre le terrorisme depuis le 11 septembre 2001.

Les enjeux régionaux. Le choix de la localisation des oléoducs est une priorité. Les experts estiment qu'en l'état actuel, les capacités de transport d'hydrocarbures seront suffisantes sur la base des oléoducs existants – le système russe, le nouveau consortium CPC (Caspian Pipeline Consortium) et le *Blue Stream* – et de ceux qui sont en construction. Parmi eux, l'oléoduc Bakou-Tbilissi-Ceyhan (BTC) est particulièrement important, car il permettra de contourner le monopole russe sur le transport énergétique. Ce projet, soutenu par Washington depuis le début, a connu une crise à l'hiver 2003. Les critiques des groupes de défense de l'environnement ont soulevé quelques inquiétudes parmi les soutiens financiers du projet au sein de la Banque européenne de reconstruction et de développement (BERD) et de la Société financière internationale (SFI, Banque mondiale). Mais la crise a seulement retardé le projet en cause, ses partenaires garantissant finalement leur soutien financier. Son arrêt aurait été particulièrement préjudiciable pour le gouvernement azéri, qui contrôle 25 % du consortium.

En avril 2003, le Turkménistan et la Russie ont signé un accord visant à fournir du gaz turkmène à la Russie à un coût inférieur au prix du marché pour les 25 prochaines années (environ 44 dollars/1 000 m^3, alors que le prix du gaz vendu à l'Union européenne [UE] est d'environ 110 dollars). Le gaz turkmène permettra à la Russie de satisfaire sa consommation intérieure et de vendre son propre gaz à l'UE à un prix bien plus élevé. D'une certaine façon, au terme de cet accord, l'UE pourrait subventionner l'économie russe tandis que la Russie contrôlera virtuellement, pour une longue période, le gaz du Turkménistan, qui, lui, avait tout intérêt à conclure cet accord.

Les carences au Kazakhstan en matière de gouvernance (absence d'État de droit, corruption) font l'objet de préoccupations croissantes en Occident. Or, le pays dispose d'importantes réserves d'hydrocarbures et les investissements occidentaux y sont élevés. La transparence du système juridique est particulièrement en cause, en raison de l'instabilité de la législation et des pratiques administratives : règles régissant le fonctionnement de l'industrie du pétrole et du gaz, restrictions en matière de permis de travail pour les salariés des entreprises étrangères ; condamnations douteuses pour non-respect de l'environnement, etc. Points positifs cependant, le Kazakhstan a conclu un accord avec la Russie sur la délimitation de la mer Caspienne (2002), a fait des efforts pour faciliter le transport des matières premières *via* le BTC, et prévoit d'offrir de nouveaux blocs offshore (permis d'exploration et d'exploitation sous-marines sur une parcelle de la mer Caspienne découpée en secteurs de taille équivalente).

L'Iran est un important acteur régional, mais tout autant une source d'instabilité. Aucun progrès décisif n'a été enregistré avec Téhéran sur la délimitation de la mer Caspienne. Par ailleurs, la dégradation des relations avec Washington, en raison de la présence américaine en Irak et des accusations de l'Administration Bush à propos du soutien supposé de l'Iran au terrorisme et du possible développement d'armes nucléaires, constitue un obstacle potentiel à la poursuite de l'exploitation des hydrocarbures.

Les futurs investissements dans la région continueront donc de dépendre des progrès effectués en matière de démocratisation et de libéralisation économique. Les investisseurs seront soucieux de la viabilité économique du développement des ressources énergétiques et suivront particulièrement l'évolution du système légal et l'inviolabilité des contrats, notamment au Kazakhstan. Les répercussions de la guerre en Irak sur l'Iran auront aussi une influence sur les investissements dans la région. Enfin se posera la question de l'attractivité des investissements étrangers dans les secteurs non énergétiques de pays comme le Kazakhstan, l'Azerbaïdjan et l'Ouzbékistan. L'évolution de la production pétrolière irakienne et de la politique des États-Unis au Moyen-Orient seront également des éléments déterminants pour l'avenir économique de la Caspienne.

H. B.

Sites Internet

Agence internationale de l'énergie : <www.iea.org>.
Energy Information Administration (département américain de l'Énergie) : <www.eia.doe.gov>.
The Russian and Eurasian Program (Carnegie Endowment for International Peace) : <www.ceip.org>.
The Baker Institute (Rice University) : <www.rice.edu>.

Pour en savoir plus

Raballand, G. (2002), *Une Approche géoéconomique du bassin de la mer Caspienne*, Document de travail, Ifri, décembre, <www.ifri.org>.

Bird, H. (2002), *The Caspian Energy Game. Views from the United States and the United Kingdom*, Document de travail, Ifri, décembre, <www.ifri.org>.

Changement climatique
La décennie charnière

En 2001, le Groupe d'experts intergouvernemental sur l'évolution du climat (GIEC, voir *RAMSES 2002* et *2003*) a revu à la hausse l'évolution de la température moyenne de la planète au cours du xxe siècle (+ 0,6° Celsius) et confirmé le rôle des activités humaines dans cette augmentation, en particulier celui de l'accumulation de CO_2 et d'autres gaz à effet de serre (GES) dans l'atmosphère. Le GIEC projette en 2010 une augmentation de 1,4 à 5,8° Celsius de la température moyenne. Or, notre planète n'a pas connu de tel réchauffement au cours des 10 000 dernières années.

La science du climat. L'effet de serre permet de maintenir la température de la planète à un niveau qui la rend habitable. Une couche de gaz (vapeur d'eau, CO_2 et méthane, principalement) retient une partie du rayonnement infrarouge émis par la surface terrestre. Le changement climatique en cours est causé par une accumulation croissante de ces gaz dans l'atmosphère, qui entraîne un accroissement de l'effet de serre. Les conséquences de ce changement du climat global pourraient être les suivantes : augmentation du niveau moyen des océans – entre 10 et 90 cm d'ici un siècle selon les hypothèses de travail –, perturbation des régimes de précipitations, risque accru de sécheresses et d'inondations (avec effets en chaîne sur la production agricole), apparition de vecteurs de maladies infectieuses jusqu'alors limitées aux zones tropicales, etc.

Même s'il reste difficile de prévoir avec précision les dommages causés par le changement climatique, la communauté internationale a décidé d'agir pour les limiter. Le CO_2, principal GES d'origine humaine, est émis lors de l'utilisation de combustibles fossiles (pétrole, gaz naturel, charbon), qui a crû de façon exceptionnelle depuis le début de l'ère industrielle. Selon l'Agence internationale de l'énergie (AIE), en l'absence de mesures vigoureuses pour contenir ces émissions, celles-ci atteindraient 38 milliards de tonnes en 2030, soit 168 % de leur niveau en 2000. L'épuisement progressif des ressources de pétrole et de gaz et leur renchérissement ne suffiront pas à ralentir l'accumulation de CO_2 dans l'atmosphère, car le charbon et des ressources non conventionnelles prendront progressivement le relais. En outre, la déforestation, les changements dans l'utilisation des sols et certains procédés industriels sont également sources d'émissions. Or, le GIEC est formel : à terme, celles-ci doivent décroître d'au moins 60 % pour permettre une stabilisation du climat global.

Là où le problème des pollutions « classiques » trouve sa solution dans des procédés de récupération ou d'élimination (les pots catalytiques), les émissions de CO_2 restent indissociables de l'utilisation des combustibles fossiles. Production industrielle consommatrice d'énergie, production et consommation d'électricité, chauffage domestique, agriculture et transport sont autant d'activités dont il faudra, à terme, réduire les émissions de façon sensible pour éviter la détérioration du climat. Pour partie, les technologies de réduction des émissions de GES existent, mais elles sont peu utilisées et/ou plus coûteuses que les technologies habituelles. Le monde moderne est, bon an, mal an, habitué à disposer d'une énergie plutôt bon marché. Même si les chocs pétroliers ont suscité des efforts de maîtrise de l'énergie, ceux-ci faiblissent dès que les prix baissent, et il est vite apparu qu'une politique plus systématique et plus durable était nécessaire pour sauvegarder le climat.

Les efforts multilatéraux. Jusqu'à présent, les pays industrialisés (membres de l'Organisation de coopération et de développement économiques [OCDE] et économies en transition) produisent la majorité des émissions et sont les principaux responsables de l'augmentation de la concentration de GES. C'est à leur initiative qu'a été signée la convention-cadre des Nations unies sur le changement climatique, à Rio, en 1992. Son objectif était d'éviter une dérive du climat dangereuse pour les activités humaines et les écosystèmes. Pour ce faire, les pays industrialisés s'étaient engagés pour l'an 2000 à ramener leurs émissions au niveau de l'année 1990. Si ce but a été atteint, c'est grâce à l'effondrement de l'activité industrielle des économies en transition, car les émissions des pays de l'OCDE ont continué de croître sur cette période – à l'exception notable de l'Allemagne (à la faveur de la réunification), du Royaume-Uni (où une réorganisation des marchés de l'électricité impose le gaz au détriment du charbon) et de la France (qui a augmenté la disponibilité de ses centrales nucléaires et poursuit des efforts de maîtrise de l'énergie).

L'avancée de la science et l'absence de progrès notable vers une réduction des émissions globales ont conduit les parties à Rio à négocier un protocole encourageant une réduction durable et globale des émissions de GES. Le protocole de Kyoto, signé en 1997, fixe un objectif global de réduction des émissions pour 2008-2012 de 5 % par rapport à 1990. Pour certains pays, États-Unis en tête, ce n'est pas insignifiant : alors que ceux-ci se sont engagés à une réduction de 7 %, la tendance observée chez eux indique une augmentation d'au moins 30 %. En revanche, les pays en développement (PED), dont la part dans les émissions reste faible, ont refusé de s'engager à les limiter à ce stade, au grand dam du Congrès américain qui en faisait une condition *sine qua non* de la ratification du protocole.

À la différence du protocole de Montréal sur la couche d'ozone, qui ciblait une seule activité industrielle – la production de chlorofluorocarbone (CFC) –, concentrée sur quelques producteurs, Kyoto s'accompagne d'enjeux économiques majeurs. Le coût économique des changements à introduire dans les systèmes énergétiques est vite apparu comme un élément central de la prise de décision internationale. À Kyoto, les pays industrialisés se sont divisés sur les mesures nécessaires pour réduire le coût de leurs efforts. D'un côté, l'Union européenne (UE) et les pays affiliés prônent des politiques coordonnées, garantes d'un effort équitable des uns et des autres. De l'autre, les États-Unis et les pays hors Europe, Russie et Ukraine comprises, défendent un marché de permis d'émissions négociables, fondé sur des objectifs juridiquement contraignants. L'idée, simple, et mise en œuvre avec succès pour réduire les émissions de soufre des centrales américaines, est qu'il vaut mieux, à émissions globales constantes, réduire celles où cela s'avère le moins coûteux. En permettant aux pays d'acheter et de vendre des quotas d'émissions évitées, un prix du CO_2 permettra d'orienter plus efficacement les investissements de réduction d'émissions.

C'est cette option qui l'a en partie emporté à Kyoto, les États-Unis, le Canada, l'Australie et le Japon n'envisageant pas de coordonner leurs politiques de réduction d'émissions avec quiconque. Mais les objectifs de Kyoto restent problématiques : les États-Unis ne peuvent s'engager à des réductions importantes que parce que la Russie et les autres pays en transition ont obtenu des objectifs d'émissions *au-dessus* de leurs émissions probables. Ces derniers vendront le surplus de permis négocié à Kyoto aux premiers. Si la coordination internationale par un marché de permis s'est imposée à Kyoto, cette répartition des efforts tend toutefois à discréditer ce mécanisme.

Après trois années d'élaboration laborieuse du dispositif technique, qui ont abouti aux accords de Marrakech (2001), l'élection de George W. Bush a sonné le retrait des États-Unis du protocole de Kyoto. Parmi les raisons invoquées, le premier pays émetteur avance, entre autres arguments, qu'il ne peut s'agir pour lui de compter sur la Russie et l'Ukraine pour remplir ses engagements et que les réductions de ces dernières seraient un cadeau fait à Kyoto ! Au final, c'est sans doute sous la pression de l'industrie automobile, des compagnies pétrolières et des charbonniers que les États-Unis sont sortis du protocole. Ils sont aussi revenus sur la proposition de campagne du candidat Bush en refusant de limiter les émissions de CO_2 des centrales électriques. Même si l'Académie des sciences américaine comfirme les principaux résultats du GIEC, les États-Unis, qui représentent 25 % des émissions pour 5 % de la population mondiale, refusent de prendre des mesures significatives pour réduire les émissions des industries et des ménages américains.

L'Europe prend les devants. Malgré ce revers pour le protocole, l'UE tente de mettre en place un arsenal de mesures permettant d'atteindre les objectifs de Kyoto. Très tôt, la Commission et les constructeurs automobiles européens, japonais et coréens ont conclu un accord de réduction des émissions de CO_2 des véhicules mis sur le marché d'ici 2008. En 2003, le Conseil des ministres et le Parlement devraient approuver une directive établissant un système de quotas échangeables couvrant les émissions de CO_2 des principales sources industrielles des 25 États membres à partir de 2005. Si des marchés du CO_2 existent déjà – au Royaume-Uni et au Danemark, mais également aux États-Unis, sur une base volontaire –, celui-ci sera d'un tout autre ordre de grandeur. Les efforts se multiplient également pour augmenter la part des énergies renouvelables dans la production d'électricité, avec des objectifs indicatifs pour l'année 2010. Une directive pour promouvoir la maîtrise de l'énergie est également en chantier.

L'Europe et les autres parties au protocole attendent désormais la ratification par la Russie, qui permettra son entrée en vigueur. Les États-Unis ont adopté une approche alternative visant à réduire le contenu en GES de leur économie, avec pour résultat une croissance probable des émissions de 30 % par rapport à l'année 1990. À ces efforts *a minima* s'ajoutent des programmes de recherche et développement sur la récupération et le stockage du carbone, et sur l'hydrogène, qui, s'ils aboutissent, ne permettront des réductions significatives que dans plusieurs décennies. Quelques signes positifs existent cependant : de nombreux États, villes et entreprises américaines ont pris des engagements volontaires de réduction des émissions. Par ailleurs, un sondage récent montre que l'opinion publique américaine serait favorable à Kyoto et à des mesures de lutte contre le réchauffement global. Pour le moment, il revient à l'UE et aux autres pays industrialisés de montrer que le régime international existant est efficace.

En revanche, il faudra attendre le retour des États-Unis pour entamer la négociation avec les PED. Lors de la dernière conférence de la convention sur le climat, à New Delhi, ceux-ci ont clairement signifié leur opposition à son éventuelle ouverture. À l'instar de la stabilisation du climat mondial, cette négociation internationale s'inscrit donc sur le long terme, mais n'en est pas moins urgente.

R. B.

Sites Internet

Convention sur le changement climatique : <www.unfccc.int>.
GIEC : <www.ipcc.ch>.
AIE : <www.iea.org/envissu/index.htm>.
OCDE : <www.oecd.org/env/cc>.
Atelier Ifri-Resources for the Future : <www.rff.org/Post_Kyoto_Conference.htm>.

Pour en savoir plus

Agence internationale de l'énergie (2002), *World Energy Outlook 2002*, Paris, AIE-OCDE, <www.worldenergyoutlook.org>.

Panel international sur le changement climatique (IPCC) (2001), *Climate Change 2001. The Third Assessment Report*, Cambridge (UK), Cambridge University Press, <www.ipcc.ch/>.

Chine

La « quatrième génération » au pouvoir

En dépit de l'arrivée au pouvoir d'une quatrième génération de dirigeants depuis la fondation de la République populaire de Chine (RPC), en 1949, le régime chinois se place plutôt sous le signe de la continuité que sous celui de la rupture. Les chocs de la politique internationale de la fin 2002 et du début 2003 (guerre d'Irak, crise nord-coréenne) n'ont pas conduit la nouvelle direction chinoise à modifier radicalement sa ligne diplomatique, qui est toujours au service de la croissance économique du pays. Autour de cette transition générationnelle du pouvoir, la Chine tente cependant de tracer une voie originale qui se distingue du libéralisme politique et économique occidental.

Rajeunissement sans renouvellement. Le renouvellement de la direction chinoise à la tête du Parti communiste chinois (PCC) (XVIe Congrès, 8-14 novembre 2002) et de l'État (1re session de la Xe Assemblée nationale populaire [ANP], 5-18 mars 2003) a placé la génération des technocrates sexagénaires aux commandes de l'appareil politique. Mais les principaux dirigeants septuagénaires de la troisième génération devraient conserver la réalité du pouvoir pendant encore quelques années. Numéro un du Parti depuis 13 ans, Jiang Zemin (76 ans) est revenu sur son engagement de départ à la retraite pris au XVe Congrès (1997). Avec l'appui de l'armée, il s'est fait réélire président de la Commission centrale militaire du Parti par le XVIe Congrès et président de la Commission centrale militaire de l'État par l'ANP.

La reconfiguration de la direction politique est l'aboutissement des luttes d'influence que se sont livrées les deux principales factions politiques jusqu'au XVIe Congrès, de ce fait repoussé d'un mois : la faction de Shanghai, menée par Jiang Zemin, et la faction de la Ligue de la Jeunesse communiste soutenant Hu Jintao. Si ce dernier a été élu secrétaire général du Parti (15 novembre 2002) et président de la République (15 mars 2003), conformément à la volonté de Deng Xiaoping, il s'est vu imposer par Jiang des hommes prêts à défendre ses intérêts et ses idées. Les partisans de celui-ci (Zeng Qinghong, Wu Bangguo, Jia Qinglin, Huang Ju, Li Changchun) occupent ainsi les deux tiers des sièges du Comité permanent du Bureau politique, qui sont passés de 7 à 9. La ligne progressiste-populiste que Hu a dévoilée au fil de ces derniers mois avec son Premier ministre, Wen Jiabao, a ainsi peu de chance de prévaloir dans l'immédiat. En obtenant, lors du XVIe Congrès, la révision des statuts du Parti pour y inscrire sa théorie des « trois représentativités », Jiang a institutionnalisé sa politique d'avantages aux zones côtières et aux élites urbaines. Admettant des entrepreneurs privés en son sein, le PCC ne se présente désormais plus comme le parti du seul prolétariat.

L'appareil du Parti est toutefois plus divisé que l'armée sur le soutien à la ligne de Jiang Zemin. Ses protégés ont obtenu le plus faible nombre de voix aux deux sessions de l'ANP et de la Conférence consultative politique du peuple chinois. La faction de Shanghai, qui occupe désormais la majorité des postes-clefs du Parti et de l'État, apparaît ainsi de plus en plus soucieuse de reconquérir une « légitimité populaire » dont la baisse a été enregistrée par les récents sondages d'instituts de recherche officiels.

Refus de l'occidentalisation. L'échéance du XVIe Congrès paraît avoir relancé le débat sur la réforme politique. Les revues académiques les plus en vue publient librement des articles prônant une réforme de l'administration comme préalable à une évolution démocratique du régime. Mais, au sein de l'establishment, le discours le plus libéral sur la réforme soutient une constitutionnalisation du régime, et non une démocratisation à l'occidentale. Si Hu Jintao est accusé par la faction de Jiang Zemin de vouloir mettre fin à la supériorité du Parti sur la Constitution, il n'a pas pour l'heure fait sien l'engagement de Zhao Ziyang envers une séparation de l'État et du Parti. Nommé secrétaire général du PCC en 1987, ce dernier avait été éliminé du pouvoir lors des événements de Tiananmen (1989).

Les « institutionnalistes » défendent aujourd'hui une « démocratie à parti unique » fondée sur une « nouvelle séparation des pouvoirs ». Expérimentée sans grand succès dans la première zone économique spéciale (ZES), Shenzhen, elle consiste à distinguer trois instances au sein de l'Exécutif : une pour la décision, une pour l'application, une pour le contrôle. À défaut de système de contrepouvoir efficace, la lutte contre la corruption, qui mine la légitimité du Parti et représente un manque à gagner important pour le budget de l'État, a été mise au service des factions (affaires Wang Huaixiong et Yang Bin visant à atteindre Jiang Zemin en septembre et novembre 2002 ; affaire Zhu Xiaohua, protégé de Zhu Rongji, condamné à la prison ; affaire Gao Yan touchant le clan Li Peng en septembre 2002).

La nouvelle direction chinoise

• À la tête du Parti

– Secrétaire général du Comité central du PCC : Hu Jintao.
– Membres du Comité permanent du Bureau politique : Hu Jintao, Wu Bangguo, Wen Jiabao, Jia Qinglin, Zeng Qinghong, Huang Ju, Wu Guanzheng, Li Changchun, Luo Gan.
– Membres de la Commission militaire centrale du PCC : Jiang Zemin (président), Hu Jintao, Guo Boxiong, Cao Gangchuan (vice-présidents), Xu Caihou, Liang Guanlie, Liao Xilong, Li Jinai.

• À la tête de l'État

– Président : Hu Jintao.
– Vice-président : Zeng Qinghong.
– Premier ministre : Wen Jiabao.
– Vice-Premiers ministres : Huang Ju, Wu Yi, Zeng Peiyan, Hui Liangyu.
– Présidente de l'ANP : Wu Bangguo.
– Président de la Conférence consultative politique du peuple chinois : Jia Qinglin.
– Principaux membres de la Commission militaire centrale de l'État : Jiang Zemin (président), Hu Jintao, Guo Boxiong, Cao Gangchuan (vice-présidents).

En revanche, la poursuite des réformes économiques semble recueillir un consensus entre les deux factions principales. Si la croissance du produit intérieur brut (PIB) chinois reste cette année l'une des plus fortes du monde avec un taux de 8 % selon le Fonds monétaire international (FMI), sa dépendance à l'égard des exportations et d'une politique budgétaire expansionniste la rend fragile sur le long terme. Le mouvement de « séparation entre le politique et l'économique » (*zheng zi fenkai*), inauguré dans les années 1990, a été confirmé lors du XVIe Congrès. Il a ainsi donné lieu, depuis l'automne 2002, à de nouvelles avancées dans la distinction entre l'État administrateur et l'État opérateur d'un secteur public à caractère commercial. Le rythme de mise en place d'autorités administratives « indépendantes » s'est accéléré : Commission de supervision de l'électricité (février 2003), Commission de gestion des actifs d'État (mars 2003), Commission de contrôle bancaire (avril 2003).

La réforme du secteur de l'énergie est un des chantiers-clefs du gouvernement, alors que la crise irakienne a renforcé la conscience des risques liés à la dépendance pétrolière croissante du pays. Toutefois, le renforcement des mécanismes de marché consiste essentiellement à développer la concurrence entre entreprises publiques. Le développement du secteur privé, quoique très dynamique (60 % de la croissance chinoise serait due au secteur privé, y compris le secteur à capitaux étrangers), reste limité par une politique privilégiant le secteur public pour l'accès aux investissements. Le cap de la libéralisation économique chinoise s'est donc maintenu au lendemain du XVIe Congrès, sans s'engager dans une privatisation massive, comme l'ont fait les anciens pays communistes de la Communauté des États indépendants (CEI) ou ceux de l'Europe de l'Est.

Ménagement des États-Unis et promotion du multilatéralisme. La continuité de la politique étrangère de la Chine devrait être favorisée par le maintien de Jiang Zemin à la présidence des deux commissions militaires centrales, ainsi que par l'absence de personnalité bénéficiant de son expérience de la diplomatie au sein du Comité permanent du Bureau politique. Placé à la tête de l'armée, Jiang contient au sein de celle-ci les partisans d'une ligne plus dure à l'égard de Taiwan et des États-Unis. La stabilité reste l'objectif premier de la diplomatie chinoise, la priorité étant de pérenniser la croissance économique du pays. La crise irakienne ne devrait donc pas avoir d'effet négatif durable sur les relations entre Pékin et Washington. La tentation d'une alliance antihégémonique avec la France, l'Allemagne et la Russie a fait place à un attentisme réaliste sur la recomposition géostratégique au Moyen-Orient. Pékin joue la carte de son soutien à la lutte antiterroriste menée par Washington depuis les attentats du 11 septembre 2001. Ce soutien lui permet de maintenir une conjoncture internationale favorable à ses intérêts économiques tout en justifiant la répression de la dissidence intérieure au nom du terrorisme. Dans ce contexte, les sanctions imposées par l'Administration Bush au conglomérat Norinco (3 mai 2003), accusé d'avoir transféré des technologies balistiques à l'Iran, ne devraient pas changer la diplomatie américaine de Pékin, plutôt placée sous le signe de la coopération que de la compétition.

Le profil bas de cette politique n'empêche pas la Chine de poursuivre ses efforts pour limiter les tendances hégémoniques des États-Unis. Bien que la nouvelle équipe dirigeante se félicite d'un réchauffement des relations avec Washington dans le sillage du 11 septembre, elle devrait soutenir les récents efforts faits pour diversifier ses appuis parmi les grandes puissances. Le « facteur américain » pousse la Chine à poursuivre sa conversion à une « diplomatie des grands pays » (*da guo waijiao*) et au multilatéralisme. En tempérant ses différends avec Tokyo, Pékin pourrait ainsi tenter un rapprochement avec l'allié majeur de Washington en Asie. Pékin cherche également à convaincre les États d'Asie centrale et la Russie d'adopter une ligne moins favorable à Washington. Lors du 3e sommet de l'Organisation de coopération de Shanghai (OCS) (Moscou, 29 mai 2003), la diplomatie chinoise a acquis la création de son secrétariat permanent à Pékin. Si elle n'abandonne pas sa prétention à se faire le porte-parole du Tiers-Monde, l'appui qu'elle lui apporte est pour l'instant plus rhétorique que matériel.

Cependant, la nouvelle direction chinoise ne devrait pas réviser fondamentalement la ligne diplomatique définie par Deng Xiaoping au seuil des années 1980. Son mot d'ordre, « cacher ses talents en attendant son heure » (*tao guang yang hui*), est conçu comme une attitude réaliste de la Chine quant à sa possibilité d'être reconnue comme une puissance susceptible d'influer sur l'ordre mondial à l'égal des États-Unis. Si elle a participé, le 1er juin 2003, à Évian, à une réunion informelle du dialogue Nord-Sud entre les pays du G8 et 11 pays en développement, la Chine ne sollicite pas pour autant son adhésion au G8, à laquelle l'habilite pourtant sa puissance économique. Le pays a pour priorité de sécuriser son environnement immédiat et d'éviter que les facteurs stratégiques internationaux n'aient un impact sur son développement. C'est dans cette perspective que Pékin espère préserver le *statu quo* dans la péninsule coréenne. Après les appels répétés de Washington à jouer un rôle plus actif depuis l'escalade au chantage nucléaire de Pyongyang, la Chine a fini par accepter l'organisation d'un sommet trilatéral à Pékin (23-24 avril 2003).

La crise du syndrome respiratoire aigu sévère (SRAS), d'abord dissimulée par la Chine avant qu'elle n'en reconnaisse la gravité en avril 2003, aura toutefois montré à la nouvelle direction du Parti que le refus d'assumer ses responsabilités vis-à-vis de sa population comme de la communauté internationale peut coûter cher à ses objectifs politiques et économiques (voir l'article « SRAS »). En Asie, Pékin aura perdu une part du crédit qu'il avait gagné dans sa gestion de la crise financière de 1998. À Taiwan, cette attitude aura mis en position de faiblesse l'opposition pro-continentale au président Chen Shui-bian, qui augmente ainsi ses chances de réélection en 2004. Autre conséquence de l'épidémie : la Banque mondiale prévoit une baisse de 0,2 à 0,6 point sur les 7,3 % de croissance prévus pour 2003 en Chine.

C. D.

Faits et dates

– *22-25 octobre 2002* : Visite officielle de Jiang Zemin aux États-Unis.
– *4 novembre 2002* : Signature à Phnom Penh d'un accord-cadre entre la Chine et l'ASEAN (Association des nations du Sud-Est asiatique) pour la création d'une zone de libre-échange d'ici 2010. Institution d'un code de conduite en mer de Chine du Sud.
– *8-14 novembre 2002* : XVIe Congrès du PCC.
– *16 novembre 2002* : Premier cas de SRAS recensé dans le sud de la Chine.
– *5-18 mars 2003* : Première session de la Xe Assemblée nationale populaire.
– *3-14 mars 2003* : Première session de la Xe Conférence consultative politique du peuple chinois.
– *28 mars 2003* : Seule manifestation autorisée à Pékin contre la guerre en Irak (60 personnes).
– *20 avril 2003* : Limogeage du ministre de la Santé et du maire de Pékin dans l'affaire du SRAS.
– *23-24 avril 2003* : Sommet Corée du Nord, États-Unis, Chine à Pékin.
– *26 mai - 6 juin 2003* : Premier voyage de Hu Jintao à l'étranger depuis son élection à la présidence de la RPC : sommet de l'OCS à Moscou, participation au dialogue Nord-Sud en prélude au G8 d'Évian.

Sites Internet

Quotidien du Peuple :
<www.french.peopledaily.com.cn/home.html> (français).
Informations quotidiennes sur la Chine sur le site de CNN : <www.cnn.com>.
Bulletin de la Jamestown Foundation (*China Brief*) : <www.jamestown.org/pub_china.htm>.
Bulletin de la Hoover Institution, Stanford University (*China Leadership Monitor*) : <www.chinaleadershipmonitor.org/>.
World News Connection (revue de presse payante du service de la presse étrangère du gouvernement des États-Unis) : <www.wnc.fedworld.gov/>.

Pour en savoir plus

Godement, F. (dir.) (2003), *China's Political Trends,* Paris, Ifri/Centre asie ifri, coll. « Les Cahiers d'Asie », n° 3.

Godement, F. (dir.) (2001), *Chine – États-Unis : entre méfiance et pragmatisme,* Paris, Ifri/La Documentation française.

Lampton, D.M. (dir.) (2001), *The Making of Chinese Foreign and Security Policy in the Era of Reform,* Stanford, Stanford California Press.

Li, C. (2001), *China's Leaders. The New Generation,* Lanham, Rowman and Littlefield.

Commerce mondial

L'année de tous les dangers

Depuis la conférence ministérielle de Doha (novembre 2001) et le lancement d'un nouveau cycle de négociations commerciales multilatérales par les pays membres de l'Organisation mondiale du commerce (OMC), les sujets de réjouissance se sont faits rares à Genève. Pourtant, le cycle de Doha a été présenté comme celui de tous les espoirs, avec un éventail de sujets très élargi, une participation quasi universelle (l'OMC compte aujourd'hui 146 pays membres, dont les trois quarts sont des pays en développement [PED]) et l'introduction des questions de développement dans les négociations. Mais Doha est aussi le cycle de tous les dangers : dans un contexte international détérioré, toutes les échéances intermédiaires des négociations ont été reportées, ce qui a entraîné la radicalisation des positions des pays membres et l'accroissement simultané des attentes et des craintes vis-à-vis des échéances futures.

Un contexte international moins favorable. Après l'échec de Seattle (1999), le lancement d'un nouveau cycle de négociations à Doha a permis à l'OMC (née en 1995) de sortir de sa première crise de croissance. Plusieurs facteurs ont contribué à ce succès : l'amélioration des relations entre les États-Unis et l'Europe (grâce à l'arrivée de deux nouveaux représentants du commerce de part et d'autre de l'Atlantique, Robert Zoellick et Pascal Lamy, qui se respectent mutuellement) et entre l'OMC et la société civile (plus grande implication des organisations non gouvernementales [ONG]) ; la meilleure préparation de la conférence (grâce à diverses réunions « mini-ministérielles ») ; le soutien des PED (dont les préoccupations étaient enfin prises en compte) ; la tragédie du 11 septembre 2001 et la guerre en Afghanistan (en raison desquelles de nombreux pays ont souhaité renforcer le système multilatéral, jugé nécessaire à la lutte contre le terrorisme).

Ce contexte a malheureusement changé. Avec le ralentissement économique, les tentations protectionnistes ont refait surface, comme l'ont montré l'adoption de la nouvelle loi agricole et de mesures de sauvegarde sur l'acier aux États-Unis (mars-avril 2002) ou les débats qui ont entouré la réforme de la politique agricole commune (PAC) en Europe (voir l'article « Agriculture »). Les relations transatlantiques se sont également détériorées, avec la multiplication des différends commerciaux (acier, exonérations fiscales aux exportations [*Foreign Sales Corporation*], organismes génétiquement modifiés [OGM], etc.) et les dissensions sur la question de l'Irak. En signe d'apaisement, néanmoins, les chefs d'État réunis à Évian lors du sommet du G8 (juin 2003) ont réaffirmé leur volonté de renforcer le système commercial multilatéral et de poursuivre les négociations dans le respect du mandat de Doha.

Les échéances ratées. Malgré ces déclarations de bonnes intentions, les membres de l'OMC ont systématiquement reporté les échéances intermédiaires des négociations.

C'est ainsi que les États-Unis, en décembre 2002, ont refusé la proposition de compromis relative à l'accès aux médicaments dans les pays ayant peu, ou pas, de capacités de production dans le secteur pharmaceutique, et ce, en raison d'un désaccord apparu quant aux maladies qui devaient ou non être couvertes (sida, tuberculose, malaria, etc.). La même inertie a prévalu sur les questions de mise en œuvre et de « traitement spécial et différencié » (autre échéance de décembre 2002). Certains pays ont refusé toute distinction entre PED, de peur de ne plus bénéficier de l'ensemble des préférences : la Corée du Sud, membre de l'Organisation de coopération et de développement économiques (OCDE), a ainsi déclaré unilatéralement, à l'OMC, appartenir aux PED. Il est clairement apparu, à cette occasion, que les attentes liées au traitement spécial et différencié variaient considérablement d'un pays à l'autre, et qu'il n'existait pas de définition commune de ce concept.

En mars 2003, les membres de l'Union européenne (UE) devaient s'entendre sur les modalités de négociation sur l'agriculture. Toutefois, aucun compromis n'a pu être trouvé, dans l'attente, notamment, de l'accord des pays européens sur la réforme de la PAC (26 juin 2003), qui doit permettre au commissaire européen d'acquérir une marge de négociation plus confortable. En mai, les pays membres n'ont pas réussi à boucler les négociations sur la réforme du système de règlement des différends (pourtant indépendantes des autres négociations et devant aboutir à un accord séparé), et l'échéance sur les modalités de négociation pour l'accès aux marchés non agricoles a elle aussi été reportée. Dans le domaine des services, enfin, les négociations, qui avaient pourtant bien commencé (dès 1999), ont été ralenties, peu de pays ayant présenté leurs demandes et offres spécifiques aux dates prévues de juin 2002 et mars 2003.

Les attentes de Cancun. Le report des premières échéances a eu un impact négatif sur l'ensemble des négociations. Les PED, en particulier, ont été déçus dans leurs principales attentes : l'accès aux médicaments, le traitement spécial et différencié, l'agriculture. Or, le cycle de Doha devait rétablir leur confiance dans le système commercial multilatéral, une confiance mise à mal par les accords de Marrakech (1994, fin du cycle d'Uruguay) que certains avaient jugés déséquilibrés : les PED avaient cédé sur la propriété intellectuelle en échange, notamment, de concessions sur l'agriculture et les textiles qui se sont avérées largement illusoires. Ces pays ont donc soumis la poursuite des négociations au règlement des questions de l'accès aux médicaments et de l'agriculture lors de la conférence ministérielle de Cancun de septembre 2003. L'OMC devra en tenir compte, car, si un accord entre les États-Unis et l'UE est toujours nécessaire pour faire avancer les négociations, il n'est plus suffisant.

Il ne faut pas, toutefois, dramatiser le report des échéances intermédiaires. L'histoire du GATT (*General Agreement on Tariffs and Trade*) et de l'OMC a révélé que les accords commerciaux devaient être globaux (afin de permettre un équilibre des concessions) et que l'essentiel des progrès était toujours fait dans les dernières heures des négociations. Cancun n'est qu'une réunion d'étape. Mais le retard pris dans les négociations met en péril l'objectif d'un cycle court (4 ans selon l'agenda de Doha, contre 8 pour le cycle précédent), d'autant que certaines échéances électorales ou institutionnelles (renouvellement de la Commission européenne, élargissement de l'Europe, élections aux États-Unis, etc.) pourraient brouiller encore davantage les cartes des négociateurs.

Faute de concessions, en particulier de la part des pays les plus riches, l'OMC risque donc d'entrer en crise. Cette crise peut être salvatrice si elle lui permet de se recentrer sur ses prérogatives essentielles : la promotion et l'encadrement de la libéralisation des échanges. L'organisation a en effet été trop souvent confondue, ces dernières années, avec une instance de régulation universelle. Avec la « mode » de l'assistance technique et du renforcement des capacités de production des PED, elle est devenue un véritable centre de formation, sans en avoir les moyens techniques et humains.

Mais cette crise pourrait tout aussi bien porter un sérieux préjudice à l'OMC, les tentations de retour à l'uni-

Faits et dates

– *Novembre 2001* : Conférence ministérielle de Doha, adoption de l'agenda pour le développement.
– *Juin 2002* : Demandes initiales d'engagements spécifiques dans le domaine des services (non reçues pour l'essentiel).
– *Décembre 2002* : Date prévue pour l'adoption de recommandations sur les questions de mise en œuvre (reportées). Proposition de solution à la question de l'utilisation des licences obligatoires dans les pays ayant peu, ou pas, de capacités de fabrication dans le domaine pharmaceutique (reportée).
– *Mars 2003* : Échéance prévue pour l'accord sur les modalités des négociations agricoles (reporté). Offres initiales d'engagements spécifiques dans le domaine des services (non reçues pour l'essentiel).
– *Mai 2003* : Échéances des négociations sur la révision du mémorandum d'accord sur le règlement des différends et pour l'accord sur les modalités des négociations sur l'accès aux marchés non agricoles (reportés).
– *Septembre 2003* : Conférence ministérielle de Cancun : décision sur le lancement des négociations pour les questions de Singapour (investissement, concurrence, transparence des marchés publics et facilitation des échanges), liste des concessions tarifaires pour l'agriculture, échéance des négociations sur le registre des indications géographiques pour les vins et spiritueux.
– *Janvier 2005* : Conférence ministérielle : conclusion des négociations.

latéralisme et au régionalisme étant toujours présentes. Or, si les accords commerciaux bilatéraux et régionaux se sont multipliés ces dernières années, ils ne peuvent en aucun cas se substituer au multilatéralisme, car les rapports de force n'y sont pas équilibrés et les PED y sont encore plus soumis au bon vouloir des pays les plus riches. La multiplication des règles régionales réduit également la lisibilité et la fluidité des échanges. Cancun constitue donc un véritable test de la bonne volonté de chacun des pays membres. L'audace des négociateurs, qui semble avoir fait tellement défaut à ce jour, est le prix de la survie du système commercial multilatéral et de sa contribution efficace aux progrès du développement.

O. C.

Pour en savoir plus

Cattaneo, O. (2003), « États-Unis-Europe : frères ennemis du commerce international ? », *Questions internationales*, n° 1.

Cattaneo, O. (2002), « Comprendre le cycle de négociations commerciales multilatérales de Doha : son contexte, ses enjeux, ses perspectives », *Les Études du CERI*, n° 92.

Cattaneo, O. (2002), *Quelles ambitions pour la politique commerciale de l'Union européenne* ?, Paris, Ifri, « Les Notes de l'Ifri », n° 39.

Ravier, P.-H. (2003), « De Doha à Cancun : les enjeux du cycle de négociations », *Politique étrangère*, n° 2.

Sites Internet

Commission européenne, direction générale du Commerce : <europa.eu.int/comm/trade/index_en.htm>.
Groupe d'économie mondiale : <gem.sciences-po.fr>.
Groupe d'Évian : <www.eviangroup.org>.
International Center for Trade and Sustainable Development : <www.ictsd.org>.
Inside US Trade : <www.insidetrade.com>.
OCDE, direction des Échanges : <www.oecd.org/trade>.
OMC : <www.wto.org>.
United States Trade Representative : <www.ustr.gov>.

Corée

L'éternel retour de la question nucléaire

L'apparente volonté des États-Unis de privilégier négociations et consultations régionales sur la « nouvelle question nucléaire nord-coréenne » suscite, depuis octobre 2002, une effervescence diplomatique autour de la péninsule, chacun cherchant à « gagner du temps » en relançant structures de dialogue, alliances traditionnelles ou diplomatie secrète par l'intermédiaire de la Chine et de la Russie. La mise de côté du Conseil de sécurité de l'Organisation des Nations unies (ONU) pendant la crise irakienne a donc été observée avec inquiétude. Et cette illustration de la doctrine de préemption américaine a été perçue comme un schéma d'intervention potentiel contre la Corée du Nord, membre de l'« axe du Mal ». Vu de Pyongyang, l'effet de démonstration a fonctionné à plein, et Kim Jong-il a essayé de jouer sur la simultanéité des deux crises pour amener Washington à accepter, sous la pression, l'idée de négociation. Le fait que le secrétaire à la Défense, Donald Rumsfeld, ait déclaré que les États-Unis pouvaient mener deux guerres en même temps a contribué à accréditer l'idée d'une réflexion en cours sur l'hypothèse d'une frappe préemptive de ce territoire.

La politique américaine du « double standard » n'a pas manqué d'être critiquée. L'Irak a été accusé de dissimuler des capacités de destruction massive et l'a nié, alors que la Corée du Nord affirme entretenir un programme nucléaire clandestin et poursuivre le développement de son potentiel. Mais il faudrait alors s'en prendre à un État asiatique, voisin et allié historique de Moscou et de Pékin. Or la guerre de Corée, qui mit aux prises les États-Unis et la Chine, est toujours présente dans les mémoires. Washington sait aussi que, contrairement à l'Irak, très isolé, la plupart des États entourant la Corée du Nord, y compris la Corée du Sud et le Japon, sont autant d'alliés réels ou objectifs, du fait de leur convergence d'intérêts à préserver le *statu quo* sur la péninsule. Ce fatalisme stratégique, qui occulte sans doute le calcul que le régime du Nord, en faillite totale, s'effondrera de lui-même, est jusqu'à présent l'un des atouts majeurs de Pyongyang.

Le spectre de la nucléarisation. Les « aveux » nucléaires de Pyongyang, en octobre 2002, et l'annonce de son retrait du Traité de non-prolifération (TNP), en janvier 2003, ont marqué une escalade incontestable de la stratégie de prolifération d'armes de destruction massive (ADM), déjà mise en place en 1993-1994. Quelle que soit l'interprétation de ce qui apparaît comme la « seconde crise nucléaire nord-coréenne », comme le nouveau chantage politique d'un régime prédateur ou encore comme la volonté d'accéder au statut de puissance nucléaire, les difficultés actuelles soulignent la faiblesse des instruments de lutte contre la prolifération de la péninsule : déclaration conjointe des deux Corée sur la dénucléarisation (1991), accord-cadre de 1994 et création du consortium multinational pour son application, la Korean Energy Development Organization (KEDO).

L'atteinte portée à la crédibilité du régime global de lutte contre la prolifération symbolisé par le TNP n'est pas le moindre dommage causé par la savante « montée aux extrêmes » orchestrée par Pyongyang depuis le début de l'année 2003. S'étant proclamée puissance nucléaire, on peut désormais redouter que la Corée du Nord en administre la preuve. L'ambiguïté stratégique manifestée jusqu'ici par Kim Jong-il, tout comme le flou sur les activités de retraitement que le régime proclame avoir repris sur le site de Yongbyon, ne permettent que des suppositions. Mais l'inévitable montée des tensions et la recomposition des équilibres politico-militaires régionaux que suscite la perspective d'une Corée du Nord nucléaire ne sont pas un gain anodin pour un régime prêt à tous les paris pour survivre, y compris celui d'une Asie du Nord-Est nucléarisée, où le *statu quo* stratégique perdurerait par le seul jeu de la dissuasion.

Les réactions des deux puissances régionales qui se sentent le plus vulnérables face à la menace nucléaire nord-coréenne, la Corée du Sud et le Japon, sont à cet égard révélatrices. L'alliance de sécurité entre Washington et Séoul traverse une crise de confiance, tandis que Tokyo, déjà confrontée à la problématique de la menace balistique et à la question réccurente de l'enlèvement de citoyens japonais, revoit à grand pas le renforcement de ses capacités défensives, sur fond de discours néo-nationalistes à la Diète.

L'alliance avec les États-Unis en débat. Dans ce contexte flottant, où la stratégie américaine laisse transparaître de sourdes luttes d'influence entre le Pentagone et le département d'État, Tokyo et Séoul se demandent si leurs intérêts vitaux de sécurité sont réellement assurés par leur seule alliance avec Washington. Leur statut de puissance nucléaire civile et leur indéniable maîtrise technologique en matière spatiale conduisent d'ailleurs à s'interroger sur leur volonté politique de s'imposer en tant que puissances nucléaires militaires en cas de détérioration de la situation dans la région. L'attitude de la Chine et son apparent retrait suscitent des interrogations. Elle ne peut en effet accepter le risque de voir ses capacités de dissuasion et sa suprématie militaire remises en cause par un allié d'hier devenu incontrôlable. Une Corée du Nord nucléaire à sa porte – et l'effet de domino que cette situation peut susciter dans la région – lui serait défavorable. Si l'on peut s'attendre à un renforcement quantitatif, et surtout qualitatif, des politiques d'acquisition d'armement régionales, l'avenir de la présence militaire américaine et de la coopération stratégique entre Washington, Séoul et Tokyo est moins prévisible.

Par ailleurs, la mise en place accélérée de nouveaux systèmes d'armes plus sophistiqués, notamment de défense antimissile, que le ministre japonais de la Défense, Shigeru Ishiba, évoque avec de plus en plus d'insistance depuis l'échec du sommet de Pékin (avril 2003), ne manquera pas d'être perçue par la Chine comme dirigée également contre elle, et pourrait susciter des réticences au moins aussi grandes à Séoul, qui, contrairement à Tokyo, a toujours refusé de coopérer au projet. Enfin, une Corée du Nord nucléaire, qui pourrait contribuer à lever les inhibitions politiques et culturelles du Japon quant à ce type d'arme, constituerait le scénario du pire aux yeux de la Chine. En dépit d'une passivité de façade, qui n'a d'égal que l'acuité avec laquelle celle-ci soupèse les enjeux, Pékin a trop à perdre à laisser Pyongyang accéder au statut de puissance nucléaire pour ne pas coopérer plus avant avec Washington dans la recherche d'une solution de sortie de crise.

Les divergences du nouveau président sud-coréen Roh Moo-hyun et de l'Administration Bush face à la politique à adopter envers Pyongyang constituent une donnée supplémentaire à intégrer dans un jeu déjà complexe. De son côté, Roh Moo-hyun peine à faire accepter Séoul comme un acteur politique à part entière, tandis que Pyongyang se polarise sur l'exigence de négociations bilatérales avec Washington sur les questions touchant la sécurité et souhaite n'aborder avec Séoul que les questions économiques, comme en a témoigné la tenue de la 10e réunion ministérielle inter-coréenne (27-30 avril 2003).

Le sentiment anti-américain qui s'est exprimé en Corée du Sud et qui a, en grande partie, contribué à l'élection de Roh Moo-hyun, en décembre 2002, semble être retombé. À l'occasion de sa première rencontre avec George W. Bush aux États-Unis, début mai 2003, le nouveau président a reconnu lui-même que la présence des 37 000 soldats américains dans son pays était un élément majeur de la stabilité de la péninsule. Mais la question du redéploiement des forces américaines, notamment celui de la 2e division d'infanterie de Séoul vers le sud afin d'éviter de donner des « otages américains » à Pyongyang dans l'hypothèse d'une offensive de l'artillerie nord-coréenne, est devenue l'objet d'un âpre débat. Évoqué par Paul Wolfowitz, le secrétaire adjoint à la Défense, lors de sa visite en Corée du Sud (2-3 juin 2003), ce redéploiement, tout comme l'annonce du retrait des troupes américaines de la zone démilitarisée (*DeMilitarized Zone,* DMZ), suscite les plus grandes craintes de Séoul, qui y voit le signe d'une prochaine frappe préemptive sur le site suspect de Yongbyon. Soudain placé en première ligne, et sommé de faire un effort plus substantiel en matière de défense, Séoul, en dépit de ses velléités d'autonomisation stratégique, a dû admettre que l'alliance militaire avec les États-Unis constituait bien sa seule garantie de sécurité. Il n'en continue pas moins à espérer une résolution de la crise nucléaire nord-coréenne et une décrue des tensions sur la péninsule grace aux efforts diplomatiques chinois et à la reprise du processus de discussions multilatérales à Pékin.

M. P.-D.

Sites Internet

Situation stratégique en Asie du Nord-Est
Nautilus Institute (Berkeley, Californie) : <www.nautilus.org>.

Questions de prolifération
Monterey Institute of International Studies : <www.cns.miis.edu/research/korea/nucint;htm>.

Presse sud-coréenne
Chosun Ilbo : <www.english.chosun.com>.
Korea Herald : <www.koreaherald.co.kr>.

Presse nord-coréenne
Korean Central News Agency : <www.kcna.co.jp>.
People Korea : <www.korea-np.co.jp/pk>.

Faits et dates

– *29 juin 2002* : Sérieux incident naval entre les deux Corée : 5 morts et un patrouilleur coulé côté sud-coréen, 30 morts côté nord-coréen. Pyongyang exprime ses « regrets » le 25 juillet.
– *Juillet 2002 :* Pyongyang tente une relance économique par l'abolition du système de rationnement et l'introduction de mesures dont l'objectif est d'aligner prix et salaires.
– *14 août 2002* : Déclaration commune des deux Corée (7es rencontres ministérielles). Elle fixe un calendrier d'activités conjointes, dont les discussions économiques qui aboutiront à la décision d'ouvrir deux routes et une voie ferrée à travers la DMZ.
– *19 août 2002* : Arrivée dans le port sud-coréen de Inchon de 21 boat people nord-coréens. En 2002, 771 Nord-Coréens trouvent asile en Corée du Sud.
– *17 septembre 2002* : Rencontre historique entre Junichiro Koizumi et Kim Jong-il, à Pyongyang.
– *19 décembre 2002* : Élection à la présidence (Corée du Sud) de Roh Moo-hyun, issu du parti de Kim Dae-jung, le Millenium Democratic Party, avec 48 % des voix contre 46,6% au candidat conservateur du Grand National Party, Lee Hoi-chang, qui avait la préférence des États-Unis.
– *2-5 octobre 2002* : Lors de la visite de l'émissaire James Kelly, Pyongyang admet l'existence d'un programme nucléaire clandestin à l'uranium enrichi. Sur cette base, Washington rejette la demande nord-coréenne d'un pacte de non-agression et exige l'abandon du programme avant toute négociation.
– *14 novembre 2002* : Décision de la KEDO, à l'instigation des États-Unis, de suspendre dès décembre les livraisons de fuel lourd à Pyongyang. L'aide alimentaire est maintenue pour raisons humanitaires.
– *12 décembre 2002* : La Corée du Nord annonce à l'Agence internationale de l'énergie atomique (AIEA) son intention de retirer les scellés sur les installations gelées par l'accord-cadre de 1994 et de démonter les caméras de l'organisation surveillant le site. Les inspecteurs de l'AIEA sont expulsés le 27 décembre.
– *10 janvier 2003* : Pyongyang informe le Conseil de sécurité de l'ONU de son retrait du TNP.
– *26 février 2003* : Des informations américaines font état de la reprise des activités de retraitement sur le site de Yongbyon.
– *22-25 avril 2003* : Sommet tripartite de Pékin : États-Unis, Corée du Nord, Chine. Pyongyang affirme posséder des armes nucléaires et propose l'abandon de son programme en 4 phases, en échange d'une aide économique, de garanties de sécurité et de l'établissement de relations diplomatiques.
– *8 juillet 2003* : Les Nords-Coréens affirment avoir terminer le retraitement des 8 000 barres de plutonium stockés à Yongbyon.
– *12 juillet 2003* : Le vice-ministre chinois des Affaires étrangères se rend à Pyongyang pour y proposer, en accord avec la partie américaine, une nouvelle session de pourparlers à Pékin dans un format qui reste à déterminer.

Côte-d'Ivoire

Une crise nationale et régionale

Le 19 septembre 2002, la Côte-d'Ivoire, longtemps « pays de la paix » si l'on se réfère à l'image qu'aimait à en donner son premier président, Félix Houphouët-Boigny, a basculé dans la guerre civile, avec une tentative de coup d'État, ou une mutinerie, selon les termes que l'on jugera les mieux appropriés pour qualifier une affaire obscure. Le demi-échec de cette tentative conduisit à une division effective du pays entre un nord et un sud séparés par une ligne neutre le long de laquelle se sont déployées progressivement des troupes étrangères. Cette division entraîna aussi l'établissement au moins temporaire de trois capitales : l'une, politique et officielle, à Yamoussoukro (la ville natale d'Houphouët-Boigny) ; l'autre, économique et citadelle d'une présidence exprimant une sensibilité sudiste, à Abidjan ; la troisième, celle des « mutins » du nord, à Bouaké.

Frénésie xénophobe. L'intervention militaire de la France – d'ailleurs assez peu « offensive » et nullement comparable, sur ce plan, à l'action britannique en Sierra Leone de l'année 2000 – permit d'empêcher, à partir d'octobre 2002, la progression des rebelles nordistes vers Abidjan et l'effondrement consécutif du régime de Laurent Gbagbo, élu à la présidence de la République en octobre 2000 dans des conditions contestées. Il s'en faut de beaucoup, cependant, que le gouvernement français actuel puisse être considéré comme le soutien inconditionnel d'un homme arrivé au pouvoir avec l'approbation plus ou moins tacite du précédent gouvernement français, dirigé par Lionel Jospin, qui partageait l'orientation socialiste du chef de l'État ivoirien et de son parti, le Front populaire ivoirien (FPI).

Au contraire, les partisans les plus bruyants du président Gbagbo, et notamment une jeunesse abidjanaise désœuvrée et portée à la violence verbale plus encore que physique, affirment sans se lasser que leur leader a été la victime de la vindicte de la droite française. Ils rêvent d'une alliance privilégiée avec Washington et accusent Paris de soutenir leurs adversaires, au premier rang desquels l'ancien Premier ministre, nordiste et musulman, Alassane Ouattara, qu'ils considèrent comme un « étranger » voulant s'emparer du pays. Quant aux « mutins » ou « rebelles » du nord, en dépit du caractère violent de leur action et de l'origine incertaine des fonds dont ils disposent, ils estiment défendre une certaine légalité à travers les droits des individus originaires de cette région, qui sont devenus des citoyens de « seconde catégorie » ; la dernière décennie a été marquée, en effet, par la montée d'une violente xénophobie à l'encontre des personnes de culture mandée et des musulmans (par opposition aux chrétiens et aux animistes), qu'elles soient ou non de nationalité ivoirienne.

Ainsi, depuis 1990, ce pays de très forte migration (15 millions d'habitants aujourd'hui contre 3 lors de l'indépendance, en 1960), et où l'essor économique s'est fondé, dès la période coloniale et durant plus d'un demi-siècle, sur l'installation de travailleurs et de commerçants venus du Sahel (Mali et, plus encore, Burkina Faso actuels), s'est littéralement abandonné à la xénophobie à mesure que s'aggravait, avec la démocratisation, la crise du régime politique et que persistait celle des finances publiques. Celle-ci était due à un endettement excessif plus encore qu'à l'essoufflement du système de plantations paysannes qui avait fait de la Côte-d'Ivoire, en quelques décennies, le premier producteur mondial de cacao, une puissance économique régionale au cœur de la zone franc, et le second pays d'immigration dans le monde après l'Australie, en termes relatifs.

De coup d'État en coup d'État. Dans cette conjoncture, le coup d'État militaire du 24 décembre 1999, le premier de l'histoire du pays, marque le début d'une zone de turbulences à laquelle l'élection d'octobre 2000 n'a pas mis fin, tant les problèmes structurels restent pendants : le divorce croissant entre deux cultures traditionnelles qui se sont modernisées sans se fondre, celle des savanes du nord, où l'islam s'est développé bien avant la colonisation française, et celle d'une région littorale forestière, au sud, qui, dès 1500, s'est montrée perméable aux influences européennes ; les effets de la dévaluation du franc CFA (janvier 1994) et de la privatisation économique, qui suscitèrent à la fois des sentiments populaires anti-français et une crise de la nouvelle société urbaine, surtout dans la jeunesse ; la fragilité d'un pouvoir politique semblant presque toujours susceptible d'être pris par la force plutôt que par les urnes.

Dès janvier 2001, une tentative de coup d'État encore mal éclaircie conduisit à porter des accusations contre le Burkina Faso. Après les événements de septembre 2002, celles-ci devaient être réitérées dans les milieux gouvernementaux ivoiriens, mais aussi dans la portion de l'opinion qui les soutenait. Part ailleurs, la crise régionale née de la guerre civile au Liberia, entamée en décembre 1989, et qui s'étendit au cours de la décennie suivante en Sierra Leone, avait aussi touché, sous forme de combats épisodiques et de mouvements de réfugiés, la Guinée, au nord, et la Côte-d'Ivoire, à l'ouest. Celle-ci joua un jeu dangereux en soutenant le leader rebelle libérien Charles Taylor, qui devint président de son pays en 1997, mais doit depuis faire face à une rébellion. C'est ce type d'alliance transnationale, mélange de complicités ethniques et de connivences politiques, qui conduisit à l'effondrement interne de la Sierra Leone au cours de la précédente décennie.

Faits et dates

– *Octobre 2000* : Élection de L. Gbagbo à la présidence de la République de Côte-d'Ivoire, dans un climat insurrectionnel à Abidjan.
– *19 septembre 2002* : Tentative de prise du pouvoir par des militaires nordistes. Échec à Abidjan, succès à Bouaké.
– *Octobre 2002* : Développements de la guerre civile en Côte-d'Ivoire, avec l'échec d'une offensive gouvernementale sur Bouaké, capitale rebelle. Déploiement progressif de troupes françaises entre les deux camps.
– *17 octobre 2002* : Signature à Bouaké d'un accord de cessation des hostilités par le Mouvement patriotique de Côte-d'Ivoire (MPCI).
– *30 octobre 2002* : Ouverture à Lomé, capitale du Togo, des négociations de paix entre une délégation gouvernementale ivoirienne et des représentants des insurgés, sous l'égide du président togolais Eyadema.
– *4 décembre 2002* : Adoption, par le Conseil de sécurité des Nations unies, de la résolution 1446 renouvelant pour 6 mois, jusqu'au 5 juin 2003, l'embargo sur les diamants sierra-léonais non certifiés par le gouvernement.
– *3-4 janvier 2003* : Visite du ministre français des Affaires étrangères, D. de Villepin, à Abidjan et Bouaké. Entretiens avec le président Gbagbo et le secrétaire général du MPCI, G. Soro, pour préparer une table ronde entre les principales formations politiques à Paris.
– *Début janvier 2003* : Arrivée de contingents ghanéen, béninois et togolais, marquant le début du déploiement de la Force ouest-africaine de paix.
– *13 janvier 2003* : Signature à Lomé d'un accord de cessation des hostilités entre le gouvernement ivoirien et le Mouvement populaire ivoirien du Grand-Ouest (MPIGO), tenant une partie de la frontière libérienne.
– *24 janvier 2003* : Signature de l'accord de Linas-Marcoussis. Il prévoit un partage du pouvoir avec le maintien dans ses fonctions du président Gbagbo jusqu'aux échéances électorales de 2005 et la mise en place d'un gouvernement de réconciliation nationale.
– *4 février 2003* : Résolution 1464 du Conseil de sécurité, autorisant pour 6 mois renouvelables le déploiement en Côte-d'Ivoire de forces militaires appartenant à la France et à la Communauté économique des États de l'Afrique de l'Ouest (CEDEAO).
– *Février 2003* : Le dispositif militaire français « Licorne » le long de la ligne de cessez-le-feu compte désormais plus de 3 000 hommes.
– *13 mars 2003* : Formation à Yamoussoukro d'un gouvernement de réconciliation nationale ivoirien encore incomplet, sous la direction du Premier ministre S. Diarra, auquel L. Gbagbo a délégué une partie de ses pouvoirs.
– *29 mars 2003* : Résolution 1470 du Conseil de sécurité, renouvelant le mandat de la Mission des Nations unies en Sierra Leone (MINUSIL) pour 6 mois à compter du 30 mars.
– *4 juin 2003* : Inculpation du président libérien C. Taylor pour crimes de guerre et crimes contre l'humanité par le Tribunal spécial pour la Sierra Leone, auquel est associée l'ONU.
– *26 juin 2003* : Le président G.W. Bush demande le départ du pouvoir de C. Taylor.

En Côte-d'Ivoire, avec le régime militaire de transition du général Robert Gueï, un Yacouba ou Dan du nord-ouest, ethniquement proche des hommes recrutés par Taylor dans les monts Nimba du Liberia, cette alliance des deux capitales se renforça brièvement avant de s'inverser complètement avec l'élection de Gbagbo, un membre du groupe bété, assimilé à l'ensemble kru du littoral ivoirien et libérien, qui ne pardonnait pas au président libérien d'avoir été à l'origine de l'exécution de son prédécesseur, Samuel K. Doe, un Kru.

Cette logique de vendetta égarée dans les relations interétatiques prédomine encore actuellement : le général Gueï, accusé de se trouver derrière la tentative de septembre 2002, fut assassiné à Abidjan avec tous ses proches. Quelques mois plus tard, un mouvement de rébellion de l'ouest ivoirien, appuyé par des éléments sierra-léonais et libériens, se distingua, dans sa forme et dans son action, de celui des « mutins » du nord. Au premier semestre 2003, enfin, un nouveau mouvement hostile à Taylor, attaquant depuis la frontière ivoirienne, le Mouvement pour la démocratie au Liberia (MODEL), vint converger vers Monrovia, la capitale libérienne, attaquée au nord-est par une autre formation militaire, celles des Libériens unis pour la réconciliation et la démocratie (LURD), qui opère à partir de la Guinée depuis 2001.

Vers une solution régionale et nationale ? Ce phénomène de régionalisation des conflits ouest-africains, également observé il y a quelques années en Afrique centrale, montre que la prévention internationale est largement insuffisante, en dépit de nombreuses mises en garde des observateurs. L'aveuglement a été entretenu par la classe politique locale, préoccupée avant tout du court terme et du maintien d'un système d'aide internationale lui assurant une survie financière au quotidien, et qui s'est révélée incapable de réduire, au-delà des apparences d'une diplomatie de pure forme, les foyers de tension. Mais il résulte aussi du dysfonctionnement structurel des relations des pays d'Afrique de l'Ouest entre eux et avec l'extérieur, et notamment du maintien de barrières culturelles et relationnelles issues de la période coloniale. Ainsi, face à des problèmes communs, le cloisonnement régional datant de la colonisation continue de faire sentir ses effets : Sierra Leone/Grande-Bretagne, Liberia/États-Unis, Côte-d'Ivoire/France.

C'est pourquoi la solution durable du problème ivoirien ne peut être que régionale en même temps que nationale. Sur ce dernier point, des négociations entre rebelles et partisans du gouvernement ont été organisées, d'abord sans succès au Togo, à la fin de 2002, avant d'aboutir, sous la pression de la France, à l'accord de Linas-Marcoussis, en janvier 2003. Cet accord a permis la formation d'un gouvernement d'union nationale, sous la direction du Premier ministre Seydou Diarra, homme de consensus originaire du nord. Ce pas vers la paix civile n'a cependant fait disparaître ni la division effective du pays (bloquant le système de transports vers le Sahel), ni les passions politiques ou l'accumulation d'armements en vue d'éventuels affrontements.

Quant à la situation régionale, elle a été dominée par la fragilisation extrême du pouvoir du président Taylor au Liberia, accusé, le 4 juin, de complicité de crime contre l'humanité par le Tribunal spécial pour la Sierra Leone, alors qu'il ouvrait au Ghana des négociations avec son opposition armée. Son départ du pouvoir a été exigé, le 26 juin, par le président Bush. À l'évidence, dans le climat international tendu qui a suivi le renversement du régime irakien, la question ouest-africaine, dont la guerre civile en Côte-d'Ivoire n'est qu'un aspect parmi d'autres, ne pourra se régler que lentement et difficilement.

F. G.

Pour en savoir plus

Afrique contemporaine, n° 206, été 2003.

Banégas, R. et R. Marshall-Fratani (dir.) (2003) « La Côte-d'Ivoire en guerre : dynamiques du dedans et du dehors », dossier de *Politique africaine*, n° 89, mars.

Ero, Ch. et M. Ferme (dir.) (2002), « Liberia, Sierra Leone, Guinée : la régionalisation de la guerre », dossier de *Politique africaine*, n° 88, décembre.

Le Pape, M. et Cl. Vidal (dir.) (2002), *Côte-d'Ivoire. L'année terrible 1999-2000*, Paris, Karthala.

Ngoupandé, J.-P. (2003), « Un risque d'implosion en Afrique de l'Ouest », *Géopolitique africaine*, n° 10, printemps.

Sites Internet

Site officiel de la Côte-d'Ivoire : <www.lacotedivoire.net>.
Actualités africaines : <www.jeuneafrique.com>.
Bases de données par pays :
<www.strategic-road.com/pays/afrique/liberi01.htm>,
<www.strategic-road.com/pays/afrique/sierrl01.htm>,
<www.strategic-road.com/pays/afrique/coteiv01.htm>.
Sur le conflit ivoirien (et son extension au Liberia) :
<www.diplomatie.gouv.fr>,
<www.ladocumentationfrancaise.fr/dossier_actualite/crise_cote_divoire/index.shtml>.
Sur le Tribunal spécial pour la Sierra Leone :
<www.diplomatiejudiciaire.com/SierraLeone/SierraLeone.htm>.

Droit international
Après la guerre en Irak

C'est très vite devenu un leitmotiv : la crise irakienne a été le révélateur de la véritable nature des relations internationales contemporaines et, en particulier, du droit international. Si tout le monde s'accorde sur ce point, c'est toutefois pour diverger aussitôt – les uns dénonçant l'unilatéralisme des États-Unis et la ruine d'un système, les autres, nettement moins nombreux, célébrant les valeurs universelles portées par la « plus grande démocratie du monde ».

Le droit dans les relations internationales. Du point de vue du *droit international*, les analyses sont souvent faussées par une méconnaissance, parfois volontaire, des véritables fondements de l'ordre juridique actuel. Tout au long du XXe siècle n'a cessé de s'affirmer un courant doctrinal, largement relayé par la pratique diplomatique et la jurisprudence, en vertu duquel les règles juridiques internationales, qu'elles trouvent leur origine dans un traité ou dans une coutume, sont le fruit d'un accord de volonté entre les États. Il peut être piquant de remarquer qu'à l'origine, cette vision des choses s'opposait à la pensée occidentale dominante, qui s'efforçait de défendre un droit objectif, porté par une évolution séculaire, supérieur par sa nature même aux volontés changeantes des acteurs de la scène internationale. Le propos servait clairement des intérêts précis : qu'il s'agisse des États « socialistes » en rupture de ban avec le passé, ou des États « nouveaux » ayant récemment accédé à l'indépendance, tous devaient plier devant des règles à la formation desquelles ils n'avaient pas participé.

Ces prétentions ne tinrent pas la rampe de l'Histoire, et le droit de la mer fut le premier à faire voler en éclats des codes surannés qui privilégiaient les droits des plus forts. La conception volontariste du droit international l'a ainsi largement emporté, renouant avec les plus anciennes traditions de la discipline. Lorsque de nouvelles tentatives de consacrer des règles supérieures aux volontés étatiques s'esquisseront, avec par exemple le concept de *jus cogens*, mis en avant cette fois par un Tiers-Monde inquiet de la relativité d'un droit purement volontariste, ce sont parfois les États les plus anciens, comme la France, qui y mettront le plus ferme obstacle. Décidément, la cause est entendue pour longtemps, les États ne sont liés que par leurs propres engagements – mais ils le sont : *pacta sunt servanda.*

Il est vrai que certains esprits ne verraient pas d'inconvénient majeur à faire un usage sélectif du mode opératoire proposé et à imaginer un régime différent selon l'orientation idéologique des États – ou encore à soumettre telle grande puissance, et pourquoi pas pour des raisons morales, à des obligations spécifiques qui ne seraient que les contrepoids de son pouvoir excessif au regard d'une égalité postulée en principe. Mais le droit international ne peut pas retenir de telles clauses d'exception : qu'il s'agisse du plus grand des États ou du plus petit, les mêmes interprétations doivent prévaloir.

C'est à cette aune que doivent être mesurées les décisions prises lors de la crise irakienne. Quoi qu'en disent une majorité d'États dans le monde, l'Organisation des Nations unies (ONU) n'est pas ce que l'on croit souvent : derrière le paravent de la Charte, rédigée dans l'euphorie de la victoire des Alliés sur les puissances de l'Axe, se cache un instrument dûment tempéré par ses auteurs. Jamais le système de la sécurité collective tel qu'il a été institué ne doit pouvoir se retourner contre l'un des membres permanents du Conseil de sécurité – le droit de veto, qui n'est d'ailleurs pas qualifié comme tel dans le texte de l'article 27§3 permettant le blocage du mécanisme, littéralement la suspension de l'ordre juridique instauré par le traité de San Francisco. Nul intérêt, à cet égard, d'épiloguer sur l'insuffisance de dispositions aussi limitées quant à la mise en place d'une véritable organisation internationale du maintien de la paix : c'est ce qu'ont expressément voulu les trois Grands de Yalta, et ils l'ont inscrit dans le marbre de la Charte. Jamais le Sénat des États-Unis n'aurait ratifié le traité s'il en avait été autrement. L'utopie d'un traité véritablement contraignant, d'autant moins concevable que les premiers rédacteurs de la Charte furent précisément les Américains, aurait reconduit le cas de figure de la Société des Nations, les États Unis restant à l'écart de l'ONU.

Dès lors que le veto – ou la menace de veto – d'un ou plusieurs membres permanents était brandi dans l'affaire irakienne, la sécurité collective organique était paralysée, et

Faits et dates

– *8 novembre 2002* : Adoption à l'unanimité par le Conseil de sécurité de l'ONU de la résolution 1441.
– *13 novembre 2002* : K. Annan, secrétaire général des Nations unies, confirme que l'Irak accepte les termes de la résolution 1441.
– *27 novembre 2002* : Reprise des inspections en Irak.
– *27 janvier 2003* : H. Blix, président de la Commission de contrôle, de vérification et d'inspection des Nations unies (COCOVINU), et M. El Baradei, directeur général de l'Agence internationale de l'énergie atomique (AIEA), font le bilan de 2 mois d'inspections.
– *5 février 2003* : C. Powell, secrétaire d'État, dresse un réquisitoire contre l'Irak devant le Conseil de sécurité.
– *7 mars 2003* : Les États-Unis, le Royaume-Uni et l'Espagne préparent un projet de résolution fixant un ultimatum à l'Irak.
– *17 mars 2003* : K. Annan retire le personnel de l'ONU de l'Irak.
– *20 mars 2003* : Début de l'intervention militaire des États-Unis et du Royaume-Uni en Irak.
– 22 mai 2003 : Adoption à l'unanimité par le Conseil de sécurité de la révolution 1483. Elle reconnaît « les pouvoirs, responsabilités et obligations spécifiques » des États-Unis et du Royaume-Uni « en tant que puissances occupantes agissant sous un comandement unifié (l'"Autorité"), en vertu du droit international applicable ».

les États membres, en l'absence d'une nouvelle résolution du Conseil, se trouvaient renvoyés à l'interprétation des résolutions précédentes. Ce fut de nouveau l'occasion d'une grande confusion dans les débats. Certes les interprétations divergeaient, mais, faute d'une interprétation « authentique » – qui aurait pu revêtir la forme d'une nouvelle résolution ou encore d'une déclaration du président en exercice du Conseil majoritairement approuvée –, l'interprétation de chaque État, et en particulier de chaque membre permanent du Conseil, en valait évidemment une autre, rien de plus.

Les États-Unis, approuvés notamment par le Royaume-Uni et par l'Espagne, ont estimé que les résolutions précédentes à propos de l'Irak, en particulier la résolution 1441, fondaient un droit d'intervention armée pour le cas où l'Irak ne coopérerait pas pleinement avec l'ONU dans le processus de son désarmement, ce qui à leur avis était le cas. La France, l'Allemagne ou la Russie étaient d'un avis contraire, ce qui était parfaitement leur droit. Il n'y a pas, en droit positif, d'arbitre susceptible de trancher un tel débat – et toutes les tentatives ont échoué, qui voulaient confier, par exemple, à la Cour internationale de justice, la compétence d'examiner la légalité des décisions du Conseil, ou d'en assurer une interprétation liant aussi bien l'ONU que les États membres.

En intervenant militairement en Irak, les États-Unis et le Royaume-Uni ont fait prévaloir leur interprétation des résolutions du Conseil – ce que rien ne leur interdisait de faire dès lors que ce dernier était paralysé. *Ils n'ont donc en rien violé le droit positif.* Si la France ou d'autres États ont proposé leurs propres interprétations, rien davantage ne pouvait les empêcher de le faire. Ils n'ont pas pour autant défendu le droit international – même si un publiciste renommé, Pascal Boniface, a pu aller jusqu'à affirmer que, dans cette affaire, « la France disait le droit »... une prétention relayée par un certain discours au Conseil de sécurité qui, pour avoir été copieusement applaudi, contrairement aux usages, n'était pas un modèle de logique juridique.

Certains sont allés plus loin encore. Alain Pellet, par exemple, membre et ancien président de la Commission du droit international, déclara à la une d'un journal parisien du soir : « C'est *une agression*, l'agression d'une grande démocratie contre une dictature sanguinaire, mais une agression quand même. » La passion l'avait sans doute emporté dans l'esprit du spécialiste. Nul mieux que lui ne sait que *le pouvoir de qualification d'une agression*, véritable clef du fonctionnement du chapitre VII de la Charte, est précisément réservé au Conseil de sécurité en vertu de l'article 39, ce qui ne peut procéder que d'un consensus, notamment parmi les membres permanents. Un certain nominalisme pourra s'étonner qu'il en soit ainsi, alors qu'en vertu de l'article 2§4 de la Charte, les États membres se sont engagés « [à s'abstenir], dans leurs relations internationales, de recourir à la menace ou à l'emploi de la force, soit contre l'intégrité territoriale ou l'indépendance politique de tout État, soit de toute autre manière incompatible avec les buts des Nations unies » ; mais ce sont précisément ces formules complexes qui relèvent de l'interprétation juridique selon les modes prévus et seulement selon eux. Ajoutons que la définition de l'agression à laquelle est parvenue l'Assemblée générale en 1974 (résolution 33/14.XXIX) ne change rien à la situation juridique. Le texte relève lui aussi de l'interprétation, et il n'a aucune portée obligatoire.

Il est encore une approche de l'intervention anglo-américaine qui témoigne elle aussi d'une méconnaissance des réalités internationales. On a ainsi reproché aux Anglo-Saxons d'avoir engagé une « guerre préventive » – les intéressés parlant eux-mêmes volontiers de *preemptive action* –, en les accusant d'emprunter des voies interdites au nom du maintien de la paix. Or c'est tout le contraire : la logique de la Charte repose tout entière sur l'éventualité d'une action préventive puisque, selon l'article 39, une simple « menace contre la paix » est susceptible de déclencher tout l'arsenal des sanctions militaires prévu par le chapitre VII.

Au total, la sécurité collective, si elle est déterminante d'un point de vue géostratégique, n'est nullement au cœur du droit international, dont elle n'est qu'un aspect particulier. L'ordre juridique international se constitue peu à peu, et de grands progrès ont été réalisés depuis la chute du mur de Berlin, notamment avec l'Organisation mondiale du commerce (OMC), qui assure quotidiennement la pacification des relations internationales. La crise irakienne n'a en rien affecté cette évolution satisfaisante.

Relations internationales et multilatéralisme. Du point de vue du *multilatéralisme*, il peut sembler à première vue qu'il en soit allé tout autrement. Même s'ils ont été constamment accompagnés par le Royaume-Uni, même s'ils ont eu le soutien d'une majorité d'États européens, même s'ils ont pu faire état de l'appui d'une cinquantaine d'États à travers le monde – sans toujours donner leurs noms –, les États-Unis ont encouru le reproche de l'unilatéralisme, qui serait désormais la loi d'airain d'un monde soumis à l'hégémonie exclusive d'une seule grande puissance.

Les choses ne sont pas si simples. Dans le cadre organique des relations internationales, le multilatéralisme est en quelque sorte institutionnalisé par le système du collège permanent du Conseil de sécurité. C'est ainsi qu'il a fonctionné depuis la fin de la guerre froide jusqu'à la crise irakienne. Les décisions du Conseil étaient tellement bien préparées à 5, sachant que les Occidentaux s'étaient préalablement concertés, que ses membres non permanents se sont plaints à de nombreuses reprises d'être marginalisés et que divers aménagements ont été apportés à la procédure pour les satisfaire – au moins en apparence. Car la vérité oblige à dire que, s'il y avait ainsi une instance P5 et une pré-instance P3, la véritable instance de décision se trouvait sans doute à la Maison-Blanche – que nous avons qualifiée de P1. Dans un système où il existe un fort leadership, la discussion reste possible, mais elle rencontre vite ses limites en cas de dissension. C'est en tout cas ce mécanisme coutumier qu'a voulu casser la France dans la crise irakienne.

Les États-Unis ont tout fait pour sortir d'un relatif isolement, usant de la possibilité qui leur était donnée de conduire une « coalition », terme pré-onusien qui leur sied dès lors que le système de la Charte est paralysé. Qu'il y ait là une régression par rapport à un ordre international auquel on avait rêvé après la guerre du Golfe (1991) n'est pas contestable ; mais c'est l'inéluctable conséquence du désaccord entre les Grands, ou supposés tels. L'opération n'est pas vraiment différente de ce que l'on voit s'esquisser au sein de l'Union européenne elle-même. Dès lors qu'un accord unanime ne sera pas possible entre les 15, les 25 (plus tard peut-être les 35) États, des coopérations renforcées, d'ores et déjà expressément prévues, se mettront en place dans tel ou tel domaine, y compris la défense, dont on ne voit pas ce qui les différenciera des éventuelles coalitions évoquées plus haut.

Est-il concevable d'évoluer vers un monde multipolaire ? C'est une question qui peut paraître décisive mais qui ne relève pas de l'ordre international. À court terme, on ne voit pas ce qui pourrait remettre en cause l'hégémonie des États-Unis, le fossé scientifique et technologique avec l'Europe, le Japon, la Chine ou d'autres candidats potentiels ne cessant de se creuser, le *brain drain* s'accentuant d'année en année, et les budgets militaires évoluant dans le même sens. Naturellement, certains raidissements, tel l'essor impossible à maîtriser du terrorisme international, peuvent fragiliser les édifices les plus orgueilleux. Mais une telle fuite en avant ne favoriserait en rien la montée en puissance d'un nouveau multilatéralisme ; et elle rendrait inéluctable le renforcement de défenses peu soucieuses des droits de l'homme – comme à Guantanamo –, auxquelles souscriraient la plupart des États, convaincus qu'ils seraient désormais exposés à de nouveaux ennemis du genre humain. Ce n'est donc plus dans l'ordre international que des changements peuvent se produire, mais dans les ordres internes, spécialement dans les États les plus puissants, par une sorte de généralisation de nouvelles formes de guerre civile, qui ne sont nullement à exclure, et qui feraient des querelles de l'année 2003 une nouvelle épopée byzantine, les théologiens discutant du sexe des anges au cœur de la citadelle assiégée.

J.-P. C.

Pour en savoir plus

Bourgi, A. et J.-P. Colin (1993), « L'ONU entre le renouveau et la crise », *Politique étrangère*, n° 3.

Colin, J.-P. (1990), « Vers un nouvel ordre international ? », *Politique étrangère*, n° 4.

Cortright, D. et G. A. Lopez (2000), *The Sanctions Decade: Assessing U.N. Strategies in the 1990s*, l'International Peace Academy, Boulder, Co., Lynne Rienner Publishers.

Michaud-Sellier, F. et A. Novosseloff (2000), « Le désarmement de l'Irak : l'impasse de la communauté internationale », *Annuaire français de droit international*, Paris, CNRS.

Sur, S. (2000), « Les États-Unis entre unilatéralisme et multilatéralisme », *Annuaire français de relations internationales*, Bruxelles, Bruylant.

Sites Internet

ONU : <www.un.org/french/>.
Conseil de sécurité : <www.un.org/french/documents/scinfo.htm>.
Cour internationale de justice :
< www.icj-cij/cijwww/cijhome.htm>.
Commission de droit international :
< www.un.org/french/law.ilc/>.

Espace

Le rôle moteur des acteurs et budgets publics

L'année spatiale 2002-2003 a été fertile en événements. Au premier plan, le drame de la navette *Columbia* remet en cause le management et les choix programmatiques de la Nasa (National Aeronautics and Space Administration). Sur fond de marché au ralenti et face au concurrent américain, l'Europe a su consolider ses choix dans les domaines des lanceurs et de la navigation.

Un marché difficile pour les industriels. Les principaux clients privés des fabricants de satellites et de lanceurs émanent du secteur des télécommunications. Au début des années 1990, les prévisions de développement de ce marché étaient très optimistes, laissant espérer la commande d'une centaine de satellites par an. Lorsque le secteur des télécommunications est entré en crise à la fin des années 1990, les opérateurs de satellites ont réduit leurs commandes à 30-35 par an. L'ensemble de la filière industrielle spatiale est entrée dans une période de vaches maigres.

Les fabricants de satellites (Loral, Boeing et Lockheed Martin aux États-Unis, EADS Space et Alcatel en Europe) ont annoncé un pic de commandes en 2003 et 2004. Mais celui-ci semble plutôt correspondre au besoin de renouvellement des satellites existants qu'à une vraie reprise du marché des télécommunications. La situation est surtout préoccupante pour les industriels européens, qui dépendent en premier lieu des commandes privées. Aux États-Unis, l'importance des commandes publiques de satellites et de lancements permet aux entreprises de conserver une activité suffisante. Le nouveau lanceur *Delta 4* de Boeing devrait finalement être réservé aux besoins du Pentagone et des autres agences fédérales. La fusée est trop chère pour être compétitive sur le marché.

Dans ce contexte, l'annonce par TransOrbital des premiers vols commerciaux vers la Lune semble une exception quelque peu loufoque. La firme américaine a en effet obtenu de son gouvernement l'autorisation de tirer profit de l'astre lunaire. Des images de la Lune prises par son satellite *Trailblazer* viendront appuyer les campagnes marketing de produits vidéos, CD ou DVD. Le satellite doit également déposer sur la Lune des lettres, des objets et même des urnes funéraires pour le compte de clients terriens...

L'importance des acteurs fédéraux aux États-Unis. L'attention des médias américains porte principalement sur l'accident de *Columbia*, qui a causé la mort de 7 astronautes en février 2003. Les vols de navette ont été suspendus et la Nasa a mis en place une Commission d'enquête sur les causes de l'accident. Son rapport, attendu pour la fin juillet, proposera des pistes pour l'avenir des programmes de vol habité de l'agence américaine.

La Nasa devra choisir entre la remise en route des navettes ou leur mise au placard définitive. Les trois navettes restantes – *Atlantis*, *Endeavour* et *Discovery* – sont aujourd'hui vieilles et manifestement peu fiables. Mais le programme qui prendra la suite d'*Orbital Space Plane* (avion spatial orbital) ne sera pas prêt avant au moins 2010. Dans l'intervalle, seules les capsules russes *Soyouz* peuvent emporter et ramener les astronautes à bord de la Station spatiale internationale. Cette situation n'est pas acceptable pour les États-Unis. Si elle souhaite poursuivre le développement de la Station spatiale, la Nasa n'a guère d'autre choix que de remettre les navettes en service.

La Station spatiale a subi des dérives de coût très importantes et présente un intérêt scientifique discutable. Sa remise en cause, dans le sillage d'un arrêt des navettes, n'est pas impossible. Mais de telles décisions demanderaient une profonde redéfinition de la mission et des objectifs de la Nasa – une évolution que les parlementaires, jaloux des emplois « spatiaux » de leur circonscription, se refusent à entériner depuis des années. Devant la gravité du drame de février 2003, peut-être sauront-ils s'y résoudre ?

Au début du mandat de George W. Bush, Donald Rumsfeld avait annoncé des projets ambitieux en matière d'espace militaire. Les programmes de R&D sur les systèmes spatiaux offensifs et défensifs, au sol et en orbite, se poursuivent sans trop de publicité. Le soutien militaire de l'infrastructure industrielle – lanceurs et satellites – est plus visible. Avec un budget spatial de 18 milliards de dollars par an (dont la moitié est secrète), le Pentagone crée à lui seul un marché bien évidemment réservé aux entreprises nationales.

L'Europe consolide ses positions. Le budget spatial des États européens est bien inférieur à celui des États-Unis. L'échec du lancement de la nouvelle version de la fusée *Ariane 5*, en décembre 2002, est venu aggraver les difficultés d'industriels dépendants d'un marché commercial déprimé. Mais à quelque chose malheur est bon. Dans cette conjoncture difficile, les acteurs spatiaux se sont mobilisés pour trouver des compromis et avancer sur différents dossiers.

En mai, les industriels et l'Agence spatiale européenne (ESA) ont engagé un redressement salutaire de la filière Ariane. La base industrielle se réorganise pour atteindre d'indispensables baisses de coûts de production ; les États membres de l'ESA débloquent les financements nécessaires pour reprendre la route. La production d'un nouveau lanceur européen fiable et compétitif, *Ariane 5* en version 10 tonnes, redevient ainsi réalisable.

Les Européens ont également adopté un accord de principe pour lancer depuis Kourou la fusée *Soyouz*. Cette décision répond à des objectifs stratégiques de long terme : il ne faut pas que les États-Unis restent les seuls interlocuteurs de la puissante industrie des lanceurs de l'ex-Union soviétique. C'est aussi en mai 2003 qu'un accord a été trouvé entre l'Allemagne et l'Italie sur le partage des tâches et des financements relatifs au programme de positionnement Galileo. Apportant à l'Europe l'indépendance pour ses besoins de navigation, Galileo est le premier programme géré par l'ESA et l'Union européenne (UE). L'UE fait là ses premières armes dans le domaine spatial. Elle poursuivra sans doute avec le projet de système d'observation européen GMES (*Global Monitoring for Environment and Security*).

Faits et dates

- *21 août 2002* : Vol inaugural *Atlas 5*.
- *20 novembre 2002* : Vol inaugural *Delta 4*.
- *11 décembre 2002* : Vol inaugural *Ariane 5* version 10 tonnes (échec).
- *24 décembre 2002* : Vol-test du satellite *Trailblazer*.
- *30 décembre 2002-5 janvier 2003* : Mission de la capsule *Shenzhou IV*.
- *1er février 2003* : Accident de la navette *Columbia*.
- *27 mai 2003* : Conseil de l'ESA au niveau ministériel.
- *15-22 juin 2003* : Salon aéronautique et spatial du Bourget.
- *Été 2003* : Rapport de la commission Gehman sur l'accident de la navette Columbia.

La Chine, troisième puissance spatiale ? On voit que les États les plus avancés dans la maîtrise de l'espace dépendent encore largement de financements publics pour la poursuite de leurs programmes. *A fortiori*, les efforts des puissances spatiales émergentes relèvent encore totalement de financements étatiques.

L'agence spatiale japonaise poursuit ses avancées dans le domaine des lanceurs avec plusieurs envols réussis de sa fusée *H2-A*. Le Brésil négocie le lancement de fusées ukrainiennes depuis son pas de tir équatorial d'Alcantara. La Chine réalise également des avancées très prometteuses. Son programme de vol habité a été entamé en 1992, en coopération avec les militaires. Le lancement de la quatrième capsule *Shenzhou* en janvier 2003 a révélé son existence au public. Une première mission habitée à bord d'une de ces capsules est annoncée pour octobre 2003. Puisque les États-Unis parlent d'astronautes, les Russes de cosmonautes et les Européens de spationautes, les Chinois n'ont pas voulu être en reste et ont inventé le terme de « taïkonautes ». Pour faire mieux que les États-Unis et l'Union soviétique n'avaient fait en leur temps, il se pourrait que Pékin envoie non pas un mais deux « taïkonautes » dans l'espace lors de ce premier vol. S'il réussit, la Chine deviendra la troisième puissance au monde à pouvoir réaliser seule des missions habitées.

L. N.

Sites Internet

Agence spatiale européenne (ESA) : <www.esa.int>.
Site officiel de la Nasa : <www.nasa.gov>.
Site critique sur la Nasa : <www.nasawatch.com>.
Agence spatiale chinoise : <www.cnsa.gov.cn>.
Agence spatiale japonaise : <www.nasda.go.jp>.
Agence spatiale brésilienne : <www.agespacial.gov.br>.

Espagne
La fin d'une époque ?

L'année écoulée a été marquée par un aggiornamento sur les trois lignes de force qui formaient le socle de la politique extérieure de l'Espagne démocratique depuis 1975. L'engagement inconditionnel en faveur de la construction européenne, la revendication d'un rôle, y compris militaire, sur la scène internationale au service de la légalité onusienne, et la mise en place d'une relation bilatérale privilégiée avec le Maroc pour aplanir le contentieux territorial avaient donné à Madrid un rayonnement international qui dépassait de loin ses capacités de puissance moyenne régionale. L'Espagne était mal à l'aise dans le système bipolaire organisé sans elle, et l'émergence d'un monde dans lequel la composante militaire se limite aux opérations de maintien de la paix a parfaitement convenu, dans les années 1990, à un pays réconcilié avec lui-même, fier de sa transition démocratique et de sa réussite économique. La mondialisation lui a permis d'exercer une « puissance douce » en adéquation avec ses moyens et les convictions pacifistes de sa société.

Une approche utilitariste de l'Europe. Au sein de l'Europe, la diplomatie espagnole a fait preuve d'une forte capacité d'entraînement dans le lancement des partenariats stratégiques avec la Méditerranée et l'Amérique latine. Cet activisme répondait aussi à la poursuite des intérêts du pays dans deux régions pour lui prioritaires. Dès la fin des années 1980, sa participation aux divers processus de paix en Amérique centrale marquait déjà ce renouveau, tandis que l'engagement de militaires espagnols dans les opérations onusiennes donnait à l'armée l'occasion de restaurer son image sur la scène intérieure.

Dès son arrivée au pouvoir en 1996, José Maria Aznar a très vite marqué sa différence en développant une approche utilitariste de l'Europe, privilégiant les aspects de l'intégration les plus bénéfiques aux intérêts du pays, jusque-là occultés dans le discours officiel. La libération de la parole s'accompagna d'un changement de méthode. Les positions intransigeantes de Madrid lors du sommet de Nice (décembre 2000), crispées sur la pondération du vote au Conseil européen, témoignent de cette réévaluation des intérêts nationaux et d'une ambition de puissance.

Cette nouvelle stratégie de négociation fondée sur le rapport de force va déborder sur les relations déjà bien délicates avec le Maroc. Le non-renouvellement de l'accord de pêche, en avril 2001, fut le facteur déclenchant de la plus grave crise qu'aient connue les deux pays depuis la mort de Franco. Tous les contentieux vont ressurgir à cette occasion, atteignant leur paroxysme tragicomique lors de la crise de l'îlot Persil/Leïla en juillet 2002. L'occupation par des gendarmes marocains d'un îlot inhabité, au statut juridique imprécis, situé à 200 m des côtes marocaines, a provoqué le déploiement d'un important dispositif militaire espagnol et l'expulsion par la force des Marocains.

L'incapacité des deux pays à régler ce différend, tout comme l'inefficacité de l'Europe dans cette crise, qui, au vu des événements survenus depuis, annonçait les graves fêlures à venir, ont conduit le secrétaire d'État américain Colin Powell à mener une action de médiation, preuve que le contentieux territorial entre l'Espagne et le Maroc ne relève pas de l'anecdote pour les États-Unis, contrairement à ce qu'il en est pour l'Europe. Cet épisode aura mis en évidence le décalage entre une rhétorique espagnole prônant les mérites de l'interdépendance et la difficulté du gouvernement Aznar à mener une politique affranchie des scories d'un passé conflictuel et de perceptions réciproquement négatives. Le traité d'amitié, de bon voisinage et de coopération de juillet 1991, dont le préambule stipulait la renonciation à l'utilisation de la menace ou à l'usage de la force entre les deux voisins, paraît ainsi avoir fait long feu.

Le profil bas qui marquait, ces dernières années, la diplomatie espagnole, aussi bien dans la politique euro-méditerranéenne que dans le partenariat bi-régional entre l'Europe et l'Amérique latine, n'est pas à mettre uniquement au passif du conflit moyen-oriental ou de la crise latino-américaine. Il s'explique aussi par la modification des priorités de l'Espagne au sein de l'Europe. L'entrée dans l'euro, érigée en priorité absolue, a révélé un chef de gouvernement espagnol très proche des thèses de Tony Blair et de Silvio Berlusconi sur une Europe libérale et intergouvernementale.

Le basculement dans l'atlantisme. Le basculement de l'Espagne dans le « club atlantiste » de l'Europe, déjà engagé avant l'arrivée du parti conservateur au pouvoir, s'est inscrit depuis dans une logique de réalignement inconditionnel sur les États-Unis. La position de Madrid pendant la crise irakienne n'est pas le fait des circonstances. Lors des élections de 1996, le candidat Aznar évoquait déjà la nécessité d'un renforcement du partenariat avec Washington, mais ses déclarations étaient passées, à l'époque, assez inaperçues. Or, dès sa prise de fonction, le nouveau chef de l'exécutif a soutenu le durcissement des États-Unis vis-à-vis de Cuba, au détriment de la traditionnelle relation spéciale qui unit l'Espagne à ce pays. Les milieux d'affaires espagnols s'en émurent, et le gouvernement revint à des positions plus en accord avec les intérêts économiques espagnols sur l'île.

En 1998, Aznar fut le seul dirigeant européen (Blair mis à part) à appuyer ouvertement le bombardement anglo-américain sur l'Irak, et le premier, plus tard, à soutenir le projet de défense antimissile de George W. Bush, ce qui valut à Madrid d'être la première capitale européenne visitée par celui-ci à l'automne 2001. Mais c'est la guerre contre le terrorisme et l'empathie sécuritaire, qu'Aznar ne rencontre pas en Europe, qui vont renforcer le rapprochement entre Madrid et Washington. La renégociation des accords bilatéraux de défense octroie aux États-Unis une plus grande autonomie sur la base militaire de Rota dans le détroit de Gibraltar, alors que, jusqu'à la fin des années 1980, ces accords étaient stipendiés pour les aliénations de souveraineté qu'ils induisaient. En septembre 2002, ces accords seront présentés au Parlement comme une reconnaissance à l'Espagne d'un statut d'allié privilégié de Washington, au même titre que l'Australie, le Canada et le Royaume-Uni.

À la même époque, alors qu'elle venait d'être élue membre du Conseil de sécurité des Nations unies, l'Espagne déclarait apporter son soutien aux États-Unis même dans le cadre d'une action unilatérale en Irak. Cette remise en cause de la sécurité collective figurait déjà dans le *Livre blanc de la Défense*, publié en 2000. Passé inaperçu, celui-ci marquait pourtant l'abandon d'un fondement de la politique de sécurité suivie depuis la transition démocratique. La publication de la « Lettre des Huit » entérinant la fracture européenne sur l'Irak a fait l'effet d'une bombe, car elle émanait d'un pays considéré comme un fervent partisan de l'« Europe puissance ». La fracture est aussi interne, 90 % des Espagnols ayant exprimé leur opposition à ce conflit et des millions de personnes s'étant mobilisées lors des manifestations de rues dans le pays.

La fin d'une époque ? Il n'est pas certain, cependant, que l'année écoulée marque un changement de cap irréversible. Vouloir faire entrer l'Espagne dans le « camp des vainqueurs » implique surtout de pouvoir y jouer un rôle au-delà d'un appui politique conjoncturel. Or, la participation des troupes espagnoles aux opérations en Afghanistan et en Irak a mis en évidence l'inadéquation des moyens dont dispose Madrid pour s'impliquer durablement dans la guerre contre le terrorisme. Les lacunes de son outil militaire, aggravées par une professionnalisation menée dans un contexte de restrictions budgétaires et de crise des vocations, ne permettent d'envisager que des engagements limités. Une inflexion notoire de la politique militaire du pays implique un accroissement des ressources, que la dernière loi de finances ne laisse en rien présager. Depuis l'adoption de l'euro, le gouvernement maintient le cap du « déficit zéro », qui bride toute marge de manœuvre. Les ministères des Affaires étrangères et de la Défense sont, depuis plus de 10 ans, les parents pauvres des dépenses publiques, et tout porte à croire qu'ils le seront encore longtemps.

À défaut des moyens de la puissance, l'alignement sur l'« hyperpuissance » rend la politique étrangère espagnole sujette aux variations de la politique américaine. En se privant de toute marge de manœuvre autonome, elle perd en crédibilité, comme l'a montré l'arraisonnement du cargo nord-coréen transportant des missiles vendus au Yémen, en décembre 2002. Deux jours après l'intervention de sa marine, Madrid dut le relâcher à la demande de Washington. Le multilatéralisme est certainement le meilleur garant des intérêts d'une puissance moyenne régionale. L'Europe a joué jusqu'à ce jour un rôle de surgénérateur de puissance pour un pays qui paraît avoir plus à gagner à défendre les valeurs de la communauté internationale. La façon brutale dont elle s'est sortie de la crise de l'îlot Persil/Leïla et sa position dans la guerre contre l'Irak ont considérablement altéré son image dans le monde arabe. Les redéploiements de l'après-guerre irakien permettront de mesurer sa capacité d'influence. On peut penser que celle-ci aura besoin de s'appuyer sur l'Union européenne.

Au plan interne, ces crises ont souligné l'absence d'une culture de politique extérieure disposant d'une assise bipartisane. Certes, les élections municipales et régionales de mai 2003 montrent une poussée de l'opposition, mais aussi une meilleure résistance du Parti conservateur que ne le prévoyaient les sondages, ce qui permet de relativiser l'impact des questions de politique étrangère. Toutefois, l'alignement sur les États-Unis dans le conflit contre l'Irak et la catastrophe écologique provoquée par le *Prestige* ont suscité une mobilisation citoyenne et un retour du débat politique qui devraient conduire à des réajustements d'autant plus prévisibles qu'Aznar a annoncé qu'il ne se représenterait pas lors des prochaines élections, en 2004.

D. C. et B. L.

Pour en savoir plus

Gillespie, R. et R. Youngs (2000), *Spain: The Europeans and International Challenges*, Londres, Frank Cass.

Labatut, B. et J.I. Martinez Paricio (à paraître), *La Professionnalisation des armées en Espagne*, Paris, Ministère de la Défense, Coll. C2SD.

Martin Corrales, E. (2002), *La Imagen del Magrebi en España*, Barcelone, Bellaterra.

Sites Internet

Ministère espagnol des Affaires étrangères : <www.mae.es>.
Ministère espagnol de la Défense : <www.mde.es>.
Centre d'information et de documentation de Barcelone : <w.ww.cidob.es>.

Faits et dates

– *11 juillet 2002* : Occupation de l'îlot Persil/Leïla par une douzaine de gendarmes marocains.
– *20 juillet 2002 :* Médiation de C. Powell. L'Espagne déloge les occupants de l'îlot par la force. Retour au *statu quo ante*.
– *4 septembre 2002 :* Ratification des nouveaux accords de défense hispano-américains.
– *27 septembre 2002 :* L'Espagne est élue au Conseil de sécurité de l'ONU à partir de janvier 2003.
– *19 novembre 2002* : Le pétrolier *Prestige* s'échoue en Galice, provoquant une catastrophe écologique. Vive polémique contre l'action du gouvernement.
– *10 décembre 2002* : La marine espagnole intercepte au large du Yémen un cargo nord-coréen transportant des missiles *Scud*. Il est relâché deux jours après à la demande des États-Unis.
– *30 janvier 2003 :* L'Espagne signe la « Lettre des Huit » soutenant la politique américaine sur l'Irak.
– *31 janvier 2003* : Normalisation des relations diplomatique avec le Maroc après 18 mois de crise.
– *15 février 2003* : Des millions d'Espagnols défilent contre la guerre.
– *25 mai 2003* : Élections municipales. Résistance du parti d'Aznar malgré une remontée des socialistes.
– *18 juillet 2003* : Madrid autorise l'envoi d'un contingent de 1 300 soldats en Irak, qui sera opérationnel début septembre.

États-Unis

Impériaux et impérieux

L'action extérieure des États-Unis s'est inscrite, en 2002-2003, dans une double continuité avec les mois qui avaient précédé. Elle n'en a pas moins abouti à ce que certains ont considéré comme l'effritement, voire la dislocation, du système d'alliances et de règles internationales sur lequel elle avait jusqu'ici largement reposé.

Les dirigeants américains ont ainsi poursuivi la promotion d'un ordre économique libéral et cherché à diffuser au maximum l'ouverture des marchés, la dérégulation, la privatisation et un climat favorable à l'initiative privée. Dès août 2002, l'Administration Bush a réussi, au prix d'efforts appuyés, à arracher au Congrès le vote de la législation *fast track*, seule à même de lui permettre de conclure des accords de grande portée. Tout en s'efforçant de maintenir sur les rails le cycle de négociations multilatérales lancé en 2001 à Doha, Robert Zoellick, son représentant spécial pour le commerce, a conclu un accord de libre-échange avec le Chili et poursuivi des négociations en vue de la conclusion rapide de traités similaires, d'abord avec l'Amérique centrale, puis avec toute l'Amérique latine (projet de Zone de libre-échange des Amériques [ZLEA]). En mai, le président George W. Bush s'est même déclaré prêt à établir d'ici à 2013 une relation comparable avec les pays du Moyen-Orient.

Une prétention affirmée à l'hégémonie. Transformer la donne géopolitique dans cette région troublée est apparu, il est vrai, au cœur d'un second phénomène, également marqué par la continuité : l'accentuation des pulsions impériales que le 11 septembre 2001 avait déclenchées. En exacerbant la conscience que les États-Unis avaient de leur vulnérabilité, les attentats ont érigé la sécurité intérieure en absolue priorité dans leurs relations avec l'étranger. S'ils ont débouché sur la création d'un nouveau ministère (le Homeland Security Department, comptant quelque 170 000 employés), ils ont surtout convaincu les dirigeants de la nécessité de projeter activement leur puissance hors des frontières et pulvérisé les réticences traditionnelles de l'opinion vis-à-vis d'une politique mettant l'accent sur les moyens militaires. Autrement dit, le terrorisme s'est révélé l'« ennemi » à même de permettre une mobilisation du pays, l'adversaire justifiant une approche « jacksonienne » – « de temps de guerre » – de la politique étrangère.

Le renversement a été d'autant plus marqué que le droit de légitime défense que l'exposition des États-Unis à ces nouveaux dangers paraissait instaurer a conforté ceux qui, tels les néo-conservateurs proches du vice-président Dick Cheney et du secrétaire à la Défense Donald Rumsfeld, avaient d'emblée adjuré le pays de s'émanciper des institutions internationales et des traités coupables d'entraver sa liberté, et donc d'émousser les avantages que son statut d'unique superpuissance lui assurait. Ils ont incité l'Administration à considérer les vieilles règles du droit international (en particulier le respect de la souveraineté et le non-recours – sauf autorisation de l'Organisation des Nations unies [ONU] – à la force armée) comme périmées dès lors qu'elles lui paraissaient incompatibles avec la sécurité du pays. Presque aussitôt après les attentats, le président Bush a ainsi déclaré ne pas faire de différence entre les réseaux terroristes et les États qui les abritaient. Dès janvier 2002, il a dénoncé la menace que, selon lui, « l'axe du Mal » – c'est-à-dire la conjugaison potentiellement mortelle entre réseaux terroristes, États voyous (l'Irak, l'Iran et la Corée du Nord) et armes de destruction massive (ADM) – représentait pour les États-Unis et leurs alliés.

Cette vision a débouché sur la publication, en septembre 2002, d'un document, la *National Security Strategy*, qui marque une rupture nette avec des aspects essentiels de la politique traditionnelle des États-Unis. Tout d'abord, estimant que les ADM ne sont plus des armes de la dernière extrémité mais des armes de prédilection pour leurs ennemis, il substitue l'action préventive à l'endiguement et à la dissuasion comme option principale : « Nous devons porter la bataille chez l'ennemi, perturber ses plans et faire face aux pires menaces avant qu'elles n'émergent », avait déjà déclaré G. W. Bush à West Point, le 1er juin. Ensuite, estimant que leur mise en œuvre exige une liberté totale d'emploi des forces, le texte reprend une proposition (la « doctrine Wolfowitz ») que l'Administration Bush père, au début des années 1990, avait rejetée et affirme la nécessité pour les États-Unis de garder des forces assez puissantes « pour dissuader leurs adversaires potentiels de poursuivre un effort d'armement militaire dans l'espoir » de les surpasser ou de les égaler.

Enfin, cette prétention à l'hégémonie est justifiée par l'élévation de la démocratie de marché en unique modèle viable pour le progrès de l'humanité et par la vocation des États-Unis à mettre leur suprématie au service non pas de leurs intérêts mais de ceux de l'ensemble du monde civilisé. « Nous exerçons, rappellera Bush en janvier 2003, la puissance sans conquête et nous nous imposons des sacrifices pour la liberté d'étrangers [...]. La liberté que nous chérissons n'est pas le cadeau de l'Amérique au monde, c'est le don de Dieu à l'humanité. » En faisant de l'« exceptionnalisme » le fondement de leur primauté, le texte annihile tous les efforts que les États-Unis avaient jusqu'ici plus ou moins déployés pour concilier la réalité (une primauté en pratique incontestée) avec le principe de l'égalité des nations, auquel ils s'affirmaient attachés. Il institutionnalise leur rôle comme législateur, juge et policier en droit de définir le Bien et le Mal à l'échelle du monde entier et, dès lors, de récompenser les pays méritants, de punir les récalcitrants et de recourir à la force contre les plus menaçants.

L'Irak ou le premier cas de guerre préemptive. La guerre que les États-Unis ont menée contre l'Irak quelques mois après peut apparaître comme une première application pratique d'un exposé qui semble avoir pour objectif premier d'en fournir la justification théorique. Elle est en tout cas présentée par l'aile néo-conservatrice comme une étape décisive vers l'élimination du terrorisme islamiste. Discernant avant tout dans ce dernier le sous-produit de l'absence de démocratie, qui pousse dans le monde arabo-musulman les dissidents vers un islamisme fanatique et virulent, ils ont fait du renversement de Saddam Hussein le catalyseur d'un bouleversement du paysage politique au Moyen-Orient.

L'idée bénéficie d'un soutien appuyé de la part de tous ceux qui considèrent que les États-Unis ont mis leur crédibilité en danger en laissant Saddam les narguer. Or, les circonstances semblent faire de sa réalisation une possibilité : si, depuis 1998, le changement du régime irakien est un objectif officiel américain, seul le 11 septembre a permis à l'Exécutif d'en obtenir vraiment les moyens. Très vite, le 17, les services armés se sont vu demander de réfléchir à des options à cet effet. Diverses déclarations durant l'automne ont annoncé ce que le discours de Bush sur l'« axe du Mal » et toutes sortes de rumeurs suggéraient dès l'hiver : Saddam pourrait bien être au cœur de la « deuxième phase » de la guerre. Son renversement paraît d'ores et déjà annoncé quand Bush, en mars 2002, n'hésite pas à déclarer : « Nous ne permettrons pas à l'un des leaders les plus dangereux du monde de détenir les armes les plus dangereuses du monde et de tenir les États-Unis et nos amis et alliés en otages. » Avant de préciser début avril : « J'ai pris la décision que Saddam Hussein devrait partir. »

À l'approche de l'été, la décision semble arrêtée de faire de ce départ une priorité. Les « durs » ne voient que des attraits à l'intervention armée qui, seule, pourrait l'imposer. Conduite contre un État policier connu pour son extrême brutalité, elle peut être présentée comme un combat pour la liberté. Ensuite, elle peut avoir des effets induits susceptibles de favoriser la réalisation de nombre d'objectifs poursuivis par l'Administration : déstabiliser un régime iranien en butte à une jeunesse désenchantée ; ébranler un pouvoir syrien désormais en première ligne ; garantir à une économie confrontée à d'immenses besoins énergétiques un contrôle stratégique sur une région essentielle du fait de ses gisements pétroliers ; permettre de prendre des distances avec une Arabie Saoudite jugée trop perméable à l'islamisme radical ; et surtout éroder l'activisme de mouvements terroristes qui seraient dès lors privés en totalité ou en partie de l'appui que l'Irak, l'Iran ou la Syrie leur apportaient, ce qui reste, pour Washington, le véritable obstacle au processus de paix israélo-palestinien.

Chez certains dirigeants, l'idée suscite pourtant moins d'enthousiasme que d'appréhension. Les responsables de l'armée de terre en soulignent évidemment les aléas militaires (voir l'article États-Unis/Défense). Le secrétaire d'État Colin Powell s'inquiète surtout des réactions du monde arabo-musulman et des alliés à l'opération unilatérale qui semble envisagée. Il faut, explique-t-il le 5 août au président, agir dans le cadre d'une large coalition ou avec un mandat du Conseil de sécurité. Cette idée se heurte à un tir de barrage nourri de Rumsfeld et Cheney, tous deux persuadés que les États-Unis y perdront leur liberté d'action et se heurteront à une multitude de manœuvres et d'obstructions. Finalement, pourtant, c'est à Powell que le président semble donner raison : le 12 septembre, s'adressant aux Nations unies, il leur demande une ultime fois de relever le défi, faute de quoi les États-Unis devront y mettre eux-mêmes un terme. Des actions d'anciens conseillers du père du président, les sondages (qui montrent que l'opinion n'est vraiment favorable à une intervention que dans le cadre de l'ONU ou d'une coalition) et l'approche des élections l'ont sans doute convaincu de projeter – provisoirement – une image de patience et de modération.

Il espère sans doute voir Saddam refuser toute concession et justifier ainsi une intervention. C'est dans ces conditions que s'engagent, au sein du Conseil de sécurité, des négociations où Paris fait bientôt figure, pour Washington, d'interlocuteur privilégié. Dans le compromis finalement réalisé (la résolution 1441 du Conseil de sécurité), la France accepte de voir l'Irak menacé de « conséquences sérieuses » (autrement dit d'une intervention armée) s'il n'apporte pas une coopération suffisante aux inspecteurs chargés de vérifier qu'il s'est bien débarrassé des armes que, depuis 1991, l'ONU lui interdit de fabriquer ou de posséder. Inversement, les États-Unis abandonnent, au moins en théorie, leur véritable objectif, le renversement du régime, dès lors que celui-ci satisfait aux exigences des Nations unies. Mais, très vite, le débat tourne autour de l'interprétation de celles-ci.

Désaveu de l'ONU et succès militaire. En effet si, sur le moment, le vote de la résolution à l'unanimité, le 8 novembre, fait figure pour Powell de grand succès, sa position est très vite fragilisée. Aux États-Unis mêmes, les « durs » ne cachent pas leur scepticisme face à des inspections qu'ils perçoivent comme une gesticulation de nature à semer le doute dans l'opinion. Quand, dans ce contexte, le ministre français des Affaires étrangères croit nécessaire de déclarer, le 20 janvier, que rien ne justifie, en l'état actuel des choses, une intervention armée, le secrétaire d'État est sans doute d'autant plus irrité que, pour ses rivaux, c'est bien la preuve qu'il s'est fait « piéger ». Dès lors un clivage se dessine au Conseil de sécurité : d'un côté, Washington et Londres estiment que la résolution 1441 enjoint à Saddam de présenter et de démanteler dans les plus brefs délais les armes qu'ils l'accusent de cacher ; de l'autre, Paris et Moscou estiment que les inspections doivent continuer tant qu'aucune preuve de la duplicité de l'Irak ne sera apportée.

La confrontation ne tarde pas à s'embraser. Les États-Unis refusent de voir le processus des inspections substantiellement prolongé : la situation d'expectative nuit aux affaires, et la fin mars est considérée comme l'ultime moment pour lancer la guerre, après quoi les conditions climatiques seront trop sévères. Au demeurant, leur détermination n'a pu qu'être renforcée quand la Corée du Nord a concédé, en octobre, avoir poursuivi, depuis le milieu des années 1990, un programme nucléaire secret, confortant ceux qui estiment qu'un exemple doit être fait pour dissuader les États voyous de les défier. La Russie et la France, auxquelles se joignent l'Allemagne dans ce qui fait figure de « front de la paix », estiment au contraire qu'il faut tout faire pour assurer le succès de la « diplomatie coercitive » où l'ONU est engagée : d'abord, sans doute, parce qu'ils redoutent de voir une intervention – que rien dans l'immédiat ne leur paraît justifier – faire le jeu des terroristes et déstabiliser une région déjà troublée ; ensuite parce qu'ils refusent de voir le Conseil de sécurité devenir une simple chambre d'enregistrement pour des interventions que, fort de son écrasante supériorité militaire, Washington aurait seul décidées. La querelle s'envenime encore quand le renforcement militaire auquel les forces américaines procèdent au Moyen-Orient persuade Saddam de faire quelques gestes dans le sens du désarmement et exacerbe l'opposition de l'opinion mondiale (et les réserves de la population américaine) à la guerre.

L'impasse débouche sur une décision américaine d'une réelle gravité. Incapable, faute de la justifier par des arguments convaincants, de rassembler une simple majorité au Conseil de sécurité sur un projet de seconde résolution autorisant le recours à la force armée, les États-Unis préfèrent le retirer et faire retomber le blâme pour leur échec sur la menace de veto brandie par le président français, veto qui, selon eux, ne peut qu'encourager Saddam à temporiser dans l'espoir de voir l'attention internationale se relâcher. Ils se contentent d'invoquer le non-respect par le dictateur de la résolution 1441 pour justifier une décision dont, en réalité, ils s'estiment seuls juges de la légitimité : « Quand il s'agit de notre sécurité, a rappelé Bush quelque temps auparavant, nous n'avons besoin de la permission de personne. »

Le triomphe de Bush et des néo-conservateurs. Engagée le 20 mars dans des conditions juridiquement contestées, l'opération conduite de concert avec l'Australie et surtout le Royaume-Uni (ainsi qu'avec une coalition aussi peu présente sur le terrain qu'hâtivement constituée) fait figure, à court terme, de succès. Un succès militaire pour commencer puisque, en dépit de quelques ratés, la stratégie du Pentagone atteint les objectifs qu'elle s'était fixés : la conjugaison étroite de l'action des différents services armés, combinée à une tactique mettant moins l'accent sur la taille des troupes engagées que sur la concentration de frappes aériennes précises et meurtrières sur les centres nerveux, politiques et militaires de l'adversaire, permet une fin rapide de la guerre. Un succès politique aussi puisque l'Administration finit par diffuser la scène même sur laquelle depuis le début elle comptait : le démantèlement d'une statue de Saddam (par des troupes américaines) pour la plus grande joie de l'assistance irakienne. Le 1er mai, dans une mise en scène délibérément dramatisée, le président peut ainsi annoncer, sur le pont du porte-avions *USS Lincoln*, que, pour l'essentiel, les combats sont achevés. C'est pour lui une façon habile de capitaliser une victoire rapide qui lui a rallié le soutien, sinon de l'opinion mondiale – toujours hostile –, du moins d'une population américaine fière d'avoir « libéré » la nation irakienne. C'est aussi le signe que, à 18 mois de la présidentielle, il entend se concentrer sur la situation intérieure à laquelle le pays est confronté. Dès l'été précédent, il a d'ailleurs démontré sa capacité à exploiter la politique étrangère pour renforcer son emprise sur le Congrès.

En août 2002, en effet, rien ne garantit que sa popularité, toujours élevée, suffira à assurer à son parti le succès lors des partielles de novembre. Les républicains semblent devoir souffrir de l'impact des multiples scandales (Enron, WorldCom, etc.) qui viennent d'éclabousser le monde des affaires, auquel ils sont étroitement associés. Et les électeurs semblent des plus pessimistes face au ralentissement économique et sceptiques devant l'aventure irakienne où le président semble vouloir se lancer. En quelques semaines, il réussit pourtant à renverser la situation : s'il ne parvient toujours pas à surmonter les réticences de l'opinion, il arrive à focaliser le débat sur les mérites d'une éventuelle intervention et à le détourner du domaine économique et social, où il se sait vulnérable, vers les problèmes de défense, où son parti est dans une position plus confortable. Parallèlement, il se sert de sa décision d'aller devant l'ONU pour réclamer à ses parlementaires l'autorisation de recourir à la force militaire, pour le doter d'un levier dans le bras de fer diplomatique qui va s'engager. Il ne laisse guère ainsi aux démocrates que le choix de risquer l'opprobre populaire en lui refusant un pouvoir qu'il présente comme absolument nécessaire, ou de s'incliner au risque de démobiliser leurs militants désabusés.

La manœuvre est un total succès. Même si, à la Chambre, la plupart des démocrates ne suivent pas leurs leaders, qui se sont résignés à la cautionner, la résolution est votée à une

Faits et dates

– *29 janvier 2002* : Discours de G. W. Bush sur « l'axe du Mal ».
– *24 juin 2002* : Discours de Bush sur le conflit israélo-palestinien.
– *6 août 2002* : Bush signe la législation *fast track* (Trade Promotion Authority).
– *12 septembre 2002* : Discours de Bush à l'ONU.
– *5 novembre 2002* : Élections à mi-mandat qui assurent à Bush la majorité dans les deux Chambres du Congrès.
– *8 novembre 2002* : Vote de la résolution 1441 à l'ONU.
– *25 novembre 2002* : Signature par Bush du *Homeland Security Act.*
– *5 mars 2003* : Déclaration commune de la France, de la Russie et de l'Allemagne indiquant qu'elles « ne permettraient pas » le vote d'une résolution autorisant le recours à la force en Irak.
– *20 mars 2003* : Lancement des opérations militaires en Irak.
– *21 avril 2003* : J. Garner, général à la retraite, est nommé administrateur de l'Irak.
– *24 avril 2003* : Résolution 1476 du Conseil de sécurité prolongeant l'opération « Pétrole contre nourriture » en Irak.
– *1er mai 2003* : Bush déclare sur l'*USS Lincoln* que l'essentiel des combats est achevé.
– *6 mai 2003* : Nomination de L. Paul Bremer comme administrateur civil en Irak.
– *8 mai 2003* : Ratification à l'unanimité par le Sénat américain de l'élargissement de l'OTAN à 7 nouveaux membres.
– *22 mai 2003* : Vote à l'ONU d'une résolution levant les sanctions sur l'Irak (sauf en matière d'armements).
– *28 mai 2003* : Bush signe une loi de réduction fiscale de 350 milliards.
– *2-4 juin 2003* : Bush relance le processus de paix au Proche-Orient.

forte majorité (296 contre 133). Elle est encore plus largement approuvée au Sénat (72 contre 23). À la suite de quoi, Bush s'engage à fond dans la campagne de son parti et met à profit l'image brouillée qu'il a contraint les démocrates à projeter pour s'assurer une victoire qui, sans être écrasante (il ne fait que gagner quelques sièges à la Chambre et reprendre de justesse la majorité au Sénat), n'en est pas moins éclatante : pour la première fois de l'Histoire, les républicains creusent leur avance alors qu'un des leurs est à la Maison-Blanche.

Cette victoire électorale permet à Bush de poursuivre l'édification d'une présidence toujours plus impériale. Aidés très largement par les principaux réseaux de télévision qui semblent souvent leur servir de courroie de transmission, ses experts ès communication s'efforcent de manipuler la peur que les attentats ont instillée dans la nation pour identifier toute critique un peu substantielle de son action à une marque d'irresponsabilité, sinon de trahison. Les cours cautionnent dans de multiples arrêts le système judiciaire d'exception que l'Exécutif a instauré, lui permettant d'interroger, emprisonner, juger et châtier des personnes soupçonnées de terrorisme – qu'elles soient ou non ressortissantes des États-Unis – hors des garanties habituellement octroyées par la loi. Et l'influence du président se voit renforcée par l'arrivée d'un de ses proches, Bill Frist, le sénateur du Mississippi, à la tête de la majorité au Sénat. Sous cet aspect, une boucle est alors bouclée. Durant l'été, la politique étrangère a permis à Bush de surmonter les difficultés que la situation intérieure lui créait. La victoire qu'elle lui a donnée lui assure maintenant le vote de la mesure qui est, à ses yeux, nécessaire pour l'emporter sur le « deuxième front » – le front intérieur –, que son père avait négligé : une réduction majeure de la fiscalité (350 milliards : la troisième de l'Histoire par la taille), grâce à laquelle il espère relancer, d'ici novembre 2004, une économie alanguie.

Une stratégie contre-productive. Ce renforcement de l'exécutif a pour pendant une extension du rôle impérial des États-Unis. Leur suprématie militaire s'est vue accentuée par l'envol du budget de leurs services armés (qui représente plus de 40 % des dépenses militaires mondiales, soit 2 fois leur part en termes de PNB), mais aussi par la possibilité qu'ils se sont donnée de pouvoir projeter leurs forces à partir des anciens pays du pacte de Varsovie (en particulier grâce à une nouvelle extension de l'Organisation du traité de l'Atlantique Nord [OTAN] à 7 de ces derniers), mais aussi de ceux du Moyen-Orient, de la Corne de l'Afrique, de l'Asie centrale, des Philippines ou de la Colombie. L'influence qu'ils se sont ainsi garantie leur a permis d'apaiser au moins provisoirement les tensions qui avaient pris, à l'été 2002, un tour inquiétant entre l'Inde et le Pakistan, de remanier profondément leur dispositif militaire au Moyen-Orient (en le transférant hors d'Arabie Saoudite et en supprimant ainsi le grief initial de Ben Laden envers les États-Unis) et de reprendre leur rôle de médiateur au Proche-Orient. Après avoir longtemps préféré se tenir à l'écart d'un dossier où il estimait avoir plus à perdre qu'à gagner, et avoir refusé à plusieurs reprises de publier la « feuille de route » que le Quartet avait rédigée, le président s'est résolu à s'impliquer directement dans le processus de paix, une fois le gouvernement irakien renversé et un Premier ministre palestinien nommé aux côtés de Yasser Arafat, avec lequel il avait indiqué, le 24 juin 2002, ne plus vouloir traiter.

Les obstacles restent pourtant encore immenses sur le chemin de la paix, et ils ne sont qu'un exemple des difficultés auxquelles Washington va devoir s'attaquer. En Irak, en effet, la fin des combats semble avoir signifié moins celle des dangers que le début des difficultés, qu'illustre la mort de plus de 30 soldats américains entre le 1er mai et la mi-juillet. Si elle ne parvient pas à trouver rapidement les ADM dont elle disait ce pays truffé, l'Administration risque de voir sa crédibilité durement entamée tant aux États-Unis (où certains dénoncent les pressions dont les services de renseignements auraient été l'objet) qu'à l'étranger. Par ailleurs, déjà plus discrète qu'elle ne l'avait escompté, la joie des Irakiens de se voir « libérés » a très vite fait place à l'irritation devant l'incapacité des États-Unis à empêcher la généralisation des pillages, la désorganisation des services publics et la montée de l'anarchie. Parallèlement, le slogan « L'Irak : de la peur à la liberté » a bientôt menacé de tourner à « de la dictature à la théocratie ». Du coup, apparemment prise de court par le risque de voir les fondamentalistes chiites pro-iraniens combler le vide politique, la diplomatie américaine a paru bien confuse et incertaine : confiant la reconstruction du pays d'abord à un militaire, le général à la retraite Jay Garner, pour la remettre ensuite à un administrateur civil, L. Paul Bremer, et ne cessant de changer d'avis sur le rythme auquel une future autorité intérimaire ou un gouvernement provisoire devaient être créés (jusqu'à l'instauration d'un « conseil de gouvernement » irakien à la mi-juillet).

Plus généralement, la guerre a accaparé l'attention de Washington au détriment d'autres dossiers et d'autres régions. Les pays d'Asie orientale ont eu le sentiment d'être largement délaissés, ce qui a permis à la Chine, au moins jusqu'à l'épidémie de pneumonie atypique, de marquer des points dans la région sur les États-Unis (voir l'article « Chine »). Alors même qu'ils s'enfonçaient dans les difficultés, les Latino-Américains n'ont guère eu l'impression de bénéficier de l'intérêt que les premiers discours de Bush leur avaient pourtant laissé espérer. Surtout, les États-Unis n'ont guère fait que des progrès limités dans la lutte contre le terrorisme et la prolifération d'ADM, leurs deux plus grandes priorités. Les attentats qui ont suivi la fin des hostilités, en Arabie Saoudite en particulier, ont paru confirmer ce que, dès la fin de l'année, certains observateurs suggéraient : après avoir un temps reculé, le mouvement terroriste semble requinqué. L'Afghanistan a vu un retour partiel de l'influence des Talibans. Ceux-ci ont, il est vrai, tiré parti de la confusion politique du Pakistan, un pays à la fois si instable et si important stratégiquement que les États-Unis ont renoncé à le sanctionner pour avoir livré, encore à l'été 2002, de la technologie nucléaire à Pyongyang. Le risque de voir la Corée du Nord fabriquer assez d'armes nucléaires pour en exporter, comme la détermination de l'Iran à poursuivre et même accélérer un programme nucléaire que les États-Unis lui enjoignent d'arrêter, sont autant de dossiers sur lesquels l'Administration continuera sans doute à se montrer divisée dès lors qu'il lui faudra décider de l'approche – souple ou musclée – à privilégier.

L'Empire entre puissance et dépendance. Pour elle, le problème le plus important est cependant ailleurs. Tout d'abord, la ligne à la fois militaire et unilatérale, bref impériale, qu'elle semble préférer l'expose à trois types de difficultés. Pour commencer, comme la crise nord-coréenne l'a suggéré, elle peut soit se révéler inadaptée, soit comporter des dangers. Ensuite, elle peut n'avoir que des effets de courte durée si, comme en Afghanistan, elle s'accompagne d'un désengagement sitôt ou presque exécutée. Enfin et surtout, elle risque de finir par peser à une nation peu encline aux efforts prolongés qu'une posture impériale ne manque pas d'impliquer. Si la guerre contre l'Irak n'a pas nui à l'Administration, cela s'explique par deux raisons. Celle-ci a d'abord fini par convaincre l'opinion que la guerre était une étape obligée de la lutte contre le terrorisme, et donc du renforcement de sa sécurité : début 2003, 42 % des Américains établissaient un lien entre le 11 septembre et le dictateur irakien. Surtout, le coût de la politique impériale est jusqu'ici resté peu élevé : non seulement les deux guerres d'Afghanistan et d'Irak n'ont fait qu'un nombre limité de morts et de blessés américains, mais elles ont précédé ou suivi deux réductions historiques de la fiscalité.

L'avenir dira si l'Administration pourra continuer à mobiliser l'opinion contre les dangers qu'elle affirmera nécessaire d'extirper ou si elle préférera marquer un palier dans l'extension de ses responsabilités, au risque de paraître ignorer les périls (l'Iran et la Corée du Nord en particulier) qu'elle avait jusqu'ici dénoncés. Mais il lui sera de toute façon difficile d'ignorer une réalité : le pays ne cesse de s'endetter (au rythme en gros de 500 milliards par an) et de dépendre toujours plus de l'afflux de capitaux qui sont beaucoup moins enclins à s'investir dans le financement du déficit du budget qu'ils ne l'étaient à alimenter le miracle du secteur privé auquel, dans la deuxième moitié des années 1990, les États-Unis s'identifiaient.

La politique des États-Unis pourait ainsi souffrir du télescopage entre deux réalités : l'ampleur de leur puissance militaire, d'un côté, et leur dépendance vis-à-vis de l'étranger pour leur prospérité et leur sécurité, de l'autre. L'unilatéralisme que l'Administration a affiché sur de nombreux autres dossiers, la Cour pénale internationale (CPI) en particulier, risque tout d'abord de nuire à ce qui est l'une de ses plus importantes priorités – la promotion d'une ouverture toujours plus large des marchés – que son ton péremptoire, comme ses propres écarts (sur l'agriculture, les textiles, l'acier) face aux principes qu'elle ne cesse d'invoquer, pourraient bien obérer. Il menace aussi de couper le pays de ses plus vieux alliés et de la contraindre à dépendre de pays plus dociles, mais aussi moins en mesure de véritablement l'aider, bref de rendre encore plus coûteuse la préservation de la stabilité, faute de laquelle sa sécurité sera mise en danger. L'exemple de l'Afghanistan, où l'OTAN va, à partir de l'été 2003, prendre le relais, rappelle que les États-Unis n'ont pas eu, dans ce pays, d'autre choix que d'« internationaliser » le maintien de la paix.

Le scénario a bien des chances de se répéter, et il reste à voir s'ils pourront continuer de confiner l'ONU en Irak au rôle « vital », plutôt que « central », que souhaitaient Allemands, Russes et Français. Bref, le mode impérial et impérieux que les États-Unis viennent d'adopter les expose à trois dangers : paraître affectionner un style *oderint dum metuant* susceptible de généraliser le ressentiment à leur égard à l'étranger et de multiplier les menaces asymétriques qu'ils cherchent précisément à neutraliser ; pulvériser les freins et contrepoids, sans doute imparfaits, mais qui n'en ont pas moins permis au système international d'après 1945 de tempérer les affrontements et rivalités qui avaient produit une catastrophe dans les années précédentes ; et se priver de la légitimité internationale qui leur a assuré la loyauté et l'aide de nombreux alliés, faute desquelles le « fardeau » qu'ils prétendent endosser pourrait se révéler bien lourd à porter.

P. M.

Pour en savoir plus

Gaddis, J. L. (2002) « A Grand Strategy of Transformation », *Foreign Policy*, n° 133, novembre-décembre.

Hassner, P. et J. Vaïsse (2003), *Washington et le monde : dilemmes d'une superpuissance*, Paris, Autrement/CERI.

Hoffmann, S. (2003) « America Goes Backward », *New York Review of Books*, 12 juin.

Hirsh, M. (2002) « Bush and the World », *Foreign Affairs*, vol. 81, n° 5, septembre-octobre.

LaFeber, W. (2002) « The Bush Doctrine », *Diplomatic History*, vol. 26, n° 4, automne.

Vaïsse, J. (2003) « La nouvelle politique étrangère américaine », *Politique internationale*, n° 99, printemps.

Woodward, B. (2002), « A Struggle for the President's Hear and Mind », *Washington Post*, 17 novembre.

Worldviews 2002 : American Public Opinion and Foreign Policy, Chicago, Ill., The Chicago Council on Foreign Relations.

Sites Internet

Maison-Blanche : <www.whitehouse.gov/response>.
The National Security Strategy of the United States of America (document) : <www.whitehouse.gov/nsc/nss.pdf>.
Département d'État : <www.state.gov>.
Pentagone : <www.defenselink.mil>.
Center for Strategic and International Studies : <www.csis.org>.
Centre français sur les États Unis à l'Ifri : <www.cfe-ifri.org>.
The Brookings Institution : <www.brook.edu>.
Center for Defense Information : <www.cdi.org>.

États-Unis/Défense

Guerre en Irak : leçons et limites

Au regard des délais d'exécution comme des pertes subies, l'opération « Liberté pour l'Irak » représente un incontestable succès opérationnel pour les États-Unis, qui confirme plusieurs tendances déjà en cours tout en réservant quelques surprises.

Le retour de l'aéroterrestre. Contrairement à certaines estimations pessimistes d'avant-guerre, ou à certains commentaires à propos des flottements perceptibles à la mi-avril 2003, dont l'importance fut exagérée, la campagne militaire s'est déroulée pratiquement aussi bien que les planificateurs américains pouvaient l'espérer, compte tenu de la complexité des opérations de ce type et de la part inévitable d'imprévu, inhérente à toute entreprise militaire d'envergure. Dans la lignée de toutes les interventions menées depuis la guerre du Golfe (1991), « Liberté pour l'Irak » s'est caractérisée par le rôle de premier plan tenu par les capacités de reconnaissance et de communication, c'est-à-dire le renseignement électronique à des fins de ciblage. La campagne a ainsi été l'occasion de raccourcir les délais entre l'acquisition des cibles et leur neutralisation, au point que l'on se rapproche désormais, dans certains cas du moins, d'une capacité de réaction en temps réel ou quasi réel.

De même, à l'instar du Kosovo et de l'Afghanistan, la proportion de munitions de précision employées a été considérable (8 % en 1991, 35 % en 1999, 60 % en 2002 et 70 % en 2003). Une fois combinés, le feu de précision et la reconnaissance quasi permanente et par tous les temps ont assuré aux forces de la Coalition une sécurité considérable et une supériorité évidente : il aurait été impossible aux forces irakiennes, même mieux organisées, de monter une manœuvre d'envergure qui ne soit pas immédiatement détectée et réduite – les quelques unités de la Garde républicaine qui se sont déplacées l'ont d'ailleurs découvert à leurs dépens.

Outre ces caractéristiques, qui ne font que poursuivre un mouvement entamé depuis plus de 10 ans, la guerre contre l'Irak s'est distinguée par le retour sur le devant de la scène des opérations combinées aéroterrestres, avec une forte composante au sol (forces conventionnelles et forces spéciales), alors que, dans la décennie 1990, les opérations aériennes avaient été systématiquement substituées aux opérations terrestres, manifestant une réticence évidente à l'égard de l'engagement au sol. Sans doute à des fins de surprise opérationnelle et tactique, mais aussi pour prévenir les actions de sabotage du complexe pétrolier irakien, l'offensive terrestre a été immédiatement déclenchée, sans le bénéfice d'une campagne aérienne préalable à grande échelle, à l'inverse de ce que nombre d'analystes attendaient.

Ces opérations terrestres se sont d'ailleurs révélées innovantes à plus d'un titre : sans doute pour la première fois en 20 ans, les forces américaines ont appliqué le paradigme de « la guerre de manœuvre », dont elles se réclament depuis longtemps tout en pratiquant en réalité le principe de la « force écrasante » (*overwhelming force*) ; en conséquence, la 3e division mécanisée de l'U.S. Army et la 1re Marine Expeditionary Force (soit plus d'une division) ont systématiquement dépassé, lorsque cela était possible, les points de résistance en privilégiant la rapidité de la progression au détriment, si nécessaire, de la sûreté des communications. Pour la première fois depuis le XIXe siècle dans le cadre d'un conflit de haute intensité, on a ainsi assisté à la disparition des fronts et à l'émergence d'un champ de bataille certes « non linéaire », mais également « transparent », dans lequel la liaison entre les différents éléments est assurée par voie électronique. Ce faisant, on est ainsi revenu à la fluidité des campagnes d'autrefois, mais avec une prise de risque minime.

Succès opérationnel, incertitudes stratégiques. Ce succès opérationnel s'accompagne toutefois, en Irak comme aux États-Unis, de conséquences stratégiques nettement plus contrastées. Le plan d'opérations retenu doit sans doute beaucoup à la pression du secrétaire à la Défense, Donald Rumsfeld, dont la position se trouve confortée dans l'immédiat, mais forcément plus exposée à terme. Ce dernier est aujourd'hui en position de force dans la querelle qui l'oppose à une partie de l'establishment militaire américain, la hiérarchie de l'armée de terre en particulier. Ces tensions ont d'ailleurs fait immédiatement surface au moment où les opérations ont semblé connaître quelque difficulté en raison du tempo général et du manque d'effectifs dont se sont plaints certains généraux – la stratégie de harcèlement des Fedayins ainsi que l'absence de la 4e division sur le front nord étaient probablement la cause principale de ces problèmes. Bien qu'elle ait joué un rôle de premier plan dans cette campagne, et que le maintien sans doute durable d'une présence importante en Irak garantisse à court terme la préservation de ses structures, l'U.S. Army ne sortira vraisemblablement pas gagnante, budgétairement, de sa querelle avec le secrétaire à la Défense.

Sur la scène internationale, l'opération « Liberté pour l'Irak » a achevé de démontrer, pour ceux qui en doutaient encore, la suprématie militaire des États-Unis. Il est désormais manifeste que, face à un adversaire décidé à se défendre en jouant d'abord le jeu de la guerre conventionnelle, ce pays dispose à la fois des moyens militaires et technologiques et, dans certaines circonstances, de la capacité politique à engager des opérations décisives allant jusqu'au renversement de régime et à l'occupation – et ce, dans la plupart des zones de la planète, à l'exception des principales puissances régionales et nucléaires (Chine, Russie, Inde).

Cette démonstration de force ne doit cependant pas masquer un certain nombre de faiblesses, tout aussi significatives quoique moins remarquables. Lorsque l'on prend tout d'abord en compte le poids financier d'une campagne comme celle qui vient d'être menée, il devient clair que des actions d'une telle ampleur ne peuvent être conduites fréquemment, sauf à grever le budget de l'État et inquiéter les marchés, et donc à compromettre les perspectives d'une reprise économique américaine.

Gulliver empêtré ? Militairement, l'occupation de l'Irak représente une charge tout aussi considérable, qui fixe plus du tiers de l'armée de terre américaine, sans doute dans la durée. Sont actuellement déployées sur place, parfois partiellement, les unités suivantes : 3e division d'infanterie mécanisée, 4e division, 1re Cav. (unité blindée), 3e blindée, 2e et 3e régiments de cavalerie, ainsi que des éléments de la 101e héliportée et de nombreuses unités de réserve, c'est-à-dire 130 000 hommes de l'U.S. Army (plus de 200 000 militaires au total). En outre, les très nombreux réservistes rappelés, pour certains depuis l'Afghanistan, manifestent aujourd'hui une certaine lassitude. Quand on prend finalement en compte les autres engagements militaires américains, en particulier en Corée (2e division) et en Afghanistan (10 000 hommes, dont des éléments des forces spéciales), il apparaît que la marge de manœuvre est désormais très réduite : les États-Unis ne peuvent plus guère que donner « un coup d'arrêt » à une hypothétique offensive adverse, mais ils ne sauraient occuper un pays en plus de l'Afghanistan et de l'Irak.

Les États-Unis souffrent enfin de certaines déficiences stratégiques susceptibles de compromettre leurs succès militaires. Si, d'un côté, les qualités les plus spectaculaires de la puissance américaine sont bien le produit de la culture stratégique du pays (insistance sur la technologie, recherche de la rapidité et des résultats décisifs), celle-ci se conjugue avec l'héritage des années 1990 et les positions politiques internes pour produire un refus ou du moins de fortes réticences à l'endroit du *peacekeeping* et du *nation building*, autrement dit les missions d'occupation et de stabilisation qui suivent immédiatement les opérations offensives.

Patente dès la chute officielle du régime de Saddam Hussein, avec les scènes de pillage qui se sont déroulées, l'impréparation des troupes américaines a d'abord procédé, semble-t-il, d'une absence de planification préalable. Focalisés sur l'offensive à conduire, acteurs militaires et surtout civils ont négligé de préparer de façon adéquate l'occupation, s'épargnant de la sorte des interrogations politiques gênantes et un encombrement logistique qui aurait pu compromettre l'apparence sinon la réalité du blitzkrieg en préparation. En ce sens, la puissance militaire américaine continue de s'apparenter à la Royal Navy du XIXe siècle, instrument d'une maîtrise à distance qui ne se manifestait que ponctuellement « à terre », et n'a toujours pas embrassé le modèle impérial du contrôle territorial direct.

À cet égard, l'Irak ne peut manquer d'être un test majeur, et ce, quels que soient les événements : une évolution catastrophique débouchant sur un échec devrait en toute logique valider à nouveau le « modèle » britannique, la prudence clintonienne et peut-être même la « doctrine Powell » (c'est-à-dire l'utilisation exceptionnelle, mais massive et strictement militaire, des forces armées) ; à l'inverse, une stabilisation réussie de l'Irak est susceptible d'entraîner un basculement politique des élites et de la population américaines, jusqu'alors majoritairement réticentes, en faveur de l'implication directe et durable des États-Unis.

E. d. D.

Faits et dates

– *19 mars 2003 :* L'ultimatum de 48 heures lancé par G.W. Bush le 17 mars à S. Hussein arrive à échéance. Premières frappes aériennes américaines sur Bagdad (sont directement visés S. Hussein et ses fils). Elles marquent le début de l'intervention américano-britannique. Une campagne de frappes aériennes intenses se poursuit par la suite.
– *21 mars 2003 :* Prise du port d'Oum Qsar par les marines britanniques et américains.
– *22 mars 2003 :* Énonciation par le général T. Franks, commandant en chef des opérations, des objectifs de « Liberté pour l'Irak ». Entrée dans Nasiriya (sud) de la 3e division. Les combats se poursuivent dans la zone.
– *2 avril 2003 :* Entrée triomphale de l'U.S. Army à Najaf (sud).
– *4 avril 2003 :* Prise de contrôle de la majeure partie de la ville de Bassora (sud) par les Britanniques.
– *7 avril 2003 :* Chute de Kerbela.
– *9 avril 2003 :* Chute de Bagdad, après quelques jours de combat dans la ville et ses alentours.
– *10-11 avril 2003 :* Conquête de Kirkuk et Mossoul.
– *12-13 avril 2003 :* Prise de Tikrit, ville natale de S. Hussein.
– *14 avril 2003 :* Début des patrouilles conjointes des forces américaines et de la police irakienne à Bagdad.
– *1er mai 2003 :* Discours de G.W. Bush annonçant la fin officielle des combats.
– *6 mai 2003 :* Nomination de P. Bremer au poste d'administrateur civil de l'Irak à la place de J. Garner (à ce poste depuis le 21 avril).
– *9 juin 2003 :* Lancement de l'opération « Péninsule » au nord de Bagdad pour s'opposer à la guérilla.
– *15 juin 2003 :* Lancement de l'opération « Scorpion du désert » à l'ouest et au nord-ouest de la capitale pour lutter contre les partisans de l'ancien régime.
– *23 juin 2003 :* Annonce de la création d'une nouvelle armée irakienne.
– *13 juillet 2003 :* Première réunion du Conseil de gourvernement irakien.
– *22 juillet 2003 :* Les deux fils de S. Hussein sont tués par les forces américaines lors d'un assaut à Mossoul.

Pour en savoir plus

Cordesman, A. (2003), *The « Instant Lessons » of the Iraq War*, CSIS, 14 mai, <www.csis.org/features/iraq_instantlessons.pdf>.

États-Unis/Économie
D'un choc à l'autre

Pourtant frappée par un nombre conséquent de chocs (éclatement de la bulle Internet en mars 2000, attentats du 11 septembre 2001, intervention militaire en Irak au printemps 2003), l'économie des États-Unis résiste remarquablement. Pour preuve, la croissance a atteint 2,4 % en 2002 après 0,3 % en 2001 (pourtant année de récession), et celle du premier trimestre 2003 s'affiche à + 0,4 %. Mais la performance de 2002 ne s'appuie pas sur une dynamique solide. D'une part, le rythme de reprise est inférieur aux phases de reprise précédentes, à l'exception de 1991, mais la raison en est une impulsion budgétaire plus importante due à des stimuli d'origine privée (offres promotionnelles diverses, en particulier de la part des constructeurs automobiles) ; ces impulsions expliquent aussi la différence de performance avec la zone euro. D'autre part, les hésitations de la reprise tiennent à la nature de la récession, à savoir une crise de surinvestissement et non une surchauffe inflationniste.

La « nouvelle économie » de la seconde moitié des années 1990 est mise à l'épreuve. Et si elle n'est pas morte (la résistance des gains de productivité le prouve), le modèle est tout de même sérieusement ébranlé. Les scandales comptables entourant les faillites d'Enron (décembre 2001) et de WorldCom (juillet 2002) sont l'une des manifestations les plus visibles des excès commis durant cette période. Mais surtout, l'apurement des bilans et des excès de capacités de production, tout comme le dégonflement de la bulle boursière constituent un processus long et contraignent la reprise de l'investissement, donc la consolidation de la croissance. La consommation des ménages, l'investissement résidentiel et les dépenses publiques (tirées par la lutte contre le terrorisme et la guerre contre l'Irak) ont été les moteurs de la croissance en 2002. Mais ce dynamisme s'est opposé aux efforts de désendettement et de contrôle des coûts des entreprises. Cette prudence a un prix : le taux de chômage se situe encore à 6,4 % en juin 2003. La reprise de 2002, plus encore que celle de 1991, est une *jobless recovery*.

Une politique monétaire attentive. À cette question de la vigueur de la reprise s'est greffé, malgré la réactivité de la politique économique, un risque de déflation. Deux autres éléments ont pris une importance particulière durant l'année écoulée : l'expansionnisme budgétaire de l'Administration Bush est devenu de plus en plus contesté, rendant plus délicate la coordination des politiques économiques ; et la dépréciation du dollar, engagée depuis le début 2002, qui commence à inquiéter, a réouvert le débat sur la « soutenabilité » du déficit courant du pays.

Si la nature accomodante de la politique monétaire des États-Unis ne fait aucun doute, son efficacité, elle, en suscite. Une crise de surinvestissement se soigne plus difficilement à coup de baisses de taux d'intérêt. Et l'aversion généralisée au risque, manifeste entre l'été et l'automne 2002 (les scandales financiers) et début 2003 (le risque de guerre en Irak), empêche les canaux de transmission de fonctionner selon les délais et les mécanismes habituels. Pour preuve, les conditions financières ne se détendent que depuis début 2003, baisse des taux d'intérêt réels et dépréciation du dollar étant (enfin) accompagnées d'une remontée de la bourse et d'une baisse de la prime de risque sur les obligations privées. La politique monétaire a quand même directement stimulé l'investissement résidentiel (par le biais de la baisse des taux d'intérêt hypothécaires), au risque d'alimenter une bulle immobilière et, par ricochet, la consommation des ménages (grâce aux sommes libérées par la renégociation des emprunts immobiliers). À cette influence s'ajoute celle de la politique budgétaire, *via* les baisses d'impôts.

Tirant les leçons de l'expérience japonaise et consciente de la faible marge de manœuvre qui la sépare du niveau zéro des taux directeurs, la Réserve fédérale a aussi adopté, depuis novembre 2002, un discours rassurant, expliquant qu'elle n'hésiterait pas à recourir à des outils non conventionnels de politique monétaire pour prévenir toute situation déflationniste. Et si, dans le communiqué issu de la réunion du 6 mai 2003, le risque de déflation a été (à mots couverts) soulevé, il reste, selon les termes mêmes d'Alan Greenspan, mineur. Plus que le risque de déflation, c'est le changement de priorité qui est remarquable : l'inflation est vaincue, et la nouvelle bataille est celle d'une vigilance accrue face au risque de baisse des prix. D'où la baisse d'un quart de point du taux directeur le 25 juin.

Une politique budgétaire très active. L'effet conjugué du ralentissement économique (subi) et de la forte impulsion budgétaire (voulue) explique la dégradation du solde public : on est passé d'un excédent de 2,3 % du produit intérieur brut (PIB) en 2000 à un déficit de 2,4 % en 2002 (soit 251 milliards de dollars). Pour 2003, les 79 milliards de dollars débloqués par le Congrès mi-avril pour financer, entre autres, la guerre en Irak et le dernier né des plans de soutien de l'activité vont encore creuser le trou (à environ 450 milliards de dollars, soit 4,2 % du PIB). Proposant initialement environ 700 milliards de réductions d'impôts sur 10 ans, le *Jobs and Growth Tax Reconciliation Act* a fait l'objet d'un intense débat quant à son coût, son équité et son efficacité. Ce débat s'est clos le 24 mai avec le vote par le Congrès d'un plan réduit de moitié (grâce à la nature temporaire des mesures), visant à la fois les ménages (surtout les plus aisés) et les entreprises :
– réduction à 15 % du taux d'imposition maximal sur les dividendes (actuellement de 38,6 %) et les plus-values (actuellement de 20 %) ;
– baisse de 2 points, dès 2003, avec effet rétroactif au 1er janvier, des taux marginaux (actuellement à 27, 30, et 35 %) et du taux de la tranche supérieure de 38,6 à 35 % ;
– augmentation de 600 à 1 000 dollars du crédit d'impôt par enfant dès 2003 ;
– hausse de 25 000 à 100 000 dollars du montant maximal que les petites et moyennes entreprises (PME) peuvent déduire de leurs profits au titre de leurs dépenses d'investissement en biens d'équipement ;
– versement aux États de 20 milliards de dollars (sur 2 ans) pour les aider à combler leurs déficits.

S'il est le bienvenu (à supposer qu'il soit efficace), ce soutien actif de l'activité se fait néanmoins au prix d'un contrôle draconien, intenable et préjudiciable, des dépenses discrétionnaires hors défense, et surtout au détriment du besoin de réforme de la *Social Security* et du régime *Medicare*.

Dollar et déficit courant : un vrai-faux problème. En près de 18 mois (entre février 2002 et juin 2003), le dollar s'est déprécié de 25 % vis-à-vis de l'euro, mais de seulement 11 % vis-à-vis du yen et de 9 % vis-à-vis de l'ensemble des monnaies des partenaires commerciaux importants des États-Unis. Associée à la remise en cause de la « nouvelle économie », la baisse du dollar vis-à-vis de l'euro a d'abord reflété les préoccupations des marchés quant au niveau élevé du déficit courant du pays. À cette défiance s'est juxtaposée, entre décembre 2002 et la mi-mars 2003, une « prime de guerre » liée au conflit contre l'Irak. Mais, quand celui-ci a pris fin, les déterminants fondamentaux du taux de change ont repris le dessus. Si, à 5 % du PIB (point bas historique), le déficit courant a continué de peser dans la balance, le différentiel de taux d'intérêt avec l'Europe a été un facteur encore plus important. Et dans un environnement mondial plutôt morose, le différentiel de croissance, pourtant en faveur des États-Unis, ne pesait pas lourd.

La dépréciation importante du dollar n'est pourtant pas la conséquence directe d'une situation supposée à tort insoutenable. Ce qui l'a déclenchée, c'est le tassement des rendements effectifs et anticipés des actifs américains, présents de façon disproportionnée dans les portefeuilles des prêteurs. La recomposition de ces portefeuilles s'est traduite par une chute des flux nets entrants d'investissements directs à l'étranger (IDE) et des achats nets d'actions, et par des entrées nettes de capitaux courts. Le maintien des achats nets de titres obligataires américains (publics comme privés) explique pourquoi le dollar n'a pas brutalement décroché.

Les causes de sa dépréciation sont donc avant tout économiques, et non pas une question de rhétorique, en dépit du débat que John Snow, secrétaire d'État au Trésor, a suscité mi-mai en redéfinissant ce qui fait la force d'une monnaie. Celle-ci ne se jugerait plus uniquement par sa valeur sur le marché des changes ; elle s'évaluerait par la confiance qu'ont les gens dans sa qualité de monnaie fiduciaire, de moyen de règlement et de réserve de valeur, difficile à contrefaire. Certes, la doctrine Rubin (« Un dollar fort est dans l'intérêt des États-Unis ») est quelque peu abandonnée, mais la dépréciation du dollar, tant qu'elle reste contrôlée, est la bienvenue pour les États-Unis : c'est une condition nécessaire (mais non suffisante) à l'ajustement du déficit courant et un soutien de la politique monétaire.

À la mi-2003, l'horizon économique n'est pas encore dégagé, même si la Bourse semble reprendre des forces. Mais les États-Unis ont fait preuve par le passé de leur capacité à s'adapter pour surmonter les difficultés. Et un changement d'Administration pourrait suffire à lever certaines inquiétudes. Rendez-vous donc en novembre 2004 !

H. B.

Pour en savoir plus

Baudchon, H. (2003), « États-Unis : d'un choc à l'autre », *Lettre de l'OFCE*, n° 240, juillet.

Baudchon, H. (2003), « Dollar, déficit, dette : billard à trois bandes », *Lettre de l'OFCE*, n° 235, mars.

Baudchon, H. et M. Fouet (2002), *L'économie des États-Unis*, Paris, La Découverte (coll. « Repères »).

Frankel J. et P. Orszag (dir.) (2002), *American Policy in the 1990s*, Cambridge, Massachusetts, MIT Press.

Brender, A. et Fl. Pisani (1999), *Le Nouvel Âge de l'économie américaine*, Paris, Économica.

Revue de l'Observatoire français de conjoncture économique (OFCE) : avril 2003 n° 85, octobre 2002 n° 83, avril 2002 n° 81, janvier 2001 n° 76.

Sites Internet

Bureau of Economic analysis : <www.bea.gov>.
Département du travail : <www.bls.gov>.
Bureau du recensement : <www.census.gov>.
Réserve fédérale américaine : <www.federalreserve.gov>,
Conference Board : <www.tcb-indicators.org>.
Congressional Budget Office : <www.cbo.gov>.

Faits et dates

– *30 juillet 2002* : Vote de la loi Sarbanes-Oxley et création du Public Accounting Oversight Board, chargé de la surveillance des auditeurs (promotion de leur indépendance) et de l'établissement des nouvelles règles (fiabilité des informations, redevabilité des dirigeants).
– *6 août 2002* : Vote du *Trade Act* redonnant la *trade promotion authority* (anciennement procédure *fast track*) au président, et donc une plus grande marge de manœuvre pour négocier des accords commerciaux.
– *6 novembre 2002* : Baisse de 0,5 point à 1,25 % du taux des *Federal Funds* pour la première fois depuis 11 mois.
– *20 mars-1er mai 2003* : Guerre contre l'Irak.
– *28 mai 2003* : Ratification du *Jobs and Growth Tax Reconciliation Act* par le président Bush.
– *25 juin 2003* : Baisse de 0,25 point, à 1 %, du taux des *Federal Funds.*
– *17 juillet 2003* : Annonce par le National Bureau of Economic Research (NBER) de la fin de la récession américaine, qui n'aura duré que de mars à novembre 2001.

États-Unis/Maîtrise des armements

Entre unilatéralisme et action collective

Dès son accession au pouvoir, l'Administration Bush a indiqué qu'elle emprunterait des voies nouvelles pour lutter contre la prolifération des armes de destruction massive (ADM) et faire progresser la cause du désarmement. Ainsi, il n'était pas question pour les États-Unis de se lier les mains en ratifiant le Traité d'interdiction complète des essais nucléaires (TICE, 1996), ni de persévérer dans la négociation d'une réduction des armements stratégiques selon le modèle des accords START.

Un unilatéralisme maintes fois affiché. Par ailleurs, après les attentats du 11 septembre 2001, la défense du territoire est devenue une priorité de la politique de sécurité américaine et le président Bush a décidé de s'affranchir des contraintes du traité ABM (*Anti Ballistic Missiles*) en invoquant la clause de retrait de l'article 15. Depuis le 13 juin 2002, les deux parties contractantes – Russie et États-Unis – sont déliées de leurs obligations et plus rien ne s'oppose au déploiement d'un système de défense antimissile.

Enfin, les tentatives de renforcer le régime de vérification de l'interdiction des armes biologiques se sont heurtées à l'opposition des États-Unis, qui ont rejeté le projet de protocole soumis à la conférence d'examen de la convention de 1972 (Genève, 19 novembre-7 décembre 2001). Ce texte avait recueilli l'adhésion de nombreux États, dont ceux de l'Union européenne (UE), et prévoyait des mesures de confiance et de contrôle susceptibles de réduire, sinon d'éliminer, les risques liés à l'emploi d'agents pathogènes à des fins militaires ou terroristes. Mais on estimait, à Washington, que le régime d'inspection envisagé, trop intrusif, pouvait entraver la recherche sur les biotechnologies, qu'il n'offrait pas de garanties solides en ce qui concerne la détection des infractions et que son adoption aurait fait naître un faux sentiment de sécurité. Ces divergences n'ayant pu être surmontées, la conférence suspendit ses travaux pendant un an.

Lorsqu'elle les reprit, le 11 novembre 2002, pour une session de 4 jours, les autres États se plièrent aux exigences américaines et acceptèrent que la question de la vérification soit rayée de l'ordre du jour. Toutefois, ils obtinrent que des mesures destinées à renforcer le régime d'interdiction soient discutées dans le cadre des réunions préparatoires de la sixième conférence d'examen, qui se tiendra en 2006. La première réunion aura lieu en novembre 2003 ; on y débattra de la protection des agents pathogènes utilisés dans des centres de recherche et de l'adoption de lois pénales pour réprimer les infractions à la convention. En 2004, on examinera la possibilité de renforcer les moyens d'investigation internationaux pour identifier l'emploi présumé d'armes biologiques et trouver l'origine d'épidémies suspectes ; simultanément, on étudiera les mesures permettant de diagnostiquer et de lutter contre les épidémies infectieuses. En 2005, on s'attachera à l'élaboration d'un code de conduite auquel devraient se soumettre les scientifiques impliqués dans la recherche biologique. Ce compromis permet d'entretenir la fiction de la continuité du processus de négociation sur les armes biologiques alors que les questions relatives à la vérification, qui avaient retenu l'attention des experts et des diplomates pendant plus de 6 ans, et qui avaient trouvé un commencement de solution, seront mises entre parenthèses.

L'importance accordée au soutien des alliés. Cette désinvolture à l'égard des mécanismes de négociation multilatéraux et la répugnance à souscrire à des obligations fermes en matière de désarmement semblent accréditer la thèse selon laquelle les États-Unis passeraient par pertes et profits les acquis de la « maîtrise des armements » et ne se préoccuperaient plus que de contenir la prolifération des ADM en privilégiant le recours à des moyens nationaux et en agissant en dehors du cadre des traités en vigueur. Or, il s'avère que les États-Unis attachent le plus grand prix au concours de leurs alliés et partenaires pour empêcher les « États voyous » et les organisations terroristes d'accéder aux armes biologiques, chimiques et nucléaires. Par ailleurs, s'ils récusent les formes traditionnelles de maîtrise des armements, c'est qu'elles sont inadaptées au nouveau type de relations qui se sont établies entre les anciens adversaires de la guerre froide après le 11 septembre. Aussi affirment-ils qu'ils n'ont nullement l'intention de méconnaître la valeur opératoire des traités de désarmement, mais que leur souci majeur est de les faire respecter et qu'ils sont résolus à prendre à cet effet toutes les mesures qui s'imposent, y compris le recours à la force.

Aujourd'hui, l'arme nucléaire ne joue plus le même rôle que durant la guerre froide dans la stratégie des grandes puissances, et la réduction des arsenaux stratégiques peut être décidée unilatéralement ou faire l'objet d'accords bilatéraux en forme simplifiée. Le traité SORT *(Strategic Offensive Reduction Treaty)* du 24 mai 2002 ressortit à cette dernière catégorie et laisse une grande latitude à la Russie et aux États-Unis dans le choix des moyens pour atteindre les plafonds finaux (1 700-2 200 charges nucléaires opérationnelles) ou modifier la configuration de leurs forces en fonction de l'évolution des menaces. Les tenants du désarmement ont tiré argument des lacunes du traité et des failles de son système de vérification pour dénoncer son caractère fallacieux. Il n'en reste pas moins que, s'il est reconduit à son échéance (31 décembre 2012), il se traduira par une réduction significative des arsenaux nucléaires existants, et il a d'ores et déjà été invoqué par les États-Unis comme l'expression de leur volonté de satisfaire à l'obligation de désarmer, inscrite à l'article VI du Traité de non-prolifération (TNP). En revanche, les risques de prolifération des ADM et de leurs vecteurs se sont accrus au cours de la décennie 1990 et, pour les conjurer, il faut recourir à des méthodes plus draconiennes que celles qui reposent sur le postulat de l'acteur rationnel ou procèdent de la philosophie qui soustend le TNP.

Une stratégie finalement cohérente. La stratégie de l'Administration Bush, qui s'inscrit dans la continuité des orientations esquissées par le Conseil de sécurité dans sa déclaration du 31 janvier 1992, n'est pas dépourvue d'une certaine cohérence : elle met l'accent sur l'application effective et universelle des traités en vigueur, n'hésite pas à clouer au pilori les États qui ne respectent pas leurs engagements et envisage de recourir aux procédures prévues par le chapitre VII de la Charte des Nations unies pour les y contraindre. Certes, le désarmement n'occupe qu'une place modeste dans la mise en œuvre de la politique de sécurité des États-Unis, comme l'attestent les documents doctrinaux rendus publics en janvier (*Nuclear Posture Review*) et septembre 2002 (*The National Security Strategy of the United States of America*). Toutefois, la crise provoquée par la découverte du programme nucléaire de la Corée du Nord et les soupçons sur le non-respect par l'Irak de ses obligations de désarmement ont conduit le président Bush à réhabiliter les démarches diplomatiques bilatérales et multilatérales dans la lutte contre la prolifération et à préciser sa position en la matière dans un document rendu public le 11 décembre 2002 (Maison-Blanche 2003).

Les problèmes y sont abordés par trois biais : la contre-prolifération, la non-prolifération et la gestion des conséquences de l'utilisation des ADM sur le territoire américain. Sur ce dernier point, des mesures ont été prévues pour faire face à toute éventualité et elles sont consignées dans un rapport de 90 pages publié en juillet 2002 par la Maison-Blanche (*The National Strategy for Homeland Security*). En revanche, la contre-prolifération a pour objet de tenir en échec les États et les organisations terroristes qui auraient eu accès à ces armes ou seraient sur le point de les acquérir. Elle peut impliquer le recours à des frappes préventives contre des sites de production et de stockage et la menace de représailles nucléaires pour dissuader quiconque d'attaquer les États-Unis ou leurs alliés avec des ADM, fussent-elles biologiques ou chimiques.

En amont, toutes les ressources de la diplomatie seront mises en œuvre pour créer un environnement international favorable à la non-prolifération, l'objectif étant le renforcement des régimes existants et la conclusion de nouveaux accords. Le TNP, les conventions d'interdiction des armes chimiques et biologiques et le Régime de contrôle de la technologie des missiles (MTCR) sont visés expressément, sans que soient précisés les moyens à mettre en œuvre pour accroître leur efficacité. Par ailleurs, on se prononce en faveur de la conclusion d'un traité sur l'arrêt de la production des matières fissiles à des fins militaires (*Fissile Material Cut-off Treaty* ou FMCT), mais il ne s'agit là que d'un vœu pieux puisque l'ouverture des négociations sur ce thème à la Conférence du désarmement de Genève se heurte depuis l'origine aux objections des États qui exigent une négociation parallèle sur la prévention de la course aux armements dans l'espace et sur le désarmement nucléaire, ce dont les États-Unis ne veulent pas entendre parler. Enfin, les programmes bilatéraux et multilatéraux destinés à faciliter l'élimination des ADM en Russie et dans d'autres pays (*Cooperative Threat Reduction Programme* ou CTRP) seront poursuivis et élargis, notamment par le biais du G8.

Faits et dates

– *24 mai 2002 :* Signature par les États-Unis et la Russie du traité SORT.
– *Septembre 2002 :* Publication de *The National Security Strategy of the USA.*
– *11-15 novembre 2002 :* Reprise des discussions relatives à l'examen de la Convention de 1972 sur les armes biologiques.
– *11 décembre 2002* : Publication du *National Strategy to Combat Weapons of Mass Destruction.*
– *10 janvier 2003 :* La Corée du Nord annonce son retrait du TNP.
– *10-13 mars 2003 :* Conférence d'experts à Vienne destinée à étudier les moyens de contrecarrer les trafics de matériaux radiologiques.
– *28 avril-9 mai 2003 :* Conférences à Genève et à La Haye sur l'examen du TNP et de la Convention d'interdiction des armes chimiques.
– *1er juin 2003 :* Échange des instruments de ratification du traité SORT
– *25 juin 2003 :* Déclaration commune des États-Unis et de l'UE sur la prolifération des ADM.

Celui-ci avait décidé, en juin 2002, à Kananaskis (Canada), d'affecter 20 milliards de dollars en 10 ans au financement d'actions destinées à empêcher les organisations terroristes et les États qui les soutiennent d'accéder aux ADM. Le bilan dressé un an plus tard lors du sommet d'Évian a été jugé positif, notamment en ce qui concerne l'élimination des armes chimiques, le démantèlement des sous-marins nucléaires retirés du service actif, la protection des sites de stockage de matières fissiles à usage militaire et l'accueil de savants et d'ingénieurs associés à des programmes d'armement dans des centres internationaux pour la science et la technologie à finalité exclusivement pacifique. Les États-Unis assument plus de la moitié de la charge financière afférente au « partenariat global de lutte contre la prolifération des armes et matières de destruction massive », mais les autres pays membres du G8 ont également dégagé des crédits à cette fin et contribuent à des degrés divers à la réalisation de ce projet.

Les initiatives prises par les États-Unis depuis le début de l'année 2003 tendent à associer le plus grand nombre d'États à la lutte contre la prolifération et à fournir aux organes de contrôle les moyens de remplir correctement leur mission. C'est ainsi qu'une conférence d'experts s'est réunie à Vienne (10-13 mars) pour étudier les moyens de contrecarrer le trafic des matières radiologiques qui servent à la fabrication de « bombes sales » (*dirty bombs*). Le secrétaire à l'Énergie, Spencer Abraham, a annoncé à cette occasion que les États-Unis contribueraient à hauteur de 3 millions de dollars au programme de sécurité radiologique de l'Agence internationale de l'énergie atomique (AIEA).

Les États-Unis se sont également fortement impliqués dans le débat qui s'est instauré lors des conférences d'examen du TNP et de la Convention d'interdiction des armes chimiques, qui se sont tenues respectivement à Genève et à La Haye du 28 avril au 9 mai. La nomination de l'ambassadeur Eric Javits comme représentant permanent auprès de l'Organisation pour l'interdiction des armes chimiques témoigne de l'intérêt que Washington prête à son action. Enfin, la présidence et le département de la Défense ont demandé un accroissement des crédits affectés à la mise en œuvre du CTRP pour l'année budgétaire 2004, et l'Administration Bush s'est prononcée pour la mise à la disposition de l'AIEA de moyens supplémentaires afin de lui permettre de renforcer le contrôle (*safeguards*) des programmes nucléaires des pays parties au TNP.

On assiste donc à une inflexion de la stratégie américaine dans le sens d'un « désarmement coopératif » et, si l'on en croit Condoleezza Rice, qui s'est exprimée sur ce sujet devant l'International Institut for Strategic Studies de Londres, le 26 juin, les États-Unis useront d'autres méthodes que celles employées contre l'Irak pour résoudre les problèmes posés par la Corée du Nord et faire face aux libertés prises par l'Iran vis-à-vis du régime de contrôle de l'AIEA. Par ailleurs, l'UE a adopté des positions qui rejoignent celles de Washington, comme l'atteste la déclaration sur la prolifération des ADM, adoptée le 25 juin à l'issue du sommet entre les États-Unis et l'UE.

Faut-il en déduire que la querelle sur l'unilatéralisme de la politique américaine est close et qu'un large consensus s'est dégagé au sein de la communauté internationale en faveur d'une action concertée pour renforcer les régimes de non-prolifération ? Il est prématuré d'en décider, mais on ne doit pas se dissimuler les difficultés de l'entreprise à l'ère de la mondialisation ; ses chances de succès dépendent autant de l'imposition de nouvelles contraintes aux États dépourvus que de la soumission des États nantis aux obligations de désarmement auxquels ils ont souscrit pendant les conférences d'examen du TNP en 1995 et en 2000.

J. K.

Pour en savoir plus

CSIS Report (2003), *Protecting against the Spread of Nuclear, Biological and Chemical Weapons*, <www.csis.org/pubs/2003_protecting.htm>.

Maison-Blanche (2003), « National Strategy to Combat Weapons of Mass Destruction », *Arms Control Today*, vol. 33, n° 11, janvier-février.

Ozga, D.A. (2003), « The Reluctant Giant of Arms Control », *Security Dialogue*, vol. 34, n° 1, mars.

Perkovich, G. (2003), « Bush's Nuclear Revolution », *Foreign Affairs*, vol. 82, n° 2, mars-avril.

SIPRI Yearbook 2002 (2002), *Armaments, Disarmament and International Security*, Oxford, Oxford University Press.

The Stanley Foundation (2003), « Global Disarmament Regimes: A Future or a Failure? », 34th United Nations Issues Conference Report, *Policy Bulletin*, 28 février-2 mars <reports.stanleyfoundation.org>.

France

Le moment irakien

La France, après un printemps agité (premier tour de l'élection présidentielle plaçant Jean-Marie Le Pen en deuxième position), connaît un moment de gloire durant l'automne 2002 et l'hiver 2002-2003. L'actualité internationale est dominée par le dossier irakien. Dans le sillage des attentats du 11 septembre 2001, les États-Unis se montrent déterminés à faire un exemple en réglant définitivement son compte à l'un des États de l'« axe du Mal » : l'Irak de Saddam Hussein. En même temps, ils veulent une caution internationale. L'affaire vient donc devant le Conseil de sécurité de l'Organisation des Nations unies (ONU), les États-Unis souhaitant obtenir une résolution condamnant les tricheries de l'Irak en matière de désarmement et autorisant contre lui le recours à la force armée. La France s'engage vigoureusement dans le débat, son objectif étant d'aboutir à une résolution précisant les devoirs de l'Irak, mais restant muette sur un éventuel recours à la force. Le succès est au rendez-vous : le 8 novembre 2002, la résolution 1441, conforme aux vues françaises, est adoptée à l'unanimité.

Du bras de fer à l'heure de gloire. Au début de 2003, la belle harmonie prend fin. Les États-Unis sont déterminés à faire la guerre contre l'Irak ; ils veulent une deuxième résolution autorisant le recours à la force. La France prend la tête de l'opposition : les inspections prévues par la résolution 1441 doivent se poursuivre le temps nécessaire. Le bras de fer franco-américain s'amplifie. Le 5 février 2003, à la suite d'une intervention du secrétaire d'État américain Colin Powell dénonçant les tergiversations irakiennes, le ministre français des Affaires étrangères, Dominique de Villepin, prononce devant le Conseil de sécurité un plaidoyer flamboyant pour la poursuite des inspections. Il est applaudi ; Powell se sent acculé. Paris, Berlin et Moscou forment alors une coalition anti-guerre. Les manifestations contre l'intervention américaine se multiplient. Washington et Londres tentent d'obtenir une seconde résolution. La France menace explicitement de bloquer le texte par son veto. Les États-Unis renoncent alors au mandat onusien. Le 20 mars 2003, avec leur fidèle allié britannique, ils déclenchent la guerre contre l'Irak et l'emportent très vite.

La diplomatie française vit une heure de gloire. Jamais, depuis 1945, la France n'a brandi son droit de veto de façon aussi impressionnante au nom du droit international. Près d'un demi-siècle auparavant, durant l'automne 1956, lors de la crise de Suez, la France (avec, pour allié, le Royaume-Uni) avait utilisé son veto. Mais le combat était perdu d'avance. Sous la pression conjointe des États-Unis et de l'Union soviétique, venus au secours du colonel Nasser, les forces britanniques et françaises avaient dû se retirer de la zone du canal de Suez. Les vetos britannique et français au Conseil de sécurité visaient à retarder ce retrait inéluctable. Les circonstances de 2002-2003 sont totalement différentes. La France est, face aux États-Unis, la gardienne des règles de l'ONU. Et nombre d'opinions publiques, notamment ouest-européennes, très hostiles à la guerre, voient en elle leur porte-parole.

Grande ou petite puissance ? Derrière ces événements resurgit la même question : la France est-elle toujours une grande puissance ? Paris garde en principe quatre atouts propres : sa force de dissuasion nucléaire, son pré carré maghrébo-africain, la francophonie, et son siège de membre permanent au Conseil de sécurité. Or, chacune de ces cartes s'est dépréciée. L'arme atomique est de moins en moins l'attribut d'un club d'élite, les 5 grands ; avec la prolifération, elle devient de plus en plus un facteur d'incertitude. Le pré carré africain, de l'Algérie à la Côte-d'Ivoire, est secoué de convulsions. Les liens euro-africains sont de plus en plus ténus. La francophonie ne peut promettre de placer la langue de Descartes à égalité avec celle de Shakespeare. Quant au statut de membre permanent, en particulier le droit de veto, c'est un instrument qui ne s'utilise pas sans risque. Le Conseil de sécurité, avec 3 membres permanents occidentaux (États-Unis, Royaume-Uni et France) sur 5, est-il encore représentatif ? Les États-Unis, humiliés par la crise irakienne, sont certainement déterminés à ce qu'une telle épreuve ne se reproduise pas. À moyen terme, la réforme du Conseil de sécurité (composition, droit de veto) devrait être à nouveau à l'ordre du jour.

Avec la victoire américano-britannique en Irak, la France redécouvre l'importance de la solidarité occidentale, dans un monde hanté à la fois par des inquiétudes économiques (peur d'une crise mondiale) et de nouveaux dangers (armes de destruction massive, terrorismes, etc.). Paris renoue alors avec une démarche classique. Timidement, prudemment, sur un fond de réactions très anti-françaises aux États-Unis, le dialogue avec Washington se renoue. Le 22 mai 2003, au Conseil de sécurité, la France vote la résolution 1483. Ce texte, proposé par les États-Unis, le Royaume-Uni et l'Espagne, prend acte de l'occupation américano-britannique et associe de façon limitée l'ONU à l'administration de l'Irak. Début juin 2003, le G8, réuni à Évian, se déroule dans une atmosphère de conciliation mutuelle. George W. Bush sait que la démocratisation de l'Irak est une entreprise difficile et aléatoire. Jacques Chirac, lui, est absorbé par ses défis intérieurs (le « psychodrame » des retraites).

La crainte de l'isolement. Ce retour relatif de la France dans la communauté occidentale est dicté d'abord par la crainte de l'isolement, l'Allemagne et la Russie se démenant pour retrouver la bienveillance de la première puissance du monde. Par ailleurs, après la « distraction » irakienne, le gouvernement français redécouvre ses « vrais » enjeux : insuffisante croissance économique, montée du chômage, extrême difficulté à respecter les disciplines budgétaires européennes, méfiance des Français à l'égard de toute réforme, etc. Paris doit bien s'investir à nouveau dans son premier chantier extérieur : la construction européenne. Élargissement, Convention européenne, défense européenne : autant d'échéances qui, sans effacer les défis du Moyen-Orient, rappellent à la France que c'est sur ces dossiers que se joue son avenir tant interne qu'international.

En même temps, la France, par des canaux divers, tient à rappeler sa spécificité. Au sein de l'Union européenne, elle mobilise l'Allemagne à ses côtés pour s'opposer à une remise en cause de la politique agricole commune (PAC), que Paris accepte partiellement lors du débat sur la réforme Fischer, fin juin 2003 (voir l'article « Agriculture »). De même, la France réaffirme avec prudence sa position de puissance africaine. 1 800 soldats français, dans le cadre d'une opération sous mandat onusien, sont envoyés dans le nord-est de la République démocratique du Congo pour mettre fin aux massacres épouvantables qui ravagent la population (de 2 à 5 millions de morts). Cette force, bien modeste dans un pays grand comme l'Europe occidentale, est déployée pour une période très limitée, jusqu'au 1er septembre 2003. Par cet engagement circonscrit, la France signifie qu'elle veut demeurer présente en Afrique (voir l'article « Côte-d'Ivoire »), mais qu'elle n'est pas prête à assumer seule des responsabilités qui, pour elle, concernent l'ensemble des nations civilisées et démocratiques.

P. M. D.

Sites Internet

Présidence de la République française : <www.elysee.fr>.
Ministère des Affaires étrangères française : <www.diplomatie.fr>.
Discours de D. de Villepin au Conseil de sécurité, 5 février 2003 : <www.diplomatie.gouv.fr/actu/article.asp?ART=32124>.

Faits et dates

– *Septembre-novembre 2002* : Discussions au Conseil de sécurité sur le désarmement de l'Irak. Adoption à l'unanimité (le 8 novembre) de la résolution 1441.
– *5 février 2003* : Plaidoyer passionné de D. de Villepin au Conseil de sécurité pour la poursuite des inspections.
– *10 février 2003* : À Paris, déclaration commune de l'Allemagne, de la Russie et de la France pour la poursuite des inspections.
– *24 février 2003* : Mémorandum de l'Allemagne, de la Russie, de la Chine et de la France, proposant un échéancier d'inspections renforcées.
– *10 mars 2003* : Intervention télévisée de J. Chirac, indiquant que la France s'opposerait à toute résolution autorisant le recours à la force contre l'Irak.
– *22 mai 2003* : La France vote la résolution 1483, qui arrête les modalités de participation de l'ONU à l'administration de l'Irak.
– *1er-3 juin 2003* : G8 à Évian. Gestes de réconciliation entre les présidents Bush et Chirac.

Golfe Arabo-Persique

Les monarchies à l'épreuve

L'intervention des États-Unis en Irak a mis à l'épreuve la stabilité intérieure des monarchies du Golfe, sans pour autant bouleverser les grands équilibres d'une sorte de « Méditerranée » du Proche-Orient dont l'unité provient de la rente pétrolière et des conflits, passés et présents, qui la parcourent. Ceux-ci peuvent cependant, à divers moments, fragiliser des régimes qui ont géré leurs ressources de façon plutôt habile et su faire une force de leur fragilité.

Le contrecoup du 11 septembre. Les retombées des attentats du 11 septembre 2001, qui concernent plus directement l'Arabie Saoudite (voir l'article sur ce pays), n'ont pas épargné les monarchies du Golfe (Bahreïn, Émirats arabes unis, Koweït, Oman, Qatar), auxquelles il est reproché d'avoir reconnu le régime des Talibans, et que l'on accuse aussi bien d'avoir recyclé l'argent d'Al-Qaida que d'avoir donné naissance à l'un des auteurs des attentats ainsi qu'à divers membres de l'entourage de Ben Laden. De ce fait, les États-Unis ont exigé une solidarité militaire accrue dans la préparation de leur attaque contre l'Irak. Ils l'ont fait en tenant un discours sur la démocratisation autoritaire des régimes politiques, qui s'est adressé d'abord à l'Irak, mais n'a épargné ni Riyad, ni les monarchies pétrolières. Tous ces facteurs se sont combinés pour créer un sentiment d'insécurité chez les dirigeants du Golfe, accroître la compétition à l'intérieur des équipes en place et susciter des réactions opportunistes visant à l'exploitation de la nouvelle situation économique et politique dans la région. Ces changements ont affecté un système régional où les enjeux internes et externes sont de plus en plus mêlés, dans un contexte de mondialisation qui consolide la prééminence d'un « empire » américain, à la fois accepté et détesté (voir l'article « Monde arabe »).

Paradoxalement, après le 11 septembre, c'est surtout la prise de conscience de l'implication de leurs ressortissants dans les réseaux d'Al-Qaida et de la faveur qu'ont rencontrée ces actes terroristes auprès d'une partie non négligeable de la population qui a marqué les régimes en place. Si le contrôle sur les prédicateurs, les institutions éducatives religieuses et les organisations non gouvernementales (ONG) islamiques a été renforcé, les pressions exercées en ce sens se sont heurtées à la solidarité affichée de ces divers acteurs avec la cause palestinienne. C'est aussi cela qui explique la liberté de ton laissée au Qatar à la chaîne *Al-Jazira*.

Cette solidarité a fourni une part essentielle du discours de légitimation des dirigeants au moment où les pressions exercées par Israël sur les Palestiniens s'accroissaient, avec la complaisance des États-Unis. Mais les monarchies arabes se sont trouvées prises en tenaille entre leur alliance avec Washington découlant des accords passés et des promesses faites, notamment en 1990-1991, et les réactions de leur opinion publique. D'un côté, il leur était impossible de refuser à Washington les accords techniques, les facilités militaires et la mise à disposition quasi totale des ports, aéroports et structures diverses nécessaires pour attaquer l'Irak. Aucun contrôle réel n'a donc été exercé à ce titre au nom de la souveraineté nationale sur l'emploi de ces facilités, qui sera déterminé avant, pendant et après le conflit par la seule puissance américaine. De l'autre, les dirigeants irakiens n'inspiraient dans les monarchies que peu de compassion, et les acteurs économiques du Golfe, forts de leur expérience passée lors de la reconstruction du Koweït en 1991, en particulier de leur capacité à mobiliser capitaux, technologies et réseaux internationaux, pensaient qu'ils pourraient jouer un rôle au côté des États-Unis dans la reconstruction de l'Irak.

Mais, pour s'engager sans remords et sans risque dans cette voie, ils attendaient un geste fort de Washington en direction des Palestiniens (sans avoir pour autant d'attachement particulier pour la personne de Yasser Arafat), compte tenu de l'impossibilité de brider, dans l'opinion publique et au sein des élites, le sentiment profond d'hostilité et d'injustice découlant de l'attitude américaine en faveur d'Israël.

L'Iran au cœur du Golfe. Dans le nouveau contexte régional, l'Irak n'apparaît plus comme une menace, mais comme un protectorat américain virtuel. L'Arabie Saoudite, qui dominait jusqu'à présent le Conseil de coopération du Golfe (CCG), contrôlait indirectement les évolutions internes de ses voisins et exerçait des pressions frontalières coercitives pour marquer sa primauté, se trouve largement neutralisée. Dans cette perspective, seul l'Iran est perçu aujourd'hui comme un partenaire à la fois indépendant et non menaçant. Téhéran espère que le conflit lui permettra de se replacer dans le système international et de se voir à nouveau reconnaître un rôle régional. Cela dépendra sans doute largement de la politique des États-Unis et des concessions que l'Iran acceptera de faire pour ne pas être placé sur la liste des États terroristes et ne plus être perçu comme l'un des principaux adversaires d'Israël dans la région, bien plus redoutable que l'Irak par la puissance et la richesse.

Il ne faut pas sous-estimer le poids des révisions internes que supposent ces ajustements, car la rhétorique de lutte contre Israël et ses alliés reste un élément fort de l'identité collective des différents groupes qui composent le système politique iranien depuis la mort de l'ayatollah Khomeiny Cette approche conditionne, par exemple, la présence iranienne au Liban. Renoncer à ce dernier symbole de l'universalisme de la révolution islamique exige des arbitrages qui ne peuvent se faire qu'en fonction d'un nouveau partenariat régional avec les États-Unis, sur la base de l'abolition de la loi D'Amato-Kennedy d'août 1996 (*Iran and Lybia Sanctions Act*), qui continue d'isoler l'Iran sur le plan commercial.

Entre la rue et les États-Unis. Ainsi, quels que soient les partenaires régionaux des monarchies du Golfe, leurs dirigeants se trouvent pris dans une relation de domination directe ou indirecte avec les États-Unis. Globalement, cette relation est acceptée sur le plan militaire, mais les dirigeants attendent une contrepartie identitaire à leur complaisance sous la forme d'un rééquilibrage de la politique américaine au Proche-Orient. Et les acteurs économiques du Golfe s'in-

Faits et dates

– *14-15 février 2001* : Référendum à Bahreïn, approuvé à 94,8 % des votants. Il institue une nouvelle Charte nationale établissant une monarchie constitutionnelle, un pouvoir judiciaire indépendant et une chambre élue (cette disposition a été modifiée, en 2002, par un amendement royal créant une seconde chambre, désignée par le roi, qui a la prééminence sur la première). La Charte accorde aux femmes le droit de vote et l'éligibilité.
– *2 décembre 2001* : Élection présidentielle dans les Émirats arabes unis. Réélection du président Zayid Bin Sultan Al Nuhayyan.
– *31 octobre 2002* : Élections législatives à Bahreïn (53 % de participation). Les candidats « indépendants » (non islamistes) remportent 21 sièges sur 40.
– *8 novembre 2002* : Résolution 1441 du Conseil de sécurité des Nations unies sur le désarmement de l'Irak.
– *1er mars 2003* : Sommet de la Ligue arabe à Charm el-Cheikh. Les pays arabes se déclarent contre la guerre en Irak et refusent toute participation militaire.
– *20 mars 2003* : Début de la guerre en Irak (opération anglo-américaine baptisée « Liberté pour l'Irak »).
– *27 avril 2003* : Élection de l'Assemblée des représentants au Yémen. Le parti du président (le *General People's Congress*) obtient une large majorité (238 sièges sur 301).
– *27 avril-2 mai 2003* : Tournée du secrétaire américain à la Défense, D. Rumsfeld. Les bases aériennes américaines sont transférées de l'Arabie Saoudite au Qatar.
– *1er mai 2003* : Fin annoncée des opérations militaires en Irak.
– *12 mai 2003* : Attentat-suicide contre des Occidentaux à Riyad (34 morts et 200 blessés).

terrogent sur la profitabilité des relations commerciales qu'ils pourront établir à l'avenir avec l'Irak en reconstruction.

Si ces « dividendes » tardent trop à venir, on peut craindre des réactions violentes d'individus ou de petits groupes difficilement détectables qui généraliseraient les attentats, multiplieraient les agressions (comme aujourd'hui en Irak), ou recourraient aux attentats-suicides, qui, depuis les Pasdarans iraniens jusqu'aux indépendantistes cachemiris, en passant par le Hezbollah libanais, les Palestiniens et les Tchétchènes, se sont largement répandus dans le monde islamique. Leur efficacité, sur le plan traumatique sinon politique, apparaît redoutable, et leur prévention, difficile. Leur prolifération aboutit à créer de nouveaux types d'acteurs des relations internationales. Elle enlève aux États le monopole de la violence légitime et traduit, entre la Palestine et les sociétés du Golfe, une interaction que ces États ont jusqu'alors échoué à prendre en compte.

Le cap sera difficile si l'opération de restructuration du Moyen-Orient lancée par les États-Unis n'est pas adroitement conduite. Si ceux-ci accentuent les pressions sur l'Iran et l'Arabie Saoudite sans rien demander en retour à Israël, l'équilibre interne des monarchies du Golfe sera soumis à rude épreuve, et leurs dirigeants seront réticents à sacrifier le peu de légitimité populaire dont ils bénéficient pour contrôler les débordements de leurs médias locaux ou participer à la traque des réseaux terroristes islamistes. Si, en revanche, les États-Unis gèrent l'Irak sur le modèle afghan, en tenant compte des clivages internes et des influences régionales pour œuvrer à la stabilisation du système, la coopération des élites du Golfe leur sera sans doute acquise. Mais encore faudrait-il que deux conditions soient remplies : que la perspective d'être associées à la reconstruction de l'Irak ne leur soit pas déniée, et que Washington s'engage vers une solution équitable du conflit israélo-palestinien.

R. L.

Sites Internet

Données générales sur le monde arabe : <www.webarabic.com>.
Sur la situation politique du Proche-Orient : <www.proche-orient.info>.
Sur les monarchies pendant la guerre en Irak : <www.ceip.org/files/publications/iraq/clawson.htm>.
Sur l'Islamic, Educational, Scientific and Cultural Organization (ISECO) : <www.isesco.org.ma/ntic/page17.htm>.
Sur le CCG : <www.monde-diplomatique.fr/cahier/irak/orgreg01>.

Gouvernement d'entreprise

L'administrateur indépendant : une solution en trompe-l'œil ?

L'administrateur indépendant est devenu, en apparence du moins, la clef de voûte du gouvernement d'entreprise (*corporate governance*) et des chartes d'éthique. Il est censé être un remède préventif qui devrait permettre de mieux conseiller et contrôler le président du conseil d'administration. Un terme pourrait ainsi être mis à la multiplicité des malversations financières et à la corruption qui génèrent une concurrence déloyale entre les sociétés.

Mais que faut-il entendre par « administrateur indépendant » ? Les entreprises qui y font référence sont, à l'instar des organismes de notation et des chartes d'éthique qui les recensent, étrangement silencieuses. Ce silence invite à des interrogations car la plupart des scandales mondiaux retentissants – Enron, Vivendi Universal, Crédit lyonnais, WorldCom, Andersen – proviennent de sociétés qui avaient adopté les règles de la *corporate governance* et dont les conseils d'administration comportaient, de manière parfois très majoritaire, des administrateurs indépendants.

La notion d'indépendance de l'administrateur – qui n'est pas seulement liée à la personnalité, au caractère d'un homme – peut-elle être appréhendée de façon identique dans tous les pays ? L'« administrateur » dit indépendant peut-il aussi, et surtout, avoir un statut légal spécifique qui le distinguerait des administrateurs classiques ou n'est-il qu'un administrateur comme un autre sans pouvoir particulier, ou pire un dangereux gadget marketing ? Enfin, les pays anglo-saxons, qui sont à l'origine de la *corporate governance*, peuvent ils servir en la matière de modèle ?

Une indépendance variable. De qui l'administrateur doit-il être indépendant ? Du fournisseur ? Du client ? Du banquier ? Des actionnaires ? Du conseil de l'entreprise ? Du président-directeur général (PDG) ? De la direction ? Des salariés ? En théorie comme en pratique, la notion d'indépendance ne semble pas avoir été clairement appréhendée. Mais, du fait de la mondialisation et de l'hégémonie américaine, les pays anglo-saxons ont servi de référence comme si l'uniformité devait devenir la règle.

Ainsi, l'un des critères importants de l'indépendance de l'administrateur semble résider dans le fait que la personne désignée ne soit pas un gestionnaire salarié de l'entreprise. Cette sujétion paraît fondée aux États-Unis, où les postes d'administrateurs ont été longtemps monopolisés par les managers salariés (*executive directors*). Leur sur-représentation dans les conseils d'administration avait des effets pervers car elle aboutissait à une sorte d'autocontrôle. Mais tel n'est pas le cas dans les pays latins. En effet, si le droit américain ne limite pas le nombre de salariés dans les conseils d'administration, il n'en est pas de même du droit romano-germanique, et plus spécifiquement du droit français.

Ainsi, en France, le nombre d'administrateurs salariés ne peut dépasser un tiers des membres du conseil d'administration. En revanche, dans notre pays comme dans bien d'autres, l'expertise en management des administrateurs fait défaut. Pour être plus explicite, ce ne sont pas tant, dans les pays soumis au droit romano-germanique, les conflits d'intérêts entre les gestionnaires salariés et les administrateurs qui posent problème, mais le fait que les membres du conseil d'administration manquent d'esprit critique et de compétence. Dès lors, il ne paraît pas logique de se priver d'administrateurs qui seraient aussi des gestionnaires salariés. La conception de l'indépendance de l'administrateur ne peut donc être identique dans tous les pays.

De façon plus générale, il n'est nullement évident que l'esprit des règles en matière de *corporate governance* ou les objectifs poursuivis par les pays anglo-saxons soient exactement semblables à ceux des pays latins. Si, dans le premier cas, la société est une notion contractuelle définie par rapport aux associés, si son objectif essentiel est la captation et la satisfaction d'actionnaires du fait de l'importance jouée par le marché financier (importance des fonds de pension), il n'en est pas de même dans le second cas. Dans de nombreux pays latins, la société anonyme est financée par les banques plus que par les associés ; plus qu'un contrat, elle est une institution qui prend en compte d'autres intérêts que ceux des actionnaires (ceux des créanciers, des cautions, des salariés, etc.). Dès lors, l'associé n'est plus le seul à devoir être considéré (l'approbation par les assemblées d'opérations pouvant être qualifiées d'abus de biens serait naturellement sans effet). Le rôle comme la conception même de l'administrateur indépendant subissent cette influence.

Des statuts juridiques distincts. Aux États-Unis, le *Sarbanes-Oxley Act* du 30 juillet 2002 préconise explicitement la désignation d'administrateurs indépendants dans les sociétés cotées – et impose aux comités d'audit de n'être composés que d'administrateurs indépendants –, alors même que la notion d'administrateur indépendant n'est pas intégrée dans diverses législations européennes, dont la législation française.

L'oubli du législateur est sans doute significatif (la réticence du législateur français peut trouver une explication dans le fait que les rapports patronaux sur la gouvernance d'entreprise n'ont jamais eu vocation à devenir des règles impératives). Le silence des textes n'exclut pas, toutefois, que la pratique puisse instituer un organe appelé « administrateur indépendant ». La loi n'interdit pas une telle appellation dans la mesure où le titre d'administrateur n'est pas protégé. Mais l'administrateur dit indépendant peut-il avoir en tant que tel un pouvoir « délibératif » au conseil d'administration, à l'instar des administrateurs légaux qui sont assujettis à un ensemble de dispositions spécifiques réglementaires (nomination, révocation, nombre, âge, incompatibilités, pouvoir, etc.), prévues par la loi sur les sociétés anonymes ?

La réponse à cette question ne peut être identique partout. Elle est négative en France comme dans d'autres pays dont le droit des sociétés est proche (il existe dans ce domaine une quasi-harmonisation dans les pays de l'Union européenne). Les dispositions françaises relatives aux pouvoirs des administrateurs (classiques) sont d'ordre public. Le texte est impératif. On ne saurait empiéter sur le pouvoir légal accordé aux administrateurs classiques et les priver de l'exclusivité de ce droit. En définitive, celui que la pratique appelle « administrateur indépendant » est soit un administrateur classique qualifié d'indépendant (mais ce qualificatif « marketing » n'est pas nécessairement approprié), soit un gadget, une sorte de faux administrateur qui ne peut, notamment, voter au conseil.

La réponse est en revanche positive aux États-Unis. Le système anglo-saxon est moins dirigiste et contraignant qu'en France ou dans les pays de droit romano-germanique. Il permet la légalisation d'une telle pratique. Les règles d'ordre public en droit des sociétés sont moins nombreuses (ce qui limite les procédures pénales). Les dispositions sont essentiellement supplétives ou d'ordre contractuel (ce qui peut accroître les procédures judiciaires civiles). Des clauses peuvent donc être insérées aisément par convention dans les statuts sans contrevenir à la législation. De ce fait, la reconnaissance d'une catégorie spécifique d'administrateurs – ceux qui sont appelés « administrateurs indépendants » – n'est pas juridiquement un obstacle. Un pouvoir propre (une voix délibérative au conseil) peut être octroyé sans contrevenir, comme c'est le cas en France ou dans d'autres pays d'Europe, à des dispositions impératives.

Dès lors, faut-il supprimer les règles impératives et s'orienter vers un système plus souple, plus libéral, à l'américaine (bien que les pays de droit romano-germanique soient majoritaires), afin de favoriser la reconnaissance de créations issues de la pratique anglo-saxonne ? La réponse n'est pas évidente. L'actualité nous incite même à en douter, si l'on songe aux récentes réactions provoquées par la connaissance de l'importance des indemnités de révocation du président du conseil de Vivendi, et ce, alors que de telles indemnités, autorisées aux États-Unis, sont juridiquement interdites en France.

Par ailleurs, le regard que portent les Américains sur leur législation comme sur l'administrateur indépendant n'est pas toujours positif. D'une part, certains envient le droit français des sociétés (quasi harmonisé en Europe), moins laxiste et plus protecteur de l'intérêt des tiers et des minoritaires, et où l'intérêt social ne se résume pas qu'à l'intérêt des actionnaires. D'autre part, l'instauration d'un administrateur indépendant n'est pas toujours considérée comme bénéfique. Selon les études récentes réalisées par J. Westphal, professeur de management à la MacCombs School of Business (Université du Texas), l'administrateur indépendant tente davantage de justifier sa présence qu'il n'accroît les performances du conseil.

L'administrateur indépendant n'est donc pas une notion uniforme, car les mœurs, les pratiques et les législations ne sont pas identiques dans tous les pays. Il peut même constituer, paradoxalement, un dangereux gadget en contradiction avec le droit, l'éthique, la protection des tiers. Le respect du principe de précaution incite à une mise en garde. Afin d'assurer la crédibilité de leur cotation, les agences de notation chargées d'apprécier l'éthique et la bonne gouvernance des entreprises dans le monde, en fonction notamment de la présence d'administrateurs indépendants, devraient donc affiner leur approche juridique, souvent inexistante.

J. D.

Pour en savoir plus

Couret, A. (2002), « La recherche d'un meilleur gouvernement des entreprises cotées : la contribution du rapport du groupe de travail présidé par Daniel Bouton », *Bulletin Joly Société*, 11 novembre.

Delga, J. (1996), « Révocation sans indemnités des PDG : mythe ou réalité ? » *Dalloz Affaires*, 27 juin.

Pesqueux, Y. (2000), *Le Gouvernement d'entreprise comme idéologie*, Paris, Ellipses.

Rubinstein, M. (2002), « Aspects théorique et empirique de la gouvernance d'entreprise en France », *Problèmes économiques*, n° 2784, 13 novembre.

Westphal, J. (2002), « Independant Directors Reduce Performance of the Board of Directors », *Wall Street Journal*, 27 août.

Sites Internet

Rapport Viénot et Bouton : <www.medef.fr>.
Rapport de l'Institut Montaigne : <www.institutmontaigne.org>.
Rapports officiels : <www.ecgi.org>.

Inde

En attendant 2004...

Sauf élections anticipées, 2004 sera en Inde une grande année politique, celle des élections générales à la chambre basse du Parlement. Si le calendrier est respecté, le gouvernement de coalition de l'Alliance démocratique nationale (ADN), conduit par le Bharata Janata Party (BJP, nationaliste hindou), deviendra la première force non congressiste à avoir terminé son mandat quinquennal. Avec stabilité qui plus est, puisque Atal Behari Vajpayee, Premier ministre depuis 1998, reconduit aux élections de 1999, sera resté aux commandes 6 ans de suite. Ce point focal sert évidemment de référence à l'analyse de l'année 2003 et de ses prolongements possibles. Mais il détermine aussi pour beaucoup la politique économique du pays : dans une Inde qui court d'élections en élections, le rythme des réformes est lourd d'enjeux pour les dirigeants au pouvoir. Ce calendrier n'est pas sans influencer aussi la politique étrangère indienne. Si un large consensus prévaut dans ce domaine, la « patte » de Vajpayee marque assurément une ligne de conduite vis-à-vis du Pakistan et du Cachemire, non sans ambiguïtés au sein de l'équipe gouvernementale.

Le BJP, parti de gouvernement ou tentation extrémiste ? Ponctuée par des élections dans divers États de l'Union, l'année 2002-2003 apparaît contrastée. Menées à bien en dépit d'une forte poussée terroriste, les élections au Jammu-et-Cachemire, en septembre-octobre 2002, ont été jugées crédibles, avec quelque 44 % de participation, et ce, bien que des villes comme Srinagar aient entendu l'appel au boycott lancé par les séparatistes de la Conférence pour la liberté. En portant au pouvoir une coalition menée par le nouveau Parti démocratique du peuple (PDP), allié au Congrès, au détriment de la vieille Conférence nationale et du BJP, ces élections confirment la tendance qui voit le Congrès, seul ou en coalition, reconquérir État après État depuis sa débâcle parlementaire de 1999.

Les élections au Gujarat, en décembre 2002, ont inversé la tendance, puisque le gouvernement BJP de Narendra Modi, pourtant compromis dans les pogroms anti-musulmans (environ 2 000 victimes en février-mars 2002), a de nouveau triomphé dans le seul grand État encore tenu par le BJP. Soutenue par la nouvelle figure de l'hindouisme militant le plus menaçant, Praveen Togadia, la stratégie victorieuse de Modi pose une lourde question : parti de gouvernement, le BJP doit-il radicaliser son discours identitaire et utiliser les émeutes inter-religieuses pour se refaire une santé électorale ?

Les élections qui suivirent, en février 2003, dans 4 petits États laissent penser que le Gujarat est plus une exception qu'un modèle politique. Le BJP a perdu la moitié de ses sièges en Himachal Pradesh et demeure très affaibli dans le nord-est indien. Les forces de l'hindouisme militant n'en continuent pas moins de presser le gouvernement de construire enfin le temple dédié à Rama, sur le site de la mosquée d'Ayodhya, détruite en 1992. La « famille » nationaliste hindoue parle donc à plusieurs voix. L. K. Advani, devenu vice-Premier ministre en juin 2002, est jugé plus « dur » que Vajpayee, auquel il pourrait succéder le moment venu, mais il est lui aussi critiqué par les plus radicaux. Les députés BJP s'interrogent : seront-ils jugés sur leur bilan ou portés par une vague identitaire ? En face, Sonia Gandhi conforte son statut de présidente du parti du Congrès, mais laisse en suspens de grandes questions : est-elle la meilleure candidate du parti au poste de Premier ministre ? sur quel programme ? avec quelle stratégie électorale ?

La politique économique : le changement dans la continuité. La permutation des charges entre Yashwant Sinha, qui est passé du ministère des Finances à celui des Affaires étrangères, et Jaswant Singh, qui a fait le parcours inverse, avait lancé, en juillet 2002, un signal : Singh devait pousser les feux des réformes, mais avec plus de souplesse tactique que son prédécesseur. Le maintien d'Arun Shourie au ministère du Désinvestissement (une métaphore pour désigner les privatisations) confirmait la volonté du gouvernement de poursuivre les délicates réformes de « seconde génération », politiquement sensibles, car touchant le secteur public, la flexibilité du travail et les subventions.

Le budget du pays, présenté en février 2003, est ambitieux : il vise à hausser la croissance annuelle du PNB à 8 % en quelques années, loin des 5 % actuels. Les conditions faites aux investissements étrangers s'améliorent, mais ceux-ci n'atteignent pas encore 3 milliards d'euros l'an. L'effort en matière de grands équipements s'accentue. Si l'inflation est faible et les réserves de devises considérables (74 milliards d'euros), la lourdeur des déficits publics est pénalisante, et la politique de réduction des subventions s'avère un échec. Dans le même temps, les budgets de l'éducation et de la santé restent insuffisants. La bonne image des technologies de pointe (logiciels, biotechnologies) est encourageante, et l'Inde a su surmonter la très grave sécheresse de 2002-2003. Les électeurs jugeront cette politique économique de transition, qui table de plus en plus sur le marché, mais dont les effets sociaux restent incertains.

La tension indo-pakistanaise : sortir du blocage. En tendant au Pakistan la « main de la paix » dans un discours prononcé à Srinagar, le 18 avril 2003, Vajpayee commence enfin à sortir les relations indo-pakistanaises du blocage qui suivit l'attentat commis contre le Parlement indien, le 13 décembre 2001. Tout au long de l'année 2002, la « diplomatie coercitive » indienne avait été érigée en doctrine. Appuyée par une mobilisation maximale des troupes le long de la frontière pakistanaise et au Cachemire, elle n'envisageait de reprendre le dialogue avec Islamabad qu'une fois que les infiltrations de combattants venus du Pakistan prendraient fin. Si New Delhi avait pris au mot le discours du général Moucharraf de janvier 2002, condamnant le djihad et les organisations terroristes, elle entendait le juger sur les faits. La tension, qui montait dangereusement, commença à baisser en juin 2002, sous les pressions conjuguées de Moscou et de Pékin, et surtout des États-Unis, très impliqués.

Après les élections au Cachemire puis celles, quasi simultanées, au Pakistan, le retrait mesuré des troupes frontalières

Faits et dates

– *4 juin 2002* : Sous l'influence de la Russie (sommet d'Almaty au Kazakstan), et surtout des États-Unis, la tension indo-pakistanaise s'amoindrit.
– *16 septembre- 8 octobre 2002* : Élections législatives régionales au Cachemire. Une coalition PDP-parti du Congrès arrive au pouvoir à Srinagar.
– *10 octobre 2002* : Élections générales et provinciales au Pakistan.
– *12 décembre 2002* : Triomphe des extrémistes hindous du BJP lors des élections législatives régionales au Gujarat.
– *26 février 2003* : Revers électoraux du BJP dans 4 États indiens.
– *18 avril 2003* : A.B. Vajpayee relance les relations indo-pakistanaises.
– *21-27 avril 2003* : Voyage en Chine du ministre indien de la Défense.
– *2 mai 2003* : Rétablissement des relations diplomatiques indo-pakistanaises. L'Inde pose pour préalable à la reprise du dialogue l'arrêt du terrorisme transfrontalier.
– *1-3 juin 2003* : Présence de l'Inde au G8 d'Évian.
– *22-27 juin 2003* : Voyage en Chine de Vajpayee.

a pu s'engager. Le « parti du roi » avait gagné les élections pakistanaises, à la satisfaction de Moucharraf, qui nomma Zafarullah Khan Jamali Premier ministre. La poussée de l'inédite coalition des partis islamistes, avec 60 sièges à l'Assemblée, servait aussi le régime, qui pouvait arguer de la menace extrémiste pour conforter ses relations avec Washington. En mai 2003 commença une normalisation des relations diplomatiques entre l'Inde et le Pakistan, marquée par des nominations d'ambassadeurs et le rétablissement des liaisons routières. Le dialogue bilatéral devrait reprendre à haut niveau, sans qu'une rencontre au sommet ne soit envisagée avant une réduction sensible des infiltrations. Mais l'histoire des échecs passés invite à la plus grande prudence. Si le catalogue des procédures de négociation est connu, le Cachemire risque fort de rester un point de blocage, à moins que l'armée pakistanaise, maîtresse du dossier, n'accepte un compromis qui porterait sur la reconnaissance, à quelques nuances près, de la ligne de contrôle qui tranche le Cachemire en deux depuis 1947 (voir l'article « Pakistan »).

L'Inde dans le jeu international. La crise indo-pakistanaise et son évolution récente confirment le demi-succès de la ligne Moucharraf, ouverte avec la guerre de Kargil en 1999. La dissuasion nucléaire joue ici un rôle non négligeable : l'Inde envisage la possibilité d'une guerre conventionnelle limitée, mais a choisi jusqu'à présent la retenue. Par ailleurs, la question du Cachemire a bien été internationalisée, mais le Pakistan n'en tire guère de bénéfices, car il demeure l'objet de suspicions. Après le 11 septembre, New Delhi a dû accepter de voir le Pakistan appuyer les États-Unis contre les Talibans, tout en qualifiant son voisin de « nouveau berceau du terrorisme international ».

Rongeant son frein sur ce dossier, New Delhi n'en continue pas moins de se rapprocher de Washington, dont la puissance fascine autant qu'elle inquiète. Elle maintient en même temps de très bonnes relations avec Moscou, grande pourvoyeuse d'équipements militaires. L'Inde n'a pas suivi la thèse américaine sur l'Irak, tout en se réservant de tirer parti, elle aussi, du concept de guerre préventive. Mais le gouvernement, à l'encontre de toute la classe politique, s'est bien gardé de condamner les États-Unis. L'Inde pourrait même envoyer des troupes dans l'Irak d'après Saddam, façon de réaffirmer, avec l'accord américain, son statut macro-régional. L'invitation de Vajpayee à la réunion élargie du G8, à Évian, en juin 2003, a été saluée en Inde et confirme les bonnes relations nouées entre New Delhi et Paris depuis 1998.

Reste la Chine. La volte-face, en avril 2003, de George Fernandes, ministre de la Défense connu pour voir en elle une menace, a été remarquée. Le succès de sa visite à Pékin laisse présager que des avancées pourraient être faites lors du voyage de Vajpayee en Chine, au mois de juin. Rien de spectaculaire n'est attendu au-delà de possibles accords économiques. Mais établir une confiance accrue sur l'ensemble des contentieux serait un grand pas : prolifération chinoise vers le Pakistan, poussée chinoise au Myanmar, différend frontalier. Aspirant à la puissance, l'Inde sait que la Chine a pris les devants. La realpolitik désormais de mise à New Delhi n'efface pas les soupçons. Elle plaide cependant davantage pour la compétition pacifique, voire pour la coopération calibrée, que pour la confrontation. L'Inde est prête à jouer le rôle de pôle de stabilité sur le flanc sud de l'Asie, servant ainsi les intérêts des États-Unis, mais pas au point de réduire sa marge de manœuvre vis-à-vis de ses encombrants voisins pakistanais et chinois.

J.-L. R.

Pour en savoir plus

Cohen, P. S. (2001), *India. Emerging Power*, Washington, The Brookings Institution.

Ganguly, S. (dir.) (2003), *India as an Emerging Power*, Londres, Frank Cass.

Racine, J.-L. (2002), *Cachemire. Au péril de la guerre*, Paris, Autrement.

Ramana, M.V. et C. Rammanohar Reddy (dir.) (2003), *Prisoners of the Nuclear Dream*, New Delhi, Orient Longman.

Sites Internet

Portail de la presse indienne : <www.samachar.com>.
Site du Parlement indien, portail du gouvernement et du président : <parliamentofindia.nic.in>.
Sur le problème du Cachemire et des relations indo-pakistanaises : <www.crisisweb.org/projects/asia/afghanistan_southasia/reports/A400831_21112002.pdf>.
Sur les violences inter-religieuses et la liberté de religion : <www.state.gov/g/drl/rls/irf/2002/14023.htm>.

Irak
La fin d'une dictature

Pour l'immense majorité de la population irakienne, l'impensable s'est enfin matérialisé au printemps 2003. La guerre éclair menée par les États-Unis et le Royaume-Uni contre la volonté de la communauté internationale a cette fois-ci eu raison de la dictature baasiste – une dictature honnie, vieille de plus de 3 décennies, et trop souvent encline à sacrifier l'avenir de l'Irak et des Irakiens pour assurer sa propre survie ou pour des chimères. Pourtant, dans les esprits, les perceptions de cette sortie de l'autoritarisme et celles du déroulement réel des combats restent encore brouillées par les mystifications croisées, la manipulation de l'information et la propagande pratiquées de toutes parts.

La population irakienne n'a pas véritablement cru à sa « libération ». Plongée dans l'insécurité, le chaos et les pillages aussitôt les statues de Saddam Hussein mises à bas, elle est plus que jamais fragilisée par les difficultés matérielles qui continuent à empoisonner son quotidien et n'a d'autre choix que de s'en remettre, impuissante et résignée, aux forces d'occupation, désormais destinataires de toutes ses attentes, y compris de ses rêves les plus fous d'abondance et de prospérité. De leur côté, les États-Unis et le Royaume-Uni réalisent, contraints et forcés, que la pacification du pays est une tâche difficile et coûteuse, et que le remodelage politique ne peut consister en une simple table rase du passé.

La marche à la guerre. Forts de leur succès en Afghanistan et du soutien unanime à leur guerre contre le terrorisme, les États-Unis ont réussi à sortir le dossier irakien de l'oubli et du *statu quo* des sanctions économiques dont le régime de S. Hussein s'était fort bien accommodé. Dès janvier 2002, l'Irak était enfermé dans l'« axe du Mal » aux côtés de l'Iran et de la Corée du Nord (discours de George W. Bush sur l'état de l'Union). Sous l'emprise grandissante des néo-conservateurs, l'Administration Bush fera de la menace réelle ou supposée des armes de destruction massive (ADM) irakiennes la priorité de la communauté internationale, tout en orientant subrepticement le débat vers une question non formellement inscrite dans les résolutions onusiennes, à savoir la nature du régime irakien et son éventuel renversement de l'extérieur. Avec l'appui de son indéfectible allié britannique, elle n'aura de cesse de démontrer que la réponse adéquate face à un dictateur proliférateur de l'acabit de S. Hussein ne peut être que la guerre préventive.

Ce bellicisme se nourrit sans doute de la volonté d'« achever le travail » commencé en 1990-1991 sous G. Bush père. Il trahit également chez certains membres de l'Administration actuelle une vision utopique à plusieurs facettes : le renversement de S. Hussein y est présenté comme le prélude à une démocratisation de l'ensemble du Moyen-Orient par un simple effet de contagion. Un Irak débarrassé de l'autoritarisme baasiste ferait aussi la paix avec Israël, allié traditionnel des États-Unis contre l'Iran, ce dernier étant toujours considéré comme une menace régionale. Enfin, le contrôle politique et militaire de l'Irak réduirait la dépendance vis-à-vis du pétrole saoudien ainsi que les risques terroristes liés à la présence de troupes américaines dans ce pays.

Pendant plus de 7 mois de crise (septembre 2002-mars 2003) se jouera une intense bataille diplomatique et médiatique entre partisans et adversaires de la guerre. Sur fond de montée de leurs préparatifs militaires dans la région du Golfe et d'intensification des bombardements des sites stratégiques irakiens, les États-Unis et le Royaume-Uni s'opposeront au front « légaliste » mené au sein du Conseil de sécurité des Nations unies par la France, la Russie et la Chine, bientôt rejoints par l'Allemagne et la majorité des pays arabes. Ce front du refus s'est également exprimé par une forte mobilisation de l'opinion publique internationale – où se confondaient dans un même élan pacifisme, antiaméricanisme et solidarité avec la population irakienne –, que le régime de Bagdad n'a pas manqué d'assimiler à un soutien à son égard (voir l'article « Opinion publique »). Dates butoirs, volte-face, ultimatums, menaces de veto, invectives de part et d'autre de l'Atlantique, rapports apportant la preuve du mensonge du régime irakien ou, inversement, de sa bonne volonté ponctueront ainsi un feuilleton qui apparaît aujourd'hui comme une crise fabriquée de toutes pièces et dont le dénouement était écrit d'avance.

Le 12 septembre 2002, dans son discours devant l'Assemblée générale des Nations unies, le président Bush ouvre le feu : le régime irakien doit abandonner ses ADM, couper ses liens avec le terrorisme, notamment Al-Qaida, et cesser d'opprimer son peuple. Avec un sens aigu de l'urgence et du danger, S. Hussein crée la surprise en acceptant quelques jours plus tard (17 septembre) le retour sans conditions des inspecteurs en désarmement, dont les missions sur le terrain étaient interrompues depuis fin 1998. Visiblement embarrassés, les États-Unis exigent alors une nouvelle résolution des Nations unies formulant le principe d'automaticité d'une frappe militaire en cas d'éventuelle obstruction irakienne au travail des inspecteurs. Le Conseil de sécurité parviendra non sans peine à un compromis : la résolution 1441 (8 novembre 2002) endosse plutôt l'approche française « en deux temps » et offre « une dernière chance » à Bagdad. Un régime plus sévère d'inspections sur le terrain reprend (27 novembre) sous la houlette de Hans Blix (Commission de contrôle, de vérification et d'inspection des Nations unies, COCOVINU) et de Mohammed El-Baradei (Agence internationale de l'énergie atomique, AIEA) qui ne trouveront aucune preuve d'activités interdites. Washington et Londres estimeront néanmoins que ce processus est voué à l'échec : ou bien S. Hussein avoue détenir des ADM, et alors il est en « violation patente » de ses obligations ; ou bien il déclare ne pas en détenir et il trompe forcément la communauté internationale. Dans les deux cas, la guerre est justifiée. Ayant échoué à obtenir une seconde résolution du Conseil de sécurité légitimant le recours à la force, le président Bush adresse alors, le 17 mars 2003, un ultimatum à S. Hussein et à ses deux fils : l'exil volontaire hors d'Irak sous 48 heures – ou la guerre.

Les derniers jours du régime de S. Hussein ont été marqués par des efforts désespérés en vue de gagner des appuis. À l'extérieur, le régime a fait preuve d'une retenue sans précédent, cultivant sa posture de victime et multipliant les concessions inédites. Il a donné aux inspecteurs en désarmement l'accès aux sites sensibles et aux scientifiques irakiens ; il a autorisé le survol du territoire national par des avions espions et assuré lui-même la destruction d'une partie des missiles *Al-Samoud*. Cette déférence vis-à-vis des inspecteurs ira jusqu'à inviter les agents de la Central Intelligence Agency (CIA) à les seconder sur le terrain (25 décembre). Sur le plan régional, le régime a présenté des excuses au Koweït pour l'annexion de 1990 et mis en avant les intérêts commerciaux pour mobiliser de potentiels alliés. Le ton n'était plus à la surenchère verbale mais à l'apaisement afin de ne pas apparaître comme responsable du déclenchement de la guerre. Il n'y eut aucune menace de prise d'otages, tout au contraire : les « boucliers humains » occidentaux arrivés dans le pays tout au long de la crise furent libres de repartir. Il n'y eut pas non plus de menace d'attaque contre Israël comme en 1990-1991. Une riposte médiatique sera entreprise avec, notamment, une sollicitude particulière à l'égard de la presse étrangère, médiatisant fortement les moindres faits et gestes des inspecteurs sur le sol irakien, et un effort de communication de la part du président (entretien accordé à une chaîne britannique le 5 février 2003).

À l'intérieur, le régime, tout en sachant qu'il ne peut miser ni sur une fidélité absolue de ses forces armées, démotivées, mal payées et manquant de tout, ni sur un large soutien de la population, cherchera à se racheter une virginité aux yeux de son opinion publique. Tout en appelant au patriotisme des Irakiens, le régime tentera, dans les mois précédant la guerre, de se concilier la population à travers une série de concessions comme la suppression des taxes de voyage, le relèvement des traitements des fonctionnaires, l'amélioration de certaines infrastructures, et l'amnistie générale accordée aux prisonniers politiques et de droit commun (20 novembre 2002). L'heure n'était plus au *tarhib* (« intimidation ») mais au *targhib* (« attraction »), pour reprendre les deux règles de base de la grammaire politique de S. Hussein. Toutefois, ce dernier ne cèdera en rien sur le culte de la personnalité (élection à 100 % des voix lors du référendum du 15 octobre) et restera sourd à toutes les exhortations, notamment des pays arabes, à la démission ou à l'exil. Il a sans doute misé sur un enlisement des combats au moyen d'une guerre des villes où ses troupes les plus fidèles se fondraient dans la masse de la population et infligeraient de lourdes pertes à l'ennemi. La sanctuarisation de la capitale, siège du pouvoir, était la pièce maîtresse de ce dispositif et le symbole ultime de toute résistance.

De son côté, la coalition anglo-américaine a parié sur une sédition des forces armées irakiennes doublée d'une insurrection populaire. Rien de tel ne s'est produit. L'opération « Liberté pour l'Irak » a débuté le 20 mars 2003 par l'opération « Stupeur et effroi » visant, sans succès, à décapiter le leadership politique du Baas à Bagdad. Plus de 150 000 soldats américains et britanniques prennent rapidement d'assaut le territoire irakien. Le front se concentre d'abord dans le sud du pays, la résistance inattendue de la petite ville portuaire d'Oum Qasr (21-25 mars) faisant croire à un sursaut patriotique irakien qui, à partir des principales villes chiites (Bassora, Nasiriya, Najaf, etc.), gagnerait l'ensemble du pays. C'était compter sans l'apathie et l'attentisme de la population. Alors que persistaient encore çà et là des poches de résistance, Bagdad tombait « mystérieusement » le 9 avril entre les mains des Marines : les troupes irakiennes, qui avaient quelque temps auparavant essayé de défendre l'aéroport de la capitale, ont subitement abandonné leurs armes et leurs positions, alimentant ainsi une théorie de la trahison des militaires. Des actions hautement symboliques telles que la mise à bas de la statue de S. Hussein en plein cœur de Bagdad et la prise de son palais par les soldats américains ont suffi à faire cesser toute forme de combat organisé. Les villes du Nord (Mossoul, Kirkuk) et le fief présidentiel de Tikrit capitulent le 14 avril. Un absent de taille marquera cette guerre : les ADM qui, à ce jour, restent introuvables sur le sol irakien.

Incertitudes et difficultés de la transition. Cette victoire rapide et totale de la coalition a été quelque peu ternie par le chaos qui a fait suite à la vacance du pouvoir irakien. Les pillards n'ont rien épargné : administrations, bâtiments publics, archives officielles, notamment celles des services de renseignements, et musée national. Cet épisode a nourri chez la population un certain ressentiment à l'égard des troupes étrangères qui n'ont pas, à ses yeux, cherché à empêcher ces scènes, perçues comme humiliantes et destructrices du patrimoine national. Mais le pragmatisme vis-à-vis de l'occupation prévaut largement. Chaque jour qui passe apporte aux Irakiens son lot de détails macabres sur les exactions de l'ancien régime, notamment ses multiples charniers. Et aujourd'hui, ce que tous redoutent plus que tout, c'est le spectre de guerre civile en cas de départ précipité des nouveaux maîtres du pays.

C'est après force hésitations et maladresses que finit par se mettre en place une administration civile de l'Irak (Coalition Provisional Authority), sous la direction d'un diplomate de carrière, l'américain L. Paul Bremer. Elle a d'ores et déjà beaucoup de mal à restaurer les services de base (eau, électricité) et à lutter contre l'insécurité généralisée. Le décret imposant la « dé-baasification » de la fonction publique et la dissolution de l'armée et des ministères de l'Intérieur et de l'Information (juin) a suscité une vague de protestations en condamnant des centaines de milliers de personnes au chômage. De plus, elle se retrouve rapidement confrontée à un embryon de guérilla, pour le moment circonscrite à des éléments armés liés au régime défunt ou à des extrémistes islamistes dans les régions sunnites (accrochages répétés avec les habitants de la ville de Fallouja). Le fait que S. Hussein et ses plus proches affidés soient toujours en fuite (ses deux fils seront tués le 22 juillet) et à même de nuire fait grossir chaque jour le fantasme d'une guerre de l'ombre contre l'occupant.

Sur le plan de la reconstruction économique et politique du pays, la résolution 1483 des Nations unies (22 mai) met fin aux sanctions internationales et donne aux États-Unis et au Royaume-Uni, désormais consacrés « puissances occupantes », le contrôle de l'avenir de l'Irak. Rejetant le principe d'élections, exercice jugé risqué et prématuré, ils devront trouver des mécanismes de régulation de la nouvelle scène politique irakienne, qui se dessine déjà, et où la compétition entre exilés et leaders de l'intérieur, citadins et chefs de tribu, islamistes et laïques, bat son plein. La naissance d'une autorité irakienne intérimaire a débuté en juillet avec la formation d'un Conseil de gouvernement, dont les 25 membres, désignés par Bremer, n'ont que des pouvoirs limités. D'ores et déjà, une réalité est devenue incontournable dans l'Irak post-Saddam : longtemps étouffé et persécuté, le chiisme irakien entend aujourd'hui traduire son poids numérique en prépondérance politique. La question est de savoir si les États-Unis sauront être attentifs au verdict de la démocratie et à la complexité de la société irakienne – et, en particulier, au fait que les islamistes, sunnites et chiites, semblent avoir eux aussi pris leur revanche sur le baasisme.

L. A. R.

Pour en savoir plus

Baran, D. (2003), « La guerre d'Irak : la stratégie du faible face à la puissance américaine », *Politique étrangère*, été 2003, n° 2, p. 395-408.

Dodge, T. et S. Simon (dir.) (2003), « Iraq at the Crossroads: State and Society in the Shadow of Regime Change », IISS, *Adelphi Paper 354*, Oxford, Oxford University Press.

International Crisis Group (2003), « War in Iraq: Political Challenges After the Conflict », *ICG Middle East Report* n° 11, 25 mars, <www.crisisweb.org/projects/showreport.cfm?reportid=927>.

Luizard, P. J. (2002), *La Question irakienne*, Paris, Fayard.

Pollack, K. M. (2002), *The Threatening Storm. The Case for Invading Iraq*, New York, Random House.

Rigaud, F. (2003), « L'impossible mouvement de l'intérieur », dans M. Bennani-Chraïbi et O. Fillieule, *Résistances et protestations dans les sociétés musulmanes*, Paris, Presses de Sciences Po, p. 197-218.

Faits et dates

– *12 septembre 2002* : Discours de G. W. Bush devant l'Assemblée générale des Nations unies sur le désarmement de l'Irak.
– *11 octobre 2002* : Vote du Congrès américain autorisant un éventuel recours à la force armée contre l'Irak.
– *15 octobre 2002* : Référendum présidentiel en Irak : 100 % des votants se seraient prononcés pour le maintien de S. Hussein au pouvoir.
– *8 novembre 2002* : Résolution 1441 du Conseil de sécurité des Nations unies.
– *20 novembre 2002* : Amnistie générale accordée par S. Hussein aux prisonniers politiques et de droit commun.
– *27 novembre 2002* : Retour des inspecteurs en Irak (COCOVINU).
– *25 décembre 2002* : S. Hussein invite la CIA à seconder les inspecteurs.
– *5 février 2003* : Entretien de S. Hussein sur une chaîne britannique.
– *10 février 2003* : Déclaration commune de l'Allemagne, la France et la Russie.
– *24 février 2003* : Projet de résolution à l'ONU déposé par l'Angleterre, l'Espagne et les États-Unis.
– *1er mars 2003* : L'Irak commence à détruire ses missiles prohibés.
– *17 mars 2003* : Ultimatum de G. W. Bush à S. Hussein.
– *20 mars 2003* : Début de l'opération « Liberté pour l'Irak ».
– *8 et 9 avril 2003* : Bassora puis Bagdad tombent aux mains des Marines.
– *10-14 avril 2003* : Kirkuk, Mossoul puis Tikrit capitulent.
– *21 avril 2003* : J. Garner est nommé administrateur militaire provisoire de l'Irak.
– *24 avril 2003* : Prolongation du programme « Pétrole contre nourriture » jusqu'au 3 juin 2003 (résolution 1476).
– *1er mai 2003* : Fin officielle de la guerre.
– *6 mai 2003* : Nomination de L. P. Bremer au poste d'administrateur civil provisoire.
– *22 mai 2003* : Fin des sanctions internationales contre l'Irak (résolution 1483).
– *Juin 2003* : Opérations militaires américaines (« Péninsule » le 9, puis « Scorpion du désert » le 15) contre les attaques quasi quotidiennes contre les occupants.
– *13 juillet 2003* : Mise en place du Conseil de gouvernement transitoire irakien (25 membres). L. P. Bremer garde un droit de veto.
– *22 juillet 2003* : Les deux fils de S. Hussein sont tués par les forces américaines lors d'un assaut à Mossoul.

Israël

Nouvelles élections et guerre contre l'Irak

La poursuite de la confrontation israélo-palestinienne entretient, à première vue, le sentiment d'une inquiétante permanence au Proche-Orient depuis que le cycle de la violence a repris, à grande échelle, à l'automne 2000, et ce, bien que la reprise des contacts politiques après le sommet tripartite d'Aqaba (juin 2003) ait conduit à un répit temporaire. Les populations ont continué à payer un prix élevé en termes humains : 625 Palestiniens et 192 Israéliens tués entre juillet 2002 et mai 2003. Elles ont aussi été frappées de plein fouet par les effets socioéconomiques de cette guerre d'usure : montée de la pauvreté et de la précarité chez les Palestiniens, marasme économique en Israël. Pourtant, derrière l'apparente continuité, les évolutions ont été réelles, du côté palestinien (voir l'article « Autorité palestinienne ») comme du côté israélien. Pour Israël, les changements concernent à la fois la gestion du conflit avec les Palestiniens, la configuration politique interne et la situation régionale du pays.

Le retour de l'armée dans les territoires. L'opération « Rempart » (avril 2002) – l'offensive militaire la plus importante en Cisjordanie depuis 1967 – n'ayant pu endiguer durablement la vague d'attentats-suicides, Israël décida de lancer, en juin, une nouvelle opération de grande envergure, qui conduisit à la réoccupation de la quasi-totalité des villes (sauf Jéricho). Cette fois, l'armée s'y est installée ou campe aux abords immédiats, effectuant régulièrement des raids pour arrêter des militants, fermer des institutions, etc. La carte d'Oslo, qui reconnaissait une autonomie complète aux Palestiniens dans la zone A (18 % du territoire), est définitivement périmée. Cette réoccupation s'est accompagnée du renforcement des mesures de bouclage, de couvre-feu et de démolition de maisons palestiniennes.

Parallèlement, les exécutions extrajudiciaires – c'est-à-dire les homicides volontaires commis contre des opposants politiques et des activistes – se sont poursuivies, au prix de l'augmentation du nombre de « victimes collatérales ». Ce choix résolu de la force armée est pleinement assumé aux plus hauts échelons politiques et militaires de l'État. Le nouveau chef d'état-major de Tsahal, Moshe Yaalon, qui a pris ses fonctions en juillet 2002, est ainsi convaincu que la confrontation actuelle avec les Palestiniens est de nature existentielle : ceux-ci ne reconnaîtraient pas, au fond, la légitimité d'un État juif au Proche-Orient. Dans cette situation, Israël n'a pas le choix : il doit répondre vigoureusement aux attaques dont ses citoyens sont victimes, jusqu'à ce que les Palestiniens abandonnent la voie de la violence. Aucune concession politique ne doit être faite avant cela, car elle serait interprétée comme un signe de faiblesse et ne ferait que relancer la violence. Cette conviction est largement partagée par les autres responsables de la défense (le ministre de la Défense, Shaul Mofaz, et le nouveau chef du Mossad, Meir Dagan) et par les dirigeants politiques, à commencer par le Premier ministre.

Globalement, le traitement « militaire » de l'Intifada est accepté par une large partie de l'opinion israélienne, convaincue qu'il s'inscrit dans une politique d'autodéfense. Peu remettent en cause la charge considérable que représente l'armée (19 % du budget). Peu rechignent à effectuer leurs périodes de réserve, même si un mouvement d'objection de conscience, très minoritaire, est apparu. La réoccupation, à géométrie variable, des villes s'est accompagnée de l'édification, à partir de juin 2002, d'une « clôture de séparation » entre la Cisjordanie et Israël, destinée à entraver les infiltrations d'activistes palestiniens. La construction de ce mur, qui a débuté autour de Kalkilya/Tulkarem et de Jérusalem, n'épouse pas strictement la « ligne verte » de 1949. Situé plusieurs kilomètres à l'est, il inclut certaines colonies juives, mais aussi des résidents palestiniens et de nombreuses terres agricoles.

À terme, ce dispositif de clôture conduira, du nord de la Cisjordanie à Jérusalem, à l'annexion par Israël de 7 % de la Cisjordanie, dont 39 colonies et près de 300 000 Palestiniens. Cette politique de séparation n'empêche d'ailleurs nullement la colonisation de se poursuivre au cœur même de la Cisjordanie (voir M. Brubacher, « Le mur de la honte », *Le Monde diplomatique,* novembre 2002). Des appels d'offres pour la construction de nouvelles unités d'habitation ne cessent d'être lancés, conduisant, malgré l'Intifada, à une augmentation de la population juive de l'ordre de 6 % en 2002 (*Ha'aretz*, 4 février 2003). Et comme si cette « expansion naturelle », encouragée par l'État, ne suffisait pas, une quarantaine d'implantations sauvages (qualifiées d'« avant-postes ») ont été édifiées spontanément par les colons au cours de l'année écoulée, et généralement tolérées par les autorités. Cette politique israélienne fondée sur le tryptique occupation/séparation/colonisation a été menée avec constance par le gouvernement israélien, quelles que soient les majorités parlementaires sur lesquelles il s'est appuyé.

Fin de l'union nationale et élections anticipées. Après avoir survécu à plusieurs mini-crises, le gouvernement d'union nationale unissant Likoud et Parti travailliste israélien (PTI) s'est rompu fin octobre autour d'un différend budgétaire. N'ayant pas obtenu, dans le cadre du budget de rigueur, la réduction des nombreuses aides accordées aux colons, les ministres travaillistes ont démissionné, contraignant Ariel Sharon à convoquer des élections anticipées.

Les deux « grands » partis se sont mis rapidement en ordre de marche. À l'issue de « primaires », les militants travaillistes choisirent un nouveau leader, Amram Mitzna, en lieu et place de Benyamin Ben Eliezer, qui n'était pourtant président du parti que depuis 10 mois. La victoire très nette de Mitzna, ancien général et maire de Haïfa, la troisième ville du pays, avec 54 % des suffrages exprimés – contre 38 % à Ben Eliezer et 7 % à un troisième postulant, Haïm Ramon –, traduit un indéniable « coup de barre » à gauche. Le nouveau président proposait d'ailleurs l'évacuation sans condition des 16 colonies de la bande de Gaza (6 500 habitants) et la reprise immédiate des négociations avec les

Palestiniens, même sans arrêt de la violence, afin d'arriver à un accord définitif, dans un délai d'un an, avec établissement d'un État palestinien sur plus de 90 % de la Cisjordanie et la bande de Gaza, et partage de la souveraineté sur Jérusalem. À défaut d'accord, il se faisait l'avocat d'un désengagement unilatéral d'Israël sur des frontières de sécurité dont le tracé n'est pas précisé, mais qui épouserait en gros les contours de la ligne d'armistice de 1949.

Si le renouvellement a été privilégié au PTI, c'est la continuité qui a prévalu au Likoud. Ariel Sharon l'a en effet nettement emporté, par 55 % contre 40 %, sur son adversaire Benjamin Netanyahou. Dans la compétition politique interne, la tactique du Premier ministre, qui a mis en avant son profil d'homme d'État responsable, s'est avérée payante. À aucun moment la surenchère à droite de son rival n'a été en mesure de le déstabiliser. Sharon, pourtant, n'est guère plus conciliant sur le dossier palestinien que son challenger. Il accepterait, certes, la création d'un État palestinien provisoire, mais uniquement après l'arrêt total de la violence et avec une base territoriale minimale, tout au moins au début : à peine 50 % de la Cisjordanie, Israël conservant deux zones de sécurité, l'une dans la vallée du Jourdain, l'autre le long de la ligne verte. En outre, les frontières extérieures et l'espace aérien du futur État (démilitarisé) resteraient sous le contrôle exclusif d'Israël, de même que Jérusalem. Quant aux colonies, la majorité d'entre elles seraient incluses dans les zones restant sous contrôle israélien.

Hormis les deux grandes formations généralistes, 26 autres listes sont entrées dans la compétition électorale, beaucoup sans espoir de franchir le seuil de 1,5 % des suffrages requis pour obtenir un siège à la Knesset. Deux députés arabes du parlement sortant (Ahmed Tibi, qui fut longtemps conseiller officieux de Yasser Arafat, et Azmi Bishara, leader du Parti nationaliste arabe Balad), initialement disqualifiés par la Commission électorale centrale au motif qu'ils soutiendraient des organisations terroristes, virent finalement leurs candidatures validées par la Cour suprême. Dans un contexte marqué par l'aliénation croissante entre les citoyens arabes et l'État d'Israël, cette décision a eu un effet pacificateur.

Le thème dominant d'une campagne courte et morne fut la sécurité, à la fois personnelle et nationale, les questions politiques de fond étant plutôt éludées. Sharon ne précisa pas s'il était prêt à des concessions substantielles envers les Palestiniens ; Mitzna, lui, fut incapable de placer ses propositions de relance des négociations au cœur du débat public. Dans le fond, les électeurs étaient appelés à départager deux postures plutôt que deux programmes : celle de l'homme d'expérience, blanchi sous le harnais, bien décidé à défendre Israël à partir d'une position de force ; et celle du nouveau venu, d'une rare intégrité, prêt à avancer des idées novatrices pour sortir d'une impasse prolongée. À l'évidence, le premier, Sharon, a paru davantage répondre à l'urgence du moment que le second.

Avec 38 élus, le Likoud double sa représentation à la Knesset, retrouvant ses scores des années 1980, tandis qu'avec 19 sièges, le PTI, qui a tant contribué à la construction d'Israël, connaît une sévère défaite. Marquées par une abstention record (31,5 %), ces élections témoignent du glissement à droite de la société israélienne : le bloc nationaliste est largement dominant avec 69 sièges (sur 120), tandis que celui de gauche obtient péniblement 36 mandats, 15 sièges revenant à la formation centriste Shinoui (« Changement »). L'autre formation de la gauche sioniste, le Meretz, a vu sa représentation parlementaire passer de 10 à 6 sièges, ce qui a entraîné la démission immédiate de son leader, Yossi Sarid.

L'ascension du Shinoui constitue l'événement du scrutin. Ce parti, porte-parole de la classe moyenne, affiche une franche laïcité (« constitutionnalisation » des libertés individuelles pour limiter la coercition religieuse, réduction des ressources versées aux institutions religieuses, instauration du mariage civil, etc.). Il a aussi une dimension populiste, attestée par sa posture protestataire, et une facette néolibérale (baisse des impôts, réforme de l'État-providence). Parallèlement à cette percée du Shinoui, le parti ultra-orthodoxe sépharade Shas voit son audience s'affaiblir (11 mandats au lieu de 17), un tassement qui s'explique à la fois par des dissensions internes et par l'omnipotence de la question sécuritaire, qui a amené nombre de Sépharades à revenir vers le Likoud. Pour le reste, le système politique n'aura pas connu de grands bouleversements, si ce n'est la disparition des partis « russes ».

En 1999, les deux formations russophones – Israël ba-Aliyah, de Nathan Sharansky, et Israël Beitenou, dirigé par Avigdor Liebermann – avaient obtenu plus de 50 % des suffrages « russes » et 10 sièges au Parlement. En 2003, le parti de Sharansky obtenait difficilement deux mandats, avant de se fondre dans le Likoud, l'autre parti ayant préalablement choisi de s'unir à l'extrême droite. Cet effacement témoigne d'une réussite : l'intégration des immigrants « russes » à la vie politique israélienne, une intégration qui se fait sous les auspices de la droite, à laquelle les « Russes » apportent l'essentiel de leurs suffrages. Prenant acte de ces changements, Sharon formait, fin février, un gouvernement rassemblant le Likoud, l'extrême droite et le Shinoui, dans lequel les ultra-orthodoxes ne figurent plus. Cette nouvelle équipe a une double tâche : redresser une situation économique mal en point et sortir de l'impasse politico-militaire avec les Palestiniens dans un environnement régional transformé.

Quelle place pour Israël dans un Moyen-Orient recomposé ? Dès l'automne 2002, alors que commençaient les préparatifs américains pour une intervention militaire en Irak, Israël adopta une ligne politique fondée sur la prévention et la dissuasion. D'un côté, le pays se prépara à l'éventualité de tirs de missiles, dotés de charges chimiques, en installant des systèmes antimissiles et en distribuant des masques à gaz à la population. De l'autre, Israël affirma haut et clair qu'il riposterait à toute agression irakienne, même si les responsables militaires estimaient que la probabilité d'une attaque était faible.

À rebours des opinions publiques occidentales, les Israéliens ont soutenu à une forte majorité (près de 80 %) la

Faits et dates

– *29 mars-21 avril 2002 :* Opération « Rempart » en Cisjordanie, destinée, selon A. Sharon, à « déraciner les infrastructures terroristes » palestiniennes. Le 21 avril, Israël se retire de Ramallah et de Naplouse, mais continue d'occuper une grande partie des territoires palestiniens.
– *10 juin-29 septembre 2002 :* 2e siège du QG de Y. Arafat. Retrait israélien sous la pression des États-Unis.
– *16 juin 2002 :* Israël entreprend la construction d'une « clôture de sécurité » le long de sa frontière avec la Cisjordanie (avec annexion de 7 % de celle-ci).
– *24 juin 2002 :* Discours de G. W. Bush appelant à une solution incluant l'existence de deux États et le renouvellement des élites palestiniennes.
– *Juin-juillet 2002 :* Lancement des réformes de l'Autorité palestinienne (AP) par Y. Arafat, sous la pression américaine.
– *16 juillet 2002 :* Rencontre du « Quartet » (ONU, UE, États-Unis, Russie) et discussions relatives au contenu de la « feuille de route » provisoire. La Russie, l'ONU et l'UE s'opposent à la volonté américaine d'évincer Y. Arafat de la direction de l'AP.
– *17 août 2002 :* Déclaration israélienne en faveur d'un changement de régime en Irak.
– *30 octobre 2002 :* Rupture du gouvernement d'union nationale. Le refus de réduire les aides allouées aux colons entraîne le départ des ministres du PTI.
– *14 janvier 2003 :* Conférence internationale relative aux réformes de l'AP et à l'application de la feuille de route. L'AP s'engage à rédiger une Constitution.
– *28 janvier 2003 :* Élections. La droite domine la nouvelle Knesset (69 sièges, dont 38 pour le Likoud). Le nouveau cabinet, finalisé le 27 février, est composé du Likoud, du Shinoui et de partis d'extrême droite.
– *10 mars 2003 :* Vote d'une loi créant le poste de Premier ministre de l'AP par le Conseil législatif palestinien. Y. Arafat paraphe le texte le 18. M. Abbas est nommé Premier ministre.
– *14 mars 2003 :* Bush affirme son attachement à la feuille de route et promet de se consacrer au conflit dès la mise en place d'un nouveau gouvernement palestinien.
– *30 avril 2003 :* Présentation de la feuille de route à A. Sharon et à M. Abbas. L'AP accepte de la mettre en œuvre, et Sharon s'y rallie le 25 mai. Les deux chefs de gouvernement se rencontrent pour la première fois les 17 et 18 mai à Jérusalem.
– *4 mai 2003 :* Démission d'A. Mitzna (ex-maire d'Haïfa) de la direction du PTI.
– *3 juin 2003 :* Sommet réunissant les dirigeants des États arabes et G. W. Bush. Les États arabes acceptent la feuille de route ; les États-Unis s'engagent à la faire appliquer.
– *4 juin 2003 :* Sommet réunissant les États-Unis, Israël et l'AP à Aqaba, en Jordanie. Lancement officiel du plan international de paix au Proche-Orient.
– *5-13 juin 2003 :* Jugeant M. Abbas incapable de mettre fin au terrorisme, Tel-Aviv s'attaque aux activistes du Hamas et à l'un de ses dirigeants, A. Al-Rantissi (le 10), puis aux Brigades Ezzedine Al-Qassam.
– *29 juin 2003 :* Proclamation officielle par le Hamas et le Djihad islamique d'une trêve de 3 mois.
– *30 juin 2003 :* L'armée israélienne se retire de certaines localités de la bande de Gaza. Elle évacue Bethléem le 2 juillet, laissant les forces de sécurité palestiniennes y assurer la sécurité.
– *7 juillet 2003 :* Attentat suicide au nord-est de Tel-Aviv (le premier depuis le 19 juin), revendiqué par un groupe local du Djihad islamique ; il met le processus en péril. Rencontres à Jérusalem des ministres israélien et palestinien de la Justice, du ministre palestinien de l'Information et du chef de la diplomatie israélienne dans le cadre de la Commission conjointe contre les incitations à la haine et à la violence créée une semaine plus tôt.
– *10 juillet 2003 :* Rencontre du ministre palestinien délégué à la Sécurité et du ministre israélien de la Défense. Ils évoquent la question des prisonniers ; les Israéliens proposent une liste de 350 prisonniers (sur 6 000) n'incluant aucun membre du Hamas ni du Djihad islamique. Les Palestiniens demandent 3 000 libérations ; le Hamas et le Djihad islamique menacent de rompre la trêve. A. Sharon déclare : « La victoire, ce sera la paix. »

guerre contre l'Irak. La victoire de la coalition anglo-américaine constitue, en effet, à moyen terme, un triple gain stratégique pour l'État hébreu : elle fait disparaître un État « perturbateur » qui avait déstabilisé la région à plusieurs reprises et se voulait un ennemi déclaré d'Israël ; elle exerce un effet dissuasif sur les autres États « contestataires » de la région (Syrie, Iran) qui se trouveront sur la défensive et éviteront toute provocation envers Israël ; et elle peut avoir des répercussions pacificatrices sur le conflit israélo-arabe en dévaluant les forces extrémistes et en laissant le champ libre aux éléments modérés. La modification du contexte géopolitique a, en tout cas, convaincu Sharon qu'Israël pouvait faire preuve d'une certaine « souplesse » diplomatique en approuvant la « feuille de route » du Quartet (États-Unis, Union européenne, Russie, ONU), qui prévoit l'établissement d'un État palestinien d'ici 2005.

À l'évidence, cette acceptation ne préjuge nullement de la fin du « processus de guerre » israélo-palestinien ou de la reprise de négociations dignes de ce nom. Les réserves israéliennes sur la feuille de route sont nombreuses : elles portent à la fois sur le cadre juridique, le mécanisme de surveillance et, surtout, la méthode – Israël privilégiant une approche séquentielle, et non parallèle, de façon à faire dépendre toute avancée israélienne d'une cessation préalable de la violence de la part des Palestiniens. Par ailleurs, il faudra compter avec des oppositions internes très fortes, qu'elles émanent du lobby des colons ou des membres de la coalition gouvernementale elle-même. Quant à Sharon, même s'il a employé un ton inhabituel en disant qu'il fallait mettre fin à « l'occupation de 3,5 millions de Palestiniens », il reste à voir s'il est décidé à honorer sa part du contrat en évacuant toutes les colonies sauvages et, surtout, en gelant la croissance des autres. Enfin, l'avenir de la *road map*, première véritable ouverture diplomatique depuis le retour de la violence, dépendra aussi beaucoup de la détermination américaine à aller de l'avant.

Or la position des États-Unis est ambivalente. D'un côté, soucieux de légitimer, autour d'eux, le nouvel ordre régional, ils ont intérêt à stabiliser le front israélo-palestinien, ce qui requiert inévitablement des concessions de la part des deux parties. De l'autre, la grande proximité idéologique et stratégique entre les droites conservatrices israélienne et américaine risque de rendre difficile la mise en œuvre de pressions sur l'État hébreu pour qu'il cesse d'encourager la colonisation. En fonction du choix final de l'Administration Bush, il apparaîtra vite si la feuille de route donne un élan décisif au processus de négociation ou si elle reste lettre morte, comme d'autres initiatives avant elle.

A. D.

Pour en savoir plus

Dieckhoff, D. (2003), « Israël-Palestine : du processus de paix au processus de guerre (1991-2003) », *Questions internationales*, n° 1, mai-juin, p. 24-34.

Dieckhoff, D. et R. Leveau (dir.) (2003) : *Israéliens et Palestiniens. La guerre en partage*, Paris, Balland.

Louër, L. (2003), *Les Citoyens arabes d'Israël*, Paris, Balland.

Sites Internet

Amnesty International :
<web.amnesty.org/library/fra-isr/index>.
Journal *Haaretz* : <www.haaretzdaily.com>.
Département d'État américain :
<usinfo.state.gov/francais/procheorient/homepage.htm>.
Gouvernement israélien :
<www.info.gov.il/eng/mainpage.asp>.
Ministère français des Affaires étrangères :
<www.diplomatie.gouv.fr/actu>.
Ministère israélien de la Défense :
<www.idf.il/newsite/french/main.stm>.
Sur les relations israélo-irakiennes :
<www.idf.il/iraq/french/info.stm>.

Italie

Un climat tendu

Depuis le retour au pouvoir de Silvio Berlusconi en 2001, l'Italie se retrouve dans une situation paradoxale. D'un côté, grâce à son nouveau système électoral qui a donné à la Maison des libertés, sortie vainqueur des élections, une large majorité parlementaire, elle jouit d'une réelle stabilité politique : les fameuses crises gouvernementales, si caractéristiques de la Première république, ont disparu. De l'autre, la péninsule est encore la proie de fièvres politiques intenses, qui suscitent la perplexité de l'étranger, cependant que la situation économique (une croissance quasi nulle, un fort taux de chômage et une dette publique en légère augmentation) alimente de fortes inquiétudes sociales.

Un nouveau César ? Berlusconi est une personnalité qui ne cesse d'intriguer. Il oscille entre la recherche permanente de normalisation, afin de convaincre qu'il est un responsable modéré du centre droit, et la tentation récurrente d'en découdre avec ses adversaires. Tout au long de l'année, il s'en est pris, sur un mode de plus en plus virulent, à tous ceux qui ont le malheur de lui déplaire : les communistes, quand bien même ils n'existent presque plus ; les magistrats qui, selon ses dires, le persécutent ; et les journalistes de la presse écrite et de l'audiovisuel, accusés de le dénigrer. En outre, le gouvernement a agi en conformité avec les déclarations, souvent fracassantes, de son chef. Il a ainsi fait adopter une loi sur le « soupçon légitime », qui autorise le transfert d'un procès devant un autre tribunal si l'accusé émet des doutes sur l'impartialité de ses juges. Et il tente de placer sous le contrôle plus ou moins direct de la majorité la radio et la télévision publiques italiennes (RAI).

La radicalisation continue de Berlusconi repose, de son point de vue, sur des fondements objectifs : *Il Cavaliere* est, en effet, durement critiqué par l'opposition et poursuivi avec opiniâtreté par la justice pour des affaires antérieures à sa nomination à la présidence du Conseil et liées à ses activités de chef d'entreprise ; enfin, il n'est guère épargné par certains médias qui ne lui pardonnent rien. Son durcissement continu fait désormais partie d'un style politique et personnel : il constitue une façon de s'adresser directement à l'opinion comme s'il était en permanence en campagne électorale. Cette posture a l'avantage de souder derrière lui sa majorité, très hétérogène, dont les différentes composantes sont obligées de le défendre et de refouler leurs divisions, car aucune d'entre elles n'a d'alternative à son leadership. Elle lui permet également de paraître toujours sur la brèche, et décidé à imposer des changements à la hussarde.

Mais cette méthode a aussi des inconvénients. À l'intérieur de sa propre majorité, voire dans son entourage, nombre de centristes et de modérés s'alarment du climat politique qui règne dans le pays : ils déplorent l'habitude prise par Berlusconi de lancer à la volée des idées sur des sujets essentiels, comme, par exemple, la réforme des institutions, de la justice ou des retraites, sans assurer un suivi véritable de ces chantiers. Le président de la République, Carlo Azeglio Ciampi, ne cesse d'intervenir pour réclamer plus de sérénité et d'en appeler au respect de la Constitution et des décisions de justice. Enfin, l'opinion est déboussolée. Elle a le sentiment que Berlusconi cherche avant tout à satisfaire ses intérêts personnels au lieu de s'attaquer aux questions épineuses, notamment le chômage. Elle s'étonne de l'adoption d'une loi sur l'immunité des plus hauts responsables de l'État qui, certes, peut sauver Berlusconi des poursuites judiciaires au moment où il préside l'Union européenne (UE), mais renforcera sans aucun doute la vieille méfiance si répandue dans la péninsule à l'égard des hommes politiques. Néanmoins, si les Italiens expriment de la perplexité face à Berlusconi, et qu'une forme de déception se manifeste, ils sont loin de le rejeter complètement. Entre autres parce que, pour le moment, l'opposition est incapable de bâtir une alternative crédible.

Une opposition en miettes. L'opposition de centre gauche n'a toujours pas tiré les leçons de sa défaite de 2001. Elle n'a pas réussi à élaborer une stratégie de reconquête du pouvoir ni à trouver un chef capable de la rassembler, certains soutenant l'ancien responsable syndical de la Confédération générale italienne du travail (CGIL), Sergio Cofferati, qui se prétend réformiste radical, d'autres pariant sur le retour du président de la Commission européenne, Romano Prodi. En fait, l'Olivier est profondément divisé entre ses composantes modérées et radicales : lignes de fracture qui traversent directement le principal parti de gauche, les Démocrates de gauche (DS), issu de l'ancien Parti communiste italien, écartelé entre trois courants, de gauche, de droite et du centre. Il est vrai qu'à l'occasion des dernières élections locales, en 2002 et 2003, l'Olivier a pu conclure des accords avec le Parti de la refondation communiste qui lui ont permis de reconquérir du terrain. Mais la coalition se déchire sur presque tous les sujets d'importance : relations sociales, économie, politique étrangère, etc.

L'impuissance de l'opposition parlementaire a permis l'essor d'importantes mobilisations, hors de ses rangs, contre le gouvernement, mais également contre l'Olivier qui, en retour, tente, avec plus ou moins de bonheur, de les chapeauter. Mobilisation des intellectuels, qui dénoncent ce qu'ils appellent la politique « liberticide » de Berlusconi et défendent avec détermination magistrats et libertés. Mobilisation sociale, notamment de la principale confédération, la CGIL, qui n'a pas hésité, en octobre 2002, à se lancer seule dans une grève générale, brisant ainsi l'unité syndicale. Mobilisation pacifiste, enfin, venue de la gauche et du monde catholique, qui a déferlé dans les rues italiennes au moment de la crise irakienne.

L'Italie, l'Europe et le monde. Berlusconi a cumulé, de janvier 2002 à novembre 2002, les postes de président du Conseil et de ministre des Affaires étrangères. Il a déployé une activité fébrile, mais pas toujours claire, et continue de suivre de près la diplomatie. Il a surpris ses partenaires européens en défendant de façon ferme ce qu'il considère être les intérêts nationaux de son pays. Il les a secoués par des déclarations fracassantes sur le devenir de l'Europe, comme lors du sommet d'Athènes (avril 2003), où il a proposé de mettre fin à la Commission et d'élargir très vite l'UE à la Russie et à Israël.

Faits et dates

– *11 juillet 2002 :* Approbation de la loi Bossi-Fini sur l'immigration.
– *14 septembre 2002 :* Puissante manifestation à Rome contre le gouvernement, organisée par des associations et des collectifs d'intellectuels (qui critiquent aussi l'opposition de centre gauche).
– *20 septembre 2002 :* G. Epifani succède à S. Cofferati à la tête de la CGIL.
– *18 octobre 2002 :* Grève générale organisée par la CGIL.
– *5 novembre 2002 :* Approbation de la loi Cirami sur le « légitime soupçon », qui autorise le transfert d'un procès vers une autre ville en cas de soupçon sur l'impartialité des juges.
– *9 novembre 2002 :* Fin du Forum social européen de Florence (de 450 000 à 1 million de personnes).
– *14 novembre 2002 :* S. Berlusconi cède le poste de ministre des Affaires étrangères à F. Frattini, ministre de la Fonction publique.
– *20 novembre 2002 :* Démissions et crise à la direction de la RAI, qui ne sera résolue qu'en mars 2003.
– *4 décembre 2002 :* Les syndicats rompent les négociations chez Fiat, en pleine crise.
– *6 décembre 2002 :* Congrès constitutif de l'Union des chrétiens démocrates (UDC), parti né du regroupement des différentes formations démocrates chrétiennes alliées de S. Berlusconi.
– *7 février 2003 :* L'Italie, avec le Royaume-Uni, l'Espagne et 5 autres pays européens, déclarent soutenir les États-Unis dans la crise irakienne.
– *22 février 2003 :* Près de 2 millions d'Italiens manifestent pour la paix.
– *29 avril 2003 :* C. Previti, avocat et ami de S. Berlusconi, est condamné à 11 ans de prison dans le procès IMI-Sir et Lodo Mondadori à Milan.
– *5 mai 2003 :* S. Berlusconi dépose devant les juges au procès SME. Il attaque la magistrature et R. Prodi.
– *18 juin 2003 :* Adoption d'une loi sur l'immunité des 5 plus hautes charges de l'État, dont la présidence du Conseil.

Mais, surtout, la crise irakienne a vu l'Italie adopter une position très atlantiste. Aux côtés de Tony Blair et de José Maria Aznar, Berlusconi a apporté son soutien aux États-Unis, tout en se livrant à d'étranges contorsions pour ne pas froisser le Vatican et une opinion italienne chauffée à blanc sur ce sujet : l'Italie a donc soutenu la guerre, mais sans envoyer de soldats, tout en permettant l'usage de ses bases à l'aviation américaine. Cette crise a révélé l'ampleur du différend avec la France. À plusieurs reprises, Silvio Berlusconi, Jacques Chirac et Dominique de Villepin se sont publiquement opposés. En mars 2003, le premier a parlé d'« erreur » de la France et critiqué la menace brandie par Paris de l'usage du droit de veto à l'ONU, qualifiant ce droit d'« institution obsolète, résidu d'une importance historique très éloignée dans le temps ». Ces tensions ont conduit l'ambassadeur de France à Rome à donner, le 24 mars, un entretien très ferme, aux termes peu diplomatiques, dans le *Corriere della Sera.*

Rome semble assez remontée contre Paris, à la fois pour des raisons politiques – l'Élysée et le Quai d'Orsay sont accusés d'ignorer l'Italie – et pour des motifs idéologiques –, la France étant érigée comme l'exemple de ce qu'il ne faut pas faire, en particulier à cause du poids de l'État. Le gouvernement est, de surcroît, divisé sur l'Europe et, au total, moins pro-européen que de coutume. Ce changement notable inquiète aussi bien le président de la République que les milieux d'affaires, l'opposition et de nombreuses forces sociales. Il se double d'un flou artistique sur le futur de l'UE. L'Italie, pays fondateur de la Communauté européenne, et qui a longtemps été l'un de ses moteurs, navigue désormais à vue. Néanmoins, les Italiens, dans leur majorité, restent des supporters de l'UE. En conséquence, le gouvernement sait qu'il doit être à la hauteur des attentes de ses concitoyens et qu'il sera jugé par ses partenaires européens sur la façon dont sera assurée la présidence de l'UE.

À lire certains commentateurs, l'Italie est de nouveau un pays étrange, anormal, voire peu fiable. Or, c'est souvent dans les moments difficiles et tendus qu'elle se révèle capable de relever les défis les plus ardus.

M. L.

Pour en savoir plus

Candiard, A. (2003), *L'Anomalie Berlusconi*, Paris, Flammarion.

Ginsborg, P. (2003), *Berlusconi,* Turin, Eimandi.

Jozsef, E. (2001), *Main basse sur l'Italie : la résistible ascension de Silvio Berlusconi*, Paris, Grasset.

Politica in Italia (2003), Bologne, Il Mulino.

Pouvoirs (2002), « L'Italie », n° 103.

Tuccari, F. (De) (dir.) (2002), *Il Governo Berlusconi : le parole, i fatti, i rischi,* Rome, La Terza.

Sites Internet

Sites officiels

Présidence du Conseil italien : <www.palazzochigi.it>.

Présentation des chambres italiennes : <www.camera.it>.

Revue de presse de la présidence du Conseil : <www.rassegna.governo.it>.

Sites d'information et de travail

Institut Cattaneo de Bologne : <www.cattaneo.org>.

<www.politicalresources.net/italy1.htm>.

Presse

Corriere della Sera : <www.corriere.it>.

La Repubblica : <www.repubblica.it>.

La Stampa : <www.stampa.it>.

Japon

Crises et réformes

L'année fiscale 2002 (1er avril 2002-31 mars 2003) a été marquée par une reprise conjoncturelle assez inattendue (croissance du produit intérieur brut [PIB] réel de l'ordre de 1,6 %), dépassant même les prévisions gouvernementales (+ 0,9 %). Toutefois, la base très étroite de cette reprise – fondée sur la vigoureuse embellie des exportations, la correction des stocks et le maintien de la consommation des ménages au détriment de leur épargne – semble déjà s'éroder. Les perspectives de croissance pour 2003 et 2004 sont assombries par les incertitudes de la demande internationale et interne. En dépit de la volonté réformatrice affichée par l'équipe au pouvoir, les problèmes structurels de déflation et de fragilité du système bancaire persistent, aggravant le sentiment d'insécurité des consommateurs, particulièrement inquiets des évolutions du marché du travail.

Une reprise fragile, remise en question en 2003. Après trois trimestres de progression à un rythme annualisé de plus de 3 %, la croissance japonaise a marqué une pause à partir du premier trimestre 2003. La fragilité de la reprise de 2002 est liée à des facteurs externes et internes. En effet, son élément le plus dynamique a reposé sur la vigueur des exportations à destination des États-Unis (automobiles) et de l'Asie (machines, électronique). L'Europe a également fourni un appoint de débouchés. En Asie, l'intensification des échanges avec la Chine a constitué le phénomène le plus marquant de l'année. Depuis le début 2003, la guerre contre l'Irak, l'épidémie de SRAS en Asie ainsi que le ralentissement des économies américaine et européennes ont freiné les exportations (l'Amérique du Nord absorbe 35 % des exportations japonaises, l'Asie 45 % et l'Europe 16 %), dont les perspectives restent moroses. Le moteur externe de la croissance sera d'autant plus faible que les flux d'importations progressent, notamment sous l'effet de l'accélération du processus de délocalisation initié par les entreprises de l'archipel depuis 1991 (le montant des réimportations du Japon à partir des filiales implantées en Asie a augmenté de plus de 40 % entre 1996 et 2000).

En interne, malgré une baisse des revenus de 2,1 % en 2002, la consommation a progressé grâce à des ponctions sur l'épargne. Cette attitude, contraire au comportement traditionnel des Japonais, pourrait s'infléchir en 2003 sous l'influence de la réduction des remboursements de sécurité sociale (branche maladie), des perspectives défavorables des évolutions salariales, de l'anticipation de la baisse des prestations retraites et, surtout, de la faiblesse du marché du travail. Sans une consommation forte (55 % du PIB environ), l'expansion économique ne peut être que modérée. Les espoirs se réduisent à un regain de dynamisme de l'investissement des entreprises (environ 15 % du PIB). Mais, si les enquêtes *Tankan* (enquêtes trimestrielles sur le climat des affaires) de la Banque du Japon laissent augurer une reprise de l'investissement en milieu d'année, celle-ci risque de se limiter au renouvellement des équipements obsolètes, compte tenu du haut ratio capital/travail. Même dans l'hypothèse d'une reprise de l'investissement, celle-ci s'effectuera au détriment du facteur travail (compression des salaires, baisse des effectifs) afin de préserver des marges de profit dans un contexte déflationniste.

Les bouleversements du marché du travail. Pays du quasi-plein-emploi jusqu'au début des années 1990, le Japon a vu son taux de chômage passer de 2,1 % en 1991 à 5,4 % en 2002. La stagnation économique, les restructurations industrielles liées au renforcement de la concurrence extérieure et aux innovations technologiques, l'évolution des pratiques d'emploi et le changement de comportement des jeunes face au travail ont joué un rôle-clef dans les récentes évolutions du marché du travail.

Au cours des 10 dernières années, la tertiarisation de l'économie, enclenchée dès les années 1970, s'est poursuivie. Entre 1990 et 2000, la part des salariés du secteur tertiaire est passée de 59 à 63,7 % de l'emploi total, et celle des salariés du secondaire, de 33,3 à 30,7 %. Le « cœur manufacturier », qui avait été à l'origine de la construction de la puissance économique japonaise, particulièrement touché, a même enregistré une diminution de ses effectifs à partir de 1993. En effet, les problèmes de compétitivité, liés à un yen fort, à des niveaux de salaires élevés et à l'apparition de sureffectifs et de surcapacités, ont accéléré les mouvements de délocalisation. La part des produits manufacturés fabriqués à l'étranger a plus que doublé entre 1991 et 2001 (environ 14 % en 2001), atteignant le taux de 31 % pour les équipements de transport et de 22 % pour les machines électriques et électroniques, deux secteurs qui étaient le fer de lance des exportations. Par ailleurs, la diffusion des technologies de l'information a accru la demande de techniciens spécialisés au détriment des salariés généralistes. Il en a résulté de profonds mouvements de restructuration et des modifications du système de gestion du personnel.

De fait, dans un premier temps, les années 1990 ont été marquées par le gel de l'embauche des jeunes, car les entreprises étaient fidèles au principe de l'emploi à vie et cherchaient à maintenir les effectifs en place en abaissant heures supplémentaires et bonus. La crise perdurant, elles ont procédé à des déplacements d'employés vers des filiales à l'étranger, avant de se tourner, la déréglementation aidant, vers un recours plus massif aux travailleurs non réguliers. Les principes d'emploi à vie et de salaire à l'ancienneté ont été remis en cause. Il en a résulté une montée des emplois à temps partiel (19,2 % des salariés en 1990, 24,9 % en 2001), du travail temporaire et des déplacements de salariés vers les filiales, souvent accompagnée d'une baisse des rémunérations et de la pratique de la retraite anticipée. Les firmes les plus faibles furent acculées soit au licenciement, soit à la faillite, ainsi qu'en témoigne le chiffre record de près de 20 000 faillites en 2002.

Mais, plus préoccupant encore pour le moyen terme, le taux de fermeture des PME s'est accéléré (3,2 % par an entre 1991 et 1995, 5,6 % entre 1996 et 1999), tandis que le taux de création était nettement insuffisant pour renouveler le tissu productif (respectivement 2,7 et 3,5 % par an). Ce phénomène touche particulièrement l'emploi des personnes de plus de 60 ans, puisque en 1997, 67 % des « 60-64 ans » et 75 % des « plus de 65 ans » travaillaient dans des PME. Les conséquences en seront d'autant plus graves pour la consommation que le versement des pensions de retraite des salariés est progressivement repoussé de 60 à 65 ans. De ces bouleversements résultent deux pics de chômage à environ 10 % pour les hommes de « 15 à 24 ans » et de « 60 à 64 ans », les femmes – qui acceptent des tâches à temps partiel mal rémunérées ou choisissent de se retirer du marché du travail – étant moins touchées.

Cela dit, le chômage des jeunes reflète non seulement leurs difficultés à trouver un emploi, mais aussi des comportements nouveaux face au travail. Si leurs aînés s'inscrivaient dans une relation de loyauté et de fidélité vis-à-vis de l'employeur, les jeunes n'hésitent plus désormais à en changer fréquemment. Leur réaction pragmatique face à la montée de la précarité (recours accru aux travailleurs non réguliers et baisse marquée de la part des firmes favorables au maintien du système de l'emploi à vie, qui est passé de 27,1 à 9,9 % entre 1990 et 1999) se double d'un désir d'occuper une fonction correspondant à leurs aspirations, ce qui occasionne de fréquents changements d'emploi (en 2001, plus de 50 % des moins de 30 ans ayant quitté leur emploi l'ont fait pour des raisons personnelles). Le désir de préserver du temps libre est également puissant ainsi qu'en témoigne le phénomène des « freeters » (de l'anglais « free » et de l'allemand « arbeiter »). Cette catégorie socio-économique regroupe les jeunes célibataires de 15 à 34 ans qui occupent de petits emplois à temps partiel, même si parfois cette situation est plus subie que voulue. Au printemps 2000, 9 % des jeunes diplômés ont rejoint ses rangs.

De façon générale, l'insécurité grandissante face aux restructurations et à l'instabilité de l'emploi (moins de 50 % des chômeurs bénéficient d'indemnités), inscrite de surcroît dans un contexte de vieillissement accéléré, devrait freiner les dépenses de consommation au profit d'une épargne de précaution qui sera d'autant plus abondante que sa rémunération est faible (taux d'intérêt proches de zéro, bourse ayant perdu plus de 75 % de sa valeur depuis fin 1989) et que les prix de l'immobilier continuent de s'effondrer (perte de valeur de 80 % depuis 1991). En dépit des difficultés économiques engendrées par les restructurations, le gouvernement japonais continue de faire avancer les réformes.

La poursuite des réformes. En 2001, Junichiro Koizumi est devenu Premier ministre avec un ambitieux programme de réformes structurelles dans trois grands domaines : des créances douteuses du système bancaire, la revitalisation du secteur privé et la consolidation des finances publiques à moyen terme. Un bilan de l'avancement des réformes fait apparaître qu'un nombre important de lois ont été votées, aussi bien au niveau de la transparence de la

Faits et dates

– *24 juillet 2002 :* Loi créant une société postale publique et fixant les conditions d'entrée des opérateurs privés dans les services de distribution du courrier.
– *30 septembre 2002 :* H. Takenaka, ministre de la Politique économique et budgétaire, est nommé à la tête de l'Agence des services financiers.
– *30 octobre 2002 :* Plan « anti-déflation de revitalisation économique et de résolution des créances douteuses ». Taux de chômage record de 5,5 % (le plus mauvais chiffre depuis 50 ans).
– *8 novembre 2002 :* Privatisation des entreprises publiques de construction d'autoroutes.
– *30 décembre 2002 :* Clôture de la bourse à son plus bas niveau depuis 1982 (8 578,95 yens, –20 % en 1 an). Nombre record de faillites d'entreprises en 2002 (19 458), le plus mauvais chiffre depuis 1984.
– *25 février 2003 :* Nomination d'un conservateur (T. Fukui) à la tête de la Banque du Japon.
– *31 mars 2003 :* Évolution des salaires, –2,1 % en 2002 (année fiscale). C'est la baisse la plus forte depuis 11 ans.
– *20 mai 2003 :* Nouveau desserrement de la politique monétaire, faisant suite à celui du 30 avril.
– *21 mai 2003 :* La gouvernement nationalise la banque Resona, 5e grande banque japonaise.

gestion des entreprises (règles comptables, audits externes, surveillance plus stricte de la gestion bancaire, etc.), que de la réorganisation des sociétés publiques (nouvelle loi sur le secteur postal, privatisation de sociétés publiques d'autoroutes, suppression de la société publique de prêts au logement), et de la revitalisation du secteur privé (déréglementations dans de nombreux domaines d'activité, développement du recrutement externe).

Afin d'endiguer le déséquilibre des finances publiques, les dépenses budgétaires ont été limitées (orientation neutre du budget en 2002), et des économies seront réalisées grâce à la réforme de l'assurance maladie (baisse des rémunérations versées aux prestataires et mise en concurrence de ces derniers). L'important volet de la réforme fiscale, notamment l'élargissement de la base fiscale, a pris du retard dans le contexte déflationniste actuel. Mais, bien que la mise en place des réformes structurelles soit ralentie par les groupes de pression concernés (notamment dans les secteurs du BTP et de l'agriculture), leur progression, indéniable, s'observe à travers la multiplication des opérations de fusion et acquisition intergroupes, ainsi que dans les évolutions de la gestion et de la gouvernance des firmes.

La lutte contre la déflation (supérieure à 1 % depuis 2000) et l'assainissement du secteur bancaire (40,1 trillions de yens de créances douteuses en septembre 2002) pour assainir le canal du crédit, constituent des axes prioritaires pour le Premier ministre, qui doit affronter, le 30 septembre, dans un contexte difficile, les élections à la présidence du Parti libéral démocrate (PLD). La lenteur de l'application des réformes ne lui sera sans doute pas reprochée par l'aile conservatrice du PLD, et Koizumi pourra, à sa décharge, arguer du fait que la déflation n'est plus une spécificité japonaise. Les deux prix Nobel obtenus par le Japon en 2002 (en physique et en chimie) viendront également conforter une politique publique et privée dynamique dans le domaine de la recherche. Il n'en reste pas moins que les réformes engagées vont se traduire par une période de faible croissance et de montée du chômage. Si bien que la stabilisation économique repose en grande partie sur le dynamisme de l'Asie et des États-Unis, éléments sur lesquels aucun leader japonais ne peut agir.

E. D.-F.

Pour en savoir plus

Dourille-Feer, É. (2002), « Les défis de l'emploi des travailleurs âgés au Japon », dossier « Gestion des âges et fin d'activité », *Retraite et Société*, n° 37, octobre.
Ministry of Health, Labour and Welfare (2002), *White Paper on Labour 2002*, Tokyo, Japan Institute of Labour.
OCDE (2002), « Japon », *Études économiques de l'OCDE*, Paris, vol. 2002, sup. n° 2, janvier.
Yoshikawa H. (2001), *Japan's Lost Decade*, Tokyo, LTCB International Library.

Sites Internet

Banque du Japon : <www.boj.or.jp/en>.
Institut japonais du travail : <www.jil.go.jp/index-e.htm>.
Bureau des statistiques : <www.stat.go.jp/english>.

Lutte antiterroriste
Renfort et coopération

Depuis les attentats de septembre 2001, nombre de forums internationaux s'inscrivent dans une lutte antiterroriste qui se veut cohérente. Face à cette menace diffuse, les pays occidentaux souhaitent apporter une réponse globale, orchestrée dans un cadre international et légal.

Un cadre élargi : G8, OTAN, ONU, OSCE, UE. Depuis le 11 septembre, la lutte contre le terrorisme international est devenue, notamment grâce à la France, un domaine d'action prioritaire pour l'Organisation des Nations unies (ONU). La résolution 1368 dispose ainsi que « tout acte de terrorisme international constitue une menace à la paix et à la sécurité internationale ». La France a donné de multiples impulsions dans le cadre de la Convention sur la lutte contre le financement du terrorisme. La résolution 1375 demande aux États de coopérer par tout moyen pour tarir les ressources du terrorisme. Le Comité contre-terroriste, rattaché au Conseil de sécurité, est la structure compétente en la matière. Un groupe de réflexion sur les implications du terrorisme pour les politiques de l'ONU a été institué en octobre 2001.

L'action menée dans le cadre de l'ONU est favorisée par le G8 « contre-terrorisme », qui comprend le groupe de Rome (terrorisme) et le groupe de Lyon (criminalité organisée). Le G8 donne une impulsion majeure dans ce domaine. Les ministres de l'Intérieur, de la Justice, de la Défense et des Finances, sous l'égide des Affaires étrangères, sont associés à de nombreux sommets. Des réunions de praticiens et de techniciens sont organisées, comme à Paris en février et avril 2003. L'échange d'informations entre les services de renseignements (policiers, militaires et services secrets) est l'une des questions importantes qui y sont abordées. Les États-Unis plaident, depuis 2001, pour une collaboration effective entre les services de sécurité européens et leurs propres agences nationales. Lors du sommet de Florence, un texte d'inspiration française a été adopté par l'assemblée plénière du G8, en coordination avec le Groupe d'action financière sur le blanchiment des capitaux (GAFI), pour lutter contre le financement du terrorisme. Enfin, un Groupe d'action contre-terroriste a été créé au sommet d'Évian. Il est chargé d'appuyer le Comité contre-terroriste de l'ONU dans la coordination et la diffusion de l'assistance technique aux pays voulant renforcer leur dispositif.

La réunion du comité militaire de l'Organisation du traité de l'Atlantique Nord (OTAN), le 20 septembre 2001, a permis d'établir, au sein de son état-major, une cellule de réflexion sur la menace terroriste. Elle a mis au point différentes postures, notamment défensives, face aux attaques potentielles. Une démarche identique a été entreprise au sein du SHAPE (Supreme Headquarters Allied Powers Europe). Sur la base d'une proposition des États-Unis, « le concept militaire de l'OTAN dans la lutte contre le terrorisme » a été adopté début 2003 afin de mettre en œuvre une approche et une riposte globale de l'Alliance face à la menace. L'OTAN peut constituer un outil de riposte pertinent principalement dans la première phase d'un conflit visant à renverser un régime soutenant des terroristes. En revanche, dans une seconde phase, la réponse doit s'appuyer sur la recherche du renseignement et les outils policier et judiciaires.

À l'échelle européenne, plusieurs organismes et groupes de travail sont en charge de la lutte. On peut mentionner Europol, le système d'information Schengen et du groupe de protection civile, et le Groupe de travail sur le terrorisme du 3e pilier (coopération policière et judiciaire en matière pénale). En 2002, deux décisions-cadres ont été adoptées : le mandat d'arrêt européen et le projet de définition commune de l'incrimination pour terrorisme et de ses sanctions. Depuis le 1er novembre 2001, une *task force* des directeurs de police (collaboration entre les autorités de police des membres de l'Union européenne [UE] ; la France y est représentée par le directeur général de la police nationale et celui de la gendarmerie nationale) prend des mesures pour améliorer la coopération opérationnelle, les contrôles aux frontières de l'UE et la sécurité des transports aériens, et définir les missions de l'équipe de spécialistes antiterroristes d'Europol.

Un groupe *ad hoc* « Terrorisme », rassemblant les responsables des services de renseignements antiterroristes policiers et les chefs des unités d'intervention antiterroristes, dont le GIGN (et associant des représentants de la Commission européenne, d'Europol et des services de sécurité américains), s'est réuni pour améliorer la coopération opérationnelle entre États membres (échanges d'informations) et renforcer la sûreté aérienne. Il a émis des recommandations à destination de la *task force* des directeurs de police.

Le renforcement d'Europol (qui fait partie du 3e pilier), qui comprenait déjà les équipes communes d'enquêtes, s'est caractérisé par la mise en place d'un organisme policier dédié à la lutte antiterroriste. Europol joue un rôle important dans la coopération policière entre les États membres et les instances du Conseil européen, ainsi qu'avec les grands interlocuteurs internationaux. Un accord en matière d'échange d'informations a été conclu avec les États-Unis. Eurojust sera aussi appelé à jouer un rôle essentiel.

De son côté, l'UE développe, dans le cadre du 1er pilier, plusieurs actions visant au renforcement des mesures de sûreté dans le transport aérien, à l'amélioration des mesures opérationnelles pour la protection civile et à la prévention du terrorisme. Dès le 6 novembre 2001, le Comité politique et de sécurité a donné des orientations qui permettent de mieux lutter contre le terrorisme NRBC (nucléaire, radiologique, biologique et chimique), comprenant un volet préventif (alerte et stockage) et un volet gestion de crise sur fond de mécanisme européen. Enfin, en commençant par la France, en juin 2003, l'UE va expertiser l'ensemble des systèmes antiterroristes de ses membres. Dans ce domaine, la France dispose d'un système expérimenté, centralisé et efficace, qui peut faire école.

Un système français renforcé. Le Conseil de la sécurité intérieure (CSI), placé auprès du président de la République depuis le 15 mai 2002, est chargé de coordonner la politique de sécurité. Il serait conduit, en cas d'événements terroristes sur le sol national, à conseiller le chef de l'État. En terme de planification antiterroriste, le Secrétariat général de la défense nationale (SGDN), placé auprès du Premier ministre, centralise et coordonne les moyens et les contributions des ministères pour élaborer des plans de prévention, de protection et d'intervention selon la nature des menaces. Ce rôle fédérateur s'est illustré dans la refonte du dispositif « Vigipirate ». En cas de circonstances graves, le Comité interministériel de lutte antiterroriste (CILAT) rassemble, sous l'égide du ministre de l'Intérieur, les principaux directeurs généraux d'administrations et des services centraux concernés. Dans le domaine du renseignement, l'Unité de coordination de la lutte antiterroriste (UCLAT) réunit des représentants des services compétents : la Division nationale antiterroriste (DNAT), la Direction générale de la sécurité extérieure (DGSE), la Direction de la surveillance du territoire (DST), la Direction centrale des renseignements généraux (DCRG), la Direction générale de la gendarmerie nationale (DGGN), la Direction centrale de la police judiciaire (DCPJ), la Préfecture de police de Paris, etc.

La loi de novembre 2001, dite « loi de sécurité quotidienne », a étendu les pouvoirs judiciaires : perquisitions, fouilles de véhicules, sécurité des aéroports, etc. Les lois d'orientation sur la sécurité intérieure (LOPSI), la loi pour la sécurité intérieure (LSI), à l'initiative du ministre de l'Intérieur, de la Sécurité intérieure et des Libertés locales, et la législation sur la criminalité organisée, mise en place sous l'impulsion du garde des Sceaux, renforcent l'appareil français.

Au plan judiciaire, la France a opté dès 1986 pour la centralisation des affaires les plus importantes à la section A6 du parquet de Paris. La centralisation des poursuites, de l'enquête et des jugements des actes de terrorisme constitue un atout. Le principe de liberté de saisine des magistrats antiterroristes, exclusivement compétents en cette matière, conduit à confier les enquêtes (terrorisme religieux, transnational ou indépendantiste) soit aux services de police, comme la Division nationale antiterroriste (DNAT), la section antiterroriste de la Brigade criminelle de la Préfecture de police de Paris ou la Direction de la surveillance du territoire (DST), soit à la gendarmerie nationale. L'action de cette dernière représente plus d'une centaine d'affaires par an.

La gendarmerie, compte tenu de son maillage territorial et de sa présence à l'étranger, constitue un service à part entière de la « communauté du renseignement ». Elle agit comme une « police immergée » grâce à ses « palpeurs » (en a témoigné l'arrestation de militants de l'ETA [Euskadi Ta Askartasuna, « Patrie basque et liberté »] à Talence, en septembre 2002). De même, la lutte contre l'insécurité routière permet la collecte du renseignement et est de nature à entraver la liberté d'action des terroristes. Les militaires de la gendarmerie, comme les fonctionnaires de la DST, ont une double habilitation : judiciaire et de défense.

Dans le domaine de la protection et aux cotés des autres services de l'État, la gendarmerie intervient sur des segments stratégiques : la sûreté aérienne (protection de la zone réservée des aéroports par la gendarmerie des transports aériens) et la sûreté nucléaire (protection des centrales nucléaires). En matière d'intervention contre-terroriste, la gendarmerie possède des outils hautement spécialisés comme le Groupement de sécurité et d'intervention de la gendarmerie nationale (GSIGN). Il comprend le Groupe d'intervention de la gendarmerie nationale (GIGN), qui lutte contre toutes les formes de terrorisme. En matière maritime, le GIGN intervient avec les commandos de la Marine nationale. Le GSIGN comprend aussi l'escadron parachutiste et d'intervention (EPIGN, pour la filature et l'observation des terroristes, la protection des personnalités et des emprises diplomatiques) et le Groupe de sécurité de la présidence de la République (GSPR) pour la sécurité immédiate du chef de l'État. La police et les services de l'État ont également nombre d'unités préparées à intervenir : Recherche assistance intervention dissuasion (RAID), forces spéciales, etc.

Les moyens à mettre en œuvre contre le terrorisme relèvent donc bien d'un traitement global et régalien, pouvant s'appuyer parfois sur un dispositif de puissance, mais reposant toujours sur les services de renseignements, policiers, financiers et judiciaires.

O. K.

Pour en savoir plus

Delpech, T. (2002), « Le terrorisme international et l'Europe », Paris, Institut d'étude et de sécurité de l'Union européenne, *Cahiers de Chaillot*, n° 56, décembre.

Heisbourg, F. (2002), *Hyperterrorisme. La nouvelle guerre*, Paris, Odile Jacob.

Kim, O. (2002), « Les menaces NRBC », *Revue de la gendarmerie*, n° 205.

Kim, O. (2001), *Terrorisme et contre-terrorisme aériens*, mémoire de DEA, École pratique des hautes études, sous la direction de H. Coutau Bégarie, juillet.

Faits et dates

– *4 juin 2002* : France. La gendarmerie interpelle 2 terroristes de l'ETA dans le cadre d'un contrôle routier.
– *29 août 2002* : Suède. Arrestation d'un citoyen suédois avant l'embarquement d'un vol Stockholm-Londres. Son intention était de provoquer l'écrasement de l'aéronef sur un bâtiment symbolique.
– *17 septembre 2002* : Angleterre, Manchester. Arrestation de terroristes détenteurs de ricine (1 policier tué).
– *4 novembre 2002* : Yémen. 6 individus suspectés d'appartenir à Al-Qaida sont tués par un drone américain.
– *25 novembre 2002* : France, Montfermeil. Arrestation de S. Khalfaoui, lié au groupe islamiste dit « de Francfort », qui avait planifié une attaque contre le marché de Noël à Strasbourg en 2000.

(Pour une chronologie des attentats, voir l'article « Terrorisme islamiste ».)

Maghreb

Vers un échec des transitions consensuelles ?

En 1999, l'avènement de Mohamed VI au Maroc et l'élection d'Abdelaziz Bouteflika en Algérie avaient suscité beaucoup d'espoir dans les deux pays. Les Algériens étaient réellement désireux de tourner la page des violences vécues 7 années durant. Au Maroc, les qualificatifs attribués au jeune roi correspondaient certainement aux attentes de la population : c'était le roi des pauvres et des diplômés au chômage, celui en qui l'on voyait le prolongement d'une dynastie débarrassée de ses excès d'autorité. Mohamed VI s'était même engagé à redéfinir la notion d'autorité en consolidant le projet hassanien d'alternance politique, c'est-à-dire une ouverture contrôlée et consensuelle, associant une partie de l'opposition au jeu politique.

Mais l'année 2003, plus encore que les précédentes, montre que les réformes annoncées ici et là n'ont pas vu le jour et que l'ouverture escomptée n'est pas réelle. Partout, dans la région, les classes dirigeantes perpétuent les méthodes anciennes, sans offrir de véritables projets de société aux attentes des citoyens.

Algérie : des emplois et des visas. En Algérie, alors que les caisses de l'État n'ont jamais été aussi pleines (22 milliards de dollars de réserves en décembre 2002), les réformes se font attendre dans un climat de crise sociale aiguë. La grève générale qui a débuté le 25 février à l'appel de l'Union générale des travailleurs algériens (UGTA) avait officiellement pour objectif de stopper un programme de privatisations considéré par beaucoup comme un moyen de « brader » l'industrie nationale. Cette grève a probablement constitué un exutoire pour tous les déçus de Bouteflika, et en particulier pour ceux qui vivent un chômage qui frappe plus de 30 % de la population active.

Y ont participé non seulement les travailleurs qui redoutent de subir une nouvelle saignée après les années d'ajustement structurel imposé par le Fonds monétaire international (FMI), mais aussi une grande partie des classes moyennes qui ne voient pas d'amélioration de leur vie au quotidien. Cette grève était donc un message adressé à un chef d'État plus soucieux de gagner la prochaine élection présidentielle que de fournir des réponses aux attentes des Algériens. Au sommet de l'État, les luttes d'influence se font plus acerbes à l'approche du scrutin. Et si le conflit opposant le président à son Premier ministre, Ali Benflis, qui fut limogé, avait été perçu comme un affrontement entre deux approches de la politique économique, il reflétait en réalité des rivalités de personnes dans la perspective de l'élection de 2004.

Par ailleurs, le cafouillage officiel au sujet des 31 touristes disparus dans le Sahara algérien en avril a également révélé des luttes d'influence au sein de la classe politique. Plusieurs hypothèses avaient été avancées pour désigner les ravisseurs : celle du banditisme, mais aussi celle du Groupe salafiste pour la prédication et le combat (GSPC). En outre, le ministre du Tourisme avait fait part de négociations entre le pouvoir et les ravisseurs, ce qui fut démenti par la suite. Il est probable, en effet, que les militaires aient mis en avant la piste des islamistes pour accélérer la fourniture d'armements, qui tardait à arriver, et pour montrer que, l'islamisme continuant de constituer une menace, leur rôle de rempart contre la violence conservait tout son sens.

Mais les Algériens n'accordent pas grand intérêt à ces manœuvres politiciennes, l'amélioration de leur niveau de vie restant prioritaire. C'est probablement ce qu'ils ont voulu exprimer massivement devant Jacques Chirac, lors de sa visite d'État en mars 2003, en réclamant dans les rues d'Alger et d'Oran que la France leur accorde des visas. Bien entendu, le moment était propice aussi bien à la popularité du président français qu'au désir de se rendre en France, puisque les Algériens étaient largement acquis aux positions françaises sur le dossier irakien. En demandant haut et fort des visas pour la France, les jeunes Algériens manifestaient leur attirance pour un pays dont ils regardent les programmes télévisés grâce aux paraboles. Ils exprimaient également leur mal de vivre dans un pays qui s'est douloureusement affranchi de la tutelle coloniale française, il y a plus de 40 ans. Quelle que soit la lecture que l'on a pu donner de cet épisode, il n'en reste pas moins qu'il s'agit d'un constat d'échec pour les différents gouvernements qui se sont succédé à Alger depuis une dizaine d'années.

Maroc : crise sociale et attentats. Au Maroc, les attentats du 16 mai ont révélé deux facteurs fondamentaux : d'une part, l'ampleur de la crise sociale et, d'autre part, un activisme religieux qui se structure et s'autonomise par rapport au Palais.

Dans la soirée du 16 mai, à Casablanca, 5 attentats-suicides simultanés font 43 morts en différents lieux de la capitale économique du pays et suscitent la consternation. Rapidement, la responsabilité de réseaux extérieurs est désignée, mais l'enquête va se concentrer sur Al-Sirat Al-Moustaquim (« Droit Chemin »), un petit groupe islamiste radical d'obédience wahhabite. La plupart des kamikazes sont originaires de Sidi Moumen, un bidonville de Casablanca. L'événement allait révéler l'existence de près de 350 bidonvilles dans cette seule ville, qui abrite la moitié de ceux du pays. Près d'un Casablancais sur 10 (soit près de 0,5 million) habite l'un de ces lieux caractérisés par leur insalubrité : les habitations y sont de simples blocs de ciment recouverts de tôle ondulée, l'approvisionnement en eau s'y fait dans les rares fontaines publiques et les branchements électriques y sont, en général, sauvages.

Cette réalité renvoie à une situation sociale très difficile. En termes de développement, parmi les 174 pays classés par les Nations unies, le Maroc occupe la 126e place et compte 40 % d'analphabètes. Plus globalement, 20 % des 30 millions de Marocains vivent avec moins de 1 dollar par jour. S'il est naturellement réducteur de voir dans cette réalité sociale l'explication des attentats du 16 mai, il n'en reste pas moins vrai que le terrorisme islamiste se nourrit du terreau de la pauvreté et de l'ignorance.

Peu de temps après les attentats, le monarque a annoncé la fin du laxisme et le renforcement de l'encadrement sécuritaire, tout en faisant voter une loi antiterroriste qui élargit considérablement la marge de manœuvre des forces de sécurité. Au sein de la société civile, nombre de Marocains manifestent leur inquiétude quant au déclin du processus de démocratisation engagé à la fin des années 1990. Bien avant les attentats, un conflit opposait déjà, dans les cercles de décision politiques, ceux qui, au nom de la démocratie, souhaitent intégrer les islamistes dans le jeu politique et ceux qui œuvrent à les marginaliser.

Quelques jours après les attentats, une manifestation fut organisée par différentes formations politiques pour dire « non » au terrorisme. Officiellement pour des raisons de sécurité, deux formations islamistes ont été empêchées de participer à la marche : le Parti de la justice et du développement (PJD), premier parti de l'opposition reconnue, avec 42 sièges au Parlement, et la formation soufie de Cheikh Abdesslam Yassine, Al-Adl Wal Ihsane (« Justice et bienfaisance »), qui opère dans la clandestinité et refuse de participer au jeu politique. Les membres de ces formations ont protesté contre les amalgames qui ont pu être faits entre leur formation et les groupes radicaux, avec lesquels ils affirment ne pas avoir de lien. En réalité, le champ religieux marocain est aujourd'hui très éclaté.

À côté de l'islam officiel représenté par le roi, qui est, en vertu de la Constitution, le commandeur des croyants, l'islam traditionnel est représenté par deux grandes formations, le PJD et Al-Adl Wal Ihsane. L'autre branche, plus récente, est très influencée par le wahhabisme saoudien. Traversée par divers courants, on désigne habituellement les groupes qui la composent de salafistes, dans certains cas rigoristes. Pour les adeptes de cette mouvance, qui n'a pas condamné les attentats du 11 septembre, les membres des deux premières formations de l'islam traditionnel sont des impies. Mais il existe, à côté de ces tendances, des groupuscules activistes qui versent dans la violence et dont l'action et les idées sont entourées d'opacité. Parmi eux figurent Atakfir wal Hijra (« Apostat et pélerinage ») et Al-Sirat Al-Moustaquim. C'est précisément dans ces formations que furent recrutés les terroristes du 16 mai.

Aujourd'hui, un débat oppose les partisans de la dissolution de toutes les formations islamistes quelles qu'elles soient (surtout les partis de gauche comme le Parti du progrès et du socialisme [PPS] et l'Union socialiste des forces populaires [USFP], et les services de sécurité), et ceux qui pensent qu'une formation comme le PJD, qui adhère aux principes démocratiques et a obtenu 13 % des voix aux dernières élections législatives, doit nécessairement être représentée, même si elle a un référent islamiste.

K. M.-F.

Faits et dates

– *27 septembre 2002* : Maroc. Élections législatives : sur 325 sièges, le parti du Premier ministre A. Youssoufi, l'Union socialiste des forces populaires (USFP), en remporte 50, l'Istiqlal 48, le PJD 42 et le Rassemblement national des indépendants (RNI) 41.
– *10 octobre 2002* : Algérie. Élections locales : le Front de libération nationale (FLN) remporte 668 communes sur 1 541 et 43 départements sur 48.
– *7 novembre 2002* : Maroc. Nomination d'un nouveau gouvernement qui compte 3 femmes et aucun islamiste.
– *17 février 2003* : Algérie. Les premières disparitions de touristes sont signalées ; les premières libérations ont lieu le 13 mai.
– *25-26 février 2003* : Algérie. Grève générale à l'initiative de l'UGTA.
– *2-4 mars 2003* : Algérie. Visite de J. Chirac et D. de Villepin.
– *5 mai 2003* : Algérie. Limogeage du Premier ministre A. Benflis, remplacé par A. Ouhayia.
– *16 mai 2003* : Maroc. Cinq attentats-suicides ont lieu à Casablanca, faisant 43 morts : un groupe islamiste radical implanté en banlieue est mis en cause.
– *21 mai 2003* : Maroc. Adoption d'une loi antiterroriste. Algérie. Tremblement de terre meurtrier à Alger
– *2 juillet 2003* : Algérie. Libération de deux chefs historiques du Front islamique du salut (FIS), A. Madani et A. Belhadj, emprisonnés depuis 1991.

Sites Internet

Portail vers les sites gouvernementaux algériens : <www.gksoft.com/govt/en/dz.html>.
Portail vers les sites gouvernementaux marocains : <www.gksoft.com/govt/en/ma.html>.
Portail vers des sites relatifs aux problèmes algériens : <www.incore.ulst.ac.uk/cds/countries/algeria.html>.
Revue de presse de l'ambassade de France au Maroc : <www.ambafrance-ma.org/presse/index.cfm>.
Sur les problèmes en Kabylie : <www.crisisweb.org/projects/middleeast/egypt_northafrica/reports/A400996_10062003.pdf>.

Malaisie

Transition politique, incertitudes économiques

À l'instar de la Corée du Sud, la Malaisie s'est finalement vite remise après la crise financière de 1997-1998 pour retrouver un taux de croissance positif de 6 % dès 1999, puis de plus de 8 % en 2000.

Des conditions économiques peu propices. Les avis restent partagés sur les fondements de cette réussite, qui ne saurait être exclusivement imputable aux politiques hétérodoxes mises en place (voir le chapitre « Économies en développement : le mythe de la souveraineté confisquée »), puisque celles-ci ont été adoptées tardivement et assez rapidement allégées, puis supprimées. Par ailleurs, la crise a donné l'occasion aux autorités de procéder à des réformes structurelles qui s'imposaient depuis longtemps. Ainsi, le secteur financier (notamment bancaire) a été incontestablement assaini, et celui des entreprises, assez largement réorganisé. La situation n'est toutefois pas encore complètement stabilisée, l'économie du pays possède toujours nombre de faiblesses, aggravées par l'émergence de nouveaux défis. La concurrence de la Chine constitue le principal d'entre eux et impose à la Malaisie de tout mettre en œuvre pour « monter en gamme » et encourager des productions à plus forte valeur ajoutée.

L'économie a connu un nouveau ralentissement en 2001, puis un léger rebond en 2002, sans toutefois parvenir à retrouver une croissance comparable à celle de la période d'avant-crise. L'année 2003 a été particulièrement difficile pour le pays, qui a vu les principaux moteurs de la croissance (les exportations et le secteur des services) ralentir simultanément.

La Malaisie a en effet souffert, d'une part, de l'atonie de l'activité économique mondiale, et notamment du ralentissement de la demande de produits électroniques (qui représentent près de 60 % de ses exportations totales) et de la chute des investissements directs étrangers (IDE) (qui ont toujours joué un rôle primordial dans la dynamique de croissance du pays), ainsi que, d'autre part, de l'accroissement des incertitudes engendrées par la guerre en Irak, la montée en puissance de la menace terroriste (suite à l'attentat perpétré à Bali à l'automne 2002) et l'épidémie de syndrome respiratoire aigu sévère (SRAS). Le secteur du tourisme a été particulièrement affecté par ce climat d'incertitude et d'insécurité : alors que le reflux des touristes américains et européens provoqué par la menace terroriste était en passe d'être compensé par l'arrivée de touristes chinois, l'explosion de l'épidémie de SRAS a durement touché ce secteur, qui contribue tout de même pour près de 12 % à la création de richesse en Malaisie.

Sous ces différents effets, les prévisions de croissance (fixées à 6 % à l'automne 2002) ont dû être corrigées à la baisse au printemps 2003 pour se situer aux alentours de 4,5 %. Face à cette situation difficile, la réponse des autorités s'inscrit dans la plus pure tradition volontariste, avec la mise en place d'une politique contra-cyclique sous la forme d'un train de mesures destinées à stimuler la croissance. Le plan de relance dévoilé vers la fin du mois de mai est assez nettement orienté vers des objectifs de court terme en raison de la dégradation de la conjoncture.

Contrairement aux deux plans précédents (2001 et 2002), celui-ci ne comporte pas de grands projets d'infrastructure, mais vise à améliorer l'efficacité du système économique et à éliminer les entraves administratives. Il prévoit notamment de promouvoir l'investissement privé, d'encourager la compétitivité du pays à travers des incitations fiscales à l'intention des entreprises et des mesures d'amélioration de la formation, de favoriser le développement du secteur des services, de diminuer les entraves administratives et de relancer la consommation par un allégement des charges et l'octroi de primes pour les fonctionnaires. La mise en œuvre de ce plan ne devrait théoriquement avoir qu'un impact limité sur le budget fédéral ; le mauvais état des finances publiques est en effet un autre problème auquel les pouvoirs publics seront tenus de s'attaquer dans les meilleurs délais.

L'après-Mahathir : des jeux politiques dangereux. Après l'avoir annoncé à plusieurs reprises, le Premier ministre de Malaisie devrait démissionner en octobre 2003 à l'issue du sommet de l'Organisation de la conférence islamique (OCI). Il ne conduira donc pas son parti aux élections générales qui se tiendront en 2004. Pour autant, son dauphin désigné, le vice-Premier ministre Abdullah Ahmad Badawi, n'aura pas la tâche facile.

La Malaisie traverse une passe de turbulences souterraines depuis la crise de 1997 ; la situation reste encore sous contrôle mais peut basculer sous l'effet de la conjugaison de facteurs sensibles. Comme ses voisins dans la région, le pays s'est remis avec peine dans la course à la croissance et les conséquences sur les équilibres de cet État multiracial sont potentiellement alarmantes. Les communautés non malaises (les Chinois forment 35 % de la population et les Indiens 8 %) sont inquiètes de la montée de l'islam radical.

Les attaques et incendies récents dans les églises et autres lieux de culte non musulmans, et la multiplication des pratiques discriminatoires, illustrent la détermination des groupes radicaux, petite frange de la population qui trouve un écho de plus en plus favorable au sein d'une société inquiète à la fois de son avenir économique et de son identité. Les hommes d'affaires chinois, toujours pragmatiques, s'investissent moins dans le marché domestique pour valoriser les liens avec la Chine, qui fait figure de locomotive économique en Asie orientale ; cette attitude mercantile est évidemment dénoncée par les *bumiputras* (les fils du sol, c'est-à-dire les Malais). Envoyer des signaux positifs, fédérateurs, à l'ensemble des trois communautés qui composent la Malaisie (malaise, chinoise et indienne) devient de plus en plus difficile dans un système où les ressources se raréfient et les aspirations politiques diffèrent : la plateforme multiethnique pro-démocratique, le parti Kedilan (parti de la Justice), établie au lendemain de la crise

La croissance du PIB réel

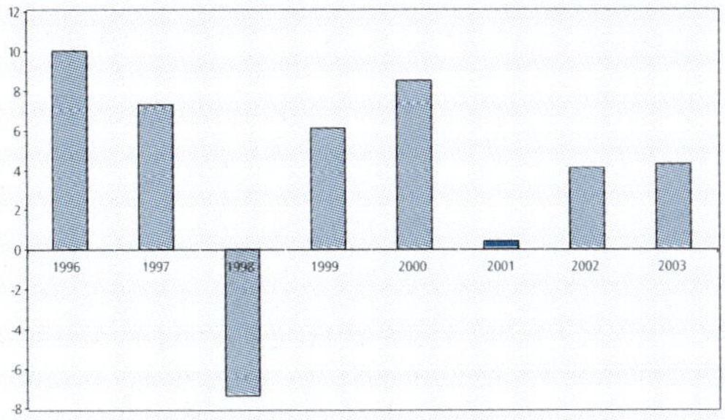

Sources : Banque mondiale et Economist Intelligence Unit

Exportations : principaux produits et marchés (en % du total, 2002)

Semi-conducteurs et équipement électrique	56,5	États-Unis	20,2
Machines électriques	20,1	Singapour	17,1
Médicaments et produits chimiques	6,3	Japon	11,2
Huile de palme	5,4	Hong-Kong	5,7
Textiles, habillement, chaussures	3,2	Chine	5,6
Produits en métal	3,2	Pays-Bas	3,7

Source : Economist Intelligence Unit.

de 1997, n'aura pas résisté longtemps aux divergences de vues ou, plus fondamentalement, d'intérêts entre les différentes communautés.

C'est peut-être là le vrai défi que devra assumer le successeur de Mohammad Mahathir : la gestion de la question identitaire malaisienne quand les paramètres politiques traditionnels sont en renégociation. Anwar Ibrahim, l'ancien vice-Premier ministre, en prison depuis septembre 1998, affirmait que la transition n'était pas seulement économique mais se traduisait aussi en termes politiques, et que c'était précisément la raison pour laquelle il fallait soutenir le mouvement Reformasi, large coalition d'opposition demandant des réformes politiques et sociales. Au-delà des conséquences directes sur la direction du pays, la décision de l'écarter de la scène politique aura eu l'effet de couper l'élan réformateur. Elle aura aussi mis fin aux revendications pluralistes et, de ce fait, rendu le débat politique plus binaire, entre ceux qui soutiennent l'United Malay National Organization (UMNO) et Mahathir, et ceux qui s'y opposent, notamment le Parti islamique panmalaisien (Parti Islam SeMalaysia, PAS), dirigé par Abdul Hadi Awang depuis la mort de son fondateur Fadzil Noor en juin 2002. Logiquement, on revient aux grandes lignes de partage ethniques de la classe politique traditionnelle.

D'un côté donc, l'UMNO, au pouvoir depuis l'indépendance du pays en 1957, est en pleine redistribution des cartes avec le retrait de Mahathir. Même si elle n'a pas été franchement inquiétée lors des élections de 1999, elle a compris que le vent pouvait tourner et qu'il allait falloir tenir compte de la volonté de changement qui s'exprimait. En outre, la bataille pour le pouvoir n'est pas encore tout à fait gagnée pour Abdullah Ahmad Badawi, qui pourrait être défié par de vieilles pointures politiques comme l'actuel ministre de la Défense Najib Tuan Razak, l'ancien vice-Premier ministre Musa Hitam ou l'ancien ministre des Finances Razaleigh Hamzah. Cependant, au lieu de jouer la carte de la réforme en se posant comme le garant des changements, l'UMNO est allée chasser sur les terres de son adversaire, le PAS, qui avait gagné deux États aux élections de 1999 et augmenté son score électoral, passant de 8 à 27 représentants à la Chambre. C'est donc bien vers une islamisation du débat et des enjeux politiques que la Malaisie se dirige.

Il est vrai que, depuis la crise, le revivalisme religieux prend une nouvelle ampleur, surtout parmi les jeunes (50 % de la population a moins de 25 ans). Le mouvement *dawah* (« appel » en arabe) prétend apporter des réponses pour amortir les tensions produites par une entrée accélérée dans la modernité. Les solidarités sociales sont surtout le fait des organisations islamiques (réseaux associatifs, caritatifs, etc.) qui ont proliféré dès l'automne 1997. Le PAS, au pouvoir dans les États de Trengganu et de Kelantan (la fédération en compte 13), utilise tous les vecteurs à sa disposition pour faire monter la pression ; il va jusqu'à déclarer son intention de créer un État islamique et d'abandonner la Constitution « chrétienne » (rédigée avec la collaboration de la métropole anglaise) au profit de la charia. Dans la foulée, le Premier ministre est accusé de ne pas être un bon musulman.

Les élections législatives de 2004 s'annoncent stratégiques. Le PAS, premier parti d'opposition au niveau national, a annoncé en juin 2003 avoir achevé la rédaction de son projet d'État islamique : ses intentions sont donc claires. Selon le projet, tous les musulmans de Malaisie seront soumis au *hudud*, le droit musulman qui précise les dispositions prévues par la charia. En conséquence, le code pénal actuel ne s'appliquera plus aux Malais ; les non-musulmans jouiront d'une autonomie limitée et devront s'acquitter d'impôts spécifiques plus élevés que ceux exigés des musulmans. En outre, le PAS demande que la charia soit placée au-dessus de la Constitution fédérale.

De tels projets donnent déjà le ton de la campagne électorale et inquiètent les observateurs. Si un basculement intégriste est peu probable, la régression politique et économique liée à cette menace est déjà sensible et pourrait pénaliser durablement la reprise. Or la Malaisie est importante pour deux raisons : tout d'abord, elle constitue l'un des rares États musulmans modernes revendiquant activement cette modernité « non occidentale » par des initiatives très symboliques, comme la construction des tours Petronas (les plus hautes du monde) et le « super couloir multimédia » (voir *RAMSES 2002*, p. 103) ; par ailleurs, elle est située au centre de l'Asie du Sud-Est et son effet d'entraînement, par le jeu démocratique qui plus est, ne serait pas sans incidence sur les évolutions de ses partenaires de l'Association des nations du Sud-Est asiatique (ASEAN), Indonésie en tête.

Rapprochement avec les États-Unis. C'est donc peu dire que ces voisins observent la situation avec attention. Singapour, notamment, est placée en première ligne, « îlot chinois dans un océan malais ». Les autorités singapouriennes savent que le risque est sérieux, qu'il ne s'agit pas d'un risque sécuritaire classique (bien que l'armée singapourienne continue à se moderniser) mais d'une menace sur son tissu social et sa stabilité, premières ressources de son économie. Le Premier ministre Goh Chok Tong ne désapprouve pas, d'ailleurs, la politique de répression menée par Mahathir pour tenter de désamorcer la menace ; depuis les événements du 11 septembre 2001 et la montée de l'islam radical en Asie, des militants de l'opposition soupçonnés d'être des extrémistes islamistes ont été arrêtés et placés en détention sans avoir été jugés, conformément à la loi relative à la sécurité intérieure (ISA). Tout rassemblement public est dispersé par la police. Singapour n'est pas le seul allié politique de Mahathir ; par un curieux renversement de tendance, les États-Unis le sont aussi.

D'abord, parce que les intérêts américains en Malaisie sont directement visés. Plusieurs alertes ont pu être déjouées qui avaient pour cible l'ambassade américaine et ses bâtiments administratifs à Kuala Lumpur. Ensuite, parce que la nébuleuse islamiste transite par la Malaisie, qui n'exige pas de visas pour les ressortissants des pays musulmans. Il a ainsi été démontré que deux terroristes qui avaient organisé les attentats du 11 septembre avaient séjourné en Malaisie. Enfin, parce que la diplomatie malaisienne vis-à-vis de Washington est parfaitement ambivalente et que le discours très critique de Mahathir envers la Maison-Blanche (il a été le premier dirigeant asiatique à réprouver publiquement les attaques américaines en Irak et a qualifié le président George W. Bush d'impérialiste et de lâche) n'empêche pas une coopération stratégique renforcée sur le terrain ; et Washington a besoin de cet allié remarquablement bien situé en Asie du Sud-Est. Sans publicité ni fanfare, les liens entre les deux pays se sont renforcés depuis plusieurs années : la Malaisie accueille des navires américains (près d'une centaine de 1999 au printemps 2003), mène des exercices en commun avec les troupes américaines (aériens, maritimes et terrestres) et envoie des élèves officiers se former aux États-Unis (grâce aux fonds du Programme international de formation et d'entraînement militaires, IMET).

La coopération en matière de renseignements s'est également approfondie. D'ailleurs, la visite de Mahathir à Washington, en mai 2002, atteste bien de l'importance de cet allié, que la Maison-Blanche ne cesse de flatter et de remercier pour « son soutien actif dans la guerre contre le terrorisme ». À l'inverse, le président Bush se montre moins critique à l'égard de la répression intérieure et du traitement du cas Anwar (ancien vice-Premier ministre abusivement accusé de corruption et d'autres crimes et dont la demande de libération a de nouveau été récemment refusée). Un soutien dont aura bien besoin Badawi, qui n'aura certainement pas l'assurance de son prédécesseur pour dénoncer comme lui « tous les maux induits par la mondialisation et l'hégémonie impérialiste de la superpuissance mondiale ».

S. B. d. R. et F. N.

Faits et dates

– *26 juin 2002 :* M. Mahathir, Premier ministre, annonce qu'il prendra sa retraite en octobre 2003. Il nomme le vice-Premier ministre, A. A. Badawi, son successeur.
– *9 juillet 2002 :* L'assemblée législative locale de l'État de Térengganu, contrôlé par le PAS, adopte une loi sur le *hudud* (code pénal islamique), qui n'est pas mise en application.
– *18 juillet 2002 :* Élections législatives partielles de Pendant (Kedah) suite au décès de son député, F. Noor. Le Barisan National (BN) remporte les élections nationales, mais le PAS gagne au niveau local.
– *28 octobre 2002 :* Kuala Lumpur donne son accord pour l'établissement d'un centre antiterroriste régional.
– *13 novembre 2002 :* Le gouvernement annonce l'introduction du service militaire pour les Malais ayant 18 ans à partir de 2004.
– *30 janvier 2003 :* Malaysiakini.com, seul journal indépendant de Malaisie, survit grâce à la pression internationale.
– *20-25 février 2003 :* Sommet des chefs d'État des Non-Alignés à Kuala Lumpur sur la guerre en Irak.
– *1er juillet 2003 :* Le PAS achève la rédaction du projet de création d'un État islamique pour la Malaisie. Des extraits du projet ont paru dans les journaux locaux tout au long du mois de juin.
– *8 juillet 2003 :* La Malaisie lève toutes les mesures liées au SRAS, y compris les restrictions relatives à l'attribution de visas.

Sites Internet

Panorama général sur la Malaisie : <www.France.diplomatie.fr/actu/articletxt.asp ?DOS=1253>.
Direction des relations économiques extérieures, ministère français de l'Économie, des Finances et de l'Industrie : <www.dree.org>.
Premier ministre malais (avec liens vers sites gouvernementaux et parlementaires) : <www.pmo.gov.my>.
ASEAN : <www.aseanec.org>.
Banque centrale de Malaisie : <www.bnm.my>.
Organisation de la Conférence islamique : <www.oic-oci.org>.

Marchés financiers

Un recul qui tarde à s'inverser

Depuis mars 2000, les marchés d'actions ont profondément baissé, de l'ordre de 50 à 60 % en euro selon les pays. Les marchés d'actions de la zone euro et les actions françaises n'ont pas fait exception, bien au contraire.

De fin juin 2002 à fin juin 2003, et malgré la remontée des cours depuis le deuxième trimestre de cette année, qui a ramené ces derniers à leur niveau de la fin 2002, la valeur boursière des actions de la zone euro a baissé de 22 % (pour tous les chiffres cités, voir la séquence graphique dans « Le monde en chiffres »), à l'instar des actions françaises (– 21 %) ou allemandes (– 26 %). Ces performances sont encore plus mauvaises que celles des valeurs américaines (– 3 %), britanniques (– 13,5 %) ou japonaises (– 14,5 %). Tous les secteurs ont été affectés par cette baisse, certes à des degrés divers, avec un recul marqué de ceux de l'énergie, des biens de consommations cycliques et non cycliques, et surtout de l'assurance.

Quelles sont les raisons de cette baisse importante de la valeur des entreprises et quelles en ont été les conséquences pour leur politique financière ? Tels sont les deux points que nous abordons ici.

Recul de la valorisation boursière. La valeur fondamentale d'une société cotée n'est que la valeur actuelle des flux de trésorerie futurs que les opérateurs anticipent, implicitement plus qu'explicitement. La valeur résulte donc de flux anticipés et d'un taux de rentabilité requis pour les actualiser. Si les anticipations sur les premiers baissent et/ou les exigences sur le second s'accroissent, les valeurs boursières baissent. Selon la théorie financière, le taux d'actualisation est la somme d'un taux sans risque, d'une prime de risque et d'une prime d'illiquidité.

Entre la fin juin 2002 et la fin juin 2003, le taux sans risque (l'Euribor 3 mois) est passé de 3,44 à 2,15 %, et le taux à long terme (Bund) de 4,95 à 3,80 %. De ce seul point de vue, les taux de rentabilité requis par un investisseur sur les actions auraient dû baisser. De même, ils auraient dû baisser du fait de l'affaiblissement de la prime d'illiquidité, passée de 1,5 à 1,02 % sur cette période. Or la prime de risque est passée dans le même temps de 4,53 à 5,37 %. De telle sorte que le taux de rentabilité exigé pour un portefeuille diversifié d'actions est passé de 9,90 à 11 % entre fin juin 2002 et fin juin 2003.

Les conditions macrofinancières, et notamment le taux d'inflation, ont beaucoup changé depuis les années 1970. Pour homogénéiser les chiffres et permettre les comparaisons temporelles, il est nécessaire de soustraire du taux d'actualisation le taux sans risque (qui est proche du taux d'inflation anticipé). On obtient ainsi un écart pertinent. Celui-ci, déjà confortable en milieu d'année 2002 à 6,55 %, était de 8,83 % à fin juin 2003. Il s'agit là de records historiques depuis le début des années 1970. Cela veut dire qu'au niveau de valorisation des actions fin juin 2003, les investisseurs exigeaient un surcroît de rentabilité de 8,83 % par rapport à la rémunération d'un compte sur livret. Du jamais vu !

Cela traduit notamment un accroissement de l'aversion pour le risque des investisseurs, manière plus scientifique de qualifier le terme anglo-saxon de *flight to quality*. Cette aversion se reflète par ailleurs dans les *spreads* obligataires, c'est-à-dire le différentiel de taux de rendement actuariel entre les obligations émises par les entreprises privées et les obligations du Trésor, qui se sont très significativement tendus en 2002, pour se détendre quelque peu depuis.

En définitive, la hausse de près de 230 points de base des taux requis par les investisseurs en actions explique, pour une large part, la baisse de valeur enregistrée par les entreprises françaises, européennes et mondiales. Cette hausse des taux n'est que le reflet des incertitudes économiques et géopolitiques qui n'ont fait qu'augmenter durant cette période, outre celui d'un retour progressif des opérateurs à des anticipations plus raisonnables sur les perspectives des entreprises et l'économie. En effet, en même temps que les investisseurs, dont l'aversion pour le risque augmentait, devenaient plus exigeants en termes de taux de rentabilité requis sur les actions, ils révisaient à la baisse leurs estimations de flux à long terme que les entreprises étaient susceptibles de générer.

Entre juin 2002 et juin 2003, les anticipations de croissance annuelle entre 2001 et 2011 du chiffre d'affaires des sociétés de la zone euro (suivies dans le système TRIVAL d'Associés en Finance) sont passées de 6,3 à 4,6 % (à comparer à une hausse annuelle de 6,4 % entre 1987 et 2000), ce qui représente globalement, à l'horizon 2011, une baisse du chiffre d'affaires de l'ordre de 15 % et un recul similaire à l'horizon 2020, ce qui se traduit par un chiffre d'affaires moindre des entreprises de l'ordre de 25 % à cet horizon. Il en est de même pour les résultats d'exploitation et les bénéfices courants.

En résumé, les deux facteurs de valorisation des entreprises – les estimations de flux futurs générés par les entreprises, à la baisse, et le taux de rentabilité exigé par les investisseurs pour les actualiser, à la hausse – sont l'explication de la chute des valeurs boursières, qui a ramené les ratios classiques de valorisation boursière tels quel les PER (*price earning ratio*) à des niveaux plus raisonnables (de 21 à 17) entre juin 2002 et juin 2003.

On peut s'interroger sur le caractère raisonnable de ces valorisations, et donc des hypothèses de flux et de taux implicites dans les cours. Pour ce faire, le référentiel retenu est à la fois historique et économique. Historiquement, on constate d'abord un phénomène de retour à leur moyenne des primes et des écarts, lorsqu'ils s'en écartent de manière significative dans un sens ou dans l'autre. Ceux-ci, presque à leur plus haut niveau historique aujourd'hui, devraient baisser, avec pour conséquence la hausse des valeurs boursières et pour corollaire une baisse du coût des fonds propres des entreprises.

En définitive, les niveaux de valorisation actuelle des cours des actions françaises et de la zone euro semblent très raisonnables aujourd'hui, à la fois du fait d'un taux de rentabilité exagérément élevé, qui devrait diminuer, et des anticipations de croissance des flux des bénéfices, qui pourraient remonter à leur niveau historique de long terme. Encore faudrait-il que la confiance dans les entreprises et les marchés revienne, confiance qui a été très sévèrement ébranlée à la suite des scandales des firmes Enron, WorldCom et autres (Jacquillat 2002). Tout ceci n'a pas été sans conséquence sur la politique financière des entreprises.

Les conséquences pour les entreprises. Elles ont été doubles : une hausse des coûts de financement et des contraintes financières accrues.

La tension sur la prime de risque actions a entraîné une hausse du coût des fonds propres de l'ordre de plus de 11 % fin juin 2003. Cette tension de la prime de risque est allée de pair avec un accroissement encore très significatif des *spreads* obligataires à plus de 200 points de base, même s'ils ont amorcé une certaine décrue depuis le début de l'année 2003. Les charges financières ont fortement augmenté dans les comptes des entreprises et le coût du financement est devenu dissuasif, si tant est que l'accès aux marchés financiers et au crédit bancaire était encore possible, voire souhaitable ou nécessaire, pour toutes les entreprises.

Les agences de notation apprécient le risque de la dette des émetteurs selon une batterie de critères et de ratios financiers, ainsi que leur évolution probable à un certain horizon de temps. Ces ratios financiers se sont nettement détériorés, qu'il s'agisse de la valeur d'entreprise (VE) rapportée au chiffre d'affaires, au résultat d'exploitation ou aux capitaux employés. Le ratio d'endettement (dettes/fonds propres), déjà tendu fin juin 2002 (87,3 %), s'est détérioré en passant à 93,7 % fin juin 2003, poursuivant une hausse entamée dès 2000, où il n'était que de 52 %. La hausse des coûts de financement, les contraintes financières accrues et les dévalorisations boursières expliquent le recours d'un nombre accru de sociétés au financement par OCEANE (obligation convertible en actions nouvelles ou existantes), sorte d'obligation convertible avec taux d'intérêt bas et possibilité de conversion en actions.

Cependant, les marges ont pu se maintenir grâce à une politique drastique de compression des coûts et à l'arrêt de l'investissement. La marge nette courante est passée de 4,2 % fin juin 2002 à 4,0 % fin juin 2003. Toutefois, le maintien de cette marge ne doit pas occulter le fait que la capacité bénéficiaire des entreprises s'est fortement détériorée. Il s'agit d'une marge d'exploitation après déduction des frais financiers et après impôts. Elle exclut les intérêts minoritaires, les éléments exceptionnels, et surtout les amortissements de survaleur, colossaux en 2002, et qui correspondent à des dépréciations d'actifs trop chèrement acquis. Ces dépréciations d'actifs, liées aux dévalorisations boursières, ont eu l'effet conjoint de détériorer la structure financière et de renchérir le coût des dettes.

En définitive, la hausse de l'endettement et des charges financières et les pertes comptables sont notamment la conséquence de la frénésie d'acquisitions surpayées d'un certain nombre d'entreprises à la fin des années 1990. Cette détérioration devrait perdurer au moins jusqu'en 2005 pour les ratios EV/CA et EV/REX (résultat d'exploitation), même si la structure financière doit se redresser et certaines marges se maintenir.

Pour conclure, les valorisations boursières des actions françaises et de la zone euro ont sévèrement chuté en 2002-2003. Ces performances négatives ont été d'autant plus mal ressenties qu'elles constituent une année supplémentaire de baisse après celles enregistrées en 2000 et en 2001. Trois années successives de recul représentent un phénomène assez rare, mais il n'est pas unique. Toutefois, l'extrême tension de la prime de risque, les taux de rentabilité élevés exigés par les investisseurs, qui devraient baisser, et les hypothèses raisonnables de croissance bénéficiaire implicites dans les cours d'aujourd'hui rendent ceux-ci, à leur niveau actuel, assez attractifs. Les conditions financières du financement des entreprises devraient donc s'améliorer. Mais la structure encore trop déséquilibrée des bilans contraindra les entreprises à poursuivre leur désendettement. De ce fait, la reprise de l'investissement des entreprises ne pourra être que progressive et sélective.

B. J.

Pour en savoir plus

Associés en finance (2002), « Le prix du risque, un concept qui se précise », *Lettre financière*, n° 32, septembre.

Jacquillat, B. et B. Solnik (2002), *Marchés financiers*, Paris, Dunod.

Hamon, J. et B. Jacquillat (2002), *La Bourse*, Paris, PUF, coll. « Que sais-je ? ».

Site Internet

Associés en Finance : <www.associes-finance.com>.

Monde arabe

L'opinion publique et la guerre contre l'Irak

La réception de la guerre anglo-américaine contre l'Irak par les opinions publiques arabes confirme les tendances lourdes qui caractérisent ces opinions depuis le début des années 1990. On constate tout d'abord une autonomisation progressive des sentiments populaires vis-à-vis de gouvernements profondément délégitimés. L'occupation de l'Irak a consacré leur échec dans un domaine fondamental : la sauvegarde de la souveraineté nationale. L'essoufflement des « vérités officielles » est accentué par l'émergence d'un espace public arabe transnational, difficilement contrôlable par les gouvernements. Le caractère concurrentiel du nouveau champ médiatique arabe et sa soumission à l'audience participent involontairement à l'uniformisation de l'opinion publique arabe et permettent à des idées aux antipodes des choix gouvernementaux de s'y imposer.

Devenu transnational et concurrentiel grâce au satellite et à l'utilisation généralisée de la langue arabe, ce nouveau champ médiatique oppose de nombreuses chaînes de télévision, comme *Al-Jazira*, *Abu Dhabi* ou *Al-Arabiya*. En effet, avant le lancement d'*Al-Jazira*, en novembre 1996, les médias arabes ne tenaient que marginalement compte de l'audience dans le traitement des questions politiques. Dans cette perspective, la rupture entre le discours des télévisions arabes nationales et celui d'*Al-Jazira* a été si brutale que cinq pays arabes, mécontents de la façon dont la chaîne traite l'actualité, ont rappelé leurs ambassadeurs au Qatar.

Il est vrai que, s'agissant d'*Al-Jazira* ou d'autres chaînes satellitaires, les informations diffusées reprennent rarement le point de vue des gouvernements arabes, qui ont perdu le monopole de l'information et de l'interprétation des événements. C'est ainsi qu'*Al-Jazira* a réussi, à partir de la deuxième semaine de la guerre contre l'Irak, à imposer aux autres médias arabes le terme de « forces d'invasion » au lieu de « forces de la Coalition » pour qualifier la guerre anglo-américaine.

Par ailleurs, les efforts de l'Administration de George W. Bush visant à améliorer l'image des États-Unis dans le monde arabe ont été vains : de nombreux indicateurs confirment sa dégradation et le renforcement de l'hostilité à leur présence militaire. Ainsi, selon un récent sondage du Pew Research Center (décembre 2002), un centre de recherche indépendant basé à Washington, 99 % des Jordaniens se déclaraient récemment anti-américains. Enfin, les difficultés rencontrées par les stratèges américains pour « isoler » l'Irak en criminalisant les liens transnationaux qui le rattachent à son environnement (l'arabisme avec la Syrie, le sunnisme avec l'Arabie Saoudite, le chiisme avec l'Iran), montrent que les lignes de résistance à la stratégie des États-Unis au Moyen-Orient sont solides. En effet, les tracts de l'armée américaine distribués en Irak avant et pendant la guerre, et incitant les Irakiens à se débarrasser des « étrangers », c'est-à-dire des combattants syriens, libanais égyptiens, algériens et saoudiens venus combattre la Coalition, ont eu un effet limité. Dans le monde arabe, les liens transnationaux restent au moins aussi puissants que l'allégeance à l'État. Cette incapacité de sanctuariser l'Irak est d'autant plus problématique pour les États-Unis que la réussite de leur intervention dépend autant de l'opinion irakienne que de l'opinion publique des autres pays de la région.

Quatre lectures divergentes. Aucune lecture définitive de cette guerre ne s'est réellement imposée. Et l'on assiste, dans l'espace arabe, à la cohabitation chaotique de quatre lectures qui expriment des visions, des intérêts ou des projets divergents.

• *Une guerre de libération* menée par la coalition anglo-américaine pour « libérer le peuple Irakien du dictateur Saddam Hussein ». Cette lecture est, si l'on se réfère à la presse, aux télévisions, aux sites Internet, aux témoignages directs, de plus en plus minoritaire dans le monde arabe. Défendue, au moins au début du conflit, par l'ensemble de l'opposition irakienne, ainsi que par les médias et les autorités koweïtiennes, elle parie sur la capacité des États-Unis de lever les obstacles (embargo et dettes) qui entravent la marche de l'Irak vers la prospérité économique, et de préparer les conditions de l'établissement d'un gouvernement irakien représentatif, susceptible d'apporter la paix et l'harmonie entre les différentes composantes du peuple irakien. Cette thèse est également défendue par les « néo-libéraux » arabes (journalistes soutenant la stratégie américaine), notamment dans les journaux financés par des princes saoudiens soucieux d'améliorer leur image auprès des États-Unis (*Al Hayat*, *Al Chark Al Awsat*). De nombreux journalistes « libanistes » sont engagés dans cette entreprise, notamment Ghassan Charbal et Hazem Saghiya, ou Waddah Charara d'*Al Hayat*, mais également des Saoudiens comme Abdel Rahman al Rashed, rédacteur en chef d'*Al Chark Al Awsat*, ou l'Égyptien Mamoun Fandy, principal défenseur des thèses américaines dans la presse arabe. Bien que travaillant dans des journaux panarabes, ces journalistes mènent une lutte idéologique en faveur de l'affirmation des États-nations dans le monde arabe et militent pour la délégitimation de toute forme d'intégration régionale. Présentés par certains organismes de traduction de la presse arabe qui visent à influencer l'Administration américaine, notamment le Middle East Media Research Institute (Memri), comme représentatifs de larges segments de l'opinion arabe, ces journalistes constituent en réalité une minorité et sont souvent qualifiés d'« Arabes américanisés » ou « sionisés ».

• *Une croisade* qui ne serait que la continuation de l'esprit belliciste des croisés. Les médias arabes ont mis l'accent sur le soutien qu'apporte la droite chrétienne américaine au président Bush. La présence de John Ashcroft, ministre de la Justice, l'un de ses représentants au sein du gouvernement, est particulièrement stigmatisée. En proclamant, après le 11 septembre 2001, une « croisade contre le terrorisme », George W. Bush a donné une certaine pertinence à cette lecture. En outre, les dérives islamophobes de certains télé-évangélistes américains sont interprétées comme l'expression de la dimension religieuse de la politique étrangère des États-Unis. Mais l'analyse de la presse et des interactions sur l'espace public arabe (courrier des lecteurs, Internet et émissions de débats) montre que cette lecture reste confinée aux milieux islamistes. En effet, la guerre contre l'Irak a été condamnée par les plus hautes autorités chrétiennes, notamment le pape, et par les principales Églises américaines. L'opposition à la guerre de Paris, de Berlin et de Moscou a brisé la cohérence du « camp chrétien », affaiblissant l'argumentation des tenants du choc des religions. Enfin, l'impressionnante mobilisation populaire en Europe et dans le monde contre la guerre a poussé les commentateurs arabes à chercher ailleurs ses véritables causes.

• *La main invisible du sionisme ou une guerre par procuration.* Dans le monde arabe, le courant des néo-conservateurs américains est présenté par de nombreux médias comme un club très restreint, animé par des sionistes américains proches du Likoud et d'Ariel Sharon. Selon cette vision, le regard des Américains sur le monde arabe serait largement construit par les milieux pro-israéliens omniprésents, notamment dans les médias. Cette « israélisation » de la politique étrangère des États-Unis vis-à-vis du monde arabe serait l'aboutissement d'une stratégie consistant à identifier les intérêts des États-Unis dans la région à ceux d'Israël. Dans cette perspective, la « bande du Likoud », selon l'expression de Jihad al Khazen (Paul Wolfowitz, Richard Perle, Douglas Feith, Elliot Abrams [*Al Hayat*, mai 2003]), aurait été le moteur de la guerre, dont l'objectif était de briser l'armée irakienne et de mieux assurer la sécurité d'Israël. Dans cette perspective, la Syrie et l'Iran seraient d'autant plus isolés que le premier geste diplomatique exigé du futur gouvernement irakien vassal des États-Unis serait la reconnaissance diplomatique d'Israël. Les écrits qui mettent en cause l'influence de l'« entourage juif » de Bush, les déclarations du sénateur démocrate James Moran et les propos de Colin Powell devant la commission des Affaires étrangères du Sénat américain réfutant toute influence du lobby pro-israélien sur les décisions prises par l'Administration ont été très médiatisés dans la presse arabe. Quoique simple et simpliste, l'idée est largement répandue : la guerre contre l'Irak a été souhaitée, défendue et justifiée par les mouvements sionistes aux États-Unis, et son seul bénéficiaire serait Israël.

• *Une simple expédition coloniale.* La rhétorique américaine en faveur des droits de l'homme et de la démocratie dans le monde arabe ne serait, selon cette quatrième lecture de la guerre en Irak, qu'une version actualisée de la « mission civilisatrice » de l'Occident. Déjà dominante dans l'opinion arabe, cette interprétation trouve de plus en plus de pertinence du fait des difficultés que connaissent les armées occupant l'Irak. Les images des chars américains dans les rues de Bagdad, les témoignages des Irakiens à propos des perquisitions et des arrestations arbitraires, la multiplication des actes anti-américains et de meurtres de soldats donnent l'impression qu'il s'agit bien d'une « entreprise coloniale » dont l'objectif est le contrôle du pétrole et l'établissement de l'hégémonie des États-Unis sur le Golfe. Cette thèse est défendue avec vigueur par le journal *Al Quds Al Arabi* et domine au sein d'*Al-Jazira*. Elle refléterait aussi l'opinion de 65 % des Irakiens interrogés par le Centre irakien d'études et de recherches stratégiques lors d'une récente enquête (un résultat à interpréter avec prudence).

Un décalage entre les opinions irakienne et arabe. La présentation par l'Administration Bush de l'élimination du régime de Saddam Hussein comme étant le souhait du peuple irakien est l'un des arguments les plus efficaces qui aient été utilisés pour légitimer *a posteriori* la guerre. Or, il n'est pas sûr que ce « souhait du peuple irakien » ait été plus ardent que celui des Saoudiens, des Égyptiens ou des Jordaniens de se débarrasser de leur propre régime. Mais, contrairement à l'Irak de Saddam, ces trois régimes autoritaires sont des clients des États-Unis et se montrent favorables à leurs orientations stratégiques dans la région. Il convient donc de relativiser l'enthousiasme des Irakiens pour l'accueil des troupes américaines. Nous savons déjà que la scène du déboulonnage de la statue de Saddam au centre de Bagdad fut une opération préparée par l'armée américaine et l'opposition irakienne, avec la participation d'une centaine de personnes uniquement. Il est probable que le bombardement par l'armée américaine des locaux des télévisions arabes, notamment ceux d'*Al-Jazira*, avait pour but d'éliminer des témoins gênants. Cela rappelle qu'à la veille de l'entrée des troupes de l'Alliance du Nord à Kaboul, les États-Unis avaient également bombardé les locaux de la chaîne.

Pendant les 12 ans d'embargo, l'opinion publique irakienne a été peu informée, et les Irakiens ont été coupés des idées qui circulaient dans le champ médiatique arabe. Les chaînes de télévision satellitaires n'avaient pas d'impact, les paraboles étant interdites par le régime. En outre, les services de renseignements américains et l'opposition irakienne avaient organisé un système d'information parallèle, émettant de l'étranger et favorable à l'intervention américaine, en particulier par le biais de la radio *Free Irak*, dirigée par Kamaran Kura Daghi, ancien journaliste à *Al Hayat et* membre de l'opposition irakienne. Dans ces conditions, les Irakiens pouvaient difficilement se forger un jugement équilibré sur le sens de la guerre et sur son implication pour l'ensemble de la région.

Aujourd'hui, les médias irakiens sont supervisés par l'armée américaine et l'opinion publique est celle d'un pays occupé. Les voix défavorables à l'occupant sont pourchassées et l'alignement sur la volonté américaine est nécessaire pour exister dans le champ politique. Mais l'évolution de la situation en Irak montre que ce « décalage » entre une opinion publique irakienne, qui serait plus ou moins favorable à la présence américaine, et une opinion publique arabe anti-américaine n'est que conjoncturel. Progressivement, les deux opinions se rejoignent dans le refus de l'occupation, aussi bien en réaction aux comportements des soldats américains que par méfiance vis-à-vis des projets des États-Unis dans la région. Or ce « décalage » entre les deux opinions a été la base de la stratégie de communication de l'Administration Bush vis-à-vis du monde arabe.

Les évolutions récentes de la situation sont susceptibles de contrarier les projets des États-Unis, dans la mesure où leur stratégie est fondée sur la construction d'un « Irak irakien », débarrassé des liens qui le rattachent à son environnement arabe et islamique. Au niveau du discours médiatique, les stratèges américains ont mobilisé de nombreux journalistes arabes pour diffuser l'idée que tout processus de régionalisation arabe serait vain, et que seul l'attachement viscéral à l'État-nation permettrait aux peuples de la région de sortir de l'impasse. C'est dans cette logique qu'a été créée, en 2002, la radio *Sawa*, dirigée par Mowafaq Harb, ancien correspondant d'*Al Hayat* à Washington. Dans cette perspective, la « rupture » entre l'opinion publique irakienne et arabe est présentée, aussi bien par les idéologues américains que par certains membres de l'opposition irakienne, comme définitive, salutaire et annonciatrice de la formation d'un État-nation irakien qui assurerait l'égalité de ses citoyens en dehors de toute identification transnationale, qu'elle soit arabe ou islamique (F. Ajami, « Iraq and the "Arab" Future », *Foreign Affairs*, janvier-février 2003). Les principaux inspirateurs de cette vision sont l'orientaliste Bernard Lewis et l'opposant irakien Kanan Makkiya (*Al Hayat*, 16 janvier 2003). Les discours concurrents sont encore placés sous la surveillance des armées occupantes.

M. E. O.

Pour en savoir plus

Al Naboulsi, C. (2003), *La Rue arabe. Perspective historique*, Beyrouth, Centre arabe d'études et de publication (en arabe).

Alterman, J. B. (1998), *New Media, New Politics. From Satellite Television to the Internet in the Arab World*, Washington, D.C., The Washington Institute For Near East Policy.

Ghareeb, E. (2000), « New Media and the Information Revolution in The Arab World: An Assessment », *Middle East Journal*, vol. 54, n° 3, été.

Hafez, K. (dir.) (2001), *Mass Media, Politics and Society in the Middle East*, New Jersey, Hampton Press.

Lewis, B. (1998), *The Multiples Identities of the Middle East*, Londres, Weidenfeld & Nicolson.

Sites Internet

Traduction de la presse du Moyen-Orient (site israélien) : <www.memri.org>.
Al-Jazira : <english.aljazeera.net>.
Articles sur les médias arabes : <www.tbsjournal.com>.

Nations unies

Malmenées et incontournables

De l'automne 2002 à l'été 2003, l'essentiel de la vie de l'Organisation des Nations unies (ONU) s'organise autour d'un dossier : l'Irak. Une dizaine d'années auparavant, en 1990-1991, l'ONU avait connu un bref âge d'or autour de ce même pays. Le 2 août 1990, l'Irak de Saddam Hussein s'était emparé du Koweït. Cette agression cristallisa un très large consensus pour en chasser l'Irak et le placer sous une tutelle sévère (résolution 687 du 3 avril 1991). Le Conseil de sécurité apparut alors en mesure d'assumer efficacement sa mission de policier mondial. Pourtant, rien n'était pleinement réglé : Saddam Hussein resta au pouvoir et le régime tricha autant qu'il le put. En outre, le consensus du Conseil de sécurité était de circonstance : si le Royaume-Uni et la France se devaient d'afficher leur solidarité avec leur grand allié américain, l'Union soviétique, elle, était à l'agonie et avait un besoin aigu de l'aide des États-Unis ; quant à la Chine, elle était prise dans les lendemains des événements de Tiananmen et cherchait à retrouver la bienveillance de l'Occident.

Les États-Unis à la recherche d'un mandat onusien. En 2001, l'arrivée au pouvoir à Washington de l'Administration Bush et les attentats du 11 septembre remettent l'Irak au cœur de l'actualité. Les États-Unis, traumatisés par le choc terroriste, se montrent déterminés à punir très durement tout comportement « délinquant ». L'Irak de Saddam Hussein est identifié comme le premier régime à anéantir. Pour les États-Unis, il est temps de faire un exemple afin de bien montrer à tous les « voyous » (États, mouvements terroristes) la punition qui les attend.

C'est dans ces conditions que, durant l'automne 2002, l'ONU retrouve sa centralité. Les États-Unis, dénoncés comme unilatéralistes, veulent une légitimité multilatérale. S'est alors enclenché un engrenage qui a échappé aux protagonistes. Le 8 novembre, après deux mois de laborieuses tractations, le Conseil de sécurité adopte à l'unanimité la résolution 1441, qui, pour la énième fois, détaille les obligations de l'Irak en matière de désarmement. Or cette résolution, si elle tente de ligoter l'Irak, ne donne pas aux États-Unis ce qu'ils veulent : l'autorisation de détruire par la force armée le régime de Saddam Hussein si ce dernier ne se soumet pas inconditionnellement aux exigences de la communauté internationale. L'unanimité de façade ne fait que masquer le désaccord de fond sur le règlement de la question irakienne : pour Washington, la guerre est inéluctable ; pour Paris, Moscou et Berlin, le désarmement de l'Irak doit être poursuivi selon les procédures onusiennes.

Dès le début de 2003 survient le bras de fer. Washington ne cache pas son impatience devant le comportement de Bagdad. La France d'abord, mais aussi la Russie et l'Allemagne, insistent pour que l'ONU mène à bien son travail d'inspection en Irak. Les États-Unis cherchent à obtenir du Conseil de sécurité une nouvelle résolution constatant que l'Irak n'a pas respecté ses engagements, et que la force peut donc être mise en œuvre. Mais Washington non seulement ne parvient pas à rassembler les 9 votes positifs nécessaires, mais encore se trouve menacé d'un recours au veto par la France et la Russie. Humiliés et furieux, les États-Unis se détournent de l'ONU et déclenchent la guerre.

Vers la faillite de l'ONU ? Un tel diagnostic est excessif. La mission centrale de l'ONU est de maintenir la paix dans le monde. Le responsable de cette mission est le Conseil de sécurité. Or ce dernier est composé d'États (5 membres permanents, 10 non permanents élus pour deux ans par l'Assemblée générale) et n'a de volonté qu'à deux conditions : que 9 de ses 15 États membres votent en faveur du dispositif envisagé ; qu'aucun de ses 5 membres permanents n'oppose son veto. Comment pourrait-il en être autrement dans un système fondé sur des États souverains et très inégaux en puissance ?

Faits et dates

– *12 septembre 2002* : Discours de G. W. Bush devant l'Assemblée générale des Nations unies, exprimant sa détermination à éliminer le régime de S. Hussein.
– *17 septembre 2002* : Accord de S. Hussein pour un retour des inspecteurs de l'ONU. Première fêlure entre, d'un côté, les États-Unis et le Royaume-Uni et, de l'autre, la Russie, la Chine et la France.
– *8 novembre 2002* : Vote à l'unanimité par le Conseil de sécurité de la résolution 1441, détaillant les obligations de l'Irak vis-à-vis des inspections de désarmement.
– *27 janvier 2003* : Bilan mitigé des inspecteurs de la Commission de contrôle, de vérification et d'inspection des Nations unies (COCOVINU) devant le Conseil de sécurité.
– *5 février 2003* : Discours de C. Powell soulignant devant le Conseil de sécurité le refus de coopération de Bagdad en matière de désarmement. Plaidoyer passionné du ministre français des Affaires étrangères en faveur de la poursuite des inspections.
– *14 février 2003* : Nouveau bilan des inspecteurs, qui demandent plus de temps pour mener à bien leur travail.
– *24 février 2003* : Projet de résolution des États-Unis, du Royaume-Uni et de l'Espagne visant à faire constater la « violation patente » (*material breach*) par l'Irak de ses obligations. Parallèlement, mémorandum de l'Allemagne, de la Russie, de la Chine et de la France proposant un échéancier d'inspections renforcées.
– *Mars 2003* : Destruction par l'Irak de missiles prohibés (le 1er). Rapport des inspecteurs faisant valoir une coopération « active » de l'Irak (le 7).
– *17 mars 2003* : Ultimatum de G.W. Bush à S. Hussein.
– *20 mars-1er mai 2003* : Intervention militaire américano-britannique contre l'Irak. Prise rapide de Bagdad.
– *22 mai 2003* : Adoption par le Conseil de sécurité, par 14 voix et 1 abstention (la Syrie), de la résolution 1483, définissant les modalités de l'association de l'ONU à l'administration de l'Irak.
– *30 mai 2003* : Adoption de la résolution 1484. L'opération « Artemis » expédie 1 800 soldats, principalement français, en RDC (action commune du Conseil de l'UE adoptée le 5 juin).

La logique ultime de l'ONU est le transfert à son profit de l'usage de la force légitime pour régler tous les conflits internationaux ; or, aujourd'hui, y a-t-il beaucoup d'États sincèrement prêts à abandonner leurs capacités militaires et à s'en remettre pour leur sécurité à une instance internationale ? En 1990-1991, le Conseil de sécurité était uni face à l'invasion du Koweït, la quasi-totalité de ses membres (et en particulier les 5 permanents) ressentant l'invasion de l'émirat par l'Irak comme une violation patente du droit international. Par ailleurs, la libération du Koweït, certes autorisée par l'ONU, avait été accomplie non par une armée onusienne (prévue par les articles 45 à 47 de la Charte, mais jamais créée), mais par une coalition spécifique sous commandement américain.

En 2003, l'ONU a trouvé sa place dans la reconstruction de l'Irak, les États-Unis se rendant compte de la nécessité d'impliquer la communauté internationale dans ce chantier considérable, et les autres membres du Conseil de sécurité admettant le caractère incontournable de la puissance américaine. Le 22 mai 2003, le Conseil de sécurité adoptait à l'unanimité (moins une abstention, la Syrie) la résolution 1483. Ce texte, proposé par les 3 principaux États de la Coalition (États-Unis, Royaume-Uni, Espagne), prend acte de l'occupation américano-britannique de l'Irak et met en place un représentant spécial des Nations unies, qui travaillera en étroite coopération avec les différentes parties (Autorité provisoire, peuple irakien, etc.) impliquées dans la reconstruction et l'établissement d'une démocratie en Irak.

Une molle et contradictoire « communauté » internationale. L'affaire irakienne ne fait que confirmer la position de l'ONU dans le système international. Celle-ci y incarne une communauté internationale « molle » et contradictoire, qui doit s'accommoder de contraintes fondamentales : les États restent maîtres de la force militaire et ils sont inégaux. L'ONU est vouée à travailler avec ces États, et d'abord avec les plus puissants. Si elle est essentielle *avant* et *après* les conflits, elle ne peut que s'effacer *pendant* la guerre. Telle est l'ambiguïté de la Charte : son ambition est de retirer aux États le droit de faire la guerre, tout en sachant pertinemment qu'elle ne le peut pas, la sécurité d'un territoire, d'une population, dépendant en définitive de son État.

C'est alors que réapparaît l'une des activités ignorées et cependant capitales de l'ONU : prendre en charge les conflits qui n'intéressent pas ou plus les puissants. Si, en 2002-2003, l'Irak a semblé accaparer totalement l'ONU, celle-ci n'en a pas moins été présente dans le continent oublié du système international : l'Afrique (Sierra Leone, République démocratique du Congo [RDC], Côte-d'Ivoire, etc.). Dans tous ces conflits, l'ONU joue le rôle d'une sorte d'infirmier démuni, faisant ce qu'elle peut pour mettre fin à la violence ou, au moins, la calmer et lancer des processus de reconstruction.

Ainsi la RDC, abandonnée à son chaos depuis l'effondrement du régime Mobutu en 1997, a-t-elle suscité en 2003 une forte émotion : entre 3 et 5 millions de personnes ont été massacrées. Une opération modeste, baptisée « Artemis », a été mise sur pied, sous la conduite de l'Union européenne et sur la base d'un mandat très vague de l'ONU (résolution 1484 du 30 mai 2003). 1 800 soldats, principalement français, sont impliqués. L'intervention a été doublement limitée : géographiquement (Bunia-Ville et Bunia-Aéroport) et temporellement (juin-septembre 2003, voir l'article « Afrique des Grands Lacs »).

P. M. D.

Pour en savoir plus

Berdal, M. (2003), « The UN Security Council: Ineffective but Indispensable », *Survival*, vol. 45, n° 2, été.

Moreau Defarges, P. (2003), *La Gouvernance*, Paris, PUF, coll. « Que sais-je ? ».

Sites Internet

Sur l'ONU : <www.un.org/french>.

Sur les relations États-Unis, Irak, ONU : <www.ifri.org>.

Opinion publique

L'Irak : un tournant ?

La crise irakienne de 2003 marque-t-elle une étape nouvelle dans la formation d'une opinion publique transnationale ?

Une mobilisation considérable. Un fait domine : le 15 février 2003, la mobilisation contre la guerre en Irak rassemble 6 millions de personnes dans 600 villes du monde. Y a-t-il pour autant une vague de fond planétaire ? Les mouvements de masse sont ouest-européens et australien : 3 millions de personnes à Rome, 1,3 million à Barcelone, 1 million à Londres, 600 000 à Madrid, 500 000 à Berlin, 250 000 à Paris, 200 000 à Sydney. L'Europe centrale et orientale n'est pas touchée. Aux États-Unis, les effectifs sont bien modestes en comparaison de ceux de l'époque du Vietnam : 100 000 à New York et à Los Angeles.

Le Moyen-Orient connaît une mobilisation non négligeable en Égypte, en Syrie, etc. (voir l'article « Monde arabe »). L'absence d'une véritable liberté de manifestation dans ces pays rend très difficile toute évaluation de la profondeur des réactions. Les rassemblements publics sont contrôlés par les gouvernements, qui n'hésitent pas à les utiliser pour canaliser les colères populaires. Dans toute l'Asie, de l'Inde au Japon, la mobilisation reste limitée, même dans les pays musulmans (Pakistan, Malaisie, Indonésie) de la région. De même en Amérique latine et en Afrique.

Alors pourquoi ce sentiment d'une déferlante, suggérant une population mondiale dressée contre la guerre ? Les plus grands rassemblements se déroulent dans des capitales européennes (Londres, Berlin, Madrid), là où la présence de la télévision est maximale. La diffusion en continu d'images venant des quatre coins de la planète impose la vision d'une seule et même manifestation associant tous les peuples avec la même intensité.

Au Royaume-Uni, en Espagne, en Italie, en Australie, la ligne pro-américaine des gouvernements, se heurtant de front aux foules anti-guerre, établit un schéma manichéen, parfait pour les médias et pour l'imaginaire collectif : le pouvoir contre le peuple, les gouvernants en conflit avec les gouvernés, Créon contre Antigone. Beaucoup de personnalités médiatiques – acteurs, metteurs en scène, intellectuels, etc. – s'épanouissent dans un tel climat.

Un impact politique limité. En réalité, ces rassemblements entravent peu la détermination de l'Administration Bush. Les deux gouvernants les plus secoués sont le Premier ministre britannique, Tony Blair, et le Premier ministre espagnol, José Maria Aznar. Pour l'essentiel, face à des opinions violemment hostiles, ils suivent le président des États-Unis. Les hostilités commencées, les mouvements anti-guerre s'évanouissent.

Quelles leçons tirer, sous l'angle de l'opinion, de la crise irakienne ? En premier lieu, l'histoire récente montre des phénomènes plus durables, plus organisés : aux États-Unis, à

Faits et dates

– *18 janvier 2003* : Manifestations à Paris et mobilisation dans 150 villes des États-Unis contre une éventuelle intervention en Irak.
– *5 février 2003* : Discours du secrétaire d'État, Colin Powell, aux Nations unies : il déclare l'Irak en possession d'armes de destruction massive.
– *15 février 2003* : Manifestations mondiales anti-guerre rassemblant près de 15 millions de personnes dans différentes villes du monde (250 000 à Paris).
– *20 mars 2003* : Lancement de l'opération militaire américano-britannique, « Liberté pour l'Irak ».
– *29 mars 2003* : Nouvelles manifestations mondiales anti-guerre dans plusieurs villes du monde.

la fin des années 1960, les protestations contre l'engagement au Vietnam ; au début des années 1980, en Europe occidentale, la vague pacifiste lors de la crise des euromissiles. Il y a bien une articulation entre les caractères des manifestations et leurs objectifs. Les manifestations aux États-Unis contre la guerre du Vietnam s'enracinaient dans le refus des jeunes Américains d'aller mourir dans la jungle pour une cause qu'ils ne comprenaient pas. Le motif était précis. De même, le refus du déploiement des euromissiles est bien expliqué par le slogan des pacifistes les plus radicaux : « Plutôt rouge que mort. » Plutôt la soumission au totalitarisme communiste que l'anéantissement nucléaire. Ici aussi, les raisons étaient concrètes.

Dans la crise irakienne, les manifestants ouest-européens et australiens ne risquent quasiment pas d'être envoyés sur le champ de bataille irakien. De même que l'Administration lutte contre le Mal, les manifestants anti-guerre se dressent contre la Guerre. Au-delà des slogans se profilent d'autres raisons, parmi lesquelles la haine des États-Unis, qui se traduit notamment par la destruction de restaurants McDonald's. Cette haine peut être analysée de façon rationnelle. Jamais les États-Unis n'ont paru aussi puissants. Aucun ennemi massif ne se dresse face à eux (comme, en d'autres temps, le IIIe Reich ou l'Union soviétique). Tout au long des années 1980 et 1990, ils ont creusé l'écart avec les autres pays et n'ont aujourd'hui pas d'égaux. Le style de la diplomatie Bush accentue encore ce sentiment d'arrogance. Mais, derrière l'antiaméricanisme, se cachent parfois des revendications encore plus douteuses (antisémitisme, exaltation de Ben Laden, etc.).

Des réactions aussi massives et floues peuvent difficilement avoir un impact politique immédiat. Pour l'Administration Bush, seule l'opinion américaine importe ; elle est la seule qui, par les élections, puisse affecter son avenir. Quant à l'antiaméricanisme que véhiculent les manifestations, c'est certainement un motif de préoccupation à long terme pour les États-Unis. Mais sa prise en compte dans les choix de l'Administration dépend de multiples facteurs : réussite ou échec en Irak, évolution du Moyen-Orient, sentiments de l'opinion américaine.

P. M. D.

Sites Internet

BVA : <www.bva.fr/new/actualitepm2003_08.html>.
French American Foundation : <www.frenchamerican.org/>.
OpenDemocracy : <www.opendemocracy.net/debates/article-3-33-1052.jsp>.
IFOP : <www.ifop.com/europe/banque/resulbase.asp?THEME2=international>.
Pew Research Center : <www.people-press.org>.
Sofres : <www.tns-sofres.com/etudes/dossiers/d_irak.htm>

Pakistan

Une transition sous contraintes

Au terme de 3 ans de pouvoir, le général Pervez Moucharraf a remis son pays sur la voie de la transition démocratique lors des élections législatives d'octobre 2002. Trois facteurs imposaient une telle évolution : la Cour suprême avait avalisé le coup d'État de 1999 à condition que des élections soient organisées 3 ans plus tard ; la légitimité de Moucharraf avait souffert des irrégularités massives qui avaient entaché le référendum présidentiel ; et l'armée, toute puissante sur le front extérieur, ne pouvait se maintenir au pouvoir sans le soutien des politiciens de la province centrale du pays, le Panjab, avides de faveurs politiques.

Une transition démocratique en trompe-l'œil ? Les nombreuses manipulations électorales, la victoire du favori de l'armée (la faction dissidente de la Ligue musulmane du Pakistan, parti du Premier ministre démis, obtint le plus grand nombre de députés) et la percée inattendue des islamistes ont donné l'impression d'une farce électorale ayant dérapé en raz-de-marée islamiste. Or la signification des résultats électoraux est beaucoup plus complexe.

Ceux-ci sont d'abord exemplaires du délicat rapport de force entre civils et militaires d'une part, et entre ces forces et les mouvements islamistes de l'autre, qui a toujours caractérisé la vie politique du pays. Moucharraf, sans être un dictateur absolu (l'opposition, la puissante bureaucratie et la liberté d'expression n'étant pas plus brimées que sous les précédents gouvernements), n'est pourtant pas disposé à permettre une véritable démocratie ni à mettre un terme à la domination semi-séculaire de l'armée. Il a donc, au préalable, étendu son mandat de chef d'état-major indéfiniment, et celui de président jusqu'en 2007, et imposé des amendements constitutionnels rétablissant les prérogatives du chef de l'État (démettre le Premier ministre et dissoudre l'Assemblée nationale) et institutionnalisant l'intervention de l'armée en politique par l'intermédiaire d'un Conseil de sécurité nationale créé sur le modèle turc, censé superviser la « sécurité de l'État » et la « démocratie ». Enfin, le nouveau Premier ministre, Zafarullah Khan Jamali, premier Baloutche (ethnie minoritaire du sud-ouest) à accéder à ce poste, a été choisi en raison de l'étroitesse de sa base sociale, gage de soumission.

Toutefois, l'armée n'a pu empêcher l'ensemble des partis d'opposition d'obtenir la majorité des députés, ni le Parti du peuple pakistanais (PPP), son principal ennemi politique, de remporter le plus grand nombre de voix (25 %). Dès lors, loin de stabiliser le pouvoir de Moucharraf comme celui-ci s'y ingéniait, les élections ont provoqué l'une des plus graves crises constitutionnelles depuis 10 ans : les institutions démocratiques sont encore paralysées 7 mois après les élections, car l'opposition refuse de reconnaître la validité des amendements et du référendum présidentiels. Faire d'avantage de concessions à la faction islamiste de l'opposition semble donc être l'unique recours du président.

Pour la première fois dans l'histoire du pays, les islamistes (6 partis regroupés dans un « Conseil uni pour l'action » [MMA]) sont devenus la troisième force à l'Assemblée nationale et dirigent 2 des 4 provinces du pays : celle de la Frontière du Nord-Ouest (NWFP) et, en coalition, le Baloutchistan. L'impression d'une « vague islamiste » doit cependant être relativisée. 10 % seulement des électeurs ont voté MMA, mais le système électoral gonfle le nombre des sièges des partis dont les votes sont géographiquement regroupés. En outre, ce score s'explique principalement à la fois par le patronage de l'État et par le nouveau contexte régional qui a permis aux partis islamistes de s'unir, fait sans précédent, sur le plus petit dénominateur commun : l'opposition à l'intervention des États-Unis en Afghanistan. Or, des tensions sont rapidement apparues entre le Jamiat-e Islami, le seul parti bénéficiant d'une assise nationale (mais de seulement 11 députés) et le Jamiat-e Ulama-e Islam (JUI), qui a le plus profité du déclin des partis nationalistes pachtounes et de l'antiaméricanisme dans les zones frontalières de l'Afghanistan.

Les islamistes pourront-ils capitaliser ces acquis ? La réponse est nuancée. Ils sont certes encouragés par une bourgeoisie pieuse désormais sensible à leurs appels à l'ordre moral (d'où leur percée dans les quartiers aisés de Karachi) et, surtout, par la désaffection de la population à l'égard du politique : l'abstention a atteint jusqu'à 75 % dans les régions ayant voté MMA, chiffre que le faible vote des femmes n'explique qu'en partie. L'urbanisation galopante d'une population pour moitié âgée de moins de 20 ans, et durement touchée par un taux de chômage de 20 %, les a également favorisés (voir Population Census Organisation, *Census Report of Pakistan 1998*, Islamabad, Government of Pakistan, 2001). L'exercice du pouvoir reste pourtant le meilleur obstacle à leur progression. En dehors des poches traditionnellement conservatrices, la corruption massive et l'exigence d'une plus grande justice sociale sont les principales causes de la réceptivité aux sirènes de l'islamisation de l'État.

Or, dans les provinces que les islamistes dirigent, celle-ci s'est traduite par une concentration sur des enjeux mineurs et un autoritarisme inquiétant (interdiction aux chauffeurs de bus d'écouter la radio et aux femmes athlètes d'être entraînées par des hommes). En même temps, ce puritanisme de type taliban va de pair avec une libéralisation des mœurs, timide mais croissante, dans les zones urbaines. Les discours engagés de Moucharraf sur la dimension humaniste de l'islam, associés à une moindre visibilité des mouvements religieux radicaux depuis leur interdiction en janvier 2002, ont libéré une parole publique plus critique, voire satirique, vis-à-vis des islamistes, qui s'exprime aussi bien sur l'une des nouvelles chaînes câblées en langue locale, très appréciée, que dans les quartiers populaires. Paradoxalement, les « années Moucharraf » ont ainsi tout autant favorisé la victoire électorale des islamistes que permis un débat sur la façon dont éthique islamique et identité nationale doivent s'articuler.

Mais, si les islamistes ne peuvent confronter directement l'institution la plus puissante du pays (les plus hauts rangs de l'armée leur sont idéologiquement hostiles), ils sont en mesure de considérablement gêner Moucharraf, accusé d'avoir joué avec le feu en les laissant gagner dans la NWFP, où ils ont fait voter l'application de la charia. Le président a certes les moyens constitutionnels de vider cette loi de son contenu, mais le nécessaire soutien politique du MMA peut l'en dissuader. Le principal risque engendré par les élections est donc davantage celui d'une séparation idéologique accrue entre les différentes provinces, désormais dominées par des forces politiques aux agendas antagonistes et dont les liens sont historiquement fragiles, que celui d'une extension de l'islamisme.

Les ondes de choc de l'alignement sur les États-Unis. La collaboration antiterroriste avec Washington s'est poursuivie et intensifiée : l'armée régulière a, pour la première fois, déployé des troupes dans les zones tribales jusque-là quasi autonomes qu'elle a également ouvertes aux forces américaines, et le nombre de membres suspectés d'Al-Qaida remis aux États-Unis s'élevait à 440 à la fin 2002. Le succès de cette collaboration a permis une relative accalmie : il n'y a plus eu d'atteinte à la vie d'Occidentaux depuis juillet 2002. Toutefois, une série d'attaques contre des postes diplomatiques et des stations d'essence ont démontré que la menace n'était que partiellement contenue à Karachi. En outre, la violence terroriste visant principalement des Pakistanais, minorités religieuses et forces de police, est toujours aussi meurtrière.

Dans la province du Baloutchistan, jusque-là relativement préservée, la violence confessionnelle a pris une ampleur sans précédent, faisant plus de 60 victimes au sein de la minorité chiite hazara à l'été 2003, tandis que les arrestations d'anciens cadres talibans s'y sont multipliées. L'instabilité terroriste est d'autant plus délicate à enrayer que la nébuleuse terroriste est traversée par des scissions à répétition et que ses liens avec les militants « djihadistes », jusque-là actifs au seul Cachemire avec la bénédiction des autorités pakistanaises, ont été mis au jour grâce aux arrestations en série des auteurs présumés des attentats contre les Occidentaux et la minorité chrétienne qui ont suivi le soutien d'Islamabad à Washington, soutien qui fait par ailleurs l'objet de critiques croissantes.

Les importantes manifestations contre la guerre en Irak ont en effet été autant un rejet de la politique des États-Unis au Moyen-Orient que l'expression d'un réflexe nationaliste suscité par les arrestations en série de citoyens pakistanais, pris dans le filet de la « chasse » à Al-Qaida, et par l'obligation faite à tout Pakistanais doté d'un visa temporaire de se faire inscrire auprès des services d'immigration aux États-Unis, auprès desquels il lui faut désormais répondre de sa pratique religieuse comme de ses liens d'amitiés (depuis juin 2002). De plus, la manne financière américaine pour collaboration à « la guerre contre la terreur » n'a nullement amélioré les conditions de vie de la très grande majorité des Pakistanais. Les indicateurs macro-économiques sont certes meilleurs (réduction annoncée de 9 milliards de dollars de la dette extérieure nette, exportations et investissements étrangers en hausse après des années de stagnation ou de déclin), mais 75 % de l'aide des États-Unis a servi au remboursement des intérêts de la dette. Pire, les impératifs de réduction du déficit budgétaire imposés par le Fonds monétaire international (FMI) ont maintenu les dépenses de santé et d'éducation à un niveau dangereusement bas, et entraîné une hausse du prix des médicaments, de l'essence, du gaz et de l'électricité qui a encore appauvri la petite classe moyenne : 50 % de la population vivait avec moins de 2 dollars par jour en 1997 ; ils sont 84,7 % en 2002.

Par ailleurs, la *pax americana* régionale imposée depuis le 11 septembre va de plus en plus nettement à l'encontre des intérêts de l'armée pakistanaise. La situation le long de la frontière avec l'Afghanistan (45 000 troupes pakistanaises y seraient encore massées) reste extrêmement tendue et confuse, et ce, malgré la présence de forces américaines des deux côtés, en particulier dans les agences tribales de Mohmand et du Waziristan. L'armée pakistanaise s'y est opposée à des membres présumés d'Al-Qaida et de l'ancien régime taliban ainsi qu'aux tribus locales (perdant 10 hommes au cours de ces affrontements), puis aux troupes américaines (lors d'une bataille, qualifiée ultérieurement de bavure, mais qui a provoqué le premier bombardement du territoire pakistanais par les États-Unis), et enfin à des soldats afghans. Kaboul s'inquiète de voir des partis islamistes diriger les deux provinces frontalières et accuse Islamabad de les laisser y développer des « sanctuaires » talibans.

L'origine de ces tensions entre le Pakistan et l'Afghanistan, dont la responsabilité est généralement attribuée à des membres des services de renseignement de l'armée pakistanaise (ISI) tentant, par affinité islamiste, de torpiller la politique pro-américaine de Moucharraf, est bien moins idéologique qu'il n'y paraît. La perte de ses soutiens (ceux des Talibans et de Gulbuddin Hekmatyar, désormais recherché par les États-Unis) – alors même que la renégociation annoncée de l'accord frontalier de 1983 (qui a divisé les tribus pachtounes tout en les autorisant à traverser librement une ligne dont la démarcation est incomplète) fait craindre un retour de l'irrédentisme afghan sur les régions pachtounes pakistanaises – incite Islamabad à accroître sa présence dans les zones tribales et à y installer des postes frontaliers. Parallèlement, la coopération militaire entre l'Inde et l'Afghanistan, qui retrouve peu à peu son niveau d'avant 1979, ravive les pires inquiétudes de l'armée : être pris en tenaille par deux voisins hostiles poussant, conjointement, à une révision des deux frontières contestées du pays.

Sur le dossier du Cachemire en effet, l'Inde est la grande bénéficiaire de l'après 11-septembre. L'insurrection est désormais présentée comme un « simple » problème de « terrorisme transfrontalier », tandis que les élections dans ce territoire disputé ont été soutenues par la communauté internationale. Le Pakistan a également été contraint, sous la pression des États-Unis, de réduire considérablement, sans toutefois y mettre un terme, le niveau des infiltrations des guérilleros islamistes et de se dissocier du seul groupe armé à majorité cachemirie qu'il soutenait depuis 13 ans, et qui avait échappé à l'interdiction de janvier 2002. La médiation des États-Unis dans l'épineux dossier indo-pakistanais, la plus intense depuis 1962, pourrait ainsi déboucher sur des pressions accrues dans les 5 prochaines années (période

Faits et dates

– *15 juillet 2002* : O. S. Sheikh, accusé du meurtre de D. Pearl, est condamné à la peine de mort par un tribunal militaire.

– *Août 2002* : Attentats contre une école puis un hôpital chrétiens au Panjab (le 5 et le 9, 10 morts), attribués à une faction dissidente d'un mouvement islamiste du Cachemire (Jaish-e Muhammad) et suivis, 1 mois plus tard, d'une attaque contre une ONG locale chrétienne à Karachi (11 morts). Moucharraf rétablit le régime présidentiel et décide du partage du pouvoir entre civils et militaires dans un Conseil de sécurité national (le 22).

– *Septembre 2002-avril 2003* : Arrestations de 3 adjoints présumés de Ben Laden (R. bin al-Shaiba, K. S. Muhammad et T. bin al-Attash).

– *Septembre 2002* : Reprise des réunions du Pakistan-USA Defense Consultative Group, interrompues après les essais nucléaires pakistanais de 1998.

– *10 octobre 2002* : Élections législatives. Aucune majorité absolue ne se dégage à l'Assemblée nationale, qui ne vote sa confiance au Premier ministre Z. K. Jamali que 2 mois plus tard (le 31 décembre).

– *Octobre 2002* : Explosions de plusieurs colis piégés visant la police et le ministère de l'Intérieur du Sindh, à Karachi (le 16), revendiquées par l'Armée musulmane unie (MUA), également responsable d'explosions dans des stations d'essence en mai 2003.

– *Décembre 2002* : Attentat contre le consulat de Macédoine à Karachi (3 employés pakistanais tués).

– *Février 2003* : À Karachi, série d'agressions contre des chiites (11 morts) et nouvelle attaque contre le consulat des États-Unis (2 vigiles pakistanais tués).

– *Mars 2003* : L'Inde menace le Pakistan d'attaques préventives et commence à clôturer la Ligne de contrôle dans la région du Cachemire.

– *Avril-juin 2003* : 6 militants du Harkat-ul Mujahidin Al Alami sont condamnés à la peine de mort pour les attentats-suicides contre le consulat américain (juin 2002, 11 morts) et l'hôtel *Sheraton* (mai 2002, 14 victimes dont 11 Français) à Karachi.

– *Avril 2003* : Échange de tirs entre troupes afghane et pakistanaise le long de la frontière (Nord-Waziristan).

– *Mai-juin 2003* : Le Pakistan impose des « restrictions » aux activités d'un mouvement de rébellion cachemiri (Hizb-ul Mujahidin) sous la pression des États-Unis. L'Inde et le Pakistan rétablissent progressivement leurs relations diplomatiques.

– *Juin 2003* : Le gouvernement met en place un programme de réforme et de modernisation des madrasas (le 19). Les États-Unis accordent un prêt de 3 milliards de dollars (dont la moitié pour la défense), sous conditions et sur 5 ans (le 24).

– *4 juillet 2003* : À Quetta (Baloutchistan), un attentat-suicide contre une mosquée chiite (53 morts) précédé, un mois plus tôt, du meurtre de 13 fonctionnaires chiites, provoque d'importantes manifestations.

durant laquelle les 3 milliards de dollars promis par George W. Bush devraient être débloqués, moyennant une « coopération accrue dans la lutte contre le terrorisme », entre autres, pour transformer la Ligne de contrôle (LoC), que l'Inde a commencé à clôturer, en frontière internationale. Le réchauffement des relations indo-pakistanaises, engagé en avril 2003, ne doit donc pas faire illusion : le Pakistan est contraint d'accepter de « dialoguer sur un futur dialogue », mais les tirs le long de la LoC se poursuivent et le contentieux hydraulique qui, en outre, oppose les deux voisins va s'aggravant.

A. B.

Pour en savoir plus

Blom, A. (2003), « Pakistan : la relation ambiguë avec les États-Unis et ses conséquences », *Questions internationales*, n° 2.

Cohen, S. P. (2003), « The Jihadist Threat to Pakistan », *The Washington Quarterly*, vol. 26, n° 3.

International Crisis Group (2003), « Pakistan: The Mullahs and the Military », *ICG Asia Report*, n° 49, Islamabad/Bruxelles.

Jaffrelot, Ch. (dir.) (2002), *Le Pakistan, carrefour de tensions régionales*, Paris, Complexe-CERI.,

Sites Internet

Quotidiens pakistanais :
<www.dawn.com>, <www.dailytimes.com.pk>.
Hebdomadaires :
<www.thefridaytimes.com>,
<www.jang.com.pk/thenews/index.html>.
Mensuel : <www.dawn.com/herald>.

Sites de recherche :
International Crisis Group : <www.crisisweb.org>.
Carnegie Endowment for International Peace :
<www.ceip.org/files/publications>.
The Brookings Institution : <www.brook.edu>.

Pétrole
Crises et incertitudes

Dans le contexte international très particulier de l'année 2002-2003, trois faits retiennent l'attention du point de vue pétrolier : la crise vénézuélienne, la croissance et la maturation de l'industrie pétrolière russe, et les incertitudes liées à la reconstruction du secteur pétrolier irakien.

Les enseignements de la crise vénézuélienne. La crise provoquée par le mouvement de grève dans l'industrie pétrolière vénézuélienne, à partir du 2 décembre 2002, fut la plus importante perturbation de l'offre pétrolière mondiale depuis l'embargo sur l'Irak et le Koweït en 1990. La production du Venezuela est passée de 2,9 millions de barils par jour (Mb/j) en novembre à 0,8 en décembre et 0,5 en janvier. Le total cumulé de perte d'offre pétrolière s'élève à quelque 140 Mb. Il s'agit donc d'une crise importante au plan quantitatif.

Cette rupture d'offre intervenait à un moment critique pour le marché pétrolier. Sur fond d'anticipations d'une guerre au Moyen-Orient, plusieurs phénomènes se sont conjugués qui rendaient la situation potentiellement très dangereuse : l'hiver très rude sur la côte est des États-Unis ; les prix élevés sur le marché du gaz naturel nord-américain, qui ont poussé une partie de la demande à se reporter sur le fuel ; le surcroît de demande de fuel au Japon, après la fermeture exceptionnelle de 11 réacteurs nucléaires dans la région de Tokyo ; enfin, l'amorce d'une grève au Nigeria menaçant de réduire les exportations de ce pays, qui joue un rôle important sur le marché atlantique.

Le plus gros des exportations vénézuéliennes est destiné au marché américain, qui fut donc exposé très directement à cette crise – même si le marché pétrolier l'a transformée en une crise mondiale, comme c'est toujours le cas. La conséquence immédiate fut une chute des stocks privés américains, déjà relativement bas, laquelle entraîna une hausse des prix du brut – selon le mécanisme classique des marchés de matière première. Le prix « spot » du WTI (*West Texas Intermediate*) est passé de 22 dollars à la mi-novembre à 34 à la mi-février.

Cette crise est porteuse de plusieurs enseignements. Tout d'abord, elle invite à reconsidérer l'idée, centrale aux États-Unis, selon laquelle les approvisionnements en provenance d'Amérique latine sont sûrs – par opposition aux importations venant du Moyen-Orient ou d'autres régions traditionnellement qualifiées d'« instables ». En fait, si l'on excepte les quelque 30 % de l'offre pétrolière mondiale produits dans les pays de l'Organisation de coopération et de développement économiques (OCDE) – y compris la production mexicaine – et les 10 % produits en Russie, le reste est, à des degrés divers, soumis à un risque d'instabilité politique réel.

Le second enseignement est lié au précédent : la protection de l'économie mondiale contre les effets des crises pétrolières passe par l'utilisation de stocks stratégiques. Le plus important de ces stocks est la Strategic Petroleum Reserve (SPR), détenue par le gouvernement fédéral américain, et placée sous la responsabilité du département de l'Énergie (DOE) – le recours aux stocks stratégiques des pays de l'OCDE étant en principe coordonné par l'Agence internationale de l'énergie (AIE). Mais les États-Unis – et c'est le troisième enseignement de la crise vénézuélienne – répugnent à utiliser la SPR, bien que celle-ci soit précisément destinée à faire face à ce genre de situations. Une conception erronée de la crise pétrolière comme « rupture physique d'approvisionnement » (par opposition à une augmentation des prix), rend pratiquement impossible son utilisation. À plusieurs reprises depuis son arrivée au pouvoir, l'Administration Bush a réaffirmé cette doctrine d'utilisation qui n'en est pas une : nul n'a jamais vu une crise pétrolière se matérialiser autrement que par une hausse des prix. Une étude a estimé que la mise sur le marché, par le DOE, de 50 Mb par mois en décembre 2002 et janvier 2003 aurait permis de contenir le prix du pétrole autour de 25 dollars début mars (au lieu des 37 observés).

Croissance et maturation de l'industrie pétrolière russe. La crise vénézuélienne illustre les fragilités du système pétrolier mondial. À l'inverse, la Russie, après la privatisation et la restructuration de son industrie pétrolière dans la deuxième moitié des années 1990, est devenue l'un des pôles de stabilité de ce système. Les développements récents tendent à le confirmer.

La production pétrolière russe avait atteint son maximum historique en 1988 avec près de 12 Mb/j. Mais, après la chute du régime soviétique, la production s'était effondrée de près de 50 % ; elle a recommencé à croître en 1999 et la croissance s'est poursuivie depuis. Après avoir augmenté de 0,6 Mb/j entre avril 2001 et avril 2002, la production russe a progressé de 0,8 Mb/j entre avril 2002 et avril 2003. Elle atteignait alors 8 Mb/j, plaçant la Russie au deuxième rang mondial après l'Arabie Saoudite (9,2 Mb/j). Au total, les pays de l'ex-URSS (y compris ceux de la Caspienne, voir l'article du même nom) devraient assurer 60 % de la croissance de l'offre pétrolière hors OPEP (Organisation des pays exportateurs de pétrole) en 2003.

Deux événements sont venus confirmer la stabilisation et la maturation de l'industrie pétrolière russe en 2003 : un investissement très important de BP, et la fusion de Yukos et Sibneft pour créer un nouveau géant du secteur. En février 2003, BP a annoncé la signature d'un accord au terme duquel il va investir près de 7 milliards de dollars pour l'acquisition de 50 % des parts d'une nouvelle société russe, regroupant les actifs de BP en Russie et ceux des compagnies Tyumen Oil (TNK) et Sidanco Oil. Cette initiative stratégique témoigne de l'évolution favorable du climat des affaires en Russie – ou tout au moins de la perception qu'en ont les compagnies occidentales. Elle pourrait susciter des opérations similaires de la part d'autres groupes pétroliers internationaux, et renforcer ainsi la concurrence pour l'accès aux réserves russes. Par ailleurs, en avril 2003, Yukos et Sibneft ont annoncé leur plan de fusion en une compagnie unique, YukosSibneft, qui est devenue la seconde compagnie pétrolière russe (la troisième du secteur, si l'on inclut le géant gazier Gazprom, voir l'article « Russie »).

La restructuration du secteur pétrolier russe, dont les développements récents confirment la pérennisation, a une portée politique importante. La Russie a privatisé son industrie pétrolière parce que c'était le seul moyen praticable pour la restructurer et la moderniser techniquement, et ainsi enrayer le déclin de la production consécutif à la chute du régime communiste. La Russie est maintenant, en tant que pays producteur de pétrole, plus proche des États-Unis ou de la Grande-Bretagne que des pays de l'OPEP, du Mexique ou même de la Norvège. Il ne pourra pas y avoir de coopération réelle et durable entre la Russie et l'OPEP, car les décisions d'investissement et d'exploitation sont prises par des acteurs privés détenant des droits de propriété sur les réserves. L'orientation stratégique prise par la Russie dans les années 1990, même si elle fut motivée par des considérations très pragmatiques et influencée par des jeux d'intérêts personnels très éloignés des considérations « géopolitiques », est un immense cadeau à tous les consommateurs de pétrole.

Incertitudes irakiennes. Certains, au sein ou autour de l'Administration Bush, nourrissent certainement l'ambition de conduire l'Irak à prendre la même option stratégique que la Russie. L'importance d'une telle évolution serait, de fait, considérable. On peut même raisonnablement penser qu'elle susciterait une transformation radicale du système pétrolier mondial, et en particulier la disparition de l'OPEP. Toutefois, il est improbable que l'Administration reprenne effectivement à son compte un tel objectif ; surtout, les événements survenus depuis l'arrêt des hostilités suggèrent que la reconstruction de l'industrie pétrolière irakienne sera plus longue que prévue, et que les choix stratégiques, en particulier sur l'attribution de contrats de développement à des compagnies pétrolières étrangères, ne sont pas à l'ordre du jour. Les grandes compagnies multinationales indiquent qu'elles n'investiront en Irak que lorsqu'un gouvernement reconnu internationalement sera en mesure d'octroyer des contrats, sur la base d'un cadre juridique et fiscal sûr.

Plus de 2 mois après la fin de la guerre, l'Irak ne produisait que 0,5 Mb/j (contre 2,5 avant l'invasion, et 3 avant la première guerre du Golfe). Les exportations n'ont repris que début juin 2003, à partir des volumes stockés dans le port turc de Ceyhan, et sur la base des dispositions prévues par la résolution 1483 du Conseil de sécurité des Nations unies. Les travaux de reconstruction des infrastructures de production et de transport devraient prendre entre 1 et 2 ans, et nécessiter entre 3 et 5 milliards de dollars d'investissement. Si les contraintes liées au financement de ces travaux sont résolues, l'Irak pourrait retrouver vers la fin 2004 un niveau de production de l'ordre de 3 Mb/j.

Une forte incertitude subsiste donc quant au rythme du retour de l'Irak sur les marchés. Elle s'ajoute à celle pesant sur l'évolution de la demande pour rendre difficile – voire franchement aléatoire – la tâche de l'OPEP dans les mois à venir, et donc très incertaine l'évolution des cours. À plus long terme, si l'on fait l'hypothèse que le pays va se stabiliser et se doter d'un gouvernement légitime, celui-ci cherchera sans doute à développer les capacités de production, qui restent très faibles au regard des réserves. Dans les années 1990, le gouvernement annonçait son intention de passer de 3 à 6 Mb/j en 5 ans ; un tel développement supposerait un recours massif aux investissements étrangers, qui paraît aujourd'hui peu probable. Dans le cas d'un développement plus modeste, la reprise de la croissance économique mondiale – donc de la demande de pétrole – pourrait permettre à l'OPEP de le gérer. Mais, plus on s'éloigne dans le temps, plus l'incertitude croît sur chacun des termes de l'équation : évolution politique en Irak et dynamique du marché pétrolier.

P. N.

Faits et dates

– *2 décembre 2002-3 février 2003* : Grève générale dans l'industrie pétrolière vénézuélienne.
– *11 février 2003* : Signature par BP d'un accord pour l'acquisition de 50 % des parts d'une nouvelle société russe de pétrole.
– *22 mai 2003* : Adoption de la résolution 1483 du Conseil de sécurité de l'ONU. Elle met fin au programme « Pétrole contre nourriture » et autorise la reprise des exportations de pétrole.
– *11 juin 2003* : Réunion de l'OPEP à Doha (Qatar). Comme à Vienne le 24 avril, les pays membres décident de laisser les quotas inchangés (à 25 Mb/j) pour maintenir le prix du brut.
– *22 juin 2003* : Premières exportations de pétrole irakien depuis la guerre. Il s'agit de stocks situés dans le port turc de Ceyhan, les exportations de brut depuis le sol irakien tardant à reprendre du fait des sabotages.

Pour en savoir plus

Cohen, A. et G. O'Driscoll (2003)« The Road to Economic Prosperity for a Post-Saddam Iraq », Washington, D.C., The Heritage foundation, mars, <www.heritage.org>.

Maison-Blanche (2001), *Reliable, Affordable, and Environmentally Sound Energy for America's Future,* mai, <www.whitehouse.gov/energy>.

Noël, P. (2003), « L'Amérique et le pétrole irakien », *Policy Brief* n° 4, février, <ifri.org/files/PNUSIrak.pdf>.

Revue de l'énergie (2002), « Dépendance pétrolière et sécurité énergétique des États-Unis », dossier coordonné par P. Noël, décembre.

Verleger, P. K. (2003), « Measuring the Economic Impact of an Oil Release from the SPR to Compensate for the Loss of Venezuelan Oil Production », inédit, mars.

Site Internet

Portail sur le pétrole : <www.upmf-grenoble.fr/iepe>.

Pologne

À la recherche d'un rang de puissance internationale

La photo des présidents Jacques Chirac et Aleksander Kwasniewski, en compagnie du chancelier Gerhard Schröder, en première page de l'*International Herald Tribune* après le sommet du triangle de Weimar (Wroclaw, 10 mai 2003), une très longue interview du ministre des Affaires étrangères Wlodzimierz Cimoszewicz à *CNN*, une avalanche d'articles dans la presse internationale : la Pologne n'a pas bénéficié d'une telle couverture médiatique depuis les temps glorieux de Solidarnosc.

Une ambition sous contraintes. Cette fois-ci, on ne parle plus du précurseur de l'émancipation du communisme, ni du pionnier dans la restauration de la croissance économique après une thérapie de choc financière réussie. La guerre en Irak a été le révélateur des velléités d'une « Pologne puissance », à forte ambition géopolitique. La coïncidence de la signature de la « Lettre des Huit » et de la participation active à la Coalition avec la décision d'achats d'avions américains pour équiper l'armée de l'air a pu être mal interprétée. On a cru tantôt que les Polonais s'étaient figés dans une posture exclusivement pro-américaine, tantôt qu'ils s'étaient laissés guider par le seul intérêt économique. Rappelons que le président Kwasniewski a lui-même téléphoné au président Bush pour lui annoncer le choix du *F16*. Le ministre de la Défense, M. Szmajdzinski, a indiqué que l'offre américaine était la mieux préparée, la plus complète et la plus intéressante du point de vue des compensations : les États-Unis ont déclaré des « offsets » (investissements américains en Pologne, en compensation de la fourniture des *F16*) pour une valeur de 9,8 milliards de dollars ; le consortium britannico-suédois Gripen International a annoncé 7,5 milliards d'euros ; la France, seulement 3,8 milliards. La première escadrille (16 appareils) doit équiper l'armée de l'air en 2006.

La préoccupation géostratégique des Polonais est apparue, partiellement à tort, comme étroitement liée aux contraintes économiques. En effet, tout ce qui pouvait doper une économie chancelante semblait bon à prendre. Car la vie économique du début du siècle a été marquée par le ralentissement de la croissance du produit intérieur brut (PIB) et le recul des investissements. Seuls les services ont poursuivi leur croissance (3,8 % pour les services marchands). Le taux de chômage, qui, en 2002, a atteint 18 % et était même de 45 % dans la génération des 18-24 ans, a de quoi inquiéter le gouvernement social-démocrate.

Le climat politique de la Pologne, lui aussi, n'a cessé de se détériorer. Le 2 mars 2003, la coalition du Parti social-démocrate (SLD) avec le Parti agrarien (PSL) s'est disloquée, faute de position commune sur plusieurs dossiers liés à la fiscalité et aux compensations pour les agriculteurs polonais, consécutives à l'adhésion de la Pologne à l'Union européenne (UE). Les sociaux-démocrates ont dû se résoudre à un gouvernement minoritaire avec une autre petite formation, l'Union du travail (UP), formée en 1989 à partir des éléments de gauche de Solidarnosc et des démissionnaires du Parti communiste. Ce mauvais climat s'est maintenu en dépit des résultats du sommet de Copenhague, considéré comme un succès du Premier ministre Leszek Miller. En effet, la Pologne est de très loin la grande bénéficiaire des négociations entre les pays candidats et l'UE. Elle recevra plus de 13,5 milliards d'euros de paiements communautaires de 2004 à 2006 (soit 48,6 % des crédits de paiement accordés aux 10 candidats). Le pays sera ainsi bénéficiaire net de 1,4 milliard d'euros en 2004, de 2,6 milliards en 2005 et de 2,9 milliards en 2006. Grâce aux efforts de communication du gouvernement pour rendre visibles ces résultats, le taux de soutien pour l'adhésion de la Pologne à l'UE a augmenté (*Opinie o wynikach negocjacji z Unia Europejska* [*Opinions sur les résultats des négociations avec l'UE*], CBOS, Varsovie, janvier 2003, p. 5).

Mais une affaire de corruption agite depuis le mois de décembre 2002 la vie politique polonaise et empoisonne l'exercice du gouvernement, jusqu'à entamer la popularité du Premier ministre à un niveau jamais vu depuis 1989 : seulement 10 % de Polonais le soutenait encore en mai 2003. Il s'agit d'une proposition de pot-de-vin de 17,5 millions de dollars faite par le producteur de cinéma Lew Rywin à la société Agora, éditrice du célèbre quotidien d'Adam Michnik, *Gazeta*, contre une modification de la loi sur l'audiovisuel qui devait permettre à cette dernière d'acquérir une chaîne de télévision. Rywin aurait laissé entendre qu'il avait le soutien du « groupe au pouvoir », ce qui impliquait implicitement le Premier ministre. L'argent aurait dû renflouer les caisses du SLD de L. Miller. Une commission parlementaire a été constituée pour examiner l'affaire, et ses sessions ont été quotidiennement retransmises à la télévision publique. Particulièrement médiatisée, cette affaire de corruption n'est qu'un exemple parmi beaucoup d'autres. Ainsi s'explique la baisse de la crédibilité de l'ensemble des institutions, du gouvernement à l'armée en passant par l'Église, notée par tous les instituts de sondages.

Entre l'Union et les États-Unis. Dans ce contexte est intervenu le référendum par lequel les Polonais ont ratifié l'adhésion de la Pologne à l'UE. Si, dans la période précédant le vote, on a pu redouter que la population, par une trop forte abstention ou le rejet de l'adhésion, ne sanctionne la politique du gouvernement, rien de tel ne s'est produit, et le gouvernement Miller a su tirer profit de la conjoncture référendaire pour faire voter une motion de confiance qui a renforcé sa position sur la scène intérieure. Les Polonais ont été 58,82 % à se mobiliser pour le référendum (un seuil de 50 % était nécessaire pour la validation du vote) et 77,41 % des votants ont approuvé l'adhésion. On voit ainsi que, dans les faits, la renaissance des velléités d'une Pologne puissance européenne doit être déconnectée des contingences économiques et/ou partisanes intérieures.

Un signe avant-coureur en a été l'acharnement des diplomates et des « conventionnels » polonais à empêcher que le verdict du sommet de Nice donnant à la Pologne et à l'Espagne 27 voix, juste après l'Allemagne, la France, le Royaume-Uni et l'Italie, ne se voit remis en cause dans le projet de traité constitutionnel. En fait, depuis 1989, la

Faits et dates

– *16-20 août 2002* : Visite du pape Jean Paul II en Pologne.
– *9 octobre 2002* : Publication du rapport sur l'état d'avancement des 10 pays candidats à l'adhésion à l'UE.
– *Décembre 2002* : Début de l'affaire Rywin, scandale qui secoue le gouvernement polonais.
– *12-13 décembre 2002 :* Conseil européen de Copenhague. Les gouvernements s'accordent sur les conditions économiques et financières de l'élargissement à l'Est.
– *17 décembre 2002* : Annonce par le gouvernement du choix des *F16* pour l'armée polonaise.
– *30 janvier 2003 :* Publication de la « Lettre des Huit » dans la presse britannique : la Pologne, aux côtés de l'Espagne, de l'Italie et du Royaume-Uni, soutient la position des États-Unis dans la crise irakienne.
– *2 mars 2003* : Fin de la coalition SLD-UP et PSL.
– *16 avril 2003* : Sommet de l'UE à Athènes. Il entérine l'adhésion de 10 nouveaux pays. L'élargissement est prévu pour le 1er mai 2004, date à laquelle les 25 pays devront avoir ratifié le traité d'adhésion.
– *10 mai 2003* : Sommet du triangle de Weimar à Wroclaw.
– *1er juin 2003* : Visite éclair de G. W. Bush à Cracovie.
– *7-8 juin 2003* : Référendum pour la ratification du traité d'adhésion à l'UE (58,82 % de participation, 77,41 % de oui).
– *13 juin 2003* : Vote d'une motion de confiance pour le gouvernement de coalition SLD-UP.

Pologne a patiemment construit une véritable politique régionale et internationale axée sur une priorité : sa propre sécurité, élaborant ainsi une vraie politique orientale. Elle cherche à rendre l'Ukraine indépendante de la Russie, à stabiliser la situation en Biélorussie en surveillant avec vigilance le seul régime dictatorial en Europe, celui de Loukachenko, à gérer pacifiquement le problème de la future enclave russe en Europe, Kaliningrad, et à avoir de bonnes relations avec la Lituanie, malgré une histoire chargée de malentendus et de ressentiment.

La Pologne demeure le moteur le plus actif de la coopération régionale dite des pays de Visegrad. Mais les diplomates et les politiques polonais n'ont jamais oublié la Russie, à l'égard de laquelle ils essaient d'avoir une attitude non agressive, et surtout lisible dans ses intentions de coopération. Si, dans le triangle de Weimar, c'est la Pologne qui a le plus besoin de ses deux tuteurs, on peut pronostiquer que cette relation changera une fois l'élargissement européen pleinement réalisé, lorsqu'il faudra construire des alliances intereuropéennes avec elle.

La guerre en Irak a permis aux Polonais d'affirmer haut et fort, mais sans être toujours compris et entendus, qu'ils souhaitaient être en Europe, mais dans une Europe qui ne soit pas anti-américaine. Pour rendre crédible une telle attitude, les experts polonais encouragent les élites gouvernementales à jouer pleinement le jeu européen, notamment en insistant sur la constitution d'un « groupe pionnier » des pays membres de l'UE davantage investi dans la construction de la politique étrangère et de sécurité commune (PESC).

À propos de la prise de contrôle par la Pologne de l'une des 4 zones de stabilisation en Irak (entre Bagdad et Bassora avec une population à majorité chiite), un commentateur polonais, David Warszawski, a distillé les premiers doutes : « La Pologne ne se [lance-t-elle pas] dans une politique étrangère au-dessus de ses moyens [...] ? » Car il s'agit d'une mission coûteuse, financée à 80 % par les États-Unis. Si « cela se passe mal, nous en payerons le prix fort et, dans le cas contraire, saurons-nous dominer nos ambitions ? », demande cette voix, isolée pour l'instant sur la scène politique polonaise (*Gazeta Wyborcza*, 28 mai 2003). Nettement plus populaire est en Pologne l'opinion exprimée en contrepoint par le ministre des Affaires étrangères : « Nos actions ne sont pas déterminées exclusivement par l'option pro-américaine. La Pologne tente, avec constance, de définir sa position dans l'ordre international. Conformément à notre dimension et à nos possibilités, sans mégalomanie et sans prétendre à un quelconque leadership » (*Gazeta Wyborcza*, 30 mai 2003).

G. M.

Pour en savoir plus

Courrier des pays de l'Est (2001), « La Pologne en quête de nouveaux choix », dossier spécial, Paris, La Documentation française, n° 1017, août.

Meller, S. et T. de Montbrial (dir.) (2001), *Mémoires d'un combat,* Kultura, *1947-2000,* Paris, Ifri, « Les Cahiers de l'Ifri », n° 32.

Mink, G. (2003), « Esquisse de l'état de la société polonaise (1989-2002) », *Transitions et sociétés*, n° 3, janvier.

Mink, G. (2002, 2003, 2004), « Pologne », *L'État du Monde 2002, 2003, 2004*, Paris, La Découverte.

Sites Internet

Portail vers les sites des institutions polonaises :
<www.gksoft.com/govt/en/pl.html>.
Gazeta : <www.gazeta.pl>.
Ambassade de France en Pologne :
<www.ambafrance-pl.org>.

Royaume-Uni

La fille aînée de l'Église atlantiste ?

Dès l'été 2002, le Royaume-Uni s'est trouvé de nouveau confronté au dilemme stratégique qui domine son histoire depuis 1945 : comment articuler au mieux ses instincts atlantistes, ses velléités souverainistes et son destin européen ? À travers le drame irakien, lors de ses interventions aux séances de la Convention européenne, et par ses tergiversations autour de l'euro, Londres a révélé les limites de son engagement européen. Au cœur de la politique britannique, le personnage de Tony Blair a éclipsé tous les autres.

L'engagement aux côtés des États-Unis. Le dossier irakien a occupé le devant de la scène dès le printemps 2002. Blair, en tant que « meilleur allié » des États-Unis, estime que son rôle naturel est d'influencer de l'intérieur la lutte des tendances au sein de l'Administration Bush. Il prétend que c'est grâce à son influence que le danger d'une guerre prématurée pendant l'été 2002 a été écarté (*BBC*, 6 février 2003). En réalité, le travail de « multilatéralisation » de la politique de George W. Bush a surtout été assuré par Colin Powell. Mais Blair ne manquera aucune occasion de rencontrer Bush, faisant le voyage transatlantique pas moins de 5 fois entre septembre 2002 et mars 2003 avant d'accueillir le président américain en Irlande du Nord en avril 2003.

La vision stratégique de Blair diffère, certes, de celle de Bush. Tout en préparant la guerre, il semble convaincu que celle-ci n'est pas inévitable, que des inspections renforcées peuvent « contenir » Saddam Hussein. Mais il a maintes fois répété – prenant des distances de plus en plus infranchissables avec la France et l'Allemagne – que le succès d'une telle stratégie ne pouvait reposer que sur une menace crédible de l'emploi de la force. Cette menace serait d'autant plus nécessaire que, selon lui, les armes de destruction massive (ADM) irakiennes existent. En automne 2002, Londres a publié un solide dossier de « preuves », ostensiblement à base de renseignements « sûrs », pour souligner l'urgence du problème (ce dossier, qui s'inspire en grande partie d'une thèse doctorale non publiée, vaudra à Blair, pendant l'été 2003, une enquête parlementaire sur la non-découverte d'ADM en Irak depuis la fin de la guerre. Pire, l'opinion britannique porte sur son honnêteté un jugement sévère. En juin 2003, la cote du Labour est descendue, pour la première fois en 11 ans, en dessous de celle des conservateurs).

Tout au long de la crise, pourtant, Blair ne manque pas de situer celle-ci dans un vaste contexte diplomatico-politique, socioéconomique et culturel. Le problème avec les États-Unis, affirme-t-il aux ambassadeurs britanniques, le 7 janvier 2003, est leur tendance « à ne pas entendre la voix des autres ». Blair se félicite d'avoir su orienter Bush à la fois vers le chemin de l'Organisation des Nations unies (ONU) en ce qui concerne l'Irak, vers la relance d'une politique volontariste au Moyen-Orient – soulignant la liaison entre les dossiers irakien et israélo-palestinien –, et vers un rôle « vital » pour l'ONU dans l'Irak de l'après-guerre. Pour Blair, il ne fait aucun doute que c'est en s'engageant dans le camp américain que les pays « amis » peuvent réellement peser sur le cours des choses.

Fort de cette conviction, Blair a tourné le dos non seulement à ses alliés français, allemand et russe, mais aussi au peuple britannique qui, lui, est resté massivement opposé à sa politique irakienne, et le surnomme dédaigneusement le « député du Nord-Texas ». Le drame suprême s'annonce avec la décision de faire la guerre sans seconde résolution du Conseil de sécurité. Blair avait toujours plaidé la nécessité d'une telle légitimation du recours à la force. Mais il s'était soigneusement réservé une échappatoire, au cas où, malgré des preuves irréfutables de « violation patente » de la part de Bagdad, un membre permanent du Conseil de sécurité serait venu brandir la menace d'un veto « déraisonnable ».

Une relation très spéciale avec Paris. En ce sens, ce fut la France qui tira les marrons du feu pour Blair. Le dialogue de sourds franco-britannique opposa deux lectures radicalement différentes de la résolution 1441 : pour les uns, une légitimation de la guerre ; pour les autres, une alternative à la guerre. Dans un contexte marqué par des démissions ministérielles, Blair est allé devant la Chambre des communes, le 18 mars, mettre en jeu non seulement son mandat mais jusqu'à sa propre survie politique. Au cours d'un discours passionnel en faveur de l'emploi de la force, il a fait du veto français éventuel l'élément qui rendait la guerre inéluctable. Au vote, le Premier ministre l'emporta haut la main.

La logique de Blair tournait autour de deux propositions-clefs : le rôle fondamental, pour le maintien de la paix, de la crédibilité de la menace militaire ; et la nécessité absolue, dans le monde de l'après-11 septembre, de la solidarité atlantiste. Cette logique s'opposait totalement à celle de la France, pour qui la menace représentée par Bagdad ne justifiait nullement une guerre aux conséquences régionales imprévisibles, et qui estimait que, pour infléchir les États-Unis, il était nécessaire de forger une contre-politique « multipolaire ». Ces deux logiques ont coexisté en parallèle sans jamais se rencontrer. D'où le triste spectacle, fin janvier et début février 2003, de textes déclaratoires concurrentiels signés en ordre dispersé par 25 dirigeants européens.

Pourtant, cette différence fondamentale de tactique vis-à-vis des États-Unis n'a pas empêché le dialogue sur d'autres sujets purement européens. Au sommet franco-britannique du Touquet, le 5 février 2003, Tony Blair et Jacques Chirac ont évoqué une vaste gamme de dossiers sur lesquels les deux pays sont en accord : les grands chapitres du projet européen (institutions, processus de Lisbonne, immigration, politique européenne de sécurité et de défense [PESD]), le conflit israélo-palestinien, les Balkans, l'Afghanistan, l'Afrique. Les propositions du Touquet (extension des missions de l'Union européenne [UE] dans les Balkans, partage des instruments de la lutte contre le terrorisme, accord sur les priorités en matière de capacité militaire européenne, lancement d'une Agence européenne de l'armement, coopération industrielle sur la construction de porte-avions) constituent autant d'avancées réelles sur le chemin de la PESD. Ce fut, toutefois, une brève accalmie avant l'orage qui éclata avec force début mars, après l'affaire du « veto français ». Depuis lors, le Royaume-Uni multiplie les mises en garde contre des éléments-clefs de la diplomatie française, y compris la multipolarité et l'autonomie européenne en matière de sécurité (Londres estime que « le processus du 29 avril » – lancement d'un Quartier général européen au sommet entre la France, l'Allemagne, la Belgique et le Luxembourg – risque de compromettre l'équilibre délicat de la PESD).

L'Europe : entre atlantisme et attentisme. Quant à la vision européenne du Royaume-Uni, elle se distingue autant par sa forme que par sa substance. Se faire représenter à la Convention sur l'avenir de l'UE par le ministre du... pays de Galles semble peu prometteur. Quand ce ministre limite ses interventions à la défense tonitruante des « lignes rouges » britanniques (maintien de l'unanimité pour les décisions concernant la PESD, la politique étrangère et de sécurité commune [PESC] et la fiscalité), la promesse blairienne de mettre Londres « au cœur de l'Europe » paraît bien vide. Les propositions concrètes britanniques – création d'un président du Conseil, rôle accru des parlements nationaux – semblent surtout destinées à diminuer le pouvoir de la Commission, pourtant si nécessaire à la gestion du marché unique, ce bien public tant valorisé à Londres.

Tout ceci est peu compatible avec la vision dynamique d'une UE se restructurant avec un maximum d'efficacité pour faire face à la mondialisation et à l'interdépendance, que Blair a esquissée avec brio dans son discours de Varsovie, le 30 avril 2003. Par ailleurs, face à la politisation du processus conventionnel par les conservateurs à travers certains médias, en particulier le *Sun*, selon lesquels Blair aurait « vendu » le pays au « continent », le gouvernement a repoussé les appels en faveur d'un référendum, estimant que la nouvelle Constitution européenne n'impliquait « aucun changement fondamental » pour le Royaume-Uni. Ce qui, par ailleurs, est loin d'être le cas de l'euro.

À ce sujet, l'autre décision « européenne » du gouvernement Blair, intervenue en juin 2003, a consisté à renvoyer, sinon aux calendes grecques, du moins vers 2008, toute perspective d'entrée du pays dans la monnaie unique. Au bout de 6 ans d'« études » sur les 5 « tests de convergence économique » qui, selon la version officielle, détermineront seuls la position de Londres par rapport à l'euro, le gouvernement Blair, dans un rapport de 2 600 pages, a conclu que le rendez-vous n'était pas pour l'immédiat. En réalité, tout le monde sait que le poisson monétaire a été noyé parce que Blair et son chancelier Gordon Brown n'ont pu se mettre d'accord ni sur le principe ni sur le calendrier. Face à une opinion publique de plus en plus hostile à l'euro, les leaders ont donc choisi le suivisme. Une nouveauté pourtant : ils annoncent que les « tests économiques » font état d'avantages potentiels considérables pour le Royaume-Uni en cas de convergence des cycles économiques. Ceci étant, Blair et Brown ont prévu de lancer une campagne vigoureuse en direction de l'opinion publique britannique pour démontrer la valeur de ces avantages. Ce sera, selon leurs propres termes, « plaider pour l'Europe d'un point de vue patriotique ».

Ainsi, sur les trois grands défis de 2002-2003, le gouvernement Blair a démontré que le dicton de Churchill n'avait rien perdu de son acuité : entre l'Europe et le « grand large », Londres n'hésite toujours pas.

J. H.

Faits et dates

– *24 septembre 2002* : Publication d'un rapport britannique affirmant que l'Irak poursuit sa production d'armes chimiques et biologiques, et qu'il détient 20 missiles d'une portée de 650 km.
– *8 novembre 2002* : Vote de la résolution 1441 par le Conseil de sécurité.
– *8 janvier 2003* : Découverte d'un laboratoire de fabrication de ricine à Londres.
– *5 février 2003* : Sommet franco-britannique au Touquet en France.
– *24 février 2003* : Projet de résolution de l'ONU sur l'Irak déposé par les États-Unis, le Royaume-Uni et l'Espagne.
– *18 mars 2003* : À la Chambre des communes, T. Blair obtient une large majorité pour engager 45 000 soldats en Irak aux côtés des États-Unis (421 voix contre 149).
– *20 mars 2003* : Début de la guerre contre l'Irak.
– *15 avril 2003* : Rencontre entre T. Blair et G. Schröder à Hanovre (Allemagne).
– *16-17 avril 2003* : Réunion des Quinze sur l'après-guerre en Irak (Athènes), insistant sur le rôle central de l'ONU dans la reconstruction du pays irakien.
– *1er mai 2003* : Élections locales en Grande Bretagne. Le Labour réunit 31 % des suffrages exprimés – le plus faible score depuis l'élection de Blair en 1997.
– *4 juin 2003* : 301 députés contre 203 rejettent une motion exigeant une enquête indépendante pour déterminer si T. Blair a trompé le pays en exagérant la menace des ADM en Irak.
– *9 juin 2003* : Londres exclut l'adhésion immédiate de l'Angleterre à la zone euro.
– *12 juin 2003* : Retrouvailles entre T. Blair et J. Chirac.
– *7 juillet 2003* : La Commission des Affaires étrangères de la Chambre des communes lève les soupçons qui pesaient sur T. Blair à propos du dossier irakien.
– *17 juillet 2003* : Mort violente de D. Kelly, expert en ADM du ministère britanique de la Défense. Une enquête indépendante est ouverte.

Sites Internet

ONU : <www.un.org>.
Europe : <www.europa.eu.int>.
10 Downing Street : <www.number-10.gov.uk/>.
Chronologie de l'intervention britannique en Irak : <www.ladocumentationfrançaise.fr>.
Discours de T. Blair lors du conflit irakien : <www.politics.guardian.co.uk/iraq>.

Russie

Vladimir Poutine aux commandes

En mars 2004, se déroulera la prochaine élection présidentielle russe. Sauf surprise, Vladimir Poutine devrait être réélu. Il aura 52 ans. Habile pour les uns, cynique pour les autres, pragmatique pour tous, le président russe a acquis une véritable envergure internationale au cours de son premier mandat. Ayant imposé son style – fermeté stratégique et souplesse tactique –, il incarne désormais une politique étrangère russe proactive, cultivant volontiers ses ambiguïtés. Sur le plan intérieur, même si certains analystes considèrent que son pouvoir est plus apparent que réel (Reddaway 2002), force est de constater qu'aucune figure d'opposition ne semble, pour l'heure, vraiment crédible.

Son bilan offre un fort contraste entre frénésie diplomatique et frilosité réformiste. Dans son message annuel à la Douma (mai 2003), Poutine s'est fixé un triple objectif : doublement du produit intérieur brut (PIB) en 10 ans, lutte contre la pauvreté (25 % des Russes vivent en dessous de ce seuil), modernisation de l'outil militaire. Fortement dépendante des secteurs pétrolier et gazier, l'économie russe tarde, selon la Banque européenne pour la reconstruction et le développement (BERD), à engager des réformes structurelles. La croissance se maintient (5,2 % en 2001, 4,3 % en 2002, et entre 4,3 et 5 % pour 2003 selon les prévisions officielles), l'inflation et le chômage diminuent (respectivement 15 et 6 % fin 2002), mais le pays peine à attirer et mobiliser les investisseurs étrangers et nationaux.

L'action de Poutine consiste à imbriquer, autant que possible, politique étrangère et développement économique, afin de réduire le décalage entre l'omniprésence diplomatique de la Russie et son poids réel. Puissance régionale à dimension mondiale, la Russie entend prendre part au processus de globalisation en assurant sa sécurité et en recourant, si nécessaire, à son pouvoir de nuisance. Pour ce faire, elle fait appel à tous les modes d'action extérieure possibles. En l'espèce, Poutine fait preuve d'un indéniable savoir-faire, mais son projet suscite nombre d'incertitudes, car son action tous azimuts pourrait se révéler, à terme, incohérente.

La manière forte. Seconde crise majeure après celle du *Koursk* (août 2000), la prise d'otages du théâtre *Doubrovka* (23-26 octobre 2002) offre un concentré de la méthode Poutine : détermination absolue, recours aux moyens militaires jugés nécessaires (gaz de combat) et exploitation médiatique. Si le fanatisme des terroristes, dirigés par Movsar Baraïev, laissait peu d'espace à la négociation, il n'en demeure pas moins que la gestion de la crise a révélé la juxtaposition des chaînes de commandement et l'inorganisation des services de secours. Ni l'opinion publique ni la classe politique n'en tinrent rigueur au chef de l'État, qui sortit renforcé de l'épreuve. Comprenant mieux que personne à quel point l'autorité et la force sont constitutives de la culture politique russe, Poutine a su placer cette opération de contre-terrorisme à la jonction des intérêts intérieurs et extérieurs du pays. Vis-à-vis de son opinion, il s'est présenté comme un chef assumant ses choix et, par là même, ses morts. Vis-à-vis de l'étranger, il a utilisé la prise d'otages comme preuve, par l'exemple, de l'islamisation radicale de la rébellion tchétchène.

Sur le fond, la situation en Tchétchénie semble inextricable : les troupes russes continuent à subir de lourdes pertes, les exactions commises par des unités fédérales se poursuivent, et de sanglants attentats visant des Russes ont suivi le référendum (23 mars 2003) censé amorcer un règlement politique du conflit. Les comparaisons fréquemment faites par les autorités entre la Tchétchénie et l'Irlande du Nord semblent indiquer qu'elles se résignent à un conflit latent, au risque d'une destruction de la Tchétchénie et d'un affaiblissement général de la Russie. La détermination de Poutine à ne pas céder s'explique à la fois par sa vision manichéenne du combat (comparable, à bien des égards, à celle de George W. Bush) et par sa conviction que la Tchétchénie est l'un des principaux théâtres de la guerre contre le « terrorisme international ».

La fermeté du président se manifeste également vis-à-vis des principales forces politiques du pays. Officiellement, il affirme vouloir réduire le poids de la bureaucratie, encourager la société civile et développer le multipartisme. Dans les faits, il se livre à une « émasculation » (Lo 2003), discrète mais efficace, des contre-pouvoirs potentiels en renforçant notamment son emprise sur les médias. Aucune force politique ne paraît suffisamment structurée pour contester les orientations présidentielles et produire un discours alternatif crédible. De son exil londonien, Boris Berezovski fait figure d'opposant principal, ce qui, compte tenu de son passé et de sa personnalité, renforce l'assise du président russe. Celui-ci continue de placer progressivement ses hommes sans heurter de front les grands boyards du pays. Sa réorganisation des services de sécurité (mars 2003) a renforcé le poids du FSB (Service fédéral de sécurité, qui remplace le KGB) en lui rattachant le FPS (Service des gardes-frontières) et une partie du FAPSI, et confirme sa propension à s'appuyer sur les *siloviki* (armée, police, services spéciaux) pour contrôler le pays. Sur le plan politico-économique, à la suite de la fusion entre Yukos et Sibneft (avril 2003), le Kremlin a tracé le périmètre des ambitions de Mikhaïl Khodorkovski (juin-juillet 2003) : les tracas judiciaires de l'intéressé ont valeur de message politique à la veille des prochaines campagnes électorales.

L'habileté. Depuis le 11 septembre 2001, Poutine s'évertue à placer la Russie au centre de la coalition des pays décidés à combattre le « terrorisme international ». Soumise aux mêmes menaces, la Russie partage les conceptions des États-Unis et d'Israël en matière de lutte contre le terrorisme. Cette lutte lui offre également un terrain privilégié pour accélérer son intégration avec l'Occident (Kuchins 2002). Les signes d'un rapprochement entre Moscou et Washington sont tangibles : traité de désarmement stratégique (mai 2002), nouveau conseil OTAN-Russie (mai 2002), sommet énergétique de Houston (octobre 2002), échanges de renseignements. Pour autant, Poutine n'a pas suivi Washington et

Londres dans leur guerre contre l'Irak, qui n'était, à ses yeux, qu'un prétexte pour renforcer leur présence dans la région. Le président russe a fait ici preuve de constance en s'interrogeant sur la pertinence des « preuves » anglo-américaines concernant les programmes irakiens d'armes de destruction massive (ADM). Au cours de la phase diplomatique de la crise, il a plaidé en faveur d'un retour sur le terrain des inspecteurs de la Commission de contrôle, de vérification et d'inspection des Nations unies (COCOVINU), avant d'élaborer une position commune avec Paris et Berlin et de laisser planer la menace d'un veto en cas de deuxième résolution. Tout au long de la crise, Poutine s'est beaucoup moins exposé aux foudres des États-Unis que ses homologues allemand et français. Il a su ainsi montrer son indépendance vis-à-vis de Washington tout en trouvant une occasion de participer activement au jeu diplomatique. Trois raisons expliquent sa position. Premièrement, la Russie s'emploie, depuis la chute de l'Union soviétique, à renforcer le rôle du Conseil de sécurité de l'Organisation des Nations unies (ONU), qui demeure la seule enceinte internationale où elle peut parler d'égal à égal avec les autres grandes puissances. En ce sens, l'unilatéralisme des États-Unis, au-delà de la crise irakienne, menace directement le principal vecteur d'influence mondiale de la Russie, qui a très bien saisi le changement de nature de la politique américaine.

Deuxièmement, la diplomatie russe a trouvé une occasion unique de mettre en pratique son concept de monde multipolaire, élaboré jadis par Evgueni Primakov, dont l'influence se fait encore sentir dans les choix diplomatiques du pays. Poutine a utilisé la crise pour envoyer une série de signaux. À Washington, il a rappelé que le soutien post-11 septembre n'était pas systématique et qu'il en attendait des contreparties. À l'opinion et aux élites russes, hostiles à la guerre, il a montré que la Russie est encore en mesure de peser sur un processus diplomatique. À la communauté internationale, il a rappelé que son pays peut jouer les intermédiaires entre l'Occident et les États voyous *(rogue states),* en particulier l'Iran.

Troisièmement, Poutine a aussi tenu compte des entreprises russes présentes en Irak et des dettes du régime irakien vis-à-vis de la Russie. Mais ce double aspect a sans doute moins pesé que la probabilité de voir Bagdad revenir rapidement sur le marché pétrolier. Au final, l'action de Poutine, combinée à celle des autres membres du Conseil de sécurité hostiles à la guerre, n'a pu s'opposer à la détermination anglo-américaine ; mais le président russe a su utiliser la crise pour rééquilibrer sa propre politique étrangère. Le tricentenaire de Saint-Pétersbourg (mai 2003) lui a, par la suite, offert l'occasion de montrer ses nouvelles ambitions sur la scène internationale.

L'incertitude. La politique étrangère de Poutine, qui a pour principal objectif de renforcer le poids économique du pays et de garantir sa sécurité, présente deux incertitudes profondes : sa viabilité à moyen terme et son orientation à long terme. À vouloir trop embrasser, elle court le risque de la confusion, voire de la contradiction, dans la hiérarchisation des priorités. Pour l'heure, et sans doute encore pour quelque temps, la lutte contre le « terrorisme international », beaucoup plus que la lutte contre la prolifération, lui sert de cadre doctrinal. Dans ce domaine, l'ambition de Moscou est relativement claire : devenir le « portail » de référence en matière de renseignements. Poutine trouve par ce biais le moyen de discuter avec les grandes capitales et les représentants des États voyous, d'utiliser au mieux sa position géopolitique et de justifier son goût pour l'action secrète. En pratique, la poursuite de cet objectif se traduit par la mise en œuvre de groupes de travail, plus ou moins informels, destinés à encadrer les échanges. Outre les États-Unis et les pays de la Communauté des États indépendants (CEI), la liste des rencontres bilatérales récentes sur ce sujet est révélatrice des ambitions russes : Chine, Pakistan, France, Royaume-Uni, Japon, Turquie, Inde et Israël. À cela s'ajoutent les échanges réguliers avec l'Organisation du traité de l'Atlantique Nord (OTAN), l'Union européenne (UE) et l'Organisation de coopération de Shanghai (OCS).

Mais cette organisation de la lutte contre le terrorisme, tout comme la position russe lors de la crise irakienne, ne doivent pas faire illusion, car le véritable enjeu de la politique étrangère russe se situe aujourd'hui à Téhéran (qui est le troisième client de la Russie, après la Chine et l'Inde, en matière d'armement), en raison à la fois de l'influence de ce pays au Moyen-Orient et de l'évolution de ses rapports avec les États-Unis (Einhorn et Samore 2002). Pour tout dire, le tournant occidental de Poutine se jugera à sa gestion du dossier iranien. Plus profondément, le président russe, dans son souci d'imbriquer politique étrangère et développement économique, va devoir choisir entre des activités commerciales lucratives à court terme, mais très sensibles politiquement (coopération nucléaire et ventes d'armes qui se sont élevées à 4,8 milliards de dollars en 2002), et des réformes structurelles de fond indispensables à l'intégration économique du pays dans le système mondial.

Pour l'instant, ce double jeu a rapporté quelques dividendes au président russe, mais la conciliation des deux approches peut se révéler, à terme, intenable. Poutine devra encore clarifier ses choix. Les nombreux obstacles qu'il rencontre dans son processus d'accession à l'Organisation mondiale du commerce (OMC), notamment pour les tarifs énergétiques, indiquent que la Russie n'est toujours pas un pays comme les autres aux yeux de l'Occident. En attendant, Poutine concentre ses efforts sur l'espace économique européen, qui doit faciliter l'intégration et l'harmonisation des législations entre l'UE et la Russie. Mais cette étape intermédiaire, qui marque la volonté d'éviter l'isolement économique, ne doit pas masquer le véritable enjeu du second mandat de Poutine : la capacité de la Russie à ne pas être reliée au monde uniquement par les questions d'approvisionnement énergétique, de commerce des armes et d'*intelligence sharing.* Pour ce faire, le pays a besoin d'un projet politique permettant à la société civile de prendre son essor, ce qui implique l'existence d'un véritable pluralisme. Or, sur ce plan, la capacité et surtout la volonté de Poutine restent à prouver. C'est sans doute pourquoi l'heure de vérité de la démocratie russe ne se situe pas en mars 2004, mais en mars 2008 : à l'issue d'un second mandat présidentiel au terme duquel Poutine devrait, en principe, quitter le pouvoir.

Faits et dates

– *24 mai 2002* : Signature du traité SORT (*Strategic Offensive Reductions Treaty*) entre la Russie et les États-Unis, qui s'engagent à réduire leurs arsenaux d'ogives nucléaires stratégiques déployées dans une fourchette comprise entre 1 700 à 2 200, contre 6 000 actuellement.
– *27-28 mai 2002* : Sommet OTAN-Russie à Rome. Création d'un nouveau conseil OTAN-Russie (il remplace le conseil permanent OTAN-Russie créé en 1997).
– *12 juillet 2002* : Meeting des ambassadeurs russes à Moscou. Poutine déclare que la stabilité internationale relève de la responsabilité conjointe de la Russie et des États-Unis.
– *27 juillet 2002* : Déclaration d'opposition de la Russie à toute intervention militaire en Irak. La Russie menacera d'opposer son veto à tout projet de seconde résolution dès le 12 février 2003.
– *1er octobre 2002* : Sommet énergétique de Houston.
– *23-26 octobre 2002* : Au théâtre *Doubrovka*, à Moscou, des rebelles tchétchènes, réclamant le retrait des troupes russes de Tchétchénie, prennent plusieurs centaines de personnes en otage. Les forces spéciales russes lancent l'assaut en utilisant un gaz de combat. Les rebelles, ainsi que plus de 100 otages, sont tués.
– *1er novembre 2002* : Vote d'une loi limitant la liberté de la presse.
– *24 décembre 2002* : Vote d'une loi sur l'élection présidentielle en Russie, destinée à favoriser les candidatures issues des grands partis politiques.
– *27 décembre 2002* : Attentat-suicide contre le siège de l'Administration (pro-russe) tchétchène à Grozny.
– *10 février 2003* : Déclaration commune de Moscou, Berlin et Paris appelant à « la poursuite des inspections et au renforcement substantiel de leurs capacités humaines et techniques ».
– *20 mars 2003* : Début des bombardements sur l'Irak. La Russie, qui s'oppose à l'intervention militaire, affirme cependant, le 29, n'avoir aucun intérêt à rompre ses relations stratégiques avec les États-Unis.
– *23 mars 2003* : Référendum en Tchétchénie entérinant l'adoption d'une nouvelle Constitution (en vigueur le 1er avril). Le « oui » l'emporte (96 % des suffrages exprimés), mais les conditions du vote sont critiquées par de nombreux observateurs.
– *22 avril 2003* : Annonce de la fusion Yukos/Sibneft.
– *12 et 14 mai 2003* : Attentats en Tchétchénie, notamment contre un bâtiment du Service fédéral de sécurité.
– *30-31 mai 2003* : Sommets Russie-CEI, Russie-UE (à 25), Russie-États-Unis à Saint-Pétersbourg.
– *14 décembre 2003* : Date prévue des prochaines élections législatives.
– *14 mars 2004* : Date prévue de la prochaine élection présidentielle.

Cela dit, pour la première fois depuis de longues années, les Russes disposent d'un dirigeant qui a su redorer l'image de leur pays et obtenir des signes de reconnaissance internationale. Pour son second mandat, s'il évite les dérapages (comme ses propos sur la « circoncision » lors du sommet Russie-UE, en novembre 2002) ou les excès de confiance (comme sa conférence de presse à l'issue de la visite de Tony Blair, en avril 2003), Poutine disposera d'un capital sur le plan international tout à fait disproportionné par rapport à l'état réel du pays. Reste à savoir s'il parviendra à l'utiliser en faveur d'une véritable modernisation de la Russie, et non pour le seul entretien des vestiges de sa puissance passée. Pour l'heure, les raisons de rester inquiet et vigilant ne manquent pas, même si « on a parfois l'impression qu'il se passe quelque chose d'encourageant » (Axionov 2003).

T. G.

Pour en savoir plus

Axionov, V. (2003), *Lumineuse Césarienne*, Paris, Actes Sud.

Bennett, G. (2002), *Vladimir Putin & Russia's Special Services*, Sandhurst, Conflict Studies Research Centre.

Bugajski, J. (dir.) (2002), *Toward an Understanding of Russia. New European Perspectives*, New York, Council on Foreign Relations.

Dezhina, I. et L. Graham (2002), « La science en Russie », *Futuribles*, n° 281.

Einhorn, R. et G. Samore (2002), « Ending Russian Assistance to Iran's Nuclear Bomb », *Survival*, n° 2, été.

Götz, R. et C. Meier (2002), « Les relations économiques entre l'Allemagne et la Russie », *Politique étrangère*, n° 3.

Herspring, D. (dir.) (2003), *Putin's Russia. Past Imperfect, Future Uncertain*, New York, Rowman & Littlefield Publishers.

Kuchins, A.C. (dir.) (2002), *Russia after the Fall*, Washington, D.C., Carnegie Endowment for International Peace.

Lo, B. (2003), *Vladimir Putin and the Evolution of Russian Foreign Policy*, Londres, RIIA/Blackwell Publishing.

Reddaway, P. (2002), « Is Putin's Power more Formal than Real? », *Post-Soviet Affairs*, n° 18.

Safonov, A. (2003), « The World Needs a Global Antiterrorist System », *International Affairs* (Moscou), n° 2.

Sites Internet

BERD : <www.ebrd.com>.
Centre Carnegie de Moscou : <www.carnegie.ru>.
Centre for Analysis of Strategies and Technologies : <www.cast.ru>.
Centre for Policy Studies in Russia : <www.pircenter.org>.

Serbie-Monténégro

Crises, violences et perspectives d'éclatement

Alors que les pays balkaniques, pacifiés, semblent durablement engagés sur la voie de la normalisation, que les troubles de l'ère Milosevic appartiennent peut-être définitivement au passé et que s'esquissent, du moins à long terme, les premières perspectives d'adhésion de l'espace post-yougoslave et de l'Albanie à l'Union européenne (UE), la Serbie et le Monténégro doivent faire face, une fois de plus, à une crise profonde provoquée par un triple défi : l'avenir assez incertain de l'« État » de Serbie-Monténégro, l'incertitude quant au statut final du Kosovo – qui engendre frustrations et violences – et la poursuite laborieuse de la stabilisation politique de la Serbie après l'assassinat de Zoran Djindjic.

Vie (et mort ?) d'un nouvel État. La « Communauté d'États de Serbie et de Monténégro », qui a succédé à la République fédérale de Yougoslavie, est née le 4 février 2003. C'est le 8e État que les Serbes et les Monténégrins ont formé ensemble dans les Balkans depuis la fin de la Grande Guerre. Mais il s'agit d'un mariage forcé entre deux entités qui, faute de majorités claires en faveur du divorce ou de la vie en commun, peinent depuis la fin des années 1990 à se doter d'institutions « fédérales » politiquement et économiquement viables. La création de l'État de Serbie-Monténégro ne change rien à cette donne. Il doit son existence avant tout à la volonté de Javier Solana, Haut Représentant pour la politique étrangère et de sécurité commune, d'éviter que l'accès à l'indépendance du Monténégro n'entraîne une nouvelle vague de fragmentations dans les Balkans occidentaux : l'indépendance monténégrine aurait pu (et pourra toujours) se solder par l'éclatement de la Bosnie-Herzégovine et provoquer la sécession des Albanais du Kosovo et de la Macédoine – une perspective lourde de risques qui pourrait réduire à néant les efforts de pacification et de reconstruction entrepris par l'UE depuis 1999.

Le maintien en un seul État de la Serbie (quelque 10 millions d'habitants) et du Monténégro (qui n'en compte qu'environ 600 000) obéit donc à une logique de stabilisation de l'espace post-yougoslave qui dépasse de très loin le seul enjeu serbo-monténégrin. Par conséquent, sans la volonté et la pression de l'UE, cet État n'aurait pas vu le jour. Aussi les conditions dans lesquelles il est né expliquent-elles les incohérences et les faiblesses structurelles du nouvel État, qui n'est ni une fédération ni une confédération, mais une construction *sui generis*. Privé de budget commun, le gouvernement « central » a vu ses compétences limitées à cinq portefeuilles (politique étrangère, défense, commerce extérieur, marché intérieur, droits de l'homme et des minorités), alors que le parlement commun est composé des seuls députés délégués des parlements « nationaux » serbe et monténégrin. Il s'agit de fait de deux entités distinctes, mais juxtaposées, dotées de deux monnaies, de deux banques centrales et de deux systèmes tarifaires, bref d'un État artificiel dont les droits régaliens sont réduits au strict minimum. De plus, l'article 25 de sa Charte constitutionnelle prévoit qu'après un délai de 3 ans, chacune des deux entités a le droit de lancer une procédure l'autorisant à accéder à l'indépendance.

Fruit de la pression européenne et de nombreuses concessions données aux indépendantistes des deux bords, la création de l'État de Serbie-Monténégro a permis à l'UE de gagner du temps pour éviter un nouveau séisme dans les Balkans. Mais l'UE, devenue entre-temps le principal acteur international dans cette région, sera-t-elle en mesure de parvenir d'ici 3 ans à un règlement définitif des statuts du Kosovo et de la question des Albanais de Macédoine et des Serbes de Bosnie, à quoi s'ajoute celle de la minorité albanaise en Serbie et bosniaque au Monténégro ? Force est de constater que l'enjeu du « statut » définitif de ces régions se pose plus que jamais depuis la fin des guerres de succession post-yougoslaves et qu'il en sera sans doute de même en 2006, lorsque l'indépendance de la Serbie et du Monténégro, souhaitée par les dirigeants de Podgorica et de Pristina, sera de nouveau à l'ordre du jour.

Le Kosovo entre fragmentation et radicalisation. Plus de 4 ans après la guerre, le Kosovo est loin d'être pacifié. Faute d'avoir été dotée d'un statut définitif, cette province – *de facto* indépendante, mais *de jure* partie intégrante de la Serbie – fait toujours l'objet de revendications contradictoires opposant les Albanais, partisans de l'indépendance, aux Serbes, favorables au *statu quo ante*. L'ancien chef de la Mission d'administration intérimaire des Nations unies au Kosovo (MINUK), l'Allemand Michael Steiner, s'était efforcé de trouver une voie de compromis en insistant sur la nécessité d'établir des « normes » d'État de droit (sécurité intérieure, retour des réfugiés et protection des minorités) avant de discuter de la question du statut final. Il a donc repoussé à plus tard l'épineuse question de l'indépendance du Kosovo – une hypothèse qu'il n'a pourtant pas exclue –, ce qui a eu pour effet de mécontenter à la fois les Albanais du Kosovo, pressés d'achever la rupture avec Belgrade, et les Serbes, qui reprochaient à la MINUK de faire cause commune avec les indépendantistes albanais.

Ces derniers, soutenus par un puissant lobby pro-albanais à Washington, rejettent non seulement toute forme de cohabitation avec les Serbes, mais aussi l'attitude, jugée trop conciliatrice, du « président » du Kosovo, Ibrahim Rugova, vis-à-vis tant de la MINUK que de la minorité serbe. Très hostiles aux médiateurs de l'UE qui ont créé la nouvelle entité étatique et « rattaché » le Kosovo – qui faisait partie intégrante de la République yougoslave – à la Serbie, les indépendantistes albanais attendent avec impatience l'éclatement de la Serbie-Monténégro en 2006 pour faire sécession. En attendant, une nouvelle branche armée est née, l'Armée nationale albanaise (Armata Kombëtare Shqiptare, AKSh), qui, à la différence de l'Armée de libération du Kosovo (Ushtria Çlirimtare e Kosoves, UCK), prône à la fois l'indépendance du Kosovo et l'unification de tous les Albanais dans les Balkans à l'intérieur des frontières « ethniques » albanaises, comprenant une partie des territoires de la Macédoine, de la Grèce, de la Serbie du Sud et du Monténégro, et qui, également à la différence de l'UCK, n'hésite pas à commettre des attentats contre les partisans de Rugova pour faire pression sur ce dernier.

Faits et dates

– *13 octobre 2002 :* 2e tour de l'élection présidentielle en Serbie. Faute d'une participation suffisante, le scrutin est annulé. Nouveau scrutin le 8 décembre, annulé lui aussi. Les deux fois, V. Kostunica arrive en tête.
– *20 octobre 2002 :* Élections législatives au Monténégro. Le parti du président Djukanovic obtient la majorité des sièges.
– *4 février 2003 :* Naissance de la Communauté d'États de Serbie et de Monténégro, aussi nommée État de Serbie-Monténégro. La Charte constitutionnelle adoptée prévoit une possibilité de séparation des deux États dès 2006.
– *7 mars 2003 :* S. Marovic est élu président de Serbie-Monténégro par les députés des deux États. Le mandat de V. Kostunica prend fin.
– *13 mars 2003 :* Z. Djinjic, ministre-président serbe, est assassiné. Z. Zivkovic, numéro 2 du Parti démocratique *(Demokratska Stranka, DS)*, est élu à sa place le 18.
– *3 avril 2003 :* La Serbie-Monténégro devient le 45e État membre du Conseil de l'Europe.
– *9 avril 2003 :* Déclaration commune faisant part de la détermination des Balkans à adhérer à l'UE et à l'OTAN, lors du 6e sommet du Processus de coopération en Europe du Sud-Est (SEECP).
– *11 mai 2003 :* F. Juvanovic, vice-président du Parti démocratique socialiste (au pouvoir depuis 12 ans), est élu président du Monténégro.

Face à la radicalisation des positions albanaises et au spectre d'une indépendance de plus en plus inévitable du Kosovo, les positions de Belgrade se durcissent aussi. Le gouvernement serbe a ainsi fait savoir qu'il favoriserait une sécession des régions serbes du Kosovo en cas d'indépendance de cette province et qu'il remettrait en question le statut de la République serbe de Bosnie-Herzégovine, scellé par les accords de Dayton de 1995, afin de procéder à une « unification » des territoires serbes dans les Balkans – un scénario lourd de risques non seulement pour la survie de la Bosnie, mais aussi pour l'ensemble de la région.

La Serbie après Djindjic. La difficile transition politique et économique de la Serbie, engagée après la chute du régime Milosevic en septembre 2000, est non seulement menacée par les incertitudes quant à l'avenir de l'entité Serbie-Monténégro et du statut final du Kosovo, mais aussi par les soubresauts de la vie politique serbe. Les Serbes ont dû d'abord assister à l'éclatement de la coalition intitulée Opposition démocratique de Serbie (Demokratska Opozicija Srbije, DOS) et à l'affrontement entre les deux principaux artisans de la démocratisation de 2000, le ministre-président serbe, Z. Djindjic, et le président yougoslave, Vojislav Kostunica – avant que ce dernier perde son poste en février 2003. De plus, à trois reprises, la Serbie a échoué à faire élire un président en raison d'une participation électorale à chaque fois insuffisante.

Mais c'est surtout l'assassinat de Z. Djindjic, le 12 mars 2003, qui a bouleversé la vie politique serbe. Principal acteur de la résistance contre Milosevic, de la transition politique et économique, et du rapprochement avec l'UE et l'Organisation du traité de l'Atlantique Nord (OTAN), Djindjic a sans doute eu tort de ne pas avoir osé affronter les structures à la fois mafieuses et post-communistes qui avaient soutenu le régime Milosevic, et qui ont survécu après la chute de ce dernier et son transfert au Tribunal pénal international à La Haye. Ce n'est qu'au printemps 2003 que Djindjic a annoncé son intention de démanteler ces structures parallèles qui faisaient obstacle à l'établissement d'un État de droit en Serbie – une annonce qu'il a payée de sa vie, le ministre-président ayant été assassiné par une unité spéciale de la police serbe, très active dans les réseaux du crime organisé en Serbie et en Europe du Sud-Est.

Toutefois, la Serbie n'a pas sombré dans le chaos. Le nouveau ministre-président serbe, Zoran Zivkovic, un proche de Djindjic, a été élu avec une courte majorité, le 18 mars 2003, et s'est aussitôt attaqué aux structures mafieuses qui se sont emparées des structures politiques, économiques et judiciaires du pays. Mais il doit faire face à des défis majeurs qui vont mettre le camp démocratique, très divisé, à rude épreuve : les élections législatives de fin 2004 permettront ainsi de savoir si la transition en Serbie aura un caractère éphémère ou durable. Le début du remboursement de la dette extérieure (près de 9 milliards d'euros) est prévu pour 2005 et risque de remettre en question les réformes économiques réalisées depuis 2001. Enfin, en 2006 au plus tard, se posera la question de l'indépendance du Monténégro et du Kosovo – une échéance qui risque de raviver l'affrontement entre les démocrates pro-européens et les opposants post-communistes et fascistes encore très nombreux en Serbie.

H. S.

Pour en savoir plus

Dusan, R. (2003), « Serbien in Zeitnot », *SWP Studie,* n° 18, mai.
Valentin, M., J. Aben et C. Bares (2003), « Les Balkans », *Défense Nationale*, vol. 59, n° 2, février.
Schoch, B. (2003), *Gegen weitere staatliche Zersplitterung : Plädoyer für multinationale Vielfat in Belgrad, Podgorica und Pristina*, Hessische Stiftung Friedens- und Konfliktforschung (4° 6119-2003-02).
Stefanova, R. (2003), « New Security Challenges in the Balkans », *Security Dialogue*, vol. 34, n° 2, juin.
Darmanovic, S. (2003), « Montenegro: The Dilemmas of a Small Republic », *Journal of Democracy*, vol. 14, n° 1, janvier.
Girard, R. (2003), « Carnet de route au Monténégro : l'indépendance n'est plus le remède miracle », *Revue des Deux Mondes*, n° 3, mars.

Sites Internet

Portail vers les sites gouvernementaux de la Serbie-Monténégro : <www.gksoft.com/govt/en/yu.html>.
Site du *Courrier des Balkans* : <www.balkans.eu.org>.
Institute for War and Peace Reporting : <www.iwpr.net/balkans_index1.html>.

SRAS

Quelles séquelles pour l'Asie ?

En juin 2003, soit plus de 3 mois après l'alerte mondiale lancée en mars par l'Organisation mondiale de la santé (OMS) et l'irruption brutale du syndrome respiratoire aigu sévère (SRAS) dans l'actualité, plus de 8 000 cas ont été identifiés dans le monde, dont 95 % en Asie, et une large majorité en République populaire de Chine (RPC). L'épidémie a tué près de 800 personnes. Les zones les plus affectées après la RPC sont Hong-Kong, Taiwan et Singapour. En Asie de l'Est et du Sud-Est, seul le Japon n'a enregistré aucun cas. En l'espace de quelques semaines, la panique a saisi les populations, des responsables politiques ont perdu leur poste, et la stabilité sociale a été ébranlée dans les zones les plus touchées. Des frontières, des écoles, des hôpitaux ont été fermés, et plusieurs gouvernements ont déconseillé à leurs ressortissants de se rendre dans les zones à haut risque.

Mais les perspectives les plus pessimistes ne se sont pas réalisées. À la mi-juin, l'épidémie semblait jugulée et l'OMS levait ses mises en garde contre les voyages dans la région, à l'exception de la ville de Pékin, qui dut attendre jusqu'au 24 juin. Grâce à des contrôles très stricts et à la diffusion rapide de l'information à l'échelle internationale, l'ensemble des pays d'Asie paraissent à même d'empêcher toute transmission. Et les nouveaux cas sont de moins en moins nombreux.

Des conséquences économiques limitées. L'impact sur l'activité économique en Asie se limite donc à un trimestre, de la mi-mars à la mi-juin 2003. À court terme, les effets du SRAS ont été spectaculaires sur la demande. Ce sont les services qui ont été les plus affectés, en particulier les activités liées au tourisme : l'hôtellerie, la restauration, le transport aérien, le commerce de détail. Alors que des restrictions étaient imposées par les États sur les déplacements et que les touristes annulaient leurs vacances, le nombre de passagers transportés par les compagnies aériennes asiatiques a chuté de plus de 20 ou 30 %, voire davantage. À la fin mars, le trafic de l'aéroport international de Hong-Kong avait baissé de moitié, de nombreux vols étant annulés. Le taux d'occupation de certains hôtels a baissé jusqu'à 20 %, contre 80 % habituellement à cette période de l'année. Le même phénomène a été observé à Pékin. À Singapour, sur les trois premières semaines du mois d'avril, le nombre de touristes a chuté de 65 % par rapport à 2002. Le Vietnam, la Thaïlande, la Malaisie ont été un peu moins affectés, avec une baisse des arrivées de l'ordre de 40 %.

Si les activités liées au tourisme ont été durement touchées, d'autres (ventes de médicaments, achats dans les supermarchés) sont en hausse. Ce sont les économies où les services sont proportionnellement les plus importants (Hong-Kong, Singapour) qui sont les plus durement frappées. En Chine, qui n'est pas une économie de services (ils représentent seulement un tiers du produit intérieur brut [PIB] chinois), l'impact de l'épidémie est apparemment resté limité. Et si la croissance de la production industrielle s'est légèrement ralentie en avril, elle demeure encore très vive (14,9 % contre 16,9 % le mois précédent). Quant aux investissements, ils ont plutôt été retardés qu'annulés. Les commandes à l'industrie manufacturière ne semblent pas avoir été réorientées vers d'autres zones, même si, par exemple, à la foire de Canton tenue au mois d'avril, les contrats signés représentaient seulement un quart des commandes enregistrées en 2002.

Ainsi, si le SRAS a contribué à ralentir la croissance économique en Asie en 2003, son impact devrait rester modéré. La région ne devrait pas dévier de la voie du rétablissement amorcé depuis 2001. Au total, selon les estimations (–1,8 pour Hong Kong, –1,1 pour Singapour, –0,9 pour Taiwan, –0,7 pour la Thaïlande, –0,2 pour la Chine [estimations de la Banque asiatique de développement basées sur une crise circonscrite à 3 mois]), l'épidémie pourrait coûter aux économies de l'Asie de l'Est et du Sud-Est entre 0,2 et 1,8 point de croissance. Néanmoins, pour faire face aux conséquences économiques de la crise, et pour alléger les charges des entreprises les plus durement touchées, les gouvernements de la région ont mis en œuvre des programmes d'urgence de dépenses publiques. Les déficits budgétaires devraient donc s'aggraver.

Une coopération régionale renforcée. Les mesures nationales prises par les États se sont accompagnées d'intenses efforts de consultation et de coopération. Plusieurs réunions au sommet ont été convoquées : à Kuala Lumpur puis Bangkok en avril, à Siem Rap (Cambodge) en juin. Initiées par l'Association des nations du Sud-Est asiatique (ASEAN), elles ont toujours associé la Chine, source de l'épidémie.

Le 26 avril, les ministres de la Santé de l'« ASEAN + 3 » (les 10 membres de l'ASEAN auxquels s'ajoutent la Chine, le Japon et la Corée du Sud) se sont réunis à Kuala Lumpur. Dans une déclaration commune, les participants ont reconnu la nécessité d'une approche collective de la crise. Il a été décidé d'harmoniser les procédures de filtrage des voyageurs aux frontières (notamment dans les aéroports), d'isoler ceux qui présentent les symptômes de la maladie, et de demander à tous de remplir des déclarations relatives à leur état de santé. Quelques jours plus tard, afin de restaurer la crédibilité des autorités aussi bien en Chine qu'à l'extérieur du pays, Wu Yi a été nommée ministre de la Santé, en remplacement de Zhang Wenkang, démis de ses fonctions.

À la fin du mois d'avril, le 29, le Premier ministre singapourien, Goh Chok Tong, a pris l'initiative de réunir à Bangkok les chefs de gouvernement de l'ASEAN et le Premier ministre chinois, Wen Jiabao, dont c'était la première visite à l'étranger depuis sa nomination au mois de mars. Les mesures de surveillance des voyageurs ont été confirmées. La réunion, qui aurait pu être l'occasion d'une critique sévère de l'attitude des autorités chinoises, a mis l'accent sur l'organisation de la coopération et sur la nécessité de mieux partager l'information relative à l'épidémie.

Les 10 et 11 juin 2003, les ministres de la Santé de l'« ASEAN + 3 » se sont rencontrés à Siem Rap, au Cambodge, pour une nouvelle réunion consacrée au SRAS.

Les cas de SRAS au 17 juin 2003

	Nombre de cas recensés	Nombre de décès
Total dans le monde	*8 464*	*799*
Asie	8 093	766
RPC	5 326	346
Hong-Kong	1 755	295
Taiwan	697	83
Singapour	206	31
Vietnam	63	5
Philippines	14	2
Mongolie	9	0
Thaïlande	8	2
Malaisie	5	2

Source : OMS.

Des félicitations ont été adressées à Pékin pour sa volonté de contenir la maladie et les efforts déployés pour améliorer la surveillance. Un nouvel accord de coopération sur la surveillance des voyages internationaux et la création d'un système régional d'information a été signé. Les autorités sanitaires de la région sont désormais en contact permanent.

Avec le SRAS, l'Asie de l'Est et du Sud-Est ont été confrontées à leur plus grave menace sanitaire depuis l'épidémie de sida. Et les spécialistes répètent que d'autres crises se produiront. Incontestablement, l'ensemble des gouvernements de la région, et singulièrement Pékin, ont pris conscience de l'importance d'une information précise et transparente pour faire face, au-delà d'une crise de santé publique, à une véritable crise de confiance. Des mesures ont été prises à l'échelle régionale pour renforcer la collaboration, diffuser l'information et organiser la prévention.

La crise du SRAS marque-t-elle le point de départ d'une nouvelle relation entre les dirigeants des pays d'Asie de l'Est et du Sud-Est ? Il est trop tôt pour le dire. L'épidémie a renforcé le dialogue entre la Chine et ses voisins régionaux. De ce point de vue, loin de marquer une rupture, elle signale au contraire la continuité des intentions de Pékin, qui souhaite être plus présent sur la scène régionale, alors que l'Asie du Sud-Est est l'espace où sa diplomatie est la plus active. La Chine a longtemps préféré le dialogue bilatéral ; avec l'épidémie de SRAS, elle a fait un pas supplémentaire vers une gestion multilatérale des crises.

G. G.

Pour en savoir plus

Fan, X. (2003), *Sars: Economic Impacts and Implications*, Manille, Banque asiatique de développement, mai.

Organisation mondiale de la santé (2003), *Syndrome respiratoire aigu sévère (SRAS) : statut de la flambée et leçons pour l'avenir*, Genève, OMS, 20 mai.

Vatikiotis, M. (2003), « Asean and China. United in Adversity », *Far Eastern Economic Review*, 8 mai, p. 14-17.

Faits et dates

– *16 novembre 2002* : Le premier cas connu de SRAS apparaît à Foshan, province du Guangdong (RPC).
– *11 février 2003* : Pékin fait état dans le Guangdong d'une épidémie affectant 305 personnes et ayant provoqué 5 décès.
– *21 février 2003* : Un médecin de Canton résidant à Hong-Kong infecte au moins 12 personnes qui se trouvent dans le même hôtel. Elles propageront la maladie à Singapour, Toronto et Hanoi.
– *15 mars 2003* : Le SRAS est déclaré « menace sanitaire mondiale » par l'OMS qui décrit des protocoles de réponse.
– 29 *mars 2003* : Décès de C. Urbani, médecin de l'OMS basé à Hanoi, qui a identifié sur un patient, le 28 février, une forme sévère de pneumonie d'origine inconnue.
– 2 *avril 2003 :* L'OMS déconseille les séjours non essentiels à Hong-Kong et dans le Guangdong.
– 3 *avril 2003 :* Début de la première inspection de l'OMS dans le Guangdong.
– *5 avril 2003* : Pékin s'excuse pour sa réponse inappropriée à la crise.
– *20 avril 2003* : Le ministre chinois de la Santé et le maire de Pékin sont démis de leurs fonctions.
– *23 avril 2003* : L'OMS déconseille les voyages non essentiels vers Pékin, la province du Shanxi et Toronto (Canada). Les écoles sont fermées à Pékin.
– *29 avril 2003* : L'OMS lève les restrictions sur les voyages à destination de Toronto.
– *8 mai 2003* : L'OMS étend ses restrictions de voyage à Tianjin et à la Mongolie intérieure en Chine, ainsi qu'à Taipei (Taiwan).
– *23 mai 2003* : L'OMS lève ses mises en garde sur les voyages vers Hong-Kong et le Guangdong.
– *17 juin 2003* : L'OMS lève ses mises en garde sur les voyages vers Taiwan.
– *24 juin 2003* : L'OMS lève ses mises en garde sur les voyages vers Pékin.

Sites Internet

Asia Recovery Information Center, « Sars watch » : <aric.adb.org>.
Secrétariat de l'ASEAN : <www.aseansec.org>.
OMS : <www.who.int/csr/sars/en>.
China Center for Disease Control : <www.chinacdc.net.cn>.
Banque asiatique de développement : <www.adb.org>.

Terrorisme islamiste

Une nébuleuse toujours très active

Entre octobre 2001 et la fin 2002, la CIA évalue à plus de 3 000 le nombre d'arrestations de militants d'Al-Qaida dans le monde, et estime que le tiers des hauts dirigeants du groupe a été tué ou capturé (Center for Defense Information, 30 décembre 2002). Le département d'État a précisé, le 26 mars 2003, dans un rapport au House Committee on International Relations et au Subcommittee on International Terrorism, Nonproliferation and Human Rights, qu'environ 125 millions de dollars ont été gelés par les États-Unis et la Coalition aux dépens des réseaux terroristes, principalement islamistes. Dans les 12 derniers mois, plusieurs opérations antiterroristes ont eu lieu, partout dans le monde, dont certaines très médiatisées. Al-Qaida a été au centre de cette offensive : arrestation à Karachi, le 10 septembre 2002, de Ramzi ben Al-Shibh, suspecté d'être l'un des cerveaux des attentats du 11 septembre 2001 ; destruction au Yémen, le 3 novembre, d'une voiture transportant 6 membres présumés d'Al-Qaida, par un missile *Hellfire* lancé depuis un drone de la CIA ; arrestation au Pakistan, le 1er mars 2003, de Khaled Cheikh Mohammed, chef présumé des opérations de l'organisation. Mais avons-nous assisté à la déroute des réseaux terroristes islamistes ? Rien n'est moins sûr.

Portrait des attentats terroristes islamistes. Cerner l'étendue de l'action terroriste islamiste est une entreprise ardue. Une première difficulté vient du fait que les bases de données sur l'activité terroriste ne permettent pas d'isoler l'information concernant le facteur islamique. Mais la difficulté principale réside dans la propension de ces réseaux à ne pas revendiquer leurs attentats. Selon la RAND-MIPT, 1 567 attentats terroristes (1 757 morts, 4 295 blessés) ont eu lieu entre le 1er juillet 2002 et le 31 mars 2003. Seulement 149 (665 morts, 1 380 blessés) ont été revendiqués. Le tiers environ peut être attribué aux islamistes (53 attentats). Mais ce sont ceux qui font le plus grand nombre de victimes (559 morts, 1 115 blessés).

Ces chiffres soulignent la grande violence de l'action terroriste islamiste, qui s'inscrit dans la continuité d'un terrorisme religieux en pleine croissance depuis la révolution iranienne : de plus en plus d'individus et de groupes, empreints d'un sentiment d'aliénation face à l'ordre social existant, voient dans la violence à la fois un acte sacré et un moyen d'instaurer des changements radicaux. Cette violence des réseaux islamistes est d'autant plus grande que leurs objectifs politiques et sociaux sont diffus et peu réalistes, notamment chez les néo-fondamentalistes ou salafistes, qui sont autant obsédés par l'idée d'un retour idéalisé à la société musulmane des « origines » que par le rejet de toute forme de pluralisme, culturel, politique ou religieux.

Mais ces attentats revendiqués ne révèlent qu'approximativement l'étendue de l'activité terroriste islamiste dans les régions du globe où ces réseaux sont les plus actifs. En effet, leur activité, quoique soutenue (il s'agit là d'une violence à petite échelle mais régulièrement entretenue), est éclipsée dans les médias par des attentats d'envergure, plus spectaculaires, voire plus meurtriers, mais aussi plus rares. Ces derniers sont plus souvent revendiqués, ou identifiables à un groupe particulier, tandis que l'activité terroriste de fond revêt en général un caractère « anonyme », la seule attaque d'une cible suffisant souvent à satisfaire aux objectifs stratégiques du groupe. Entre juillet 2002 et avril 2003, les régions du monde les plus touchées par cette forme de terrorisme étaient le Cachemire (344 attentats, 12 revendiqués par des islamistes), Israël et les Territoires occupés (232, 31), le Pakistan (50, 2), et l'Afghanistan (55, 0).

Ainsi, dans 4 régions reconnues comme des cibles privilégiées, 681 attentats ont été perpétrés, dont seulement 45 officiellement endossés par les islamistes livrant combat dans ces régions. Sur cette base, il semble assez hasardeux de tirer des conclusions précises quant à l'étendue de l'activité terroriste « anonyme », car tous les attentats non revendiqués ne sont pas nécessairement l'œuvre d'islamistes. Des groupes comme le Fatah ou les Brigades des martyrs d'al-Aqsa sont plus près du nationalisme laïque de l'Organisation de libération de la Palestine (OLP) que du Hamas ou du Djihad palestiniens. Néanmoins, ces chiffres permettent d'entrevoir la face cachée de l'activité terroriste islamiste et de mesurer son ampleur dans certains points du globe. Ils aident à comprendre que ces réseaux détiennent la part du lion de l'activité terroriste mondiale, seules les factions colombiennes pouvant rivaliser en intensité.

Par ailleurs, si Israël, les Territoires occupés et le Cachemire sont, depuis des années, les cibles privilégiées de ces groupes, l'Afghanistan et le Pakistan les ont récemment rejoints, effet paradoxal de l'opération « Liberté immuable », débutée en octobre 2001. Mais la hausse de l'activité terroriste islamiste dans cette région ne doit pas être vue comme un échec de la Coalition dans la lutte antiterroriste. La chute des Talibans et l'alignement pro-américain du général Pervez Moucharraf sont des échecs importants pour les islamistes radicaux. Malgré tout, plusieurs observateurs s'inquiètent pour la reconstruction de l'État afghan et la stabilité du Pakistan. Et l'on peut se demander comment Islamabad parviendra à contrôler les islamistes issus du réseau des milliers de madrasas du pays, dont la population, très majoritairement musulmane, avoisine les 150 millions d'habitants, et où les autorités n'ont cessé d'instrumentaliser, depuis l'époque de Zia ul-Haq, le radicalisme islamiste. Karachi, mégapole bordant l'océan Indien, est déjà perçue comme un centre important du terrorisme islamiste.

Le monde musulman comme champ de bataille. En 2002-2003, l'Amérique et l'Europe ont été relativement à l'abri de l'activité terroriste islamiste. Quelques incidents isolés ont bien sûr eu lieu : le 4 juillet 2002, à l'aéroport international de Los Angeles (LAX), Hesham Mohamed Hadayet a ainsi ouvert le feu devant le comptoir de la compagnie israélienne *El Al*, tuant 2 personnes et en blessant 3 autres,

Les principaux attentats terroristes islamistes (90 victimes et plus) – 1er juillet 2002-1er juin 2003

Date	Lieu	Méthode/armes	Victimes	Responsabilité
05/09/2002	Afghanistan (Kaboul)	Voiture piégée	30 morts 170 blessés	Suspects :Talibans, Al-Qaida, Hezb-e-Islami
12/10/2002	Indonésie (Bali)	Voiture piégée	190 morts 300 blessés	Principale : Jemaah Islamiyah Secondaire : Al-Qaida
18/10/2002	Philippines (Zamboanga)	Bombes (2)	7 morts 144 blessés	Groupe Abu Sayyaf (ASG)
24/10/2002	Russie (Moscou)	Explosifs Armes légères Kamikazes (± 45)	162 morts (dues principalement à l'utilisation de gaz paralysant par les forces d'intervention russes)	Principale : Régiment islamique des opérations spéciales (SPIR) Secondaire : Shamil Basayev (seigneur de guerre tchétchène)
28/11/2002	Kenya (Mombasa)	Kamikazes (3) Voiture piégée Lance-roquettes	13 morts 80 blessés (dus aux kamikazes seulement, l'attaque au lance-roquettes contre un avion de ligne ayant échoué)	Principale : Armée de la Palestine Secondaire : Al-Qaida et/ou Al-Ittihad al-Islami (AIAI)
27/12/2002	Tchétchénie (Groznyï)	Kamikazes (3) Voitures piégées (2)	72 morts 280 blessés	Principale : Bataillon Riyadus-Salikhin de reconnaissance et de sabotage des martyrs tchétchènes Secondaire : Shamil Basayev
12/05/2003	Arabie Saoudite (Riyad)	Kamikazes (9) Voitures piégées (3) Armes légères	34 morts 200 blessés	Al-Qaida
16/05/2003	Maroc (Casablanca)	Kamikazes (12) Explosifs	41 morts 100 blessés	Principale : Al-Sirat Al-Moustaquim (Droit chemin), Salafiya Jihadiya Secondaire : Al-Qaida suspectée

Sources : RAND-MIPT, Terrorism Research Center, <www.cnn.com>, <www.bbc.co.uk>, <www.lexpress.fr>.

avant d'être abattu. Mais les pressions exercées, depuis le 11 septembre, par les agences de renseignements, les nouvelles législations et l'appareil judiciaire et policier semblent avoir entravé, pour le moment, la capacité de ces réseaux de frapper au cœur de l'Occident.

Plusieurs arrestations d'islamistes ont ainsi eu lieu, surtout en Europe (Grande-Bretagne, France, Allemagne, Espagne, Italie). Et même une région aussi peu contrôlée que celle de la « triple frontière » (Argentine, Paraguay, Brésil) n'est plus un refuge sûr. Partout, les autorités sont sur le qui-vive. Toutefois, cette vigueur contre-terroriste ne représente pas une victoire définitive sur les réseaux, pas plus qu'elle n'offre d'assurance pour l'avenir. Le juge Jean-Louis Bruguière souligne d'ailleurs combien il est difficile d'identifier les nombreux membres ou cellules des réseaux, qui forment une nébuleuse aux segments autonomes, propice à toutes les mutations structurelles (<www.lexpress.fr>, 12 décembre 2002).

Les réseaux, loin d'être vaincus à l'échelle du globe, se sont donc appliqués à frapper en terre d'Islam : sur ses frontières (Maroc, Kenya, Israël, Tchétchénie, Cachemire, Philippines, Indonésie) et en son cœur (Yémen, Arabie Saoudite, Pakistan, Afghanistan). C'est là que les attaques les plus dures ont eu lieu. Ces attentats montrent, par leur nombre et leur diversité, que les terroristes islamistes ont toujours une réelle capacité de nuisance.

Ceux-ci, à l'évidence, après l'« exploit » du 11 septembre et la « publicité » qui en a été faite, reviennent aux frontières plus traditionnelles du djihad ; mais cela n'implique pas un changement de cible. Partout, de Mombasa à Bali, de Kaboul à Casablanca, ce sont les intérêts des « judéo-croisés », des régimes apostats ou autres symboles associés aux « mécréants » qui sont visés. Ces attentats d'envergure montrent que les explosifs conventionnels restent le moyen privilégié pour infliger des dégâts importants, et que, souvent, ce sont des *soft targets* (bars, restaurants, marchés, hôtels, etc.) qui sont visées. Seul l'emploi de plus en plus généralisé de kamikazes, coordonnant des attaques multiples en petits groupes distincts, semble confirmer que le 11 septembre est devenu une référence opérationnelle. Enfin, le spectre d'Al-Qaida paraît refaire surface après une année de fuites, d'arrestations et de réorganisations liées à l'opération « Liberté immuable ».

Al-Qaida, le retour de l'« hydre » ? Bien que des doutes persistent quant à la survie de son leader, Al-Qaida revient sur le devant de la scène avec plusieurs liens, directs

(Riyad), indirects (Bali, Mombasa), ou supposés (Casablanca, Kaboul), avec l'activité terroriste islamiste. Qui plus est, de petits attentats au Pakistan, au Yémen et au Koweït semblent lui être liés. Et les experts soupçonnent le Groupe Abu Sayyaf (ASG) aux Philippines, le Hezb-e-Islami en Afghanistan et les islamistes tchétchènes de l'être également. Comment expliquer cette apparente omniprésence ?

Avant tout, les succès remportés contre Al-Qaida dans la lutte antiterroriste doivent être confrontés au fait que le nombre de militants islamistes entraînés, dans la dernière décennie, dans les camps soudanais, yéménites et afghans dépasse largement les récentes arrestations (J. Stevenson, <www.iiss.org>). La lutte en matière de financement du terrorisme pose également problème. Après les premiers succès de 2001, où plus de 110 millions de dollars ont été gelés, les résultats jusqu'en août 2002 ont été modestes : seulement 10 millions supplémentaires environ ont été saisis (Cooley 2002). Le réseau s'est donc adapté et utilise des moyens plus discrets pour faire transiger les sommes recueillies : conversion des liquidités en or ou en pierres précieuses, utilisation de réseaux de contrebande d'opium ou d'armes, recours à des voies alternatives d'échanges financiers, comme le système traditionnel de la *halawa*. En outre, Al-Qaida et le reste de la mouvance islamiste internationale continueraient à percevoir des fonds par l'entremise d'organisations caritatives ou religieuses. À ce sujet, de multiples institutions issues ou commanditées par le wahhabisme saoudien sont de plus en plus pointées du doigt en raison des « passerelles » qu'elles procureraient entre les communautés musulmanes du monde et les réseaux islamistes terroristes.

Al-Qaida est-elle pour autant redevenue aussi menaçante qu'avant l'offensive des États-Unis et de la Coalition ? À la lumière de l'année écoulée, il semblerait que non. Si elle joue encore un rôle de « base » pour les réseaux terroristes islamistes et représente toujours une menace significative, et si elle démontre une grande capacité de survie et d'adaptation face aux coups qu'elle accuse, ses récentes affiliations avec différents groupes locaux dans le monde musulman signifient probablement que l'organisation, dispersée et aux abois, ne possède plus pour le moment les mêmes capacités qu'avant le 11 septembre. Ainsi, même si elle peut encore organiser des attentats, c'est d'abord sa structure qui lui garantit sa capacité de nuisance actuelle. C'est d'ailleurs par l'entremise de groupes « franchisés » (Armée de la Palestine, Al-Sirat Al-Moustaquim, Jemaah Islamiyah) qu'elle s'est le plus manifestée cette année. À l'image d'une multinationale, Al-Qaida s'est dotée d'une organisation flexible et décentralisée qui lui rapporte des « dividendes », même en période de « récession ».

Enfin, une autre tendance inquiétante apparaît chez les réseaux terroristes islamistes : le raffinement technique. Le premier exemple est celui des islamistes arrêtés à Rome, le 20 février 2002, qui, selon toute évidence, planifiaient une attaque chimique contre l'ambassade des États-Unis, d'après le composé de cyanure (4 kg d'hexacyanoferrate (II) de potassium) et les plans trouvés en leur possession (<www.cns.miis.edu/pubs/week/020311.htm>). Il y a aussi le cas des cellules démantelées à Romainville et à La Courneuve, en décembre 2002, où les autorités ont découvert du perchlorate de fer et une combinaison de protection pour la manipulation de produits toxiques (<www.fr.news.yahoo.com>). En Algérie, le Groupe salafiste pour la prédication et le combat (GSPC) a perpétré, le 4 janvier 2003, un attentat contre des militaires (faisant 43 morts et 19 blessés), en utilisant de l'acétylène comme explosif, gaz commun mais peu commode à manipuler (<www.courrierinternational.com>, 6 janvier). En dernier lieu, 6 islamistes ont été arrêtés à Londres, le 5 janvier, et sont suspectés d'avoir voulu produire du ricin (<www.cns.miis.edu/pubs/reports/ricin.htm>). Au-delà de ces cas, pour l'instant isolés, la perspective que les réseaux perfectionnent leurs outils de destruction n'a rien de rassurant pour l'avenir.

F. L.

Pour en savoir plus

Cooley, J. K. (2002), « L'insaisissable argent d'Al-Qaida », *Le Monde diplomatique*, novembre.

Département d'État (2003), Office of the Coordinator for Counter-terrorism, *Patterns of Global Terrorism 2002*, Washington, D. C., Department of State Publication, avril.

GAFI (2002), *Rapport sur les typologies du blanchiment de capitaux 2001-2002*, Paris, Secrétariat du GAFI, février.

Hoffman, B. (2002), « The Leadership Secrets of Osama Bin Laden », *The Atlantic Monthly*, vol. 291, n° 3, p. 26-27.

International Crisis Group (2002), « Indonesia Backgrounder: How the Jemaah Islamiyah Terrorist Network Operates », *Asia Report*, n° 43, 11 décembre.

Légaré, F. (2002), *Terrorisme : peurs et réalité*, Montréal, Athéna Éditions.

Roy, O. (2002), *L'Islam mondialisé*, Paris, Le Seuil.

Takeyh, R. et N. Gvosdev (2002), « Do Terrorist Networks Need a Home? », *The Washington Quarterly*, vol. 25, n° 3, été, p. 97-108.

Sites Internet

Sites spécialisés sur le terrorisme :
Terrorism Research Center :
<www.terrorism.com>.
<www.terrorisme.net>.
National Memorial Institute for the Prevention of Terrorism, RAND-MIPT Database : <www.db.mipt.org>.

Sites divers :
Federation of American Scientists :
<www.fas.org/terrorism/index.html>.
Center for Defense Information :
<www.cdi.org/terrorism>.
Center for Nonproliferation Studies :
<www.cns.miis.edu/research/terror.htm>.

Venezuela

Sortie de crise ou victoire à la Pyrrhus ?

En avril 2002, le président Hugo Chavez avait été chassé du pouvoir pendant 48 heures. Le 2 décembre 2002, l'opposition a lancé la quatrième grève générale en un an, qui s'est achevée le 3 février 2003. Au terme de ces 63 jours de paralysie du pays, notamment de l'industrie pétrolière, dont les installations ont été militarisées, et d'affrontements sans bain de sang, le président tacticien semblait l'avoir emporté.

De la grève générale à l'accord politique. Le 29 mai 2003, après 6 mois de négociations, a été signé un accord en 19 points, aux termes duquel le gouvernement et l'opposition s'engagent à mettre fin à la violence, à procéder au désarmement de la population civile et à résoudre la crise politique par la voie électorale.

Conformément à la Constitution, un référendum sur la révocation du chef de l'État pourra être organisé à partir du 19 août 2003, soit à mi-mandat présidentiel. L'opposition devra recueillir au préalable les signatures de 20 % des électeurs. Elle prétendait en avoir rassemblé 4 millions en un seul jour, le 2 février. Mais, désormais, l'Assemblée nationale doit désigner un nouveau Conseil électoral national, chargé de vérifier la régularité des signatures, et qui disposera ensuite de deux mois pour organiser la consultation.

Le « médiateur », César Gaviria, secrétaire général de l'Organisation des États américains (OEA), s'est félicité d'un accord qui « profitera à tous les Vénézuéliens [...] du fait de l'engagement des deux camps à plus de tolérance et de respect mutuel ». Mais les secteurs les plus intransigeants de l'opposition ont manifesté leur désaccord. Et le président Chavez a indiqué qu'il s'engageait seulement à « ne pas empêcher [les opposants] de recourir à la voie du référendum », et ce, « pour donner satisfaction à Gaviria, à l'Organisation des Nations unies (ONU), à l'OEA et au Groupe des pays amis ». L'incertitude continue donc à peser sur l'avenir politique du pays, d'autant que des manœuvres dilatoires ne peuvent être exclues et que la société vénézuélienne demeure fortement polarisée.

L'opposition divisée face à la reprise en main chaviste. L'opposition, même si elle semble s'être élargie, reste extrêmement hétérogène. Elle regroupe les ultra-conservateurs de l'organisation patronale Fedecamaras et du groupe Primero Justicia, des secteurs droitiers des partis traditionnels que sont le Comité d'organisation politique des électeurs indépendants (COPEI, social-chrétien) et Action démocratique (AD, social-démocrate), de très influents membres de l'Opus Dei, les centristes des deux grands partis traditionnels, la Confédération des travailleurs du Venezuela (CTV), la gauche modérée (l'Union républicaine démocratique [URD], La Cause Radicale [LCR], le Mouvement vers le socialisme [MAS], ancien allié de Chavez) et l'extrême gauche de Bandera Roja.

La Coordination démocratique (CD) des opposants ne s'étant pas transformée en parti politique, l'éclatement se traduit par une multitude de « cabinets fantômes » et de pré-candidats à une éventuelle présidence intérimaire. Le démocrate-chrétien Henrique Salas Römer est en lice ; le gouverneur social-chrétien de l'État de Miranda, Enrique Mendoza, semble avoir les faveurs de la CD ; et AD affirme être « le seul parti en mesure d'affronter le régime ». En panne de véritable stratégie et même de réflexion politique, voire démoralisée après l'échec de la grève, l'opposition n'est rassemblée que pour chasser celui qu'elle considère comme « un dictateur castro-communiste élu », et elle ne dispose d'aucun leader incontesté et plus populaire que l'actuel chef de l'État.

Ce dernier a, par ailleurs, repris en main l'entreprise pétrolière PDVSA, dont il a remplacé les dirigeants et licencié 18 000 grévistes – soit plus de 30 % des effectifs –, qualifiés de « pétroterroristes », de « saboteurs » ou d'agents de la « conspiration pétrolière des élites blanches ». Il a divisé la société en deux pour casser le pouvoir du siège central de cette firme qu'il considère, non sans raison, comme « un État dans l'État ». Il a aussi fait arrêter le représentant du patronat, Carlos Fernandez, et fait rechercher le leader syndical de la CTV, Carlos Ortega, qui s'est exilé aux États-Unis. Confronté à la propagande hostile des médias privés – et notamment de Venevision, du groupe CISNEROS, le « Rupert Murdoch latino-américain » –, le chef de l'État a fait adopter de nouvelles réglementations contre les atteintes à la « responsabilité sociale » dans l'audiovisuel.

En même temps, le président Chavez a recommencé à « appeler le peuple à se mobiliser pour défendre la révolution bolivarienne » contre les « tentatives criminelles » des « comploteurs fascistes » qui cherchent à « déstabiliser la démocratie », à « éliminer le gouvernement » par la force, à « déclencher une véritable guerre civile », voire à l'assassiner. Sa base politique n'est guère solide : son Mouvement pour la Ve République (MVR) ne dispose à l'Assemblée que d'une courte – et de plus en plus chancelante – majorité. Mais ses soutiens sont ailleurs, et tout d'abord au sein des forces armées. Celles-ci, qui apparaissaient divisées entre quelque 20 % de fervents chavistes, autant d'anti-chavistes, et 60 % de militaires « institutionnalistes », auraient été ressoudées au prix d'une épuration de grande ampleur parmi les officiers généraux liés au coup d'État. Hugo Chavez co-gouvernerait désormais le pays, notamment avec le général Raul Baduel, commandant de la 4e Division blindée qui contrôle le centre et le sud du pays. Après la grève, il a célébré l'« unité civilo-militaire » qui fonde, selon lui, sa « révolution bolivarienne ».

Quant aux secteurs populaires, ils soutiennent pour l'heure fermement le chef de l'État, qui leur apparaît comme l'un des leurs, du fait de ses origines modestes. Ils voient en lui « le seul espoir pour les pauvres », « le sauveur », voire « l'envoyé de Dieu », et, à tout le moins, celui qui, pour la première fois, les considère et prend en compte leurs besoins. De fait, le président Chavez adresse d'incessants discours enflammés sur la « défaite des élites » et « l'imminence de la reprise » à des auditoires ciblés auprès desquels son verbe fait merveille.

Faits et dates

– *11-14 avril 2002* : Coup d' État contre H. Chavez. La foule contraint le président à démissionner ; il est remplacé par P. Carmona, président de la Fedecamaras. A. Fleisher, porte-parole de la Maison-Blanche, voit dans cette démission la « volonté du peuple » ; le porte-parole adjoint du département d'État assure par ailleurs le pays de la « solidarité » des États-Unis. Le 14, avec l'aide de la hiérarchie militaire et d'une manifestation populaire, Chavez reprend la tête de l'État.
– *14 août 2002* : Jugement de non-lieu rendu par la Cour suprême du Venezuela à l'encontre des auteurs du coup d'État d'avril.
– *22 octobre 2002* : Appel de 15 officiers militaires à la désobéissance civile pour obtenir la démission de Chavez.
– *2 décembre 2002-3 février 2003* : Grève générale. Lancée par l'opposition (CTV, Fedecamaras), elle paralyse l'économie vénézuélienne, en particulier le secteur pétrolier.
– *15 janvier 2003* : Formation à Quito d'un « Groupe des pays amis » du Venezuela pour aider à la résolution de la crise politique, à l'initiative du Brésil. Outre ce dernier, il est composé du Portugal, de l'Espagne, des États-Unis, du Chili et du Mexique.
– *2 février 2003* : Circulation d'une pétition visant à la démission de Chavez. L'opposition prétend avoir rassemblé 4 millions de signatures en une journée.
– *18 février 2003* : Signature, par le président et l'opposition, d'un accord contre la violence et pour la paix et la démocratie.
– *19 février 2003* : C. Fernandez, président de la Fedecamaras et figure de l'opposition, est arrêté par la police et inculpé de « rébellion, trahison, incitation à commettre des actes criminels, conspiration et sabotage ». C. Ortega, président de la CTV, se réfugie aux États-Unis.
– *24 avril 2003* : Sommet de l'OPEP à Vienne.
– *29 mai 2003* : Signature d'un accord en 19 points entre Chavez et l'opposition. Les parties s'engagent à mettre un terme à la violence et à résoudre la crise politique par la voie électorale.
– *19 août 2003* : Échéance au terme de laquelle un référendum sur la révocation du chef de l'État pourra être organisé.

RAMSES

De nouvelles organisations sont apparues depuis le coup d'État, telle l'Union nationale des travailleurs du Venezuela (UNTV), qui se présente comme une alternative à la centrale d'opposition CTV. Le nombre de « cercles bolivariens » – associations de solidarité citoyenne pour les chavistes, « cercles de la terreur » contre les riches pour les opposants – dépasse désormais les 70 000.

Sombres perspectives pour l'économie. Dans le domaine socio-économique, le bilan de la gestion chaviste est très contrasté. Le « Plan Bolivar 2000 » s'est traduit par la construction d'écoles et de routes, ainsi que par des campagnes d'alphabétisation, de vaccination et de réduction des prix des produits alimentaires sur les « marchés bolivariens ». Ceux-ci, implantés dans les quartiers populaires, sont souvent inaugurés par le chef de l'État lui-même. Par ailleurs, des aides à la construction sont accordées aux plus mal logés. Le budget de la santé a, dans une période initiale, été doublé, permettant de réduire la malnutrition et la mortalité infantile, tandis que la suppression des droits d'inscription dans les écoles publiques entraînait la scolarisation de 600 000 enfants supplémentaires. Les droits des Indiens sur leurs terres ancestrales, ainsi que leurs langues, ont été reconnus, et une réforme agraire a été annoncée. Mais la « Révolution » s'est-elle pour autant produite ? Selon l'historien Angel Ziems, elle serait « invisible », à l'exception de l'accession au pouvoir d'un président n'appartenant pas à l'élite « créole ». Et la situation économique s'est dégradée au point d'affecter même les plus pauvres.

La grève a, en effet, aggravé la récession. Après avoir diminué de 8,9 % en 2002, le produit intérieur brut (PIB) – qui a chuté de 29 % au premier trimestre 2003 par rapport à la même période en 2002 – pourrait encore reculer d'au moins 12 % en 2003. Le bolivar s'est fortement déprécié, passant de 800 pour 1 dollar au début de 2002 à 1 598 au cours officiel en mars 2003 (et même à 50 % de plus sur le marché parallèle). Si l'excédent commercial et celui de la balance courante se sont accrus à cause d'une chute des importations de 30 % en 2002, les réserves de change ont diminué du fait d'une importante fuite de capitaux, estimée à 15 milliards de dollars en 2001-2002. Par ailleurs, les exportations de pétrole ont repris après la fin de la grève, mais l'économie du pays reste étroitement dépendante des hydrocarbures et soumise à tout retournement de la conjoncture pétrolière internationale, car le gouvernement n'a nullement œuvré à une diversification structurelle.

En mars 2003, Chavez a opéré un « virage interventionniste », instaurant un contrôle des changes et des prix des principaux produits de base, et adoptant des mesures d'austérité visant à compenser la chute des recettes fiscales. Mais la pénurie de dollars contribue à accentuer la désindustrialisation du pays. Quant à l'inflation, qui avait été réduite de plus de moitié depuis 1998 (12,3 % en 2001), elle s'est accélérée, atteignant 35 % en rythme annuel au début de 2003, tandis que se creusait le déficit budgétaire et que se profilent d'importantes échéances de la dette publique interne en 2003 et 2004. Le taux de chômage reste élevé (20 %), et plus de la moitié des travailleurs sont employés dans le secteur informel. Par ailleurs, la baisse du pouvoir d'achat pourrait atteindre 30 % en 2003, alors que seulement la moitié des Vénézuéliens prennent trois repas quotidiens.

Ces effets de la crise économique et d'une gestion erratique, sans stratégie claire ni résultats concrets, ainsi que la persistance de l'insécurité, pourraient bien désormais, après avoir érodé le soutien des classes moyennes au président, menacer sa base populaire.

Tensions avec Washington et Bogota. À l'extérieur, le Venezuela – comme la quasi-totalité de l'Amérique latine – s'est opposé à la « guerre préventive » des États-Unis contre l'Irak, et Washington s'est inquiété de l'interruption des livraisons de son troisième fournisseur de pétrole, qui a affecté ses stocks, au début de la crise irakienne. Caracas a appuyé les décisions de l'Organisation des pays exportateurs de pétrole (OPEP) à l'issue de la réunion de Vienne, le 24 avril 2003, qui visaient à réduire l'offre pour maintenir les cours du baril de brent entre 24 et 25 dollars. Et le président Chavez a évoqué la possibilité de libeller les prix pétroliers non plus en dollar, mais en euro (voir l'article « Pétrole »).

Le coup d'État manqué d'avril 2002 avait révélé une aggravation des tensions avec Washington. Lors de la longue grève de décembre 2002-février 2003, des voix discordantes se sont fait entendre au département d'État et à la Maison-Blanche, prônant tantôt des élections anticipées, tantôt le maintien de l'ordre institutionnel. L'Union européenne (UE), pour sa part, a apporté son plein appui à la médiation de l'OEA et du Groupe des pays amis.

En Amérique latine, Hugo Chavez, qui a rencontré le nouveau président brésilien « Lula » da Silva, et salué les accords de coopération signés avec 120 chefs d'entreprise brésiliens, en mars 2003, a affirmé sa volonté d'adhérer au Mercosur. Mais les relations avec la Colombie ont connu une période de grandes tensions, et le commerce entre les deux pays a chuté de plus de 40 %. Le président Chavez a en effet été accusé de fournir, en territoire vénézuélien, une protection aux « narco-terroristes » des Forces armées révolutionnaires de Colombie (FARC), combattues par les États-Unis, nouvel allié stratégique de Bogota, dans le cadre du « Plan Colombie ». Chavez a fermement démenti ces accusations, rétorquant que c'était Bogota qui laissait agir « en toute impunité » les paramilitaires des Forces d'autodéfense unies de Colombie (AUC). Toutefois, à l'issue d'une rencontre entre les deux chefs d'État, en avril 2003, après des semaines d'incidents de part et d'autre des 2 219 km de frontière commune, le président Alvaro Uribe a affirmé que son homologue s'était engagé à empêcher toute incursion au Venezuela. Une telle coopération viserait à priver de base arrière les FARC, engagées dans une offensive pour reprendre aux AUC la région frontalière du nord-est, riche en champs de coca et stratégiquement cruciale.

Au total, la polarisation de la société vénézuélienne et la lassitude des citoyens conduisent à s'interroger sur la gouvernabilité du pays et sur l'applicabilité des « solutions » de sortie de crise récemment proposées par le président. Le départ anticipé d'Hugo Chavez, comme son échec, renverrait le Venezuela aux blocages institutionnels et sociétaux antérieurs à son élection. Quel que soit l'avenir politique du chef de l'État, sa présidence controversée illustre les difficultés auxquelles est confrontée la démocratie en Amérique latine (voir le chapitre « L'Amérique latine entre démocratie et populisme »).

D. v. E.

Pour en savoir plus

Auzouy, B. et C. Quenan (2003), « Venezuela : une reprise en main musclée », *Flash Marchés Emergents*, CDC-IXIS, n° 2003-04, 19 mars.

Hébrard, V. (2003), « Le Venezuela d'Hugo Chavez : pouvoir menacé ou menaçant ? », *Universalia*, Paris, Encyclopaedia Universalis, mars, p. 275-278.

Irwin, D. et F. Langue (dir.) (2003), *Militares y sociedad en Venezuela*, Caracas, Universidad Católica Andrés Bello, avril.

Langue, F. (2002), *Hugo Chávez et le Venezuela. Une action politique au pays de Bolivar*, Paris, L'Harmattan.

Romero, C. A. (2002), « La politique extérieure de Chavez et l'Union européenne », dans D. van Eeuwen (dir.), *L'Amérique latine et l'Europe à l'heure de la mondialisation. Dimensions des relations internationales*, CREALC-IEP/Aix, Karthala, août, p. 99-125.

Sites Internet

Quotidiens :
El Nacional : <www.el-nacional.com>.
El Universal :<www.el-universal.com>.
Tal Cual Digital : <www.talcualdigital.com>.
Venezuela al día : <www.venezuelaaldia.com>.
Venezuela's Electronic News : <www.vheadline.com>.

Présidence de la Republique du Venezuela :
<www.venezuela.gov.ve>.

Centres de recherches :
Centro des Estudios de Desarrolo (CENDES/UCVII Caracas) :
<www.ucv.ve/cendes/>.
Universidad de Los Andes (Mérida) : <ulaweb.adm.ula.ve>.
Universidad Central de Venezuela (Instituto de Estudios Políticos) : <www.cendes.ucv.edu.ve>.
Instituto Venezolano de Estudios Sociales y Políticos :
<www.hri.ca/partners/invesp/progmas.html>.
IEP Aix-en-Provence : <www.iep-aix.fr>, rubrique Recherche, Centre de recherches sur l'Amérique latine et les Caraïbes (CREALC).

Chronologie

Chronologie juillet 2002-juillet 2003

Cette chronologie s'articule selon les rubriques suivantes : Europe, Communauté des États indépendants (CEI), Afrique, Moyen-Orient/Maghreb/Méditerranée, Asie, Amériques et, enfin, Questions internationales. Les crises ivoirienne, libérienne et irakienne font l'objet d'encadrés.

Europe

2002

Juillet

30 - Allemagne/France : 79e sommet franco-allemand à Schwerin.

Août

3 - Turquie : Adoption d'une série de lois : abolition de la peine de mort, reconnaissance des droits culturels kurdes.

16-19 - Pologne/Vatican : 9e voyage du pape Jean Paul II en Pologne.

26 - Espagne : Suspension par le Parlement espagnol du parti basque espagnol Batasuna.

Septembre

9 - Autriche : Démission du gouvernement autrichien à la suite de dissensions internes – et notamment de la démission de la vice-chancelière – au sein du parti d'extrême droite FPÖ, membre de la coalition gouvernementale.

10 - Suisse : La Confédération helvétique devient le 190e membre de l'ONU.

15 - Suède : Élections législatives. Victoire de la coalition gouvernementale de gauche, sous la conduite du Premier ministre Göran Persson.

15 - Macédoine : Élections législatives, un an après les accords de paix d'Ohrid. L'opposition sort gagnante avec plus de 40 % des suffrages exprimés.

22 - Allemagne : Élections législatives. Le SPD de Gerhard Schröder remporte de justesse les élections face à la CDU menée par Edmund Stoiber. Les Verts atteignent le score sans précédent de 8,6 %. La coalition rouge-verte est reconduite. Le nouveau gouvernement dispose d'une courte majorité au Bundestag avec 306 sièges sur 603.

30 - Union européenne (UE)/Liban : Accord d'association.

Octobre

6 - Bosnie-Herzégovine : Les premières élections législatives, présidentielle et cantonales, organisées par les Bosniaques et non par les organisations internationales, consacrent une nouvelle fois la victoire des nationalistes.

16 - Pays-Bas : Chute du gouvernement de coalition de Jan Peter Balkenende, installé en mai 2002, en raison des luttes internes au sein du mouvement d'extrême droite (liste Pim Fortuyn).

19 - UE/Irlande : Après avoir d'abord rejeté le traité de Nice, les Irlandais approuvent sa ratification à 62,89 % des suffrages.

24-25 - UE : Conseil européen de Bruxelles. Compromis sur les questions agricoles, structurelles, budgétaires et institutionnelles.

Novembre

Environnement : Marée noire en Espagne provoquée par le pétrolier libérien *Prestige*. Elle s'étendra aux côtes portugaises, espagnoles et françaises.

3 - Turquie : Élections législatives anticipées. Le Parti de la justice et du développement (AKP, islamiste modéré), dirigé par Recep Tayyip Erdogan, l'emporte avec 35 % des voix.

11 - UE/Russie : Sommet UE-Russie à Bruxelles. Accord sur l'enclave de Kaliningrad.

11 - Chypre : Kofi Annan présente au Conseil de sécurité de l'ONU un plan de règlement du conflit.

24 - Autriche : Le parti conservateur de Wolfgang Schüssel remporte les élections législatives anticipées.

Décembre

1er - Slovénie : Élection présidentielle. Le Premier ministre sortant, Janez Drnovsek, est élu au second tour.

8 - Serbie : Élection présidentielle. Après l'annulation des premier et second tours (les 29 septembre et 13 octobre), en raison d'un taux de participation inférieur à 50 %, un nouveau scrutin opposant Vojislav Kostunica (qui arrive en tête) à Vojislav Seselj est invalidé pour les mêmes raisons.

12 - UE/Iran : Premières négociations économiques bilatérales.

12-13 - UE : Conseil européen de Copenhague. Accord sur les conditions économiques et financières de l'élargissement à Chypre, Malte, la Hongrie, la Pologne, la République tchèque, la Slovaquie, la Slovénie et les trois États baltes, qui rejoindront l'Union le 1er mai 2004. L'ouverture de négociations d'adhésion avec la Turquie est reportée à la fin 2004.

13 - Italie : Grève du secteur public, à l'appel des syndicats d'enseignants et des transports, pour protester contre la politique gouvernementale d'austérité budgétaire.

15 - Croatie : Fin de la Mission des Nations unies à Prevlaka (MONUP) mise en place en 1996.

22 - Lituanie : Élection présidentielle. Rolandas Paksas est élu face au président sortant Valdas Adamkus.

2003

Janvier

1er - UE : La Grèce prend la présidence de l'UE, succédant au Danemark.

1er - UE/Bosnie-Herzégovine : L'UE prend la relève de la force des Nations unies (MINUBH). Elle assurera une mission de police.

20 - Serbie : Milan Milutinovic, ex-président de Serbie, se rend volontairement au Tribunal pénal international pour l'ex-Yougoslavie (TPIY, La Haye).

22 - France/Allemagne : Célébration à Versailles du 40e anniversaire du traité de l'Élysée en présence des parlements des deux pays.

Février

4 - Serbie-Monténégro : Proclamation du nouvel État de Serbie-Monténégro par les deux chambres du Parlement réunies en session plénière. Les deux parlements élisent Svetozar Marovic à la présidence le 7 mars. Le nouvel État devient membre du Conseil de l'Europe le 3 avril.

4 - France/Royaume-Uni : Sommet annuel franco-britannique au Touquet (initialement prévu le 29 novembre 2002, et repoussé en raison d'un différend entre Jacques Chirac et Tony Blair).

10 - France/Russie : Visite officielle de Vladimir Poutine en France.

21 - UE/Croatie : La Croatie fait acte de candidature à l'UE.

27 - TPIY : Biljana Plavsic, ex-président des Serbes de Bosnie, est condamnée à 11 ans de réclusion par le TPIY.

28 - République tchèque : Élection présidentielle. Après un premier et un deuxième tour sans issue, Vaclav Klaus est élu président par le Parlement (142 voix contre 124 à son rival, Jan Sokol). Le mandat de Vaclav Havel s'est achevé le 2 février.

Mars

5 - Arménie : Élection présidentielle (second tour) : Robert Kotcharian est réélu.

8 - UE/Malte : Les Maltais votent en faveur de l'entrée dans l'UE.

11 - Turquie : Recep Erdogan est nommé Premier ministre.

11 - Chypre : Les négociations sur la réunification de l'île achoppent.

13 - Serbie : Assassinat du Premier ministre Zoran Djindjic.

23 - UE/Slovénie : Les Slovènes approuvent à 89 % des voix l'adhésion à l'UE.

Avril

12 - UE/Hongrie : Les Hongrois approuvent à 83,8 % des voix l'adhésion à l'UE.

16 - UE : Conseil européen d'Athènes. Signature du traité d'adhésion à l'UE des 10 nouveaux États : Chypre, Estonie, Hongrie, Lettonie, Lituanie, Malte, Pologne, Slovaquie, Slovénie et République tchèque.

Mai

1er - Chypre : Le gouvernement allège les mesures d'embargo visant la partie nord de l'île.

9 - Triangle de Weimar : Le 4e sommet du triangle de Weimar réunit à Wroclaw (Pologne) les présidents Jacques Chirac et Alexander Kwasniewski, et le chancelier Gerhard Schröder.

10-11 - UE/Lituanie : Les Lituaniens approuvent à 89,92 % des voix l'adhésion à l'UE.

16-17 - UE/Slovaquie : Les Slovaques approuvent à 92 % des voix l'adhésion à l'UE.

18 - Belgique : Élections législatives. Victoire des libéraux et des socialistes. Progression de l'extrême droite.

Juin

7-8 - UE/Pologne : Les Polonais approuvent à 77,45 % des voix l'adhésion à l'UE.

9 - Royaume-Uni : Le chancelier de l'Échiquier, Gordon Brown, annonce que le pays n'est pas prêt pour l'euro.

13-14 - UE/République tchèque : Les Tchèques approuvent à 77,33 % des voix l'adhésion à l'UE.

19-20 - UE : Conseil européen de Thessalonique. Adoption du projet de Convention européenne comme base de départ pour la Conférence intergouvernementale à venir. Les participants jettent les bases d'une politique commune sur l'immigration clandestine et adoptent une déclaration sur les armes de destruction massives (ADM).

21 - UE/Balkans : Sommet de Thessalonique. L'UE affirme son soutien à l'élargissement aux pays des Balkans occidentaux et adopte, dans cette perspective, l'« agenda de Thessalonique ».

26 - UE : Les ministres de l'Agriculture de l'UE adoptent une réforme de la politique agricole commune (PAC).

Juillet

6 - France : Les Corses rejettent par référendum un projet instaurant une collectivité territoriale unique sur l'île.

11 - Bosnie-Herzégovine : La résolution 1491 du Conseil de sécurité de l'ONU autorise le maintien de la Force internationale de stabilisation (SFOR) pour un an.

Communauté des États indépendants (CEI)

2002

Août

6-7 - CEI : Sommet de la CEI à Chisinau (Moldavie). La Russie et la Géorgie signent un accord instaurant des patrouilles communes à la frontière tchétchène.

11 - Arménie/Azerbaïdjan : Élection – désapprouvée par le Conseil de l'Europe et le gouvernement russe – dans la république autoproclamée du Haut-Karabakh. Arkadi Goukassian est reconduit dans ses fonctions.

22 - Azerbaïdjan : Adoption par référendum d'une disposition constitutionnelle autorisant le Premier ministre à devenir président par intérim en cas de démission du chef de l'État.

23 - Russie : Prise en otage de 700 personnes par un commando tchétchène dans un théâtre de Moscou. Les otages sont libérés le 26 par l'intervention des forces spéciales russes. L'usage de gaz spéciaux provoque la mort d'une centaine d'entre eux, ainsi que celle des terroristes.

Septembre

23 - Russie/Azerbaïdjan : Accord sur la délimitation de la frontière sur la mer Caspienne.

Novembre

1er - Russie : La Douma adopte une loi limitant la liberté de la presse.

11 - Russie/UE : Le sommet UE-Russie entérine un accord sur Kaliningrad.

16 - Ukraine : Le gouvernement ukrainien est limogé. Viktor Yanoukovitch est nommé Premier ministre.

Décembre

24 - Russie : Adoption d'une loi visant à limiter le nombre des candidats indépendants à l'élection présidentielle.

27 - Tchétchénie : Attentat-suicide à Grozny contre le siège de l'administration pro-russe. 67 morts.

2003

Janvier

29 - CEI : Leonid Kouchma, président de l'Ukraine, prend la présidence de la CEI.

Février

2 - Kirghizstan : Un référendum confirme le président Askar Akaev dans ses fonctions jusqu'en décembre 2005 et approuve le remplacement d'un parlement bicaméral par un parlement monocaméral.

Mars

22 - Tchétchénie : Adoption, par un référendum contesté, d'une nouvelle Constitution, rédigée par Moscou. Elle remplace celle adoptée en 1992 par les indépendantistes.

Mai

12-14 - Tchétchénie : Attentats-suicides meurtriers.

14 - Mer Caspienne : Accord entre la Russie, le Kazakhstan et l'Azerbaïdjan sur le partage des ressources de la mer Caspienne. Les parts des 3 pays, déterminées en fonction de la longueur des côtes, sont respectivement de 19, 27 et 18 %.

29 - OCS : Réunion de l'Organisation de coopération de Shanghai à Moscou. Déclaration sur le respect du droit international dans la lutte antiterroriste.

30-1er juin - Russie : Tricentenaire de Saint-Pétersbourg en présence d'une quarantaine de chefs d'État. George W. Bush et Vladimir Poutine ratifient le traité de désarmement russo-américain sur la réduction de deux tiers des armes stratégiques (SORT).

31 - Russie/UE : Le sommet UE-Russie de Saint-Pétersbourg prévoit le développement à long terme d'« espaces communs » de coopération.

Juin

6 - Russie : La Douma adopte une loi d'amnistie partielle en Tchétchénie.

22 - Tadjikistan : Référendum approuvant la possibilité pour le président de briguer encore deux mandats présidentiels à l'expiration de celui en cours (1999).

24-27 - Russie/Royaume-Uni : Visite d'État de Vladimir Poutine à Londres. Signature d'un accord de coopération pour la construction d'un gazoduc nord-européen qui permettra l'approvisionnement du royaume en gaz russe.

Juillet

5 et 10 - Russie : Attentat meurtrier à Touchino, près de Moscou (16 morts). Une bombe est désamorcée à Moscou.

Afrique

2002

Juillet

9 - Union africaine : Naissance de l'Union africaine (UA) à Durban.

Août

5 - Côte-d'Ivoire : Le Rassemblement des républicains (RDR) de l'ancien Premier ministre Alassane Ouattara entre dans le nouveau gouvernement formé par le Premier ministre Pascal Affi N'Guessan.

15 - Rwanda : Traduction devant le Tribunal pénal international pour le Rwanda (TPIR, Arusha) de l'ancien chef d'état-major de l'armée rwandaise, le général Bizimungu, arrêté par le gouvernement angolais.

Septembre

6 - République démocratique du Congo (RDC)/Ouganda : Ratification à Luanda (Angola) par les présidents congolais, Joseph Kabila, et ougandais, Yoweri Museveni, de l'accord signé le 15 août, sous l'égide de l'Angola, et prévoyant le retrait des troupes ougandaises déployées en 1998 au nord-est de la RDC.

12 - Zimbabwe : Décret renforçant les lois d'expulsion visant les fermiers blancs.

Côte-d'Ivoire

19 septembre - Attaque par des soldats de plusieurs bâtiments stratégiques à Abidjan, Bouaké et Korhogo. L'ancien chef de la junte Robert Gueï trouve la mort. La rébellion s'amplifie.

20 septembre - La France annonce l'envoi d'un soutien logistique. La Communauté économique des États de l'Afrique de l'Ouest (CEDEAO), réunie à Accra, crée un groupe de contact et prévoit l'envoi d'une force d'interposition africaine.

6 octobre - Le président Laurent Gbagbo refuse la signature d'un accord de cessez-le-feu avec les rebelles. Une médiation ouest-africaine est engagée (le 13). Après un ultimatum lancé par le président aux rebelles (le 14) et la reprise de Daloa par les troupes régulières, un cessez-le-feu est signé à Bouaké (le 17) sous l'égide du Sénégal et de la CEDEAO, prévoyant la cessation des hostilités (plus de 400 morts) et le déploiement des forces de la CEDEAO.

22 octobre - Déploiement des renforts français. Des négociations commencent à Lomé (le 30) entre le gouvernement et les rebelles.

1er novembre - Le gouvernement décrète une amnistie, mais les combats reprennent dans l'ouest et le nord du pays. Début décembre, des affrontements éclatent entre le contingent français et les rebelles. Le 11 décembre, la France renforce son dispositif militaire ; le 16, rencontre à Lomé (Togo) entre les présidents sénégalais, nigérian et togolais ; le 18, un sommet extraordinaire de la CEDEAO se tient à Dakar.

Novembre

20 - Nigeria : Affrontements entre chrétiens et musulmans déclenchés par la publication d'un article concernant la tenue dans le pays du concours de Miss Monde. Près de 220 morts à Kaduna.

29 - Kenya : Double attentat anti-israélien à Mombasa (Kenya) : attentat à la voiture piégée contre l'hôtel *Paradise Beach* appartenant à une société israélienne (13 victimes) ; un avion de la compagnie charter israélienne Arkia échappe à un tir de missiles peu après son décollage.

Décembre

3 - Burundi : Signature d'un accord de cessez-le-feu entre le président du gouvernement de transition burundais, Pierre Buyoya (tutsi), et le chef des Forces pour la défense de la démocratie (FDD, principal mouvement rebelle hutu), Pierre Nkurunziza. Il prévoit l'intégration des rebelles dans l'armée régulière, dominée par les Tutsis.

15 - Madagascar : Les élections législatives anticipées confortent la légitimité du président Marc Ravalomanana, dont le parti et les alliés recueillent une large majorité de sièges à l'Assemblée nationale.

17 - RDC : Signature à Pretoria (Afrique du Sud) d'un accord de paix intercongolais qui prévoit un partage du pouvoir pendant 2 ans entre l'actuel chef de l'État, Joseph Kabila, et quatre vice-présidents émanant des quatre parties aux négociations : le gouvernement, les rebelles (Mouvement de libération du Congo [MLC] et Rassemblement congolais pour la démocratie [RCD]), l'opposition non armée et la société civile.

27 - Kenya : Élections générales. La coalition nationale (Narc) qui regroupe les principaux partis d'opposition, menée par Mwai Kibaki, remporte l'élection présidentielle avec 62,2 % des voix, contre 31,3 % à l'Union nationale africaine du Kenya (Kanu), au pouvoir.

2003

Janvier

9 - Tchad : Accord de paix signé à Libreville (Gabon).

Côte-d'Ivoire

15-24 janvier - Conférence de paix inter-ivoirienne à Linas-Marcoussis (France). Après un cessez-le-feu signé le 13 entre le gouvernement ivoirien et deux mouvements rebelles, la conférence, qui réunit les principaux protagonistes, s'achève sur un accord qui prévoit l'établissement d'un gouvernement d'union nationale. Le sommet des chefs d'État africains, les 25 et 26, entérine l'accord. Le 25, de nombreuses manifestations anti-françaises et interethniques ont lieu dans le pays. Seydou Diarra est nommé Premier ministre.

4 février - Adoption par le Conseil de sécurité de la résolution 1464 qui autorise le déploiement de forces militaires franco-africaines en Côte-d'Ivoire.

20 mars - Proclamation du gouvernement ivoirien de réconciliation officialisant la présence des rebelles (Mouvement patriotique de la Côte-d'Ivoire [MPCI], MJP [rébellion de l'ouest] et Mouvement populaire ivoirien du Grand Ouest [MPIGO]).

3 mai - Accord de cessez-le-feu entre les chefs rebelles et les forces gouvernementales.

Février

3-4 - UA : Premier sommet extraordinaire de l'Union africaine à Addis-Abeba (Éthiopie).

20-21 - XXIIe sommet franco-africain à Paris. Jacques Chirac propose un moratoire sur les aides aux exportations agricoles des pays développés.

Mars

6 - RDC : Accord sur les institutions de la transition démocratique signé à Pretoria (Afrique du Sud).

16 - République centrafricaine : Coup d'État. Le général François Bozizé, limogé en octobre 2001, renverse le président Ange-Félix Patassé, en visite à l'étranger, et se proclame chef de l'État. Un gouvernement de transition est formé le 31.

Avril

2 - RDC : Le dialogue intercongolais achève ses travaux sur le partage du pouvoir et l'élaboration d'une nouvelle Constitution à Sun City (Afrique du Sud). Mais les affrontements entre factions armées se poursuivent, notamment en Ituri.

19 - Nigeria : Élection présidentielle. Réélection du président sortant Olusegun Obasanjo, devant Muhammudu Buhari, musulman du nord.

25 - Afrique du Sud : Condamnation pour fraude de Winnie Madikizela-Mandela par la justice sud-africaine.

30 - Kenya : Ouverture de la Conférence nationale chargée de modifier la Constitution.

30 - Burundi : En vertu des accords d'Arusha (août 2000), le président tutsi, Pierre Buyoya, cède la place à l'actuel vice-président hutu, Domitien Ndayizeye, pour la deuxième phase transitoire de 18 mois.

Mai

5 - Algérie : Le président Abdelaziz Bouteflika limoge le chef de gouvernement Ali Benflis et désigne pour le remplacer Ahmed Ouyahia.

6 - Tunisie : Une nouvelle loi élargit les conditions de candidature à l'élection présidentielle.

13 - Côte-d'Ivoire : La résolution 1479 de l'ONU crée, pour une période initiale de 6 mois, la Mission des Nations unies en Côte-d'Ivoire (MINUCI), chargée de veiller à l'application de l'accord de paix.

26 - Rwanda : La nouvelle Constitution, instaurant un parlement bicaméral et le suffrage universel pour l'élection présidentielle, est approuvée massivement par référendum.

30 - RDC : La résolution 1484 de l'ONU, d'origine française, crée une force multinationale chargée d'assurer la sécurité à Bunia, dans le district de l'Ituri, où les affrontements ethniques se poursuivent. Le 5 juin, l'UE entérine sa participation à la force de paix « Artemis » (1 500 hommes) sous commandement français ; le 10, les troupes françaises prennent pied dans l'est de l'Ituri.

Juin

1er - Togo : Élection présidentielle. Le général Gnassingbé Eyadéma est réélu lors d'un scrutin controversé.

2-6 - Zimbabwe : Grèves et manifestations pacifiques contre les conditions économiques à l'appel du Mouvement pour le changement démocratique (MDC), sévèrement réprimées par le parti au pouvoir (ZANU-PF).

8 - Mauritanie : Tentative de coup d'État.

30 - RDC : Nomination d'un gouvernement de transition conformément à l'accord du 17 décembre.

Juillet

4 - Côte-d'Ivoire : Les représentants des forces armées et des forces nouvelles regroupant les trois ex-rébellions annoncent la fin de la guerre.

10-12 - UA : Deuxième sommet à Maputo (Mozambique). Mise en place d'un Conseil de paix et de sécurité.

Liberia

4 juin - Négociations au Ghana sous l'égide de la CEDEAO et du groupe international de contact sur le Liberia, entre les mouvements rebelles, le Mouvement de libération uni pour la réconciliation et la démocratie (LURD) et le Mouvement pour la démocratie au Liberia (MODEL).

5 juin - L'inculpation du président Charles Taylor pour crimes de guerre par le tribunal de l'ONU pour la Sierra Leone est suivie de violents affrontements entre groupes rebelles et forces gouvernementales.

18 juin - Conclusion d'un cessez-le-feu qui n'empêche pas la reprise des combats (fin juin).

4 juillet - Constitution d'une force d'interposition de la CEDEAO. Charles Taylor accepte le principe d'un exil. Les affrontements s'amplifient dans la deuxième quinzaine de juillet. Les États-Unis temporisent l'envoi d'une force d'interposition demandée par les Libériens.

19 juillet - Le LURD assiège Monrovia. Les combats font rage pour le contrôle de la ville.

25 juillet - Les États-Unis annoncent l'envoi d'une unité de Marines qui sera basée au large du Liberia.

11 - Sahara occidental : Ve plan de règlement de l'ONU.

7-12 - Afrique : Première tournée du président George W. Bush sur le continent (Sénégal, Afrique du Sud, Botswana, Ouganda et Nigeria).

16 - Sao Tomé e Principe : Coup d'État militaire.

Moyen-Orient/Maghreb/Méditerranée

La guerre contre l'Irak

2002

Septembre

12 - Discours de George W. Bush à la 57e session de l'Assemblée générale de l'ONU à New York. Il somme le régime irakien de « retirer ou détruire immédiatement et sans conditions toutes ses armes de destruction massive » et menace Bagdad de recourir à la force. Le 17, l'Irak accepte, dans une lettre à Kofi Annan, le retour inconditionnel des inspecteurs de l'ONU.

24 - Le gouvernement britannique rend public un rapport indiquant la présence d'ADM et justifiant une guerre contre l'Irak.

27 - Projet de résolution soumis aux Nations unies par les États-Unis.

29 - Manifestations massives (près de 200 000 personnes) contre la guerre en Irak à Londres.

Octobre

1er - Accord à Vienne sur le retour des inspecteurs en Irak entre Hans Blix, chef de la mission des inspecteurs du désarmement de l'ONU (UNMOVIC), et les autorités irakiennes.

4 - Réconciliation entre les deux principales formations politique kurdes, le Parti démocratique du Kurdistan (PDK) de Massoud Barzani et l'Union patriotique kurde (UPK) de Jalal Talabani.

11 - Vote du Congrès américain autorisant le recours à la force contre l'Irak.

15 - Saddam Hussein est réélu par référendum pour un mandat de 7 ans avec 100 % des voix. Le 20, Bagdad décrète une amnistie générale.

Novembre

8 - Le Conseil de sécurité des Nations unies adopte à l'unanimité la résolution 1441 d'origine anglo-américaine prévoyant le désarmement de l'Irak. Celle-ci exige de Bagdad la notification dans un délai de 30 jours de tous ses programmes d'armes nucléaires, biologiques et chimiques et de missiles balistiques, envisage un régime d'inspections renforcées et menace l'Irak de « conséquences graves » si Bagdad ne respecte pas les conditions posées.

6-10 - Manifestations massives contre la guerre au premier Forum social européen (FSE) à Florence.

12 - L'Irak accepte le retour des inspecteurs. Ceux-ci commencent à arriver le 18.

Décembre

8 - Conformément aux termes de la résolution 1441, l'Irak transmet aux Nations unies, à l'UNMOVIC et à l'Agence internationale de l'énergie atomique (AIEA), une « déclaration » de 11 000 pages sur les armes de destruction massive.

9 - Début d'un exercice militaire anglo-américain au Qatar.

10 - Manifestations contre la guerre dans 120 villes des États-Unis.

10-12 - Interception d'un cargo nord-coréen chargé de *Scud* au large du Yémen.

14-16 - Réunis à Londres à l'initiative des États-Unis, les divers courants de l'opposition irakienne adoptent une déclaration sur l'Irak de l'après-Saddam promouvant un État démocratique et fédéral.

2003

Janvier

20 - Discours au Conseil de sécurité des Nations unies du ministre des Affaires étrangères français, Dominique de Villepin, préconisant un renforcement des inspections.

21 - Lors d'une réunion des ambassadeurs de l'OTAN, la France, l'Allemagne, la Belgique et le Luxembourg obtiennent le renvoi *sine die* de mesures demandées par les États-Unis et la Turquie dans le cadre de la préparation de la guerre contre l'Irak.

27 - Hans Blix, chef des inspecteurs des Nations unies, et Mohamed El Baradei, directeur de l'AIEA, remettent un premier rapport nuancé au Conseil de sécurité.

27 - Les Quinze, réunis à Bruxelles en vue de l'adoption d'une position commune, atteignent un consensus minimal.

28 - Discours sur l'état de l'Union de George W. Bush, qui mobilise l'opinion publique américaine sur la menace irakienne.

30 - Dans une lettre publiée dans le *Wall Street Journal*, 8 pays européens manifestent leur soutien aux États-Unis sur l'Irak.

Février

5 - Dans un discours devant le Conseil de sécurité, Colin Powell apporte les « preuves » des dissimulations de l'Irak au sujet des armes de destruction massive.

7 - Le « groupe de Vilnius » (les trois pays baltes, l'Albanie, la Bulgarie, la Croatie, la Macédoine, la Roumanie et la Slovénie) signe un document en faveur de la campagne américaine contre Bagdad.

10 - Une déclaration commune France/Allemagne/Russie estime qu'« il y a encore une alternative à la guerre ». Un plan français, préconisant un renforcement du régime des inspections, est rendu public au sein du Conseil de sécurité.

11 - Les États-Unis accusent l'Irak de « partenariat » avec Al-Qaida à la suite de la diffusion par *Al-Jazira* d'un appel d'Oussama Ben Laden aux musulmans pour défendre l'Irak.

14 - Hans Blix et Mohamed El Baradei présentent leur second rapport au Conseil de sécurité après avoir adressé un ultimatum à l'Irak exigeant une coopération inconditionnelle. Ils demandent du temps pour accomplir leur mission.

15 - Manifestations contre la guerre d'une ampleur sans précédent dans les capitales européennes, aux États-Unis, en Australie et en Russie.

15-16 - Les ministres des Affaires étrangères de la Ligue arabe, réunis au Caire, conviennent de ne pas participer à une guerre contre l'Irak.

16 - Les membres de l'OTAN adoptent un dispositif de mesures défensives pour la Turquie dans le cadre du Comité des plans de défense, où la France est absente.

16 - Le cardinal Etchegaray rencontre Saddam Hussein à Bagdad, à la demande du pape.

17 - Les Quinze adoptent une position commune qui fait du Conseil de sécurité l'arbitre de la situation.

20-21 - Les chefs d'État de 52 pays africains réunis à Paris pour le 22e Sommet franco-africain adoptent une déclaration demandant le désarmement total de l'Irak par des moyens pacifiques.

21 - Hans Blix exige que l'Irak détruise avant le 21 mars ses missiles *Al Samoud II*, dont la portée dépasse de 33 km celle autorisée par les Nations unies (150 km).

24-25 - Le sommet des Non-Alignés, réuni à Kuala Lumpur (Malaisie), adopte un projet de résolution rejetant la « menace de guerre en cours ».

24 - Washington, Madrid et Londres déposent un second projet de résolution au Conseil de sécurité, constatant que l'Irak a manqué de saisir la dernière chance qui lui était offerte.

Paris, Moscou et Berlin soumettent une contre-proposition en faveur d'un renforcement du régime des inspections. La réunion des ministres européens des Affaires étrangères à Bruxelles confirme les désaccords entre partisans et opposants à une nouvelle résolution.

24 - Visite de Colin Powell à Pékin.

25 - Débat – sans vote – au Parlement français sur la crise irakienne. Fracture au sein de l'Union pour la majorité présidentielle (UMP) sur le droit de veto.

La Turquie et l'Iran ferment leurs frontières avec l'Irak.

26 - Vote à la Chambre des communes britannique. Près d'un tiers des élus travaillistes défient Tony Blair en se prononçant pour un amendement en faveur de la poursuite des inspections.

George W. Bush expose son projet politique pour le Proche-Orient et réaffirme son soutien à la création d'un État palestinien « vraiment démocratique » devant l'American Enterprise Institute (Washington, D. C.).

26-27 - Conférence de l'opposition irakienne en territoire kurde.

27 - Une manifestation « contrôlée » contre la guerre rassemble 140 000 personnes au stade du Caire.

Mars

1er - Sommet de la Ligue arabe à Charm el-Cheikh (Égypte). Les participants expriment leur refus de « toute attaque contre l'Irak et de toute menace dirigée contre la sécurité et l'intégrité de tout État arabe ».

Le Parlement turc se prononce contre le déploiement de troupes américaines sur le sol turc.

5 - Le sommet de la Conférence islamique à Doha (Qatar) rejette toute attaque contre l'Irak.

7 - Hans Blix présente son nouveau rapport au Conseil de sécurité.

10 - Jacques Chirac s'adresse aux Français : « Quelles que soient les circonstances, la France votera non parce qu'elle considère qu'il n'y a pas lieu de faire la guerre. »

14-15 - Bagdad transmet à l'UNMOVIC un document sur l'agent VX et les armes biologiques.

16 - George W. Bush, Tony Blair et José Maria Aznar, réunis aux Açores, annoncent leur détermination à mettre un terme à la phase diplomatique.

17 - Ultimatum de George W. Bush à Saddam Hussein et ses deux fils : ils ont 48 heures pour quitter l'Irak. Les inspecteurs de l'ONU se retirent (le 18). George W. Bush annonce une campagne « peut-être difficile et l'application d'une force décisive » (le 19).

18 - La Chambre des communes autorise l'envoi de soldats britanniques en Irak.

20 - Début de l'opération anglo-américaine « Liberté pour l'Irak ». À 5 h 30 du matin (en Irak), des tirs de missiles américains atteignent plusieurs secteurs de Bagdad. Le Parlement turc autorise l'ouverture de l'espace aérien turc aux forces de la coalition. Saddam Hussein s'adresse à la télévision au peuple irakien. Il appellera au soulèvement des tribus quelques jours plus tard.

Avril

2 - Colin Powell à Ankara. Mise sur pied d'un comité de coordination conjoint ; accord sur un soutien logistique et humanitaire (vivres, médicaments) aux troupes américaines.

7-8 - Réunis en Irlande, Tony Blair et George W. Bush élaborent un plan en trois étapes – ne faisant pas référence à l'ONU – pour l'avenir de l'Irak. La sécurisation et l'administration du territoire, partagé en trois zones, sont confiées à l'Office pour la reconstruction et l'aide humanitaire (ORHA), présidé par le général Jay Garner.

9 - Chute de Bagdad et du régime de Saddam Hussein. Les troupes anglo-américaines prennent le contrôle de Bassora (le 8). Les forces kurdes, appuyées par les forces américaines, s'emparent des villes de Kirkuk (le 10) et Mossoul (le 11). Le fief de Saddam Hussein, Tikrit, tombe le 14.

19 - Les pays voisins de l'Irak (Arabie Saoudite, Iran, Jordanie, Koweït, Syrie, Turquie), réunis à Riyad, appellent au retrait des forces américaines d'Irak et à un rôle central de l'ONU.

20 - Arrivée de Jay Garner, administrateur militaire provisoire de l'Irak.

21 - Des milliers de chiites se rendent en pèlerinage à Kerbela.

24 - Adoption par le Conseil de sécurité de la résolution 1476 prolongeant le programme « Pétrole contre nourriture » jusqu'au 3 juin.

24 - Reddition de Tarek Aziz à la Coalition.

28 - Première réunion de l'opposition irakienne à Bagdad, sous les auspices de Jay Garner.

Mai

1er - George W. Bush déclare la fin de la guerre contre l'Irak.

3 - Colin Powell fait pression sur Damas et Beyrouth pour que la Syrie cesse tout soutien aux organisations palestiniennes et que le Liban déploie son armée au Sud-Liban.

6 - Nomination de L. Paul Bremer, administrateur civil provisoire de l'Irak, en remplacement de Jay Garner.

8 - Réunion à Londres des responsables militaires de 15 pays pour la mise en place d'une force de stabilisation en Irak.

22 - Le Conseil de sécurité adopte la résolution 1483 mettant fin *de facto* au régime de sanctions contre l'Irak et confie aux États-Unis la gestion du pays.

22-23 - Réunion à Varsovie pour la constitution d'une force internationale sous commandement polonais afin de sécuriser une des trois zones d'occupation irakiennes.

27 - Kofi Annan nomme Sergio Vieira de Mello, Haut Commissaire aux droits de l'homme, son représentant spécial en Irak pour 4 mois.

Juin

10 - Retour en Irak du chérif Ali Ben Hussein, prétendant au trône.

29 - Le Pentagone lance l'opération « Crotale du désert » contre les anciens baasistes.

Le guide spirituel Ali Al Sistani annonce la publication d'une fatwa contre toute Constitution rédigée avec les États-Unis.

Juillet

Multiplication des attentats contre les forces américaines en Irak. *Al-Jazira* diffuse un message de Saddam Hussein daté du 14 juin.

12 - Mise en place, sous la direction de L. Paul Bremer (qui conserve un droit de veto), du Conseil de gouvernement transitoire irakien, composé de 25 membres représentant les diverses communautés : chiites, sunnites, Kurdes, chrétiens, Turkmènes.

18 - Mort violente de David Kelly, expert en désarmement du ministère britannique de la Défense.

19 - Tandis que les attaques s'intensifient contre les forces américaines, les États-Unis ébauchent un calendrier resserré pour la transition en Irak.

22 - Les deux fils de Saddam Hussein, Oudaï et Qoussaï, sont tués lors d'une opération de l'armée américaine à Mossoul.

26 - Le Parlement japonais autorise l'envoi de troupes en Irak (premier déploiement extérieur de l'armée japonaise depuis la Seconde Guerre mondiale).

2002

Août

8 - États-Unis/Autorité palestinienne : Pour la première fois sous la présidence de George W. Bush, une délégation palestinienne, dirigée par Saeb Erakat, est reçue à la Maison-Blanche.

18 - Processus de paix : Palestiniens et Israéliens approuvent un plan « Gaza d'abord » visant à alléger la présence de l'armée israélienne dans les territoires palestiniens. Le 19, l'armée israélienne se retire de Bethléem.

Septembre

11 - Autorité palestinienne : Démission du gouvernement palestinien en signe de protestation contre le maintien de ministres considérés comme corrompus. Yasser Arafat annonce, pour le 20 janvier 2003, la tenue d'élections législatives et présidentielle.

23 - Processus de paix : Résolution 1435 de l'ONU exigeant la fin du siège israélien du quartier général de Yasser Arafat après la réoccupation de la Moukaata par les forces israéliennes, en réplique à deux attentats-suicides palestiniens les 18 et 19. L'armée se retire le 29 mais le siège d'Arafat est maintenu. Le cycle attentats et représailles se poursuit.

27 - Maroc : Élections législatives. L'Union socialiste des forces populaires (USFP) du Premier ministre Abderrahmane Youssoufi arrive en tête, suivi par l'Istiqlal, le Rassemblement national des indépendants (RNI) et le mouvement islamiste Justice et développement.

Octobre

29 - Autorité palestinienne : Le Conseil législatif palestinien vote la confiance au nouveau gouvernement.

30 - Israël : Retrait des travaillistes du gouvernement israélien.

Novembre

19 - Israël : Amram Mitzna accède à la tête du Parti travailliste.

21 - Israël : Un attentat-suicide à Jérusalem-Ouest fait 11 morts et plus de 40 blessés.

29 - Israël : Ariel Sharon est réélu à la tête du Likoud

2003

Janvier

12 - Processus de paix : Conférence internationale sur les réformes de l'Autorité palestinienne à Londres, à l'invitation du Premier ministre britannique, Tony Blair, afin de permettre l'application de la « feuille de route ». Outre les représentants du Quartet, ceux de l'Arabie Saoudite, de l'Égypte et de la Jordanie y participent.

28 - Israël : Élections législatives israéliennes. Le Likoud d'Ariel Sharon recueille un tiers des suffrages. Recul du Parti travailliste. Montée du parti laïque Shinoui. Ariel Sharon présente son nouveau gouvernement de coalition le 27 février.

Février

26 - États-Unis/Proche-Orient : George W. Bush expose son projet de démocratisation pour le Proche-Orient devant l'American Enterprise Institute (Washington, D. C.).

Mars

8-10 - Autorité palestinienne : La création d'un poste de Premier ministre est approuvée par les instances politiques palestiniennes.

Avril

21 - Israël/Autorité palestinienne : Accord entre Yasser Arafat et Mahmoud Abbas sur la constitution d'un gouvernement palestinien. Mahmoud Abbas est investi le 29 avril par le Conseil législatif palestinien. Le même jour, attentat-suicide à Tel-Aviv. La feuille de route est transmise à Israël et à l'Autorité palestinienne le 30.

27 - Yémen : Élections législatives. Victoire du parti du président Ali Abdallah.

29 - États-Unis/Proche-Orient : En tournée dans les pays du Golfe, le secrétaire à la Défense Donald Rumsfeld annonce le transfert du quartier général américain d'Arabie Saoudite au Qatar.

29 - Qatar : Adoption par référendum d'un projet de Constitution avec séparation des pouvoirs.

Mai

Opérations militaires israéliennes à Gaza.

4 - Israël : Démission du leader travailliste Amram Mitzna.

9 - États-Unis/Proche-Orient : Devant l'Université de Caroline-du-Sud (Columbia), George W. Bush renouvelle son engagement pour la paix au Proche-Orient et propose l'établissement d'une zone de libre-échange États-Unis/Proche-Orient dans les 10 prochaines années.

13 - Arabie Saoudite : Triple attentat faisant 34 morts.

16 - Maroc : Cinq attentats-suicides ont lieu simultanément à Casablanca, faisant 24 morts. Le 29, le roi du Maroc déclare la fin du « laxisme ».

17 - Processus de paix : Rencontre Mahmoud Abbas-Ariel Sharon.

24 - Israël : Le gouvernement israélien approuve le plan de paix du Quartet.

Juin

3-4 - Processus de paix : George W. Bush participe à un sommet des chefs d'État arabes à Charm el-Cheikh, qui approuve la feuille de route (le 3). Le 4, il s'entretient à Akaba avec Ariel Sharon et Mahmoud Abbas.

5-19 - Israël/Autorité palestinienne : Nouvelle vague de violences. Les factions radicales palestiniennes manifestent leur hostilité à la rencontre d'Aqaba : opération contre Tsahal au nord de Gaza, raid israélien contre le Hamas, attentat-suicide à Jérusalem (17 morts).

16 - Iran : Rapport de l'AIEA sur le programme nucléaire iranien mettant en évidence certaines activités non déclarées.

17 - Jordanie : Élections législatives. Les « indépendants » arrivent en tête.

21-23 - Moyen-Orient : Forum économique mondial sur le Moyen-Orient (Amman). Les États-Unis exposent leur projet de libre-échange avec la région.

27 - Processus de paix : Accord israélo-palestinien sur le retrait progressif de l'armée israélienne des territoires occupés depuis septembre 2000. Tsahal se retire de Beit Hanoun le 20. Elle laissera le contrôle de Bethléem à l'Autorité palestinienne le 2 juillet.

29 - Autorité palestinienne : Les trois principales factions palestiniennes (Hamas, Fatah, Djihad islamique) annoncent une trêve de trois mois.

Juillet

2 - Autorité palestinienne : L'Autorité palestinienne reprend le contrôle de Bethléem.

5 - Koweït : Élections législatives. Victoire des islamistes.

20 - Processus de paix : La rencontre Mahmoud Abbas-Ariel Sharon achoppe sur la question des prisonniers palestiniens et du siège de Yasser Arafat.

25 - Processus de paix : Mahmoud Abbas est reçu par George W. Bush à Washington. Établissement d'un « groupe de développement économique pour la Palestine ». Ariel Sharon est reçu le 29.

Asie

2002

Août

10 - Indonésie : L'Assemblée consultative du peuple (MPR) adopte le suffrage universel direct pour l'élection présidentielle de 2004, rejette l'introduction de la charia dans la Constitution et prévoit la suppression d'ici 2004 des sièges réservés à l'armée à la Chambre des représentants.

12-14 - Corée : Reprise des discussions entre Pyongyang et Séoul après 9 mois d'interruption.

21 - Pakistan : Le président Pervez Moucharraf modifie la Constitution en se dotant du pouvoir de dissoudre le Parlement. Il officialise aussi la création controversée d'un Conseil de sécurité nationale, composé de 4 officiers et de 8 civils, qu'il dirigera.

23 - Corée du Nord/Russie : Rencontre entre Kim Jong-il et Vladimir Poutine à Vladivostok.

Septembre

4 - Sri Lanka : Le gouvernement lève l'interdiction visant le Mouvement de libération des Tigres de l'Eelam tamoul (LTTE). Des pourparlers de paix ont lieu du 16 au 18 avec le gouvernement.

5 - Afghanistan : Tentative d'assassinat contre le président afghan Hamid Karzaï.

15 - Corée : Accord intercoréen sur le rétablissement des voies de communication entre les deux pays.

17 - Corée du Nord/Japon : Visite du Premier ministre japonais Junichiro Koizumi en Corée du Nord. Signature d'un accord en vue de la normalisation des relations.

26-28 - Chine/France : Visite du Premier ministre chinois Zhu Rongji en France.

27 - Timor-Leste : Admission de la République démocratique de Timor-Leste à l'ONU.

Octobre

10 - Pakistan : Élections législatives. La Ligue musulmane pakistanaise-Quaid (PML-Q), parti du général Moucharraf, n'obtient que 76 sièges sur les 272 élus au suffrage direct. Le Parti du peuple pakistanais (PPP) de l'ancien Premier ministre Benazir Bhutto en obtient 62. Percée de l'alliance de six partis religieux islamistes.

12 - Indonésie : Attentat à la voiture piégée sur l'île de Bali, à Kuta. L'explosion, près d'une discothèque, fait au moins 200 morts et plus de 300 blessés.

15 - Corée du Nord : À la suite de la visite de James Kelly en Corée du Nord (du 3 au 5), les États-Unis annoncent que Pyongyang reconnaît développer un programme clandestin d'armes nucléaires. Cette révélation met fin à l'accord-cadre de 1994.

29-30 - Corée du Nord/Japon : Ouverture des négociations entre la Corée du Nord et le Japon, à Kuala Lumpur.

25 - Chine/États-Unis : Rencontre Jiang Zemin et George W. Bush dans le ranch de celui-ci, à Crawford.

Novembre

3-5 - ASEAN : 8e sommet de l'ASEAN à Phnom Penh (Cambodge). Ses 10 membres signent avec la Chine un accord sur la création d'une vaste zone de libre-échange à l'échéance de 2010-2015.

8-14 - Chine : XVIe Congrès du Parti communiste chinois (PCC). Hu Jintao est élu secrétaire général du Parti, succédant à Jiang Zemin.

13 - Corée du Nord : Les États-Unis annoncent la suspension des livraisons de fuel à la Corée du Nord.

29 - Corée du Nord : L'AIEA adopte une résolution exigeant de Pyongyang des éclaircissements sur ses activités nucléaires.

Décembre

9 - Indonésie : Accord entre le gouvernement indonésien et le mouvement séparatiste d'Aceh.

13 - Corée du Nord : La Corée du Nord annonce la réactivation de son programme nucléaire. Les inspecteurs de l'AIEA sont expulsés du pays le 31.

19 - Corée du Sud : Élection présidentielle. Victoire de Roh Moo-hyun, candidat du parti de centre gauche au pouvoir.

27 - Asie centrale : Accord à Achkabad (Turkménistan) sur la construction d'un gazoduc reliant l'Afghanistan au Turkménistan *via* le Pakistan.

2003

Janvier

5 - Corée du Nord : L'AIEA adopte une résolution exigeant que Pyongyang cesse de manière immédiate et vérifiable tout programme nucléaire. Le 31, elle saisit le Conseil de sécurité de la reprise du programme nucléaire nord-coréen.

10 - Corée du Nord : La Corée du Nord annonce son retrait du Traité de non-prolifération (TNP) et se déclare libérée de ses obligations à l'égard de l'AIEA.

30 - Cambodge : Émeutes antithaïlandaises à Phnom Penh.

Février

23 - Corée du Sud : Investiture du président sud-coréen Roh Moo-hyun, élu le 19 décembre 2002.

23 - Corée du Nord : Le régime nord-coréen procède à un tir de missiles sol-mer.

Mars

5-18 - Chine : L'Assemblée nationale populaire entérine la nomination de Hu Jintao à la présidence de la République populaire, où il succède à Jiang Zemin. Wen Jiabao est nommé Premier ministre. Il succède à Zhu Rongji.

15 - OMS : L'Organisation mondiale de la santé lance l'alerte sur le développement du syndrome respiratoire aigu sévère (SRAS), qui s'étend à d'autres pays d'Asie, mais aussi au Canada, à partir du nord de la Chine (Guangdong).

28 - Japon : Lancement par le Japon de deux satellites de renseignements.

Avril

9 - Corée du Nord : Réunion à huis clos du Conseil de sécurité sur la Corée du Nord. La Chine et la Russie s'opposent à la condamnation de Pyongyang.

23-25 - Corée du Nord : Rencontre entre représentants des États-Unis, de la Chine et de la Corée du Nord à Pékin. Les pourparlers achoppent sur les exigences nord-coréennes.

Mai

2 - Inde/Pakistan : L'Inde et le Pakistan conviennent de la reprise des relations diplomatiques à la suite d'une initiative du Premier ministre indien.

14 - Corée du Sud/États-Unis : Sommet George W. Bush-Roh Moo-hyun.

18 - Indonésie : Proclamation de la loi martiale à Djakarta à la suite de l'échec des négociations avec les séparatistes d'Aceh à Tokyo. Le 19, l'armée indonésienne lance une offensive contre les rebelles.

31 - Myanmar : Nouvelle arrestation de Aung San Suu Kyi, prix Nobel de la paix 1991.

Juin

1er - Chine : Mise en marche du barrage des Trois-Gorges.

6 - Cambodge : Accord sur la création d'un tribunal spécial pour juger les Khmers rouges.

7 - Afghanistan : Attentat-suicide à Kaboul contre la Force internationale d'assistance à la sécurité (ISAF).

23-28 - Inde/Chine : Visite d'Atal Bihari Vajpayee en Chine. Première visite d'un Premier ministre indien à Pékin.

Juillet

1er - Hong-Kong : Manifestation d'une grande ampleur contre un projet de loi anti-subversion. Celui-ci sera retiré.

4 - Pakistan : Attentat dans une mosquée à Quetta. 45 morts.

Amériques

2002

Août

1er - Uruguay : La crise économique et sociale provoque des émeutes à Montevideo.

1er - États-Unis : Adoption par le Sénat du *Trade Promotion Authority Act* (procédure *fast track*), qui attribue au président des pouvoirs élargis en matière de négociations commerciales.

6 - Bolivie : Gonzalo Sanchez de Lozada, ex-président, à la tête du parti centriste Mouvement national révolutionnaire (MNR), est élu président.

7 - Colombie : Alvaro Uribe, élu au premier tour de scrutin le 26 mai, prend ses fonctions. Il décrète l'état d'urgence le 12 juin, après une explosion de violence.

7 - Brésil : Le Fonds monétaire international (FMI) octroie au Brésil un crédit d'un montant exceptionnel de 30 milliards de dollars.

Septembre

14 - Cuba : Le ministre des Affaires étrangères annonce l'adhésion de son pays au TNP et la ratification du traité de Tlatelolco lors de l'Assemble générale des Nations unies. La demande cubaine est déposée le 4 novembre.

19 - États-Unis : Présentation du rapport de l'Administration Bush sur la « stratégie nationale de sécurité ».

22 - Chili/UE : Accord de coopération scientifique et technique UE-Chili.

Octobre

22 - Venezuela : Au lendemain d'une grève générale lancée par l'opposition, des officiers appellent à la désobéissance civile.

27 - Brésil : Luis Ignacio Lula da Silva, dit Lula, candidat du Parti des travailleurs (PT), est élu président au second tour de l'élection présidentielle, avec 61,3 % des voix, contre José Serra (centre droit).

Novembre

5 - États-Unis : Les élections de mi-mandat (*mid-term elections*) sont un succès pour George W. Bush. Les républicains reprennent le contrôle du Sénat (51 sièges sur 100) et conservent la majorité à la Chambre des représentants.

17 - Chili/UE : Accord de coopération politique UE-Chili.

24 - Équateur : Lucio Gutierrez, ancien colonel putschiste, est élu président.

25 - États-Unis : Loi créant un « ministère de la Sécurité », qui coordonnera les services fédéraux.

Décembre

2 - Argentine : Levée des restrictions bancaires.

2 - Venezuela : Début d'une grève générale qui paralysera le pays durant 2 mois.

17 - États-Unis : Début de la mise en place du système de défense antimissile.

2003

Janvier

1er - Brésil : Investiture du président Lula.

7 - États-Unis : Présentation par le président Bush d'un plan de soutien à l'économie du pays d'un montant de 674 milliards de dollars sur 10 ans.

16 - Argentine : Accord avec le FMI.

Février

8 - Colombie : Attentat meurtrier à Bogota.

12-13 - Bolivie : Émeutes provoquées par la situation économique. Le gouvernement démissionne le 19.

Avril

27 - Paraguay : Élections présidentielle et législatives. Victoire de Nicanor Duarte, candidat du parti conservateur au pouvoir.

27 - Argentine : Élection présidentielle. Nestor Kirchner, péroniste de gauche, est élu le 25 mai après le désistement de Carlos Menem et l'annulation du second tour.

Mai

27 - Pérou : Instauration de l'état d'urgence pour 30 jours après une vague de protestations sociales.

29 - Venezuela : Accord entre le gouvernement et l'opposition sur la tenue d'un référendum sur la révocation éventuelle du mandat de Hugo Chavez.

Juin

6 - Chili/États-Unis : Accord de libre-échange Chili/États-Unis.

Juillet

6 - Mexique : Élections législatives. Le Parti révolutionnaire institutionnel (PRI) devance le Parti d'action nationale (PAN) du président Vicente Fox avec 34 % des voix contre 30,5 %.

Questions globales

2002

Août

Inondations en Europe et en Asie.

26-4 septembre - Sommet de la Terre : 3e Sommet mondial des Nations unies sur le développement durable à Johannesburg (Afrique du Sud). Adoption d'un plan d'action comportant notamment l'objectif de réduction de moitié d'ici 2015 des populations n'ayant pas accès à l'eau potable.

Septembre

1er - OMC : Supachai Panitchpakdi devient directeur général. Il succède au Néo-Zélandais Mike Moore.

12 - Unesco : Les États-Unis réintègrent l'Unesco, qu'ils avaient quittée en 1984.

12 - ONU : Sergio Vieira de Mello prend ses fonctions de Haut Commissaire des Nations unies pour les droits de l'homme. Il succède à Mary Robinson.

14 - Non-prolifération : Cuba annonce son adhésion au TNP et la ratification du traité de Tlatelolco lors de l'Assemblée générale des Nations unies. La demande cubaine est déposée le 4 novembre.

27 - ONU : Timor-Leste devient le 191e membre des Nations unies.

Octobre

11 - Attribution du prix Nobel de la Paix à Jimmy Carter.

15 - OCE : 7e sommet de l'Organisation de coopération économique à Téhéran. Les chefs d'État des 10 pays membres s'accordent sur l'établissement d'un fonds d'aide pour la reconstruction de l'Afghanistan.

16 - ONU : Journée mondiale de l'éradication de la pauvreté dans le monde.

18-20 - Francophonie : IXe sommet de la Francophonie à Beyrouth (le premier tenu dans une ville arabe), consacré au dialogue des cultures. Abdou Diouf est nommé secrétaire général de l'Organisation internationale de la Francophonie, succédant à Boutros Boutros Ghali.

23-1er novembre - ONU : VIIIe conférence des Nations unies sur le changement climatique à New Delhi. Aucune extension des engagements de Kyoto aux pays en développement n'est prévue après 2012.

Novembre

6-10 - 1er Forum social européen (FSE) à Florence.

21-22 - OTAN : Sommet de l'OTAN à Prague. Sept nouveaux États sont invités à rejoindre les 19 pays membres : la Bulgarie, la Roumanie, la Slovaquie, la Slovénie et les trois pays baltes. Les participants entérinent la modernisation de l'Organisation et la création d'une Force de réaction rapide.

24 - Non-prolifération : Conférence sur l'adoption du Code international de conduite contre la prolifération des missiles balistiques (ICOC) à La Haye, à l'initiative de la France et sous l'égide du Régime de contrôle de la technologie des missiles (MTCR).

Décembre

20 - OMC : Rejet par les États-Unis du projet d'accord sur l'accès aux médicaments à l'OMC.

2003

Janvier

23-28 - Forum économique mondial à Davos (Suisse), sur le thème « Construire la confiance ».

23-28 - 3e Forum social mondial à Porto Alegre (Brésil), en opposition au Forum économique mondial de Davos. Il s'achève par une mobilisation contre la guerre en Irak.

25 - ONU : La Libye est élue à la présidence de la 59e session de la Commission des droits de l'homme des Nations unies.

Février

10-13 - Xe Conférence annuelle sur les rétrovirus, qui rassemble 4 000 spécialistes du sida, à Boston.

24-25 - 13e sommet des Non-Alignés à Kuala Lumpur. Déclaration en faveur d'une solution pacifique en Irak et de la reprise des négociations avec la Corée du Nord par les parties concernées.

Mars

12 - CPI : Première réunion de la Cour pénale internationale à La Haye. Philippe Kirsch (Canada) est élu à la présidence de la Cour.

14 - UE/OTAN : Accord UE-OTAN de partenariat stratégique à Athènes. Il prévoit l'accès des Européens aux moyens logistiques de l'OTAN et le partage du renseignement.

16-23 - 3e Forum mondial de l'eau, à Kyoto, Shiga et Osaka. Réaffirmation de l'objectif du Millénaire : la réduction de moitié, d'ici à 2015, des populations sans accès à l'eau potable.

Mai

21 - Conférence sur les routes de la drogue à Paris. Adoption, à l'initiative des Nations unies, du « pacte de Paris ».

Juin

1er - Désarmement : Ratification du traité de désarmement stratégique russo-américain par les présidents Bush et Poutine (SORT).

1er-3 - G8 : Sommet du G8 à Évian avec la participation, à la première session, des chefs d'État africains membres du comité de pilotage du NEPAD. Les participants reprennent à leur compte les objectifs du Millénaire et du sommet de Johannesburg, et s'engagent à la réduction de la faim dans le monde et au renforcement du Fonds mondial de lutte contre le sida, la tuberculose et le paludisme. La France triple sa participation (150 millions d'euros) ; les États-Unis portent leur contribution à 15 milliards de dollars sur 5 ans. Un « Plan d'action pour l'Afrique » est adopté.

Terrorisme international

Octobre 2002

12 - Indonésie : Attentat à la voiture piégée sur l'île de Bali en Indonésie. L'explosion, près d'une discothèque, fait au moins 200 morts et plus de 300 blessés.

Novembre 2002

29 - Kenya : Double attentat anti-israélien à Mombasa. Attentat à la voiture piégée contre l'hôtel *Paradise Beach* appartenant à une société israélienne (13 victimes). Un avion de la compagnie charter israélienne Arkia échappe à un tir de missiles peu après son décollage.

Mai 2003

13 - Arabie Saoudite : Triple attentat à Riyad : 34 morts.

16 - Maroc : Cinq attentats-suicides ont lieu simultanément à Casablanca. 24 morts.

Juin 2003

7 - Afghanistan : Attentat-suicide à Kaboul contre la Force internationale d'assistance à la sécurité (ISAF).

Juillet 2003

4 - Pakistan : Attentat dans une mosquée à Quetta. 45 morts.

Index

L'« Index » reprend les principaux sujets abordés dans *RAMSES 2004* ainsi que la liste des noms propres cités. Pour chaque pays, les renvois ont été regroupés autour de cinq thèmes principaux : conflit interne, défense, économie, politique intérieure/société et politique extérieure. Les pages marquées en gras renvoient aux principaux développements sur le thème correspondant. Les encadrés (E), les graphiques (G), les tableaux (T) et les entrées du panorama (P) sont indiqués. Le lecteur est également invité à se reporter aux cartes (« Le monde en cartes »), aux bibliographies des différents chapitres, à l'annexe statistique (« Les séquences graphiques » et « Le monde en chiffres ») et à la table des matières, en début d'ouvrage.

Index

C

J

K

L

U

V

W

L'équipe de RAMSES 2004

- **Richard BARON**, chargé du programme « Changement climatique » à l'Institut du développement durable et des relations internationales (IDDRI)
- **Hélène BAUDCHON**, économiste à l'Observatoire français des conjonctures économiques (OFCE)
- **Helen BIRD**, consultante pour l'Ifri
- **Amélie BLOM**, doctorante à l'Institut d'études politiques (IEP) de Paris, chercheur associé au département de sciences sociales de la Lahore University of Management Sciences (LUMS), Pakistan
- **Sophie BOISSEAU du ROCHER**, maître de conférences à l'Institut d'études politiques (IEP) de Paris, chercheur associée à l'Ifri, Centre asie ifri
- **Frédéric BOZO**, professeur des universités à l'Université de Nantes, chercheur associé à l'Ifri
- **Jean-Christophe BUREAU**, professeur à l'Institut national agronomique Paris-Grignon (INAPG), directeur de l'Unité mixte de recherches (IMR) INRA 210, chercheur associé au Centre d'études prospectives et d'informations internationales (CEPII)
- **Olivier CATTANEO**, chargé de mission à l'Agence française de développement (AFD), enseignant et chercheur associé au Groupe d'économie mondiale (GEM) de la Fondation nationale des sciences politiques
- **Djamila CHIKHI**, chercheur au Centre Morris Janowitz, assistant temporaire d'enseignement et de recherche (ATER) en science politique à l'Institut d'études politiques (IEP) de Toulouse
- **Jean-Pierre COLIN**, professeur à l'Université de Reims
- **Philippe COLOMBANI,** chercheur à l'Ifri
- **Xavier CROMBÉ**, chef de mission de Médecins sans frontières (MSF) en Afghanistan
- **Fatiha DAZI-HENI**, maître de conférence à l'Institut d'études politiques (IEP) de Paris, chargée de mission Golfe à la Délégation aux affaires stratégiques (DAS), ministère de la Défense
- **Jacques DELGA**, professeur à l'École supérieure des sciences économiques et commerciales (ESSEC), avocat à la cour d'appel de Paris
- **Thérèse DELPECH**, chercheur associé au Centre d'études et de recherches internationales (CERI/FNSP), commissaire auprès de l'UNMOVIC pour le désarmement de l'Irak
- **Claire DEMESMAY**, chercheur à l'Ifri, Comité d'étude des relations franco-allemandes (Cerfa)
- **Alain DIECKHOFF**, directeur de recherches au Centre d'études et de recherches internationales (CERI/CNRS)
- **Gilles DORRONSORO**, professeur de science politique, secrétaire scientifique de l'Institut français d'études anatoliennes (IFEA), Istanbul
- **Évelyne DOURILLE-FEER**, chargé de mission au Centre d'études prospectives et d'informations internationales (CEPII)
- **Christile DRULHE**, assistante de recherche à l'Ifri, Centre asie ifri
- **Étienne de DURAND**, chercheur à l'Ifri, maître de conférences à l'École spéciale militaire de Saint-Cyr (Coëtquidan)

- **Daniel van EEUWEN**, professeur des universités, directeur du Centre de recherches sur l'Amérique latine et les Caraïbes (CREALC) à l'Institut d'études politiques (IEP) d'Aix-en-Provence
- **Jean-Paul FITOUSSI**, professeur à l'Institut d'études politiques (IEP) de Paris et président de l'Observatoire français des conjonctures économiques (OFCE)
- **Eddy FOUGIER**, chercheur à l'Ifri
- **François GAULME**, rédacteur en chef d'*Afrique contemporaine*, chargé de mission à la direction de la stratégie de l'Agence française de développement (AFD), directeur de séminaire à l'École spéciale militaire de Saint-Cyr (Coëtquidan)
- **Thomas GOMART**, Marie Curie Fellow of War Studies, King's College, Londres, chercheur associé à l'Ifri
- **Gilles GUIHEUX**, directeur du Centre d'études français sur la Chine contemporaine (CEFC) à Hong-Kong
- **Guy HERMET**, directeur de recherche émérite à la Fondation nationale des sciences politiques (FNSP), titulaire de la chaire internationale en science politique de l'Université libre de Bruxelles
- **Jolyon HOWORTH**, Jean Monnet Professor of European Politics à l'Université de Bath (Royaume-Uni), professeur invité à l'Université de Yale, chercheur associé à l'Ifri
- **Bertrand JACQUILLAT**, professeur des universités à l'Institut d'études politiques (IEP) de Paris, président et cofondateur d'Associés en Finance
- **Christophe JAQUET**, responsable des Publications de l'Ifri
- **Olivier KIM**, lieutenant-colonel, chef du bureau lutte antiterroriste, direction générale de la Gendarmerie nationale
- **Jean KLEIN**, professeur des universités à l'Université Paris I Sorbonne, chercheur associé à l'Ifri
- **Bernard LABATUT**, maître de conférences de science politique à l'Université Toulouse I, membre du Centre Morris Janowitz, Institut d'études politiques (IEP) de Toulouse

- **Éloi LAURENT**, économiste à l'Observatoire français des conjonctures économiques (OFCE) et professeur à l'Institut d'études politiques (IEP) de Paris
- **Marc LAZAR**, professeur des universités à l'Institut d'études politiques (IEP) de Paris, directeur de l'école doctorale de l'IEP de Paris, dirige le Groupe de recherche sur l'Italie contemporaine au Centre d'études et de recherches internationales (CERI/FNSP)
- **Maxime LEFEBVRE**, chercheur à l'Ifri, professeur à l'Institut d'études politiques (IEP) de Paris
- **François LÉGARÉ**, professeur d'histoire
- **Agnès LEVALLOIS**, journaliste spécialiste du Moyen-Orient, collaboratrice notamment à *Alternatives internationales* et au *Monde de l'économie*
- **Rémy LEVEAU**, professeur émérite à l'Institut d'études politiques (IEP) de Paris, conseiller scientifique à l'Ifri
- **Pierre MÉLANDRI**, professeur des universités à l'Institut d'études politiques (IEP) de Paris, codirecteur de l'Observatoire de la Politique étrangère américaine (OPEA), Université Paris III
- **Georges MINK**, directeur du Centre français de recherches en sciences sociales (CFRSS), Prague
- **Khadija MOHSEN-FINAN**, chercheur à l'Ifri, spécialiste du Maghreb et de l'immigration
- **Thierry de MONTBRIAL**, membre et ancien président de l'Académie des sciences morales et politiques, directeur général de l'Ifri, professeur du Conservatoire national des arts et métiers (CNAM) et à l'École polytechnique, codirecteur du *RAMSES*
- **Philippe MOREAU DEFARGES**, conseiller des Affaires étrangères, professeur à l'Institut d'études politiques (IEP) de Paris, chargé de séminaire à l'Université Paris II Panthéon-Assas, chercheur à l'Ifri, codirecteur du *RAMSES*
- **Laurence NARDON**, chercheur à l'Ifri, Centre français sur les États-Unis
- **Françoise NICOLAS**, chercheur à l'Ifri, maître de conférences associée à l'Université de Marne-la-Vallée

- **Pierre NOËL**, chercheur à l'Ifri, Centre français sur les États-Unis (CFE)
- **Mohammed El OIFI**, maître de conférences à l'Institut d'études politiques (IEP) de Paris
- **Marianne PÉRON-DOISE**, capitaine de frégate, chargée de mission Asie à la Délégation aux affaires stratégiques (DAS), ministère de la Défense
- **Béatrice POULIGNY**, chercheur au Centre d'études et de recherches internationales (CERI/FNSP), professeur à l'Institut d'études politiques (IEP) de Paris, vice-présidente de l'Academic Council on the United Nations System
- **Raphaël POUYÉ**, doctorant à l'Institut d'études politiques (IEP) de Paris
- **Diana QUATTROCCHI-WOISSON**, directrice de l'Observatoire de l'Argentine contemporaine, Centre national de la recherche scientifique (CNRS)
- **Loulouwa AL RACHID**, chercheur et analyste à l'International Crisis Group (ICG)
- **Jean-Luc RACINE**, directeur de recherche au Centre national de la recherche scientifique (CNRS), Centre d'études de l'Inde et de l'Asie du Sud, École des hautes études en sciences sociales (EHESS)
- **Joël de ROSNAY**, conseiller du président de la Cité des sciences et de l'industrie, président exécutif de Biotics International
- **Olivier ROY**, directeur de recherche du laboratoire « Monde iranien » au Centre national de la recherche scientifique (CNRS), chercheur associé au Centre d'études et de recherches internationales (CERI/FNSP)
- **Hans STARK**, secrétaire général du Comité d'étude des relations franco-allemandes (Cerfa), chercheur à l'Ifri
- **Alfredo G. A. VALLADAO**, professeur à l'Institut d'études politiques (IEP) de Paris, chaire Mercosur
- **Catherine WIHTOL DE WENDEN**, directeur de recherche au Centre d'études et de recherches internationales (CERI/CNRS)

- **Chronologie de l'année (août 2002-juillet 2003)** : Documentation de l'Ifri
- **Le monde en cartes** : Eddy Fougier (coordination), assisté de Marguerite Collignan, stagiaire à l'Ifri, étudiante à l'Institut universitaire de technologie Information et Communication, Université Paris X ; Madeleine Benoit-Guyod (réalisation)
- **Index général** : Virginie Geeraert (diplômée de l'Institut d'études politiques [IEP] de Paris et du DESS juridique « Contentieux national, européen et international » de l'Université Paris V)

- **Bibliothèque et documentation** : Guity Banan-Bailey, Maud Beau, Dina Degras-Marx, Dominique Desgranges, Maryse Dupy, Azra Isakovic, Olivier Javay, Gaëlle Laudrin, Daniel Marier, Gerardo Ramos
- **Secrétariat** : Marie-Claire Bani Amer, Nicole Bedel, Cécile Campagne, Natacha Crance, Marie-France Feigenbaum, Jeanne Frey, Françoise Thomas

---

- **Édition** : Christophe Jaquet (responsable de l'édition), Marielle Roubach (coresponsable de l'édition), Delphine Renard (assistante d'édition), Fanny Blanchi (stagiaire à l'Ifri, étudiante à l'Institut d'études politiques [IEP] de Grenoble), Valentine de Crevoisier (stagiaire à l'Ifri, étudiante à l'Institut d'études politiques [IEP] de Paris)

- **Conception graphique** : Francislambert & partenaires (intérieur). Couverture : Philippe Bottemine (conception) et Mateo (exécution)

Composé par Ifri, 27, rue de la Procession, 75740 Paris Cedex 15
Imprimé en France.– Jouve, 11 boulevard Sébastopol, 75001 Paris
n° 328134d. Dépot légal : septembre 2003